Kohlhammer

Heinrich Schmidinger

Metaphysik

Ein Grundkurs

Dritte Auflage

Verlag W. Kohlhammer

Dritte Auflage 2010

Reproduktionsvorlage: Dorit Wolf-Schwarz, Innsbruck
Gesamtherstellung:
W. Kohlhammer Druckerei GmbH + Co. KG, Stuttgart
Printed in Germany

ISBN 978-3-17-021350-0

Inhaltsverzeichnis

VORBEMERKUNGEN

Wie der Titel dieses Buches sagt, versteht es sich als *Grundkurs* der Metaphysik. Es ist demnach nicht für Fachleute geschrieben, die sich schon intensiv mit Metaphysik beschäftigt haben, sondern für Leserinnen und Leser gedacht, die sich zum ersten Mal gründlich auf Metaphysik einlassen wollen. Ihnen eine Einführung sowie ein erstes Vertrautwerden mit den Problemen und der Geschichte der Metaphysik zu bieten, ist seine primäre Absicht. Daß zur Erreichung dieses Zweckes auch manches angesprochen werden muß, was unter Umständen schon oft beschrieben worden ist oder möglicherweise zum sogenannten Allgemeinwissen gehört, versteht sich von selbst.

Im Aufbau strebt das Buch eine *Kombination von Systematik und Geschichtsbetrachtung* an. Das bedeutet: Auf den ersten Blick wird in ihm die Geschichte der Metaphysik eine zentrale Rolle spielen. Es geht ihm jedoch nicht so sehr um diese. Vielmehr zielt es darauf ab, durch die Geschichte bzw. mit Hilfe der Geschichte die Probleme und Fragen der Metaphysik in ihrem systematischen Stellenwert plausibel zu machen. Dies wiederum gründet in der Überzeugung, daß sich alle geistigen Probleme – nicht nur die philosophischen oder metaphysischen – am klarsten und griffigsten verstehen lassen, wenn sie aus ihrer geschichtlichen Genese heraus begriffen werden.

Dazu gesellt sich als weitere Überzeugung: Keine wissenschaftliche Diskussion beginnt bei einem Nullpunkt, sondern setzt allemal eine Geschichte voraus, die zu ihr geführt hat. Man darf auch sagen: Jede wissenschaftliche Diskussion, die sich dessen bewußt ist und daher darum bemüht, ihre eigenen Voraussetzungen selbstkritisch zu reflektieren, zieht ein mögliches Resümee aus der Diskussion bzw. den Diskussionen, die ihr vorausgegangen sind. Dadurch bestimmt sie ihren eigenen Standort sowie ihren eigenen Stellenwert. Auf die in diesem Buch versuchte Kombination von Systematik und Geschichtsbetrachtung angewendet impliziert dies: Die Interpretation der Geschichte der Metaphysik, die in ihm unternommen wird, folgt zusätzlich der Absicht, *ein mögliches Resümee für die gegenwärtige Auseinandersetzung* innerhalb der Metaphysik sowie rund um die Metaphysik zu erstellen. Zur Debatte steht somit nicht die Vergangenheit als solche, sondern die Gegenwart, die hinsichtlich der Metaphysik nach ihren spezifischen Voraussetzungen und Herausforderungen befragt werden soll.

So viel darf freilich als bekannt vorausgesetzt werden: Metaphysik zu betreiben ist heute alles andere als selbstverständlich. Obwohl sich schon seit einiger Zeit innerhalb der Philosophie wieder Tendenzen ausmachen lassen, die spezifisch metaphysische Problemstellungen ernstnehmen und neu diskutieren, dominieren ihr gegenüber doch nach wie vor *Kritik und Skepsis*. Das kann gar nicht anders sein, denn das Resümee, das eine heutige Metaphysik aus der Geschichte der (wenigstens) letzten beiden Jahrhunderte ziehen muß, besteht darin, daß sich Metaphysik nicht nur als etwas Suspektes, sondern als etwas grundsätzlich Unmögliches herausgestellt hat. Man wird sogar sagen müssen, daß seit der zweiten Hälfte des 18. Jahrhunderts die Metaphysik weniger durch sich selbst als durch die heftige Kritik, die an ihr geübt wurde und nach wie vor geübt wird, überlebt hat. Heute Metaphysik ohne Auseinandersetzung mit dieser Geschichte betreiben zu wollen, wäre ebenso blauäugig wie unglaubwürdig. Weitere Absicht des Buches wird daher neben aller Erklärung, was Metaphysik ist, eine eingehende Überlegung darüber sein müssen, ob es trotz der Kritik nach wie vor sinnvoll ist, metaphysische Fragen zu stellen und sich mit ihnen im Rahmen der Wissenschaften zu beschäftigen.

Allein die Tatsache, daß ein Grundkurs für Metaphysik herausgegeben wird, der in ihre Problemstellungen einführen und mit ihrer Geschichte um der gegenwärtigen Diskussionen willen vertraut machen möchte, zeigt freilich schon an, daß in diesem Buch Metaphysik sowohl für etwas Sinnvolles als auch für etwas Mögliches gehalten wird. Dies zu begründen wird Sache der Ausführungen sein. Wie an dieser Stelle aber bereits anzunehmen ist, wird dazu wiederum alles von dem *Begriff von Metaphysik* abhängen, den diese wählen. Auch ihn zu erläutern soll Angelegenheit der folgenden Überlegungen sein. Doch so viel muß zur Vermeidung von Mißverständnissen hier schon klar sein: Metaphysik hat nichts mit dem zu tun, was immer wieder aus ihrem Namen – ‚Meta-physik‘ – herausgelesen wurde und wird, nämlich eine geistige Unternehmung des Menschen, die sich mit einer ‚Wirklichkeit‘ oder mit ‚Gegenständen‘ befaßt, die ‚jenseits‘ des natürlich Erfaßbaren liegen, mit etwas Mystischem also, das sich jeglichem wissenschaftlichen Diskurs entzieht. Ebenso wenig ist Metaphysik – wie heute oft präjudiziert wird – der Versuch, absolute Erkenntnisfundamente aufzuspüren und in deren Namen irgendetwas zu legitimieren. Sie ist vielmehr die *wissenschaftliche Beschäftigung mit einer bestimmten Klasse von Fragen*, die ebenso unabweisbar in der menschlichen Existenz wie im wissenschaftlichen Diskurs entspringen können und sich auf keine andere Wirklichkeit beziehen als auf jene, die dem Menschen zugänglich ist – nicht mehr, nicht weniger.

Eigens hervorgehoben sei schließlich, was ebenfalls bereits im Titel dieses Buches steht, daß dieses nämlich *einen* Grundkurs in Metaphysik bieten will. Damit soll nicht auf den banalen Umstand hingewiesen sein, daß Grundkurse in Metaphysik auch ganz anders geschrieben werden könnten, als es hier geschieht. Es geht vielmehr um ein ausdrückliches Bekenntnis dazu, daß es in der Philosophie einen berechtigten und unverzichtbaren *Methodenpluralismus* gibt. Läßt sich daher ein Leser/eine Leserin auf den hier gebotenen Grundkurs ein, so möge er/sie sich dessen bewußt sein, daß dieser einem bestimmten methodischen Ansatz folgt, ohne deshalb andere Ansätze auszuschließen oder gar für unmöglich zu erklären. Der gewählte Ansatz, der – inspiriert durch vergleichbare Ansätze von Emerich Coreth, Hans Michael Baumgartner, Richard Schaeffler oder Wolfgang Röd – in *dem* Sinne als ein transzendentalphilosophischer bezeichnet werden darf, als er die Philosophie des 19. und 20. Jahrhunderts bis hin zu den postmodernen System- und Differenztheorien als eine Korrektur bzw. Fortentwicklung des Kritizismus von Immanuel Kant versteht und daraus seine methodischen Konsequenzen zieht, impliziert keinerlei Geringschätzung traditioneller, seinsphilosophischer, neorealistischer, existenzialistischer, phänomenologischer, sprachanalytischer, prozeßtheoretischer oder sonstiger Ansätze, die auf ihre Weise ebenso wertvolle Lösungsvorschläge zu metaphysischen Fragen erbringen oder gleichermaßen aufschlußreiche Zugänge zu metaphysischen Problemstellungen verschaffen können. Er stellt lediglich die Wahl *einer* Möglichkeit neben anderen Möglichkeiten dar, freilich jener Möglichkeit, die dem Autor aufgrund seiner philosophischen Sicht der Dinge die am meisten plausible und weiterführende zu sein scheint.

Noch ein Wort zum Technischen: Da es sich in diesem Buch um einen Grundkurs handelt, wurde auf einen eigenen Anmerkungsteil verzichtet. Alle wichtigen Zitationen finden sich im Haupttext selber. Mehrfach behandelte Werke werden mit Abkürzungen angeführt. Zu deren Aufschlüsselung sei auf das Abkürzungsverzeichnis am Schluß des Buches verwiesen. Ebendort werden auch Angaben zur verwendeten Ausgabe bzw. – im Falle eines nicht deutschen Textes – zur herangezogenen Übersetzung gemacht. Fehlen dort oder im Haupttext besondere Hinweise auf Übersetzer oder Übersetzerinnen, so sind sie vom Autor vorgenommen worden.

Daß das Buch erscheinen konnte, verdanke ich zum einen Frau Mag. Dorit Wolf-Schwarz, die mein Manuskript redaktionell bearbeitet und für die technische Herstellung vorbereitet hat, zum anderen Herrn Univ. Doz. Dr. Reinhard Margreiter, Herrn Dr. Alois Halbmayr, Frau Mag. Elisabeth Anker, Frau Mag. Claudia Waldstein-Wartenberg und Herrn Mag. Otto Lorenz, die mir durch eine kritische Lektüre des Manuskriptes zur Seite gestanden sind. Nicht unerwähnt lassen möchte ich aber auch jene Kolleginnen und Kollegen sowie die Studierenden, denen ich in Vorlesungen und Vorträgen meine hier geäußerten Gedanken vortragen durfte und die mir mit wertvoller Anregung und Kritik geantwortet haben.

Einleitung

Was ist Metaphysik?

Geschichte des Begriffs „Metaphysik"

Zum Einstieg in die Problematik der Metaphysik werfen wir einen Blick in die Geschichte des Begriffs „Metaphysik". Ausdrücklich formuliert wird das Wort „Metaphysik" in der 2. Hälfte des 1. Jahrhunderts vor Christus. Erstmals belegt ist es bei dem Peripatetiker Nikolaos von Damaskus. Den Anlaß dazu dürfte die Zusammenstellung der Werke des Aristoteles durch Andronikos von Rhodos (ebenfalls 1. Jh. v. Chr.) geboten haben. Die damalige Bedeutung des Wortes ist unklar. Möglicherweise bezeichnete Metaphysik lediglich jene Schriften, die im Corpus der aristotelischen Werke *nach* (μετά) den Büchern über die Physik (τὰ φυσικά) gereiht wurden.

Antike

Erste Wissenschaft

Obwohl Aristoteles (384–322 v. Chr.) selbst von ‚Metaphysik' nicht spricht, wird doch das, was er „erste Philosophie" (πρώτη φιλοσοφία), „Weisheit" (σοφία) oder „theologische Wissenschaft" (ἐπιστήμη θεολογική) nennt, mit dem, was die abendländisch-europäische Philosophie nach ihm als „Metaphysik" bezeichnet, identifiziert. Diese Wissenschaft (ἐπιστήμη) befaßt sich mit dem Seienden als Seienden (ὂν ᾗ ὄν) sowie mit dessen Prinzipien (ἀρχαί) und Ursachen (αἰτίαι). Sie besitzt demnach eine *doppelte* Aufgabe: zum einen die Untersuchung der gesamten Wirklichkeit in ihren fundamentalsten Bestimmungen, zum andern aber auch die Untersuchung der höchsten Ursache – des Göttlichen. (Vgl. Aristoteles, Met. A 1-2, 980a21-983a24; Γ 1-2, 1003a21-1005a18; E 1, 1025b3-1026a32) Irritieren mag der Ausdruck „Seiendes", weil er zum einen in der Alltagssprache nicht vorkommt und zum anderen in der Philosophie selbst – aus noch zu erklärenden Gründen – suspekt geworden ist. Er ist jedoch leicht zu verstehen: Für Aristoteles ist das Allgemeinste (καθόλου), das sich überhaupt aussagen läßt, dies, daß etwas *ist*. Anders formuliert: Alles, worüber gesprochen werden kann, trifft sich grundsätzlich darin, daß es zu allererst in irgendeiner Weise *ist*. Soll nun dieses ‚ist' eigens thematisiert werden, so empfiehlt sich der Rekurs auf das Partizip ‚seiend' (ὄν), weil sich dieses zielführender als das bloße Verb (ἔστιν) *formalisieren*, d.h. für die Griechen *substantivieren* läßt. Damit gelangt man zu ‚das Seiend' bzw. eben zu ‚das Seiende' (τὸ ὄν). Ein weiterer Schritt wird dazu führen, nach ‚dem Sein' (τὸ εἶναι) des Seienden zu fragen.

Aristoteles: „Es gibt eine Wissenschaft, welche das Seiende als Seiendes untersucht und das demselben an sich Zukommende. (Ἔστιν ἐπιστήμη τις ἣ θεωρεῖ τὸ ὂν ᾗ ὂν καὶ τούτῳ ὑπάρχοντα καθ' αὑτό.) Diese Wissenschaft ist mit keiner der einzelnen Wissenschaften identisch; denn keine der übrigen Wissenschaften handelt allgemein vom Seienden als Seiendem (ἐπισκοπεῖ καθόλου περὶ τοῦ ὄντος ᾗ ὄν), sondern sie grenzen einen Teil des Seienden (μέρος αὐτοῦ) ab und untersuchen die für diesen sich ergebenden Bestimmungen, wie z.B. die mathematischen Wissenschaften. Indem wir nun die Prinzipien und die höchsten Ursachen suchen (ἐπεὶ δὲ τὰς ἀρχὰς καὶ τὰς ἀκροτάτας αἰτίας ζητοῦμεν), ist offenbar, daß diese notwendig Ursachen einer gewissen Natur an sich sein müssen (δῆλον ὡς φύσεώς τινος αὐτὰς ἀναγκαῖον εἶναι καθ' αὑτήν)." (Met. Γ 1, 1003a21-28)

Epoptie und Mystik

Unter dem Einfluß Platons (427–347 v. Chr.) erhält die Metaphysik bis in die Spätantike hinein (vereinzelt sogar noch während des Mittelalters) den Namen „Epoptie" (vom griechischen ἐποπτεύειν, schauen, erfassen). Der Begriff „Epoptie" stammt aus der Mysteriensprache und bezeichnet das Erfassen „vollkommener, einfacher, unbewegter und seliger Erscheinungen" (Phdr. 250c; Symp. 210a). Bei Platon beziehen sich diese Erscheinungen auf die fundamentalsten Bestimmungen und tiefsten Ursachen der Wirklichkeit, d.h. auf die höchste Idee (des Guten und des Schönen) sowie auf das Göttliche. Obwohl die Epoptie als das schlichte und einfache Schauen des Allgemeinsten und Höchsten an das Fortschreiten der sogenannten „dialektischen Wissenschaft" (διαλεκτικὴ ἐπιστήμη) gebunden ist (Pol. 531c-535a, vgl. 504a-511e; Phdr. 265d-266c; Soph. 253b-254b), enthält sie ein *mystisches* Element. Dieses bleibt der abendländischen Metaphysik ebenso erhalten wie ihre Definition durch Aristoteles. Auch Aristoteles kennt das einfache Hinnehmen und schlichte Anschauen. Angesichts des „Seienden als Seienden" gibt es für ihn ebenfalls ein bloßes „Sagen" (φάναι) und „Berühren" (θιγεῖν). Er läßt dieses im Unterschied zu Platon aber in seiner Lehre vom ‚Urteil' (λόγος) münden. Insofern vermeidet er die platonische Mystik. Man beachte dennoch, daß das griechische Wort für ‚denken', νοεῖν (Substantiv νοῦς), beide Aspekte enthält: den rational-wissenschaftlichen und den religiös-mystischen.

Platon: „[...] keiner von den Göttern strebt nach Weisheit noch begehrt er, weise zu werden, ist er's doch schon (Θεῶν οὐδεὶς φιλοσοφεῖ οὐδ' ἐπιθυμεῖ σοφὸς γενέσθαι – ἔστιν γάρ); und auch wenn sonst einer weise ist, strebt er nicht nach Weisheit. Andererseits streben auch die Unwissenden (ἀμαθεῖς) nicht nach Weisheit (φιλοσοφοῦσιν) noch begehren sie, weise zu werden; denn gerade deshalb ist die Unwissenheit (ἀμαθία) schlimm, weil man, ohne edlen Wesens und ohne einsichtig zu sein, mit sich selbst zufrieden ist. [...] – Wer, sagte ich [Sokrates], treibt also Philosophie (Τίνες οὖν ... οἱ φιλοσοφοῦντες),

Diotima, wenn es weder die Wissenden noch die Unwissenden tun? – Das könnte nun schon ein Kind begreifen, erwiderte sie, daß es die sind, die zwischen beiden stehen, und zu ihnen gehört wohl auch Eros. Denn zu den Schönsten zählt das Wissen (ἔστιν γὰρ δὴ τῶν καλλίστων ἡ σοφία); Eros aber ist ein Streben, das dem Schönen gilt; und so wird Eros notwendig ein Philosoph sein und als Philosoph zwischen Wissen und Unwissenheit stehen (ἀναγκαῖον ἔρωτα φιλόσοφον εἶναι, φιλόσοφον δὲ ὄντα μεταξὺ σοφοῦ καὶ ἀμαθοῦς). [...] Auf dieser Stufe des Lebens, lieber Sokrates, sagte die Fremde aus Mantinea, lohnt sich, wenn irgendwo, das Leben des Menschen (βιωτὸν ἀνθρώπῳ): im Anschauen des eigentlichen Schönen (θεωμένῳ αὐτὸ τὸ καλόν). [...] Wie sollen wir es uns erst vorstellen, fuhr sie fort, wenn es einem gelingen sollte, das Schöne selbst zu sehen (αὐτὸ τὸ καλὸν ἰδεῖν), sonnenklar, rein, unvermischt, frei von Menschenfleisch und Farben und all dem anderen sterblichen Tand, ja wenn er das göttlich Schöne selbst in seiner Eingestaltigkeit zu schauen vermöchte (αὐτὸ τὸ θεῖον καλὸν δύναιτο μονοειδὲς κατιδεῖν)? Glaubst du, das Leben eines Menschen könnte niedrig werden, der dorthin blickt (ἐκεῖσε βλέβοντος) und jenes Eine (ἐκεῖνο ᾧ) mit dem dafür nötigen Sinn betrachtet (θεωμένου) und bei ihm ist (συνόντος αὐτῷ)?“ (Symp. 204a-b; 211d-212a)

Mittelalter

Theologie

Schon im Lauf der Antike wird die Metaphysik zunehmend zur Wissenschaft des Göttlichen. Obwohl Boethius (470–524) die aristotelische Vorstellung von der Wissenschaft des Seienden als Seienden in Erinnerung ruft und dem Mittelalter übermittelt (Trin. II), bleibt sowohl unter dem Einfluß des Neuplatonismus als auch dank der Autorität von Augustinus (354–430) (C. Acad. I 8,23, vgl. I 6,16; Ord. II 18,47) dieses Verständnis bis ins 12./13. Jahrhundert vorherrschend. Über die Maßen verstärkt wird diese Entwicklung dadurch, daß sich im Mittelalter unter dem Einfluß des Christentums ein spezifisch theozentrisches Weltbild durchsetzt, welches die gesamte Wirklichkeit von Gott als ihrem Schöpfer her interpretiert. Aber auch außerhalb der christlichen Philosophie, in der jüdischen und arabischen Philosophie (eine gewisse Ausnahme bildete Averroes [1126–1198]), herrscht dieselbe Auffassung vor. Erst im Zuge der Wiederentdeckung des Aristoteles sowie im Anschluß an die Ausbildung einer christlich-theologischen Wissenschaftslehre ändert sich die Situation.

Natürliche Theologie

Ab dem 13. Jahrhundert ist die Metaphysik wiederum beides: Wissenschaft des „ens inquantum ens“ und „theologia philosophica“ (klassische Darlegung bei Thomas von Aquin [1224/5–1274; vgl. In Met., Prooemium]). Im Zuge der Entfaltung der innertheologischen Prinzipienlehre, welche einen natürlichen, auf Vernunft gründenden und einen übernatürlichen, auf dem Glauben aufbauenden Weg zu Gott unterscheidet, wird nun im spezifisch christlichen Kontext klar: Metaphysik ist nur *natürliche* Theologie. Sie unterscheidet sich als Wissenschaft von jener Theologie, die durch die *übernatürlichen* Offenbarung Gottes konstituiert wird (Thomas, S. th. I 1-2.6-8).

Thomas: „Die Wissenschaft handelt nur von dem, was ist (*de ente*). Gegenstand des Wissens ist nämlich das Wahre, und dieses fällt zusammen mit dem, was ist (*nihil enim scitur nisi verum, quod cum ente convertitur*). Nun handeln aber schon die philosophischen Wissenschaften (*in philosophicis disciplinis*) von allen Bereichen des Seienden (*de omnibus partibus entis*), auch von Gott, weshalb ein Teil der Philosophie nach Aristoteles auch Theologie oder Gotteslehre heißt (*unde quaedam pars philosophiae dicitur theologia, sive scientia divina*). Wir haben daher [scheinbar] außer der philosophischen keine weitere Wissenschaft notwendig. [Doch dem steht entgegen:] Ein verschiedener Grund der Erkennbarkeit (*diversa ratio cognoscibilis*) bedingt auch eine Verschiedenheit in den Wissenschaften. So [...] können dieselben Dinge, soweit sie durch Vernunft zugänglich sind (*secundum quod sunt cognoscibilia lumine naturalis rationis*), Gegenstand der philosophischen Wissenschaften und zugleich (*etiam*), soweit sie durch die Offenbarung erkannt werden (*secundum quod cognoscuntur lumine divinae revelationis*), auch noch Gegenstand einer anderen Wissenschaft (*aliam scientiam*) sein. Die Theologie, die zur heiligen Lehre gehört (*theologia quae ad sacram doctrinam pertinet*), unterscheidet sich (*differt*) also der Gattung nach von jener, die einen Teil der Philosophie bildet." (S.th. I 1,1 [leichte Veränderungen der Übersetzung])

Differenzierungen

Darüber hinaus fällt immer mehr die *Seele* als ein Seiendes besonderer Art auf und wird differenziert von jenem Seienden, das durch sie aufgenommen wird („ens in anima", „ens in intellectu", auch „ens diminutum", weil es ‚nur' noch gedacht ist). Dadurch kündigt sich zweierlei an: Zum einen eine weitere Differenzierung metaphysischer Disziplinen: Neben die Unterscheidung von Metaphysik (philosophischer bzw. natürlicher Theologie) und Theologie im engeren Sinn (auf Offenbarung fußender Theologie) tritt allmählich die Unterscheidung zwischen Kosmologie und Psychologie, wobei Kosmologie die gesamte Wirklichkeit umfaßt, die sich außerhalb der menschlichen Seele befindet, während Psychologie für sämtliche Fragen zuständig wird, die in irgendeiner Weise die menschliche Seele betreffen. Zum andern entsteht aber auch die Frage nach dem Verhältnis von Metaphysik und Erkenntnistheorie (Logik). Was letzteres anbelangt, führt Duns Scotus (1266–1308) die Unterscheidung zwischen dem Seienden in seiner Erkannt- bzw. Gedachtheit und dem Seienden in seiner Unabhängigkeit vom Denken ein. Jenes ist Gegenstand der Logik, dieses hingegen Gegenstand der Metaphysik. Der Begriff des ‚Seienden' läßt sich dadurch nicht mehr im gleichen Sinne auf das gedachte und auf das reale Seiende beziehen. Er ist nicht „univok". (Super praedicamenta I 4 [1,125a], XXV 5 [1,157b]; In libros elenchorum I 3 [1,224b]) Diese These wird für die neuzeitliche Philosophie besonders wichtig.

Duns Scotus: „Das verringerte Seiende (*ens diminutum*) ist das logische Sein im eigentlichen Sinne (*ens logicum proprie*). Daher werden alle zweiten Intentionen (*intentiones secundae*) von einem solchen Seienden ausgesagt, und deswegen wird es eigentlich vom Metaphysiker ausgeschlossen. Dennoch ist es irgendwie mit dem Seienden vertauschbar, weil der Logiker alles betrachtet wie der Metaphysiker. Aber es ist eine andere Weise der Betrachtung (*modus alius considerationis*): der Metaphysiker [betrachtet es] als etwas Reales (*per quid reale*), der Logiker als zweite Intention (*per intentionem secundam*), gleichsam eine Konvertibilität des Seienden schlechthin und des verringerten Seienden, weil keines von beiden das andere hinsichtlich der Allgemeinheit übertrifft (*sicut convertibilitas entis simpliciter et diminuit, quia neutrum alterum excedit in communitate*). Alles, was nämlich schlechthin seiend ist, kann ein verringertes Seiendes sein (*quidquid enim est simpliciter ens, potest esse ens diminutum*)." (Quaestiones subtilissimae in metaphysicam Aristotelis VI 3,15 [4,670a]; dt. Th. Kobusch, in: Historisches Wörterbuch der Philosophie, Bd. V, Basel/Stuttgart 1980, 1227f.)

Neuzeit

Ontologie, Kosmologie, Psychologie

In der Neuzeit wird die Metaphysik weiter differenziert: Schon zu Beginn des 17. Jhs. (genau 1613 bei Rudolph Göckel [Lexicon philosophicum, Frankfurt 1613, 16], wenig später auch bei Johannes Micraelius [Lexicon philosophicum (1653), Stettin ²1662, 654]) taucht der Begriff der „Ontologie" auf. Sie identifiziert sich vor allem in der protestantischen Schulphilosophie mit der allgemeinen Metaphysik, d.h. mit der Frage nach dem „Seienden als Seienden". Neben ihr gibt es die spezielle Metaphysik, die sich in besonderen Unterdisziplinen mit den Dingen der Welt, mit der Seele und mit Gott befaßt. Christian Wolff (1679–1754) legt schließlich fest (Discursus praeliminaris de philosophia in genere, Halle 1728, §§ 55-99): Die Metaphysik gliedert sich in eine „metaphysica generalis" und in eine „metaphysica specialis". Erstere ist die „Ontologia" (oder „prima philosophia", d.h. die „scientia entis in genere, seu quantenus ens est"), letztere hingegen unterteilt sich in die „Cosmologia" (Lehre von den physischen Gegenständen), in die „Psychologia" (Lehre von der menschlichen Seele) und in die „Theologia naturalis" (Lehre von Gott). Für die weitere Philosophie bleibt diese Unterscheidung richtungweisend.

Erkenntnistheorie

Eine zusätzliche Weichenstellung von großer Tragweite nimmt René Descartes (1596–1650) vor. Er betrachtet die Wirklichkeit, die dem Menschen begegnet, in ihrer Bezogenheit auf die Erkenntnis des Menschen. Im Unterschied zu Duns Scotus verschärft er diesen Standpunkt jedoch derart, daß die Frage nach einer von der menschlichen Erkenntnis unabhängigen Wirklichkeit an Relevanz immer mehr verliert. Die Folge davon ist, daß sich das Seiende als Seiendes zunehmend in ein bloßes *Erkannt*-Seiendes als *Erkannt*-Seiendes verwandelt. (Der irische Philosoph George Berkeley [1685–1753] stellt in diesem Sinne die berühmte Gleichung „thier *esse* is *percipi*“ auf; vgl. A Treatise concerning the Principles of Human Knowledge, Dublin 1710, I 3) Entsprechend werden aus den Prinzipien und Gründen des Seienden Erkenntnis-Prinzipien bzw. Erkenntnis-Gründe. Es liegt in der Konsequenz dieser Entwicklung, daß Metaphysik in zunehmendem Maße *Erkenntnistheorie* wird.

Kopernikanische Wende

Immanuel Kant (1724–1804) radikalisiert diesen Schritt in seine „kopernikanischen Wende“ vom Objekt zum Subjekt als jenem Ort, an dem sich für den Menschen entscheidet, was für ihn wirklich ist und was nicht. Dabei stellt er die Frage, ob Metaphysik als Wissenschaft überhaupt möglich sei. Entscheiden kann darüber seiner Meinung nach nur eine Kritik der menschlichen Erkenntnis. Diese nämlich stellt fest, ob die Erkenntnis grundsätzlich imstande ist, nach dem Seienden als Seiendem, d.h. nach der Wirklichkeit im Ganzen, bzw. nach Gott oder anderen metaphysischen Gegenständen zu fragen. Kant antwortet: Die Wirklichkeit als ganze kann niemals Gegenstand der menschlichen Erkenntnis in ihrer Endlichkeit sein. Auch Gott vermag dies nicht zu sein. Zu beidem ist die Erkenntnis zu schwach. Allerdings gibt es in der Erkenntnis die angeborene Tendenz, die Wirklichkeit in ihrer Totalität erreichen zu wollen. Für Kant äußert sich diese in *dreifacher* Form: erstens angesichts der Wirklichkeit, die uns umgibt; zweitens angesichts der Wirklichkeit, die wir selbst sind; drittens angesichts der Wirklichkeit, die schlechthin alles umfaßt. Die erste Totalität nennt er „Welt“, die zweite „Seele“ und die dritte „Gott“. Ganz im Sinne Chr. Wolffs kann er dadurch die Totalität „Welt“ der Kosmologie, die Totalität „Seele“ der Psychologie und die Totalität „Gott“ der natürlichen Theologie zuordnen. (KrV 2.Abt., 2.Buch) Sofern nun aber diese Totalitäten keine wirklichen ‚Gegenstände‘ der Erkenntnis sind, sondern lediglich Ziel- oder Fluchtpunkte („Regulative“) einer natürlichen Tendenz derselben, definiert sie Kant als „Ideen der reinen Vernunft“. (Ebd. 2.Abt., Einl. und 1.Buch)

Erkenntniskritik

Was folgt daraus für die Metaphysik? Sie besitzt keine ‚Gegenstände‘ mehr. Die Totalität der Wirklichkeit (das Seiende als Seiendes, das Seiende in seiner Gesamtheit) ist nicht nur überhaupt kein Gegenstand der menschlichen Erkenntnis, sie ist auch dort, wo sie als bloßes Regulativ derselben wirksam ist, gegliedert in *drei* Totalitäten. So etwas wie „Ontologie“, wie „metaphysica generalis“, ist daher nicht mehr vorstellbar. Damit fällt aber ebenso die Möglichkeit von Metaphysik. An ihre Stelle tritt die *Erkenntniskritik*.

> Kant: „Metaphysik, als Naturanlage der Vernunft, ist wirklich, aber sie ist auch vor sich allein [...] dialektisch und trüglich. Aus dieser also die Grundsätze hernehmen wollen, und in dem Gebrauche dersel-

ben dem zwar natürlichen, nichts destoweniger aber falschen Scheine folgen, kann niemals Wissenschaft, sondern nur eitele dialektische Kunst hervorbringen, darin es eine Schule der andern zuvortun, keine aber jemals einen rechtmäßigen und dauernden Beifall erwerben kann. / Damit sie nun als Wissenschaft nicht bloß auf trügliche Überredung, sondern auf Einsicht und Überzeugung Anspruch machen könne, so muß eine Kritik der Vernunft selbst den ganzen Vorrat der Begriffe a priori [...], darauf aber vornehmlich die Möglichkeit des synthetischen Erkenntnisses a priori, vermittelst der Deduktion dieser Begriffe, die Grundsätze ihres Gebrauchs, endlich auch die Grenzen desselben, alles aber in einem vollständigen System darlegen. Also enthält Kritik, und auch sie ganz allein, den ganzen wohlgeprüften und bewährten Plan, ja so gar alle Mittel der Vollziehung in sich, wornach Metaphysik als Wissenschaft zu Stande gebracht werden kann; durch andere Wege und Mittel ist sie unmöglich.“ (Prol. A 189f.)

Nach Kant

Überwiegen der Kritik

In der Philosophie nach Kant überwiegt die Kritik an der Metaphysik gegenüber allen Versuchen, Metaphysik als Lehre vom Seienden als Seienden bzw. als philosophische Lehre von Gott neu zu begründen. Entsprechend wandelt sich der Begriff von Metaphysik zu einem Inbegriff an Fragwürdigem, Suspektem und Reaktionärem. Dies möge ausführlich im nächsten Kapitel, in dem es schwerpunktmäßig um die Metaphysikkritik gehen soll, zur Sprache kommen. So viel darf jedoch gleich hier festgehalten werden: Trotz aller Kritik gab es weiterhin metaphysische Systeme großen Stils. Erwähnt seien besonders die Systeme des Deutschen Idealismus, der Lebensphilosophie, des Marxismus, der Prozeßphilosophie, des Neorealismus sowie der christlichen Philosophien im katholischen und orthodoxen Einflußraum. Nicht zu übersehen ist zugleich, daß einige Systeme gegenüber der Metaphysik äußerst kritisch eingestellt waren, zugleich aber ihrerseits große metaphysische Systeme schufen. Man denke etwa an die Philosophien Schopenhauers (1788–1860) und Nietzsches (1844–1900). Schließlich ist die Seinsphilosophie Martin Heideggers (1889–1976) zu beachten, die wohl die Metaphysik ebenfalls kritisiert und zur Erreichung der eigenen Anliegen aus jeglichem metaphysischen Diskurs ausbricht, die aber doch der Ansicht ist, daß der Metaphysik die entscheidende Frage nach dem Sein des Seienden zugrundeliege, die weiterhin die entscheidende Frage des gesamten Denkens bleiben müsse. Für Heidegger war m.a.W. die Frage der Metaphysik nach dem Seienden als Seienden eine sinnvolle und gebotene Frage, sie hat diese jedoch falsch angegangen und dadurch das Entscheidende, nämlich die „ontologische Differenz“ zwischen Sein und Seiendem zu bedenken, vergessen.

Definition von Metaphysik und Erläuterung derselben

Die soeben erzielte Orientierung innerhalb der Geschichte dessen, was die philosophische Tradition unter Metaphysik verstanden hat, führte zu dem Ergebnis, daß Metaphysik – unabhängig davon, ob man dies für möglich oder unmöglich hielt – als jene Wissenschaft begriffen wurde, die beanspruchte, sowohl die umfassendsten als auch die fundamentalsten Aussagen über die gesamte Wirklichkeit machen zu können. Aus diesem Grunde wurde sie Wissenschaft des Seienden als Seienden, sofern das ‚ist' für sie das Allgemeinste und Prinzipiellste war, das sich von allem, was zur Wirklichkeit gehört, sagen läßt. Aus demselben Grund wurde sie philosophische oder natürliche Theologie, weil Gott innerhalb der Philosophie als die tiefste und oberste Ursache alles Wirklichen galt.

Trotz dieses Ergebnisses soll im folgenden Metaphysik *weder als Wissenschaft vom „Seienden als Seienden" bzw. vom „Sein" noch als „philosophische Theologie"* begriffen werden. Die Gründe hierfür sind folgende:

Rede vom Sein

Zum einen ist die Rede vom ‚Seienden' und vom ‚Sein' nicht allein in der Alltagssprache, sondern vor allem auch in der Wissenschafts- und Philosophiesprache fragwürdig geworden. Dies wiederum nicht bloß deshalb, weil die beiden Begriffe die Selbstverständlichkeit ihres Gebrauches eingebüßt haben. Ausschlaggebend dafür sind vielmehr sachliche Überlegungen. Die wichtigste unter ihnen ist wohl diese, daß im Rahmen der modernen Sprachphilosophie und Logik die Substantivierung des Verbs ‚ist' bzw. ‚sein', wie sie die Griechen und in Anschluß an diese die ganze Tradition bis hin zu Heidegger vorgenommen haben, nicht mehr zulässig ist – mag man sie aus historischen Gesichtspunkten noch so sehr verstehen. Das Verb ‚ist' kann nämlich innerhalb eines Satzes in ganz unterschiedlichen Funktionen verwendet werden: als Kopula, die eine Relation zwischen einem Subjekt und einem Prädikat herstellt (‚der Abendstern ist ein Planet'), als Existenzbehauptung (‚Gott ist') oder als Feststellung einer Identität (‚der Abendstern ist der Morgenstern'). Diese drei Funktionen des ‚ist' – Kopula, Existenz, Identität – können nicht aufeinander reduziert oder ineinander aufgelöst werden. (Vgl. u.a. E. Tugendhat/U.Wolf, Logisch-semantische Propädeutik, Stuttgart 1983, 201ff.) Und so gesehen erweist es sich als unmöglich, das Verb ‚ist' in ein Substantiv umzuwandeln, das alle diese Funktionen gleichermaßen in sich integriert.

Gottesfrage

Zum andern ist innerhalb der Philosophie kaum etwas so schwierig geworden wie die Rede von Gott. Nicht nur der Verlust religiöser Plausibilitäten im Zuge der Säkularisierung sowie die anhaltenden Einsprüche der sogenannten Religionskritik haben diese Situation herbeigeführt, sondern philosophische Untersuchungen, die auf die Bedingungen der Möglichkeit menschlichen Erkennens und Sprechens gestoßen sind. Was Martin Heidegger in seinem Vortrag „Die onto-theologische Verfassung der Metaphysik" (1957) festgehalten hat, gilt daher für alle philosophische Theoriebildung hinsichtlich Gottes:

> „Wer die Theologie, sowohl diejenige des christlichen Glaubens als auch diejenige der Philosophie, aus gewachsener Herkunft erfahren hat, zieht es heute vor, im Bereich des Denkens von Gott zu schweigen." (Identität und Differenz, Pfullingen 1957, 45)

Deshalb sei nicht ausgeschlossen, daß es eine philosophisch gerechtfertigte Rede von Gott geben kann. Für eine heutige Metaphysik aber, die nicht unberücksichtigt lassen kann, was sich im Laufe ihrer Tradition an Wissen und kritischem Bewußtsein über sie herausgebildet hat, kann sie nicht am Anfang stehen. Mag sein, daß sie sich ihr irgendwann und irgendwo wieder annähert. Damit es jedoch unter Umständen dazu kommt, müssen behutsame Schritte gesetzt werden, die weniger mit Spekulation als mit der Bereitschaft zu echtem Fragen zu tun haben.

Definition

Trotz des Verzichtes auf die Rede vom ‚Seienden als Seienden' bzw. vom ‚Sein' sowie trotz der Zurückstellung der Gottesfrage kann Metaphysik dennoch so definiert werden, daß zum einen das ursprüngliche Anliegen erhalten bleibt, Aussagen zu machen, die alles tangieren, was ‚ist', und zum anderen weiter die Möglichkeit besteht, die Gottesfrage in dieser oder jener Hinsicht zu entscheiden. Dies geschieht in der Form, daß Metaphysik als *jene Wissenschaft* begriffen wird, *die sich mit Fragen beschäftigt, welche die Wirklichkeit, sofern sie dem Menschen zugänglich ist, in ihrer Gesamtheit betreffen.*

Weitere Fragen

Um aber dieser Definition Plausibilität und Gewicht zu geben, ist es notwendig, sie durch die Behandlung folgender vier Fragen zu erläutern:

1) Die metaphysischen Fragen zeichnen sich laut Definition dadurch aus, daß sie die *Wirklichkeit in ihrer Gesamtheit* betreffen. Anders formuliert: In den Fragen der Metaphysik geht es um die Wirklichkeit im Ganzen. Was heißt hier Wirklichkeit in ihrer Gesamtheit bzw. Wirklichkeit im Ganzen? Was ist darunter vorzustellen?
2) *Gibt es überhaupt metaphysische Fragen*, Fragen also, die auf nichts Geringeres als auf die Wirklichkeit in ihrer Gesamtheit zielen? Wie, wo, wann stellen sie sich ein?
3) Die Metaphysik zeichnet sich in der Behandlung der genannten Fragen offensichtlich dadurch aus, daß sie diese *wissenschaftlich* durchführt. Warum ist es wichtig, dies hervorzuheben? Was bedeutet in diesem Zusammenhang ‚wissenschaftlich'?
4) Die Präzisierung, daß metaphysische Fragen die Wirklichkeit, *sofern sie dem Menschen zugänglich ist*, betreffen, deutet bereits an, daß die

menschliche Kompetenz in puncto Beantwortung von Fragen begrenzt ist. In besonderer Weise gilt dies natürlich für Fragen, die nichts weniger als die Wirklichkeit in ihrer Gesamtheit tangieren. So stellt sich das Problem, *ob der Mensch überhaupt imstande ist* bzw. die Voraussetzungen – die „Bedingungen der Möglichkeit" – dafür mitbringt, metaphysische Fragen beantworten zu können. Mit Kant gefragt: Kann es eine transzendentale Rechtfertigung („Deduktion") allfälliger Antworten auf wirklichkeitsumfassende Fragen geben?

Wirklichkeit in ihrer Gesamtheit – Das Worum der metaphysischen Fragen

‚Alles'

Was hat man sich unter dem *Ganzen* der Wirklichkeit vorzustellen? Woran denken die Wissenschaften, wenn sie von ‚Theorien für *alles*' sprechen? Die kontroverse Debatte darüber beherrscht die Philosophie bis zum heutigen Tag. Während Richtungen, die an der Tradition orientiert sind, dabei an ‚etwas' denken, das erfahren und gedacht werden kann, freilich nicht so wie ein Gegenstand, der sich von anderen Gegenständen unterscheidet und als ‚Gegen-stand' etwas nicht enthalten würde, was zur Gesamtheit dazugehört, nämlich das erkennende Subjekt, das sich die Gesamtheit ‚vor-stellt' bzw. ‚gegenüber-stellt', sondern paradox als ‚Gegenstand völlig ungegenständlicher Art', sehen andere Richtungen, die sich auf Einsichten der modernen Logik und Sprachphilosophie stützen, im Ausdruck ‚alles' zunächst nichts weiter als den Bestandteil eines Satzes, genauer einen logischen Quantor, der nichts benennt, weder ein Eigenname noch ein Prädikator ist, sondern keine andere Funktion hat, als Aussagen zu verallgemeinern und zu universalisieren. (Vgl. u.a. W. Kamlah/P.Lorenzen, Logische Propädeutik, Mannheim [2]1990, 161-179)

Ganzes als System

Im Anschluß an Kants Ideenlehre, aber auch im Anschluß an moderne Systemtheorien sei hier folgende These vertreten: Die Wirklichkeit in ihrer Gesamtheit ist dem Menschen niemals als Summe aller Teile gegeben, sondern – wenn überhaupt – ausschließlich als *Ordnung* oder *System* bzw. – im Falle der Anwendung der- oder desselben – als *Regulativ* des Erkennens, Handelns und Wertens. Ersteres ist aufgrund der Grenzenlosigkeit, aber natürlich auch aufgrund der unerhörten Komplexität und prinzipiellen Unabgeschlossenheit der Wirklichkeit völlig unmöglich. Wollte sie der Mensch mit seinen bescheidenen Fähigkeiten in dieser additiven Form bewältigen, würde er auf der Stelle vernichtet. Er kann sich, um mit Hans Blumenberg zu sprechen, schon allein darin glücklich schätzen, daß er – zumindest bis auf Widerruf – imstande ist, dem Grenzenlosigkeits- und Komplexitätsdruck der Wirklichkeit standzuhalten. Faßt er demnach die Totalität der Wirklichkeit nicht auf diesem Wege, so bleibt nur noch vorstellbar, daß es dem Menschen gelingt, die Unübersichtlichkeit und Komplexität derselben zu *reduzieren*.

Wie jedoch ist dies möglich? Nach Überzeugung der Philosophie von Anfang an: einzig durch eine Ordnung (κόσμος) bzw. durch ein System (von συνίστημι).

Ist somit von der Wirklichkeit in ihrer Gesamtheit die Rede, so kann sich dies nur auf *Systeme* beziehen – bleiben wir bei diesem Begriff –, die so umfassend angelegt sind, daß sie alles umfassen oder integrieren, was in irgendeiner Weise ‚ist'. Fragen, welche die Wirklichkeit im Ganzen betreffen und aus diesem Grund *metaphysische* Fragen heißen, sind folglich Fragen, in denen es um derart umfassende Systeme geht. Noch einmal anders formuliert: Der ‚Gegenstand' der Metaphysik enthält weder etwas unvorstellbar Jenseitiges noch etwas geheimnisvoll Mystisches, sondern ist nichts anderes als das System bzw. die Vielfalt von Systemen, das bzw. die dazu tendiert, wirklichkeitsumfassend zu sein. ‚Gegenstand'

Es geht an dieser Stelle noch nicht um die Frage, ob es ein solches weitreichendes System überhaupt geben kann. Diese Frage wird Thema des letzten Teiles dieses Buches sein. Da aber bereits die Rede davon ist, wie das Ganze der Wirklichkeit vorgestellt werden soll, sei – vorwegnehmend – gleich hier präzisiert: Entsprechend dem hohen Komplexitätsgrad der Wirklichkeit müssen Systeme, die dazu geeignet sein sollen, die Wirklichkeit in ihrer Gesamtheit zu erfassen, von vornherein differenzierungsfähig angenommen werden. Mit anderen Worten: Metaphysische Systeme sind niemals eindimensionale, sondern allemal *multidimensionale* Systeme. Noch einmal anders: Die Wirklichkeit in ihrer Gesamtheit kann, wenn überhaupt, nur in einem *Geflecht oder Netz von differenzierten Systemdimensionen* wahrgenommen werden. Multidimensionalität

Das Entstehen von metaphysischen Fragen in der persönlichen Existenz und in der Wissenschaft

Daß es metaphysische Fragen im soeben definierten Sinn gibt, wird von der Philosophie weit weniger bezweifelt als die Annahme, daß sie beantwortet werden können. Der erste Satz von Kants „Kritik der reinen Vernunft" von 1781 dürfte immer noch eine ‚opinio communis' vieler Philosophen und Philosophinnen unserer Zeit darstellen:

> „Die menschliche Vernunft hat das besondere Schicksal in einer Gattung ihrer Erkenntnisse: daß sie durch Fragen belästigt wird, die sie nicht abweisen kann, denn sie sind ihr durch die Natur der Vernunft selbst aufgegeben, die sie aber auch nicht beantworten kann, denn sie übersteigen alles Vermögen der menschlichen Vernunft." (A VII)

Jedenfalls läßt sich nach dem zuvor Gesagten erklären, unter welchen Voraussetzungen metaphysische Fragen, d.h. Fragen, die es mit der Gesamtheit der Wirklichkeit zu tun haben, zustandekommen können. Das Anlaß der Fragen?

geschieht zumeist – nicht notwendig, nicht immer – dann, wenn das System, welches der Verstehbarkeit, der Bewältigbarkeit sowie der Bewertbarkeit der Wirklichkeit zugrundeliegt, seine alltägliche und weniger alltägliche Selbstverständlichkeit verliert bzw. als solches bewußt wird.

Existentielle Relevanz

Primär ist dies in der konkreten, von Einmaligkeit und Individualität geprägten Existenz des Menschen der Fall. Das überrascht nicht, denn es darf nicht übersehen werden, daß die Systematisierung der Wirklichkeit nicht etwas ist, was der Mensch ebensogut unterlassen könnte. Die Systematisierung der Wirklichkeit erweist sich vielmehr als unabdingbar. Ohne Systematisierung wäre es dem Menschen in keiner Weise möglich, die Wirklichkeit zu bestehen. Nun leuchtet unmittelbar ein, daß die Bedeutung und Güte eines Systems davon abhängt, wie integrations- und differenzierungsfähig es ist. Ein System, das da funktionierte und dort schon nicht mehr, bzw. ein System, das heute Gültigkeit besäße und morgen bereits wieder nicht, wäre zur Bewältigung der Wirklichkeit, die vielleicht nicht dauernd, aber doch häufig und mit gewisser Unausweichlichkeit herausfordert, höchst untauglich. Wirklichkeitssysteme, die dem Menschen auf existenzieller Ebene bieten sollen, was er von ihnen erwartet, *tendieren* daher von sich aus dazu, umfassend zu werden. Wird nun ein solches wirklichkeitsrelevantes System an einer beliebigen Stelle in positiver oder in negativer Hinsicht auffällig, so kann es als ganzes bewußt werden.

Existentieller Ursprung

In der Regel denkt man in diesem Zusammenhang an den negativen Fall, sprich an das, was Karl Jaspers die „Grenzsituationen" des Lebens genannt hat, d.h. an Existenzerfahrungen, in denen der Mensch aufgrund einer bestimmten Erkenntnis, eines spezifischen Erlebnisses oder eines unerwarteten Schicksalsschlages erlebt, daß ihn das System, mit Hilfe dessen er sein Leben bislang bewältigt hat, nur bedingt oder gar nicht trägt. Dazu genügt, wie gesagt, der einmalige Fall bzw. die Feststellung, daß das System in bloß einer seiner Dimensionen an einer beliebigen Stelle versagt. Auch bedarf es dazu nicht einmal des Spektakulären. Das Banale und Monotone vermag denselben Effekt nach sich zu ziehen. In jedem Fall kann dadurch die Voraussetzung dafür geschaffen sein, daß schlechthin *alles*, d.h. das umfassende System, welches dieses ‚alles' an Wirklichkeit repräsentiert, fragwürdig wird. So richtig es jedoch ist, an diese Situationen zu denken, wenn es darum geht, die existenzielle Entstehung der metaphysischen Fragen zu beweisen und zu veranschaulichen, so einseitig wäre es zugleich, wenn man sich nur auf das negativ Besetzte fixierte. Das System fällt nämlich auch auf, wenn es sich im unvorhersehbaren oder nicht erwarteten Fall *bewährt*. Bei dieser Gelegenheit entsteht bekanntermaßen eine andere, positive Motivation zur Bewußtmachung der Ordnung, die ‚in allen Dingen' vermutet wird. Die ältere Philosophie erblickte im Staunen darüber (θαυμάζειν) sogar den Anfang des Philosophierens. Nicht wenige Künstler, Schriftsteller und Wissenschaftler bezogen aus derartigen Erlebnissen den Impuls zu ihrem Schaffen. Doch egal ob positiv oder negativ stimuliert: Das System als solches kann in spezifischen existenziellen Situationen bewußt werden. Damit ist aber auch eine Bedingung der Möglichkeit zur Entstehung metaphysischer Fragen gegeben.

Universalisierung / Formalisierung

Existenzielle Erlebnisse, gleichgültig ob positiv oder negativ empfunden, erzeugen freilich noch nicht per se Philosophie oder Metaphysik. Keineswegs. Wie noch zu zeigen sein wird, führt nicht einmal der Schritt vom Erlebnis bzw. vom ersten Auftreten der Frage zur ausdrücklichen Antwortsuche in die Philosophie, sondern zumeist in die allgemeine, nicht differenzierte Weltanschauung, in die Religion, in die Ideologie, in die Literatur, in die Kunst. Doch es kann auch Metaphysik entstehen. Dies wiederum ist deshalb möglich, weil die Fragen, die sich in der konkreten Existenz aufdrängen und im zuvor beschriebenen Sinn auf das Gesamte der Wirklichkeit beziehen, *sich von sich aus* nicht nur dadurch *universalisieren*, daß sie inhaltlich gesehen vom persönlichen Erlebnis auf die gesamte Wirklichkeit ausgreifen, sondern auch formal betrachtet immer abstrakter, d.h. intersubjektiver und allgemeingültiger werden. Auf diese Weise stufen sie sich von sich selbst aus in Richtung Wissenschaft auf und werden so zu metaphysischen Fragen im engeren Sinne. U.a. scheint mir die berühmte Frage von Leibniz „Warum gibt es überhaupt etwas und nicht vielmehr nichts?“ das Ergebnis einer solchen Aufstufung zu sein.

Enstehung in den Wissenschaften

Nicht weniger zu beachten ist die Entstehung von metaphysischen Fragen in den Wissenschaften. Dies ist umso mehr zu tun, als es seitens einiger philosophischer Richtungen immer wieder geheißen hat und heißt, daß wohl metaphysische Fragen auftreten könnten, daß diese aber die Wissenschaften nichts angingen bzw. daß sie bloß subjektiv, sozusagen von jedem Menschen für sich allein oder in Gemeinschaft mit Gleichgesinnten, jedenfalls nicht wissenschaftlich, zu lösen seien. Stellt sich jetzt heraus, daß die Wissenschaften *von sich selbst aus* danach tendieren, Fragen nach der Gesamtheit der Wirklichkeit lösen zu wollen, dann kann es wohl kein gerechtfertigter Standpunkt sein, zu behaupten, daß die Wissenschaften nur bis zu einem – wie immer zu eruierenden – gewissen Punkt fragen bzw. forschen dürften und daß ihnen ein ‚darüber hinaus‘ grundsätzlich verwehrt sei. Damit, daß die Wissenschaften fragen, unter Umständen auch metaphysisch fragen, ist freilich noch nicht gesagt, daß sie diese Fragen auch beantworten können. Doch allein die Tatsache, daß es eine wissenschaftliche Annäherung an Probleme gibt, die man zur Metaphysik (im zuvor definierten Sinne) rechnen kann, beweist, daß die Wissenschaften aus sich selbst heraus zur Metaphysik drängen und ihr damit ein Recht auf eine Funktion im Rahmen der Wissenschaften einräumen.

Beispiel Physik

Als ein Beispiel wissenschaftlichen Strebens nach Theorien, welche prätendieren, die gesamte Wirklichkeit zu erfassen, sei auf die sogenannten „abgeschlossenen Theorien“ in der Physik verwiesen. Was darunter zu verstehen ist, möge ein Text von Carl Friedrich von Weizsäcker klar machen:

> „Eine derartige Entwicklung [abgeschlossener Theorien] kennen wir aus der Geschichte der Physik in mehrfacher Wiederholung: denken wir an die Entstehung der klassischen Mechanik, der Elektrodynamik, der speziellen Relativitätstheorie, der Quantenmechanik; wir erhoffen denselben Hergang für die Physik der Elementarteilchen. Dabei werden die früheren Theorien durch die späteren wiederum modifiziert. Aber sie werden nicht eigentlich umgestoßen, sondern auf einen Geltungsbereich eingeschränkt. Im Begriffsschema von anfänglichem Entwurf und endgültiger Theorie kann man diese sukzessiven Selbstkorrekturen der Physik etwa so beschreiben: Eine ältere abgeschlossene Theorie, z.B. die klassische Mechanik, beschreibt einen gewissen Erfahrungsbereich angemessen. Dieser Erfahrungsbereich hat, wie man später lernt, Grenzen. Aber solange die betreffende Theorie das letzte Wort der Physik über diesen Erfahrungsbereich ist, kennt die Physik eben diese Grenzen nicht; die Theorie gibt nicht ihre eigenen Grenzen an. Eben deshalb dient die abgeschlossene Theorie zugleich als anfänglicher Entwurf für die Erschließung eines viel weiteren Erfahrungsbereichs. Irgendwo in diesem weiteren Bereich stößt sie dann an die Grenzen dessen, was ihre Begriffe erfassen können. Aus dieser Krise des Entwurfs geht schließlich eine neue abgeschlossene Theorie hervor, z.B. die spezielle Relativitätstheorie. Diese nun umfaßt die ältere Theorie als einen Grenzfall und gibt eben damit Genauigkeitsgrenzen an, innerhalb deren man die ältere Theorie jeweils benützen kann. Erst die neue Theorie kennt die Grenzen der alten. Die neue Theorie aber ist gegenüber noch weiteren Erfahrungen wiederum ein anfänglicher Entwurf, der seine eigenen Grenzen ahnen, aber nicht angeben kann.“ (Die Einheit der Natur, München 1971, 208f.)

Jede abgeschlossene Theorie, die zwar „kein absolutes, aber ein relatives Optimum“ (ebd. 194) darstellt, zielt nun nicht bloß darauf ab, eine Einheit all ihrer Erfahrungen bzw. eine Einheit aller Disziplinen, die sie einsetzt, zustandezubringen. Es geht ihr vielmehr auch darum, ihren ‚Gegenstand‘, d.h. die Vorgänge der physikalisch beobachtbaren Wirklichkeit als Einheit zu begreifen. Das eine bedingt das andere. Der Einheit der Physik korrespondiert die Einheit der Natur (ebd. 185). Gerade durch diesen Versuch, die Einheit der Natur bzw. die Gesamtheit der Wirklichkeit in spezifischer, mathematisch-physikalischer Hinsicht zu erfassen, konstituiert sich überhaupt erst die Physik, wie wir sie kennen. Newton hat sie nicht zuletzt *dadurch* neu begründet. Im Unterschied zur früheren Physik (eines Kopernikus oder eines Kepler) ging es ihm nämlich grundsätzlich darum, alles physikalisch Erkennbare in ein widerspruchfreies System von Axiomen einzuordnen und damit mathematisch auszudrücken. Was gewann er dadurch? Zum einen sicherlich die

Möglichkeit, alles Wirkliche *mechanisch* erklären zu können. Zum anderen bekam er aber auch ein Mittel an die Hand, einerseits dasjenige zu bestimmen, was beobachtbar gegenwärtig geschieht, und andererseits zusätzlich dasjenige zu fassen, was geschehen *könnte* – in der Zukunft. Das heißt: Mit Hilfe der Mathematik sowie der (euklidischen) Geometrie sah er sich in der Lage, sowohl das verifizierbar Tatsächliche als auch das denkbar Mögliche der Wirklichkeit zu systematisieren. Obwohl sich spätere Theorien, welche die klassische Mechanik ablösten – die Elektrodynamik, die spezielle Relativitätstheorie, die Quantenmechanik sowie die Physik der Elementarteilchen –, vom Determinismus der Newton'schen Theorie distanzierten, behielten sie doch dieselbe Intention. Auch sie strebten an, die Natur in ihrer Einheit zu begreifen. Besonders deutlich wird dies bei Werner Heisenberg, der – den Bemühungen Albert Einsteins nacheifernd – die fundamentalen Gesetzmäßigkeiten der Materie in einer sogenannten „einheitlichen Feldtheorie“ ausdrücken wollte, welche die Symmetrieeigenschaften der Elementarteilchen mathematisch-geometrisch beschreibt.

> „Eine Theorie, die aus einer einfachen Grundgleichung für die Materie die Massen und die Eigenschaften der Elementarteilchen wiedergibt, ist auch gleichzeitig eine einheitliche Feldtheorie. Der aus den Experimenten erkannte Umstand, daß alle Elementarteilchen sich ineinander umwandeln können, deutet darauf hin, daß es kaum möglich sein dürfte, etwa nur eine bestimmte Gruppe von Elementarteilchen auszusondern und nur für diese Gruppe eine mathematische Darstellung zu finden. Durch diese Erfahrung und durch die grundlegende Bedeutung der Symmetrieeigenschaften erhält jeder Versuch einer Theorie der Elementarteilchen [...] einen eigentümlichen Charakter von Geschlossenheit. Man findet Strukturen, die so ineinander verknüpft und verschlungen sind, daß man eigentlich an keiner Stelle mehr Änderungen vornehmen kann, ohne alle Zusammenhänge in Frage zu stellen. / Man wird hier etwa an die kunstvollen Bandornamente arabischer Moscheen erinnert, in denen so viele Symmetrien gleichzeitig verwirklicht sind, daß man nicht ein einziges Blatt verändern könnte, ohne den Zusammenhang des Ganzen entscheidend zu stören. Und ähnlich wie jene Bandornamente den Geist der Religion ausdrücken, aus der sie entstanden sind, so spiegelt sich auch in den Symmetrieeigenschaften der Quantenfeldtheorie der Geist der naturwissenschaftlichen Epoche [...].“ (Die Plancksche Entdeckung und die philosophischen Grundfragen der Atomlehre [11958], Ges. W., Bd. C II, 205-212, hier 212.

Grenzen physikalischer Theorien

Mag es somit erwiesen sein, daß auch eine Einzelwissenschaft wie die Physik aus sich selbst heraus danach drängt, die Natur immer ganzheitlicher und folglich die Wirklichkeit immer einheitlicher zu begreifen, was in sich bereits eine metaphysische Tendenz darstellt, so ist doch zugleich auch der entscheidene Unterschied, der eine einzelwissenschaftliche ‚abgeschlossene Theorie‘ gegenüber einer metaphysischen Theorie kennzeichnet, nicht zu vernachlässigen. Der englische Physiker

Stephen Hawking hat ihn durch folgende Fragen auf den Punkt gebracht:

> „Auch wenn nur *eine* einheitliche Theorie möglich ist, so wäre sie doch nur ein System von Regeln und Gleichungen. Wer bläst den Gleichungen den Odem ein und erschafft ihnen ein Universum, das sie beschreiben können? Die übliche Methode, nach der die Wissenschaft sich ein mathematisches Modell konstruiert, kann die Frage, warum es ein Universum geben muß, welches das Modell beschreibt, nicht beantworten. Warum muß sich das Universum all dem Ungemach der Existenz unterziehen? Ist die einheitliche Theorie so zwingend, daß sie diese Existenz herbeizitiert? Oder braucht das Universum einen Schöpfer, und wenn ja, wirkt er noch in irgendeiner anderen Weise auf das Universum ein? Und wer hat ihn erschaffen? [...] Wenn wir die Antwort auf diese Frage [warum es den Menschen und das Universum gibt] fänden, wäre das der endgültige Triumph der menschlichen Vernunft – denn dann würden wir Gottes Plan kennen.“ (Eine kurze Geschichte der Zeit [[1]1988], dt. H. Kober, Hamburg 1988, 217f.)

Unterscheidendes Merkmal

Das bedeutet: Einzelwissenschaftliche Theorien wie die Physik streben die Wirklichkeit in ihrer Gesamtheit nur in *einer* Systematisierungsmöglichkeit, in *einer* Dimensionsebene des oben beschriebenen Gesamtsystems der Wirklichkeit an. Sie sehen aus methodischen Gründen bewußt davon ab, daß es auch andere Systematisierungsmöglichkeiten, Systemdimensionen, gibt. Die Physik z.B. begnügt sich damit, die Wirklichkeit in jener Form zu erfassen, die sich mathematisch-naturwissenschaftlich erfassen und darstellen läßt. Eine solche Selbstbeschränkung kann die Metaphysik nicht vornehmen. Will sie ernsthaft zu Aussagen kommen, welche die Wirklichkeit in ihrer Gesamtheit betreffen, so vermag sie dies nur unter der Voraussetzung zu tun, daß sie zu Systemen gelangt, welche der Komplexität der Wirklichkeit durch *Multi*dimensionalität gerecht werden. Es ist natürlich nicht ausgeschlossen, daß eine Einzelwissenschaft mit der Zeit auch Systemdimensionen integriert, die man zuvor nicht ihrem Zutändigkeitsbereich zugeordnet hätte. So etwa hat die Physik etliche Theorien entwickelt, die früher allein der Metaphysik – vor allem der Kosmologie – zugewiesen waren. Niemand kann ausschließen, daß es in Zukunft ähnliche Grenzaufhebungen zwischen einzelnen Systemdimensionen geben wird. Trotzdem bleibt die Metaphysik diesen doch partiellen Integrationsvorgängen immer schon voraus, sofern die Multidimensionalität der Systemdimensionen nicht bloß etwas ist, womit sie unter anderem rechnet oder wovon sie bei Gelegenheit absieht, sondern etwas, woraus und worin sie sich von Hause aus und bleibend bewegt. Es erhebt sich freilich die Frage, ob das, was die Metaphysik gegenüber den Einzelwissenschaften zu leisten vorgibt, auch faktisch leistbar ist. Doch darauf soll erst im letzten Teil dieses Buches, nach der Auseinandersetzung mit der Geschichte der Metaphysik, geantwortet werden.

Die Wissenschaftlichkeit von Metaphysik

Weiter Wissenschaftsbegriff

Daß die Einzelwissenschaften von sich selbst aus zu metaphysischen Problemstellungen drängen und wenigstens dadurch der Metaphysik einen Platz innerhalb des Forums der Wissenschaften einräumen, entbindet noch nicht von der Frage, wie die Metaphysik ihrerseits wissenschaftlich wird bzw. sein kann. Dies hängt erwartungsgemäß vom Wissenschaftsbegriff ab, den man ihr gegenüber in Anwendung bringt. Wählt man diesen eng, d.h. grenzt man Wissenschaftlichkeit auf das ein, was eine einzelne Wissenschaft oder eine Wissenschaftsgruppe darunter versteht, kann Metaphysik niemals Wissenschaft sein, denn nach dem zuvor Gesagten lebt Metaphysik ja gerade davon, daß sie nicht nur eine Systematisierungsmöglichkeit der Wirklichkeit berücksichtigt, sondern prinzipiell auf alle Systematisierungsmöglichkeiten eingestellt ist. Daraus folgt, daß nur ein weiter Wissenschaftsbegriff die Metaphysik in die Lage versetzt, Wissenschaft zu sein.

Enger Wissenschaftsbegriff

Dieser Forderung kommt jedoch die Erfahrung der Philosophie und Wissenschaftstheorie mit allen Versuchen entgegen, welche allzu rigorose Kriterien für die Wissenschaftlichkeit von Aussagen und Theorien festsetzen wollten. Jeder dieser Versuche führte nicht allein dazu, daß er etlichen Wissenschaften, die es nun einmal gibt, die nach ihrem eigenen Selbstverständnis Wissenschaften sind und die vor allem auch nachweisliche Erkenntnisfortschritte aufweisen können, den Anspruch auf Wissenschaftlichkeit absprechen mußte. Er machte darüber hinaus deutlich, daß die aufgestellten Kriterien nicht einmal von jenen Theorien eingehalten werden konnten, die sie aufgestellt hatten, weil sie permanent Einsichten zu Hilfe nehmen oder Entscheidungen treffen mußten, die im rigorosen Kriterienrahmen nicht vorgesehen waren. Abgesehen davon stellte sich heraus, daß die Basis aller Erkenntnis, die auf Intersubjektivität und Überprüfbarkeit der Ansprüche setzt, nämlich die *Argumentation*, ein *mehr*gestaltiges Phänomen ist. Dadurch wurde immer weniger plausibel, warum die Wissenschaftlichkeit von Erkenntnis nur an einem einzigen Typ von Argumentation – etwa an dem, der in der Mathematik und in den Naturwissenschaften vorherrscht – festzumachen sei.

Vor dem Hintergrund dieser Entwicklung wird man von der Wissenschaftlichkeit einer Aussage oder einer Theorie unter folgenden zwei Voraussetzungen sprechen dürfen:

Nachvollziehbarkeit

1) *Wissenschaftliche Aussagen oder Theorien müssen nachvollziehbar sein*. Damit ist nicht gemeint, daß die geäußerten Sätze simpel oder allgemeinverständlich sein müssen. Eine Theorie – man denke an die Relativitätstheorie – kann sehr kompliziert und trotzdem nachvollziehbar sein. Ebenso erfordert es die Wissenschaft, daß zum Zwecke der Ver-

eindeutigung des ‚Gegenstandes' und zur Präzisierung der getroffenen Aussagen Fachbegriffe, ja Fachsprachen eingeführt werden. Auch dies tut dem Kriterium der Nachvollziehbarkeit keinerlei Abbruch, im Gegenteil. Solange von einer Aussage oder einer Theorie gilt, daß sie zumindest prinzipiell von jedem/jeder, der/die sich mit ihr beschäftigt, verstanden werden kann, ist die Nachvollziehbarkeit gewährleistet. Was aber ausgeschlossen ist, sind esoterische Sprachen, die ‚per definitionem' nicht von allen Mitgliedern einer Gemeinschaft oder der Gesellschaft, sondern nur von wenigen – Eingeweihten, Auserwählten – begriffen und verwendet werden sollen. Sie verweigern sich von sich aus einer allfälligen Intersubjektivität. Daß es freilich nicht immer leicht ist, jedesmal und in jeder Hinsicht nachvollziehbar zu sprechen, weiß jeder, der mit der menschlichen Sprache nicht nur gewohnheitsmäßig, sondern reflektiert umgeht. Dem schließt sich an, daß zur Nachvollziehbarkeit von Theorien ebenso das Einhalten *der logischen Gesetze* gehört. Auch dies ist in der Praxis, selbst in der wissenschaftlichen Praxis, meist nur partiell erfüllbar. Zur Einhaltung des Kriteriums wird man sich daher sowohl aus diesem wie aus jenem Grund einer *ökonomischen* Strategie bedienen müssen. Das entbindet allerdings nicht davon, daß *prinzipiell gesehen* zur Abdeckung des Anspruchs auf Wissenschaftlichkeit die Forderung der Nachvollziehbarkeit so weit als möglich angestrebt werden muß.

Überprüfbarkeit

2) *Wissenschaftliche Aussagen oder Theorien müssen überprüfbar sein.* Dieses Kriterium läßt sich auch so formulieren: Wissenschaftliche Aussagen und Theorien kommen nur dann ihrem Anspruch auf Wissenschaftlichkeit nach, wenn sie *argumentativ* vorgebracht werden und insofern im Rahmen *eines argumentativen Diskurses* diskutierbar sind. Argumentieren wiederum heißt: Ich gebe für das, was ich behaupte, Gründe an (λόγον διδόναι). Erst wenn ich dies tue, kann derjenige/diejenige, dem/der gegenüber ich meine Behauptungen aufstelle, zu dem von mir Gesagten Stellung nehmen. Natürlich muß er/sie dies abermals argumentierend, mit dem Angeben von Gründen, tun, sonst könnte umgekehrt ich nicht Stellung nehmen zu dem, was er/sie mir gegenüber vorbringt, und der argumentative Diskurs fände nicht statt. Wo Stellung genommen werden kann, ist auch Überprüfung möglich, und wo Überprüfungen vorgenommen werden, die unter Umständen dazu führen, zwischen den Teilnehmern und Teilnehmerinnen an einem argumentativen Diskurs *Konsens* herbeizuführen, ist schließlich die Steigerung von *Intersubjektivität* gegeben. Wie schwer erneut die Einhaltung dieses zweiten Kriteriums ist, weiß jeder/jede, der/die die Praxis der Kommunikation, selbst die Auseinandersetzungspraxis innerhalb der Wissenschaften kennt. Die Bereitschaft zur Argumentation ist alles andere als eine Selbstverständlichkeit. Sie setzt, wie Karl-Otto Apel zu Recht gemeint hat, einen *ethischen* Entschluß im Namen der Freiheit voraus, die durch die Argumentation als gegenseitige Einräumung von Kompetenz

und Recht zur Stellungnahme gewährleistet wird. In dieser Hinsicht, aber natürlich auch aufgrund der Tatsache, daß weder in der Wissenschaft noch in sonst einer kommunikativen Situation – sei sie privat oder öffentlich – alles und jedes erschöpfend durchargumentiert werden kann, daß also für das faktische Funktionieren des menschlichen Lebens stets ein gewisses Ausmaß nicht argumentierter Ansichten in Kauf genommen werden muß, ist noch einmal davon auszugehen, daß von jenen, die Wissenschaft betreiben wollen, nur ein permanentes Bemühen um die Erfüllung der Anforderungen des Überprüfbarkeitskriteriums erwartet werden darf. Das tut jedoch der *prinzipiellen* Gültigkeit des Kriteriums keinerlei Abbruch.

Bedeutung der Kriterien

Kommt eine metaphysische Theorie den genannten beiden Kriterien nach, kann sie Wissenschaft sein wie andere einzelwissenschaftliche Theorien auch. Es ist verschärfend hinzuzufügen: Anders ist sie überhaupt keine Metaphysik, denn eine Metaphysik, die keine Wissenschaft sein wollte, ist prinzipiell keine Metaphysik. Dies zu betonen, ist vor allem deshalb wichtig, weil es neben der Metaphysik noch eine Reihe anderer Paradigmen zur Bewältigung wirklichkeitsumfassender Fragen unter dem Einsatz analoger multidimensionaler Systeme gibt. Sie wurden bereits kurz angesprochen: die allgemeine, nicht-differenzierte *Weltanschauung*, die zwar ein amorphes Konglomerat an unterschiedlichsten Erfahrungen, Wissensbeständen und Vermutungen enthält, aber doch von einem Großteil aller Menschen alltäglich in Anspruch genommen wird, um mit den lebensrelevanten Fragen zu Rande zu kommen, die *Religionen*, die das Leben und Sterben unzähliger Menschen samt ihrer Fragen gestalten, die politischen *Ideologien*, die im Zeitalter der sogenannten Säkularisation an die Stelle der Religionen getreten sind, sowie die *Kunst* und die *Literatur*, die zu den ältesten Formen menschlicher Wirklichkeitsbewältigung gehören. Bezüglich dieser anderen Paradigmen muß anerkannt werden, daß sie im Laufe der Menschheitsgeschichte unvergleichlich erfolgreicher waren als die Metaphysik. Umso mehr ist zu betonen, daß die Metaphysik ausschließlich unter *der* Bedingung eine Berechtigung hat, daß sie Wissenschaft ist. Dies freilich setzt voraus, daß die Wissenschaft als solche – der argumentative Diskurs im zuvor erläuterten Sinn – einen Wert darstellt, den es zu realisieren gilt.

Verschiedene Intentionen

In diesem Zusammenhang der Abgrenzung der Metaphysik gegenüber anderen Paradigmen umfassender menschlicher Wirklichkeitsbewältigung muß noch ein weiteres Kriterium für die Wissenschaftlichkeit von Aussagen und Theorien zur Sprache kommen: Es fällt auf, daß es nicht bloß Übergänge zwischen den einzelnen Paradigmen Religion, Wissenschaft, politischer Ideologie, Kunst, Literatur und allgemeiner Weltanschauung gibt und immer schon gegeben hat, sondern daß auch die einzelnen Paradigmen Einsichten der jeweils anderen Paradigmen zu eigenen Zwecken heranziehen. So ist es z.B. eine unbestrittene Tatsache, daß sich die einzelnen Paradigmen erst im Laufe der abendländisch-europäischen Geschichte voneinander differenziert haben, was wiederum erklärt, weshalb sich die Entwicklung des einen Paradigmas ohne die des anderen kaum hinreichend verstehen läßt. Ebenso erscheint es auch heute noch als selbstverständlich, daß sich die Paradigmen gegenseitig bedienen, wenn es darum geht, jeweils eigene Errungenschaften oder Einsichten unter Zuhilfenahme der Errungenschaften oder Einsichten eines anderen Paradigmas zu bestätigen, zu bekräftigen oder zu illustrieren. Doch keines der einzelnen Paradigmen ist das andere. Jedes unterscheidet sich vom anderen fundamental. Worin liegt dann aber das unterscheidende Merkmal der Metaphysik, die im Bedarfsfall nicht weniger nach den Inhalten anderer Paradigmen greift als diese Paradigmen ihrerseits?

Ganz offensichtlich ist es die *Zielsetzung*, die *Intentionalität*, hinsichtlich derer die Metaphysik ihre Fragen beantwortet und Einsichten, die durch andere Paradigmen zustandegekommen sind, heranzieht. Wie jedoch ist diese spezifische Zielsetzung zu definieren? Sie liegt darin, daß die Metaphysik darauf aus ist, über die Wirklichkeit in ihrer Gesamtheit *Theorien zu erstellen*. Das ist etwas grundsätzlich anderes als in den übrigen Paradigmen intendiert wird. So will eine Religion keine Auseinandersetzungen um Theorien, sondern das konkrete Sich-Betreffenlassen von ihrer Botschaft. Ebenso geht es in Kunst und Dichtung nicht um das Führen von Disputationen. Beidem liegt vielmehr daran, der Wirklichkeit Ausdruck (Sprache) zu geben, den Menschen einen Spiegel vorzuhalten oder eine Gegenwelt zu entwerfen. Erst recht kommt es den politischen Ideologien nicht darauf an, endlos auf beurteilbare Einverständnisse zu warten. Sie wollen die Wirklichkeit verändern. Sie fahren, um mit Jürgen Habermas zu sprechen, einen *erfolgsorientierten* Kurs. Schließlich etablieren sich Weltanschauungen, die das Alltagsleben der meisten Menschen wesentlich bestimmen, nicht über kritische Diskurse, sondern über Traditionen, Gewohnheiten, pragmatische Arrangements, bewußte oder unbewußte Wünsche, Hoffnungen und dergleichen. All dem gegenüber erfüllt sich, um im Vokabular von Habermas zu bleiben, das Tun der Metaphysik darin, *verständigungsorientiert* zu sein, was nichts anderes bedeutet, als daß es ausschließlich darauf zielt, intersubjektiv argumentierbare Theorien zu gewinnen. Mit anderen Worten: In der Metaphysik geht es nicht darum, jemanden in eine Nachfolge zu berufen, eine existenzielle Entscheidung herbeizuführen, ein politisches Handeln zu provozieren, einem Weltgeist ein Stelldichein zu geben, ein Seinsschicksal zu beschwören, einen Menschen zu heilen, ihm sterben zu helfen oder sein Glück anzuzeigen, sondern einzig und allein darum, wissenschaftlich vertretbare Theorien über die Wirklichkeit in ihrer Gesamtheit zu erstellen. Oder noch einmal anders: Wenn sich die Metaphysik der Erfahrungen der Religionen bedient,

Einsichten der Literatur und Kunst heranzieht, auf politische Ideologien zurückgreift oder auf Plausibilitäten allgemeiner Weltanschauung rekurriert, dann geschieht das nicht mit dem Ziel, Religion, Literatur, Kunst, Ideologie oder Weltanschauung zu pflegen, sondern mit der Intention, über die Wirklichkeit (in ihrer Gesamtheit) eine Verständigung mittels einer Theorie herzustellen. Auch darin ist sie Wissenschaft.

Die Bedingung der Möglichkeit von metaphysischen Fragen

Problem

Schon während der bisherigen Überlegungen stand immer wieder die Frage im Raum, ob das, was hier als Metaphysik definiert wird, faktisch möglich ist, und es wurde jedesmal darauf hingewiesen, daß eine Antwort auf diese Frage erst im letzten Teil des Buches gegeben werden kann. Was allerdings an dieser Stelle des Gedankenganges bereits erörtert werden muß, ist die Frage, worin innerhalb der menschlichen Erkenntnis die grundlegenden Voraussetzungen – die Bedingungen der Möglichkeit – für die metaphysischen *Fragen* liegen. Damit steht wohl gemerkt noch nicht die Metaphysik als ganze zur Debatte, sondern vorerst nur *die Fragen, die zur Metaphysik führen*. Von diesen hieß es bis jetzt lediglich, daß es sie unabweisbar gibt, bzw. daß sie sowohl in der konkreten Existenz eines Menschen sowie im Rahmen einzelwissenschaftlicher Problemstellungen auftreten können. Was schafft aber nun in der menschlichen Erkenntnis die Voraussetzung dafür, daß es überhaupt zu Fragen kommt, die sich immerhin auf das Ganze der erfaßbaren Wirklichkeit beziehen?

Universalität der Negation

Meines Erachtens ist diese Bedingung der Möglichkeit in der menschlichen Sprache zu suchen und hier wiederum in deren universaler Fähigkeit, alles *negieren* zu können. Wie ist das zu verstehen? Dazu muß beachtet werden, daß die Äußerungen unseres Denkens und Sprechens aus Sätzen bestehen. Ein Satz jedoch ist keine Abbildung der Wirklichkeit (auch wenn eine lange Tradition bis hin zum frühen Ludwig Wittgenstein das angenommen hat). In einem Satz wird vielmehr ausgedrückt, wie sich die Wirklichkeit verhalten *könnte*. Mit Wittgenstein gesprochen. „Im Satz wird gleichsam eine Sachlage probeweise zusammengestellt." (Tractatus logico-philosophicus [1921] 4.031) Ein Satz *nimmt* sozusagen die Wirklichkeit *vorweg*, er *antizipiert* bzw. *projeziert* sie. Wie ist aber garantiert, daß er die Wirklichkeit nicht willkürlich und beliebig zusammenstellt? Wodurch ist gewährleistet, daß er kein sinnloser Satz wird? Offensichtlich durch seinen Bezug zur Wirklichkeit, wir können auch sagen: durch seine Wahrheit. Deshalb betont Wittgenstein in einer berühmt gewordenen Formulierung: „Einen Satz verstehen, heißt, wissen was der Fall ist, wenn er wahr ist." (Tractatus 4.024) Natürlich läßt sich der Bezug zur Wirklichkeit nicht allein über die Wahrheit herstellen. Dies wird schon daraus ersichtlich, daß in den Sätzen nicht allein behauptet oder affirmiert wird. Neben den Behauptungen gibt es auch Wünsche, Befehle, Bitten, Fragen usw. Diese Sätze werden nicht dann verstanden, wenn man weiß, was der Fall ist, wenn sie wahr sind, sondern dann, wenn man weiß, was der Fall ist, wenn sie *erfüllt* sind. Sie sagen nicht aus, daß sich etwas so oder anders verhalte, sondern vielmehr daß sich etwas so oder so verhalten *solle* bzw. *möge*.

Alternative

Doch unabhängig davon wie der Bezug des Satzes zur Wirklichkeit hergestellt wird, durch den Umstand, daß *jeder* Satz einen vorwegnehmenden bzw. antizipatorischen Charakter hat, unterwirft er sich einer *Alternative*: Er kann wahr oder falsch sein, er kann erfüllbar oder enttäuschbar sein usw. Der grundlegende Modus wiederum, in dem diese Alternative sichtbar wird, drückt sich darin aus, daß das, was der Satz zurechtlegt bzw. vorwegnimmt, *bejaht* oder *verneint* werden kann. Jeder Satz setzt sich mit anderen Worten der Möglichkeit aus, hinsichtlich seines Wirklichkeitsbezugs akzeptiert oder verworfen, d.h. mit Ja oder mit Nein quittiert zu werden. In der Formulierung von Ernst Tugendhat:

> Da ein Satz, „wie Wittgenstein formuliert, ‚bipolar' ist – wahr/falsch, erfüllbar/enttäuschbar – und nur quasi ein Thema anschlägt und die Entscheidung zwischen Ja und Nein projektiv offenläßt, ist die Verwendung eines solchen Ausdrucks nur sinnvoll, wenn der Sprecher sich für Ja oder Nein entscheidet und d.h. die Übereinstimmung der Wirklichkeit mit dem Ausdruck auf die eine oder andere Weise projektiv vorwegnimmt: die Übereinstimmung entweder behauptet oder fordert. Damit aber wird immer gegen die entgegengesetzte Behauptung oder Forderung (d.h. diejenige, die den entgegengesetzten propositionalen Gehalt behauptet oder wünscht) Stellung genommen. Die Grundmodi [der Sätze] haben deswegen den Charakter von Bejahungen-und-Verneinungen, von Ja/Nein-Stellungnahmen. Daß der Sprecher sich für Ja oder Nein entscheiden muß, impliziert, daß auch der Hörer sich zwischen Ja oder Nein entscheiden kann: der Befehl kann verweigert, die Behauptung bezweifelt werden: Ursprung von Freiheit und Vernunft." (Vorlesungen zur Einführung in die sprachanalytische Philosophie, Frankfurt 1976, 518f.)

Damit aber sind wir bei der zuvor genannten *Negation*. Jeder Satz, egal ob er eine Behauptung, einen Befehl, einen Wunsch, eine Bitte, eine Frage oder sonst etwas darstellt, läßt sich bejahen oder verneinen, d.h. *bestätigen* (affirmieren) oder *als falsch betrachten* (negieren). Insofern gehört seine Negierbarkeit zu seiner prinzipiellen Möglichkeit. Nicht zuletzt die einheitliche Bedeutung des Wortes ‚nicht' drückt dies aus.

> „Daß das Wort ‚nicht' [...] eine einheitliche Bedeutung hat, ist noch nie bezweifelt worden [...] man wird geradezu a priori sagen dürfen, daß es keine menschliche Sprache ohne Negationsausdruck gibt, und keine, in der nicht *jeder* Satz negierbar ist, da sich ein Satz in dieser Möglichkeit der Negation – in der Affirmation – überhaupt erst als Satz konstituiert." (Ernst Tugendhat, Die sprachanalytische Kritik der Ontologie, in: H.G. Gadamer [Hg.], Das Problem der Sprache, München 1976, 483-493, hier 492)

Transzendentale Begründung

Was darf daraus geschlossen werden? Wenn die Sprache die *universale* Möglichkeit zur Negation hat und *dabei* sogar eine einheitliche Bedeutung des Wortes ‚nicht' besitzt, dann eröffnet sie auch die Möglichkeit, *alles* in Frage zu stellen. Denn etwas in Frage stellen heißt nichts anderes als etwas einer *Alternative* aussetzen. Liegt nun eine fundamentale Alternative bei *jedem* Satz (als grundlegendem Ausdruck des Denkens und der Sprache) vor, sofern er prinzipiell bejaht oder verneint werden kann, dann darf dies universalisiert und hinsichtlich der Gesamtheit aller Sätze ebenfalls behauptet werden. Damit jedoch steht fest: Die prinzipielle Alternative – Bipolarität, wie Wittgenstein sagt –, die jedem Satz zugrundeliegt, bildet *die Bedingung der Möglichkeit des Infragestellens von allem*. Sie ist die *transzendentale Voraussetzung* derselben.

Noch einmal sei betont: Mit all dem ist nur erklärt, warum es metaphysische Fragen gibt. Es ist noch nichts darüber gesagt, ob diese Fragen auch beantwortet werden können und folglich Metaphysik als Wissenschaft möglich ist. Dies zu betonen bietet schließlich auch Anlaß zur Bekräftigung folgenden Prinzips:

Wissendes Nichtwissen

Unabhängig davon wie die Frage entschieden werden wird, ob sich metaphysische Fragen grundsätzlich beantworten lassen, ist es für die Philosophie kein Schaden, wenn sich Fragen als nicht beantwortbar herausstellen. Im Gegenteil, mit der Einsicht, daß menschliche Erkenntnis hinsichtlich dieser oder jener Frage an ihre Grenzen stößt, kann ein großer Nutzen verbunden sein. Ein Wissen darum, daß diese oder jene Antwort unmöglich ist, vermag wertvoller zu sein als ein vermeintliches Wissen, das durch seine nicht gerechtfertigten Ansprüche Unwahrheit verbreitet und Unheil erzeugt. Das wissende Nichtwissen, zu dem sich die gesamte sokratische, humanistische und erkenntniskritische Tradition bekennt, ist – wie die Geschichte in dramatischer Weise lehrt – der Wahrheit oft näher und dem Glück der Menschen häufig dienlicher als das sogenannte sichere Wissen. Viel Unglück ist über die Menschheit vor allem dadurch gekommen, daß man zu viel gewußt hat, sprich in der Einschätzung der menschlichen Erkenntnisfähigkeit der völligen Maßlosigkeit verfallen ist. Zum philosophischen, metaphysischen Fragen jedenfalls gehört es, Fragen als Fragen *aushalten* zu müssen.

Sind nicht bloß metaphysische Fragen möglich, sondern sind ebenso Antworten auf diese Fragen denkbar, ist m.a.W. Metaphysik als Wissenschaft realistisch vorstellbar? Dieses Problem treibt unsere Überlegungen weiter voran. Es führt zunächst zur Auseinandersetzung mit jenen philosophischen Positionen, die es bewußt gemacht und zur Debatte gestellt haben, es führt zur Geschichte der *Metaphysikkritik*.

Die Kritik an der Metaphysik – Eine Typologie

In der Geschichte

Die Kritik an der Metaphysik setzt im großen Stil erst in der 2. Hälfte des 18. Jahrhunderts mit David Hume (1711–1776) und Immanuel Kant (1724–1804) ein. Sie ist freilich wesentlich älter. Schon die antiken Skeptiker bezweifeln, daß der Mensch kraft seiner beschränkten Erkenntnisfähigkeit imstande ist, umfassende Erkenntnisse zu gewinnen. Während des Mittelalters sind es vor allem Theologen wie Petrus Damiani (1007–1072), die angesichts der von Gott stammenden Offenbarung aller Philosophie Nutzen und Berechtigung absprechen – eine Ansicht, die auch noch von etlichen Reformatoren geteilt wird. In der neuzeitlichen Moralistik und Skepsis verstärkt sich die Kritik bereits derart, daß sie in einigen philosophischen Richtungen zum Allgemeingut avanciert. So vor allem im englischen Empirismus sowie in den Kreisen der französischen Aufklärung. Von da an gewinnt sie so weit an Einfluß, daß sich leichter angeben läßt, welche Philosophen bzw. welche Schulen oder Richtungen noch Metaphysik vertreten haben, als umgekehrt, welche sie in ihrer Möglichkeit kritisiert haben. Daran hat sich bis heute wenig geändert, obwohl in den letzten Jahren wieder ein neues Interesse an metaphysischen Fragen zu erwachen scheint.

Die Ausführungen des folgenden Abschnittes gliedern sich wiederum in zwei Kapitel:
1) Zunächst sollen die wichtigsten *Typen* der Kritik dargestellt werden. Eine Typologie ist nicht gezwungen, eine lückenlose Geschichte der Metaphysikkritik darzustellen. Sie kann sich auf die entscheidenden Argumente konzentrieren, die gegen die Möglichkeit von Metaphysik vorgebracht wurden.
2) Sodann geht es um eine *Auseinandersetzung* mit den beschriebenen Argumenten. Diese Auseinandersetzung wiederum dient erneut der Frage, ob es trotz all der erläuterten Einwände, berechtigt und sinnvoll geblieben ist, Metaphysik zu betreiben.

Die wichtigsten Positionen

Im folgenden werden *sieben* Positionen der Metaphysikkritik behandelt. Jede dieser Positionen repräsentiert einen bestimmten *Typ* derselben. Bei einer derartigen Betrachtungsweise ist nicht ausgeschlossen, daß einzelne Philosophen bzw. bestimmte Schulen, Strömungen oder Richtungen derselben Position zugerechnet werden, obwohl sie historisch gesehen unter Umständen wenig miteinander zu tun hatten. Dennoch kann es sein, daß sie sich gegenüber der Metaphysik in derselben Kritik trafen. Insofern vereinigen sie sich zu einem gemeinsamen Typ von Kritik.

Die humanistisch-skeptische Position

Geschichte

Die älteste Position der neuzeitlichen Metaphysikkritik ist die humanistisch-skeptische. Sie findet sich bei fast allen Humanisten der Renaissancezeit (Francesco Petrarca, Lorenzo Valla, Pico della Mirandola, Luis Vives, Erasmus von Rotterdam u.a.), bei etlichen Reformatoren (Martin Luther, Philipp Melanchton, Johannes Calvin, Petrus Ramus u.a.) sowie in der französischen Moralistik (Michel de Montaigne u.a.).

Nutzlosigkeit, Hochmut

Kritisiert wird von dieser Position ein ganz *bestimmter* Typ von Metaphysik, nämlich die spätscholastische Metaphysik der Schulen (der Thomisten, Scotisten, Nominalisten usf.) bzw. die – später – herrschende Barockscholastik. Der Inhalt der Kritik läuft im wesentlichen auf *zwei* Argumente hinaus: *Erstens*: Metaphysik nützt dem Menschen nichts. Sie verhilft ihm weder zu einer höheren Bildung noch zu einem spezifischeren Wissen. Abgesehen davon schadet sie dem konkret gelebten Glauben. Erkenntlich wird dies daran, daß sich die Metaphysik mit Problemen beschäftigt, die außer ihr niemand hat und die bei näherer Betrachtung keineswegs dazu dienen, den menschlichen Erkenntnishorizont zu erweitern oder dem Menschen bei seiner Lebensbewältigung zu helfen, sondern im Gegenteil einen Wirklichkeitsverlust erzeugen, der groteske Ausmaße annehmen kann. Nicht von ungefähr bedienen sich die Metaphysiker einer Sprache, die entweder so abstrakt geworden ist, daß sie niemals eine konkrete Bedeutung erlangen kann, oder solche Abstrusität und Abnormität angenommen hat, daß sie eigentlich nicht mehr als etwas lebendig Menschliches angesehen werden darf. *Zweitens*: Metaphysik mißachtet die Grenzen des menschlichen Wissens. Sie ist ein Zeichen von Stolz und Hybris (daher auch im Sinne der Reformatoren ein Beispiel für Sünde). Ihr fehlt das, was zu einem menschlichen Denken notwendig gehört: die Demut. Daher stürzt sie über sich selbst, denn am Ende bleibt ihr nichts als eine Menge von Unsinnigkeiten, Phantastereien und Lügen. Ein Mittel gegen sie läge in einer gesunden Skepsis, die sowohl das Wissen der Anderen als auch das eigene Wissen permanent relativiert.

> Erasmus von Rotterdam: „Noch spitzer spitzen diese Spitzfindigkeiten (*has subtilissimas subtilitates subtiliores*) die Schulen der Scholastiker, zahllos wie Sand am Meer – man fände sich rascher im Labyrinth zurecht als in dem Knäuel von Realisten, Nominalisten, Thomisten, Albertisten, Occamisten, Scotisten, und das sind erst noch nicht alle, nur die bekanntesten. Ihre Systeme strotzen von Gelehrsamkeit (*eruditionis*) und sind gespickt mit Diffikultäten (*difficultatis*); selbst die Apostel brauchten einen neuen Geist, hätten sie über derlei Dinge [...] zu streiten. [...] Wie sollte auch jemand derlei wissen, der nicht sechsunddreißig Jahre über der Physik und Metaphysik des Aristoteles und des Scotus abgesessen hat? [...] Die Apostel haben zwar heidnische und jüdische Philosophen, die von Natur verstockte

Widersacher waren, zum Schweigen gebracht, aber mehr durch ihren Wandel und durch Wunder als durch die Künste der Logik, und keiner dieser Gegner hätte eine einzige Abhandlung des Scotus verstanden. Aber heute – wo ist der Heide, wo der Ketzer, der nicht augenblicklich vor diesem Hagel schärfster Spitzfindigkeiten das Feld räumt? [...] Drum könnten die Christen nach meiner Meinung nichts Gescheiteres tun, als statt der dummen Soldatenregimenter, mit welchen sie doch nichts ausrichten, einmal die Scotisten, diese Schreihälse (*clamosissimos Scotistas*), und die Occamisten, diese Hartköpfe (*pertinacissimos Occamistas*), und die Albertisten, diese Berserker (*invictos Albertistas*), somit der ganzen Professorenarmee (*cum tota Sophistarum manu*) gegen die Türken und Sarazenen marschieren zu lassen: sie würden, meiner Treu, das eleganteste Fechten schauen und einen nie dagewesenen Sieg. Das kühlste Herz muß ja Feuer fangen vor ihren Geistesblitzen, der größte Dummkopf Laufschritt machen vor solcher Silbenstecherei, das schärfste Auge versagen vor ihrem dicken blauen Dunst." (Lob der Torheit [1511] Nr. 53, dt. W. Schmidt-Dengler, in: Erasmus von Rotterdam, Ausgew. Schr. in acht Bänden, hg. W. Welzig, Bd. II, Darmstadt 1975, 133-139)

Die aufklärerisch-naturwissenschaftliche Position

Geschichte

Dieser Position begegnen wir ab dem 17. Jahrhundert in den tonangebenden Ländern Europas: in England, in Frankreich und in Deutschland. Sie wird sowohl von Dichtern (Voltaire, Gottsched, Lessing, Wieland, Schiller, Goethe) als auch von Naturwissenschaftlern (Isaak Newton), Philosophen (Francis Bacon, Jean Jacques Rousseau, den französischen Enzyklopädisten, Christian Thomasius u.a.) und anderen Wissenschaftlern vertreten.

Gegen Fortschritt, für Macht

Wie im Falle der humanistisch-skeptischen Position steht auch in diesem Typ vor allem die scholastische Philosophie (die man allerdings immer weniger kannte) auf dem Pranger. Ihr wird wiederum *zweierlei* vorgeworfen: *Erstens*: Metaphysik stellt eine Art vermeintlichen Wissens dar, das den Fortschritt der Erkenntnis hemmt. Beweis dafür ist die Tatsache, daß sie sich weder an das Methodenideal der modernen Naturwissenschaften noch an die Neuentdeckungen derselben hält, sondern meint, bei ihren mittelalterlichen Positionen bleiben zu können. Weder im Namen überprüfbarer Rationalitätskriterien noch im Hinblick auf die Höherentwicklung der Menschheit verdient sie daher eine wie immer geartete Würdigung. *Zweitens*: Metaphysik ist trotzdem nichts Harmloses. Sie hat vielmehr mit Macht zu tun, konkret mit der Macht der Religion und folglich auch mit der Macht aller, die an der Existenz der Religion interessiert sind – des Staates in erster Linie. Mit ihrer Hilfe werden Herrschaftsansprüche legitimiert, die sich jeder rationalen Rechtfertigung verweigern. Aus diesem Grunde steht Metaphysik nicht bloß den Idealen der französischen Revolution, sondern jedem liberalen Staatsgedanken entgegen. So genügt es nicht, sie als etwas ewig Gestriges zu ignorieren. Vielmehr kommt es darauf an, sie konsequent zu bekämpfen.

Immanuel Kant (die verbreitete Ansicht seiner Zeitgenossen wiedergebend): Die Metaphysik „ist ein uferloses Meer, in welchem der Fortschritt keine Spur hinterläßt, und dessen Horizont kein sichtbares Ziel enthält, an dem, um wie viel man sich ihm genähert habe, wahrgenommen werden könnte. [...] Metaphysik ist ihrem Wesen, und ihrer Endabsicht nach ein vollendetes Ganze[s]: entweder nichts, oder alles; was zu ihrem Endzweck erforderlich ist, kann also nicht, wie etwa Mathematik oder empirische Naturwissenschaft, die ohne Ende immer fortschreiten, fragmentarisch abgehandelt werden." (Welches sind die wirklichen Fortschritte, die die Metaphysik seit Leibnitzens und Wolf's Zeiten in Deutschland gemacht hat? [1791,[1]1804] A 7f.)

Die erkenntniskritische Position

Geschichte

Bei der erkenntniskritischen Position begegnen wir den großen Klassikern der Metaphysikkritik, vor allem den englischen Empiristen und Immanuel Kant. Hierher gehören aber auch die klassischen Positivisten (Auguste Comte) und die Exponenten eines rigorosen Szientismus, sofern auch bei diesen eine Erkenntnistheorie den Ausgangspunkt ihrer Kritik bietet.

Prinzipielle Unmöglichkeit

Ohne die beiden Positionen geringschätzen zu wollen, darf man dennoch sagen: Sie lehnten die Metaphysik mehr aus grundsätzlich weltanschaulichen denn aus philosophisch – wissenschaftlichen Einsichten ab. Humanismus, Skepsis, Frömmigkeit, Fortschrittsglaube und Liberalismus zeigen eher Haltungen als wissenschaftlich fundierte Theorien oder Systeme an. Dies ändert sich bei der erkenntniskritischen Position. Jetzt wird die Erkenntnis auf ihre Fähigkeiten und Möglichkeiten hin analysiert. Daraus erwachsen Konsequenzen hinsichtlich allem, was der Mensch zu wissen beansprucht. Da die Metaphysik neben der Religion die weitreichendsten Ansprüche stellt, bildet sie einen zentralen Untersuchungsgegenstand. Wie immer sodann im einzelnen argumentiert wird, jedesmal stellt sich heraus: Die menschliche Erkenntnis besitzt weder die Fähigkeit zur Erfassung der Wirklichkeit im Ganzen noch das Vermögen zur Erlangung von etwas, was jenseits von Raum und Zeit, im Bereich des sogenannt ‚Meta-Physischen' zu finden wäre. Sie besitzt deshalb die „Bedingungen der Möglichkeit" (Kant) zum Betreiben von Metaphysik nicht. So entbehrt sie jeder erkenntnistheoretischen Grundlage und muß als etwas Sinnloses angesehen werden, das vor dem Forum der Wissenschaften keinerlei Daseinsberechtigung besitzt. Wiederum siedelt sich dieses Ergebnis nicht im bloß innerakademischen Raum an. Vielmehr sind sich alle Vertreter dieser Position darin einig, daß ein weiteres Betreiben der Metaphysik für die Menschheit und deren kulturellen Fortschritt schädlich wäre. Sie mag ihre Verdienste gehabt haben, als die Menschen weder über sich selbst aufgeklärt waren noch die modernen Wissenschaften besaßen. Jetzt aber muß sie aufgrund des kritischen Selbstbewußtseins, das der Mensch von sich und seiner Erkenntnis gewonnen hat, der definitiven Vergangenheit angehören.

David Hume: „Hierin liegt allerdings der gerechteste und einleuchtendste Vorwurf gegen einen beträchtlichen Teil der Metaphysik: daß sie nicht eigentlich eine Wissenschaft ist, sondern entweder das Ergebnis fruchtloser Anstrengungen der menschlichen Eitelkeit, welche in Gegenstände eindringen möchte, die dem Verstand durchaus unzugänglich sind, oder aber das listige Werk des Volksaberglaubens, welcher auf offenem Plan sich nicht verteidigen kann und hinter diesem verstrickenden Gestrüpp Schutz und Deckung für seine Schwäche sucht. (*Here indeed lies the justest and most plausible objection against a considerable part of metaphysics, that they are not properley a science; but arise either from the fruitless efforts of human vanity, which would penetrate into subjects utterly inaccessible to the understanding, or from the craft of popular superstitions, which, being unable to defend themselves on fair ground, raise these intangling brambles to cover and protect their weakness.*) Verjagt vom freien Felde, flieht dieser Räuber in den Wald und liegt auf der Lauer, um in jeden unbewachten Zugang des Geistes einzubrechen und ihn durch religiöse Ängste und Vorurteile zu überwältigen. Der stärkste Gegner unterliegt, wenn er einen Augenblick in seiner Wachsamkeit nachläßt; und viele öffnen aus Feigheit und Torheit dem Feinde die Pforten und empfangen ihn bereitwillig mit Ehrfurcht und Unterwürfigkeit als ihr rechtmäßiges Oberhaupt." (Enq. [1748] 9f., vgl. 193)

Die existentialistisch-lebensphilosophische Position

Geschichte

Während des 19. Jahrhunderts tauchen Argumente auf, die in gewisser Hinsicht schon von der humanistisch-skeptischen Tradition vorgebracht wurden, nun aber eine neue Aktualität und vor allem eine tiefere philosophische Begründung erfahren. Verfechter dieser Argumente waren in Anschluß an Sören Kierkegaard die Existenzialisten und in der Nachfolge von Arthur Schopenhauer und Friedrich Nietzsche die Lebensphilosophen.

Krankheit, falsche Existenz

Deren Haupteinwand gegen die Metaphysik lautet: Metaphysik ist etwas, was den Menschen an seinem konkreten Leben bzw. an seiner unmittelbaren Existenz hindert. Die menschliche Wirklichkeit, auf die es allemal ankommt, wenn es um Wahrheit oder Lebensentfaltung geht, besitzt deshalb in ihr einen klaren Feind. Erhält dieser das Sagen, schlittert der Mensch in einen Realitätsverlust. Bei längerem, möglicherweise Generationen umgreifendem Anhalten solch eines Zustandes bezahlt er mit seiner Gesundheit. Seine lebenserhaltenden Fähigkeiten verkümmern, er wird physisch, psychisch und geistig krank, er erzeugt sich selbstgezimmerte Zwangssysteme und degeneriert in jeder Hinsicht. Warum gibt es aber Metaphysik? Wer erfindet sie? In wessen Interesse steht sie? Hierauf wird unterschiedlich geantwortet, grundsätzlich aber gilt: Metaphysik dient denen, die spezifische Vorgegebenheiten der menschlichen Existenz nicht anerkennen wollen – sei es die Herausforderung, eine Lebensentscheidung treffen zu müssen (Kierkegaard), oder sei es die Notwendigkeit, sich Gesundheit, Stärke und Überlegenheit zu erhalten und anzueignen (Nietzsche). Die Metaphysik ist somit ein *interessegeleitetes* Unternehmen, das besonders lebens- und entscheidungsschwachen, jedenfalls krankhaft veranlagten Menschen nützt. Diesen verschafft sie eine Legitimation für ihren Zustand. Zugleich sorgt sie dafür, daß sich auch die Gesellschaft ihrem Existenzkonzept anpaßt. Sie wird daher auch niemals um ihrer selbst willen betrieben, wie Aristoteles wollte, sondern zu dem Zwecke, gelingendes Menschsein zu verhindern. Keine Frage, daß sie *um des Wohls des Menschen willen* bekämpft und zurückgelassen werden muß.

> Friedrich Nietzsche: „Also rede ich zu den Hinterweltlern [Meta-physikern]. / Leiden war's und Unvermögen – das schuf alle Hinterwelten; und jener kurze Wahnsinn des Glücks, den nur der Leidendste erfährt. / Müdigkeit, die mit Einem Sprunge zum Letzten will, mit einem Todessprunge, eine arme unwissende Müdigkeit, die nicht einmal mehr wollen will: die schuf alle Götter und Hinterwelten. / [...] Kranke und Absterbende waren es, die verachteten Leib und Erde und erfanden das Himmlische und die erlösenden Blutstropfen: aber noch diese süssen und düstern Gifte nahmen sie von Leib und Erde! / Ihrem Elende wollten sie entlaufen, und die Sterne waren ihnen zu weit. Da seufzten sie: ‚O dass es doch himmlische Wege gäbe, sich in ein andres Sein und Glück zu schleichen!' – da erfanden sie sich ihre Schliche und blutigen Tränklein. / [...] Rückwärts blicken sie immer nach dunklen Zeiten: da freilich war Wahn und Glaube ein ander Ding; Raserei der Vernunft war Gottähnlichkeit, und Zweifel Sünde. / Allzugut kenne ich diese Gottähnlichen: sie wollen, daß an sie geglaubt werde, und Zweifel Sünde sei. Allzugut weiss ich auch, woran sie selber am besten glauben. / Wahrlich nicht an Hinterwelten und erlösende Blutstropfen: sondern an den Leib glauben auch sie am besten, und ihr eigener Leib ist ihnen ihr Ding an sich. / Aber ein krankhaftes Ding ist er ihnen: und gerne möchten sie aus der Haut fahren. Darum horchen sie nach den Predigern des Todes und predigen selber Hinterwelten."
> (Also sprach Zarathustra [1883], KGA VI/1, 32-34)

Die marxistisch-neomarxistische Position bzw. die Position der Frankfurter Schule

Karl Marx und Friedrich Engels haben sich selbst wenig mit Metaphysik auseinandergesetzt. Für sie stellte sie, ähnlich wie für Schopenhauer und Nietzsche, eine Art verkappter Religion dar. So hielt es in ihrer Nachfolge auch der Marxismus. Nuancierungen brachten neomarxistische Denker wie Georg Lukács und Vertreter der Frankfurter Schule (vor allem Max Horkheimer, Theodor W. Adorno und Jürgen Habermas) ein. Geschichte

Instrument von Herrschaft

Wesentlich in dieser Position ist, daß man die Metaphysik für ein primär gesellschaftliches Machwerk hält, das dazu erfunden wird, ungerechte Zustände der kapitalistischen Gesellschaftsordnung zu zementieren. Ähnlich wie die Religion hat die Metaphysik die Funktion, falsche Herrschaftsansprüche zu legitimieren. Sie repräsentiert demnach ein Instrument der *Entfremdung* erster Ordnung. Was jetzt freilich stärker hervortritt ist die Rolle der *Gesellschaft*. Diese wird als Ursache der Krankheitsbilder des einzelnen Menschen angesehen. Sie stellt in jedem Fall ein Zeichen der *Ungerechtigkeit* dar. Die Maßnahmen, die gegen die Metaphysik gefordert werden, sind entsprechender Art, nämlich revolutionär-politische Vorgangsweisen. Geht es nicht so konkret martialisch zu, steht – wie u.a. bei den Exponenten der Frankfurter Schule – vor allem ein Argument im Vordergrund, das in der gegenwärtigen Metaphysik-Debatte einen wichtigen Stellenwert einnimmt. Gemeint ist die Funktion der Metaphysik, Ansprüche jeglicher (theoretischer, praktischer, ästhetischer, therapeutischer, evaluativer) Art gegenüber einem rationalen und demokratischen Legitimationsverfahren zu immunisieren und so mit der Aura absoluter Letztbegründetheit bzw. unbedingter Berechtigung zu versehen. Metaphysik dient m.a.W. dazu, den argumentativen Diskurs zu unterbinden und damit die gesellschaftliche Freiheit, die in der Argumentation eine Bedingung ihrer Möglichkeit besitzt, zum Privileg Weniger zu machen, die kein Interesse daran haben, ihre Geltungsansprüche begründen zu müssen. Metaphysik folglich auch hier ein *interessegeleitetes* Unterfangen, das zur Verfestigung gesellschaftlicher Ungerechtigkeit eingesetzt wird.

Jürgen Habermas: „Diese Verlegenheiten verlangen heute nach einer neuen Bestimmung des Verhältnisses von Philosophie und Wissenschaft. Nachdem sie ihren Anspruch, Erste Wissenschaft oder Enzyklopädie zu sein, aufgegeben hat, kann die Philosophie ihren Status im Wissenschaftssystem weder durch eine Assimilation an einzelne exemplarische Wissenschaften noch durch die exklusive Distanzierung von Wissenschaft überhaupt behaupten. Sie muß sich auf das fallibilistische Selbstverständnis und die Verfahrensrationalität der Erfahrungswissenschaften einlassen; sie darf weder einen privilegierten Zugang zur Wahrheit noch eine eigene Methode, einen eigenen Gegenstandsbereich oder auch nur einen eigenen Stil der Intuition beanspruchen. Erst dann kann sie in eine nicht-exklusive Arbeitsteilung ihr Bestes einbringen, nämlich ihre hartnäckig beibehaltenen universalistischen Fragestellungen und ein Verfahren rationaler Nachkonstruktion, das ans intuitive, vortheoretische Wissen kompetent sprechender, handelnder und urteilender Subjekte anknüpft, dabei aber der Platonischen Anamnese gerade den Charakter des Nicht-Diskursiven abstreift. [...] Freilich ist die Lebenswelt, zu der die Philosophie einen Kontakt nicht-objektivierender Art aufrechterhält, nicht zu verwechseln mit jener Totalität des All-Einen, von der die Metaphysik ein Abbild, eben ein Weltbild geben wollte.“ (Nachmetaphysisches Denken, Frankfurt 1988, 45ff.)

Die neopositivistisch-sprachphilosophische Position

Geschichte

Wie schon erwähnt steht diese Position in der Tradition der bereits behandelten erkenntniskritischen Position. In mehrfacher Hinsicht wird man sogar sagen können, daß vor allem die sprachphilosophische Position die erkenntniskritische beerbt hat. In jedem Falle gelangt diese Position erst im 20. Jahrhundert zum Durchbruch. Ihre markantesten Repräsentanten sind die Mitglieder des Wiener Kreises, die Vertreter des Logischen Empirismus sowie zahlreiche Exponenten der sogenannten analytischen Philosophie (unter vielen anderen: Moritz Schlick, Rudolf Carnap, Ludwig Wittgenstein, Hans Reichenbach, Friedrich Waismann, George Edward Moore, Bertrand Russell, Ernst Tugendhat, Michael Dummett).

Scheinwissen, Sinnlosigkeit

Wichtigstes Argument gegen die Metaphysik ist hier: Sinnvolle Sätze (wir könnten im Anschluß an die Tradition auch sagen: wirkliche Erkenntnisse) sind nur möglich, wo entweder ein Satz aus einem anderen geschlossen werden kann (auf *analytische* Art) oder wo ein Satz unmittelbar (mittels einer spezifischen Erkenntnis oder mittels sogenannter *Protokollsätze*) verifiziert werden kann. Da in der Metaphysik (anders als in der Mathematik oder in der Naturwissenschaft) beides nicht möglich ist, gibt es auch keine sinnvollen metaphysischen Sätze. Metaphysik ist daher eo ipso etwas Unsinniges und Wertloses. Das, womit sie sich beschäftigt, sind Scheinprobleme, die durch eine gezielte Analyse ihrer Sprache jederzeit als solche enlarvt werden können. Wo dies nicht so rigoros behauptet wird, weil anerkannt ist, daß sich die Kriterien für die Sinnhaftigkeit bzw. für die Sinnlosigkeit von Sätzen ebenfalls nicht anders als metaphysisch aufstellen und begründen lassen, bleibt die Metaphysik zumindest aus dem Bereich der Wissenschaft ausgesperrt. Sie besitzt höchstens eine subjektiv-persönliche oder eine glaubensmäßig-mystische Berechtigung. Ein Zugang zum Bereich des Objektiven und Intersubjektiven ist ihr jedoch allemal verwehrt. Auch ihr Vorteil gegenüber den reinen Wissenschaften, nämlich Weltanschauung zu bieten und Theorien darzulegen, die Bedeutung für die konkrete Existenz der Menschen haben können, ändert daran nichts.

> Rudolf Carnap: „Wenn wir sagen, daß die sog. Sätze der Metaphysik *sinnlos* sind, so ist dies Wort im strengsten Sinn gemeint. Im unstrengen Sinn pflegt man zuweilen einen Satz oder eine Frage als sinnlos zu bezeichnen, wenn ihre Aufstellung gänzlich unfruchtbar ist (z.B. die Frage: ‚Wie groß ist das durchschnittliche Körpergewicht derjenigen Personen in Wien, deren Telephonnummer mit „3" endet?'); oder auch einen Satz, der ganz offenkundig falsch ist (z.B. ‚im Jahr 1910 hatte Wien 6 Einwohner'), oder einen solchen, der nicht nur empirisch, sondern logisch falsch, also kontradiktorisch ist (z.B. ‚von den Personen A und B ist jede 1 Jahr älter als die andere'). Derartige Sätze sind, wenn auch unfruchtbar oder falsch, doch sinnvoll; denn nur

sinnvolle Sätze kann man überhaupt einteilen in (theoretisch) fruchtbare und unfruchtbare, wahre und falsche. Im strengen Sinn *sinnlos* ist dagegen eine Wortreihe, die innerhalb einer bestimmten, vorgegebenen Sprache gar keinen Satz bildet. Es kommt vor, daß eine solche Satzreihe auf den ersten Blick so aussieht, als sei sie ein Satz; in diesem Falle nennen wir sie einen *Scheinsatz*. Unsere These behauptet nun, daß die angeblichen Sätze der Metaphysik sich durch logische Analyse als Scheinsätze enthüllen. / Eine Sprache besteht aus Vokabular und Syntax, d.h. aus einem Bestand an Wörtern, die eine Bedeutung haben, und aus Regeln der Satzbildung; diese Regeln geben an, wie aus Wörtern der verschiedenen Arten Sätze gebildet werden können. Demgemäß gibt es zwei Arten von Scheinsätzen: entweder kommt ein Wort vor, von dem man nur irrtümlich annimmt, daß es eine Bedeutung habe, oder die vorkommenden Wörter haben zwar Bedeutungen, sind aber in syntaxwidriger Weise zusammengestellt, so daß sie keinen Sinn ergeben. Wir [...] sehen, daß Scheinsätze beider Arten in der Metaphysik vorkommen." (Überwindung der Metaphysik durch logische Analyse der Sprache, in: Erkenntnis 2 [1931] 219-241, hier 220f.)

Die seinsphilosophische Position

Geschichte

Die seinsphilosophische Position verbindet sich mit dem Namen Martin Heidegger. Von ihm wurde sie entwickelt und – wenn ich richtig sehe – auch ziemlich alleinstehend vertreten. Zwar löste diese Kritik viele Diskussionen aus. Heidegger besaß viele Schüler, die sich mit seinem Denken beschäftigten und es interpretierten. Ging es dabei aber über die bloße Rezeption hinaus? Hat Heidegger bereits ihn *weiter*denkende Nachfolger gefunden? Verhielt es sich bis jetzt nicht vielmehr so, daß gerade Metaphysiker seiner Seinsphilosophie wohl streckenweise folgten bzw. sich von ihr da und dort inspirieren ließen, mit ihr aber nicht so sehr das neue „wesentliche Denken" des Seins in seiner ontologischen Differenz zum Seienden als vielmehr die traditionelle oder neuzeitliche Metaphysik im Sinne hatten? Steht Heidegger so gesehen mit seiner Metaphysikkritik nicht nach wie vor alleine?

Vergessen der Seinsfrage

Wie immer: Heidegger wirft der Metaphysik nicht vor, daß es sie eigentlich gar nicht geben dürfe. Nein, was er kritisiert, ist vereinfacht gesagt: Die Metaphysik hat das Problem, dem sie ihre Geburt und ihre Existenz verdankt, nämlich die Frage nach dem Seienden als Seienden (ὂν ᾗ ὄν), schon am Anfang verfehlt. Sie übersah nämlich, daß sich in der Frage nach dem Seienden als Seiendem die Frage nach dem *Sein* verbirgt, d.h. die Frage nach dem, was Seiendes erst zu einem Seienden macht und darüber hinaus eine Unterscheidung der Seienden untereinander zuläßt. So begriff sie auch nicht, daß das Seiende ohne eine Erkenntnis des Seins nicht hinreichend erkannt werden kann. Sie stürzte sich sofort auf das Seiende und *vergaß* darüber das Sein. Zwar redete sie vom Sein. Sie bedachte dabei aber nicht, daß dieses mit keinem Seienden identisch ist, sondern sich zu diesem in einer bleibenden *ontologischen Differenz* zeigt, ja letztlich *als* diese Differenz ‚ist', weil es anders wiederum zu einem Seienden würde. Insofern ging die Metaphysik im Laufe ihrer ganzen abendländischen Geschichte (Heidegger nennt als ihren Anfang nicht die Vorsokratiker, sondern Platon und Aristoteles) in die *Irre*. Wer daher die ursprüngliche Frage der Metaphysik neu aufgreifen will, muß den Irrweg, den die Metaphysik gegangen ist und repräsentiert, zurücklassen. Er ist genötigt, sich für ein neues, nicht-metaphysisches Denken des Seins – in seiner Differenz zum Seienden – zu entscheiden. Erst unter dieser Voraussetzung kann er auch die von den Griechen (konkret von den Vorsokratikern) aufgeworfene und seither beherrschende Frage τί τὸ ὄν; – „was hat es mit dem Seienden auf sich" – beantworten.

Martin Heidegger: „Die Metaphysik sagt doch vom Seienden als solchem im Ganzen, also vom *Sein* des Seienden; mithin waltet in ihr ein Bezug des Menschen zum *Sein* des Seienden. Die Frage jedoch, ob und wie der Mensch zum *Sein* des Seienden, nicht etwa nur zum *Seienden*, zu diesem oder jenem, sich verhalte, ist uns überhaupt noch nie begegnet. Das ist kein Zufall; denn man wähnt, diese Beziehung zum ‚Sein' habe durch die Erklärung des Verhältnisses des Menschen zum Seienden sich schon genügend bestimmt. Man nimmt beides für das ‚Selbe', das Verhältnis zum Seienden und den Bezug zum Sein; und das sogar mit einem gewissen Recht. In dieser Gleichsetzung deutet sich der Grundzug des metaphysischen Denkens überhaupt an. [...] Die Unterscheidung von Seiendem und Sein erweist sich als jenes Selbe, aus dem alle Metaphysik entspringt, dem sie freilich auch sogleich im Entspringen entgeht, jenes Selbe, das sie hinter sich läßt und außerhalb ihres Bezirks als solches läßt, was sie nicht mehr eigens bedenkt und nicht mehr zu bedenken braucht. [...] Aber die ‚ontologische Differenz' [zwischen Seiendem und Sein] wird nicht eingeführt, um damit die Frage der Ontologie zu lösen, sondern umgekehrt, um Jenes zu nennen, was als bisher Unbefragtes alle ‚Ontologie', d.h. Metaphysik, im Grunde erst fragwürdig macht." (Nietzsche: Der europäische Nihilismus [1940, [1]1961], GA XLVIII [Frankfurt 1986] 281, 284f.) „Die Metaphysik gründet auf der Unterscheidung des Seins und des Seienden, und zwar so, daß sie diese Unterscheidung als solche nicht selbst noch befragt und begründet, vielmehr in eine zunehmende Selbstverständlichkeit aufgehen läßt, um sie schließlich überhaupt zu vergessen. [...] Allein, diese Gleichgültigkeit gegen die Unterscheidung des Seins und des Seienden besagt nur, daß diese Unterscheidung erst recht als der Boden und Grund der Geschichte des Menschen gilt und diese in ihren innersten Wesenskräften metaphysisch bestimmt bleibt." (Ebd. 333)

Auseinandersetzung mit den genannten Positionen

Sieben Positionen der Metaphysikkritik sind vorgestellt worden. Jede von ihnen repräsentiert einen unterschiedlichen Typ derselben und führt entsprechend verschiedene Argumente gegen die Metaphysik ins Treffen. Zugleich zeigt sich aber auch, daß sich die Argumente teilweise ergänzen oder überschneiden. Man wird daher in vier Punkten folgendes Resümee ziehen können:

1) Metaphysik ist allemal eine geschichtlich realisierte Form von Metaphysik. Nicht einmal dort, wo abstrakt von ‚der' Metaphysik gesprochen wird, fehlt das historische oder zeitgenössische Beispiel, das der Kritik den Weg weist. Kritisiert wird somit in der Regel ein *ganz bestimmter Typ* der Metaphysik – etwa die spätmittelalterliche oder barocke Scholastik bzw. der Rationalismus. (So in der humanistisch-skeptischen und aufklärerisch-naturwissenschaftlichen Position.)

2) Metaphysik wird als ein Wissen entlarvt, das einem nachweislich *schlechten Interesse* dient: der Erhaltung von Macht (aufklärerisch-naturwissenschaftliche Position), der Bewahrung ungerechter Gesellschaftsordnungen (marxistisch-neomarxistische Position), der Verteidigung entscheidungs- und lebensschwacher Veranlagungen (existenzialistisch-lebensphilosophische Position) sowie der Behauptung von nicht zu legitimierenden Letztbegründungen (Frankfurter Schule).

3) Metaphysik beansprucht eine Erkenntnis, für die weder das menschliche Bewußtsein noch die menschliche Sprache die Bedingungen der Möglichkeit bereitstellt. Sie erscheint daher als ein *erkenntnis- und sprachtheoretisch ungerechtfertigtes Wissen* (erkenntniskritische, neopositivistisch-sprachphilosophische Position).

4) Metaphysik ist ein *geschichtlich bedingtes Phänomen*. Sei es, daß sie sich dem kulturell-wissenschaftlichen Fortschritt versperrt hat (aufklärerisch-naturwissenschaftliche, erkenntniskritische Position), oder sei es, daß sie ihre eigene Problemstellung falsch angegangen ist und daher einen Irrweg beschreiten mußte (seinsphilosophische Position), sie gehört in jedem Fall der Vergangenheit an.

Im folgenden sei zu diesen vier Punkten eine Stellungnahme versucht. Sie soll von der Frage geleitet sein, ob aufgrund dessen, was sie enthalten, Metaphysik prinzipiell unmöglich gemacht worden ist oder ob Argumente vorgebracht werden können, die Metaphysik trotzdem als etwas Sinnvolles erscheinen lassen.

Die Fragwürdigkeit von Verallgemeinerungen

Falsche Schlüsse

Kritisiert wird nicht immer *die* Metaphysik, sondern ein *ganz bestimmter Typ* derselben. Diese Kritik muß anerkannt werden, wenn sie sich dessen bewußt ist, daß sie es nur mit einer Gestalt der Metaphysik neben anderen zu tun hat. Sie ist jedoch nicht gerechtfertigt, wenn sie einen Teil für das Ganze nimmt und folgert: Weil diese oder jene Metaphysik, z.B. die scholastische oder die rationalistische, in vielerlei Hinsicht kritikwürdig ist, kann es auch Metaphysik als solche nicht geben. Dies ist deshalb problematisch, weil nicht ausgeschlossen werden darf, daß es möglicherweise einen anderen Typ von Metaphysik gibt, der dem ursprünglichen Anliegen derselben besser entspricht. Historisch mag es verständlich sein, daß etwa die Humanisten der Renaissancezeit Metaphysik mit Scholastik gleichsetzten oder die meisten Denker des 18. Jahrhunderts die Metaphysik des Rationalismus vor Augen hatten. Sie kannten kaum andere Systeme. Von heutiger Warte aus gesehen, vor der sich ein breites Spektrum an Typen von Metaphysik darbietet, ist ein Schluß vom Einzelfall auf die Gesamtheit aller Typen bzw. auf die Metaphysik als solche jedoch nicht gerechtfertigt. Insofern bleibt angesichts dieses Kritikpunktes Metaphysik weiterhin eine Möglichkeit.

Das berechtigte Interesse der Metaphysik

Faktisch, nicht notwendig

Metaphysik fällt der Kritik zum Opfer, weil sie einem *schlechten Interesse* dient, das nicht aus ihr selbst stammt, sondern physiologische, psychische, lebensgeschichtliche, gesellschaftliche oder allgemein-kulturelle Ursachen hat. Auch diese Kritik trifft zunächst etwas Richtiges. Denn es kann nicht geleugnet werden, daß die Metaphysik *de facto* immer wieder solchen Interessen entsprang und nach wie vor entspringt. Jede Philosophie ist das Kind ihrer Zeit und damit unter Umständen das Ergebnis der Interessen, die eine geschichtliche Epoche beherrschen. Die Frage ist nur, welche Folgerungen daraus gezogen werden. Darf man etwa sagen: Weil die Metaphysik während der Scholastik des Mittelalters und der Barockzeit der Kirche, d.h. einer eminent wichtigen gesellschaftlichen Macht, gedient hat, ist sie *notwendig* mit Religion und folglich mit Macht verbunden? Oder: Weil Hegel in seiner Staatsphilosophie (die zwar nicht Metaphysik genannt wird, jedoch zweifellos eine war) konkret den preussischen Staat vor Augen hatte, ist Metaphysik *zwingend* durch ein gesellschaftliches System funktionalisiert? Solche Schlüsse sind nicht gerechtfertigt. Denn daraus, daß sich etwas *geschichtlich* so oder anders ergeben und entwickelt hat, kann man nicht schließen, daß es auch *notwendig* immer so sein *muß*.

Unabweisbarkeit

Aber abgesehen davon: Metaphysik entsteht nicht aufgrund eines Interesses, sondern *aufgrund ganz bestimmter Fragen* – jener Fragen nämlich, welche die Wirklichkeit (sofern sie dem Menschen zugänglich ist) in ihrer Gesamtheit betreffen. Dazu gesellt sich in der Tat ein ursprüngliches Interesse, nämlich das Interesse, *diese Fragen zu beantworten*. Ein solches Interesse wiederum kann nicht von vornherein als schlecht oder fragwürdig bezeichnet werden, entspringt es doch *mit* den Fragen, die unter Umständen zum menschlichen Leben gehören. Es verhält sich demnach nicht so, wie die Kritik suggeriert, daß ein bestimmtes Interesse, das mit den metaphysischen Fragen von vornherein gar nichts zu tun hat, diese *erfindet* oder *hervorbringt*. Nein, *zuerst* sind die Fragen da und *gleichursprünglich* mit ihnen entsteht ein Interesse, sie zu beantworten. Natürlich ist nicht auszuschließen, daß dieses legitime Interesse an der Beantwortung von Fragen – dieses Interesse bildet übrigens die Basis der Fragen *aller* Wissenschaft – durch andere Interessen instrumentalisiert oder mißbraucht werden kann. Daraus aber zu folgern, daß diese instrumentalisierenden oder mißbrauchenden Interessen die metaphysischen Fragen erzeugen, hieße auch sagen: Die metaphysischen Fragen gibt es überhaupt nicht, sie werden erfunden und den Menschen quasi eingeredet oder angedichtet. Dies jedoch widerspricht nicht nur den Fakten, sondern auch dem oben dargelegten Umstand, daß die menschliche Sprache *die Bedingung der Möglichkeit* von Fragen begründet, die sich auf die Wirklichkeit in ihrer Gesamtheit beziehen.

Legitimes Interesse

Die richtige Reihenfolge von Frage und Interesse scheint mir auch in der heute so einflußreichen Metaphysikkritik von Jürgen Habermas verkannt zu sein. Habermas sieht in der Metaphysik ebenfalls ein Interesse am Werk, nämlich das Interesse, bestimmte Erkenntnisansprüche absolut abzusichern, d.h. durch Letztbegründungen außer Diskussion zu stellen. Dieses Interesse bringt für ihn die metaphysischen Fragestellungen allererst hervor. Dem gegenüber sei noch einmal festgehalten: Metaphysik besitzt überhaupt kein apriorisches Interesse, irgendetwas abzusichern oder außerhalb des argumentativen Diskurses zu stellen. Metaphysik beginnt vielmehr mit bestimmten Fragen und mit dem *gleichursprünglich* auftretenden Interesse an der Lösung dieser Fragen. Sie weiß nicht einmal, ob und wie sie diese Fragen lösen wird. Sie muß unter Umständen das Nichtwissen, das mit jeder ernsthaften Frage mitgegeben ist, aushalten. Schon allein aus diesem Grund, daß sie von vornherein nicht einmal weiß, wohin sie durch ihre Fragen geführt wird, kann ihr auch kein Interesse an etwas unterschoben werden, womit sie nicht nur nicht rechnen darf, sondern worauf sie unter Umständen sogar definitiv verzichten muß.

Denkt man freilich noch einmal daran, daß Fragen, welche die Wirklichkeit in ihrer Gesamtheit betreffen, nicht allein von der Metaphysik beantwortet werden, sondern ebensogut, ja kulturgeschichtlich betrachtet wesentlich erfolgreicher von Religion, Kunst, Dichtung, politischer

Ideologie oder allgemeiner Weltanschauung, dann versteht man, warum Identifizierungen zwischen Metaphysik und Religion, Kunst, Dichtung, Ideologie oder Weltanschauung nicht nur eine große Versuchung für diejenigen darstellen, die Metaphysik betreiben, sondern auch für jene, die sie undifferenziert und aus allzu großem Abstand kritisieren. Umso wichtiger ist es, zu betonen, daß Metaphysik im Unterschied zu Religion, Kunst, Literatur, Ideologie und Weltanschauung eine *Wissenschaft* ist. Als solche besitzt sie angesichts der umfassenden Fragen eine *ursprüngliche, genuine, nicht von anderer Seite her verliehene Berechtigung*. Damit sei nicht geleugnet, daß es de facto gegenseitige Beeinflussungen von Metaphysik einerseits und Religion, Kunst, Dichtung, Ideologie und allgemeiner Weltanschauung andererseits gegeben hat bzw. gibt und immer geben wird, und selbstverständlich wird nicht behauptet, daß Metaphysik wichtiger oder gar notwendiger sei als Religion, Kunst, Dichtung, Ideologie und Weltanschauung. Festzuhalten ist lediglich: Metaphysik als Wissenschaft ist *eine prinzipiell mögliche und berechtigte* Art der Beschäftigung mit den umfassenden Fragen, welche die Wirklichkeit in ihrer Gesamtheit betreffen und ein ursprüngliches Interesse an ihrer Beantwortung erzeugen. Ihr Wert liegt in dem Wert, den man der Wissenschaft überhaupt zubilligt.

Diskussionswürdige Prämissen

Berechtigung

Daß Metaphysik weder ein *erkenntnis- noch sprachtheoretisch gerechtfertigtes* Wissen darstellt, ist der gravierendste Vorwurf, der erhoben wurde und nach wie vor erhoben wird. Man muß sogar sagen: Er bildet den Hintergrund *jedes* ernsthaften und problembewußten Versuchs in Sachen Metaphysik, der heute zustandekommt. Aufgrund seiner Brisanz und Tragweite wird er auch einen Großteil der weiteren Überlegungen dieses Grundkurses in Anspruch nehmen. Dementsprechend wird eine einigermaßen hinreichende Auseinandersetzung mit ihm erst im letzten Teil desselben möglich sein. Was an dieser Stelle möglich ist, beschränkt sich darauf, daß drei zentrale Prämissen oder Vorentscheidungen hinterfragt werden, die diesem Argument der Kritik zugrundeliegen. Das Ergebnis der Hinterfragung kann daher nur darin bestehen, klarzumachen, daß es berechtigt und sinnvoll ist, die Diskussion um die Möglichkeit von Metaphysik weiterzuführen, bzw. aufzuweisen, daß die Frage nach der Möglichkeit von Metaphysik auch trotz der hier zu behandelnden Argumente nicht als definitiv entschieden betrachtet werden kann.

Welcher Begriff?

Die *erste* Prämisse bzw. Vorentscheidung betrifft den *Begriff*, den man von Metaphysik hat. Definiert man sie als ein Wissen, das sich auf ‚Gegenstände' jenseits von Raum und Zeit, auf das Mystische oder auf das wissenschaftlich Unzugängliche bezieht, so wird man sie anders beurteilen, als wenn man sie schlicht als den *wissenschaftlichen* Versuch versteht, Fragen zu beantworten, welche die Wirklichkeit in ihrer Gesamtheit betreffen. Im einen Falle erscheint sie möglicherweise als Träumerei eines Geistersehers oder als bloße Welt- und Lebensanschauung, im anderen Fall hingegen als der berechtigte Versuch, Fragen, die nach Kant unabweisbar auftreten, weil sie in der Struktur der menschlichen Vernunft begründet sind, aufgrund wissenschaftlicher Kriterien zu lösen.

Welches Bild?

Die *zweite* Prämisse hängt mit der ersten eng zusammen, soll aber dennoch eigens hervorgehoben sein. Gemeint ist das *konkrete Bild*, das man sich von der Metaphysik macht, besser das *spezifische Beispiel*, das man sich wählt, um das faktische Vorgehen der Metaphysik darzustellen bzw. zu kritisieren. Auch hier herrscht nämlich die Gefahr, daß allzu rasch von *einem* Fall auf *alles* geschlossen wird. Das kann nach zwei Seiten hin in die Irre führen – einmal dazu, daß man einen Typ von Metaphysik zum einzig richtigen erhebt, das andere Mal hingegen dazu, daß man das Kritikwürdige an einem Typ von Metaphysik auf die Metaphysik schlechthin ausdehnt.

Letzteres darf an einem Beispiel illustriert werden. Wie bereits erwähnt stoßen sich vor allem die modernen Logiker und Sprachphilosophen am Seinsbegriff der Tradition bzw. an der klassischen Rede vom ‚Seienden', weil sie darin einen nicht gerechtfertigten Umgang mit den Grundregeln der menschlichen Sprache erblicken. Für sie kann das Verb ‚ist' nur in einer dreifachen Funktion auftreten: Erstens als Behauptung oder Affirmation von etwas (‚S *ist* P'), zweitens als Feststellung der Existenz von etwas (‚etwas *ist*' im Sinne von ‚etwas *existiert*') und drittens als Aussage über eine Identität (z.B. ‚2 x 2 *ist* [gleich] 4'). Keinesfalls dürfen diese drei Funktionen in eine einzige Bedeutung eines Substantivs wie ‚das Seiende' oder ‚das Sein' hypostasiert werden. Geht aber nun doch eine Metaphysik vom Seinsbegriff aus, so wird sie nach ihrer Sicht zu einem sinnlosen Gerede, weil ja bereits der Ausgangspunkt eine bedeutungslose Chimäre darstellt. Wie nicht anders zu erwarten, ist es vor allem die Seinsphilosophie Heideggers sowie die an seinem Ansatz anknüpfende traditionelle Philosophie (z.B. christlicher Provenienz), welche diese Kritik immer wieder provoziert, weil sie wie kaum eine andere unbefangen vom ‚Sein' und vom ‚Seienden' spricht.

Nicht nur Seinsfrage

Diese Kritik mag berechtigt sein. Sofern die Sprache *die* Bedingung der Möglichkeit unserer Erkenntnis ist, kann und darf auch die Metaphysik mit den Grundgegebenheiten derselben nicht beliebig umgehen. Die Frage, die an die Vertreter dieser Metaphysikkritik gerichtet werden muß – abgesehen davon, ob sie Heidegger und die Tradition richtig interpretiert haben –, ist allerdings diese: Kann und darf allein deshalb, weil die sogenannten ‚Seinsfrage' für sinnlos oder unberechtigt gehalten wird, die Metaphysik *als ganze* für sinnlos und unberechtigt erklärt werden? Stimmt die Gleichung ‚Metaphysik ist nichts anderes als die Frage nach dem Sein bzw. Seienden'? Verhält es sich nicht vielmehr so, daß es de facto immer auch Metaphysik gegeben hat und gibt, die sich nicht an der Seinsfrage orientiert, ja Fragen behandelt, die mit der Seinsfrage kaum etwas zu tun haben? Wäre es nicht richtiger, wenn sich diese Kritik an Kant halten und etwa sagen würde: ‚Eine Metaphysik, die von der Seinsfrage ausgeht und mit ihr operiert, ist sinnlos; deshalb sind aber die metaphysischen Fragen nicht zu leugnen; und es ist nicht auszuschließen, daß es eine berechtigte wissenschaftliche Beschäftigung mit diesen Fragen, d.h. eine berechtigte Metaphysik gibt'?

Rationalitätskriterium

Die *dritte* Prämisse hat es mit dem *Rationalistätskriterium* zu tun, welches eine Kritik zugrundelegt. Diesbezüglich muß zumindest für die Geschichte festgehalten werden, daß es häufig verengt – auf einer engen Vorstellung von Vernunft aufbauend – angesetzt wurde. Schon Kant läßt sich in diesem Zusammenhang von einer massiven Einseitigkeit nicht freisprechen. Für ihn bildete das entscheidende Kriterium die mathematisch-naturwissenschaftliche Vernunft. Was sich nicht auf deren Struktur und Gesetzmäßigkeit zurückführen ließ, konnte und durfte keinen Anspruch auf Wissenschaftlichkeit erheben. Etwas Ähnliches spielte sich in der Kritik des Positivismus, Neopositivismus und vieler daran anschließenden Richtungen ab. Auch hier stand apriori fest: Anspruch auf Wissenschaftlichkeit besitzen nur solche Erkenntnisse, die mit den Kriterien der mathematisch-naturwissenschaftlichen Rationalität vereinbar sind. Erwartungsgemäß mußte die Metaphysik einem derartig engen und einseitigen Wissenschafts- bzw. Rationalitätskriterium zum Opfer fallen. Der Grund dafür ist aber nicht darin zu suchen, daß die frühere Metaphysik bloß Unsinn geredet, subjektive Überzeugungen aufgebläht oder an der Wissenschaftlichkeit ihrer Erkenntnisse kein Interesse gehabt hätte, er liegt vielmehr im Wesen der Metaphysik selbst. Sofern es diese nämlich mit der Wirklichkeit in ihrer Gesamtheit zu tun hat – in dem oben definierten Sinne als *multidimensionalem* System –, kann sie sich weder auf *eine* Art der Erkenntnis noch auf *einen* Typ von Rationalität einschränken lassen. Würde sie dies tun, hätte sie sich im selben Augenblick ihres Themas, d.h. der Fragen, welche die Wirklichkeit *als ganze* betreffen, begeben. Will sie hingegen bei ihrer Sache bleiben, muß sie, soweit dies möglich ist, *alle* Erkenntnis- und Rationalitätstypen berücksichtigen, die ihr begegnen. Denn jeder von ihnen erschließt bzw. systematisiert die Wirklichkeit in einer besonderen Art und Weise.

Vielfalt von Rationalität

Gegenüber jeder Kritik, die Metaphysik als Wissenschaft ablehnt oder deshalb als etwas ‚weniger' Rationales ansieht, weil für sie Rationalität bzw. Wissenschaftlichkeit gleichbedeutend ist mit *einem* Typ von Rationalität, muß festgehalten werden: Es gibt *mehrere* Typen von Rationalität – *mehrere* Typen von argumentierender Erkenntnis. Schon Aristoteles unterscheidet eine theoretische, eine praktische und eine ästhetische (poietische) Vernunft. In seiner Nachfolge tut dies ein beträchtlicher Teil der aristotelisch-scholastischen Tradition. Die Unterscheidung der Vernunfttypen spielt sodann bei Kant eine zentrale Rolle, der bekanntlich jedem Vernunfttyp eine eigene „Kritik" widmet: die „Kritik der reinen Vernunft" der theoretischen Vernunft, die „Kritik der praktischen Vernunft" der ethisch-praktischen Vernunft sowie die „Kritik der Urteilskraft" der ästhetischen Vernunft. (Was ihn freilich nicht dazu führte, daraus Schlüsse hinsichtlich der Metaphysik zu ziehen. Sie ordnete er – beeinflußt vom wissenschaftstheoretischen Diskurs seiner Zeit – einseitig der theoretischen Vernunft zu.) Im Anschluß an Kant, zugleich aber auch in deutlicher Absetzung von Kant erinnerte weiters der Neukantianismus, allen voran Ernst Cassirer daran, daß es nicht nur eine, sondern mehrere Erfahrungswelten gibt, die sich mit Hilfe unterschiedlicher Symbolisierungen organisieren und zu ebenso unterschiedlichen Vernunftssystemen aufstufen, die niemals ineinander aufgelöst oder aufeinander reduziert werden können. Schon Cassirer arbeitet heraus, daß die verschiedenen Vernunfttypen nicht nur hinsichtlich theoretischer, praktischer und ästhetischer Dimension vorzustellen sind, wie dies Aristoteles und Kant getan haben, sondern darüber hinaus auch in Erfahrungswelten wie Mythos, Religion und Technik, die eigene Vernunfttypen entwickeln, zu finden sind. Aus den verschiedensten Gründen, weil aus den divergierendsten philosophischen Traditionen herkommend, fordern schließlich unterschiedlichste Denker der Gegenwart die Anknüpfung der menschlichen Vernunft an die konkreten Lebens-, Erfahrungs- und Sprachwelten, was sogleich dazu führt, daß sie Vernunft als ein *pluriformes* oder *multidimensionales* Phänomen begreifen. Sie berufen sich in ihren Ausführungen auf Edmund Husserls Theorie der Lebenswelt ebenso wie auf Ludwig Wittgensteins Philosophie der „Sprachspiele" und „Lebensformen" als Konstituenten von sprachlichen Bedeutungen, auf Thomas S. Kuhns These von den „Paradigmenwechseln" als eigentlichen Stimulatoren der Geistesgeschichte oder auf Stephen Toulmins Kritik am einseitigen Argumentationsbegriff des Logischen Empirismus. Seit bereits etlichen Jahren setzen sie sich zusätzlich mit der Kritik des monoformen neuzeitlichen Vernunftkonzepts auseinander, welche durch den *sogenannten* postmodernen Neostrukturalismus von Michel Foucault oder Jacques Derrida vorgebracht wurde. Erwähnt seien (trotz aller fundamentalen Unterschiede in einem Zuge) lediglich: Jean-François Lyotard, Gilles Deleuze, Jürgen Habermas, Paul Feyerabend, Richard Rorty, Nelson Goodman, Oswald Schwemmer, Wolfgang Welsch, Richard Schaeffler, Bernhard Waldenfels.

Einheit? Vernunft

Die alles entscheidende Frage in puncto Metaphysik ist natürlich die, ob es eine Vermittlung, gar eine Einheit der verschiedenen Vernunfttypen bzw. Vernunftdimensionen zu geben vermag. Fast keiner der genannten Philosophen ist mehr der Ansicht, daß eine solche Vermittlung in der Weise hergestellt werden kann, wie dies u.a. die Rationalisten oder die deutschen Idealisten angenommen haben. Andererseits leugnet auch kaum einer von ihnen, daß es faktische Übergänge, Interferenzen, zwischen den Vernunfttypen in beträchtlichem Ausmaß gibt. Kein Vernunfttyp realisiert sich rein und abgesondert für sich selbst. Die Frage nach der Einheit der Vernunft, so sehr sie heute unter anderen Vorzeichen angegangen werden muß als noch vor wenigen Jahrzehnten, ist damit dennoch relevant geblieben. Wie aber läßt sie sich fassen? Einfach als lebende Sprache, sofern jeder Typ von Vernunft (Rationalität), der sich allemal auch als besondere Sprache äußert, aus ihr herauswächst bzw. immer wieder auf sie zurückgreifen muß, sobald er sich von anderen Vernunfttypen (Sprachwelten) unterscheiden oder legitimieren will? (Theodor Litt) Als argumentativer Diskurs, der wohl je nach Vernunfttyp unterschiedlich ist, da es nicht nur eine, sondern etliche Formen von Argumentation gibt, der gleichzeitig aber alle verbindet, sofern aber eben doch die Argumentation die Vernünftigkeit jedes Vernunfttyps ausmacht? (Jürgen Habermas, Karl-Otto Apel) Als „transversale Vernunft", d.h. als der Übergang zwischen den Vernunfttypen selbst, besser: als die Fähigkeit, zwischen den verschiedenen Vernunfttypen Übergänge herzustellen? (Wolfgang Welsch) Als transzendentale Postulierung Gottes als des einzig möglichen Garanten einer Einheit des menschlichen Bewußtseins (der transzendentalen Apperzeption) sowie der diversen Erfahrungswelten (der transzendentalen Gegenstandsbereiche)? (Richard Schaeffler) Als das unbegrenzt demokratische Prinzip des ‚anything goes', das schlechthin jede Erfahrungsreflexion als gleichberechtigte Äußerung von Vernunft anerkennt und sich im Sinne eines anarchistischen Prinzips gegen die Vorherrschaft auch nur eines Vernunfttyps zur Wehr setzt? (Paul Feyerabend)

In diesem Zusammenhang sei ein *exkursorischer* Hinweis auf die Literatur gestattet. Das Problem der Vielfalt der Erfahrungs- und Sprachwelten sowie deren Vermittlung stellt sich auch hier. Ganz besonders betrifft es die Gattung des *Romans*, die in gewisser Weise das Erbe des früheren Epos angetreten ist und damit auch die Zielsetzung geerbt hat, die mit dem Epos verbunden war, nämlich ein ‚Bild' der Gesamtwirklichkeit zu geben. Der Roman tritt daher schon zu Beginn des 19. Jahrhunderts, in der deutschen Romantik, mit der Prätention auf, Philosophie, Religion und Kunst in eine Einheit zu bringen, um so die verlorene weltanschauliche Einheit wieder neu herzustellen. Was in puncto Philosophie, Religion und Kunst (vor allem Musik) versucht wird, geschieht zusätzlich hinsichtlich der literarischen Gattungen. Auch diesbezüglich wurden Bemühungen unternommen, Erzählung, Lyrik und Drama miteinander zu vermitteln. Nicht selten fiel dabei der Hinweis, daß die Literatur bzw. die Kunst – man denke an das sogenannte ‚Gesamtkunstwerk' – das zu leisten habe, was früher von der ‚Metaphysik' erbracht worden sei. Natürlich waren diese Bemühungen nicht immer von dem Glauben beseelt, daß dies auch gelingen könne. Im Gegenteil, häufig bildete die *Ironie* den Grundtenor der unterschiedlichen Versuche. Daneben sollten Romane auch dazu dienen, den Nachweis zu erbringen, daß die erhoffte Einheit nicht zustandezubringen sei. Immerhin, das Anliegen und das Bemühen waren gegeben. Etliche der großen Romane des 20. Jahrhunderts – von James Joyce, Thomas Mann, Robert Musil, Hermann Broch, Alfred Döblin, Thomas Bernhard u.a. – sind meines Erachtens nur zu verstehen, wenn man sich dies vergegenwärtigt.

Gelingt Vermittlung?

Ist der ‚Gegenstand' der Metaphysik die Wirklichkeit in ihrer Gesamtheit als das multidimensionale System, das der Mensch seiner Wirklichkeitsbewältigung zugrundelegt, und hängt die Erfassung dieses ‚Gegenstandes' davon ab, daß alle Systemdimensionen so weit als möglich berücksichtigt und untereinander vermittelt werden, dann entscheidet sich die Frage, ob Metaphysik möglich ist, nicht daran, ob sie den Kriterien eines bestimmten Vernunfttypus, einer spezifischen Systematisierungsform der Wirklichkeit Genüge tut, sondern daran, *ob, inwiefern und in welchem Maße sich eine Vermittlung der einzelnen Systemdimensionen herstellen läßt*. Traditionell formuliert könnte man auch sagen: Die Möglichkeit der Metaphysik steht und fällt mit der Möglichkeit der Einheit der Vernunft. Im Hinblick darauf ist seitens der Metaphysikkritik über die Möglichkeit bzw. Unmöglichkeit der Metaphysik kaum oder gar nicht diskutiert worden, weil sie in der Regel an einem einseitigen bzw. engen Vernunftbegriff orientiert war. Aus diesem Grunde erscheint die Debatte um die Metaphysik als noch nicht endgültig abgeschlossen. Sie ist vielmehr durch die geschilderte Entwicklung der philosophischen Auseinandersetzung um das Wesen der Vernunft (der Rationalität) neu entfacht worden. Daraus erwächst eine zusätzliche Berechtigung, auch hier, in diesem Grundkurs, die Frage nach der Metaphysik einmal mehr aufzugreifen.

Die geschichtliche Relativität von Kritik

Geschichtlich bedingt

Metaphysik ist ein *geschichtlich bedingtes Phänomen*. Gegenüber dieser Kritik muß grundsätzlich auf die Relativität *aller* menschlichen Erkenntnis angesichts der Geschichte hingewiesen werden. Der Mensch bringt keine Voraussetzung dafür mit, Aussagen über die Geschichte in ihrer Gesamtheit machen zu können und diese zusätzlich mit dem Anspruch auf unbedingte (absolute, quasi übergeschichtliche) Gültigkeit erheben zu dürfen. *Alles, was über die Geschichte gesagt wird, ist zugleich selbst geschichtlich bedingt*. Dies betrifft zwangsläufig auch die *Maße*, die man den Beurteilungen geschichtlicher Perioden oder Entwicklungen zugrundelegt. Mit anderen Worten: Die Metaphysikkritik, welche die Metaphysik als ein geschichtlich überholtes Phänomen betrachtet und entsprechend abqualifiziert, ist ihrerseits ein geschichtlich bedingtes Phänomen und kann als solches ebenso von der Überholung oder Bestätigung durch die Geschichte eingeholt werden wie die Metaphysik. Vor allem in der Auseinandersetzung mit der „Kritischen Theorie“ der Frankfurter Schule ist deutlich geworden, daß sich eine philosophische Theorie selbst widerspricht, wenn sie auf der einen Seite jegliche Erkenntnis für geschichtlich (gesellschaftlich, kulturell) bedingt erklärt, auf der anderen Seite jedoch eine Kritikfähigkeit, die wohl ebenfalls nur auf Erkenntnis beruhen kann, in Anspruch nimmt, die jeder geschichtlichen Relativität enthoben sein soll. Kritik unterliegt allemal denselben (grundlegenden, transzendentalen) Bedingungen, die sie für jenes Wissen eruiert, das sie kritisiert.

Fortschrittsmodell

Wie relativ Kritik, konkret Metaphysikkritik sein kann, sei am Fortschrittsmodell der Aufklärung illustriert. Nach diesem Schema besitzt die gesamte Geschichte ein klares Ziel, nämlich die Erreichung eines Zustandes, in welchem der Mensch seine Menschlichkeit vollkommen realisiert hat und damit auch zu absoluter Selbstbestimmung fähig geworden ist. Alles, was diesem Ziel dient, wird als *fortschrittlich*, alles hingegen, was sich ihm in den Weg stellt, als *rückschrittlich* charakterisiert. Sofern man nun (u.a.) davon überzeugt ist, daß sowohl die Naturwissenschaften als auch die praktisch (technisch, politisch, künstlerisch) orientierten Wissenschaften die Freiheit des Menschen mehren, fallen diese unter die Rubrik ‚Fortschritt‘, während die Metaphysik als eine ‚Wissenschaft‘, die in ihrer scholastischen Gestalt angeblich mehr der Kirche mit all ihrer gesellschaftlichen Macht als der menschlichen Freiheit zugearbeitet haben soll, konsequenterweise unter den Begriff ‚Rückschritt‘ subsumiert wird.

Die Relativität dieses Modells ergibt sich grundsätzlich schon insofern, als keineswegs ausgemacht ist, daß in der Geschichte nur Fortschritt das letzte Wort hat und daß dieser Fortschritt noch dazu in Richtung Freiheit des Menschen führt. Auch wenn man nicht leugnen will, daß es de facto seit den Anfängen der Menschheit unglaublich viele Fortschritte in allen Bereichen der Kultur gegeben hat – wer könnte ernsthaft das Gegenteil behaupten? –, darf man dennoch fragen: Erzeugt nicht der Fortschritt *seinerseits* so manchen Rückschritt? Selbst wenn man noch gar nicht an die These von der „Dialektik der Aufklärung“ denkt, wie sie Max Horkheimer und Theodor W. Adorno entwickelt haben, d.h. daran, daß ausgerechnet die Aufklärung mit ihrem Fortschrittsglauben die ärgsten Ausbrüche an Barbarei und Gewalttätigkeit, welche im 20. Jahrhundert zustandegekommen sind, nämlich den Nationalsozialismus und den Stalinismus, mitverursacht hat, weil ihr die Bedingtheit ihrer eigenen Position gegenüber dem, was sie zu überwinden hoffte, zu wenig bewußt war, selbst dann ist noch zweifelhaft, ob der Fortschritt der Naturwissenschaften und der mit ihr verbundenen Technik *nur* gut war und *nur* der Freiheit gedient hat. Brachte er so, wie er *faktisch* vor sich gegangen ist, nicht gleichzeitig viel an Vereinseitigung, damit aber auch an Verarmung, ja an Bedrohung in die menschliche Kultur? Ist die u.a.

von Herbert Marcuse diagnostizierte Eindimensionalität des Menschen im Industriezeitalter nicht wesentlich durch ihn mitermöglicht worden? Fielen weiters nicht ausgerechnet die Naturwissenschaften mit all ihren praktischen Folgewissenschaften einer Funktionalisierung durch gesellschaftlich-politische Mächte zum Opfer, wie dies seitens der Religion mit der Metaphysik sicherlich nie geschehen ist? Ja, geht nicht die in reale Nähe gerückte Möglichkeit eines Untergangs der ganzen Menschheit sowie einer schweren Zerstörung der gesamten Biosphäre zum Teil darauf zurück, daß der naturwissenschaftlich-technische Fortschritt viel Menschliches verkümmern ließ, das zwar naturwissenschaftlich kaum faßbar ist, sehr wohl aber der Beachtung und Pflege bedurft hätte? Man denke vor allem an die Wertgefühle sowie an das mit ihnen verbundene Verantwortungsbewußtsein, das Hans Jonas in seinem Buch „Das Prinzip Verantwortung" (Frankfurt 1979) analysiert hat. Stehen am Ende des 20. Jahrhunderts nicht politisch-gesellschaftliche Umwälzungen – etwa in Osteuropa nach dem Zusammenbruch des Kommunismus –, die sogar die Entsprechung von Fortschritt und Freiheit fragwürdig machen bzw. aufzeigen, daß Freiheit nicht notwendig der höchste Wert ist, den alle Menschen anstreben, wenn sie nur die Voraussetzungen dazu haben? Und nicht zuletzt: Was geschieht, wenn (nach einem Wort von Arnold Gehlen) „der Fortschritt zur Routine" wird, d.h. wenn das Neue, Revolutionäre und Verändernde sich dermaßen in das technische und gesellschaftliche System der Kultur integriert, daß es vor lauter Regelmäßigkeit und systembedingter Notwendigkeit gar nicht mehr zu Bewußtsein kommt? Hebt sich der Begriff dann nicht von selbst auf? Läutet damit – was einige Theoretiker der sogenannten Postmoderne behaupten (allen voran Gianni Vattimo in seinem Buch „La fine della modernità" [Das Ende der Moderne, [1]1985, dt. R. Capurro, Stuttgart 1990]) – das Ende jener Geschichte ein, die gemäß dem Fortschrittsmodell verstanden wird?

Neubewertung der Scholastik

Wohl gemerkt: Es geht hier nicht darum, die Aufklärung und ihre Ideale ins Zwielicht zu setzen – so etwas liegt mir völlig fern –, es soll mit diesen Hinweisen nur die Relativität eines Interpretationsschemas dargelegt werden, das wie andere Modelle angetreten ist, die gesamte Weltgeschichte zu deuten. Darüber hinaus möge allerdings auch die Kritik an der Metaphysik, die gemeinsam mit diesem Interpretationsschema vorgebracht wurde, hinterfragt sein. Dazu sei noch folgendes angefügt: Wie erinnerlich richtete sich diese Kritik primär gegen die scholastische Metaphysik, die aus der Zeit der ‚Auf-klärung' (nach dem Wort Petrarcas) ins ‚finstere Mittelalter' verbannt wurde. Auch in dieser Hinsicht änderte sich das Bild. Als man nämlich während des 19. Jahrhunderts, im Zuge der Romantik sowie der Neuerforschung des Mittelalters, feststellte, daß nicht bloß die Aufklärung, sondern die gesamte Neuzeit keine wirkliche Kenntnis der Scholastik besaß, erkannte man, daß selbst das *philosophische* Vorurteil der Moderne gegenüber dem

Mittelalter unhaltbar ist. Dies wurde von der zeitgenössischen Entwicklung der Philosophie auch sogleich bestätigt. Sowohl die Seinsphilosophie Heideggers, die von Franz Brentanos Aristoteles-Studien inspiriert wurde, als auch die Phänomenologie Edmund Husserls, die – ebenfalls unter dem Einfluß Brentanos – den scholastischen Intentionalitätsbegriff für sich fruchtbar machte, sowie die formale Logik des ganzen 20. Jahrhunderts, die sich in vielerlei Hinsicht bei den mittelalterlichen Denkern vorgedacht fand, bewiesen über alle Erwartung, daß die vorneuzeitliche Philosophie alles andere als eine sterile, denkunfähige Unternehmung war. Abgesehen davon wurde auch immer deutlicher, daß die neuzeitliche Philosophie – und zwar sowohl die sogenannte ‚Schulphilosophie' als auch die fortschrittliche Philosophie eines Descartes, eines Leibniz und vieler anderer – ohne die Voraussetzungen, die das Mittelalter geschaffen hatte, gar nicht vorstellbar war. Meines Erachtens hätte nicht zuletzt die Neuscholastik, konkret die sogenannte Maréchal-Schule, kaum ihre Spekulation hinsichtlich einer Vermittlung von moderner Transzendentalphilosophie und Seinsphilosophie des 13. Jahrhunderts entfalten können, wenn mittelalterliches und neuzeitliches Denken nicht in einer inneren Beziehung zueinander stehen würden. Mit einem Wort: Die scholastische Metaphysik war trotz aller Kritikwürdigkeit, die rechtens herausgestellt wurde, nicht so problematisch, wie die Neuzeit gemeint hat.

Was folgt daraus für die Metaphysik als solche? Vor allem dies: Wenn sich eine Kritik an der Metaphysik, die noch dazu nicht ‚die' Metaphysik darstellt, sondern nur einen bestimmten Typ derselben, nicht nur als historisch bedingt, sondern von späterer, natürlich ebenfalls historisch bedingter Warte aus betrachtet als falsch herausstellt, dann darf nicht nur diese Kritik zurückgewiesen werden, vielmehr darf dann darüber hinaus auch die ‚Sache', um die es geht, die Metaphysik, Thema weiterführender Überlegungen sein.

Anmerkung zu Heidegger

Berechtigung, Problematik

Bleibt noch eine Antwort auf die Kritik Martin Heideggers. Ihr gegenüber darf zunächst ebenfalls betont werden, daß auch ihre Rekonstruktion der Philosophiegeschichte eine zwar unerhört anregende, in mancherlei Hinsicht wahrscheinlich sogar richtige ist, daß sie deshalb aber nicht weniger *eine* Deutung neben anderen *ebenso* berechtigten Deutungen darstellt. Nicht anders als diese besitzt sie keinerlei Privileg, die Geistes- und Kulturgeschichte endgültig begriffen zu haben. Dies gilt umso mehr, als sie gegenüber den historischen Fakten nur begrenzt stichhaltig ist. Heidegger wußte dies, hielt seinen etwas gewaltsamen Umgang mit der Geschichte aber insofern für gerechtfertigt, als er meinte, aus der allgemein zugänglichen und historisch diskutierbaren Geschichte eine andere, verschüttete und vergessene Geschichte – eben die Geschichte des Sich-offenbarens (der „Lichtung“) des Seins – freilegen zu müssen. Ganz zu Recht wurde er deshalb zurückgefragt, worin denn die nachvollziehbaren und überprüfbaren Kriterien seiner Deutung bestünden. Darauf gab er letztlich keine wirkliche Antwort. Er verwies vielmehr auf das neue Denken des Seins, welches anderen Kriterien – Heidegger sprach von „Weisungen“ – unterworfen sei als das Denken der Wissenschaft. Damit konzedierte er zugleich, daß jeder, der die Metaphysik als Wissenschaft betreiben wolle, auch die Geschichte derselben ganz anders interpretieren müsse.

Alles Seinsfrage?

Wie nunmehr schon wiederholt betont, soll Metaphysik hier als Wissenschaft betrieben werden. Aus diesem Grunde bleibt nichts anderes übrig, als sich an die Ergebnisse der historisch-kritischen Erforschung der Philosophie- und Geistesgeschichte zu halten, und die zeichnet nun einmal ein weitgehend anderes Bild derselben als es Heidegger getan hat. Prinzipiell ist aber bereits zu fragen, ob sich wirklich die zweieinhalb Jahrtausende abendländisch-europäischer Philosophie auf einen einzigen Leitfaden reduzieren lassen, der in der Behandlung bzw. Nichtbehandlung der Seinsfrage bestehen soll. Wenn auch nicht bestritten sei, daß es sich hierbei tatsächlich um eines der zentralen Probleme dieser langen Geschichte handelt, so muß doch darauf hingewiesen werden, daß sich die Metaphysik faktisch ebenso mit etlichen anderen Problemen und Themen befaßt hat, die nicht zwingend in den Komplex ‚Seinsfrage‘ übersetzt werden können. Man denke u.a. an die Theodizee, d.h. an die Frage, was es für die Ordnung der Wirklichkeit – sei sie von Gott oder einer anderen Instanz, die ihn ersetzt hat, begründet – bedeutet, daß es das Leid der Lebewesen bzw. das Böse gibt. Sie betrifft die Wirklichkeit in ihrer Gesamtheit als das multidimensionale System, welches der Mensch seiner Wirklichkeitsbewältigung zugrundelegt, in eminentem Maß und muß aus diesem Grunde als ein metaphysisches Thema par excellence betrachtet werden. Was hat sie jedoch unmittelbar mit der Frage nach dem Sein zu tun? Heidegger würde nicht bestreiten, daß es in der westlichen Philosophie auch um anderes gegangen sei als um die Seinsfrage, er würde dies jedoch als einen Beweis dafür ansehen, daß eben die Seinsfrage, genauer das Bedenken des Seins in seiner Differenz zum Seienden, *vergessen* worden sei. Dem darf erwidert werden, daß es kaum gehen kann, zuerst etwas in die Geschichte hineinzulesen, was sich aufgrund ihres faktischen Verlaufes in jenem exzessiven Ausmaß, in dem es Heidegger tut, kaum durchführen läßt, und dann, wenn sich das Hineingelesene nicht finden läßt, der Geschichte vorzuwerfen, das Gesuchte „vergessen“ zu haben. Von daher gesehen erscheint (u.a.) auch die bereits oben dargelegte These willkürlich, nach der die Seinsfrage – immer in jener Form, in der sie Heidegger verstanden hat – den Vorsokratikern noch bewußt gewesen, dann aber durch die Metaphysik, konkret durch Platon und Aristoteles vergessen worden sei, wodurch die ganze Geschichte der Metaphysik zu einem einzig großen Irrweg habe ausarten müssen. Diese Bewertung der vorsokratischen Philosophie ist schon deshalb überaus fragwürdig, weil die spärlichen Quellen, die wir von ihr besitzen, einfach zu dürftig sind, um aus ihnen *eindeutig* solche Zusammenhänge rekonstruieren zu können. Je spärlicher die Quellen sind, umso zahlreicher sind bekanntlich die Möglichkeiten ihrer Interpretation. Wie kann dann aber aus *einer*, zugegebenermaßen möglichen Interpretation herausgelesen werden, und dies mit dem weitreichenden Anspruch, den Heidegger damit verbindet, daß die gesamte weitere Geschichte – immerhin über 2000 Jahre – einem Schicksal zum Opfer gefallen sei und die vorsokratischen Vorgaben habe unterbieten müssen – bis zu dem Augenblick, versteht sich, in dem sich das Sein dem Interpreteten dieser Geschichte neu enthüllt habe?

Mit dieser kurzen und sicherlich nicht ausreichenden Antwort auf die seinsphilosophische Kritik an der Metaphysik soll keinesfalls das berechtigte Anliegen Heideggers verkannt werden. Das Problem, das hinter der Frage nach der „ontologischen Differenz" steht, und dessen Lösung für die Vorgangsweise (Methode) des Denkens weitreichende Konsequenzen besitzt, wird vielmehr auch die folgenden Überlegungen noch zu beschäftigen haben. Es soll nur deutlich geworden sein, daß sich anhand der Seinsfrage *allein* weder über den geschichtlichen Ort noch über den Wert der Metaphysik entscheiden läßt und dies umso weniger, als auch die Rekonstruktion der Geschichte des metaphysischen Denkens anhand der Seinsfrage, wie sie Heidegger geboten hat, keineswegs über jedem Zweifel erhaben ist. Daraus folgt, daß nach der Möglichkeit und Sinnhaftigkeit der Metaphysik trotz der seinsphilosophischen Kritik rechtens weiter gefragt werden darf.

Geschichtliche Epoche	*Wichtigste Paradigmen (Positionen und Kritik)*	*Herausragende Repräsentanten /Richtungen*	*Zentrale inhaltliche Überzeugungen*
Klassische Metaphysik	Griechisch-antike Metaphysik	Vorsokratiker Platon (427–347 v.C.) Aristoteles (384–322 v.C.) Stoa, Epikureismus, Akademie, andere Schulen Neuplatonismus Plotin (203/4–269/70)	• Versuch, die Wirklichkeit in ihrer Einheit zu fassen • Keine Unterscheidung von Immanenz und Transzendenz • Wahrheit: Eigenschaft des Objekts, nicht der menschlichen Erkenntnis
	Christlich-mittelalterliche Metaphsik (z.T. durch arabische und jüdische Philosophen inspiriert)	Augustinus (354–430) Anselm (1033/4–1109) Abaelard (1079–1142) Albert (1206/7–1280) Thomas (1224/5–1274) Duns Scotus (1266–1308) Ockham (1285–1349) Cusanus (1401–1464)	• Wirklichkeit: Schöpfung des personalen Gottes • Immanenz und Transzendenz unterschieden • Der Mensch: als Ebenbild Gottes Person • Wahrheitsverständnis wie in der Antike
Neuzeitliche Metaphysik	Rationalismus	Descartes (1596– 1650) Spinoza (1632–1677) Malebranche (1638–1715) Protest. Schulphilosophie Leibniz (1646–1716) Chr. Wolff (1679–1754)	• Wirklichkeit nur von der menschlichen Erkenntnis her begriffen • Wahrheit ausschließlich Sache der Erkenntnis • Gott als System-Garant
	Metaphysikkritik – Gelegentlich verbunden mit der Suche nach einer neuen Metaphysik	Humanismus / Moralistik Franz. Enzyklopädisten Voltaire (1694–1778) Locke (1632–1704) Hume (1711–1776) Kant (1724–1804)	• Zweifel in die Möglichkeit von Metaphysik • Entstehung der Religions- und Gotteskritik • Metaphysik wird Erkenntniskritik

Metaphysik nach Kant	Metaphysikkritik – trotz metaphysischer Implikationen, trotz Anerkennung metaphysischer Fragen	Schopenhauer (1788–1860) Nietzsche (1844–1900) Heidegger (1889–1976) Neopositivismus Sprachphilosophie Kritischer Rationalismus Analytische Philosophie Frankfurter Schule „Postmoderne" Ansätze	• Metaphysik: erkenntnis- und sprachkritisch nicht rechtfertigbares Wissen • Kritik jeglicher absoluten Größe / Instanz • Tod Gottes – Tod des Subjekts • Frühere Metaphysik endgültig zurückgelassen
	Neue metaphysische Ansätze – trotz Kritik an der klassischen und neuzeitlichen Metaphysik	Neo-) Idealismus (Neo-) Marxismus Lebensphilosophie Existenzialismus Phänomenologie Wertphilosophie Prozeßphilosophie Katholische Metaphysik	• Metaphysik mit Hilfe neuer Methoden und anderer Ansätze möglich • Kritik der Kritik • Name ‚Metaphysik' nicht entscheidend • Metaphysik oft implizit, nicht explizit betrieben

In den nun folgenden Teilen dieses Buches spielt, wie angekündigt, die Geschichte der Metaphysik eine wesentliche Rolle. Diese Geschichte wird jedoch *nicht historisch* im Sinne der reinen Philosophiegeschichte behandelt, sondern – wie es eingangs geheißen hat – in *systematischer* Absicht. Die zu behandelnden Philosophen und Philosophen-Schulen werden daher unter *typologischen* Gesichtspunkten betrachtet. Um aber doch ein wenigstens rudimentäres historisches Gerüst voraussetzen zu können, möge dieses Schema einen ersten Überblick verschaffen.

Die klassische Metaphysik

Absicht

Bevor wir uns jetzt den wichtigsten Modellen der Metaphysik zuwenden, erinnere ich noch einmal an das, was ich in den Vorbemerkungen betont habe: Es geht mir nicht um einen Kurs in Philosophiegeschichte. Ich will auch nicht, wie bei zahlreichen heutigen Philosophen üblich, Geschichte um ihrer selbst willen betreiben. Nein, die Geschichte der Metaphysik ziehe ich heran, weil ich zum einen der Überzeugung bin, daß sich alle geistigen Probleme (nicht nur die philosophischen oder metaphysischen) am klarsten und griffigsten verstehen lassen, wenn man ihre Geschichte kennt, und weil ich es zum anderen für unmöglich halte, heute Metaphysik zu betreiben, ohne zu wissen, wie sie in ihren gegenwärtigen Zustand geraten ist.

Zusammenhang von Modellen

Was letzteres anbelangt, so will ich damit nicht sagen, daß die Geschichte streng determiniert wäre und nach zwingenden Gesetzen abliefe. Auch in der Metaphysik folgt nicht ein Modell notwendig auf das vorhergehende. Selbst dann, wenn man ein Modell als eine naheliegende bzw. sich aufdrängende Konsequenz aus einem früheren Modell ansehen muß, bleibt diese Konsequenz immer noch *eine mögliche* Konsequenz neben anderen (wobei es nicht einmal notwendig ist, daß diese möglichen *anderen* Konsequenzen je realisiert worden sind). Ich glaube aber, daß das Umgekehrte gilt: Man kann ein Modell, das in der Geschichte vertreten wurde, zumindest *nicht hinreichend* verstehen, wenn man die vorhergehenden Modelle nicht kennt. In der Regel nämlich stehen die späteren Modelle mit den früheren in einem Zusammenhang. Sie treten auf, weil mit ihnen Probleme gelöst werden sollen, denen frühere Modelle nicht mehr gewachsen sind, oder aber weil es aus bestimmten Gründen sinnvoll wird, andere Lösungsmöglichkeiten zu versuchen. Darüber hinaus teilen spätere Modelle mit früheren Modellen oft nicht bloß die gleichen Probleme, sondern – was ebenso wichtig ist – dieselben Fragestellungen und möglicherweise dieselben Denkformen.

Die folgenden Ausführungen verfahren selektiv. Sie behandeln nur die wichtigsten und einflußreichsten Typen der abendländisch-europäischen Metaphysik. Jeder der diskutierten Typen wird seinerseits nicht erschöpfend erörtert, sondern nur so weit, daß sein Beitrag zur Frage der Metaphysik verständlich und dessen Bedeutung für die weitere Geschichte sichtbar wird. Zum Zwecke genauerer historischer Informationen sei auf ausführliche Darstellungen der Philosophiegeschichte verwiesen. Eine erste Orientierungshilfe möge die Übersicht zur Geschichte der Metaphysik auf den Seiten 60 und 61 bieten.

Die Entstehung der metaphysischen Frage

Das vorsokratische Denken

Anfang

Die Vorsokratiker waren keine Metaphysiker im strengen Sinne. Entsprechend dem, was man zu ihrer Zeit, konkret zwischen ca. 550 und 400 v.Chr., unter Philosophieren (φιλοσοφεῖν) verstand, nämlich „sich kundig machen“ bzw. „Kenntnisse (Weisheit) sammeln“ (vgl. Herodot, Historien I 30; Thukydides, Peloponnesischer Krieg II 40), beschäftigten sie sich mit vielem, was wir heute einzelnen Wissenschaften, religiöser Reflexion oder ganz allgemeiner Lebensweisheit zuordnen würden. Dennoch stellten sie jene Frage, die in späterer Zeit, als das Wort ‚Metaphysik‘ geprägt und die metaphysische Wissenschaft (πρώτη φιλοσοφία) definiert worden war, als *die* Frage der Metaphysik gelten sollte. Insofern dürfen sie als die eigentlichen Begründer der Metaphysik gelten, die der weiteren Geschichte nicht nur ein Problem, sondern auch eine spezifische Fragestellung vorgegeben haben.

Abgrenzung zur Dichtung

Hinzuzufügen ist, daß die Vorsokratiker ihre Frage anders angingen, als es z.B. die Dichter taten, denen diese Frage ebenfalls nicht fremd war – denken wir nur an Hesiod und seine „Theogonie“ (um ca. 700 v.Chr.). Auch wenn man diese neue Form des Umgangs mit der Frage noch nicht als „Wissenschaft“ (ἐπιστήμη) im späteren oder gar heutigen Sinne bezeichnen darf, so bemühten sie sich doch schon um das, was man als Voraussetzung einer jeden rationalen Auseinandersetzung fordern muß: um die diskutierbare Nachvollziehbarkeit und Begründetheit ihrer Gedanken (λόγον διδόναι). Dies äußerte sich zum einen darin, daß sie ihre Begriffe zunehmend entsakralisierten, und zum andern darin, daß sie ihre Theorien unter den Anspruch der Wahrheit (ἀλήθεια) stellten. Beides erfolgte sowohl in Polemik gegenüber jenen Menschen, die sich um keine Erkenntnis und Weisheit bemühten, als auch gegenüber den Dichtern, die Wahrheit und Schein (ψευδέα) nicht immer auseinanderhielten.

Gesamtheit und Ursprung der Wirklichkeit

Bedeutung des Ursprungs

Die Vorsokratiker stellten die Frage nach der Wirklichkeit in ihrer Gesamtheit in einer wohl naheliegenden, jedoch keineswegs selbstverständlichen Form: Sie verbanden sie mit der Frage nach dem Ursprung (ἀρχή, auch στοιχεῖον, αἴτιον) aller Dinge (ἁπάντα τὰ ὄντα). Was nämlich am Anfang steht, meinten sie, hält sich durch. In diesen Anfang muß ebenso alles wieder zurück (ἐξ οὗ γίγνεται πρώτου καὶ εἰς ὃ φθείρεται τελευταῖον, Thales, Fr. 11 A 12). Deshalb macht das, was den Anfang bildet, auch das Wesen (οὐσία) von allem aus, das es gibt (ἔστιν). Oder anders formuliert: Kennt man den Anfang oder Ursprung aller Dinge, kann man sagen, worin sich alle diese Dinge treffen, bzw. Aussagen über die Wirklichkeit in ihrer Gesamtheit machen.

„Physis“

Dieser Ursprung wiederum wurde unterschiedlich bestimmt. Thales von Milet sprach vom Wasser (ὕδωρ, Fr. 11 A 12.14.15), Anaximines und andere von der Luft (ἀήρ, αἰθήρ, Fr. 13 A 5-7.10), Heraklit vom Feuer (πῦρ, Fr. 22 B 30f.64f.69.90) und Empedokles von einer Einheit aus Wasser, Luft, Feuer und Erde (γῆ, Fr. 31 B 6.17.21.27; A 49 u.ö.). Andere faßten denselben abstrakter. So prägte Anaximander seinen Begriff vom Un-begrenzten (ἄπειρον, Fr. 12 A 1.11.14-16; B 2-3) und Parmenides seine Vorstellung vom Sein (τὸ ἐόν, Fr. 28 B 4ff.). In jedem Fall galt: Der Ursprung ist kein abstraktes Prinzip und keine statische Struktur, sondern eine schöpferische, Wirklichkeit gewährende Macht (φύσις), die *alles,* was nur irgendwie *ist*, aus sich hervorgehen läßt.

Ursprung und Erkenntnis

Je mehr nun ein Teil der Wirklichkeit, ein ‚Seiendes‘ (τὸ ὄν), mit dem Ursprung in Verbindung gebracht werden konnte, umso mehr wurde er *sowohl* in seiner Verbindung mit allen übrigen Seienden *als auch* in seinem eigenen Wesen bestimmbar. Dies ergab sich aus einer zweifachen Überlegung: Zum *einen* läßt sich die Besonderheit eines Seienden nur dann feststellen, wenn eine Unterscheidung desselben von allen übrigen Seienden möglich ist. Wie aber sollte diese Unterscheidung erfolgen können, wenn nicht zuvor etwas Gemeinsames da wäre, das es überhaupt erst gestattete, ‚Unter-scheidungen‘ vorzunehmen? Zum *andern* legt sich die Annahme nahe, daß ein Seiendes dann am umfassendsten erfaßt wird, wenn es von seinem Ursprung her begriffen werden kann. Der Ursprung ist ja allemal das, was sich bleibend durchhält und folglich jede weitere Bestimmung, die man von einem Seienden zusätzlich auszusagen vermag, zumindest prinzipiell enthält. Er ist so gesehen das Fundamentalste, das sich zur Definition desselben überhaupt beibringen läßt.

Gesamtheit und Ordnung

Ordnung wichtiger als Ursprung

Die Vorsokratiker verbanden diese grundlegende These, wonach die Gesamtheit der Wirklichkeit durch die Erkenntnis ihres Ursprunges – der wohl gemerkt auch immer ihr Ziel (τέλος) ist – erfaßt werden kann, mit einer *weiteren*, ebenso folgenreichen These: mit der Behauptung nämlich, daß der Ursprung in allem, was aus ihm hervorgeht, eine *Ordnung* (κόσμος, auch τάξις) konstituiert. Durch diese Ordnung ist die Gesamtheit der Wirklichkeit ebenso repräsentiert und vergegenwärtigt wie durch die Tatsache, daß alles Wirkliche dank seiner Teilhaftigkeit am selben Ursprung eine fundamentale Identität besitzt. Geschichtlich betrachtet erwies sich diese zweite These sogar als die wichtigere, weil sich immer wieder herausstellte, daß der Ursprung entweder gar nicht oder nur sehr schwer erreichbar ist. (Schon Hesiod [Theogonie V. 116ff.]

bezeichnete ihn als χάος, was nicht in unserem heutigen Sinne als ‚Chaos‘ oder als ‚Chaotisches‘ verstanden werden darf, sondern als das unbestimmt Leere und Vor-geordnete, als das ἄ-πειρον.) In diesem Falle blieb die Ordnung als Vergegenwärtigung der Wirklichkeit in ihrer Gesamtheit übrig. Nur über sie ließen sich metaphysische Aussagen treffen.

Eigenschaften der Ordnung

Auf die Frage, wie diese Ordnung ihrerseits zu begreifen war, antworteten die Vorsokratiker wiederum unterschiedlich. Einig scheinen sie sich allerdings darin gewesen zu sein: Die Ordnung muß erstens als etwas *Immaterielles* und *Ideales* angesehen werden, das die *Macht* hat zu herrschen und zu gelten – ganz im Sinne dessen, was die Griechen ‚Schicksal‘ (μοῖρα) und ‚Notwendigkeit‘ (ἀνάγκη, auch τὸ χρεών) nannten. Die Ordnung muß als Ordnung der φύσις zweitens aber auch etwas *dynamisch Kraftvolles* sein, weil sie sich immer wieder neu hervorbringt (φύειν) und so permanent durchsetzt (κρατεῖ). Vor allem deshalb wurde sie drittens als etwas Göttliches betrachtet. Denn nach griechischer Auffassung bedeutete ‚göttlich‘ (θεῖον) so viel wie ‚machtvoll‘, ‚mächtig‘. Es war konsequent, wenn man sie gelegentlich mit einer Gottheit (θεός) identifizierte, denn auch unter θεός stellte man sich nicht eine personhafte Gottheit, sondern ein *machtvolles Geschehen* vor.

Alle diese drei Aspekte müssen berücksichtigt werden, wenn man etwa bei Anaximander (Fr. 12 A 9), in der Folge aber auch bei Heraklit (Fr. 22 B 80.94.102.114), Parmenides (Fr. 28 B 1, V. 28) u.a. die Ordnung als Gerechtigkeit (δίκη) ausgelegt findet, die sich nach dem Gesetz der Zeit (κατὰ τὴν τοῦ χρόνου τάξιν, Anaximander Fr. 12 A 9) konstituiert. Gleiches gilt für den Logos (λόγος) des Heraklit, der alles Wirkliche in ein „gegenstrebiges Gefüge“ (παλίντονος ἁρμονίη, Fr. 22 B 51) zwingt, d.h. in ein Verhältnis, in dem sich selbst jene Bereiche der Wirklichkeit, die sich gegenseitig ausschließen und widersprechen, in so klaren Proportionen zueinander finden, daß sie ineinander umschlagen (μεταβάλλειν, μεταπίπτειν, ἀνταμοιβή, Fr. 22 B 84a.88.90) und ohne einander nicht einmal gedacht werden können. Ebenso sind die Zahlen (ἀριθμοί) der Pythagoreer (u.a. Fr. 44 B 2.6.11.15) zu verstehen, sofern auch diese Zahlen nicht etwas bloß Mathematisches (in unserem heutigen Sinne) anzeigen, sondern kosmische Größen, die sowohl himmlische Sphären (φερόμενα κατὰ τὸν οὐρανόν, σφαίραι) repräsentieren als auch musikalische Proportionen (Konsonanzen) ausdrücken, nach denen die gesamte Wirklichkeit ihre Stimmigkeit besitzt. Erst recht gilt dies alles für den Weltgeist (νοῦς) des Anaxagoras (u.a. Fr. 59 B 12-14), der einen am Anfang von allem stehenden Wirbel (περιχωρήσις) entfacht und das durch ihn Hervorgebrachte zielstrebig steuert, sowie für das Prinzipienpaar „Liebe“ (φιλία) und „Streit“ (νεῖκος, ἔρις) des Empedokles (u.a. Fr. 31 B 17.21.22.26), das sowohl die vier Urelemente – Wasser, Erde, Feuer, Luft – im richtigen Verhältnis mischt als auch die Beziehung zwischen der Einheit dieser Urelemente und der Vielheit aller aus dieser Einheit stammenden Wirklichkeitsteile regelt.

Die weiterführenden Probleme

Ursprung und Vielheit

Das grundlegende Problem, das sich für die Vorsokratiker stellte und letztlich auch ihre diversen Denkansätze sprengen sollte, war folgendes: Wie muß der *Bezug* zwischen dem Ursprung (der ἀρχή, dem sich in allem zeigenden Einen, ἕν) und dem aus ihm Hervorgegangenen (der Wirklichkeit in ihrer Gesamtheit bzw. der Vielheit der Seienden, τὰ πολλά) begriffen werden? Dieser Bezug, der offensichtlich besteht, ist von beiden Seiten her alternativ vorstellbar: *Zunächst vom Ursprung her*: Aus ihm geht die Vielheit der Seienden hervor und in ihn kehrt diese Vielheit auch wieder zurück. Impliziert dies nun, daß der Ursprung in die Vielheit völlig eingeht und sozusagen den Entstehens- und Vergehensprozeß derselben an sich selbst durchmacht, oder ist anzunehmen, daß er in sich selbst ruhen bleibt und vom genannten Werdeprozeß gewissermaßen nicht berührt wird? *Dann aber auch von der Vielheit her*: Geht der Ursprung in sie ein, wird sie zu einem Moment an diesem. Ruht der Ursprung hingegen in sich selbst und verläuft zwischen ihm und dem Werdeprozeß der Vielheit ein Bruch (χωρισμός), dann ist zu fragen, welchen Wert die Vielheit gegenüber dem Ursprung besitzt. Hat sie unter dieser Voraussetzung überhaupt noch eine eigene Wirklichkeit? Ist sie etwas Selbständiges? Reduziert sie sich auf den bloßen Schein?

Die Alternative

Ursprung geht in Vielheit auf.

Die erste Alternative, daß nämlich der Entstehens- und Vergehensprozeß ein Geschehen – nach der Ordnung der Gerechtigkeit und der Zeit – ist, in das der Ursprung vollkommen eingebunden ist, hat Heraklit von Ephesus angenommen. Nach dem Grundsatz, daß Alles Eins ist (ἓν πάντα εἶναι, Fr. 22 B 50), nahm er als Grundstruktur des Bezuges zwischen Ursprung und Vielheit eine bleibende, sich immer wieder neu erzeugende *Dialektik* an, d.h. eine Beziehung, in der zwei einander widersprechende, ja aufhebende Beziehungspartner so verbunden werden, daß der eine ohne den anderen weder sein könnte noch zu erkennen wäre. Ursprung (ἕν) und Vielheit (πάντα – τὰ πολλά) sind *genauso* in diese dialektische Struktur – in diese „Harmonie des Widerstrebenden“ (παλίντονος ἁρμονίη, Fr. 22 B 51) – eingespannt wie Leben und Tod, Götter und Menschen (Fr. 22 B 62), Erde und Wasser, Luft und Feuer (Fr. 22 B 76), Wachen und Schlafen, Jungsein und Altsein (Fr. 22 B 88):

> „Zusammensetzungen sind Ganzes und Nichtganzes (ὅλα καὶ οὐχ ὅλα), Einträchtig-Zwieträchtiges, Einstimmend-Mißstimmendes, und aus Allem Eins und aus Einem Alles (ἐκ πάντων ἓν καὶ ἐξ ἑνὸς πάντα)" (Fr. 22 B 10; dt. B. Snell, München 1965).

Der Krieg als „aller Dinge Vater" (πόλεμος πάντων μέν πατήρ ἐστι, Fr. 22 B 53) steht zwischen Ursprung und Vielheit *nicht weniger* als innerhalb der Vielheit der Seienden. Bei Heraklit geht damit der Ursprung insofern in der Vielheit auf, als er den Unterschied zwischen Ursprung und Vielheit mit dem Unterschied der Bestandteile der Vielheit *identifiziert*. Er ebnet mit anderen Worten die „ontologische Differenz" zwischen diesen beiden Unterschieden – das möchte ich gegen die Heraklit-Deutungen Martin Heideggers behaupten – letztlich ein.

Nur der Ursprung ist.

Was Heraklit zurücknimmt, betont Parmenides – Vertreter der zweiten Alternative (die Vielheit löst sich zugunsten des Ursprungs auf) – im Übermaß. Er trennt rigoros zwischen dem Bereich des Ursprungs und dem Bereich der Vielheit, damit auch zwischen den eben genannten Unterschieden. Den Ursprung bezeichnet er als „Sein", philologisch richtiger als „[Es] Ist", die Vielheit hingegen als „Nichtsein", besser als „[Es] Ist nicht":

> „Es ist nötig, zu sagen und schauend zu denken, daß Seiendes ist. Denn das ‚Es Ist' ist und das ‚Es Ist nicht' ist nicht." (Χρὴ τὸ λέγειν τε νοεῖν τ' ἐὸν ἔμμεναι. Ἔστι γὰρ εἶναι, μηδὲν δ' οὐκ ἔστιν. Fr. 28 B 6; vgl. W. Schadewaldt, Die Anfänge der Philosophie bei den Griechen, Frankfurt 1978, 325ff.)

„Es Ist" und „Es Ist nicht" bilden im Sinne des später formulierten Kontraktionsprinzips einen absoluten Widerspruch. Nun sind aber innerhalb der Vielheit „Es Ist" und „Es Ist nicht" offensichtlich durchmischt. Denn die Teile derselben entstehen und vergehen, indem sie vom Nichtsein ins Sein und umgekehrt übergehen; die Teile unterscheiden sich voneinander, sofern der eine Teil etwas „ist", was der andere „nicht ist"; als Teile „sind" sie jeweils nicht das Ganze, sondern tragen jeder für sich die Bestimmung des „ist nicht" in ihrem „ist" konstitutiv mit. (Fr. 28 B 8, V. 17ff.) Was folgt daraus, daß dies dem Prinzip („Es ist notwendig, entweder ganz und gar zu sein oder nicht zu sein", οὕτως ἢ πάμπαν πελέναι χρεών ἐστιν ἢ οὐχί, Fr. 28 B 8, V. 11) entgegensteht? Parmenides entscheidet sich fürs Prinzip und erklärt: Die Vielheit kann nicht sein. Sie „ist" vielmehr ein reiner Schein, hinter dem sich das „Es Ist nicht" (das Nichtsein) verbirgt.

Vielheit als Schein

Keine Frage, daß damit der Bereich der Vielheit gegenüber dem Ursprung (in den auch alles wieder zurückkehrt, vgl. Fr. 28 B 5) radikal *abgewertet* wird. Zwischen Ursprung und Vielheit besteht hinsichtlich Wirklichkeit ein absoluter Rangunterschied: Das „Es Ist" als Ursprung *ist* und die Vielheit *ist nicht*. Abgesehen davon tritt der Unterschied zwischen dem Ursprung und der Vielheit einerseits und dem Unterschied zwischen den Bestandteilen der Vielheit andererseits radikal heraus. Parmenides trägt dem dadurch Rechnung, daß er dem Ursprung in seiner Unterschiedenheit von der Vielheit sowie den innerhalb derselben herrschenden Unterschieden eine andere Art von Erkenntnis zuweist als der Vielheit. (Fr. 28 B 1, V. 27ff.; 28 B 8, V. 50ff.): Dem Ursprung, dem „Es Ist", entspricht das Denken (νοεῖν, λέγειν), der Vielheit hingegen korrespondieren die Eindrücke und Meinungen (δόξαι). In diesem Sinne gilt der berühmte Satz τὸ γὰρ αὐτὸ νοεῖν ἐστίν τε καὶ εἶναι (Fr. 28 B 3), der häufig mit „Denn dasselbe ist Denken und Sein" übersetzt wird, was aufgrund der Tatsache, daß es dieses frühe Griechisch noch nicht zuläßt, die Infinitive „denken" (νοεῖν) und „sein" (εἶναι) zu Satzsubjekten zu machen, nicht korrekt ist, so daß es vielmehr heißen muß: „Denn es ist dasselbe, was gedacht werden kann und was sein kann" (J. Burnet, W. Schadewaldt [a.a.O. 322f.]).

Offene Fragen

Aporien

Beide Theorien, sowohl jene des Heraklit als auch jene des Parmenides, brachten große Probleme mit sich. Akzeptierte man die Theorie Heraklits, stand man vor der Frage, ob aufgrund der Tatsache, daß ein und dieselbe dialektische Struktur *sowohl* den Bezug des Ursprungs zur Vielheit *als auch* die Teile der Vielheit in ihrem Verhältnis untereinander bestimmt, vom Ursprung überhaupt noch etwas übrig bleibt. Hielt man es hingegen mit der Theorie des Parmenides, mußte man erklären, warum es neben dem Sein überhaupt den Schein der Vielheit gibt. Abgesehen davon nahm man, was die konkrete Wirklichkeit anbelangt, die nun einmal die Vielheit ist, absurde Konsequenzen in Kauf. (Letzteres führen uns die Aporien des Zenon von Elea vor Augen, die dieser – Parmenides verteidigend – aus der Annahme ableitete, daß die Vielheit existiert, vor allem aber auch Platons Dialog „Parmenides" [138a-166c], in dem sowohl die These des Parmenides als auch deren Negation auf ihre Implikationen hin befragt werden.)

Desiderate

So stand eine neue Theorie an, die zum einen den Ursprung Ursprung und die Vielheit Vielheit bleiben ließ und zum andern den Bezug zwischen den beiden Seiten so erklärte, daß weder der Ursprung zugunsten der Vielheit noch die Vielheit zugunsten des Ursprungs aufgelöst wurde. Dies jedoch erforderte eine andere Fragestellung bzw. einen neuen Problemzugang. Die Frage konnte nicht mehr sein: Wie läßt sich der Ursprung auf die Vielheit oder umgekehrt die Vielheit auf den Ursprung ‚reduzieren'?, sondern vielmehr: Wie zeigt sich der Ursprung innerhalb der Vielheit, dessen Ursprung er ist? Damit zeichneten sich neue Probleme ab, allen voran das erkenntnistheoretische, denn dem Sich-Zeigen des Ursprungs innerhalb der Vielheit mußte eine spezifische Erkenntnis korrespondieren, doch die Aporien waren fürs erste überwunden.

Das Problem von Einheit und Vielheit

Das platonische Modell

Bezug zur Vorsokratik

Die Philosophie Platons knüpft am Denken der Vorsokratiker an, d.h. genauso wie dieses verbindet sie die Frage nach der Wirklicheit in ihrer Gesamtheit mit der Frage nach dem Ursprung (der ἀρχή), der gegenüber der Wirklichkeit, welche eine Vielheit (τὰ πολλά) darstellt, aber auch an sich selbst bzw. für sich selbst eine Einheit (ἕν) bildet. Gleichzeitig versucht sie die Probleme, die von den vorsokratischen Ansätzen aus nicht mehr gelöst werden konnten, zu bewältigen. Man übersieht dies leicht, weil man zumindest die Anfänge der platonischen Philosophie aufgrund der von Platon überlieferten „Dialoge" mit der Gestalt des Sokrates verbindet, Sokrates jedoch weniger an Fragen der Metaphysik und Kosmologie als vielmehr – schwerpunktmäßig – an ethischen Problemen interessiert gewesen sein dürfte (vgl. Phdr. 230d-e). Vor allem aufgrund der späteren Dialoge („Parmenides", „Sophistes", „Theaitetos", „Philebos" u.a.), aber ebenso aufgrund der sogenannten „Ungeschriebenen Lehre" wissen wir jedoch, daß Platon trotz aller Einbeziehung der sokratischen Anliegen aus der vorsokratischen Tradition heraus zu verstehen ist.

Ursprungsfrage und Ideenlehre

Ursprunghaftes und Vielheit

Mit den Vorsokratikern, ganz besonders mit Parmenides, teilt Platon die Auffassung, daß alles, was zum Ursprung gehört, dasjenige ist, was *sich durchhält,* d.h. dasjenige, was im Entstehen und Vergehen bzw. im Werden und Wechsel der Teile der Vielheit *gleichbleibt* und so gesehen einen *Ewigkeitswert* besitzt, der ihm eine unbedingte *Selbständigkeit* gegenüber allen Teilen der Vielheit gewährt, und daß umgekehrt das, was zur Vielheit zählt, durch die Momente des steten Wechsels, der Flüchtigkeit, der Relativität und der Scheinhaftigkeit charakterisiert ist. Um nun aber nicht den Aporien der Vorsokratiker zu verfallen und entweder die Vielheit im Ursprung oder den Ursprung in der Vielheit aufgehen zu lassen, nimmt Platon zunächst sowohl die Vielheit als auch den Ursprung als etwas Gegebenes an, bemüht sich dann aber sogleich darum, *am* Vielheitlichen bzw. *innerhalb* der Vielheit das Ursprungshafte, sprich: das Sich-Durchhaltende, Gleichbleibende, Ewige und Selbständige zu entdecken. Sowohl durch die Mathematik der Pythagoräer, die er spätestens auf seinen Reisen nach Süditalien kennengelernt haben muß, als auch durch die Ethik seines Lehrers Sokrates gelangt er zur Überzeugung von der Richtigkeit dieses Ansatzes. Denn durch beide Theorien stellte sich für ihn heraus, daß der Mensch die Vielheit als solche gar nicht erkennen und gestalten könnte, wenn er nicht *vor dieser Erkenntnis bzw. Gestaltung* schon mit etwas vertraut wäre, das in der Vielheit nicht aufgeht, sondern sich als etwas Ursprungshaftes und Einheitliches von dieser absolut unterscheidet. So gilt für uns z.B. der pythagoräische Lehrsatz vom rechtwinkeligen Dreieck ($a^2 + b^2 = c^2$) *unabhängig* davon, welches Dreieck wir uns konkret vorstellen oder aufzeichnen. Und davon *wissen* wir. Gleichermaßen gäbe es – nach sokratischer Auffassung – zwischen den Menschen keine Übereinstimmung in den Fragen der Werte (was gut, gerecht, weise, tapfer oder schön ist), wenn nicht ein von vornherein *verbindendes und einheitliches* Wissen darüber bestünde, was dieser oder jener Wert impliziert bzw. was gut und was schön ist.

Ideen

Dieses Ursprungshafte, auf das wir da stoßen, nennt Platon die Ideen (ἰδέαι [Pol. 486d, 505a, 517b.c; Phdr. 265d; Sph. 253d u.ö.], εἴδη [Phd. 102b,103e; Symp. 210b, Parm. 132b-c u.ö.]). Ihnen schreibt er alle jene Eigenschaften zu, die Parmenides dem „Es Ist" (ἔστι, εἶναι) zugesprochen hat. Sie ruhen in sich selbst (αὐτὸ καθ' αὐτό [Phd. 78d,100b; Symp. 211b; Tim. 51c]), sind nur dem Denken (νοῦς, φρόνησις, λογισμός) zugänglich, haben also mit jener Vielheit, die sich der Sinneserkenntnis (αἴσθησις [bes. Phd. 65c-66a, 78b-79e; Tim. 27d-31b, 51b-52d; Pol. 475e-480a, 509d ff.]) bzw. der alltäglichen Meinung (δόξα, πίστις) darbietet und materiell-körperlich (σώματος) – im weitesten Sinne – äußert, nichts zu tun, sind von dieser sogar durch einen Abgrund (χωρισμός, vgl. Aristoteles, Met. 1040b26ff., 1078b 30ff., 1086a33-34) getrennt, gelten ewig (ἀεὶ ὄν) und stiften jeweils Einheit (ἕν, μονάς). Dazu ein Text aus dem „Symposion" (210e-211b), in dem es konkret um die Idee des Schönen geht:

> „Denn wer [...] in rechter Folge und Art das Schöne schaut, der wird, wenn er nun ans Ziel dieser Bemühungen kommt, mit einem Mal ein Schönes von wunderbarer Art sehen [...]: ein Schönes, das erstens immer ist, weder entsteht noch vergeht, weder wächst noch schwindet, das weiter nicht in der einen Hinsicht schön, in der anderen aber häßlich ist, nicht heute schön und morgen nicht, nicht mit dem einen verglichen schön, mit dem anderen häßlich, nicht da schön, dort häßlich; noch auch wird ihm das Schöne erscheinen als ein Antlitz oder Hände oder sonst irgend etwas, woran der Körper teilhat, noch als irgendeine Rede oder ein Wissen, noch als etwas, das an irgendeiner anderen Sache ist, etwa an einem Lebewesen, an der Erde, am Himmel oder sonst wo, sondern als das Schöne selbst, an sich und für sich, stets eingestaltig (αὐτὸ καθ' αὐτὸ μεθ' αὐτοῦ μονοειδὲς ἀεὶ ὄν), während alles andere Schöne (τὰ ... πάντα καλά) etwa derart an ihm teilhat, daß dies andere zwar entsteht und vergeht, es selbst aber in nichts sich vergrößert oder verringert noch irgendeine Einwirkung erfährt."

Ideen und Welt der Sinne

Obwohl Platon mit Parmenides somit streng zwischen zwei Bereichen des Wirklichen (δύο εἴδη τῶν ὄντων) unterscheidet (vgl. Phd. 78d-79a) und dabei nicht anders als dieser so weitreichende Wertungen setzt, daß alles Körperlich-Vielheitliche gegenüber dem Ideell-Ursprungshaften zum bloßen Schatten (σκιά, vgl. das „Höhlengleichnis" in Pol. 514a-518b) herabsinkt, stellt er *anders* als Parmenides *eine Beziehung* zwischen den beiden Bereichen her. Diese Beziehung wiederum beschreibt er dahingehend, daß jede Idee für spezifische Teile der Vielheit die „wahre Ursache" (τὸ αἴτιον τῷ ὄντι, Phd. 99b) darstellt. Das heißt: Eine Idee ist sowohl dafür verantwortlich, daß es solche Teile der Vielheit überhaupt *gibt*, als auch dafür, daß diese Teile *erkannt* werden können. Hinkünftig wird es heißen: Eine Idee bildet das *Wesen* (οὐσία) von etwas, das im Bereich der Vielheit *ist* und *erkannt* zu werden vermag (vgl. Phd. 100a-101d). Weil jedoch *ein* Wesen so und so vielen Teilen der Vielheit gleichermaßen zukommt, stiftet eine Idee immer auch eine Ordnung (τάξις, κόσμος). Ordnen nämlich bedeutet: zusammenfassen, Vielfältiges auf Allgemeines zurückführen bzw. Einheiten schaffen. Letzteres wiederum ist dadurch begründet, daß jede Idee etwas Ursprungshaftes ist, alles Ursprungshafte jedoch mit dem ἕν, mit dem Einen, Einheitlichen, zu tun hat.

Auf diese vielfältige – Existenz gebende, Erkennbarkeit gewährende und Ordnung stiftende – Weise sind die Ideen in der sinnlich-körperlichen Vielheit anwesend (ἐνεῖναι [Pol. 402c; Parm. 150a; Phil. 16d], παρεῖναι [Gor. 506d, Lysis 217d], παρουσία [Phd. 100d; Sph. 247a], προσγίγνεσθαι [Phd. 100d; Hippias I 289d-e,292d], ἐπιγίγνεσθαι [Hippias I 303a]) und geben dieser dadurch Anteil an ihnen (μετέχειν, μέθεξις [Gor. 467e; Phd. 100c,101c; Symp. 211b; Pol. 467d], μεταλαμβάνειν [Phd. 102b; Parm 158b]). Die Teile der Vielheit ihrerseits verhalten sich zu den Ideen wie das Abbild (εἰκών, εἴδωλον [Phd. 74e; Pol. 510b-e, 511a; Phdr. 250b; Tim. 29b-c, 52c, 92c]) zum Urbild (παράδειγμα [Pol. 505e; Tim. 28a, 29b, 39e, 48e, 49a]). Das heißt: Sie ahmen die Ideen nach (μιμεῖσθαι, μίμησις [Tim. 39e, 48e, 50c]) und versuchen ihnen ähnlich zu werden (ἀφομοιοῦσθαι, ὁμοίωμα [Tim. 50d, 51a]). Diese gegenseitigen Beziehungen, die keine der beiden Seiten aufheben, sondern in ihrer Besonderheit bestehen lassen, werden noch verstärkt durch einen Zwischenbereich (μεταξύ), der sich nach beiden Seiten hin erstreckt. Gemeint ist der Bereich der Zahlen, der geometrischen Größen, der musikalischen Proportionen sowie der himmlischen Sphären. Diesem Bereich wird sogar eine eigene Art der Erkenntnis zugeordnet, die ihrerseits zwischen der bloßen Meinung (δόξα, πίστις) und dem reinen Denken (νοεῖν, λέγειν, φρονεῖν [Pol. 522c-532d, 572a; Phil. 21a.d, 33b]) steht. Platon nennt sie die διάνοια, was wohl am besten mit „Verstand" übersetzt wird (Pol. 511d). Neben dieser διάνοια ist der ἔρως, jene leidenschaftliche Liebe, nicht zu vergessen, die vor allem das Thema des „Symposions" (bes. 201d-212a; vgl. Phdr. 250e-253c) bildet. Durch sie wird die Beziehung zwischen den Bereichen *schöpferisch*, d.h. durch sie gewinnt sie eine derartige Intensität, daß eine Erinnerung (ἀναμνήσις) oder ein Wiedererkennen (ἀναμνήσκεσθαι) der Ideen durch den Menschen (vgl. Men. 80d-85d;

Phd. 74d-77d) nicht mehr genügt und eine tätige – zeugend-schaffende – Vergegenwärtigung derselben notwendig wird.

Die „Ungeschriebene Lehre"

Stellung der Ideenlehre

Erinnern wir uns jetzt daran, daß Platon mit seiner Ideenlehre die metaphysische Frage nach der Wirklichkeit in ihrer Gesamtheit bzw. die Frage nach dem Ursprung der Wirklichkeit lösen will. Dafür schafft ihm die Ideenlehre die *Voraussetzung*. Eine Voraussetzung aber – das muß beachtet werden – ist *noch nicht* die Beantwortung der Frage. Zu dieser muß erst noch geschritten werden. Übersieht man dies und betrachtet man die Ideenlehre bereits als Platons letztes Wort, so geht man wohl konform mit einem überwiegenden Teil der traditionellen Platonforschung, man bringt sich damit aber um die eigentliche Antwort, die Platon faktisch gegeben hat. Diese Antwort steht uns seit der erneuten und intensiveren Beschäftigung der Forschung mit den antiken Berichten bezüglich der Vorlesungen (συνουσίαι) „Über das Gute" (Περὶ τἀγαθοῦ) vor Augen, die Platon selbst aus verschiedenen Gründen nicht niederschreiben wollte (vgl. Phdr. 275c-278e, 7.Brief 341b-345c), die uns aber durch Aristoteles, durch zahlreiche Akademiker und Peripatetiker sowie durch etliche spätantike Autoren bekannt sind. Wie genauere Analysen der Texte zeigen, dürfte Platon diese „Ungeschriebene Lehre" (ἄγραφα δόγματα) schon während der mittleren Periode seines Schaffens, d.h. zur Zeit der Abfassung der Dialoge „Phaidon", „Phaidros", „Symposion" und vor allem „Politeia" (möglicherweise sogar schon „Menon") konzipiert und vorgetragen haben. In der Tat läßt sich vieles von dem, was man in diesen Dialogen liest, wesentlich besser verstehen, wenn man die „Ungeschriebene Lehre" berücksichtigt – nicht zuletzt die Ideenlehre.

Ungeschriebene Lehre und Ideenlehre

Das Verhältnis von „Ungeschriebener Lehre" und Ideenlehre – immer im Hinblick auf die Frage der Metaphysik, d.h. auf mögliche Aussagen hinsichtlich der Wirklichkeit in ihrer Gesamtheit – stellt sich (für mich) folgendermaßen dar: Die Ideenlehre legt *die Dimension* frei bzw. grenzt *den Ort* ein, von wo aus die Frage nach dem Ursprung, über die nach griechischer Überzeugung die Frage der Metaphysik zu beantworten ist, sinnvoll gestellt werden kann. Die „Ungeschriebene Lehre" hingegen baut auf der Ideenlehre auf und erörtert konkret die Frage nach dem Ursprung (ἀρχή, ἕν). Sie tut dies im Bewußtsein, daß die Ideen die Manifestation des Ursprungshaften im Bereich der Vielheit der Wirklichkeit sind. Was jedoch kann sie daraus entnehmen?

Einheit und Vielheit im Ursprungsbereich

Zunächst etwas banal Erscheinendes, daß nämlich die Ideen *viele* sind. Wohl gibt es umfassendere und weniger umfassendere Ideen, d.h. es existiert eine Ordnung bzw. Hierarchie innerhalb der Ideenwelt, dies ändert jedoch nichts daran, daß die Ideen eine Vielheit (πολλά) bilden.

Ebenso sicher ist, daß die Ideen zusammenhängen müssen, denn die Teile der sinnlich-körperlichen Vielheit haben in der Regel nicht nur an einer, sondern an mehreren Ideen Anteil. (Z.B. nimmt ein sittlich lebender Mensch sowohl an der Idee des Guten als auch an den Ideen der Klugheit, der Gerechtigkeit, der Tapferkeit, des Maßvollseins usw. teil.) Es muß also auch unter dieser Rücksicht so etwas wie ein Einheit stiftendes Prinzip herrschen. Wie immer: *Wir begegnen auch auf der Ebene der Ideen dem Problem von Einheit und Vielheit.*

Platon hat sich dieser bemerkenswerten Tatsache vor allem in seinen Spätdialogen „Parmenides", „Sophistes", „Theaitetos", „Philebos", „Timaios" und „Politikos" gestellt. Nicht wenige Forscher interpretierten dies dahingehend, daß der ältere Platon mit seiner Ideenlehre in Schwierigkeiten geraten sei. In Wirklichkeit kam Platon – wie die Berichte über seine „Ungeschriebene Lehre" deutlich machen – erst hier zum springenden Punkt. Denn daraus, daß selbst dasjenige, das ursprungshaft ist – eben der Bereich der Ideen –, vom Gegensatz zwischen Einheit und Vielheit bestimmt wird, folgt in den Augen Platons etwas *für den Ursprung*, besser: *für das, was sich innerhalb der Vielheit an Ursprungshaftem zeigt*. Was aber daraus folgt, liegt auf der Hand: Wohl nicht der Ursprung selbst, den Platon – im Sinne des Parmenides – als eine Einheit (ἕν) annimmt, die *für sich selbst* keinerlei Beziehung zu einer Vielheit hat, weil sie dadurch eo ipso selbst zu einem Bestandteil der Vielheit würde, sicherlich aber das, was sich vom Ursprung innerhalb der Vielheit kundtut, *ist bipolar strukturiert*. Das Ursprungshafte innerhalb der Vielheit ist somit *an sich selbst* Einheit *und* Vielheit.

Zwei Prinzipien

Sextus Empiricus (2. Jh. n.Chr.) berichtet uns dazu folgendes:

> „Daß also die Prinzipien (ἀρχαί) der im Denken erkennbaren Körper unkörperlich sein müssen, geht aus dem Gesagten klar hervor. Nun sind aber, wenn gewisse unkörperliche Dinge vor den körperlichen bestehen, diese nicht schon mit Notwendigkeit Elemente (στοιχεῖα) des Seienden und erste Prinzipien (πρῶταί τινες ἀρχαί). Denn man sieht doch: Auch die Ideen, die ja nach Platon unkörperlich sind, bestehen zwar vor den Körpern, und die einzelnen entstehenden Dinge entstehen aufgrund der Beziehung zu ihnen; trotzdem aber sind sie nicht [erste] Prinzipien des Seienden (τῶν ὄντων ἀρχαί), da eben jede einzelne Idee für sich genommen als Eines bezeichnet wird, mit einer oder mehreren anderen zusammengenommen aber als Zwei oder Drei oder Vier, so daß es etwas geben muß, was noch über den Seinsstatus der Ideen hinausgeht [...] Es gibt Prinzipien des Seienden: die erste Einheit (ἥ τε πρώτη μονάς), an der teilhabend alle zählbaren Einheiten als Einheiten gedacht werden, und die unbestimmte Zweiheit (ἀόριστος δυάς), an der teilhabend alle begrenzten Zweiheiten Zweiheiten sind." (Adversus mathematicos X 258. 262; aus: G. Reale, Zu einer neuen Interpretation Platons [[1]1989], dt. L. Hölscher, Paderborn 1993, 203)

Zahlen

Wir ersehen aus diesem Text, daß Platon die beiden Prinzipien, die gleichursprünglich das Ursprungshafte innerhalb der Vielheit ausmachen, mit Zahlen bezeichnete. Die Einheit nannte er „das Eine" (μονάς, häufiger noch ἕν), die Vielheit hingegen „die unbestimmte Zweiheit" (ἀόριστος δυάς). Warum er dies tat, können wir hier nicht im Detail erörtern. Wir verstehen aber, was er meint, wenn wir uns folgendes vergegenwärtigen: Die Zahl 1 ist zur Begründung jeder Zahlenreihe unbedingt notwendig. (Die Zahl 0 kannten die Griechen nicht.) Ohne sie gäbe es weder eine 2 als 1+1 noch eine 3 als 1+1+1 oder eine 4 als 1+1+1+1 usw. Ohne sie existierte aber ebensowenig alles, was weniger ist als 1 – die Hälfte, ein Drittel, ein Viertel usw. von 1. So steht die 1, „das Eine" (ἕν), für das, was in *jegliche* Art der Vielheit Bestimmtheit, Ordnung, Identität und Form bringt. Zugleich gilt nun aber: Die 1, „das Eine", wäre nicht denkbar, wenn nicht auch die Vielheit da wäre. Sie symbolisiert Platon mit der „unbestimmten Zweiheit" (ἀόριστος δυάς). Bei diesem etwas schwer nachvollziehbaren Begriff empfiehlt es sich, die „Zweiheit" nur im übertragenen Sinne zu nehmen. Mit ihr ist nicht an die Zahl 2 gedacht, sondern daran, daß die Zweiheit die *kleinste* Vielheit ist, die sich gegenüber der „Einheit" manifestiert. Die Zweiheit steht demnach für die Vielheit schlechthin. Dies wird zusätzlich durch das Adjektiv „unbestimmt" deutlich. Denn damit kommt zum Ausdruck, daß die Vervielfältigung der 1 in zwei Richtungen verlaufen kann: einmal in Richtung Addition (1+1, 1+1+1, 1+1+1+1 usw.), dann aber auch in Richtung Division (1:2, 1:3, 1:4 usw.). Bezeichnenderweise nennt Platon die „unbestimmte Zweiheit" auch manchmal ganz einfach das „Groß-Kleine" (μέγα-μικρόν), um damit diese beiden Richtungen der Vervielfältigung schon im Begriff unmißverständlich anzudeuten. So steht die „unbestimmte Zweiheit", „Vielheit", für das Unbestimmte, Ungeordnete, Defintionsbedürftige, Formlose und Nicht-Identifizierbare, das der „Einheit" (der 1) bedarf, um überhaupt begrenzbar (de-finierbar) und folglich identifizierbar, zählbar, wahrnehmbar und denkbar zu werden. Die wirkliche Zweiheit im Sinne der konkreten Zahl 2 wäre bereits ein bestimmtes Produkt aus der Kombination von Einheit (ἕν) und Vielheit (ἀόριστος δυάς, *unbestimmter* Zweiheit).

Antwort auf die Frage der Metaphysik

Wie diese wirkliche Zweiheit, wie diese konkrete 2, ist nun nach Platon die *gesamte* Wirklichkeit zu verstehen. In *jedem* ihrer Fälle, d.h. auch *auf jeder ihrer Ebenen*, liegt eine spezifische Kombination der beiden Prinzipien „Einheit" und „Vielheit" vor. Anders gesagt: Die Wirklichkeit in ihrer Gesamtheit läßt sich aus der Sicht Platons nicht begreifen, wenn man sie – wie es verschiedene vorsokratische Theorien nahelegten – nur von der Einheit oder umgekehrt nur von der Vielheit her interpretiert. Da die Wirklichkeit in ihrer Gesamtheit vom Ursprung her gefaßt werden muß, dieser sich aber innerhalb derselben in bipolarer Struktur manifestiert, Einheit und Vielheit somit zwei *gleichursprüngli-*

che Prinzipien bilden, ist sie als Kombinationsprodukt dieser beiden Prinzipien zu verstehen: eines bestimmenden, ordnungsstiftenden und formgebenden (Einheit, ἕν) sowie eines unbestimmten, ungeordneten und formlosen (Vielheit, ἀόριστος δυάς). Noch einmal anders formuliert: Die Frage der Metaphysik beantwortet Platon durch die Aufstellung eines *Bipolaritätsprinzips*, welches besagt, daß bei der Interpretation von allem, was zur Wirklichkeit gehört, *dialektisch* vorzugehen ist, will sagen: sowohl vom Prinzip der Einheit als auch vom Prinzip der Vielheit ausgegangen werden muß.

Zwei Weisen von Einheit

Zu beachten bleibt, daß Platon all diese Aussagen für den Ursprung nur trifft, *sofern sich dieser an und innerhalb der Vielheit manifestiert*, nicht für den Ursprung, wie er für sich selbst ist. Der Ursprung für sich selbst ist offensichtlich die Einheit *ohne jegliche Beziehung zur Vielheit*. Dadurch erhält – nicht nur bei Platon, sondern in der ganzen an ihn anschließenden Tradition – der Begriff der Einheit, des ἕν, eine doppelte Bedeutung: Die Einheit kann einmal das Gegenteil von Vielheit sein, jenes Prinzip, welches dem Prinzip der „unbestimmten Zweiheit" korrespondiert, das andere Mal hingegen der Ursprung für sich selbst, wie er ohne Bezug zu irgendetwas Anderem, Vielheitlichem, ist. Das mag verwirrend erscheinend, macht aber deutlich, daß Platon trotz aller Anklänge an Heraklits Dialektik den Ursprung nicht in der Vielheit aufgehen läßt, sondern in seiner Eigenständigkeit gegenüber der vielheitlichen Wirklichkeit anerkennt. Wie vor allem der Dialog „Parmenides" darlegt, stellt es freilich ein großes Problem dar, den Ursprung in seinem Für-sich-Sein zu denken. Denn als unbezügliche bzw. beziehungslose Einheit steht er ἐπέκεινα τῆς οὐσίας – „jenseits des Seins", jenseits der Wirklichkeit (Pol. 509b). Er kann daher konsequenterweise für sich selbst nicht unter Anwendung des Bipolaritätsprinzips erkannt werden. Platon führt in seinen Werken immer wieder an dieses Problem heran, räumt ihm dann allerdings – meines Erachtens – noch nicht jenen Stellenwert ein, den es später im Neuplatonismus und in der christlichen Philosophie erhalten sollte. In einer wesentlichen Hinsicht hat Platon den Ursprung jedoch näher bestimmt: als Inbegriff des Guten (ἀγαθόν).

Die Idee des Guten

Bedeutung von „gut"

Die Platonforschung ist sich heute im wesentlichen einig darüber, daß der Ursprung als Einheit (ἕν) identisch ist mit der Idee des Guten (ἰδέα τοῦ ἀγαθοῦ), von der vor allem in Buch VI der „Politeia" (504e-511d) die Rede ist. Das bedeutet, daß Platon den Ursprung auch als den Inbegriff des Wertvollen betrachtet. Bei der Interpretation dieser Verknüpfung ist allerdings Vorsicht geboten. Wenn nämlich Platon vom Guten (ἀγαθόν) spricht, denkt er primär nicht an das, was wir heute unwillkürlich darunter verstehen, sprich: an die Sittlichkeit einer Handlung oder an den Charakter eines Menschen. Dies gehört für ihn zwar ebenfalls zum Guten, gut ist aber nach seiner und allgemein griechischer Ansicht wesentlich mehr. Gut ist *alles*, was in irgendeiner Weise sowohl das, was es kann, als auch das, wozu es da ist, *in bestmöglicher Form* erfüllt. (W. Schadewaldt übersetzt ἀγαθόν daher prinzipiell mit „Bestheit".) Gut kann so gesehen z.B. bereits ein Messer sein, mit dem das Schneiden besonders leicht funktioniert. Gut ist auch ein Pferd, das entweder vorbildlich schlank, rassig, schnell oder hinreichend stark zum Ziehen von Lasten ist. Gut heißt sodann alles, was in einer besonderen Hinsicht auszeichnet. So wäre z.B. die Stadt Salzburg gut in Musik oder das Land Südtirol gut in seiner Weinkultur. Natürlich vermag auch der Mensch gut zu sein und dies erwartungsgemäß in vielfältigster Hinsicht. Anders als andere Lebewesen ist er Leib, Seele und Geist. In *jeder* dieser seiner Dimensionen kann er in verschiedenster Hinsicht gut sein: im Aussehen, in körperlichen Eigenschaften, im Wissen (ἐπιστήμη), im Ausüben einer Tätigkeit (πράξις), im sittlichen Handeln (ἀρετή), im schöpferischen Hervorbringen (ποίησις), in der zwischenmenschlichen Beziehung (δικαιοσύνη) usw. Gut ist nach griechischer Überzeugung schließlich auch alles, was schön (καλόν) ist. Als schön erscheint nämlich das, was der Ordnung der Wirklichkeit, dem κόσμος, am besten entspricht. Die Ordnung – κόσμος bedeutet bezeichnenderweise auch „Glanz", „Schmuck", „Zierde" – legt aber wiederum fest, was jeder Teil der Wirklichkeit vermag, wozu er da ist und wo er im Gefüge des Ganzen seinen Ort hat. Das heißt: Die Ordnung verfügt, worin etwas sein Können und seinen Zweck auf bestmögliche Art erfüllen kann. Wir können auch sagen: Die Ordnung als Inbegriff des *Schönen* (καλόν) gibt vor, wie etwas *gut* (ἀγαθόν) zu sein vermag. Es überrascht daher auch gar nicht, wenn bei Platon die Idee des Schönen (ἰδέα τοῦ καλοῦ), wie sie im „Symposion" beschrieben wird, der Idee des Guten aus der „Politeia" völlig entspricht bzw. die Idee des Guten als „nicht auszudenkende Schönheit" (ἀμήχανον κάλλος) bezeichnet wird (Pol. 509a6, vgl. Phil. 64b-65a, bes. 64e5-6: Νῦν δὴ καταπέφευγεν ἡμῖν ἡ τοῦ ἀγαθοῦ δύναμις εἰς τὴν τοῦ καλοῦ φύσιν. – „Jetzt also hat für uns die Macht des Guten Zuflucht gefunden bei der Natur des Schönen.")

> „[...] was ich wenigstens sehe, das sehe ich so, daß zuletzt unter allem Erkennbaren (φαινόμενα) und nur mit Mühe die Idee des Guten erblickt wird (ἐν τῷ γνωστῷ τελευταία ἡ τοῦ ἀγαθοῦ ἰδέα καὶ μόγις ὁρᾶσθαι), wenn man es aber erblickt hat (ὀφθεῖσα), sie auch gleich dafür anerkannt wird, daß sie für alle die Ursache alles Richtigen und Schönen ist (πάντων αὕτη ὀρθῶν τε καὶ καλῶν αἰτία), im Sichtbaren (ὁρατῷ) das Licht und die Sonne, von der dieses abhängt, erzeugend, im Erkennbaren (νοητῷ) aber sie allein als Herrscherin Wahrheit und Vernunft hervorbringend (αὐτὴ κυρία ἀλήθειαν καὶ νοῦν παρασχομένη), und daß also diese sehen muß, wer vernünftig handeln will (ἐμφρόνως πράξειν) [...]" (Pol. 517b-c)

Das Eine als das Gute

Kurz: Die Einheit (ἕν) als jenes Prinzip, das in die Vielheit (die „unbestimmte Zweiheit“, ἀόριστος δυάς) als dem Prinzip des Unbestimmten, Ungeordneten, Definitionsbedürftigen, Formlosen und Nicht-Identifizierbaren Bestimmtheit, Ordnung, Identität und Form einbringt, ist deshalb der Inbegriff des Guten (ἰδέα τοῦ ἀγαθοῦ), weil sie die Voraussetzung dafür schafft, daß etwas konkret Wirkliches gut (und schön) zu sein vermag. Nach dem soeben Gesagten bedeutet dies: Das ἕν als ἀγαθόν begründet die Möglichkeit und den Rahmen dafür, daß alles, was wirklich ist, sowohl das, wozu es imstande ist, als auch das, wofür es da ist, in *bestmöglicher* Form realisieren und damit seinerseits *gut* (und *schön*) sein kann. In dieser Hinsicht ist die Einheit der Ursprung alles Wertvollen.

Es wäre völlig abwegig, mit dem Guten so etwas wie einen personalen Gott im jüdisch-christlichen Sinne zu verbinden. Zwar erscheint die Einheit, das Gute, als Prinzip und Ursprung von allem, was wirklich ist, doch dies nicht etwa im Sinne eines absoluten Anfangs oder gar eines schöpferischen Prinzips, sondern zeitlos und ewig. Abgesehen davon ist die Einheit als das Gute gegenüber der Wirklichkeit nicht transzendent. Auch die berühmte Formulierung aus der „Politeia“ (509b9-10), nach der sie „nicht Sein ist, sondern an Würde und Kraft noch über das Sein hinausragt“ (οὐκ οὐσίας ὄντος τοῦ ἀγαθοῦ, ἀλλ᾿ ἔτι ἐπέκεινα τῆς οὐσίας πρεσβείᾳ καὶ δυνάμει ὑπέρχοντος), darf nicht in Richtung jüdisch-christlicher Transzendenz interpretiert werden. Platon meint damit lediglich, daß die Einheit bzw. das Gute *anders sein* muß als das, was *dank seiner* überhaupt zu sein kommt – die Teile der Vielheit nämlich, konkret die Ideen sowie alles Wirkliche, das uns sinnlich zugänglich ist. An eine Transzendenz des obersten Prinzips, die im Judentum und Christentum ganz wesentlich mit der Vorstellung von der Personalität Gottes zusammenhängt, denkt er also nicht. Er zieht lediglich einen Schluß, der sich aus seinen Grundannahmen ergibt.

Metaphysik als dialektische Wissenschaft

Dialektik

Wir verstehen jetzt abschließend, warum Platon die Metaphysik „*dialektische* Wissenschaft“ (διαλεκτικὴ ἐπιστήμη) genannt hat (Pol. 510b-511e, 531c-535a; Phdr. 265d-266c; Soph. 253b-254b). Im Zusammenhang mit den Vorsokratikern sahen wir bereits, daß Dialektik eine *Struktur* bezeichnet. Diese Struktur kann sich sowohl auf eine bestimmte Art des Sprechens (διαλέγεσθαι heißt ‚ein Gespräch, einen *Dialog*, führen‘) als auch auf die Wirklichkeit als solche beziehen. Bei Heraklit stand letzteres im Vordergrund, bei Sokrates und beim frühen Platon überwog hingegen die erste Bedeutung. In jedem Falle gehören zu einer Dialektik zwei aufeinander *nicht* reduzierbare, häufig sogar einander widersprechende Beziehungsteile. Diese Beziehungsteile (oder Beziehungspartner) stehen sich dabei so gegenüber, daß sie – bei aller Widersprüchlichkeit zueinander, die bis zur gegenseitigen Ausschließung reichen kann – ohne einander nicht nur nicht gedacht, sondern nicht einmal sein könnten. Erinnern wir uns an die Beispiele bei Heraklit: Nacht und Tag, Leben und Tod, Krieg und Frieden etc. heben sich zwar gegenseitig auf, sind aber ohne einander weder vorstellbar noch möglich. In unserem Zusammenhang haben wir es ebenfalls mit einer solchen dialektischen Beziehung zu tun. Diesmal handelt es sich um Einheit (ἕν) und Vielheit (ἀόριστος δυάς), um die beiden Grundprinzipien der gesamten Wirklichkeit. Soll nun die Wirklichkeit in ihrer Gesamtheit begriffen werden, so wird dies konsequenterweise nur dann geschehen, wenn dieser dialektischen Beziehung Rechnung getragen wird. Dies kann wiederum nur durch ein *dialektisches* Verfahren erfolgen, weswegen die Wissenschaft, die solch ein Verfahren anwendet, als „dialektische Wissenschaft" bezeichnet wird.

Kombination von Methoden

Wie sieht aber ein derartiges dialektisches Verfahren aus? Grundsätzlich so, daß die Vielheit aus dem Einen und umgekehrt das Eine aus der Vielheit heraus begriffen wird. Im „Philebos" (14c8-10) heißt es dazu: „Daß die Vielheit Eines ist und die Einheit Vielheit, ist doch wunderbar zu sagen" (ἓν γὰρ δὴ τὰ πολλὰ εἶναι καὶ τὸ ἓν πολλὰ θαυμαστὸν λεχθέν). Was jedoch bedeutet dies konkret? Für Platon folgt daraus eine *zweifache* Methode: jene Methode, die von der Vielheit zum Einen führt, und jene Methode, die vom Einen zurück zur Vielheit führt. Die *erste* Methode, die er ἀφαίρεσις, „Wegnahme", „Abstraktion" nennt, verfährt synoptisch-generalisierend, d.h. sie sieht von allem Zufälligen und Einzelnen ab und gelangt dadurch zum Höchsten und Allgemeinsten (καθόλου). Die *andere* Methode hingegen, die διαίρεσις, „Teilung", „Trennung" heißt, geht umgekehrt vom Höchsten und Allgemeinsten aus, fügt diesem immer konkretere Bestimmungen hinzu (Platon spricht daher auch von „Addition", „Hinzufügung", πρόσθεσις) und gelangt schließlich zu einem nicht mehr weiter teilbaren Teil der Vielheit (στοιχεῖον). Besagter Teil ist nach meiner Interpretation jeweils eine Idee, nicht etwas Materielles oder Sinnliches (wie z.B. ein Atom im Sinne Demokrits oder ein τόδε τί, ein „Dies-da", nach der Vorstellung des Aristoteles).

> „So verstehe denn auch, daß ich unter dem andern Teil des Denkbaren dasjenige verstehe, was die Vernunft selbst ergreift mittels des dialektischen Vermögens (οὗ αὐτὸς ὁ λόγος ἅπτεται τῇ τοῦ διαλέγεσθαι δυνάμει), indem sie die Voraussetzungen (ὑποθέσεις) nicht zu Anfängen (ἀρχάς), sondern wahrhaft zu Voraussetzungen macht, gleichsam als Zugang und Anlauf (οἷον ἐπιβάσεις τε καὶ ὁρμάς), damit sie, bis zum Nichtvoraussetzungshaften an den Anfang von allem gelangend (ἵνα μέχρι τοῦ ἀνυποθέτου ἐπὶ τὴν τοῦ παντὸς ἀρχήν), diesen ergreife, und so wiederum, sich an alles haltend, was mit jenem zusammenhängt, zum Ende hinabsteige (οὕτως ἐπὶ τελευτὴν καταβαίνῃ), ohne sich überhaupt irgendeines sinnlich Wahrnehmbaren (αἰσθητῷ) zu bedienen, sondern nur der Ideen selbst an und für sich (εἴδεσιν αὐτοῖς δι᾽ αὐτῶν εἰς αὐτά), und so bei Ideen endigt." (Pol. 511b)

Beide Methoden müssen sich gegenseitig ergänzen. Nur dann sind sie dazu geeignet, die Wirklichkeit in ihrer Gesamtheit in den Blick zu bringen. Die Wirklichkeit ist ja ihrerseits bipolar strukturiert. Sie verlangt daher, daß sie einmal vom einen Pol und dann wieder vom anderen Pol her betrachtet wird. Hinzuzufügen ist freilich, daß Platon die Möglichkeit einer mystischen Schau der Ideen, vor allem der Idee des Guten und Schönen, d.h. letztlich des Ursprungs, des unbezüglichen Einen, für möglich hält (siehe u.a. Symp. 210d-211d, Phdr. 247c-e, Pol. 517b-e). Das Denken (νοεῖν, διάνοια, λέγειν) kann plötzlich (ἐξαίφνης) in ein bloßes Schauen (ὁρᾶν, θεάσθαι) übergehen. Allerdings ist die Ermöglichung solch einer Schau – zumindest was die Philosophie anbelangt (denn in der Kunst bzw. in der religiösen Wahrsagung verhält es sich anders [vgl. die Ausführungen über die μανία in Phdr. 243e-245a]) – an die vorangehende Übung der Dialektik gebunden. Ohne sie ist sie nicht zu haben. In der Geschichte der Metaphysik sollte diese Verknüpfung von dialektischer Wissenschaft und mystischer Schau, die übrigens durch die etymologische Bedeutung des Wortes νοεῖν durchaus nahelag, eine große Faszination ausüben.

Dialektik und Mystik

Das aristotelische Modell

Aristoteles wird in der Geschichtsschreibung der Philosophie häufig als der große Gegenspieler Platons dargestellt, der den Blick der Philosophen vom Ideenhimmel auf die konkrete empirische Welt zurückgelenkt habe. Diese Ansicht ist sicherlich nicht falsch. Sie vernachläßigt jedoch *drei* Punkte: Zum *ersten* knüpft Aristoteles nicht weniger als Platon an den vorsokratischen Problemstellungen an. Bezeichnenderweise zählen seine Schriften zu den ergiebigsten Quellen der vorsokratischen Philosophie. Zum *zweiten* herrschen zwischen Aristoteles und Platon grundlegende Übereinstimmungen. Diese Übereinstimmungen betreffen sowohl den Ausgangspunkt der Metaphysik als auch die Prinzipien, dank derer man die Wirklichkeit in ihrer Gesamtheit fassen kann. Zum *dritten* schließlich muß die aristotelische Hinwendung zur konkreten empirischen Welt als das *Ergebnis* eines Wandels innerhalb der *metaphysischen* Auseinandersetzungen gesehen werden. Aristoteles stellt also nicht von Hause aus oder von allem Anfang an eine Gegenthese zu Platon auf. Richtiger ist, daß er sich erst allmählich von Platon absetzt und im Zuge dieser Entwicklung seinen Paradigmenwechsel in Richtung konkreter, sinnlich erfahrbarer Wirklichkeit vornimmt.

Ausgangspunkt

Das Verhältnis zum platonischen Modell

Beginnen wir mit dem *zweiten* Punkt und fragen wir uns im Anschluß an unsere Überlegungen zu Platon, worin Aristoteles mit seinem Lehrer übereinstimmt. Ich meine, daß dies in *dreifacher* Hinsicht der Fall ist:

Übereinstimmung

Zunächst gibt es auch für Aristoteles keinen Zweifel daran, daß die Frage nach dem Ursprung bzw. die Frage nach dem Ganzen der Wirklichkeit nicht an der Vielheit der Teile der Wirklichkeit vorbei gelöst werden kann (wie dies Parmenides wollte). Genauso wie Platon hält er also fest, daß *an* und *innerhalb* der Vielheit der *Ort* bzw. die *Dimension* freizulegen ist, wo das Angehen der metaphysischen Frage sinnvoll und erfolgversprechend möglich ist. *Sodann* übernimmt Aristoteles von Platon die Theorie, daß die gesamte Wirklichkeit *bipolar* strukturiert ist, d.h. daß es zwei Prinzipien gibt, die alles, was zur Wirklichkeit gehört, fundamental bestimmen. Diese beiden Prinzipien erhalten jetzt andere Namen: An die Stelle der ἀόριστος δυάς tritt die ὕλη, d.h. das völlig Ungeformte (ἄμορφον) und Unbestimmte (ἀόριστον) – häufig (irreführend) übersetzt mit „das Stoffliche" oder „das Materielle" (im Sinne der späteren lateinischen Übersetzung von ὕλη durch „materia") –, an die Stelle des ἕν hingegen der εἶδος bzw. das τί ἦν εἶναι, sprich: die Idee oder Form bzw. das „schon ins Sein Gekommene", konkret: das Gestalt (μορφή, σχῆμα) und Bestimmung (ὅρος, ὁρισμός) Gebende, dank dessen etwas zu etwas Einheitlichem (ἓν ἀριθμῷ) und Selbständigem (χωριστόν) wird. Grundsätzlich bleibt es aber dabei, daß das eine Prinzip Vielheit, Beliebigkeit, Ungeordnetheit und Nicht-Definiertsein und das andere Prinzip Einheit, Differenzierung, Ordnung und Definition bedingt. *Schließlich* behält Aristoteles die Ideenlehre bei. Auch für ihn ist es keine Frage, daß das Wesen (οὐσία, τὸ τί ἦν εἶναι) von etwas – das Wesen eines Seienden (τοῦ ὄντος) – etwas sein muß, das sich in allen Veränderungen und Wandlungen der Wirklichkeit *durchhält, gleich bleibt* und sozusagen einen *Ewigkeitswert* besitzt. Anders ließe sich über ein Seiendes gar nichts aussagen, denn wann immer wir diesem etwas zu- oder absprechen, brauchen wir an ihm etwas *Konstantes*, das uns garantiert, daß wir es auch jedesmal mit *demselben* Seienden zu tun haben. Ohne dieses Konstante und sich Durchhaltende (αὐτὸ καθ' αὑτό) wüßten wir nicht, ob wir nicht jedesmal etwas anderes vor uns hätten und dadurch alle unsere Aussagen über die Wirklichkeit bedeutungslos würden.

Differenz

An dieser Stelle bringt Aristoteles nun allerdings eine Änderung an, die von solcher Tragweite ist, daß durch sie die Frage nach der Einheit der Wirklichkeit nicht nur eine ganz neue Richtung, sondern auch eine ganz neue Antwort erhält. Aristoteles fragt sich nämlich, wo und wie die Ideen (εἴδη) existieren bzw. etwas Wirkliches sind. Platon antwortete darauf bekanntlich: Ganz für sich, jenseits der sinnlich erfahrbaren Realität, unabhängig von der konkreten Vielheit und durch einen Abgrund von Raum und Zeit getrennt – kurz: in einem eigenen Seinsbereich. *Genau dies bestreitet Aristoteles*. (Met. Z 13-14, 1038b1-1039b19; M-N, 1076a6-1093b29) Für ihn besitzen die Ideen keinerlei Selbständigkeit (ἁπλῶς χωριστόν), *sondern es gibt sie ausschließlich im Bezug auf den konkreten Träger* (ὑποκείμενον), dessen Wesen (οὐσία) sie ausmachen. (Z 6, 1031b15-18; Z 8, 1033b20-29; Z 14-16, 1039a24-1041a5) Wenn er sie daher auch mit dem von ihm geprägten Begriff des τὸ τί ἦν εἶναι (Z 4-6, 1029b1-1032a11; Z 8, 1033a24ff.), des „bereits ins Sein Gekommenen", beschreibt, so meint er dies nur in *formaler* Hinsicht. Keineswegs will er damit sagen, daß die Ideen *vor* dem Augenblick, in dem sie in einem konkreten Träger zur Wirklichkeit gelangen, für sich selbst immer schon eine Realität gehabt hätten. Unter keinen Umständen. Er drückt damit lediglich den grundsätzlichen Vorrang der Ideen vor dem Prinzip des Unbestimmten, Ungeordneten und Ungeformten (der ὕλη) aus. Wir sollten den schwierigen Begriff des τὸ τί ἦν εἶναι deshalb vom Wesen her interpretieren und ihn besser übersetzen mit „was es heißt, dies zu sein". (Z 4, 1030a29-30, b4-6; Z 5, 1031a13-14) Ansonsten gilt: Die Ideen existieren nur *im Bezug auf etwas,* das ihnen Realität gewährt und als dessen Wesen sie fungieren.

> „Überhaupt aber ergibt sich, wenn der Mensch und alles, was in dieser Weise bezeichnet wird, Wesen (οὐσία) ist, daß nichts von dem, was sich in dem Begriffe findet, Wesen von irgendetwas ist (μηδὲν τῶν ἐν τῷ λόγῳ εἶναι μηδενὸς οὐσίαν), noch selbständig existiert (μηδὲ χωρὶς ὑπάρχειν) an sich oder in etwas anderem als dem Individuellen (αὐτῶν μηδ᾽ ἐν ἄλλῳ); ich meine z.B., daß nicht ein Lebewesen existiert außerhalb den konkreten [einzelnen Lebewesen] (παρὰ τὰ τινά), noch sonst etwas von dem, was nur im Begriff sich findet (οὐδ᾽ ἄλλο τῶν ἐν τοῖς λόγοις οὐδὲν). Wenn man aus diesen Gesichtspunkten die Sache erwägt, so ist offenbar, daß nichts Allgemeines Wesen ist (φανερὸν ὅτι οὐδὲν τῶν καθόλου ὑπαρχόντων οὐσία ἐστι), und daß das allgemein Ausgesagte nicht ein konkretes Dies-da bezeichnet (καὶ ὅτι οὐδὲν σημαίνει τῶν κοινῇ κατηγορουμένον τόδε τι) [...]." (Z 13, 1038b30-1039a1; Bonitz-Übersetzung leicht verändert)

In den Begriffen des Aristoteles: Eine Idee gibt es einzig und allein als ein τὶ κατὰ τινός, als ein „etwas von etwas", als ein Wesen von einem Träger. (Daher auch die Formel τὸ τί ἦν εἶναι ἑκάστου, Z 4, 1029b14, bzw. τὸ τί ἦν εἶναι ἑκάστῳ, Z 4, 1029b21.27 u.ö.)

Träger

Bei diesem Träger (ὑποκείμενον) denkt man unwillkürlich an das Unbestimmte, Formlose und beliebig Vielheitliche – an die ὕλη. Dies würde dem Prinzip entsprechen, daß die Wirklichkeit in ihrer Gesamtheit bipolar strukturiert ist. Hier mahnt jedoch Aristoteles zur Vorsicht (Z 3, 1029a2-b27). Denn er fragt: Wenn die Ideen von sich aus keine Selbständigkeit mehr besitzen (wie bei Platon), was stellt dann sicher, daß sie sich im Augenblick ihres Zusammentreffens mit ihrem Gegenprinzip, der ὕλη, nicht auflösen und sozusagen in die Unordnung, Bestimmungslosigkeit und Ungeformtheit hinein verlieren? Kann der genannte Träger aber nicht die ὕλη sein, dann muß er etwas sein, das sowohl der Idee, dem εἶδος, als auch dem Ungeordneten, der ὕλη, ein Zusammenkommen ermöglicht und dieses Zusammenkommen auch so regelt, daß beide Prinzipien miteinander bestehen können (ohne ineinander aufzugehen) und auf diese Weise *Wirklichkeit* erhalten. So gesehen darf er auch nichts Geringeres sein als eines der beiden Prinzipien, die er an sich selbst trägt. Wie ist er nun aber positiv zu bestimmen? Um darauf zu antworten, entwickelt Aristoteles seine berühmte *Kategorienlehre*.

Kategorienlehre

Sprache und Wirklichkeit

Die Kategorienlehre scheint auf den ersten Blick eine Lehre der Rede, konkret eine Lehre des Urteilens zu sein. Dies ist jedoch nicht der Fall, weil sich nach griechischem Verständnis in den Grundgesetzen der Rede (wir können auch sagen: der Erkenntnis) die Grundgesetze der Wirklichkeit selbst widerspiegeln. Zwischen Sprache (Erkenntnis) und Wirklichkeit herrscht eine klare Entsprechung. Aus diesem Grunde gibt es für die griechischen Denker auch das Problem der Wahrheit (ἀλήθεια) in unserem heutigen Sinne nicht. Untersucht nun Aristoteles in seiner Kategorienlehre die grundlegenden Formen – *Kategorien* (κατηγορίαι) – des vernünftigen Sprechens, so *untersucht er damit gleichzeitig die fundamentalen Formen des Sich-Äußerns der Wirklichkeit*. Folgedessen vermag er auf diesem Wege auch zu einer Lösung der Frage nach dem Träger (ὑποκείμενον) der Idee und ihres Gegenprinzips zu kommen.

Grundgedanke

Hierfür muß sogleich beachtet werden, daß Aristoteles vom Sprechen, λέγειν, und nicht vom Denken, νοεῖν, ausgeht. Das mag nicht weiter auffallen, weil ja λέγειν und νοεῖν für die Griechen dasselbe bedeuten konnten, nämlich „denken". Dennoch gibt es hier unterschiedliche Akzente. Mit νοεῖν kann auch ein einfaches, hinnehmendes Schauen intendiert sein, das unter Umständen sogar mystische Züge annimmt. Beim λέγειν, das ursprünglich „Sammeln" oder „Zusammenlesen" heißt, rückt hingegen das Erstellen von *Beziehungen* in den Vordergrund. Und genau darauf kommt es Aristoteles an, wenn er als Grundvollzug des λέγειν das καταγορεύειν bzw. καταγορεῖσθαι bestimmt. Denn unter καταγορεύειν versteht er, daß einem Seienden (ὄν) etwas zu- (κατά) oder abgesprochen (ἀπό) wird, d.h. daß zwischen dem Seienden, dem etwas zu- oder abgesprochen wird, und dem ‚etwas', das zu- oder abgesprochen wird, eine *Verbindung* (Synthese) entsteht. Was ist nun aber damit gewonnen, daß als grundlegender Akt des vernünftigen Redens und des Denkens das Zu- oder Absprechen angenommen wird? Einem Seienden kann doch sehr vieles zu- oder abgesprochen werden. Sind wir damit nicht auf ein unüberblickbares Feld der Vielfalt geraten?

Nach der Ansicht des Aristoteles ist dies nicht der Fall. (Vgl. Kat. I-IX; Met. Z 1-6, 1028a10-1032a11) Sieht man nämlich näher hin, stellt man fest, daß es *fundamentale Arten* des Zu- oder Absprechens gibt, die von *geringer Zahl* sind – höchstens zehn. Diese *Kategorien* bilden sozusagen Grundmuster für die unendlich vielen Möglichkeiten des Zu- oder

Absprechens. Alle diese Möglichkeiten gliedern sich letztlich in die genannten Grundmuster ein. Solche Grundmuster wiederum ergeben sich aus den Fragen, die wir an ein Seiendes herantragen. So können wir fragen, wie es beschaffen ist (ποίον), welche Größe oder Ausmaße es besitzt (ποσόν), in welcher Beziehung oder Relation es zu etwas anderem steht (πρός τι), wo es ist (ποῦ), wann es sich ereignet (ποτέ), in welcher Lage es sich befindet (κεῖσθαι), wie es sich verhält (ἔχειν), ob es aktiv ist und etwas tut (ποιεῖν) oder ob es passiv ist und etwas erleidet (πάσχειν). Je nachdem erhalten wir eine Antwort, die eine Aussage über die Qualität, die Quantität, den Ort, die Zeit, die Relation oder die Modalität des befragten Seienden enthält. Dabei haben wir das Wichtigste, nämlich *das Seiende* (ὄν), dem wir eine Qualität, eine Quantität, eine Relation oder sonst eine der Kategorien zu- bzw. absprechen, noch gar nicht genannt. Wie sollen wir mit diesem zurechtkommen?

Erste Kategorie

Ganz offensichtlich stoßen wir hier auf eine Schwierigkeit. Denn das Seiende kann nicht wiederum auf ein anderes Seiendes hin zu- oder abgesprochen (μή καθ' ὑποκειμένου λέγεσθαι) werden. Es ist nur noch an sich selbst (καθ' αὑτό) *an*sprechbar (φάναι, θιγεῖν) bzw. demonstrativ *an*zeigbar. Aristoteles nennt es daher ganz einfach das „Dies-da" bzw. das „Dies-da, was" (τόδε τι). Mit dieser Kategorie, die sich von allen anderen Kategorien unterscheidet und ihnen rangmäßig vorhergeht (als *erste* Kategorie, πρώτη κατεγορία), wird jedoch ebenfalls eine Frage beantwortet, die an das Seiende gerichtet ist. Diese Frage lautet: Was ist das (τί ἐστι)? Die Antwort darauf kann nur noch heißen: Es ist das (τόδε τι) – z.B. ein Mensch, ein Tier, ein Stern, ein Gott usw. (Met. Z 4, 1030a3.22-23) Sagt man dies, hat man auch schon das Fundamentalste gesagt, was sich über ein Seiendes überhaupt sagen läßt. Alles weitere, was man zusätzlich sagen kann und muß, setzt notwendig diese Fundamentalaussage voraus. Oder anders ausgedrückt: Alles, was einem Seienden zu- oder abgesprochen werden kann und was folglich auch dem Seienden selbst zukommt bzw. nicht zukommt, besitzt die Struktur des τὶ κατὰ τινός, d.h. die Struktur des *apriorischen Bezogenseins auf ein „Dies-da"*.

> „Von dem, was ohne Verbindung geäußert wird (τῶν κατὰ μηδεμίαν συμπλοκήν λεγομένων) bezeichnet jedes entweder ein Wesen (οὐσία) oder ein Quantitatives (ποσόν) oder ein Qualitatives (ποίον) oder ein Relatives (πρός τι) oder ein Wo (ποῦ) oder ein Wann (ποτέ) oder ein Liegen (κεῖσθαι) oder ein Haben (ἔχειν) oder ein Tun (ποιεῖν) oder ein Erleiden (πάσχειν). Um es im Umriß zu sagen, Beispiele für Wesen sind Mensch, Pferd; für Quantitatives: zwei Ellen lang, drei Ellen lang; für Qualitatives: weiß, des Lesens und Schreibens kundig; für Relatives: doppelt, halb, größer; für Wo: im Lyzeum, auf dem Marktplatz; für Wann: gestern, voriges Jahr; für Lage: es ist aufgestellt, sitzt; für Haben: hat Schuhe an, ist bewaffnet; für Tun: schneiden, brennen; für Erleiden: geschnitten werden, gebrannt werden. / Nichts von dem Genannten wird für sich in einer Aussage ge-

> sagt (αὐτὸ μὲν καθ′ αὐτὸ ἐν οὐδεμίᾳ καταφάσει λέγεται), sondern nur durch die Verbindung von diesem untereinander entsteht eine Aussage (τῇ δὲ πρὸς ἄλληλα τούτων συμπλοκῇ κατάφασις γίγνεται). Denn jede Aussage scheint entweder wahr (ἀληθές) oder falsch (ψεῦδος) zu sein, von dem aber, was ohne Verbindung geäußert wird, ist nichts entweder wahr oder falsch, wie ‚Mensch', ‚weiß', ‚läuft', ‚siegt'. / Wesen aber ist das hauptsächlich und an erster Stelle und vorzüglich genannte, das weder von einem Zugrundeliegenden (καθ′ ὑποκειμένου) ausgesagt wird noch in einem Zugrundeliegenden (ἐν ὑποκειμένῳ) ist [...]" (Kat. 1b25-2a10; Oehler-Übersetzung leicht verändert)

Kommen wir jetzt darauf zurück, daß nach Aristoteles gerade auch die Ideen (εἴδη) die soeben genannte Struktur des τὶ κατὰ τινός besitzen, und daß es sie überhaupt nicht gibt als im Bezug auf einen konkreten Träger (ὑποκείμενον). Verknüpfen wir dies mit dem soeben Gesagten, dann stellt sich heraus, daß der Träger nichts anders als das „Dies-da" ist, daß also ὑποκείμενον und τόδε τι miteinander identisch sind. Der Träger stellt somit die erste Kategorie dar.

Träger und Wesen

Nun könnte man der Ansicht sein, daß dieser Träger das bipolare Prinzip von εἶδος (dem Form Gebenden, Einheit Stiftenden und Bestimmenden) und ὕλη (dem Ungeformten, Vielheitlichen und Unbestimmten), welches sowohl für Platon als auch für Aristoteles die Wirklichkeit in ihrer Gesamtheit strukturiert, aufbrechen und quasi durch eine dritte Größe erweitern würde. Dem ist aber nicht so. Vielmehr gilt: εἶδος und ὕλη sind Prinzipien *des* Trägers. *Dieser* ist *an sich selbst* durch die beiden Prinzipien bestimmt. Nicht von ungefähr bezeichnet ihn Aristoteles als σύνολον, als etwas, das *ganz* ist aus einer *Syn*these heraus. Deshalb liegt auch kein Widerspruch vor, wenn wir zuvor behauptet haben, daß der εἶδος das Wesen (οὐσία) eines Trägers ausmache, zugleich aber bei Aristoteles lesen, daß *der Träger* (τόδε τι, ὑποκείμενον) das Wesen bilde und das Wesen die erste Kategorie (πρώτη κατεγορία) sei. Der εἶδος ist ja eine Bestimmung des Trägers selbst. In diesem Sinne dürfen wir sagen: Zur Identität von ὑποκείμενον und τόδε τι kommt die Identität mit der οὐσία hinzu.

> „Es wird nämlich als Wesen (οὐσία) sowohl das Zugrundeliegende (ὑποκείμενον) bezeichnet und das Sosein (τὸ τί ἦν εἶναι) und das aus beiden Zusammengesetzte (τὸ ἐκ τούτων) wie auch das Allgemeine (καθόλου)." (Met. Z 13, 1038b2-3) „Daß nun bei demjenigen, was als ein Erstes (ἐπὶ τῶν πρώτων) und ein an sich Seiendes bezeichnet wird (καθ′ αὑτὰ λεγομένων), das Wesen des Einzelnen mit dem Einzelnen selbst ein und dasselbe ist, das ist offenbar (τὸ ἑκάστῳ εἶναι καὶ ἕκαστον τὸ αὐτὸ καὶ ἕν ἐστι, δῆλον)." (Z 6, 1032a5-6) „Form (εἶδος) nenne ich das Sosein (τὸ τί ἦν εἶναι) eines jeden Dinges und sein erstes Wesen (τὴν πρώτην οὐσίαν)." (Z 7,1032b1-2)

Präzisierungen

Wir haben nun auch keine Schwierigkeiten mehr, folgende *Präzisierungen* zu verstehen: *Zunächst* ist klar, daß der Träger – die lateinischen Autoren werden ihn „substantia“ nennen –, einem Seienden *Selbständigkeit* (χωριστόν) verleiht. Bei Platon besaß lediglich die Idee diese Auszeichnung. Nun sahen wir aber, daß die Idee, die es immer nur im Bezug auf einen Träger gibt, Gefahr läuft, im Gegenprinzip (dem Ungeordneten, Unbestimmten, Vielheitlichen) aufzugehen und so keinen *Stand* zu gewinnen. Deshalb bedurfte es des Trägers. Dieser ist bei Aristoteles der Grund für die Möglichkeit von Selbständigkeit. Selbständigkeit

Sodann macht der Träger ein Seiendes zu einem „Dies-da“ bzw. „Dies-da, was“ (τόδε τι). Dadurch konkretisiert er es zu etwas Bestimmtem (ὁριστόν) und damit auch zu etwas Einzelnem (ἕκαστον), welches der Zahl nach Eines ist (ἕν ἀριθμῷ). Hier ist freilich zu beachten, daß die Bestimmung und Vereinzelung verschieden weit gehen kann. Nehmen wir dazu folgende Beispiele: Wenn ich zu einem Seienden sage ‚das ist ein Mensch‘, dann habe ich ihn bereits auf sein Wesen hin angesprochen. Es ist aber ganz klar, daß der Mensch, den ich da anspreche, nicht nur Mensch im allgemeinen Sinne, sondern auch *dieser konkrete* Mensch (τίς ἄνθρωπος) ist. *Beides* macht sein Wesen aus. Er ist also in *beiderlei* Hinsicht konkretisiert. Nur wird er im einen Fall hinsichtlich seiner allgemeinen Wesenheit oder Gattung (γένος), im anderen Fall hingegen hinsichtlich seiner Individualität und Einzelheit angesprochen. Um diesbezüglich entsprechend zu differenzieren, spricht Aristoteles in der „Kategorienschrift“ von *erster* und *zweiter* οὐσία, wobei er unter der ersten Wesenheit das Konkretere (z.B. diesen Menschen) und unter der zweiten Wesenheit das Allgemeinere (z.B. Mensch) versteht. Er nimmt damit aber – dies muß beachtet sein – lediglich eine Differenzierung *innerhalb der ersten Kategorie* vor. Keineswegs intendiert er eine Verdoppelung des Wesens. Zweierlei Wesen

> „Wesen (οὐσία) aber ist das hauptsächlich und an erster Stelle und vorzüglich Genannte (ἡ κυριώτατά τε καὶ πρώτως καὶ μάλιστα λεγομένη), das weder von einem Zugrundeliegenden ausgesagt wird noch in einem Zugrundeliegenden ist (ἣ μήτε καθ᾽ ὑποκειμένου τινός λέγεται μήτε ἐν ὑποκειμένῳ τινί ἐστιν), zum Beispiel der individuelle Mensch oder das individuelle Pferd. Zweite Wesen (δεύτεραι δὲ οὐσίαι) heißen die Arten (εἴδη), in denen die an erster Stelle Wesen genannten sind, diese und deren Gattungen (γένη). Zum Beispiel gehört der individuelle Mensch (ὁ τὶς ἄνθρωπος) zu einer Art, Mensch; Gattung aber der Art ist Lebewesen. Zweite Wesen werden diese also genannt, Mensch zum Beispiel und Lebewesen.“ (Kat. 2a11-18; Oehler-Übersetzung leicht verändert)

Betrachten wir aber noch ein anderes Beispiel: Beim göttlichen Wesen verhält es sich anders. Auch es ist ein τόδε τι. Doch anders als der

Mensch läßt es sich nicht mehr weiter individualisieren oder vereinzeln. Vielmehr ist es Eines (ἕν ἀριθμῷ), weil es gerade nicht mehr als Fall einer übergeordneten und allgemeineren Wesenheit oder Gattung (γένος) betrachtet werden kann.

Akzidentien

Schließlich gehört in diesen Zusammenhang die Unterscheidung von Wesen (οὐσία, πρώτη κατεγορία) und hinzukommender, nicht notwendiger Eigenschaft, lateinisch *Accidens*, griechisch συμβεβηκός. Das Wesen kann nicht mehr von etwas anderem ausgesagt bzw. etwas anderem zu- oder abgesprochen werden. Es ist nur an sich selbst (καθ' αὑτό) anzeigbar und ansprechbar. Alles übrige hingegen, was *zusätzlich* von einem Etwas (ὄν, τόδε τι) ausgesagt werden kann, ist nur im Bezug auf das Wesen aussagbar. *Von diesem* ist es eine Bestimmung. Dies gilt für die übrigen Kategorien, die ein Wesen in puncto Quantität, Qualität, Relation, Ort, Zeit usw. auszeichnen, nicht weniger als für die speziellen Eigenschaften, die sich in die Kategorien als Grundmuster der Ansprechbarkeit eines Seienden einordnen. So gesehen kommen alle diese Bestimmungen zum Wesen *hinzu*, sie gehören *nicht von Hause aus oder notwendigerweise* zu ihm. Sie sind ihm gegenüber *zufällig* und tragen die Verantwortung dafür, daß sich zwar nicht das Wesen, sehr wohl aber ein Seiendes dieses Wesens verändern bzw. entstehen und vergehen kann.

Die Antwort auf die Frage der Metaphysik – Die Bewegungslehre

Wir können jetzt wieder auf unsere metaphysische Frage, wie die Wirklichkeit in ihrer Gesamtheit zu begreifen sei bzw. wie es sich mit dem Ursprung (ἀρχή) derselben verhalte, zurückkommen. Dazu gilt es sogleich festzuhalten: Wir haben bis jetzt erst *die Voraussetzungen* dafür geschaffen, unsere Frage angehen zu können. Sie ist noch nicht beantwortet worden. Nur dies dürfen wir vermuten: Die Antwort, die Aristoteles gibt, wird sich von jener *Platons* wesentlich unterscheiden. Um diesen Unterschied deutlich zu machen, setzen wir wiederum bei dem an, was Aristoteles von Platon übernimmt, nämlich bei jenem bipolaren Prinzip, das die Wirklichkeit in ihrer Gesamtheit bestimmt.

Umfassendes Prinzip

Wie wir schon gesehen haben, tritt bei Aristoteles innerhalb dieses bipolaren Prinzips an die Stelle des platonischen Begriffpaares ‚Einheit (ἕν) – unbestimmte Zweiheit bzw. Vielheit (ἀόριστος δυάς)' das entsprechende Begriffspaar ‚Idee bzw. Form (εἶδος) – Unbestimmtes bzw. Ungeformtes (ὕλη)'. Von *beiden* Seiten – vom εἶδος und von der ὕλη – hieß es, daß sie nur als Bestimmungen eines konkreten Trägers (ὑποκείμενον, τόδε τι) Wirklichkeit besitzen, der – obwohl er damit etwas Zusammengesetztes (σύνολον) ist – seinerseits eine Einheit (ἓν ἀριθμῷ) konstituiert. Erwartungsgemäß legt sich jetzt die Frage nahe, ob diese Einheit, die der Träger konstituiert, nicht besser begriffen werden kann als bloß dadurch, daß man sie als ein Kombinationsprodukt zweier Prinzipien ansieht. Oder anders formuliert: Könnte es nicht sein, daß die Prinzipien-Bipolarität auf eine tiefere Struktur hindeutet, welche die Bipolarität aufhebt in eine Einheit? In der Tat findet Aristoteles ein solches tieferes Einheitsprinzip und er nennt es κίνησις – Bewegung. Deshalb wird auch seine Antwort auf die Frage der Metaphysik lauten: *Die Wirklichkeit in ihrer Gesamtheit läßt sich als Ausdruck der κίνησις verstehen*. Sie ist das fundamentale Prinzip und der Ursprung (ἀρχή) von allem, das es gibt.

Idee (Form) und Materie

Doch was meint Aristoteles, wenn er von dieser „Bewegung" spricht? (Vgl. Met. Z 7-12, 1032a12-1038a35; H-Θ, 1042a1-1052a11; Phys. III-VI) Um hier Klarheit zu gewinnen, empfiehlt es sich, der Überlegung zu folgen, die zu diesem Schluß geführt hat: Wenn man davon ausgeht, daß ein konkretes Seiendes (τόδε τι) die Bestimmungen der Form bzw. Idee (εἶδος) sowie des Ungeformten bzw. Unbestimmten (ὕλη) an sich trägt und daß diese beiden Bestimmungen nur an diesem konkreten Seienden überhaupt Wirklichkeit erlangen, dann stellt man fest: Sowohl von der Seite der Idee als auch von der Seite des Ungeformten her wird anläßlich ihrer Konkretisierung zu etwas Wirklichem eine spezifische *Spannung* zwischen Möglichkeit (δύναμις) und Wirklichkeit (ἐνέργεια) erzeugt.

Möglichkeit und Wirklichkeit

Seitens der Idee ergibt sich diese folgendermaßen: Eine Idee ist etwas Allgemeines. So enthält z.B. die Idee ‚Mensch' alles, was zum *Wesen* des Menschen dazugehört: die besondere körperliche Gestalt, die Einheit von Leib und Seele, die Fähigkeit zu Sprache und Geist, die ausgeprägte Angewiesenheit auf Gemeinschaft, das Berufensein zur Liebe, die Religiosität und vieles mehr, das sich gar nicht aufzählen läßt. Der konkrete Mensch jedoch kann niemals dieses Wesen voll und ganz verwirklichen. In irgendeiner Weise wird er immer hinter der Idee zurückbleiben. Insofern besitzt die Idee gegenüber ihrer faktischen Realisierung einen Überschuß. Dieser Überschuß ist zwar nicht gleichermaßen wirklich wie die faktische Realisierung, *es gibt* ihn aber als *Möglichkeit* weiterhin am Seienden (δυνάμει ὄν, δυνατόν). Er bleibt sogar als Ziel bzw. Idealgestalt des Wesens (ἐντελέχεια) dem Seienden innerlich und kann insofern von diesem Seienden aktiviert und der Realisierung (ἐνέργεια, wörtlich ‚Ver-wirk-lichung', ‚Ins-Werk-setzen') zugeführt werden.

Beim anderen Prinzip, bei der Ungeformtheit bzw. Unbestimmtheit (ὕλη) verhält es sich etwas anders. Die ὕλη bildet das, was die Form oder die Idee braucht, um sich dadurch, daß sie diese formt, bestimmt und in eine Einheit bringt, realisieren zu können. Deshalb nannte man die ὕλη auch ‚Materie' oder ‚Stoff'. Diese ‚Materie' könnte von der

Form bzw. von der Idee aber nicht gebraucht werden, wenn sie nicht die Voraussetzung oder Disposition dazu mitbrächte. Sie muß folglich die Möglichkeit (δύναμις) enthalten, durch die Form zu diesem oder jenem Seienden geformt zu werden. Diese Möglichkeit jedoch – wie ist sie vorzustellen? Sicherlich nicht als etwas in sich Einfaches oder Geordnetes. Ganz im Gegenteil: Innerhalb dieser Möglichkeit liegt noch einmal eine *beliebige Vielfalt* an Möglichkeiten, in denen sich letztendlich eine Form konkret realisieren kann. Um beim Beispiel zu bleiben: Der reinen Natur, welche die Voraussetzung (Möglichkeit) mitbringt, zu einem Menschen geformt zu werden, ist allein niemals anzusehen, welcher konkrete Mensch aus ihr entsteht. Hier sind vielmehr beliebig viele Möglichkeiten denkbar. Schon ein und derselbe individuelle Mensch ändert im Laufe seines Lebens seine Natur. (Ein Kind hat eine andere Natur als ein Erwachsener oder als ein alter Mensch.) Und gerade weil diesbezüglich *Beliebigkeit* herrscht, bleiben diese Möglichkeiten – nach der Realiserung einer von ihnen – am einzelnen Menschen auch nicht so erhalten wie jene Möglichkeiten, die durch die Idealgestalt des Wesens des Menschen (ἐντελέχεια) gegeben sind. Letztere besitzen durch das Wesen ja eine Ordnung und einen vereinheitlichenden Zusammenhang. Ihnen gegenüber bewahren die Möglichkeiten der ‚Materie' hingegen nur insofern Anwesenheit, als die konkrete Realität eines einmal verwirklichten Seienden (ἐνεργείᾳ ὄν) – hinsichtlich der ‚Materie' desselben – durch Beliebigkeit und Zufälligkeit charakterisiert ist. Auf diese Weise stellt sich aber auch von dieser Seite her eine *Spannung* zwischen Möglichkeit (δύναμις) und Wirklichkeit (ἐνέργεια) ein.

Identität und Veränderung

Genau aus dieser Spannung, die durch die Konkretisierung von Idee bzw. Form (εἶδος) und Unbestimmtem bzw. Ungeformtem (ὕλη) zu Prinzipien eines einzelnen Trägers (τόδε τι, ὑποκείμενον) entsteht, ergibt sich das, was Aristoteles die „Bewegung" (κίνησις) nennt. Sie definiert alles, was wirklich ist (ὄν), und folglich bestimmt sie nicht etwa eines der beiden Prinzipien (εἶδος und ὕλη) je für sich, sondern das konkrete „Dies-da" bzw. „Dies-da, was", den einzelnen Träger. Nur an diesem wird sie auch vorstellbar. Denn alle Bewegung setzt etwas voraus, das sich bewegt, in dieser Bewegung erhält und mit sich identisch bleibt. Aristotelisch formuliert: Alle Bewegung fordert, daß etwas da ist, das *es selbst* sein kann (καθ' αὑτό) und in sich selbst einen *Stand* besitzt (selbst-ständig, χωριστόν, ist). Ohne diesen ‚beharrenden' Bezugspunkt könnte sie nicht einmal festgestellt werden.

Vier Ursachen

Daß es nicht εἶδος und ὕλη sind, die durch die Bewegung bestimmt sind, sondern das ihnen Zugrundeliegende (die ‚Sub-stanz', das ὑποκείμενον), erläutert Aristoteles auch dadurch, daß er sie zu den *vier Ursachen* (τὰ δ' αἴτια λέγεται τετραχῶς – Met. A 3, 983a26-27; vgl. 983a24-983b6; Δ 2, 1013a24-1014a25) jedes Seienden zählt. Gemeinsam mit der bereits genannten Ziel- oder Idealgestalt (ἐντελέχεια), die das Seiende auf sein Wesen (eben den εἶδος) hin ‚finalisiert' und ihm dadurch ein Ziel oder einen Zweck (οὗ ἕνεκα, τέλος) setzt, sowie mit jener Ursache, die den ‚effektiven' Impuls zur Bewegung gibt (ὅθεν ἡ ἀρχὴ τῆς κινήσεως), bilden sie die Prinzipien (ἀρχαὶ καὶ αἴτια) der Bewegung. Und sofern die Bewegung die Wirklichkeit in ihrer Gesamtheit und Einheit ausmacht, sind sie auch universale Prinzipien dessen, was ist – des Seienden (τοῦ ὄντος). (Bei den lateinischen Autoren wird der εἶδος „causa formalis", die ὕλη „causa materialis", der Zweck „causa finalis" und der Bewegungsimpuls „causa efficiens" heißen.)

πρὸς ἕν – Relation und Analogie

Einheit in Differenz

Haben wir damit die ganze Antwort, die Aristoteles auf die Frage der Metaphysik gegeben hat, bereits erschlossen? Ist mit der Bewegungslehre nicht schon alles gewonnen, was sich hinsichtlich der Wirklichkeit in ihrer Gesamtheit und Einheit sagen läßt? Würde man dies annehmen, brächte man sich um eine der wichtigsten und zugleich interessantesten Einsichten dieser Metaphysik. Aristoteles bleibt nämlich trotz seiner Überzeugung, daß sich alles, was ist, als Bewegung (κίνησις) verstehen läßt, dabei, *daß die Totalität der Wirklichkeit nicht undifferenziert auf einen Nenner zu bringen ist*. Vielmehr wiederholt er mehrfach: τὸ ὄν λέγεται πολλαχῶς – das Seiende wird in vielfacher Bedeutung ausgesagt (Met. Γ 2, 1003a33; E 2, 1026a33, 1026b2; Z 1, 1028a10). So scheint er auf einen Widerspruch gestoßen zu sein. Soll es nämlich einerseits nicht möglich sein, das Seiende in einer Hinsicht (als Bewegung) zu verstehen, wird aber andererseits doch eine Einheit der Wirklichkeit (in der Bewegung) festgestellt, dann ergibt sich eine Aporie, welche die ganze Unternehmung der Metaphysik zweifelhaft macht.

Daß es deshalb nicht um die ganze Metaphysik geschehen ist, verdankt sich zwei – die gesamte Wirklichkeit beherrschenden – Strukturen. Diese beiden Strukturen, die einander ergänzen und gegenseitig fordern, ermöglichen, daß die nicht reduzierbare Vielfalt der Seienden (πολλαχῶς λέγεται) und die trotzdem bestehende Einheit derselben in der Bewegung (πρὸς μίαν τινὰ φύσιν) gleichzeitig sein können. Aristoteles nennt die eine von ihnen die πρὸς ἕν-Relation (d.h. die Gliederung aller Seienden nach einem bevorzugten ersten Prinzip) und die andere ἀναλογία (d.h. die Verknüpfung von vergleichbaren, aber verschiedenen Seienden). Beiden ist gemeinsam, was Aristoteles zu Beginn des Buches Γ 2 der „Metaphysik" (1003a33-34) schreibt:

> τὸ δ' ὂν λέγεται μὲν πολλαχῶς, ἀλλὰ πρὸς ἓν καὶ μίαν τινὰ φύσιν – „Das Seiende wird in mehrfacher Bedeutung ausgesagt, aber immer in Beziehung auf *Eines* und auf eine einzige Natur."

Dies geschieht in der πρὸς ἕν-Relation z.B. dadurch, daß die Seienden aneinander gereiht werden und daß das *Kriterium*, nach dem gereiht wird, von der Beziehung (Relation) jedes Seienden zu einem *ausgezeichneten* Seienden (konkret zum göttlichen Seienden) festgelegt wird. Dieselbe Relation kann aber auch anders hergestellt werden, etwa danach, ob die Seienden als ‚früher' oder ‚später' anzunehmen sind und zwar sowohl hinsichtlich der Erkenntnis (etwas wird ‚früher' erkannt als anderes) als auch hinsichtlich des ontologischen Ranges (etwas ist fundamentaler, wichtiger und daher ‚früher' als anderes). Entsprechendes erfolgt bei der Analogie. Durch sie wird das völlig Verschiedene und aufeinander nicht Reduzierbare insofern doch verknüpft, als in ihm grundlegend Ähnliches und Gleiches zum Vorschein kommt. Die Kurzformel für Analogie lautet daher: Größte Ähnlichkeit bei gleichzeitig größter Unähnlichkeit und größte Unähnlichkeit bei gleichzeitig größter Ähnlichkeit.

Prinzip der Metaphysik

Wenn Aristoteles nun sagt, daß die Wirklichkeit in ihrer Gesamtheit als Bewegung (κίνησις) verstanden werden muß, *dann versteht er dies im Sinne der Analogie*, was wiederum bedeutet: Die Einheit der Wirklichkeit darf nicht so begriffen werden, daß sich alles Wirkliche (Seiende) auf das Bewegungsprinzip ‚reduzieren' ließe, so daß jedes Seiende – *egal welches* – ‚nichts anderes' als Bewegung sei, sondern so, daß wohl alles bewegt und daher auch durch die Gesetzmäßigkeiten der Bewegung bestimmt ist, daß aber die Bewegung je nach Rang des Seienden unterschiedlich vor sich geht. (Gott bewegt sich anders als der Mensch, der Mensch bewegt sich anders als die übrigen Lebewesen, die Lebewesen bewegen sich anders als die bloße Materie usw.) In diesem Sinne liest man im Buch Λ 5 der „Metaphysik" (1071a30-37):

> „Die Frage, welches die Prinzipien und Elemente (ἀρχαὶ ἢ στοιχεῖα) dessen sind, was ist, [...] enthält offenkundig solche Vieldeutigkeit (πολλαχῶς γε λεγομένον). Löst man diese auf, so sind sie nicht dieselben, sondern verschiedene, nur daß sie in bestimmtem Sinne doch für Alles dieselben sind, in dem Sinne nämlich dieselben oder analog (ὡδὶ μὲν ταὐτὰ ἢ τὸ ἀνάλογον), daß sie stets ὕλη [Materie], εἶδος [Form, Idee], στέρησις [wörtlich Beraubung oder „Privation", bezieht sich darauf, was wir zuvor Ziel- oder Idealgestalt, ἐντελέχεια, genannt haben] und κινοῦν [Bewegendes] sind, und in dem Sinne, daß die Ursachen dessen, was Sein ist, Ursachen für Alles sind, weil es mit ihrer Aufhebung mit aufgehoben wäre; und ferner ist das in aller Wirklichkeit Erste (τὸ πρῶτον) ein- und dasselbe." (Übersetzung [mit leichten Veränderungen durch den Autor] von H.G. Gadamer, in: Aristoteles – Metaphysik XII, Frankfurt [3]1976, 25)

Die Annahme eines göttlich Wirklichen

Erste Ursache

Daß von der Bewegung (κίνησις) als umfassender Bestimmung der Wirklichkeit nur im analogen Sinne gesprochen werden kann, führt Aristoteles dazu, einen Gott (ὁ θεός) anzunehmen. (Vgl. Met. Λ und Phy. VII-VIII) Betrachtet man nämlich die Bewegung an den verschiedenen

Seienden, dann stellt man nicht nur fest, daß es *Grade* der Bewegung gibt, sondern auch dies, daß die – alle Seienden verbindende – Bewegung als solche *eine besondere Voraussetzung* erfordert. Beides hängt eng miteinander zusammen. Denn die Grade der Bewegung rühren nicht zuletzt daher, daß die Voraussetzungen oder *Ursachen* der Bewegung unterschiedlich gegeben sind. So wirkt z.B. in der bloß materiellen Wirklichkeit die Ursache der Bewegung nur von außen. Das rein Materielle bewegt sich nicht aus sich selbst heraus. Ganz anders bei allen Lebewesen: Hier kommt zur äußerlichen Verursachung der Bewegung bereits eine innerliche hinzu. Lebewesen können daher von sich aus Bewegungen verursachen. Sie sind bewegend-bewegte Seiende. Und dabei ergeben sich wiederum mehrere Grade. Ein Mensch vermag bekanntlich – sowohl was die Gestaltung seiner selbst als auch was die Gestaltung seiner Umwelt anbelangt – unvergleichlich mehr zu bewirken als eine Pflanze oder ein Tier. Allerdings setzt auch der Mensch etwas voraus, was sein Bewegtsein sowie seine Bewegungsmöglichkeiten begründet. Dieses ‚Etwas' kann selbst nicht mehr von außen bewegt sein. Es muß vielmehr so gedacht werden, daß es nur noch anderes bewegt, an sich selbst aber unbewegt ist – ein „unbewegt Bewegendes" (τι κινοῦν αὐτὸ ἀκίνητον ὄν – Met. Λ 7, 1072b7-8). Ist es aber dies, so ist es unmöglich, daß es an sich selbst noch so etwas wie ὕλη, d.h. Unbestimmtheit, und στέρησις, d.h. Differenz, gegenüber der Idealgestalt seines Wesens (gegenüber der ἐντελέχεια), besitzt. Derartiges würde ja erneut eine Bewegung bedeuten. Unbewegtheit fordert daher reine Wirklichkeit (ἡ οὐσία ἐνέργεια – Met. Λ 5, 1071b20). Oder anders formuliert: Unbewegtheit impliziert, daß das Wesen (οὐσία, τί ἦν εἶναι, εἶδος) dieses besonderen Seienden *immer schon* und *vollkommen* realisiert ist. Bei ihm kann nichts mehr ausstehen, kein Mangel mehr herrschen und keinerlei Alternative hinsichtlich der Realität seines Wesens mehr auftreten. Konsequenterweise ergibt sich die Einheit (ἕν ἀριθμῷ) dieses göttlichen Seienden aus dem Wesen und nicht etwa aus dem Umstand, daß beim Zusammentreffen von Form (εἶδος) und Materie (ὕλη) unter dem Einfluß der letzteren eine *beliebige* Individuation einsetzt.

Konsequenz des Systems

Es braucht uns nicht im Detail zu beschäftigen, welche sonstigen Eigenschaften Aristoteles dem göttlichen Seienden zuschreibt – daß es als Höchstes, Bestes und Wertvollstes nur sich selbst denken kann (ἡ νόησις νοήσεως νόησις – Met. Λ 9, 1074b34) und dauernde Lust (ἡδονή) an sich selbst empfindet –, sondern lediglich dies: Aristoteles stößt auf das göttliche Seiende nicht etwa aus ‚religiösen' Gründen. Er schließt darauf vielmehr aus zwei Feststellungen: Zum einen erscheinen ihm die Teile der Wirklichkeit gemäß einer *Analogie*-Struktur zu einem Ganzen verbunden zu sein. Zum andern gestattet dasjenige, was die Analogie ermöglicht, nämlich die κίνησις, eine *Reihung* – eine πρὸς ἕν-Relation – der miteinander verbundenen Teile der Wirklichkeit. Das Kriterium für diese Reihung wiederum bildet der jeweilige Grad, in dem sich die κίνησις realisiert. Beide Überlegungen gemeinsam legen den Schluß nahe, daß es ein erstes und höchstes Seiendes (τὸ πρῶτον καὶ ἀκρότατον) gibt. Anders wäre das Gesamtgefüge der Wirklichkeit nicht nur nicht abgeschlossen, sondern auch nicht erklärbar.

Philosophischer Gott

Dies vor Augen versteht man auch, warum Aristoteles Metaphysik (πρώτη φιλοσοφία) mit Theologie (θεολογικὴ ἐπιστήμη – Met. E 1, 1026a19; K 7, 1064b3) verknüpft. Der Grund hierfür liegt abermals nicht darin, daß Aristoteles mit seiner Theorie besondere ‚religiöse' Interessen verfolgt hätte, sondern darin, daß sich die Frage der Metaphysik – die Frage nach dem Seienden als Seiendem (ὂν ᾗ ὄν – Met. Γ 1, 1003a21-32) – ohne die Berücksichtigung des göttlichen Seienden (θεῖον) nicht hinreichend beantworten läßt. Soll nämlich das Seiende bestimmt werden, so ist es notwendig, daß man zum ersten seinen Rang innerhalb der Reihung aller Seienden (innerhalb der πρὸς ἕν-Relation) feststellt und zum zweiten seine Prinzipien und höchsten Ursachen (τὰς ἀρχὰς καὶ τὰς ἀκροτάτας αἰτίας) eruiert. Beides geschieht aber erst in der Theologie, denn die Reihung der Seienden erfolgt immer „in Beziehung auf Eines und auf eine einzige Natur" (πρὸς ἓν καὶ μίαν τινὰ φύσιν), welche wiederum die Natur eines ausgezeichneten Seienden ist – eben jenes Seienden, das die Grunddefinition der gesamten Wirklichkeit gemäß den Gesetzen der Bewegung (κίνησις) am vollkommensten erfüllt. Dazu kommt gleichermaßen, daß die Verursachung *aller* Bewegung nur unter der Voraussetzung eines unbewegten Seienden (τις οὐσία ἀκίνητος – Met. E 1, 1026a29-30) erklärt werden kann. Dieses aber ist Gott: ὅ τε γὰρ θεὸς δοκεῖ τῶν αἰτίων πᾶσιν εἶσιν καὶ ἀρχή τις – „denn der Gott gilt allen als Ursache und Prinzip" (Met. A 2, 983a8-9).

Der Neuplatonismus

Geschichte

Die Antike bietet noch ein metaphysisches Modell, das im Verlauf der weiteren Geschichte einen nachhaltigen Einfluß haben sollte – das Modell der neuplatonischen Philosophie. Der Neuplatonismus findet seinen überragenden Exponenten in Plotin (203/4-269/70). Vor und nach Plotin tragen jedoch auch Ammonios Sakkas (ca. 175-242), Porphyrios (232-304), Jamblichos (gest. 330), Proklos (410-485) und einige andere spätantike – zum Teil bereits jüdische und christliche – Denker zur Ausbildung dieser Position bei.

Bedeutung

Wie der Name schon sagt, steht der Neuplatonismus in der Nachfolge Platons. *Dessen* Philosophie will er auslegen und weiterführen. Bei näherem Hinsehen zeigt sich jedoch sofort, daß er die platonische Philosophie nicht bloß interpretiert, sondern in so wesentlichen Punkten umformt, daß er als eine neue und eigenständige Position betrachtet werden muß. Dies ist nicht verwunderlich. Immerhin umfaßt der Zeitraum zwischen dem Tode Platons (347 v. Chr.) und dem Auftreten Plotins (in der ersten Hälfte des 3. Jahrhunderts n. Chr.) mehr als ein halbes Jahrtausend. In diese lange Zeit fällt nicht allein das Auftreten des Aristoteles, sondern auch die Geschichte der platonischen und aristotelischen Schule, der Akademie und des Peripatos. Dazu kommen die Kosmologien der Stoa, die ‚Logoslehre' Philons von Alexandrien, die Zahlenspekulationen des Neupythagoreismus sowie die mystischen Erlösungsgeschichten der Gnosis. Keine Frage, daß dies alles an einer Philosophie der ausgehenden Antike nicht spurlos vorbeigehen konnte. So stellt der Neuplatonismus noch einmal ein großes Resümee der gesamten antiken Philosophie dar, wenngleich man auch *zweierlei* sofort präzisieren muß: *Zum einen* war die ausschlaggebende Tradition, in die er sich einreihte, die Tradition der Akademie, d.h. der Platonismus und hier wiederum alles, was wesentlich zu diesem gehörte – *auch* die „Ungeschriebene Lehre“ περὶ τἀγαθοῦ. *Zum andern* geht der Neuplatonismus – meines Erachtens – in einem entscheidenden Punkt über das gesamte antike Denken hinaus: in der *philosophischen* Entdeckung der *Transzendenz*. Darin liegt – nach meiner Ansicht – einer der Gründe dafür, warum der Neuplatonismus das gesamte christliche Denken von der Zeit der Kirchenväter an bis in unser 20. Jahrhundert herauf so tief prägen konnte. Daß man sich dessen freilich nicht immer bewußt war und häufig Platon zuschrieb, was eigentlich auf Plotin oder einen anderen Neuplatoniker zurückgeht, hat keinerlei sachlichen Grund, sondern beruht einzig und allein darauf, daß man die Geschichte des abendländischen Denkens nicht genau kannte.

Die philosophische Entdeckung der Transzendenz

Monismus

Plotin übernimmt zunächst wie Aristoteles von Platon das Bipolaritätsprinzip. Auch er ist der Meinung, daß die gesamte Wirklichkeit aus der dialektischen Kombination zweier Prinzipien begriffen werden muß – aus dem Prinzip der Einheit, Ordnung und Form (ἕν) sowie aus dem Prinzip der unbestimmten Vielheit, der Beliebigkeit und Formlosigkeit (ἀόριστος δυάς). Für ihn wird allerdings entscheidend, was Platon schon gesehen, aber noch nicht zum Zentrum seiner Überlegungen gemacht hat: Der Ursprung (ἀρχή) bildet nicht nur eine Einheit gegenüber der Vielheit (τὰ πολλά), sondern *zuvor schon* an und für sich selbst, d.h. ohne Beziehung zur Vielheit. Plotin visiert nun diesen Unterschied an und stellt die These auf: Die Bipolarität von Einheit (ἕν) und Vielheit (ἀόριστος δυάς) *geht aus der unbezüglichen Einheit des Ursprungs hervor*. Sie kann mit anderen Worten nur begriffen werden, wenn ihr *Hervorgang* aus dem Ursprung, den er kurz „das Eine“ (τὸ ἕν) nennt, entsprechend rekonstruiert wird. Um aber wiederum dies zu können, muß auch der Ursprung, das Eine, in seinem Für-sich-Sein bzw. in seiner Unbezüglichkeit hinsichtlich der Vielheit erkannt werden. Der Hervorgang der Wirklichkeit geschieht ja aus ihm, hat mit ihm zu tun, muß folglich auf ihn zurückgeführt werden. Wenn jedoch alles, was die Wirklichkeit in ihrer Gesamtheit betrifft – ihre Entstehung nicht weniger als das ihr zugrundeliegende Bipolaritätsprinzip –, von einer ersten und letzten Einheit her begriffen wird, dann entsteht das, was man einen *Monismus* nennt – die Rekonstruktion der Wirklichkeit aus einem einzigen Prinzip.

Transzendenz

In der Durchführung dieses Monismus stößt Plotin auf die *Transzendenz*. Denn genau sie muß er annehmen, wenn er nicht Gefahr laufen will, das Eine mit der Kombination von Einheit und unbestimmter Vielheit in Berührung zu bringen. ‚Transzendenz' in diesem Zusammenhang heißt somit: Das Eine (ἕν) unterscheidet sich in absoluter Art und Weise von dem, was durch das Zusammenwirken von Einheit und unbestimmter Vielheit konstituiert wird. Insofern ist es „jenseits von Allem" (ἐπέκεινα τῶν πάντων, Enneaden III 8,9,9; V 3,12,47f.; 4,2,39; VI 8,19,13), in keiner Hinsicht mit diesem vermischt (ἀμιγές, V 5,13,35; VI 6,5,37) und von ihm völlig „verschieden" (ἕτερον ἁπάντων, V 3,11,18). Besitzt das konkret Wirkliche den Charakter der Vielheit, so ist das Eine ihm gegenüber „nicht-vielheitlich" (ἀπόλλων, V 5,6,26ff.), völlig ungeteilt (ἀμερές, III 7,3,19), „un-begrenzt" (ἄπειρον, VI 9,6,7ff.) und differenzlos (ὡς μὴ διακεκριμένα, V 3,15,31). So gesehen ist es auch nicht mit einer Idee oder einer Form zu verwechseln, denn Idee oder Form sind ja ihrerseits durch Vielheit bestimmt. Ganz ausdrücklich nennt es Plotin daher ἀνείδον bzw. ἄμορφον – „ideelos", „gestaltlos" (V 9,3,43f.; VI 7,17,18). Ist es aber nichts von all dem (οὐδὲν τῶν πάντων, μηδὲν τῶν πάντων, V 1,7,19; 5,13,28), dann ruht es vollkommen in sich selbst, steht zu nichts anderem in Beziehung – eine Beziehung implizierte ja eine Vielheit – und ist Einfachheit schlechthin (τὸ ἁπλῶς ἕν, τὸ ἁπλούστατον, III 8,10,22; V 3,13,34f.).

Negative Philosophie

Wie wir schon im Zusammenhang mit der platonischen Philosophie herausgestellt haben, besteht die größte Schwierigkeit angesichts des Ursprungs (des ἕν) darin, ihn zu erkennen. Das zeigt sich bereits am einfachen Versuch, über ihn zu sprechen bzw. eine Aussage zu treffen. Gemäß der aristotelischen Kategorienlehre ist mit dem ‚Sprechen über etwas' wesentlich das Herstellen von Beziehungen verbunden. (Indem ich über etwas spreche, spreche ich ihm etwas anderes – eine Qualität, eine Quantität, eine Relation oder sonst etwas – zu bzw. ab. Dadurch knüpfe ich eine Beziehung.) Wenn aber nun das Eine in keinerlei Beziehung eingeordnet werden kann und völlig einfach in sich selbst ruht, dann ist es nicht einmal möglich, über es zu sprechen. Plotin scheut sich nicht, diese Konsequenz zu ziehen. Für ihn ist klar, daß wir das Eine allenfalls nennen (ὀνομάζειν) und anzeigen (σημαίνειν) können (V 5,6,24ff.). Sobald wir jedoch mehr darüber sagen, müssen wir uns dessen bewußt sein, daß dies nur *für uns* gilt, keinesfalls für das Eine selbst. Selbst wenn wir es als die Ursache oder das Prinzip von allem bezeichnen, haben wir uns dies vor Augen zu halten. (ἐπεὶ καὶ τὸ αἴτιον οὐ κατηγορεῖν ἐστι συμβεβηκός τι αὐτῷ, ἀλλ᾽ ἡμῖν..., VI 9,3,49ff.) Ja, mehr noch: Wir dürfen nicht einmal sagen, daß das Eine *ist*. Auch in diesem Falle würden wir aufgrund der Struktur unseres Sprechens Beziehungen herstellen und damit das Eine in die konkrete (vielheitliche) Wirklichkeit eingliedern. Wollte sich etwa das Eine selbst aussprechen,

> „dann müßte es zuvor sagen, was es nicht ist, und schon damit wäre es erst Vielheit, um (dann) Einheit sein zu dürfen. Und sagte es dann ‚ich bin dies', so spräche es unwahr, wenn es mit ‚dies' ein von ihm selbst Verschiedenes meinte; wenn [es] aber ein ihm Beiläufiges (συμβεβηκός, Akzidens) [meinte], dann bezeichnete es sich damit als Vieles; es könnte höchstens sagen: ‚bin bin' und ‚ich, ich' (εἰμὶ εἰμὶ καὶ ἐγὼ ἐγώ)." (V,3,10,32-37; Übersetzung W. Beierwaltes, Denken des Einen, Frankfurt 1985, 40)

Da solche Tautologien keinerlei Inhalt und Sinn haben, bleibt nur übrig, das Eine *rein negativ* zu bestimmen und lediglich zu sagen, was es der konkreten Wirklichkeit gegenüber *nicht* ‚ist'. Und allein unter diesem Vorbehalt, daß das Eine gegenüber allem, was wirklich ist, streng genommen *nichts* ‚ist' (ἤ ἐστι μὲν τὸ μηδὲν τούτων ὧν ἐστι ἀρχή..., III 8,10,28ff.), können im übertragenen (metaphorischen, analogen) Sinn überhaupt Aussagen über es gemacht werden.

Die Emanationslehre

Zugänglichkeit des Einen

Folgender Einwand legt sich nahe: Auch wenn das Eine nur negativ erörtert werden kann, ist es notwendig, daß von ihm etwas gewußt wird. Bestünde nämlich schlechterdings keinerlei Bezug zu ihm, so könnte nicht einmal von ihm gesagt werden, daß es nicht erkennbar bzw. in unserer Sprache nicht ausdrückbar sei. Wie aber ist ein solcher Bezug möglich, wenn das Eine absolut transzendent und beziehungslos in sich selbst ruht? Die Antwort liegt auf der Hand: Ein solcher Bezug kann nur angenommen werden, wenn ihn das Eine *von sich aus* immer schon hergestellt *hat*. Hergestellt wiederum hat es ihn nirgends anders als in der konkreten Wirklichkeit, indem es sich als deren Ursache (μεγάλη ἀρχή, V 3,15,23; VI 7,32,9ff.) zu erkennen gibt. Aber nicht nur das: Hergestellt hat es ihn zusätzlich dadurch, daß es sich als Urbild (παράδειγμα, ἀρχέτυπον) in die Wirklichkeit eingeformt hat. Auf diese Weise legte es in ihr eine Spur (ἴχνος) zu sich selbst, ja mehr noch: gestaltete es sie zum Spiegel (κάτοπτρον) und zum Abbild (εἴδωλον, εἰκών, τύπος, ἄγαλμα) seiner selbst. Über die dadurch festgelegte Beziehung der Entsprechung (ἀναλογία), Ähnlichkeit (ὁμοίωμα, ὁμοιότης, ὁμοίωσις) und Nachahmung (μίμημα) offenbart es sich und scheint es in allem Wirklichen durch (διαφανῆ γὰρ πάντα, V 8,4,4ff.). So ist es bei aller Transzendenz, die es von allem, was vielheitlich ist (τὰ πολλά), absolut unterscheidet, zugänglich.

Emanation

Liegt darin nicht ein Widerspruch, daß das Eine (ἕν) einerseits völlig transzendent bleibt, andererseits aber doch in die Wirklichkeit eingegangen ist? Nach Plotin nicht. Für ihn erfolgt nämlich der Prozeß des Eingehens des Einen in die Wirklichkeit nach einer ganz bestimmten Weise, und diese Weise nennt man die *Emanation*. Plotin selbst verwendet das griechische Wort für Emanation, ἀπόρροια (bzw. ἀπορροή und ἀπορρεῖν), äußerst selten (II 1,3,26-28; 1,4,2.4; II 3,2,7). Viel lieber spricht er vom „sich entfalten" (ἐξελίττεσθαι, III 8,8,31ff.; IV 8,6,7ff.), „geben" (διδόναι, VI 7,15,14.18; 7,16,19ff.; 7,17,11-13) oder „schaffen" (ποιεῖν, V 2,1,8ff.). In jedem Fall ist aber klar, was er meint: Das Eine enthält in Überfülle (ὑπερπλῆρες) die gesamte Wirklichkeit in sich. Obwohl diese zunächst nicht entfaltet ist – weswegen Plotin das Eine auch das „Entfaltet-Unentfaltete" (οἷον ἐξελιχθὲν οὐκ ἐξεληλιγμένον, VI 8,18,17f.) nennen kann –, besitzt das Eine das unbegrenzte Vermögen (ἄπειρος δύναμις, VI 9,6,7ff.) zur gesamten Wirklichkeit. Es ist Möglichkeit (im Sinne von Mächtigkeit) zu allem und von allem – δύναμις πάντων (III 3,15,27ff.; IV 8,9,53ff.; V 4,2,38ff.). Setzt es nun diese Möglichkeit in die Wirklichkeit um, so fließt wohl die Wirklichkeit aus ihm hervor, es selbst bleibt sich in seiner absoluten Vollkommenheit und Einfachheit jedoch absolut gleich. Durch das Entstehen der Wirklichkeit erfährt es weder eine Mehrung (οὐ δέχεταί τι, I 6,7,26) noch eine Minderung (οὐκ ἠλάττωται, III 8,8,46; 8,10,6ff. u.ö.). Es verlangt daher auch von sich aus nach nichts (οὐδὲ αὔξειν ζητεῖ, V 1,4,13). Daß es trotzdem die Wirklichkeit aus sich heraus entstehen läßt, verdankt sich nicht einer Überlegung (λογισμός) oder einem freien Willensentschluß (βούλευσις), sondern der einfachen Notwendigkeit (ἐξ ἀνάγκης, I 8,7,21; IV 8,6,20f.), daß vollkommene Fülle überfließt:

> „Da es [das ἕν] vollkommen ist [...], ist es gleichsam übergeflossen, und seine Überfülle hat ein anderes hervorgebracht" (ὂν γὰρ τέλειον ... οἷον ὑπερερρύη καὶ τὸ ὑπερπλῆπες αὐτοῦ πεποίηκεν ἄλλο, V 2,1,7f.).

Paradoxa

Plotin illustriert seinen Emanationsgedanken – unter anderem – an den Bildern der Quelle (πηγή), des Kreises (κύκλος), des Lichtes (φῶς), des Samens (σπέρμα) und der Wurzel (ῥίζα). Jedes dieser Bilder symbolisiert auf seine Weise, daß alles aus dem Einen hervorgeht – das Wasser aus der Quelle, die Radien aus dem Zentrum des Kreises, die Strahlen aus dem Licht, die Lebensformen aus dem Samen, die Gewächse aus der Wurzel – und daß auf diese Weise das Eine in alles eingeht, ja alles ‚ist', daß aber *gleichzeitig* das Eine in sich selbst bleibt (μένειν), *ohne* sich zu zerteilen, zu erschöpfen oder zu verlieren. Emanation drückt so gesehen etwas Paradoxes aus: Das Eine ist alles (τὸ ἓν πάντα), da es nichts gibt, was nicht aus ihm entsprungen wäre, das Eine ist aber zugleich „nicht Eines [dieses Alles], weil der Ursprung von Allem nicht Alles ist" (καὶ οὐδὲ ἕν, ἀρχὴ γὰρ πάντων οὐ πάντα, V 2,1,1; vgl. VI

7,32,12ff.). Sofern es *über* allem ist, kann es auch *in* allem sein *ohne* sich in die Vielheit aufzulösen.

„Wie wird nun aus dem Einen die Vielheit? Weil es überall (πανταχοῦ) ist, denn es gibt keinen Ort, wo es nicht wäre. So erfüllt es Alles, wird es Vielheit, ja ist es geradezu Alles. Wäre das Eine freilich nur überall, so wäre es [auch] an sich selbst (αὐτό) Alles. Da es zugleich aber nirgends (οὐδαμοῦ) ist, entsteht wohl Alles aus ihm, sofern es überall ist, bleibt aber [dieses Alles] auch von ihm verschieden, sofern es [gleichzeitig] nirgends ist. Warum muß es somit nicht nur überall, sondern zugleich nirgends sein? Weil vor Allem ein Eines sein muß (ὅτι δεῖ πρὸ πάντων ἓν εἶναι); [und] weil dieses [Eine] Alles erfüllen (πληροῦν) und schaffen (ποιεῖν) muß, ohne dieses Alles, das es schafft, zu sein." (III 9,4,1-9)

Die Hypostasen

Stufen

Die Emanation des ἕν schafft nach Plotin eine ganze *Hierarchie* von Wirklichkeitsbereichen. Auf jeder Stufe dieser Hierarchie manifestiert (ἐμφαίνεσθαι) und ‚realisiert' es sich in einer besonderen Form. Man kann auch sagen: Jede dieser Stufen stellt eine bestimmte Seinsweise oder *Hypostase* (ὑπόστασις) des Einen dar. (Man muß freilich hinzufügen, daß Plotin schon das In-sich-sein des Einen gelegentlich „Hypostase" nennt, die unterste Stufe der Hierarchie, die Materie, hingegen nie als solche bezeichnet. Dieses Problem braucht uns hier jedoch nicht zu beschäftigen.) Trotz ihrer Unterschiedlichkeit entfalten sich diese Hypostasen nach einer einheitlichen Struktur. Dies wiederum ist für die metaphysische Frage, wie die Wirklichkeit in ihrer Gesamtheit zu begreifen ist, von größter Wichtigkeit. Wie sieht diese Struktur aus?

Struktur

Jede Hypostase – außer dem Einen an sich selbst – geht aus einer früheren und hierarchisch betrachtet höheren Hypostase hervor (πρόοδος). Gegenüber dieser früheren und höheren Hypostase, die in sich selbst bleibt (ἡσύχως μένειν, μονή) und sich keineswegs in ihr verliert, schafft sie Abstand (ἀπόστασις) und Differenz (διάστασις). Abstand und Differenz wiederum äußern sich grundsätzlich darin, daß das Moment der unbestimmten Vielheit (ἀόριστος δυάς) erstmals auftritt (wie bei der ersten Hypostase nach dem Einen) oder sich verstärkt. Da nun aber die bloße Unbestimmtheit nicht zum allein beherrschenden Prinzip werden kann, weil sich sonst das Eine im Emanationsprozeß verlieren und auflösen würde, muß sie mit dem Einheitsprinzip (ἕν) eine spezifische Kombination eingehen. Was aus dieser Kombination entsteht, sind die Bereiche oder Stufen der Wirklichkeit. Das einheitsstiftende Prinzip jedoch, wie kommt es zum Tragen? Nach Plotin dadurch, daß sich jede Hypostase *im Augenblick* des Hervorgangs (πρόοδος, προιέναι) aus der vorhergehenden Hypostase auch wieder zu dieser Hypostase zurückwendet (ἐπιστροφή, ἐπιστρέφειν). In der vorhergehenden (höheren) Hypostase herrscht mehr Einheit und dadurch weniger unbestimmte

Vielheit. So gewinnt die neue (niedrigere, nachfolgende) Hypostase in der Rückwendung eine spezifische Einheit und Bestimmung (ὁρισμός). Wie ist die Rückwendung ihrerseits vorzustellen? Im Regelfall derart, daß sich die niedrigere Hypostase an die höhere angleicht (ὁμοίωσις), sie auf diese Weise nachahmt (μίμησις) und in der Folge zu deren Abbild (εἰκών, εἴδωλον) wird. Schematisiert dargestellt besitzt somit jede Stufe des Emanationsprozesses bzw. jede Konstituierung einer Hypostase dieselbe Struktur, nämlich:

In-sich-sein der höheren Hypostase (μονή, στάσις)
(aufgrund ihrer höheren Fülle, πλήρωμα, und Mächtigkeit, δύναμις, strömt sie aus)

↕

Hervorgang (πρόοδος, προιέναι) der niedrigeren Hypostase
(das Prinzip der unbestimmten Vielheit verstärkt seinen Einfluß)

↕

Rückwendung (ἐπιστροφή, ἐπιστρέφειν) der niedrigeren Hypostase zur höheren
(das Prinzip der unbestimmten Vielheit kombiniert sich mit dem Prinzip der Einheit)

↕

Erreichung von Einheit und Bestimmung (ὁρισμός) in der niedrigeren Hypostase
(die neue Hypostase ahmt die vorhergehende nach und wird zu deren Abbild)

Kreislauf nicht Evolution

Es wäre nun falsch, sich den Emanationsprozeß zeitlich oder nach dem Muster einer Evolution vorzustellen. Die ‚Rückwendung' folgt dem ‚Hervorgang' nicht in diesem Sinne nach. Vielmehr müssen wir davon ausgehen, daß für Plotin jedes der dargestellten Strukturmomente *immer schon* im anderen enthalten ist. So ist der Hervorgang (πρόοδος) *in sich selbst* auch bereits die Rückwendung (ἐπιστροφή). Wir können sogar sagen: Zu einem πρόοδος kommt es nur, wenn er *an sich selbst* bereits eine ἐπιστροφή ist.

Antwort auf die Frage der Metaphysik

Dies festhaltend können wir jetzt Plotins Antwort auf die Frage der Metaphysik, wie die Wirklichkeit in ihrer Gesamtheit zu bestimmen ist, formulieren. Sie lautet: *Die Wirklichkeit im Ganzen ist ein Geschehen, das sich aus dem Ineinander von Hervorgang und Rückgang ergibt*. Ursprung des Hervorgangs sowie Ziel des Rückgangs sind identisch und liegen vorderhand in den jeweils höheren Hypostasen, letztlich aber im Einen selbst, da es nichts gibt, was nicht aus ihm hervorgegangen wäre und zu ihm zurückkehren würde. Sofern das besagte Geschehen im Ineinander von Hervorgang und Rückgang auch allemal das Werden eines Bildes bedeutet – im Hervorgang erscheint das Urbildliche, im Rückgang formt sich diesem das Abbildliche nach –, können wir die Antwort Plotins zusätzlich so ausdrücken: *Die Wirklichkeit im Ganzen ist nichts anderes als eine Ab-Bildung des Ur-Bildes, welches das Eine ist.*

Die Stufen der Hierarchie im einzelnen

Zahl der Hypostasen

Die verschiedenen Hypostasen bilden eine *Hierarchie*, d.h. es gibt eine oberste Hypostase, von der her alle weiteren Hypostasen ihren Rang und ihre Stellung innerhalb der Gesamtwirklichkeit erhalten. Auf jeder Stufe der Hypostasen-Hierarchie realisiert sich die soeben geschilderte gemeinsame Struktur des Emanationsprozesses in unterschiedlicher Art und Weise. Wenden wir uns jetzt den einzelnen Stufen zu, so sehen wir, daß Plotin *drei* Hypostasen kennt: Das Eine (ἕν), den Geist (νοῦς) und die Seele (ψυχή). Die vierte Stufe, die Stufe der Materie (ὕλη), bezeichnet er nicht als Hypostase, da sie streng genommen nichts Einheitliches mehr enthält, sondern als Gegenprinzip zum ἕν bloße unbestimmte Vielheit, ἀόριστος δυάς, ist. Dennoch erfolgt die Emanation, durch die alles entsteht – letztlich auch die Materie –, in der *Ab*stufung ἕν – νοῦς – ψυχή – ὕλη. Deshalb können wir gemäß dieser Ordnung vorgehen und die einzelnen Stufen – in aller Kürze – so beschreiben:

Das Eine

Das Eine (ἕν) gehört, wie bereits dargelegt, nicht zur Wirklichkeit in ihrer Gesamtheit und Einheit. Es ‚ist' nicht in der Weise irgendeines Teiles der Wirklichkeit, sondern *transzendiert* diese in jeder Hinsicht. Dürfen wir es dann als Gott im christlichen Sinne verstehen? Legt sich dies nicht schon deshalb nahe, weil das Eine alles in Überfülle (τὸ ὑπερπλῆρες) und in Mächtigkeit (δύναμις) enthält, was ihm entspringt? Sollte davon etwa das Geistige, Lebendige, Kreative und Freiheitliche ausgenommen sein? Keineswegs. Plotin selbst betont:

> Das Eine ist „nicht etwa bewußtlos, sondern all das Seine ist in ihm und mit ihm selbst [...] Leben ist in ihm und Alles ist in ihm, und es ist selbst ein Sich-selbst-Denken (κατανόησις), gleichsam durch ein Selbstbewußtsein (οἱονεὶ συναισθήσει) ist es in einem ewigen Sich-gleich-Sein (ἐν στάσει αἰδίῳ) und in einem Denken (νοήσει), welches [freilich] anders verfährt als das Denken des [uns bekannten] Geistes." (V 4,2,15-20; vgl. 4,2,12-26)

Plotin nennt es sogar „Denken über dem Denken" (ὑπερνόησις, VI 8,16,33), „vor-denkendes Denken" (προνοοῦσα νόησις, nach W.Beierwaltes im Anschluß an V 3,10,43), „höchste Wachheit" (ἐγρήγορσις) und ähnliches mehr, was sich mit dem Gedanken an eine personale Instanz verbinden ließe. Wie bei Platon kommt noch dazu, daß er das ἕν problemlos mit dem Guten, mit dem ἀγαθόν, identifiziert und darüber hinaus präzisiert, daß es ein „Übergutes" (ὑπεράγαθον) sei, welches „nicht für sich selbst, sondern für das Andere gut ist" (VI 9,6,41f.). Doch gerade dies zeigt, daß Plotin keinen personalen Gott im Sinne hat. Bei näherer Analyse der Texte ergibt sich nämlich, daß er in diesem Punkt ebenso griechisch denkt wie Platon. Selbst als Gutes und als Inbegriff alles dessen, was aus ihm hervorgeht, ist das Eine ‚lediglich' ein Prinzip, ‚lediglich' die fundamentalste Bedingung der Möglichkeit von Wirklichkeit überhaupt – nichts weniger, aber auch nichts mehr. Allerdings geht Plotin darin über die griechische Philosophie hinaus, daß er durch die *negative* Methode, mittels derer er das Eine zu denken und zu beschreiben versucht, zu einer Vorstellung von *Transzendenz* vordringt. So muß er dennoch als ein Wegbereiter der christlichen Philosophie und ihrer negativen Theologie betrachtet werden.

Geist und Ideen

Bezeichnenderweise spricht Plotin die Prädikate des Göttlichen (θεόν, V 1,11,6) nicht etwa dem Einen, sondern der zweiten Hypostase, dem νοῦς, dem Geist, zu. Als „Licht vom Licht" (φῶς ἐκ φωτός, IV 3,17,13f.; VI 4,9,26f.) und als erstes „Abbild des Einen" (εἰκὼν ἐκείνου, V 1,7,1) ist dieser vollkommenes Sein. Dazu gehört, daß er auch vollkommen erkennt und zwar sowohl im Sinne der Fähigkeit, alles vollkommen erfassen, denken und sehen zu können, als auch im Sinne der Möglichkeit, des vollkommenen ‚Gegenstandes' mächtig zu sein. Was aber sollte er – so fragt schon Aristoteles – Vollkommeneres vollkommen erkennen als sich selbst? Insofern kann geschlossen werden: Der Geist ist ein sich selbst denkendes Denken. Und weil dies nicht eine zufällige Eigenschaft von ihm ist, sondern die Vollkommenheit seines *Seins* ausmacht, vermag es weiter zu heißen: Im Geist sind Denken und Sein dasselbe (αὐτὸς ἔστιν ἃ νοεῖ, V 9,5,7; vgl. V 1,4,26ff.). Weshalb ist der Geist aber dann nicht ebenso vollkommene Einheit wie das Eine selbst, sondern bereits eine ἀπόστασις τοῦ ἑνός, eine Abschattung des Einen (VI 6,1,1ff.), und inwiefern ist bei ihm schon ein Moment der Vielheit (ἀόριστος δυάς) wirksam, so daß sich seine Einheit *in einer Vielheit* konstituiert? Darauf antwortet Plotin ganz im Sinne einer auf die Ältere Akademie (genauer auf Xenokrates) zurückgehenden Tradition: Der Grund dafür liegt darin, daß der Geist *der Ort der Ideen* ist (vgl. u.a. V 9,8,1ff.) und so gesehen einen ganzen Kosmos (κόσμος νοητός) darstellt. Diese Ideen wiederum (wie bei Platon εἴδη, ἰδέαι) sind ebenfalls mit dem Geist identisch. Sie bilden seine ‚Gedanken'. Es besteht daher keine Schwierigkeit, in ihrer Vielheit Ordnung und Einheit zu schaffen. Dennoch muß es geschehen und zwar derart, daß sich der Geist auf jene Hypostase zurückwendet, aus der er hervorgegangen ist – auf das Ur-Bild schlechthin, auf das Eine. Konsequenterweise bildet diese Rückwendung (ἐπιστροφή) keinen neuen Vollzug des Geistes neben dem genannten Denken seiner selbst. Wenn nämlich der Geist schon in jeder Idee sich selbst begegnet, dann erst recht in der Einheit und Geordnetheit aller Ideen. Besagte Einheit und Ordnung jedoch erwirkt er nicht aus sich selbst, sondern aus der nachahmenden Rückwendung zum Einen. Hat er schließlich auf diese Weise sein Wesen verwirklicht und vollendet, ist er der Inbegriff, ja das Urbild des Schönen (τοῦ καλοῦ, III 8; V 8).

Wesentlich weniger Einheit als der Geist erreicht die Seele (ψυχή). In ihr gewinnt das Prinzip der unbestimmten Vielheit an Einfluß. Dieser Einfluß wird von Plotin bereits so hoch angesetzt, daß er die Seele als die eigentliche Vermittlungsinstanz (ἑρμηνεὺς, I 2,3,26ff.; IV 3,11,19) zwischen Geist und Materie (ὕλη) betrachtet. Der Geist teilt sich über sie in jene Wirklichkeitsbereiche hinein mit, die überwiegend von der Materie und damit vom Prinzip der ἀόριστος δυάς bestimmt sind. Die Seele ist so nicht nur Bild (εἰκὼν νοῦ, V 1,3,7) sondern auch Wort bzw. Ausdruck des Geistes (λόγος νοῦ, III 2,2,17; V 1,6,45). Inhalt dessen wiederum, was sie mitteilt oder ausdrückt, ist nicht der Geist als solcher oder die Ideen als solche, sondern nur ein Spiegel (κάτοπτρον, I 4,10,6-8), ein Schriftzeichen (γράμμα, V 3,4,2) oder eine Spur (ἴχνος, I 8,11,17; III 3,3,34; V 3,3,12) des Geistes. Aus diesem Grunde erschwert sich für sie das Werk des Einheit- und Ordnung-Stiftens erheblich. Anders als der Geist muß sie das Vielfältige, das sie zu vereinheitlichen und zu ordnen hat, zuerst durchgehen. Nur auf diesem Wege findet sie zur Einheit, die der Geist als ihr Urbild darstellt, bzw. zu den Einheiten, die der Geist enthält, d.h. zu den Ideen (ἐναργεῖς ἀρχάς), zurück. Vermag der Geist seine Einheit einfach hinzunehmen und zu erschauen (νοεῖν), so muß sie die Seele erst in einem ‚diskursiven' Verfahren (νοερὰ διέξοδος, V 8,6,7; VI 2,21,34) gewinnen. Dieses diskursive Verfahren nennt Plotin – wie Platon – διάνοια (wörtlich Durch-denken), die Methode hingegen, welche die διάνοια regelt und ausrichtet, Dialektik (διαλεκτική, I 3). Ebenso wie Platon stellt er sich die Dialektik als eine doppelte Vorgangsweise vor: einmal als Weg von der Vielheit zur Einheit, dann aber auch als Weg von der Einheit zur Vielheit zurück (V 1,7,36ff.; V 3,1-9). Unvergleichlich mehr als Platon betont er jedoch die Möglichkeit, daß die Seele über die Dialektik *hinauskommt* und am einfachen Schauen des Geistes teilnimmt. So gesehen erscheint ihm die Dialektik auch als eine bloße *Vorstufe* zu einer *Höher*entwicklung des Denkens (ἀναγωγή), die letztlich in der *mystischen* Schau (ἐπιβολὴ ἀθρόα, παραδοχή) des Einen gipfelt. Voraussetzung dafür ist freilich nicht bloß eine intellektuelle Anstrengung, sondern eine *Gesamt*hinwendung der Seele zum Geist. Will die Seele zu einer Ek-stase (ἔκστασις) in den Geist hinein gelangen, muß sie ihr vollständiges Sein dem Geist angleichen (ὁμοίωσις) und damit *ein*-fach (ἄπλωσις, ἕνωσις, IV 4,2,26) werden.

Seele

Sofern das Denken eine Äußerungsform der Seele ist, findet konsequenterweise auch die Philosophie bzw. die Metaphysik in der Seele die Bedingung ihrer Möglichkeit. Metaphysik ist demnach für Plotin

Dialektik und Mystik

zunächst mit der Dialektik als methodischer Gestaltung der διάνοια identisch. Dank dieser gelangt sie zu den fundamentalen und umfassenden Prinzipien (ἀρχαί, κανόνες) der Wirklichkeit, die ihrerseits nichts anderes als die Ideen des Geistes sind. Sofern die Seele aber auch über sich hinauszukommen vermag und am einfachen Schauen des Geistes teilnehmen kann, gewinnt die Metaphysik eine mystische Dimension. Anders gesagt: Für Plotin erschöpft sich Metaphysik nicht in Dialektik. Ihre wichtigere Aufgabe liegt in der Höherführung des Denkens (ἀναγωγή) zur mystischen Schau. Da dies, wie eben gesagt, nicht nur Sache des Intellekts allein ist, sondern den Menschen als Ganzen beansprucht, ist Metaphysik niemals bloß ‚Wissenschaft' in unserem heutigen Sinn. Viel mehr als dies ist sie eine *Gestaltung des menschlichen Lebens*.

Materie

Wir vernachlässigen den – sonst sehr wichtigen – Umstand, daß Plotin mehrere ‚Stufen' oder ‚Ebenen' des Seelischen unterscheidet. Auch auf die so bemerkenswerte Differenzierung zwischen einer *Weltseele* und den zahllosen *Einzelseelen*, die aus der Weltseele hervorgegangen sind, gehen wir hier nicht ein. Wir erläutern nur noch die letzte Stufe der Wirklichkeits-Hierarchie: die Materie, die ὕλη. Sie repräsentiert das radikale Gegenprinzip zum Einen (ἕν), und dieses ist die unbestimmte Vielheit (ἀόριστος δυάς). Wie bereits dargelegt geht letztlich auch dieses Gegenprinzip aus dem Einen hervor. Es ist daher nicht als ein gleichwertiges *Gegen*prinzip – im Sinne des Dualismus – zu verstehen, sondern vielmehr als letzte (τὸ ἔσχατον, I 8,7,19) Stufe der Emanation. Obwohl es sich aber so verhält, daß auch die Materie nicht ohne Beziehung zum Einen und Guten vorzustellen ist, weist ihr Plotin rein negative Prädikate zu: Da sie für sich alleine keine Einheit mehr herstellen kann, fällt sie in sich völlig auseinander und wird so zum Ort absoluten Gegensatzes und Streites. Als Ort der Disharmonie, Unordnung und Zerrissenheit ist sie auch der Ort des Bösen, Häßlichen und Dunklen. Man muß sich sogar fragen, ob sie strenggenommen ‚ist', denn die Eigenschaft des ‚Seins' im Sinne von Existenz steht ja nur dem zu, was kombiniert ist aus Einheit und unbestimmter Vielheit. In der Tat erlangt die Materie nur insofern einen Wirklichkeitswert, als sie an dem, was Einheit, Form und Ordnung besitzt, teilhat, wobei sich diese Teilhabe dann so gestaltet, daß die Materie das, was Einheit, Form und Ordnung gibt, beeinträchtigt, reduziert und „beraubt" (στέρησις, lateinisch „privatio"). Sie tritt damit wesentlich als *Negation* auf. Für sich selbst erschöpft sie sich darin, reines Prinzip des Nicht-Einheitlichen, des absoluten Mangels und der bloßen Nichtigkeit zu sein. (Vgl. I 8; II 4,6-16; III 2,2; 5,5; 6,7; 7; VII 5,11)

Mensch

Es ergibt sich von selbst, daß der Mensch in der gesamten Hierarchie der Wirklichkeit eine besondere Stellung einnimmt. Aus Seele und Körper bestehend existiert er ‚zwischen' (μεταξύ) den Stufen der Wirklichkeit. Mehr noch als die Seele führt er ein „doppeltes Leben" (ἀμφίβιος), denn in ihm treffen sich nicht allein die Bereiche der Materie (des Sinnlichen, αἴσθητον) und des Seelischen (ψυχικόν), sondern über die Seele auch das Geistige (νοητικόν). Er hat es daher *für sich selbst* – nicht für die aus der Emanation hervorgegangene Wirklichkeit als Ganze – in der Hand, das Verhältnis der Bereiche untereinander zu gestalten. Maßgebend dabei ist natürlich das Höherwertigere, nämlich das Einheit, Ordnung und Form Stiftende. Dies wiederum bedeutet: Das Verhältnis zwischen Seele und Geist einerseits und Körper bzw. Materie andererseits muß so realisiert werden, daß das Seelisch-Geistige immer mehr zum Durchbruch, das Körperlich-Materielle dagegen immer mehr zur Auflösung kommt. Der Weg dazu führt über die Verinnerlichung (πάντα εἴσω, III 8,6,40), d.h. über das Ablassen von allem Äußerlichen (πάντων τῶν ἔξω ἀφέμενον, IV 9,7,17) und über die Reinigung (κάθαρσις), Befreiung (λύεσθαι) und Abstraktion (ἀφαίρεσις) von dem, was Körper, Leib oder Materie ist. Durch diese Rückwendung (ἐπιστροφή, περιαγωγή) in sich selbst (ἐν ἑαυτῷ) wird der Mensch immer mehr Seele und immer mehr Geist. Er wächst somit über sich hinaus (ἀναγωγή) und kann sich so sehr vergeistigen (νοωθῆναι, VI 7,35,4f.; 8,5,35), daß er plötzlich und auf einmal (ἐξαίφνης) mit dem Einen selbst eins wird (VI 7; 9). Weil im Schauen des Einen schließlich das wahre Glück liegt, besteht das eigentliche Ziel des menschlichen Lebens darin, sich dem Einen anzugleichen (μίμησις, ὁμοίωσις) und in diesem Sinne ‚ein-fach' zu werden (ἅπλωσις, ἕνωσις).

Philosophie der Schöpfung

Die Veränderung der Metaphysik durch das Christentum

Diskussion

In den 20er und 30er Jahren unseres Jahrhunderts wurde vor allem in Frankreich heftig darüber gestritten, ob die Philosophie im allgemeinen und die Metaphysik im speziellen durch das Christentum etwas Neues erhalten haben, wozu sie aus eigenem Vermögen nicht gelangt wären. Jene, die dies bejahten – unter ihnen vor allem Étienne Gilson (1884–1978), Régis Jolivet (1891–1966), Réginald Garrigou-Lagrange (1877–1964) und Jacques Maritain (1882–1973) –, verwiesen insbesondere auf die neuen Themen, welche die Philosophie vor dem Einbruch der jüdisch-christlichen Glaubenswelt in das abendländische Denken nicht oder nur wenig gekannt hatte – auf die Vorstellung eines personalen Gottes, auf den Begriff einer Schöpfung der Welt, auf das gewandelte Freiheitsverständnis sowie auf die spezifische Konzeption einer ‚linear' verlaufenden Weltgeschichte. Dem gegenüber stellte der bedeutende Philosophiehistoriker Émile Bréhier (1876–1952) ganz im Sinne der Aufklärung die These auf, daß es erstens nur historischer Zufall sei, daß die genannten Themen für die Philosophie erst durch das Christentum aktuell geworden seien, keinesfalls aber darin begründet liege, daß die Philosophie ohne christliche Offenbarung auf diese Themen nicht hätte stoßen können, und daß zweitens dies alles mehr die Theologie als die Philosophie im engeren Sinne betreffe. Bezüglich letzterem erhielt Bréhier sogar aus katholischen Kreisen Zustimmung. Erwähnt seien lediglich die beiden Dominikaner Pierre Mandonnet (1882–1936) und Marie-Dominique Chenu (1895–1992).

Philosophie und Christentum

Meines Erachtens ist es müßig, darüber zu streiten, was aus der Philosophie geworden wäre, wenn es das Christentum nicht gegeben hätte. Der faktische Verlauf der Geschichte ist nun einmal der, der er gewesen ist. Ebenso halte ich es für nicht zielführend, alles, was offensichtlich erst unter dem Einfluß des Christentums wahrgenommen wurde, in den Bereich der Theologie zu weisen, und als Philosophie bloß das anzuerkennen, was sich stärker als das Christentum erwiesen hat bzw. von ihm unberührt geblieben ist. Damit trägt man an die abendländische Geistesgeschichte Vorstellungen von Philosophie und Theologie heran, die erst zu einer Zeit entstanden sind, als das Christentum seine säkularen Einflüsse bereits voll entfaltet hatte, und die *ihrerseits* – man übersehe dies nicht – erst möglich wurden, als sich *innerhalb der Theologie* eine Wissenschaftstheorie ausgebildet hatte, die auch eine klarere Definition von Philosophie beinhaltete.

So schließe ich mich der Ansicht Gilsons, Jolivets u.a. an und meine mit diesen, daß die Philosophie unter dem Einfluß der jüdisch-christlichen Offenbarungsreligion zu völlig neuen, vorher kaum gekannten Fragen, Problemen und Themen vorgedrungen ist und im Zuge dessen sowohl ihr Selbstverständnis als auch ihre methodischen Standpunkte geändert hat. Was dies speziell innerhalb der Metaphysik, der Frage nach der Wirklichkeit in ihrer Einheit und Gesamtheit, bedeutete, sehen wir, wenn wir noch einmal ausführlicher auf das zurückkommen, was wir bereits als das Unterscheidende der christlich-mittelalterlichen Metaphysik festgehalten haben:

Der personale Gott

Schöpfung

An die Stelle des Ursprungs der gesamten Wirklichkeit (ἀρχή) tritt ein *personaler Gott*, der sich von dem, was aus ihm hervorgeht, radikal unterscheidet und diesem gegenüber vollkommen *transzendent* ist. Zu dieser transzendenten Eigenständigkeit gehört, daß dieser Gott *absolut frei* ist. Absolute Freiheit wiederum impliziert, daß es neben diesem Gott nicht nur keine anderen Götter gibt, sondern daß überhaupt nichts gedacht werden kann, was seine *Allmacht* einschränken könnte. Im Begriff der „Schöpfung aus dem Nichts" (*creatio ex nihilo*, κτίσις ἐκ τοῦ μὴ ὄντος) findet dies seinen markanten Ausdruck. Er verdeutlicht, daß sich mit der Vorstellung einer absoluten Personalität nicht einmal die Annahme eines anderen (zweiten) ursprünglichen Prinzips, wie z.B. des Prinzips der unbestimmten Vielheit (ἀόριστος δυάς), verbinden läßt, mit Hilfe dessen der eine Gott (ἕν) die Wirklichkeit hervorgebracht hätte. Obwohl sich sogar noch frühe christliche Denker wie Justin, Hermogenes, Athenagoras oder die Valentinianer durchaus vorstellen können, daß Gott die Wirklichkeit aus einer ungestalteten Materie (ἐξ ἀμόρφου ὕλης) gebildet habe (δημιουργῆσαι, vgl. Justin, Apologia I 10,2; 59,1-5; 67,8), setzt sich im Anschluß an die Bibelstellen 2 Makk 7,28 („... daß Gott dies nicht aus Vorhandenem gemacht hat", ὅτι οὐκ ἐξ ὄντων ἐποίησεν αὐτὰ ὁ θεός) und Röm 4,17 („... der da lebendig macht die Toten und ruft das, das nicht ist, daß es sei", ζῳοποιοῦντος τοὺς νεκροὺς καὶ καλοῦντες τὰ μὴ ὄντα ὡς ὄντα) möglicherweise schon in der Schrift „Pastor Hermae" (Mand I,1 [PG 2,913]: ἐκ τοῦ μὴ ὄντος), mit Sicherheit aber in der 2. Hälfte des 2. Jahrhunderts die erstmals von Theophilos von Antiochien explizit formulierte Überzeugung durch, daß Gott „aus dem Nichtseienden das Seiende gemacht hat" (ἐποίησε ἐξ οὐκ ὄντων τὰ ὄντα, Ad Autolycum II 4 u.ö. [PG 6,1052f.]). Sie wird daraufhin nicht nur Allgemeingut der großen Kirchenväter Irenäus, Klemens von Alexandrien, Origenes, Tatian, Tertullian, Gregor von Nyssa u.a., sondern unter Papst Leo I. (im Jahre 447) auch offizielle Lehrmeinung der Kirche (vgl. DS 285: *...nihil omnino creaturarum est, quod non in exordio sui ex nihilo creatum est*).

Umgestaltung

Die Tragweite, die mit diesem Gedanken der Schöpfung aus dem „Nichts" verbunden war, zeigt sich besonders gut an der spezifischen

Form, in der die christlichen Denker den Neuplatonismus übernahmen. Wir erinnern uns, daß schon Plotin den platonischen Dualismus aufgegeben hatte und zu der Vorstellung eines transzendenten Ursprungs (ἕν) gelangt war, der die Wirklichkeit in ihrer Gesamtheit und damit sogar das entgegengesetzte Vielheitsprinzip (ἀόριστος δυάς) aus sich heraus entläßt. Deshalb besaß diese Philosophie für die christlichen Denker von Anfang an Attraktivität. In sein Modell schien sich die christliche Gottesvorstellung leicht integrieren zu lassen, denn ganz offensichtlich teilten das Eine und der Gott der Offenbarung wesentliche Eigenschaften: die Transzendenz, die Überfülle, die vollkommene Macht und die Nichtvergleichbarkeit mit allem, was ist. Sogleich springen aber auch die Unterschiede ins Auge: Plotin hatte gerade nicht das Eine, sondern die zweite Hypostase, den Geist (νοῦς), als das Göttliche bezeichnet. Dem konnten die christlichen Denker nicht zustimmen. Sie identifizierten daher Gott mit dem transzendenten Einen und begriffen dieses zusätzlich nicht als eine anonyme göttliche Macht (als bloßes θεῖον), sondern als den personalen Gott der biblischen Offenbarung. Zusätzlich ließen sie die zweite Hypostase in Gott aufgehen. Dies wiederum konnte in *zweifacher* Weise geschehen: *einmal* dadurch, daß man den Geist (νοῦς) zum Geist Gottes machte und zugleich die Inhalte des Geistes, die Ideen, als die Gedanken Gottes begriff; *zum andern* aber auch dadurch, daß man trinitätstheologische Kategorien zur Anwendung brachte und die zweite Hypostase mit der zweiten göttlichen Person, mit dem Λόγος, mit Christus, in Verbindung brachte. Letzteres besaß den Vorteil, daß man auf der einen Seite der biblischen Offenbarung gerecht wurde, die sowohl im alttestamentlichen Buch der Sprüche (8,22-25) als auch in neutestamentlichen Schriften (Joh 1,1-3; Kol 1,15-17; Eph 1,4.10; Hebr 1,2) von einem zweiten göttlichen ‚Prinzip' spricht (zunächst von der Weisheit, dann von Christus), welches bei der Erschaffung der Welt eine wesentliche Rolle spielt, daß man auf der anderen Seite aber auch dem philosophischen Gedanken treu blieb, wonach es zwischen dem transzendenten Urgrund aller Dinge – dem ἕν bzw. Gott – und der konkreten Wirklichkeit eine vermittelnde Instanz brauche, die an sich selbst ebenfalls göttlich sei.

Beispiel Origenes

Sehr eindrucksvoll wird dieser Wandel bei Origenes (185–254), besonders in seinem Werk Περὶ ἀρχῶν (*De principiis libri IV*, Vier Bücher von den Prinzipien) aus der Zeit zwischen 220 und 230, sichtbar. Origenes ist Zeitgenosse Plotins. Seinen Neuplatonismus bezieht er daher nicht von diesem, sondern vom gemeinsamen Lehrer Ammonios Sakkas (ca. 175–242). Im Sinne des soeben Gesagten schreibt er über Gott:

> „Nachdem wir also, so gut wir konnten, jegliche Auffassung widerlegt haben, die etwas Körperliches in die Vorstellung von Gott hineinbringen will, stellen wir nun den Satz auf, daß Gott in Wahrheit unbegreiflich und unermeßlich ist (*Deum incomprehensibilem esse atque inaestimabilem*). Wenn wir uns nämlich überhaupt eine Vorstellung

> und einen Begriff von Gott machen können, so müssen wir notwendig annehmen, daß Gott in vieler Hinsicht weit erhabener ist als unsere Vorstellung (*eum meliorem esse ab eo quod sensimus*)." (I 1,5) „Gott ist also nicht als ein Körper oder als in einem Körper wohnend anzusehen, sondern als einfache geistige Natur (*intellectualis natura simplex*), die keinerlei Beifügung in sich zuläßt; sonst müßte man etwas Größeres und etwas Geringeres in ihm annehmen, so aber ist er in jeder Hinsicht eine Einheit und sozusagen eine Einsheit (*sed ut sit ex omni parte* μονάς, *et ut ita dicam* ἑνάς), sowie Vernunft und die Quelle, aus der jegliche geistige Natur, jede Vernunft, ihren Ursprung hat. [...] es soll nicht das, was der Ursprung aller Dinge (*principium omnium*) ist, sich als zusammengesetzt und mannigfaltig (*compositum ... et diversum*) erweisen, und es soll nicht vieles (*multa*) statt eines sein, was fern von jeder körperlichen Beimischung sozusagen einzig und allein in seiner Wesensart als Gottheit bestehen muß." (I 1,6; dt. H. Görgemanns und H. Karpp, Darmstadt ³1992)

Genauso wie später Augustinus (Div. quaest. XLVI 1-2 [PL 40,29f.]) spricht er den Ideen eine selbständige Existenz ab (II 3,6). Sie besitzen ihre Wirklichkeit im Geist Gottes (vgl. Augustinus: *in divina intelligentia continentur*), genauer gesagt in jener Weisheit (*sapientia*) und in jenem Wort (*verbum*), welches mit Christus als Sohn Gottes identisch ist:

> „In diesem selbständigen Sein der Weisheit waren nun alle Kräfte und Gestaltungen (*virtus ac deformatio*) für die künftige Schöpfung enthalten, sowohl für die primär seienden als auch für die sekundär zufällig entstehenden Dinge, (Gestaltungen,) die durch die Kraft des Vorherwissens vorgeformt und angelegt waren. Weil also in der Weisheit gleichsam Skizzen und Vorbilder (*descripta ac praefigurata*) für die Geschöpfe lagen, sagt die Weisheit durch Salomo von sich selbst, sie sei ‚geschaffen als Anfang der Wege Gottes', da sie nämlich in sich selbst Ursprünge, Pläne und Arten der ganzen Schöpfung (*universae creaturae vel initia vel rationes vel species*) enthält." (I 2,2)

Der Mensch als Abbild Gottes

Neue Definition

Mit der neuen Vorstellung von Gott verändert sich die Vorstellung vom Menschen. Die wesentlichen Aussagen der Antike über ihn lauteten: Der Mensch ist ein vernunft- bzw. sprachbegabtes Lebewesen (ζῷον λογικόν, Sextus Empiricus, Pyrrhomenoi hypotyposeis II,26, sinngemäß zurückgehend auf Alkmaion [Fr 24 B 1a], Heraklit [Fr. 22 B 2, 72, 113, 116], Aristoteles, Analytica posteriora 110a1-3 u.a.); der Mensch ist ein von Natur aus nach Gemeinschaft strebendes Wesen (ὁ ἄνθρωπος φύσει πολιτικὸν ζῷον Aristoteles, Politica 1253a3-4); sowie: der Mensch ist ein *animal rationale* (dem Sinn nach erstmals bei Cicero, De officiis I 4; De natura deorum II 34). Darüber hinaus sagt nun das Christentum entsprechend den Schriften des Alten (Gen 1,26f.;5,1.3;9,6; Ps 8,6f.; Weish 2,23; Sir 17,3) und des Neuen Testaments (Röm 8,29; 1 Kor 11,7; 15,45-49; 2 Kor 3,18; 4,4-6; Eph 4,23f.;

Kol 3,9f.): Der Mensch ist *Abbild Gottes* (εἰκὼν τοῦ θεοῦ, *imago Dei*). Obwohl es mit dieser Bezeichnung zunächst vor allem an Christus als den neuen gottgewollten Menschen denkt (2 Kor 4,4; Kol 1,15f.; Hebr 1,3; vgl. Röm 5,14; Phil 2,6ff.), bezieht es doch auf der Stelle den Menschen als solchen ein, da dieser ja berufen ist, Christus gleichgestaltig zu werden (συμμορφοῦσθαι, Röm 8,29; μεταμορφοῦσθαι, Röm 12,2; 2 Kor 3,18; vgl. Gal 4,19; 1 Kor 15,49; Phil 3,21). Dies gilt gleichermaßen für die Autoren der Bibel wie für die großen Repräsentanten der Patristik – für Klemens von Alexandrien, Origenes, Tatian, Tertullian, Irenäus, Prudentius, Augustinus, Johannes Damascenus u.a. Was bedeutet das aber, daß der Mensch als Abbild Gottes angesehen wird?

Personale Freiheit

Grundsätzlich ist damit verbunden, daß der Mensch ebenso wie Gott, dem er ähnlich ist und dem er sich angleichen soll (ὁμοιοῦν, ὁμοιωθῆναι), Personalität und Freiheit besitzt. Gesteigert wird diese Konsequenz dadurch, daß Gott sein heilsgeschichtliches Handeln, zu dem wesentlich auch die Schöpfung aus dem Nichts gehört, auf den Menschen einstellt, d.h. den Menschen nicht übergeht, sondern dessen freie Antwort auf sein Heilsangebot zum Konstitutivum der Schöpfung und ihrer Geschichte macht. In diesem Sinne zielt schon das Handeln Jahwes darauf, sowohl sein Volk als Ganzes als auch den Einzelnen, der ihn fürchtet und ihm vertraut, aus jeder Form der Unfreiheit (Knechtschaft, Sünde, Lebensgefahr und Todesangst) herauszuführen. Die Botschaft vom Reich Gottes, wie sie Jesus verkündet, steht in demselben heilsgeschichtlichen Zusammenhang. Deshalb kann Paulus in aller Deutlichkeit sagen: „Zur Freiheit hat uns Christus befreit" (τῇ ἐλευθερίᾳ ἡμᾶς Χριστὸς ἠλευθέρωσεν, Gal 5,1), und alle Menschen, die er zu dieser Freiheit berufen sind (Gal 5,13: ἐπ′ ἐλευθερίᾳ ἐκλήθητε), „Söhne" (υἱοὶ θεοῦ, Gal 3,16; 4,5-7; Röm 8,14.19; 9,26), „Kinder" (τέκνα τοῦ θεοῦ, Röm 8,17.21; 9,7f.; vgl. Joh 1,12; 11,52) und „Erben Gottes" (κληρονόμοι, Röm 8,17; Gal 3,29;4,7) nennen. Ebenso vermag Johannes die Wahrheit, die Christus verkündet und selbst ist (Joh 14,6), als Freiheit zu verstehen:

> „Dann werdet ihr die Wahrheit erkennen, und die Wahrheit wird euch frei machen (καὶ γνώσεσθε τήν ἀλήθειαν, καὶ ἡ ἀλήθεια ἐλευθερώσει ὑμᾶς). [...] Wenn euch also der Sohn befreit, dann seid ihr wirklich frei (ἐὰν οὖν ὁ υἱὸς ἐλευθερώσῃ, ὄντος ἐλεύθεροι ἔσεσθε)." (Joh 8,32.36).

Machtvoll heißt es schließlich im 1.Korintherbrief (3,21f.):

> „Denn alles gehört euch; [...] Welt, Leben, Tod, Gegenwart und Zukunft: alles gehört euch [...] (πάντα γὰρ ὑμῶν ἐστιν, [...] εἴτε κόσμος εἴτε ζωὴ εἴτε θάνατος εἴτε ἐνεστῶτα εἴτε μέλλοντα, πάντα ὑμῶν)."

Freilich wird sofort präzisiert: „[...] ihr aber gehört Christus, und Christus gehört Gott" (ὑμεῖς δὲ Χριστοῦ, Χριστὸς δὲ θεοῦ, 3,23); und nicht nur bei Johannes, sondern in den meisten Schriften des Neuen Testaments liegt alle Betonung darauf, daß dies nur ἐν Χριστῷ bzw. διὰ Χριστοῦ möglich wurde. Das ändert aber nichts daran, daß es wirklich Freiheit *des Menschen* ist, um die es im ganzen heilsgeschichtlichen Handeln Gottes eigentlich geht.

Transzendenz / Individualität

Und es muß noch ein wesentlicher Aspekt berücksichtigt werden: Die personale Freiheit Gottes ist, wie gesagt, durch die *Transzendenz* konstituiert. Absolute Freiheit und absolute Unvergleichbarkeit mit allem, was wirklich ist, gehören in Gott *gleichursprünglich* zusammen. Damit erhebt sich aber die Frage: Wenn der Mensch aufgrund seiner Gott-Ebenbildlichkeit seinerseits personal frei ist, korrespondiert dann auch im Menschen etwas der Transzendenz Gottes? Das scheint auf den ersten Blick nicht der Fall zu sein. Vergegenwärtigt man sich jedoch, daß ‚Transzendenz' primär *Inkommensurabilität*, d.h. völlige Unvergleichbarkeit mit der Wirklichkeit in ihrer Gesamtheit bedeutet, so sieht man, daß es eine solche Inkommensurabilität auch am Menschen, innerhalb der menschlichen Freiheit gibt. Diese radikale Unvergleichbarkeit liegt in der *Individualität*, denn Individualität besagt nichts anderes als dies: Jeden Menschen – mich, dich, ihn, sie – gibt es in der gesamten Wirklichkeit, in der ganzen Geschichte der Menschheit, der Welt, des Kosmos, der Schöpfung nur ein einziges Mal. Diese absolute Einmaligkeit kann dem Menschen niemand abnehmen. Keiner vermag an Stelle eines Anderen zu existieren. Letztlich kommt es auf den Einzelnen in seiner unverwechselbaren Konkretheit an. Anders formuliert: So sehr man sagen muß, daß alle Menschen gemeinsam frei sind, so sehr hat man auch zu betonen, daß es innerhalb eben dieser allen Menschen gleichermaßen zukommenden Freiheit eine Dimension gibt, die absolut unvergleichbar, d.h. inkommensurabel ist. Jede menschliche Freiheit realisiert sich in der Form radikaler Einmaligkeit. Der Mensch ist so auf seine Weise mit nichts, was der ihm zugänglichen Wirklichkeit angehört, vergleichbar oder verrechenbar bzw. auf nichts zurückführbar oder funktionalisierbar. Er transzendiert alles Wirkliche kraft seiner Individualität. Zum ersten Mal formuliert findet sich diese Einsicht bei Boethius (ca. 480–524), der in seiner Schrift „Contra Eutychen et Nestorium" (Nr. III und V) klassisch definiert: *Persona est rationabilis naturae individua substantia* (Person bezeichnet die individuelle Substantialität eines vernunftbegabten Wesens). Mehr als 600 Jahre später wird Richard von St. Viktor (gest. 1173) diese Formel erhellend präzisieren, indem er *individua substantia* durch *incommunicabilis existentia* (nicht übertragbare Seinsweise) ersetzt (De Trinitate IV 22).

Christliche „Anthropozentrik"

Der historischen Gerechtigkeit halber muß ergänzt werden, daß die christliche Tradition die Gottesebenbildlichkeit des Menschen nicht allein in der Freiheit gesehen hat. Angefangen von Irenäus erblickt sie diese vor allem auch in der Geistigkeit bzw. in dem, was aus dieser entspringt, im freien Willen. Deutlich weniger kommt der Leib in Betracht.

Augustinus hält sich bei seiner Suche nach den Spuren Gottes (*vestigia Dei*) im Menschen nicht so sehr an ein besonderes Vermögen desselben, als vielmehr an das *Zusammenwirken* aller typisch menschlichen Vermögen. So konzentriert er sich auf den Sitz all dieser Vermögen, auf die Seele, und findet in dieser nichts Geringeres als ein Abbild der Trinität. Das Zusammenspiel von Geist (*mens*), Selbsterkenntnis (*notitia eius*) und Liebe (*amor*) (Trin. IX) offenbart ihm dies ebenso wie das gegenseitige Sich-Bedingen von Erinnerung (*memoria*), Einsicht (*intellectus*) und Wille (*voluntas*) (ebd. X). Einen weiteren Schritt setzt Nikolaus von Kues (1401–1464), indem er die *schöpferischen* Tätigkeiten des Menschen, die bis in seine Erkenntnis hineinreichen, betrachtet und darin den Menschen als einen „zweiten Gott" entdeckt (*dicere hominem esse secundum Deum*, De beryllo VI), ja sogar sagen kann:

> „Der Mensch kann menschlich Gott sein und Gott auf menschliche Weise" (*Potest igitur homo esse humanus deus [atque] deus humaniter*, De coniecturis II 14).

Wie immer: In der Folge der biblischen Anthropologie konnte die durch das Christentum inspirierte Philosophie und Metaphysik gar nicht anders, als dem Menschen eine ganz besondere Stellung im Bereich der gesamten Schöpfungs-Wirklichkeit zu verleihen. Wie die Geschichte beweist, war damit nicht zwangsläufig das verbunden, was man später – viel später – „Anthropozentrik" nannte. Zumindest zeichnete es sich aber ab, daß die Metaphysik auf Dauer den Menschen nicht mehr als ein Seiendes unter anderen behandeln durfte, sondern vielmehr dazu übergehen mußte, zwischen einer Metaphysik des Menschen bzw. der Freiheit und einer Metaphysik der gesamten nicht-menschlichen Wirklichkeit zu unterscheiden.

Die Entdeckung der Weltgeschichte

Voraussetzungen

Mit der Neubewertung des Menschen als Menschen – übrigens kommt auch diese Formulierung „der Mensch als Mensch", ἄνθρωπος ᾗ ἄνθρωπος, erstmals in der frühchristlichen Literatur vor – geht die Entdeckung eines geschichtlichen Prozesses einher, der *alle* Menschen, die *ganze* Menschheit, umfaßt. Für die meisten Völker der Antike beschränkte sich die Geschichte, d.h. die Gemeinschaft derer, die sich aus gemeinsamen Erzählungen und ‚Geschichten' heraus begriffen, auf die Angehörigen des eigenen Volkes. Wer nicht in irgendeiner Hinsicht zum eigenen Volk zählte, besaß nicht nur keine geschichtliche Relevanz, war sozusagen nicht der Rede – der ‚Geschichtserzählung' – wert, sondern wurde nicht einmal als Mensch angesehen. Wer z.B. kein Grieche war, galt als Barbare (βάρβαρος). Aus demselben Grund konnten Sklaven, d.h. unterworfene Barbaren, als bloßer Sachbesitz, als etwas Nichtmenschliches, betrachtet und behandelt werden. An dieser Ansicht änderte sich wohl schon unter dem Einfluß der Stoiker einiges, die bereits zu einer Vorstellung menschlicher Würde unabhängig von Herkunft und Rang gelangten, vor allem auch die Sklaven als Menschen anerkannten, der eigentliche Durchbruch gelang jedoch erst durch das Christentum. Die Gründe dafür sind vor allem zwei: Zum einen bekannte sich das Christentum – im Anschluß an den Glauben der jüdischen Propheten – zu dem einen Gott, der *alle* Menschen erschaffen hat und keinen anderen Gott neben sich hat. Es besaß daher auch keine Vorstellung davon, daß sein Gott die Götter der Griechen und Römer besiegt hätte, denn diese Götter gibt es nach biblischer Weltanschauung überhaupt nicht. Sie sind falsche Götter, Götzen, „nichts" (vgl. Is 41,24.29; 43,8-13; 44,6-11 heißt). Dadurch ist prinzipiell *jeder* Mensch in das schöpferische Handeln, das Gott seiner Schöpfung vom Anfang bis zum Eschaton zuwendet, eingebunden. Zum andern sind in Christus alle Menschen „Erben" und „Kinder" des einen Gottes, des einen Vaters, geworden:

> „Ihr seid alle durch den Glauben Söhne Gottes (υἱοὶ θεοῦ) in Christus Jesus. Denn ihr alle, die ihr auf Christus getauft seid, habt Christus (als Gewand) angelegt (Χριστὸν ἐνεδύσασθε). Es gibt nicht mehr Juden und Griechen, nicht Sklaven und Freie, nicht Mann und Frau; denn ihr alle seid ‚einer' in Christus Jesus (πάντες γὰρ ὑμεῖς εἷς ἐστε ἐν Χριστῷ Ἰησοῦ). Wenn ihr aber zu Christus gehört, dann seid ihr Abrahams Nachkommen, Erben kraft der Verheißung (τοῦ Ἀβραὰμ σπέρμα ἐστέ, κατ᾽ ἐπαγγελίαν κληρονόμοι)." (Gal 3,26-29)

Sind aber alle Menschen vor Gott gleich, sind alle auf dasselbe Ziel hin von ihm erschaffen, so bilden sie angesichts seiner auch eine *Gemeinschaft*, die durch ein einheitliches Schicksal, besser: durch einen einheitlichen Schöpfungsplan sowie durch eine einheitliche Verheißung (Vorsehung) bestimmt ist. Schon allein dadurch ist die Bedingung der Möglichkeit zu einer *die ganze Menschheit* umfassenden Weltgeschichte gegeben.

Geschehen aus Freiheit

Diese Vorstellung der einen Weltgeschichte gewinnt sogleich noch dadurch an Konkretion, daß Gottes Handeln in der Schöpfung der Welt sowie in der Erhaltung der Welt im Lauf der Zeit bzw. in der Vollendung derselben am Ende der Zeit ein *heilsgeschichtliches* Handeln ist, das aus völliger Freiheit heraus geschieht und sich an die Freiheit des Menschen bindet, der ausdrücklich als „Mitarbeiter" an der Schöpfung Gottes bezeichnet wird (1 Kor 3,9: θεοῦ γάρ ἐσμεν συνεργοί). Dadurch eröffnet sich ein Wirklichkeitsgeschehen, das sich von jeglichem Geschehen innerhalb der bloßen Natur dadurch unterscheidet, daß es nicht aus Notwendigkeit, sondern eben aus Freiheit heraus erfolgt. Ein derartiges Geschehen jedoch ist das, was seit Beginn der ausdrücklichen Reflexion auf menschliche Taten im Unterschied zu Naturereignissen als *Geschichte* bezeichnet wird.

Zyklisch / linear

Zur Entdeckung der Weltgeschichte führt somit weniger was man den Übergang vom *zyklischen* Weltbild, welches die Antike bestimmt haben soll, zum *linearen* Weltbild, welches das jüdisch-christliche Weltbild prägt, als vielmehr die Gewinnung eines Begriffs von Menschheit sowie einer Vorstellung von personaler Freiheit. Den Übergang vom zyklischen und linearen Weltbild gab es freilich auch, er spielte sich aber nicht erst an der Epochenschwelle vom antiken zum christlichen Zeitalter ab, sondern bereits innerhalb der Antike. Ein berühmtes Beispiel dafür bietet die „Aeneis" des Vergil, die unverkennbar ein lineares Geschichtsbild besitzt. Umgekehrt schworen nicht alle christlichen Schriftsteller sofort dem zyklischen Weltbild ab. Weil nicht wenige von ihnen nach platonischer, neuplatonischer oder gnostischer Manier die Ewigkeit wesentlich höher einschätzten als die Zeit, hielten sie am zyklischen Geschichtsbild, das die Ewigkeit als ‚Wiederkehr des immer Gleichen' viel anschaulicher symbolisieren konnte als das lineare, in vielfacher Hinsicht fest. Die meisten von ihnen wandten Mischmodelle an, die sich einerseits auf die lineare Geschichtsvorstellung der Offenbarungsberichte, andererseits aber auch auf die vor einem (zyklischen) Ewigkeitshintergrund ablaufende Geschichte anwenden ließen. Die konsequente Durchführung eines linearen Geschichtsbildes, das keinerlei Zyklik mehr kennt, sondern ausschließlich einen geradlinigen Weg in eine nicht vorhersehbare – folgliche offene – Zukunft hinein, sollte sich erst Ende des 18. Jahrhunderts durchsetzen.

„Gottesstaat"

Gerade der „Gottesstaat" (De civitate Dei) von Augustinus, der häufig herangezogen wird, um die Entstehung der Geschichtstheologie bzw. der Geschichtsphilosophie zu veranschaulichen, die es in der Antike vergleichsweise noch nicht gegeben hat, bietet dafür ein aufschlußreiches Beispiel. Zwar stimmt es, daß hinter den Geschichtswerken antiker Autoren kein heilsgeschichtlicher Zusammenhang stand und daß insofern bei Augustinus ein neues Bewußtsein um die *Einmaligkeit* der Weltgeschichte aufbricht. Betrachtet man aber die Art und Weise, in der Augustinus die historischen Ereignisse anerkennt, ordnet und bewertet, dann stellt man sogleich fest, daß er genauso wie die antiken Philosophen und Dichter die Geschichte von einem *übergeschichtlichen* Deutungshorizont her interpretiert. Diesen bilden freilich nicht mehr die ewigen Gesetze der Natur (φύσις) mit den Fügungen des Schicksals (μοῖρα) und den Kapriolen des Zufalls (τύχη) wie bei den Griechen oder die Berufung Roms und der damit verbundene ethische Kanon (*virtus*, *humanitas*) wie bei den Römern, sondern die biblischen Geschichten und die darin enthaltene Botschaft. Das heißt: Die biblische Heilsgeschichte, so wie Augustinus sie theologisch rekonstruiert, dient dazu, *alles* übrige Geschehen, das im Laufe der Weltgeschichte bereits eingetreten *ist* oder auch in Zukunft noch eintreten *wird*, absolut zu deuten und zu bewerten. Wichtiger als die Geschichte mit ihrer Zufälligkeit und Unabgeschlossenheit ist damit die Ewigkeit, in der Gott – von Ewigkeit zu Ewigkeit – bereits alles vorausgesehen, prädestiniert und entschieden hat. So ist es schließlich nur konsequent, wenn Augustinus die Geschichte ebenso wie Cicero (De oratore II 36) und andere antike Historiker als „magistra vitae“, als Lehrmeisterin für das Leben, begreift, die den Menschen mit *Konstanten* der Geschichte vertraut macht, welche sich niemals ändern bzw. immer wiederkehren. Sie zu kennen, ist daher auch für ihn etwas Nützliches (ὀφέλιμον), das in die Wahrheit der Wirklichkeit (ἀλήθεια τῶν ἔργων) einführt, vor dem Verlust des richtigen Weges (*virtus*) bewahrt und nicht zuletzt die Wahrheit des Christentums erweist.

Differenzierungen

Um der historischen Wahrheit willen muß festgehalten werden: Mit dem Auftreten des Christentums setzt sich nicht auch schon alles sogleich und vollständig durch, was seine Weltanschauung an Neuem enthält. Es sollte vielmehr Jahrhunderte dauern, bis die ungeheure Sprengkraft bewußt wurde, die sein Gottesbild, seine Anthropologie sowie sein Geschichtsverständnis impliziert. Man denke nur an die lange Zeit, die es brauchte und immer noch braucht, bis dem Menschen nicht nur in theoretischer, sondern vor allem auch in praktischer – sozialer, politischer und rechtlicher – Hinsicht die Würde personaler Freiheit zugestanden wurde bzw. endlich zugestanden werden wird. Nicht weniger Zeit war erforderlich, um ein wirkliches Bewußtsein darüber zu schaffen, was Geschichte – radikale Geschichtlichkeit – bedeutet. Dieser Prozeß, der in seiner ganzen Tragweite erst im 19. Jahrhundert einsetzte, ist möglicherweise bis heute noch nicht abgeschlossen. Paradoxerweise mußte und muß dies alles gegen das real existierende Christentum durchgesetzt werden. Trotzdem war es das Christentum, das schon in seinen Anfängen die Voraussetzungen – die Bedingungen der Möglichkeit – für diese Entwicklungen geschaffen hat.

Die Folgen für die Metaphysik

Die Folgen, die sich aus dem geschilderten Wandel des Denkens für die Metaphysik ergaben, lassen sich in *vier* Punkten nennen:

Neue Gegenstände

Erstens: Wie wir bereits festgestellt haben, sieht sich die Metaphysik unter dem Einfluß des Christentums veranlaßt zu differenzieren: *einmal* im Hinblick auf den Menschen, der sich als Abbild Gottes zumindest graduell von allen übrigen Seienden unterscheidet, *dann* aber auch im Hinblick auf die Weltgeschichte, die das Wirklichkeitsgeschehen ebenso bestimmt wie die Natur. Ersteres führte à la longue zur Ausbildung der Anthropologie (im *weitesten* Sinne, denn die Anthropologie als eigene Disziplin entsteht erst im 16./17. Jahrhundert), vorerst – wie vor allem das Werk von Augustinus verdeutlicht – zu einem ausgeprägten Interesse für die menschliche Seele. Letzteres hingegen brachte zunächst die Geschichtstheologien, in der Folge aber auch die Geschichtsphilosophien hervor. Wie bereits im Zusammenhang mit den Erörterungen zum Begriff der Metaphysik dargelegt, bewirkte die intensivere Beschäftigung mit der Seele das nachmalige Erkenntnisproblem, sofern mit einem Mal unterschieden wurde zwischen der Wirklichkeit, wie sie an und für sich selbst ist, und der Wirklichkeit, wie sie innerhalb der Seele erscheint. Parallel dazu schuf sowohl die anhaltende theologische Beschäftigung mit der Heilsgeschichte als auch die zunehmende Wahrnehmung der umfassenden Bedeutung der Geschichte für die gesamte Wirklichkeit (nicht zuletzt für die Natur) die Voraussetzung für die Ausbildung von Geschichtsphilosophien. Beide Entwicklungen sollten *langfristig* die Metaphysik von Grunde auf verändern, ja in gewisser Hinsicht sogar ablösen: In der Neuzeit verwandelte sich Metaphysik zum einen in Erkenntniskritik, sofern die Wirklichkeit nur noch in ihrer Beziehung auf die Erkenntnis betrachtet wurde, und zum anderen in Geschichtsphilosophie, sofern diese sich durch die Erweiterung auf kosmologische und naturhafte Seinsbereiche als eine neue Möglichkeit erwies, die Wirklichkeit in ihrer Gesamtheit zu erfassen.

Frage nach der Schöpfung

Zweitens: Zur Beantwortung der Frage der Metaphysik machten die Vorsokratiker den einleuchtenden Vorschlag, die Frage nach der Gesamtheit der Wirklichkeit mit der Frage nach dem Ursprung zu verknüpfen. Ist der Ursprung bekannt, aus dem *alles* hervorgeht, dann ist es zumindest aussichtsreich, Aussagen über dieses ‚alles' treffen zu können. Für die christliche Philosophie tritt nun an die Stelle des Hervorgehens der Wirklichkeit aus dem Ursprung *die Schöpfung* der Wirklichkeit durch Gott. Dadurch wird die Metaphysik notwendig zur Frage nach der Schöpfung. Kann die Schöpfung, genauer die freie Schöpfungstat Gottes begriffen und gedeutet werden, vermag auch etwas über das gesagt zu werden, was aus ihr entspringt – über die Wirklichkeit in ihrer Gesamtheit.

Bezug Immanenz – Transzendenz

Die Tragweite dieses Schrittes wird deutlich, wenn man sich bewußt macht, daß damit etwas hergestellt wird, was die antike Philosophie – sieht man vom Neuplatonismus Plotins ab – streng genommen noch nicht gekannt hat, nämlich ein *Bezug zwischen Immanenz und Transzendenz*. Gott, der Schöpfer der Wirklichkeit, ist kein Teil der Wirklichkeit in ihrer Gesamtheit. Er erscheint dieser gegenüber als das vollkommen Andere, Unvergleichbare, Inkommensurable. Er ist zu ihr das absolut Transzendente. Umgekehrt definiert sich im Hinblick auf Gott alles, was zur Gesamtheit der Wirklichkeit gehört, als das Immanente. Vermag nun die Metaphysik ihre Frage nur noch dadurch zu beantworten, daß sie sich auf den Schöpfungsakt des transzendenten Gottes richtet, dann wird für sie der Bezug zwischen Transzendenz und Immanenz zum zentralen Thema ihres Interesses.

Zirkel

Hier entsteht sogleich das, was man in der Logik einen *Zirkel* nennt, d.h. eine Argumentationsstruktur, in der vorgegeben wird etwas zu suchen, was für die Argumentation aber gleichzeitig schon in Anspruch genommen, d.h. als irgendwie bekannt vorausgesetzt wird. Denn einerseits verhält es sich wohl so, daß das Immanente (die Wirklichkeit in ihrer Gesamtheit) nur begriffen werden kann, wenn es aus dem Transzendenten (aus Gott, dem Schöpfungsakt) heraus begriffen wird. Andererseits steht aber ebenso fest, daß das Transzendente nirgends anders als aus dem Immanenten heraus wahrgenommen bzw. erschlossen werden muß. Damit bedingen sich hinsichtlich der Erkenntnis Transzendenz und Immanenz gegenseitig: Kein hinreichendes Verständnis der Immanenz ohne Einbeziehung der Transzendenz, zugleich aber auch kein Weg zur Transzendenz ohne Erschließung der Immanenz. Hier dreht sich die Argumentation im Kreis. Da diese Kreis- bzw. Zirkelbewegung unvermeidlich ist, kommt es nicht darauf an, dieselbe aufzulösen, sondern in der richtigen Weise in sie hineinzugelangen bzw. sie in der richtigen Weise mitzuvollziehen.

Wege zu Gott

Die christliche Philosophie scheint mir nichts anderes versucht zu haben, als diesen Vollzug angemessen zu vollbringen. Sie tat dies auf *zweierlei* Art und Weise: *Einmal* dadurch, daß sie im Bereich des Immanenten (Geschöpflichen) *nach Spuren des Transzendenten suchte*. Dabei ergaben sich wiederum zwei Möglichkeiten: zum einen die Möglichkeit, vom Inneren des Menschen und seinen seelisch-geistigen Vermögen auszugehen und in ihm die Anwesenheit Gottes zu entdecken, zum andern aber auch die Möglichkeit, das äußerlich-sinnlich erfahrbare Wirkliche (Seiende) zum Ausgangspunkt zu wählen und von diesem aus den Schöpfer aller Dinge sichtbar zu machen. Die erste Möglichkeit stand im Augustinismus im Vordergrund, die zweite im Thomismus. (Deshalb werden wir im folgenden diese beiden Positionen exemplarisch behandeln.) *Sodann* wurde die Zirkel- oder Kreisbewegung in dem vollzogen, was man die *Gottesbeweise* nennt. Die Gottesbeweise sind eine typisch christliche Erfindung. Die antiken Philosophen waren an ihnen – im christlichen oder neuzeitlichen Sinn – vergleichsweise wenig interessiert. Aber selbst im Christentum diente der Gottesbeweis nicht zu dem, was man ihm später, ja bis heute gerne unterschoben hat bzw. unterschiebt, nämlich zum Nachweis, daß es ein göttliches Wesen geben muß bzw. daß Gott existiert. Dies anzunehmen ist schon deshalb fragwürdig, weil es zum einen in der Zeit, in der die Gottesbeweise durchgeführt wurden, keine wirklichen Leugner Gottes, keine regelrechten Atheisten gegeben hat, und weil es zum andern selbst für die Beweisführenden von vornherein klar war, daß sie lediglich etwas nachvollzogen oder bewußt machten, was sie selbst und alle, an die sie sich wandten, bereits wußten (Thomas von Aquin: *hoc omnes intelligunt Deum* bzw. *quam omnes Deum nominant* oder *hoc dicimus Deum*, S. th. I 2,3). So gesehen bildete der Gottesbeweis ‚lediglich' eine besonders geeignete Form, den Schöpfungsbezug zwischen Transzendentem und Immanentem zu begreifen und damit in den genannten Zirkel oder Kreis in der richtigen Weise hineinzufinden. Nicht von ungefähr nennt Thomas von Aquin seine Gottesbeweise nicht ‚Beweise' (*argumenta*), sondern *viae* – Wege.

Begriff des ‚Nichts'

Drittens: Mit dem Begriff der ‚Schöpfung aus dem Nichts' gewinnt nicht nur der Begriff des ‚Nichts', den die antike Philosophie noch kaum beachtete, erstmals an nachhaltiger Bedeutung für Theologie und Philosophie, über ihn verändert sich zusätzlich der Charakter des von Gott Geschaffenen, d.h. der Charakter der gesamten Wirklichkeit. Diese trägt von jetzt an *konstitutiv* die Möglichkeit des Nicht-sein-könnens an sich. Anders formuliert: Die Wirklichkeit ist nur mehr aus der *permanenten* Alternative von Sein und Nichtsein zu denken. Sie war und ist nicht notwendig. Gott hätte sie ebenso gut nicht erschaffen können. Daß es sie überhaupt gibt, verdankt sich einzig und allein dem Willen Gottes, keinesfalls einer zwingenden Notwendigkeit. Philosophisch drückt sich dieser Sachverhalt im Begriff der *Faktizität* aus. Daß die Wirklichkeit faktisch ist, zeigt sowohl die bloße Tatsache an, daß es sie überhaupt gibt und eben nicht nicht gibt, als auch den Umstand, daß sie keine Notwendigkeit besitzt. Diese Vorstellung von Faktizität wiederum lenkte die Aufmerksamkeit der Philosophie auf zwei Probleme, die in der Folge eine wichtige Rolle spielen sollten: *Einmal* stellte man fest, daß es zum Begreifen von etwas Wirklichem nicht nur genügt, das Wesen desselben zu kennen, sondern zusätzlich gefordert ist, dessen faktisches Dasein, dessen *Existenz* zu berücksichtigen. Was sich damit abzeichnet, ist das Problem des Verhältnisses von Wesen und Sein bzw. von *Essentia und Existentia* – ein Thema, das die Philosophie bis in die Moderne hinein in vielfacher Gestalt beschäftigen wird. *Zum anderen* mußte man sich fragen, wie der *Anfang* der faktischen Wirklichkeit zu denken ist. Wenn Gott die Wirklichkeit aus dem Nichts heraus erschaffen hat, dann kann es vor der Erschaffung der Wirklichkeit auch keine Zeit gegeben haben. Wäre nämlich die Zeit schon da gewesen, hätte Gott nicht aus dem Nichts, sondern eben aus der Zeit erschaffen. Wie soll aber ein Anfang, *vor* dem nichts gewesen sein soll und *nach* dem etwas hergestellt worden ist, unabhängig von der Zeit überhaupt gedacht werden können? Die Kirchenväter (vgl. u.a. Basilius, Homilien zum Hexaemeron I 2-6 [PG 29,5ff.], Augustinus, Civ.Dei XI 6) wußten, daß sie in dieser Frage an die Grenze des absolut Unvorstellbaren rührten. Sie zogen jedoch den Schluß, daß die Zeit nicht vor der Wirklichkeit bereits dagewesen sein kann, sondern mit derselben geschaffen worden sein muß.

Sinnfrage

Viertens: Mit dem soeben Gesagten hängt unmittelbar zusammen: Wenn es sich so verhält, daß die Wirklichkeit im Ganzen ebenso gut wie sie ist auch nicht sein könnte, wenn es sie m.a.W. nur gibt, weil Gott sie aus freiem Willen geschaffen hat, dann stellt sich erstmals das, was man die Frage nach dem *Sinn und Zweck* der Wirklichkeit nennt. Ist die Wirklichkeit nicht notwendig, so muß es einen *Grund* dafür geben, warum sie ist und wozu sie ist – zumal dieser Grund in Gott, dem Inbegriff an personaler Freiheit, d.h. auch dem Inbegriff an Vernunft, Weisheit und Güte liegt. Die Notwendigkeit eines Sinns besteht nicht nur für das Geschaffene, da dieses im Falle der Abwesenheit eines Sinnes dem prinzipiell nicht Verstehbaren, nicht Bewältigbaren und nicht Akzeptablen anheimfiele, sondern ebenso für den Schöpfer. Letzteres wird im Christentum sogleich durch die Beschäftigung mit den sogenannten Theodizee-Fragen virulent, welche die Weisheit und Güte Gottes angesichts des Leidens und des Bösen innerhalb der Schöpfung in Frage stellen. Dem antiken Denken war wohl weder die Sinnfrage noch die Theodizee-Problematik fremd, da es jedoch weder eine Vorstellung von einer aus Freiheit und Vernunft hervorgegangenen Schöpfung noch einen Begriff von einem personalen Gott hatte, stand zum einen niemals die Wirklichkeit als Ganze vor dem Abgrund der Sinnlosigkeit und gab es zum anderen niemals einen letztlich Verantwortlichen für diese Wirklichkeit. Die durch das Christentum neu radikalisierte Sinnfrage ist freilich noch nicht die – wesenhaft durch den aufkommenden Nihilismus geprägte – Sinnfrage der Moderne, die seit der Wende vom 18. zum 19. Jahrhundert die westliche Kultur beschäftigt. Dies zeigt sich schon allein daran, daß sie für das Christentum durch den Glauben beantwortbar ist. So wie das Christentum aber wesentlich dazu beiträgt, daß ein Begriff des ‚Nichts', des ‚Nihil', gefaßt werden kann, schafft es meines Erachtens auch die prinzipiellen Voraussetzungen für die durch den Nihilismus bestimmte Sinnfrage der Moderne.

Metaphysik der Innerlichkeit – Aurelius Augustinus

Augustinus (354–430) ist einer der überragendsten und einflußreichsten Denker der ganzen abendländischen Geschichte. Seine Wirkung gleicht jener eines Platon, eines Aristoteles, eines Descartes oder eines Kant. Wir gehen hier aber nicht allein deshalb auf ihn näher ein. Ebenso ausschlaggebend für uns ist, daß Augustinus einen bestimmten Typ christlichen Denkens repräsentiert, der sich in unserem – metaphysischen – Zusammenhang dadurch auszeichnet, daß er den Aufweis der Transzendenz in der Immanenz nicht am sinnlich erfahrbaren Seienden durchführt, sondern am Menschen als jenem ‚Seienden', das von den anderen Seienden durch seine besondere Fähigkeit zur Innerlichkeit ausgezeichnet ist.

Grundsätzliche Charakteristik seines Denkens

Glaube und Wissen

Im Unterschied zu Platon, Aristoteles, Plotin und den anderen Philosophen der Antike denkt Augustinus als Christ. Dies ließe erwarten, daß er ähnlich wie die Theologen und Philosophen der Hochscholastik klar zwischen Glauben und Wissen unterscheidet. Doch Augustinus zieht der Unterscheidung der Erkenntnis- und Existenzweisen die Einheit vor. Zwar ist er sich dessen, was Glauben im Gegensatz zu Wissen bedeutet, durchaus bewußt (vgl. Div. quaest. XLVIII), zugleich sieht er aber keinerlei Problem darin, Glauben und Wissen einander in jeder Hinsicht ergänzen zu lassen. In seinem berühmten „Sermo XLIII" kann er daher ohne nähere Differenzierungen sagen:

> „Jemand sagte mir, ich sehe ein, um zu glauben. Ich antwortete: Glaube, um einzusehen. (*Dicit mihi homo, Intelligam, ut credam: respondeo, Crede, ut intelligas.*) [...] Also ist nach einer Seite hin wahr, was dieser sagt: Ich möchte einsehen, um zu glauben. Und ich habe auch recht, wenn ich wie der Prophet sage: Vielmehr glaube, um einzusehen. (*Ergo ex aliqua parte verum est quod ille dicit, Intelligam, ut credam: et ego dico, sicut dicit Propheta: Immo crede ut intelligas.*)" (Sermo XLIII 3,4;7,9; vgl. Ennarationes in Psalmos CXVIII 18,3; Epistula CXX 1,3).

Christliche Philosophie

Entsprechend kann Augustinus das Christentum selbst – so wie übrigens die meisten anderen Kirchenväter – „Philosophie" nennen. Nicht von ungefähr prägt er im Jahre 410, kurze Zeit nach Johannes Chrysostomos (vgl. dessen Homilie „In Kalendas" [PG 48,956] aus dem Jahre 386/7), den Begriff der *philosophia christiana* (Contra Iulianum IV 14,72 [PL 44,774], vgl. ebd. II 166; IV 22). Diese *vera philosophia* wiederum versteht er ausdrücklich als „Religion", denn – so heißt es in „De vera religione" (V 8,26) –

> „Wir Christen glauben und lehren ja, und unser Heil hängt daran, daß Philosophie, das heißt Weisheitsstreben, und Religion nicht voneinander verschieden sind" (*non aliam esse philosophiam, id est sapientiae studium, et aliam religionem*).

Suche nach Glück

Motiviert zu dieser Position ist Augustinus dadurch, daß nach seiner Ansicht Glaube und Wissen, Auslegung der Offenbarung und Philosophie, *ein und demselben Ziel* dienen, nämlich der Suche nach *dem Glück des Menschen (beata vita)*. Mit den meisten hellenistischen und römischen Denkern teilt er die Überzeugung, daß es „das glückliche Leben [...] ist, wonach alle [Menschen] verlangen" (*est beata vita, quam omnes volunt*, Conf. X 20,29) und daß es keinen gibt, „der nicht auf jede Weise ein glückliches Leben will und danach begehrt" (*non omnibus modis velle atque optare vitam beatam*, Lib. arb. I 14,30). An erster Stelle dieses Philosophie-Verständnisses steht somit kein theoretisches oder spekulatives, sondern ein praktisch-existentielles Interesse. Dies erklärt auch, warum Augustinus genauso wie die spätantiken Philosophen weniger den Begriff *philosophia* (der damals häufig negativ besetzt war und soviel wie nutzloses, verstiegenes, bloß theoretisches und unverständliches Wissen bedeutete) als den Begriff *sapientia* verwendet und diesen im Sinne der berühmten Formel Ciceros folgendermaßen definiert:

> „[...] die Weisheit scheint mir für die menschlichen und göttlichen Dinge zuständig zu sein, die für das glückliche Leben von Belang sind" (*sapientia mihi videtur esse rerum humanarum divinarumque, quae ad beatam vitam pertineant*, C. Acad. I 8,23; vgl. I 6,16).

Weisheit und Wissen

Wichtig an dieser Definition sind die „göttlichen Dinge", denn sie allein können – wie noch zu erklären ist – das menschliche Verlangen nach Glück stillen. Augustinus unterscheidet daher die *sapientia* noch zusätzlich von der *scientia*. Diese stellt jenes Wissen dar, das sich – ganz anders als jene – auf das rein Menschliche, Irdische und Immanente richtet (Trin. XIV 1,2-3). Selbst diese Unterscheidung darf aber nicht ‚wissenschaftstheoretisch' mißverstanden werden. Auch sie dient dazu, den richtigen Weg zum Glück zu finden. Wäre dem nicht so, könnte es nicht heißen:

> „Unsere Wissenschaft ist Christus, unsere Weisheit ist gleichfalls derselbe Christus. (*Scientia ergo nostra Christus est, sapientia quoque nostra idem Christus est.*) Er ist es, der uns den Glauben an Zeitliches einpflanzt, der uns über das Immerwährende die Wahrheit zeigt. Durch ihn gelangen wir zu ihm; wir streben durch die Wissenschaft zur Weisheit, aber wir entfernen uns dabei nicht von dem einen und demselben Christus, in dem alle Schätze der Weisheit und der Wissenschaft verborgen sind. (*...Per ipsum pergimus ad ipsum, tendimus per scientiam ad sapientiam; ab uno tamen eodemque Christo non recedimus, in quo sunt omnes thesauri sapientiae et scientiae absconditi.*)" (Ebd. XIII 19,24)

Existentialismus

Das Denken von Augustinus besitzt somit einen stark *existenzialistischen* Zug. Es theoretisiert niemals um seiner selbst willen, sondern dient allemal einem praktisch-existentiellen Interesse. Das aristotelische Ideal von einer „höchsten Wissenschaft" (μάλιστα ἐπιστήμη) und „Weisheit" (σοφία), die eine „Erkenntnis um ihrer selbst willen" (ὁ γὰρ ἐπίστασθαι δι᾽ ἑαυτό bzw. ἑαυτῆς ἕνεκεν) anstrebt und wesentlich „theoretischer Natur" (θεωρητική) sein will (Met. A 2, 982a2-982b27), ist ihm völlig fremd. Deshalb kontrastiert er es mit seinem eigenen Verständnis von Philosophie, das da lautet:

> „[...] Der Mensch hat keine andere Ursache zu philosophieren als die, daß er glücklich sei ([...] *nulla est homini causa philosophandi, nisi ut beatus sit*)." (Civ. Dei XIX 1)

Eine Erkennnis, die nicht grundsätzlich das unmittelbare Dasein des Menschen sowie dessen Bekümmerung um das Glück betrifft, ist für ihn daher überhaupt keine Erkenntnis. Daraus erklärt sich zum einen, warum Augustinus keine wirklich systematischen Schriften hinterlassen hat, die es zulassen würden, so etwas wie ein System seiner Gedanken zu rekonstruieren. Zum anderen wird aber auch verständlich, warum Augustinus von tiefsten Spekulationen theologischer und philosophischer Art bruchlos zu Fragen der persönlichen Geschichte, des konkreten Lebens oder der kirchlichen Gemeindepastoral übergehen konnte.

Der Weg nach Innen

Glück und Ewigkeit

Angesichts der besonderen Eigenart des augustinischen Denkens muß man sich fragen: Hat es überhaupt eine metaphysische Relevanz? Besteht zwischen der Suche nach dem wahren Glück des Menschen und der Frage nach der Wirklichkeit in ihrer Gesamtheit ein Zusammenhang? Darauf ist zu antworten: Ein solcher Zusammenhang liegt vor, weil Augustinus das Glück mit dem verbindet, was die griechischen Philosophen als das Ursprüngliche und damit Einheit-Stiftende der Wirklichkeit betrachtet haben: mit dem, was sich durchhält, mit dem *Ewigen*.

Platonischer Ansatz

Wir erinnern uns, daß sich auch Platon die Frage stellte, *wo* in der Wirklichkeit dem Ursprünglichen, sich Durchhaltenden und Ewigen begegnet werden kann. Dabei stellte er fest, daß die Wirklichkeit zunächst durch die beliebige Vielheit, durch den ständigen Zufall, durch Werden und Vergehen, durch Relativität und Endlichkeit bestimmt ist. Dennoch meinte er, daß sich *an* und *innerhalb* der so erscheinenden Wirklichkeit ebenso das zeigt, was ganz anders ist, nämlich einheitlich, beständig, ewig und ursprungshaft. Den Beweis dafür boten ihm die mathematischen und ethischen Gesetzmäßigkeiten. Aus deren Geltung konnte er schließen, daß es einen Bereich der Wirklichkeit geben muß, der alle Eigenschaften des Ursprungshaften enthält. Dieser Bereich, der von den sogenannten Ideen eingenommen wird, ist für ihn nur dem Geist zugänglich.

Vielheit als Endlichkeit

Augustinus setzt mit seiner Suche nach dem Glück ganz ähnlich an. Auch er betrachtet fürs erste die Wirklichkeit, wie sie sich unmittelbar zeigt. Da es ihm aber von vornherein um die *beata vita*, um das glückliche Leben des Menschen geht, konzentriert er sich sogleich auf jene Wirklichkeit, die der Mensch *an sich selbst*, am eigenen Leib, erfährt. Diese wiederum begegnet so, wie es Platon für alles Wirkliche behauptet hat: als zufällig, endlich, relativ und wechselhaft, nur daß Augustinus sie jetzt aus der existentiellen Perspektive betrachtet und sagt: Alles, was der Mensch an sich im Laufe seines Daseins erlebt, ist Vergänglichkeit, Gebrochenheit, Unsicherheit, Schwäche, Sündhaftigkeit und Tod. Wichtigste Erfahrung dabei ist diejenige mit der eigenen Sterblichkeit, denn sie charakterisiert die menschliche Existenz so fundamental, daß man nicht einmal weiß, ob man von einem „sterbenden Leben oder einem lebenden Sterben" ([...] *dico vitam mortalem an mortem vitalem?*, Conf. I 6,7) sprechen soll. Sie stellt sich schon bei der Geburt ein: „Von dem Augenblick an, in dem jemand dieses sterbliche Leben beginnt, ist bereits der Tod da [...] (*Ex quo enim quisque in isto corpore morituro esse coeperit.* [...])" (Civ. Dei XIII 10). So gesehen ist der Tod nicht so sehr das Ende des Lebens, das streng genommen niemand erleben wird (ebd. XIII 11; vgl. Epikur, Brief an Menoikeus 124-

126), als vielmehr jene Wesensbestimmung, die dem Leben von Hause aus – ‚apriori' – seine spezifische Zielrichtung (*vergit ad mortem*) und Nichtigkeit (*nequitia*) verleiht (Ver. rel. XI 21,58). Aus diesem Grunde hat auch alles, was sonst noch zu dieser Nichtigkeit gehört, einen Bezug zum Tod. Ganz besonders deutlich wird dies an der Sünde, die Augustinus als „zweiter" (*secunda*), „ewiger" (*sempiterna*) Tod erscheint (Civ. Dei XIII 8.12-13 u.ö.). Eine Nichtigkeitsstruktur zeigt sich aber auch dort, wo der Mensch ganz mit sich selbst zu tun haben will, in der Seele:

> [...] wie soll ich sagen, daß sie ist? [...] Bald weiß sie, bald weiß sie nicht; bald vergißt sie, bald erinnert sie sich; bald will sie, bald will sie nicht; bald sündigt sie, bald ist sie gerecht." (Tractatus in Ioannis evangelium XX 12)

Skeptizismus

Die Konsequenz, die sich für Augustinus daraus zunächst ergibt, ist der *Skeptizismus*. Diesen lernt er aus der Lektüre der Schriften Ciceros in jener Form kennen, die in der sogenannten ‚jüngeren Akademie' herrschte und von Karneades (214/3–129/8 v.Chr.) exemplarisch vertreten worden war.

> „So wuchs auch in mir der Gedanke, die gescheitesten von allen Philosophen seien doch die üblich so genannten Akademiker gewesen, weil sie der Ansicht waren, man müsse an allem zweifeln, und behaupten, der Mensch sei nicht imstande, irgendeine Wahrheit in den Griff zu bekommen." (Conf. V 10,19; Übersetzung verändert)

Zweifel

Je länger er sich aber diesen Gedanken zu eigen machte und ihn zum Prinzip seines eigenes Lebens wählte, umso mehr wurde ihm klar, daß er nicht nur nicht haltbar war, sondern *in seinem Scheitern* auch anzeigte, wo das Unbezweifelbare, Sich-Durchhaltende, unbedingt Wahre und Ewige zu finden sei. Die Überlegung, die Augustinus viele Jahrhunderte vor Descartes dazu anstellte und in seinem ganzen Werk mehrmals wiederholte, ist diese:

> „Aber wenn du nicht einsiehst, was ich sage, und zweifelst, ob es wahr sei, so sieh zu, ob du auch daran zweifelst, daß du es bezweifelst. Und wenn es gewiß ist, daß du zweifelst, so forsche, woher diese Gewißheit kommt. [...] So ergibt sich folgende Erkenntnisregel: Jeder, der einsieht, daß er zweifelt, sieht etwas Wahres ein und ist dessen, was er einsieht auch gewiß. (*Deinde regulam ipsam quam vides concipe hoc modo: Omnis qui se dubitantem intellegit, verum intelligit, et de hac re quam intellegit certus est, de vero igitur certus est.*) Also ist er eines Wahren gewiß. Jeder also, der daran zweifelt, ob es eine Wahrheit gibt, hat in sich selbst etwas Wahres, woran er nicht zweifelt. Da nun alles Wahre nur durch die Wahrheit wahr ist, kann niemand an der Wahrheit zweifeln, der überhaupt zweifeln kann." (Ver. rel. XXXIX 73,204-206)

Klassisch heißt es dann im 11. Buch von „De civitate Dei":

> „Bei diesen Wahrheiten machen mir die Argumente der Akademiker keinerlei Sorge. Mögen sie sagen: Wie, wenn du dich täuschst? Wenn

ich mich täusche, bin ich ja. (*Si enim fallor, sum.*) Denn wer nicht ist, kann sich auch nicht täuschen; also bin ich, wenn ich mich täusche. Da ich demnach bin, wenn ich mich täusche, kann es keine Täuschung sein, daß ich bin; denn es steht fest, daß ich bin, wenn ich mich täusche. Da ich also, auch wenn ich mich täuschte, sein müßte, um mich täuschen zu können, täusche ich mich darin gewiß nicht, daß ich weiß: ich bin. Folglich täusche ich mich auch darin nicht, daß ich weiß: ich weiß es. Denn wie ich weiß, daß ich bin, weiß ich auch um eben dies mein Wissen" (XI 26; vgl. Solil. II 1,1; Trin. X 10,13-14).

Weg nach Innen

Was folgert Augustinus aus dieser für ihn fundamentalen Einsicht? Genauso wie Platon hat er nun den Ort bzw. die Dimension gefunden, von wo aus er die Suche nach dem Wahren, Ewigen und Glück-Gebenden durchführen kann. Dieser Ort bzw. diese Dimension erschließt sich ihm da, wo der Mensch *mit sich selbst* zu tun hat, d.h. *in seinem Inneren*.

„Geh nicht nach draußen, kehr wieder ein bei dir selbst! Im inneren Menschen wohnt die Wahrheit. (*Noli foras ire, in te ipsum redi; in interiore homine habitat veritas* [...])" (Ver. rel. XXXIX 72,202).

Das Innere wiederum – wie wird es erreicht, wenn nicht durch jene Akte und Vermögen, die allem Sinnlichen, Äußerlichen, Relativen und Beliebigen die Stirn bieten, d.h. durch das Seelische und Geistige, näherhin durch das Denken, durch das freie Wollen, durch das sittliche Verhalten und – was für Augustinus besonders wichtig ist – durch die Liebe? Auf den ersten Blick gleicht dieses Ergebnis der Ansicht Platons und Plotins, denn auch für diese stellten das Seelische und das Geistige den einzig möglichen Weg zum Ewigen und Wahren dar. Genauer betrachtet zeigt sich aber, daß die Begründung von Augustinus eine ganz andere ist. Bei ihm ist es nicht die Erhabenheit des ‚Gegenstandes' – der Idee, des Göttlichen, des Einen –, die das Seelische und Geistige als das gegenüber dem Sinnlichen und Körperlichen höhere Vermögen erfordert, sondern *die konkret-existentielle Beziehung des Menschen zu sich selbst*.

Das Finden Gottes

Unterschied zu Descartes

Augustinus findet wie Descartes über den Zweifel, der sich selbst nicht mehr bezweifeln kann, den Ort und die Dimension, von wo aus die Suche nach dem Wahren, Ewigen und Glück-Gebenden beginnen kann. Dieser Ort bzw. diese Dimension ist der *homo interior*, der Mensch in seiner Innerlichkeit. Im Unterschied zu Descartes bedeutet dies für ihn nun aber nicht, daß die Innerlichkeit des Menschen die Wahrheit konstituiert, so daß es Wahrheit ohne Bezug zur Innerlichkeit gar nicht geben könnte. Für ihn gilt vielmehr:

„[...] der Vernunftgebrauch bringt es [das Licht der Wahrheit] nicht hervor, sondern findet es. Ehe es aber gefunden wird, beruht es in sich, und wenn es gefunden wird, erneuert es uns. (*Non enim ratioci-*

> *natio talia fecit, sed invenit. Ergo antequam inveniantur in se manent, et cum inveniuntur nos innovant.*)“ (Ver. rel. XXXIX 73,207) Und weiter: „Die Wahrheit kommt ja nicht durch Vernunftgebrauch zu sich selber, sondern sie ist das, wonach alle, die ihre Vernunft gebrauchen, trachten. (*Cum ad se ipsam veritas non utique ratiocinando perveniat, sed quod ratiocinantes appetunt, ipsa est.*)“ (Ebd. XXXIX 72,203)

Priorität der Wahrheit

Daß die Wahrheit dem Menschen und allen seinen Vermögen – egal ob nach außen oder nach innen gerichtet – immer schon zuvorkommt, beweist Augustinus die Tatsache, daß es in der menschlichen Erkenntnis, d.h. genauer in dem, was im weitesten Sinne als „Gedächtnis“, als *memoria*, bezeichnet werden muß (vgl. Conf. X 8-24), Inhalte gibt, die nicht aus der allgemeinen Erfahrung stammen können, sondern dieser schon vorhergehen, ja diese in vielfacher Hinsicht regeln und bewerten. Unter den *rationes aeternae*, wie Augustinus diese Inhalte nennt, figurieren wie bei Platon die mathematischen Gesetze sowie die sittlichen Normen (Lib. arb. II 8,20-12,33;). Zu ihnen gehört aber auch das Glück, das nach Augustinus *letztlich* alle Menschen in derselben Form, nämlich als Wahrheit anstreben:

> „Ich frage alle, ob sie lieber an der Wahrheit oder an der Lüge ihre Freude haben wollen: so unbedenklich sagen sie, daß ihnen die Wahrheit lieber sei, als sie unbedenklich sagen, sie wollten glücklich sein. Denn Freude an der Wahrheit ist Glück.“ (*Nam quaero ab omnibus, utrum malint de veritate quam de falsitate gaudere: tam non dubitant dicere de veritate se male, quam non dubitant dicere beatos esse velle. Beata quippe vita est gaudium de veritate.*) (Conf. X 23,33; Übersetzung verändert)

Umfassende Wahrheit

Obwohl diese Erkenntnis-Inhalte keinem Wandel unterliegen, von allen Menschen in derselben Weise angewendet und angestrebt werden und das gesamte Existieren des Menschen schon bestimmen, bevor dieser damit beginnt, etwas zu erkennen, zu wollen oder zu tun, obwohl sie also nicht vom Menschen erworben oder gar gebildet werden, sondern umgekehrt ihn von vornherein in den Stand seiner Möglichkeiten versetzen, haben auch sie immer noch den Charakter der Partikularität und Nicht-Identität mit der Wahrheit selbst (*ipsa veritas*), die wesenhaft eine ist. (Vgl. De libero arbitrio II 13,36) Sie verweisen daher von sich aus über sich hinaus auf eine umfassende Wahrheit. Völlig manifest wird dies am Glück, sofern dieses unvollständig und damit mangelhaft bleibt, bis es mit der einen Wahrheit identisch ist. Für Augustinus folgt daraus:

> „Und wenn du deine Natur noch wandelbar findest, so schreite über dich selbst hinaus! Doch bedenke, daß, wenn du über dich hinausschreitest, die vernünftige Seele es ist, die über dich hinausschreitet. Dorthin also trachte, von wo der Lichtstrahl kommt, der deine Vernunft erleuchtet. Denn wohin sonst gelangt, wer seine Vernunft recht gebraucht, wenn nicht zur Wahrheit? ([...] *et si tuam naturam mutabilem inveneris, transcende et te ipsum. Sed memento cum te transcen-*

> *dis, ratiocinantem animam te transcendere. Illuc ergo tende unde ipsum lumen rationis accenditur. Quo enim pervenit omnis bonus ratiocinator nisi ad veritatem?*)" (Ver. rel. XXXIX 72,202f.)

Deutlicher noch in den „Confessiones":

> „Ich trat ein [in mein Innerstes] und schaute mit dem Auge meiner Seele, so schwach es war, hoch über diesem selben Auge meiner Seele, hoch über meinem Geist das unwandelbare Licht (*Intravi et vidi qualicumque oculo animae meae supra eundem oculum animae meae, supra mentem meam lucem incommutabilem* [...]), nicht dieses allen gemeine, sichtbar allem Fleische, auch nicht ein größeres von derselben Natur, so als wenn es nur heller, viel heller leuchtete und in seiner Gewaltigkeit alljegliches erfaßte. Nein, nicht also war es, sondern etwas anderes, weit anderes als alles sonst (*Non hoc illa erat, sed aliud, aliud valde ab istis omnibus.*) Auch war es nicht in der Weise über meinem Geist, wie Öl auf Wasser oder der Himmel über der Erde, sondern erhaben über mich, weil es mich erschaffen hat, und ich war unter ihm, weil ich von ihm geschaffen bin. ([...] *sed superior, quia ipsa fecit me, et ego inferior, quia factus ab ea.*) Wer die Wahrheit kennt, kennt es, und wer es kennt, der kennt die Ewigkeit. (*Qui novit veritatem, novit eam, et qui novit eam, novit aeternitatem.*)" (VII 10,16)

Gott im Nichtwissen

In diesem Licht, das die Seele und den Geist (die Vernunft) erst zu dem macht, was sie sind, nämlich menschliche Vermögen zur Wahrheit und zum Glück, verbirgt sich Gott. „Denn", so fragt Augustinus, „wenn wir etwas finden könnten, das zweifellos nicht nur ist, sondern auch höher zu stellen ist als unsere Vernunft, würdest du zögern, dieses Etwas, es sei was immer, Gott zu nennen? (*Quid si aliquid invenire potuerimus, quod non solum esse non dubites, sed etiam ipsa nostra ratione praestantius? dubitabisne illud quidquid est, Deum dicere?*)" (Lib. arb. II 6,14) Freilich mahnt Augustinus zur Vorsicht. Gott ist von dem, was wir zu begreifen meinen, klar zu unterscheiden: *Si enim comprehendis, non est Deus*. „Wenn du ihn begreifst, ist es nicht Gott." (Sermo CXVII 3,5) Und er berichtet aus der eigenen Erfahrung:

> „Und ich drang bis zum Sitze meines Geistes selbst (*ipsius animi mei sedem*) [...], und auch dort warst Du nicht. Denn wie Du nicht Bild einer körperlichen Sache bist, nicht eine Empfindung des lebendigen Menschen, wie wir sie erfahren in der Freude, in der Trauer, im Begehren und Fürchten, beim Erinnern und Vergessen, und was es sonst dergleichen gibt, so bist Du auch nicht der Geist, denn Du bist Herr und Gott des Geistes (*ita nec ipse animus es, quia Dominus Deus animi tu es*). Und es wandelt sich dies alles, aber Du beharrst über allem wandellos [...]" (Conf. X 25,36)

Docta ignorantia

Gott kann von dem, was er ermöglicht, folglich niemals umfaßt und damit begriffen werden. Er ist immer „wahrer, als er gedacht wird" (*verius est quam cogitatur*). (Trin. VII 4,7) Deshalb gilt für jeden Versuch, ihn zu denken, was Plotin für das Denken des Einen (ἕν) festgelegt hat:

das wissende Nichtwissen, die *docta ignorantia*, von der Augustinus – Nikolaus von Kues vorwegnehmend – ausdrücklich in seinem 130. Brief (15,28) spricht, d.h. die Einsicht, daß Gott „besser durch das Nichtwissen gewußt wird" (*scitur melius nesciendo*, Ord. II 16,44; vgl. 18,47).

Ist Gott dennoch in jenem Licht, das in der Innerlichkeit erstrahlt, so kann er auf nichts festgelegt und mit nichts identifiziert werden – mit keinem Begriff, mit keiner Erkenntnis, mit keinem Ort, mit nichts. Gott im Inneren

> „Und frage ich hier nach einem Ort, wo Du wohnst, als wäre da Raum und Ort! Genug, ich weiß, Du bist darin; denn ich bewahre Dich im Geiste, seit dem Tage, da ich Dich kennen lernte, und ich finde Dich dort, wenn ich Deiner eingedenk werde. Wo also habe ich Dich gefunden, daß ich Dich kennen lernte? Denn in meinem Gedächtnis warst Du ja nicht, bevor ich Dich kennen lernte. Wo also habe ich Dich gefunden, daß ich Dich kennen lernte? Wo anders als in Dir, über mir? (*Ubi ergo te inveni, ut discerem te, nisi in te supra me?*) Nirgend ist der Ort; wir gehen weg, wir gehen hin; und nirgend ist doch Ort. O Wahrheit, überall bist du für alle, die nach Dir fragen, und allen, die in so vielerlei Weise Dich suchen, antwortest Du zugleich." (Conf. X 26,37, Übersetzung verändert)

Gott ist mir so gesehen immer schon vorweg: Er ist tiefer als alles, was ich in mir selbst erreichen und ausloten kann, und als Wahrheit, die mich bedingt, bevor ich nach ihr suche, ist er stets höher als alles, was ich zu begreifen vermag: *Tu autem eras interior intimo meo et superior summo meo*. – „Du aber warst noch innerlicher als mein Innerstes und noch höher als mein Höchstes." (Ebd. III 6,11)

Die Antwort auf die Frage der Metaphysik

Für Augustinus ist es keine Frage, daß Gott die gesamte Wirklichkeit erschaffen hat. Schöpfung

> „Wer hat es [alles, was ist] geschaffen? Der zuhöchst ist. Wer ist das? Gott, die unwandelbare Dreieinigkeit; denn durch seine höchste Weisheit hat er es geschaffen, und durch seine höchste Güte erhält er es. Warum hat er es geschaffen? Damit es sei. Denn das Sein selbst, was es auch sei, ist ein Gut, da Zuhöchstsein das höchste Gut ist. Und woraus hat er es geschaffen? Aus nichts. (*Cur ea fecit? Ut essent; ipsum enim quantumcumque esse bonum est, quia summum bonum est summe esse. Unde fecit? Ex nihilo* [...])" (Ver. rel. XVIII 35,94)

Der Weg über die Innerlichkeit des Menschen hat ihm dies auf einleuchtendste und sicherste Weise plausibel gemacht.

Wenn wir jetzt die Antwort überlegen, die Augustinus auf die Frage der Metaphysik, d.h. auf die Frage nach der Wirklichkeit in ihrer Gesamtheit gibt, dann scheint sie zunächst banal zu sein. Denn sie lautet grund- Einmaligkeit / Endlichkeit sätzlich: Die Wirklichkeit in ihrer Gesamtheit ist *ein Geschöpf Gottes*. So bestimmt sie sich gegenüber dem, was nicht mehr zu ihr gehört – zu ihrem Ursprung, zu ihrem Schöpfer. Sehen wir aber näher zu, was dies im Unterschied zu den Antworten der antiken Philosophen bedeutet, dann gewinnt die Antwort von Augustinus ihre Aussagekraft. Denn mit dem ‚Geschöpf sein' ist wesentlich die Eingebundenheit in eine *Schöpfungsordnung* verbunden. Die Schöpfungsordnung aber ist *heilsgeschichtlich* festgelegt worden. Mit dem heilsgeschichtlichen Charakter der gesamten Schöpfung wiederum geht einher, daß die Schöpfung *einmalig* und *endlich* ist. Sie wurde zwar nicht in der Zeit, sondern mit der Zeit geschaffen, besitzt aber dennoch einen Anfang und ein Ende. Beides, sowohl die Einmaligkeit als auch die Endlichkeit, die sich in der persönlichen Geschichte eines Menschen (vgl. die Confessiones) ebenso dokumentieren wie in der Schöpfung als ganzer (vgl. De civitate Dei), macht zusätzlich deutlich, daß das Geschöpfliche niemals mit Gott, dem Schöpfer, identisch wird bzw. in ihm aufgeht – auch am Ende oder nach dem Ende nicht. Das impliziert wiederum, daß Gott seine Schöpfung insofern *freigesetzt* hat, als er eine Wirklichkeit ‚neben sich' hervorgebracht hat, die wohl *sein* Geschöpf, nicht aber er selbst ist.

Selbständigkeit

Die Wirklichkeit im Ganzen ist somit etwas gegenüber ihrem Ursprung Selbständiges, das aufgrund ihrer geschichtlichen Geschaffenheit durch den Ursprung die fundamentalen Bestimmungen der Einmaligkeit und Endlichkeit besitzt. Derartiges hätte kein antiker Philosoph gesagt, selbst Plotin nicht, der immerhin schon die Vorstellung von einem transzendenten Ursprung hatte, welcher die Wirklichkeit im Ganzen aus sich hervorgehen läßt. Doch gerade Plotin zeigt, daß die Antike noch keine Vorstellung von einer Schöpfung aus dem Nichts hatte. Folglich stellt auch der ganze Emanationsprozeß aus dem Einen nichts *geschichtlich* Einmaliges dar. Er ist letztlich vielmehr ein *ewiges* Geschehen. Dazu kommt, daß selbst bei Plotin noch die alte vorsokratische Vorstellung herrscht, dergemäß alles dorthin wieder zurückkehrt, woraus es hervorgegangen ist. Dort wiederum, worin alles sein Ziel hat, herrscht *keine* Differenz mehr. Dort steht sich nichts gegenüber (wie Gott und Geschöpf). Dort ist alles *eins*.

Bleibendes Problem

Augustinus hatte freilich mit dem Wirklichkeitsverständnis, das er formulierte, auch seine Schwierigkeiten. Vor allem die Vorstellung, daß die von Gott geschaffene Wirklichkeit etwas Freigesetztes und insofern Selbständiges sei, bereitete ihm zunehmend Probleme. Dies zeigt sich auf dramatische Art und Weise in seiner Gnaden- und Erbsündentheologie, die er ab dem Jahre 396 entwickelte und die in gewissem Widerspruch zu dem steht, was er in seinen früheren – philosophischeren – Werken über die menschliche Willensfreiheit geschrieben hat. Wie nicht anders zu erwarten, stellte sich hier, wo es um die Freiheit des Menschen ging, erst in vollem Ausmaß heraus, wie weit er die Selbständigkeit gelten lassen konnte und wollte. Aus Gründen, die sich zum Teil aus der Exegese der Bibel ergaben, zum Teil aber auch mit der Theodizee-Problematik zu tun hatten, legte sich für ihn zunehmend der Schluß nahe, daß die Freiheit nur insofern Bestand haben konnte, als es der unerforschliche Ratschluß Gottes, die *Providenz*, zuließ. Dadurch schränkte er die Selbständigkeit des Geschaffenen grundsätzlich und umfassend wieder ein. Das *Problem* blieb aber bestehen und beschäftigte die ganze christliche Tradition nachhaltig. Ja, es sollte sich noch verschärfen und zwar in dem Augenblick, in dem das Natürliche, Geschöpfliche und Menschliche als solches eine eminente Aufwertung erfuhr. Dies geschah – unter dem Einfluß des Aristotelismus – in größerem Ausmaß freilich erst im 13. Jahrhundert.

Der ontologische Gottesbeweis – Anselm von Canterbury

Augustinismus

Es scheint mir sinnvoll zu sein, im Anschuß an Augustinus einen kurzen Blick auf Anselm von Canterbury (1033/34 – 1109) und sein berühmtes Argumentum betreffend die Existenz Gottes zu werfen, das erst durch Kant – nachdem es längere Zeit hindurch auch als „Argumentum cartesianum“ (im Anschluß an Descartes) gehandelt worden war – den Namen „ontologischer Gottesbeweis“ erhalten hat. Dieser Beweis konnte nämlich – meines Erachtens – nur innerhalb der augustinischen Tradition entstehen, der Anselm zweifellos angehörte. Ganz im Sinne der augustinischen Metaphysik der Innerlichkeit geht auch er davon aus, daß es zum Finden Gottes nicht der nach außen, in die Sinnenwelt gerichteten Erfahrung, sondern einer Einkehr in sich selbst, einer Besinnung der Seele auf die eigene Tiefe bzw. einer Erfahrung des Denkens mit sich selbst bedarf.

Metaphysische These

Aller Beachtung wert ist für mich der Gottesbeweis von Anselm auch deshalb, weil er – wie übrigens jeder Gottesbeweis – eine wichtige metaphysische *These* enthält. Wenn nämlich angenommen wird, daß es – wie noch zu zeigen ist – etwas Vollkommenes gibt, über das hinaus nichts Vollkommeneres mehr gedacht bzw. vorgestellt werden kann, dann ist auch etwas über die Wirklichkeit in ihrer Gesamtheit ausgesagt. Dies wiederum ist im gegebenen Fall: Die Wirklichkeit in ihrer Gesamtheit strukturiert sich nach spezifischen Qualitätsgraden, wobei es eine Spitze gibt, die den Inbegriff an Qualität oder Vollkommenheit darstellt. Wie wenig selbstverständlich eine solche Annahme ist, zeigt weniger ein Blick in die Vergangenheit, die eine solche Sicht der Wirklichkeit spätestens seit Platon unbedingt nahelegte, als ein Blick in die Gegenwart. Nicht erst heute, aber heute mehr als früher stellt man sich die Frage, ob es überhaupt der Wirklichkeit und ihrer Komplexität entspricht, sie gemäß einem System zu begreifen, das von einem einzigen Ursprung, von einem einzigen Inbegriff an Wert, her konstruiert ist. Tut man sich nicht leichter, wenn man mehrere – einander bedingende – Ursprünge, mehrere Ausgangspunkte des Systems, zugrundelegt?

„Monologion“, „Proslogion“

Anselm, nicht nur dem augustinischen, sondern zugleich dem (über Dionysios Areopagita und Johannes Scotus Eriugena vermittelten) neuplatonischen Denken verpflichtet, ging von einem einzigen Ursprung aus, der zugleich der Gipfel aller Vollkommenheit ist. Dazu bekennt sich nicht nur sein „Monologion“ (verfaßt in der zweiten Hälfte des Jahres 1076), in dem mehrere aus der Tradition bekannte Gottesbeweise neu reflektiert und miteinander verwoben werden, sondern ebenso das kurze Zeit später (1077/8) verfaßte „Proslogion“, das danach fragt, „ob sich nicht *ein* Argument (*unum argumentum*) finden ließe, das keines anderen bedürfe [...] und das allein hinreichte, um zu stützen, daß Gott in Wahrheit existiert und daß er das höchste Gut ist, das keines anderen bedarf (*summum bonum nullo alio indigens*) und dessen alles bedarf, um zu sein“ (Prosl., Prooemium, [Opera omnia, I 93]).

Absicht

Daß Anselm metaphysisch und nicht theologisch argumentieren will, d.h gestützt auf die bloße Vernunft und nicht etwa auf Glaubensargumente („durch notwendige Gründe, ohne die Autorität der Heiligen Schrift“ [De incarnatione verbi II 20]), steht außer Zweifel. Das bestätigt nicht erst der ursprüngliche Titel des „Proslogion“, „*Fides quaerens intellectum* (Glaube, der die Vernunft in Anspruch nimmt)“ (Prosl., Prooemium [I 94]), sondern bereits der erste Satz des „Monologion“:

> „Wenn einer die *eine* Natur, die höchste von allem, was ist, [...] und vieles andere mehr, was wir von Gott und seiner Schöpfung notwendigerweise glauben, nicht kennt – sei es weil er nicht davon gehört hat, oder daß er nicht an sie glaubt –: so meine ich, daß er sich selbst von dem zum großen Teil, wenn er auch nur von mittelmäßiger Begabung ist, wenigstens durch die bloße Vernunft überzeugen kann (*potest ipse sibi saltem sola ratione persuadere*).“ (Monol. 1 [I 13])

Daß Anselm zugleich aber nicht wirklich an Gott zweifelt, folglich auch seine Gottesbeweise, seinen zusammenfassenden Gottesbeweis, nicht so versteht wie spätere Zeiten, denen es darum ging, die Existenz Gottes außer Diskussion zu stellen, sondern den bereits vorhandenen und gelebten Glauben an Gott unter Anwendung der reinen Vernunft zu erhellen, dokumentiert sowohl das lange Gebet, welches sein „Proslogion“ eröffnet, als auch die beträchtliche Zahl der Gottes-Anrufungen, die immer wieder den philosophischen Gedankengang durchbrechen. Um ein Beispiel zu zitieren, hier der Abschlußsatz der Beweisführung:

> „Dank Dir, guter Herr, Dank Dir, daß ich das, was ich zuvor durch Dein Geschenk geglaubt habe (*quod prius credidi te donante*), jetzt durch Deine Erleuchtung so einsehe (*iam sic intelligo te illuminante*), daß ich, wollte ich es nicht glauben, daß Du existierst, es nicht nicht einsehen könnte (*si te esse nolim credere, non possim non intelligere*).“ (Prosl. 4 [I 104])

Grundlage

Der Beweis Anselms steht und fällt mit dem Begriff von Gott, den er zugrundelegt. Er lautet: *aliquid quo maius nihil cogitari potest* – „etwas über das hinaus nichts Größeres [Vollkommeneres] gedacht werden kann“ (ebd. 2 [I 101]). Von diesem Begriff ausgehend kann Anselm sagen: Die Existenz von etwas ist ein Gütezeichen bzw. ein Wertkriterium. Zu existieren ist wertvoller als nur gedacht oder vorgestellt zu werden. Um das Beispiel Kants heranzuziehen: 100 Taler, die sich wirklich in meiner Tasche befinden, sind zweifellos mehr wert als bloß gedachte, vorgestellte oder gewünschte Taler. Folglich muß dasjenige, das als Inbegriff alles Wertvollen, Großen und Vollkommenen gedacht wird, notwendig existieren, denn sonst könnte immer etwas noch Wertvolleres, Größeres und Vollkommeneres gedacht werden, das nicht nur gedacht werden kann, sondern zugleich auch existiert.

> „Und sicherlich kann ‚das, über das hinaus nichts Größeres gedacht werden kann‘ nicht im Verstande allein sein (*non potest esse in solo intellectu*). Denn wenn es wenigstens im Verstande allein ist, kann gedacht werden, daß es auch in Wirklichkeit existiere – was größer ist (*quod maius est*). Wenn also ‚das, über das hinaus nichts Größeres gedacht werden kann‘ im Verstande allein ist, so ist eben ‚das, über das hinaus nichts Größeres gedacht werden kann‘ [immer noch etwas,] über das hinaus Größeres gedacht werden kann. Das aber kann gewiß nicht sein. (*Sed certe hoc esse non potest.*) Es existiert also ohne Zweifel (*procul dubio*) ‚etwas, über das hinaus nichts Größeres gedacht werden kann‘ sowohl im Verstande als auch in der Wirklichkeit (*et in intellectu et in re*).“ (Ebd. [I 101f.], Schmitt-Übersetzung leicht verändert)

Gegenprobe

Für Anselm ist diese Schlußfolgerung derart zwingend, daß sie sogar noch durch die Gegenprobe gestützt wird, d.h. wenn von der Annahme ausgegangen wird, das *aliquid quo nihil maius cogitari potest* existiere nicht. Hält man am gewählten Begriff fest, ist es ausgeschlossen, das *aliquid quo nihil maius cogitari potest* als nicht existierend vorzustellen. (Ebd. 3 [I 102f.]) Wollte man m.a.W. – immer ausgehend vom selben Begriff – beweisen, daß es Gott nicht gibt, würde man durch die Beweisführung selbst gerade beweisen, daß es Gott gibt. Anders müßte man sich selbst widersprechen. Anselm will letztlich sagen: Die Annahme der Existenz Gottes ist ebenso zwingend wie im Bereich der Logik die Annahme des Kontradiktionsprinzips. Widerlegt werden kann sie nur unter in Anspruchnahme des zu Widerlegenden – womit dieses bewiesen ist.

Mißverständnis

Entscheidend für den Beweis ist – noch einmal – der gewählte Gottes-Begriff: *aliquid quo nihil maius cogitari potest*. Schon der erste Kritiker Anselms, der Mönch Gaunilo von Marmoutiers war sich darüber nicht vollständig im Klaren, sonst hätte er Anselm nicht entgegengehalten, daß man sich auch eine paradiesische Insel im Ozean ausdenken könne, die nichts Wunderbares entbehrte, das man sich vorzustellen vermag, daß aber doch aus dieser Vorstellung niemals auf die Existenz der Insel geschlossen werden dürfe. (Ebd. Appendix [I 128]) Analoges gilt für Kant, der statt der Insel die bereits erwähnten 100 Taler wählte, um zu zeigen, daß ein Schluß von einem Begriff auf die Existenz des von ihm Bezeichneten niemals zulässig sei. (KrV B 627, A 599) Anselm bestritt dies keineswegs. Er hielt jedoch Gaunilo entgegen, daß etwas Endliches wie eine Insel schon per se nicht als *aliquid quo nihil maius cogitari potest* in Frage kommen kann, denn über etwas Endliches, wie vollkommen immer es vorgestellt oder ausgedacht sein mag, gibt es immer etwas, das darüber hinaus groß und vollkommen ist. (Prosl. Appendix [I 133]) Zum Endlichen gehören *per definitionem* Grenze, Anfang und Ende. Wie sollte da nicht etwas Vollkommeneres gedacht werden können, das über alle Grenze, allen Anfang und alles Ende hinaus ist? Im Falle des ‚Un-endlichen' jedoch ist ein anderes Verhältnis von Begriff (Wesen) und Existenz durchaus nicht ausgeschlossen. Deshalb bezieht sich der Beweis auf dieses, nicht auf das Endliche.

Thomas und Kant

Ernstzunehmender ist da schon der Einwand, den Thomas von Aquin (S. th. I 2,1; S. c. g. I 10; Ver. X 12) und später Kant (KrV B 620-630, A 592-602) vorbringen sollten. Dieser lautet im Kern: Einen Wirklichkeitswert erhalten Begriffe nur dann, wenn sie mit sinnlichen Erfahrungen verknüpft sind. Gedacht werden kann m.a.W. sehr viel, z.B. auch ein geflügeltes Pferd. Solange jedoch dem Gedachten nichts sinnlich Erfahrbares korrespondiert, ist es nichts als ein bloßer Gedanke. Stimmt man dem zu, muß man zusätzlich bezweifeln, ob sich eine Gottesvorstellung, die unter der Einbeziehung der sinnlichen Erfahrung zustandekommt, ausgerechnet auf den Begriff des *aliquid quo nihil maius cogitari potest* bringen läßt. (Heute würden wir fragen: Widerspricht dem nicht schon der faktische Verlauf der Geschichte der Religionen?) Wenn aber dies nicht gelingt, wird dann für den Beweis nicht eine Vorstellung von Gott als Grundlage gewählt, die de facto niemand hat und die aus Prinzip auch niemand haben kann?

Geschichte

Der Gottesbeweis des Anselm von Canterbury hat trotz dieses gravierenden Einwandes eine große Geschichte durchgemacht. Die augustinisch orientierten Schulen, Descartes, Spinoza, Leibniz, die Deutschen Idealisten und andere Philosophen werden ihn trotz aller Kritik seitens der aristotelischen Tradition, vor allem des Thomismus, später des Empirimus, Sensualismus, Kritizismus und anderer auf Sinneserfahrung setzender Denkrichtungen akzeptieren und in ihre Systeme integrieren. Noch heute sind die Publikationen über ihn zahlreicher als über die anderen klassischen Gottesbeweise. Man wird auch sagen dürfen: Am ‚argumentum anselmianum' scheiden sich die großen Traditionen der abendländisch-europäischen Philosophie. Aus den verschiedenen Positionen ihm gegenüber sprechen die grundlegenden differierenden Denkansätze. Ob zwischen diesen je eine definitive Entscheidung fallen kann? Jedenfalls empfiehlt es sich an dieser Stelle – nach der Behandlung des Augustinismus – auf den deutlich anders gearteten Ausgangspunkt des Thomas von Aquin einzugehen.

Metaphysik des Seienden – Thomas von Aquin

Bedeutung

Thomas von Aquin (1224/5–1274) ist dür die Geschichte der Metaphysik aus zwei Gründen von größter Bedeutung: zum *einen* weil er in seinem Denken die Selbständigkeit des Natürlichen und Geschöpflichen erheblich aufwertete, und zum *andern*, weil er eine Metaphysik des Seienden entwarf, die in dieser ausgeprägten Form vor ihm nicht vertreten wurde – auch von Aristoteles nicht. *Ersteres* führte dazu, daß sich die Metaphysik als Wissenschaft gegenüber der Theologie – der *sacra scientia* – und allem, worunter sie damals und früher subsumiert wurde, neu etablierte; *letzteres* hingegen brachte es zuwege, daß erstmals christlicherseits eine eigenständige und umfassend-systematisch durchgeführte Metaphysik entstand. Freilich war Thomas in erster Linie ein Theologe, der nicht von ungefähr als Hauptwerk eine „Summa theologiae" schrieb. Dennoch war es ihm möglich, aufgrund seiner *theologischen* Position die Eigenständigkeit *und* Notwendigkeit einer Wissenschaft anzuerkennen, die er *scientia metaphysica* oder *prima philosophia* nannte (vgl. u.a. In Met., Prooemium) und die er – ganz im Unterschied zur Theologie (*sacra doctrina bzw. doctrina fidei* vgl. u.a. S. th. I 1,1-10; S. c. g. II 4) – ausschließlich auf der natürlichen Vernunft des Menschen begründete.

Die Aufwertung des Kreatürlichen

Neue Wissenschaftstheorie

Daß Thomas dies – weit über den denkerischen Ansatz von Augustinus hinausgehend – tun konnte, hat einen historischen und einen sachlichen Grund. Der *historische* Grund liegt darin, daß sich seit dem 11./12. Jahrhundert für die Theologie eine eigene Wissenschaftstheorie zu entwickeln begann. Dafür trugen wiederum *zwei* Faktoren die Verantwortung: *Zum einen* setzte sich eine neue Art der Bibelauslegung durch. Dominierte früher jene Form der Auslegung, die entweder die biblischen Schriften sich gegenseitig interpretieren ließ oder aber die anerkannten Autoritäten (die Kirchenväter, einige antike Schriftsteller) zu Rate zog, so trat nun eine Auslegungsweise auf, die sich überwiegend der menschlichen Vernunft bediente. Man bezeichnete diese neue Auslegungsform als *dialektische* Methode. *Zum andern* brach gleichzeitig damit (d.h. ab dem späten 10. Jahrhundert) über Vermittlung arabischer Denker die Philosophie des Aristoteles in die abendländische Kultur ein. Auch dies hatte zum Effekt, daß die Rolle der menschlichen Vernunft bzw. die Rolle der Philosophie als natürlicher – von der göttlichen Offenbarung unabhängiger – Wissenschaft stark aufgewertet wurde. In den Kreisen der sogenannten lateinischen Averroisten des späteren 13. Jahrhunderts (bei Siger von Brabant [gest. 1286], Boethius von Dacien [gest. 1284] u.a.) wurde bereits die These aufgestellt, daß die Einsichten der Vernunft den Inhalten des Glaubens widersprechen könnten und daß dies zu respektieren sei. (Die Averroisten vertraten deshalb nicht die Theorie von einer „doppelten Wahrheit", wie ihnen schon zu Lebzeiten fälschlich unterschoben wurden. Sie meinten lediglich, daß es für die menschliche Erkenntnis nicht aufhebbare Widersprüche geben könne, die man hinnehmen müsse.) Beides – die neue Bibelauslegung und der Einflußgewinn der aristotelischen Philosophie – führte dazu, daß man klare Unterscheidungen zwischen Theologie und Philosophie zu treffen hatte.

Metaphysik – Theologie

Thomas differenziert folgendermaßen:

> „[...] es gibt eine doppelte Art von Wissenschaft. Die eine stützt sich auf Prinzipien, die durch das natürliche Licht der Vernunft einsichtig sind (*quae procedunt ex principiis notis lumine naturali intellectus*) [...]; eine zweite Art von Prinzipien, die durch das Licht einer höheren, übergeordneten Wissenschaft einsichtig werden (*quae procedunt ex principiis notis lumine superioris scientiae*) [...]. Und zu dieser zweiten Art von Wissenschaft zählt die Theologie (*sacra doctrina*), weil sie sich auf Prinzipien stützt, die durch das Licht einer höheren Wissenschaft erkannt werden, nämlich der Wissenschaft Gottes und der Seligen (*scientiae, quae scilicet est Dei et beatorum*). [...] so nimmt die Theologie im Glauben jene Prinzipien an, die ihr von Gott geoffenbart sind." (S. th. I 1,2; Übersetzung leicht verändert)

Die Metaphysik hält sich dem gegenüber an das natürliche Licht der Vernunft. Unter allen Wissenschaften, die dies ebenfalls tun, ist sie die höchste, würdigste und wichtigste (*videtur maxime esse aliarum regulatrix*, In Met., Prooemium). Thomas definiert sie daher – ganz im Sinne des Aristoteles (vgl. dazu den Abschnitt über die Geschichte des Begriffs „Metaphysik", S. 13ff.) – als „Weisheit" (*nomen sapientiae recte vindicat*), die wiederum je nach Formalobjekt drei verschiedene Namen tragen kann:

> „Sie wird göttliche Wissenschaft genannt oder [*philosophische*] Theologie, sofern sie die [... von der Materie getrennten] Substanzen [d.h. Gott und die Engel] betrachtet. Metaphysik, sofern sie das Seiende und seine Bestimmungen betrachtet. Diese die physische Welt übersteigenden (Dinge) werden auf dem Wege der Zurückführung gefunden, so wie Allgemeine aus dem weniger Allgemeinen. Sie wird [schließlich] Erste Philosophie genannt, sofern sie die ersten Ursachen der Dinge betrachtet. (*Dicitur enim scientia divina sive theologia, inquantum* [...] *substantias considerat. Metaphysica, inquantum considerat ens et ea, quae consequuntur ipsum. Haec enim transphysica inveniuntur in via resolutionis, sicut magis communia post minus communia. Dicitur autem prima philosophia, inquantum primas rerum causas considerat.*)" (Ebd.)

Zweitursachen

Der *sachliche* Grund dafür, daß Thomas das Natürliche erheblich aufwerten und zugleich die Methaphysik gegenüber der Theologie neu etablieren konnte, liegt in seinem Verständnis der Wirklichkeit als Schöpfung Gottes. Diesem Verständnis nach hat Gott das von ihm Geschaffene nicht nur mit der faktischen Existenz, sondern auch mit der Fähigkeit ausgestattet, *seinerseits* für etwas Ursache sein zu können. Das bedeutet: Die Tatsache, daß Gott die erste Ursache (*causa prima*) von allem ist, das es überhaupt gibt, schließt keineswegs aus, daß das Geschaffene als „Zweitursache" (*causa secunda*) ebenfalls selbständig handeln und schaffen kann. Im Gegenteil: Wie Thomas – mehr theologisch als philosophisch argumentierend – zeigt, muß dies sogar gefordert werden:

> „Die Vollkommenheit einer Wirkung zeigt die Vollkommenheit der Ursache (*Perfectio effectus demonstrat perfectionem causae*): denn eine größere Kraft führt eine vollkommenere Wirkung herbei. Gott aber ist die vollkommenste Wirkursache. Also erlangen die von ihm geschaffenen Dinge notwendig Vollkommenheit von ihm. Der Vollkommenheit der Geschöpfe etwas absprechen heißt also, der Vollkommenheit der göttlichen Kraft etwas abzusprechen. (*Detrahere ergo perfectioni creaturarum est detrahere perfectioni divinae virtutis.*) Wenn aber kein Geschöpf tätig sein kann, irgendeine Wirkung hervorzubringen, so wird der Vollkommenheit des Geschöpfs viel abgesprochen: denn es folgt aus dem Überfluß der Vollkommenheit, daß etwas die Vollkommenheit, die es hat, einem anderen mitteilen kann. (*Ex abundantia enim perfectionis est quod perfectionem quam aliquid habet, possit alteri communicare.*) Also spricht diese These der göttlichen Kraft etwas ab." (S. c. g. III 69)

Thomas geht noch nicht so weit wie Nikolaus von Kues, der den Menschen als einen „zweiten" oder „menschlichen Gott" bezeichnen wird, Thomas darf auch nicht als der Begründer des neuzeitlichen Autonomie-Gedankens in Anspruch genommen werden, es kann zugleich aber nicht übersehen werden, daß Thomas durch seine Aufwertung des Kreatürlichen grundlegende Weichen in diese Richtung stellt (vgl. J.B. Metz, Christliche Anthropozentrik, München 1962).

Das Sein (esse commune)

Ausgangspunkt

Anders als Augustinus beginnt Thomas nicht mit der Skepsis. Sein erstes Problem ist daher auch nicht die sichere Erkenntnis. Nein, er wendet sich sofort an das, was den Menschen unmittelbar umgibt: an die sinnlich erfahrbare Welt: *Primum autem quod intelligitur a nobis secundum statum praesentis vitae, est quidditas rei materialis.* („Das Erste, was in diesem Leben von uns erkannt wird, ist das Wesen der materiellen Dinge.") (S. th. I 88,3) Dies wiederum bedeutet ihm nichts Negatives oder Vorläufiges, sondern im Gegenteil etwas Positives und Unaufgebbares:

> „Das sinnlich Wahrnehmbare bildet den Ausgangspunkt unserer Erkenntnis, so daß von ihm nicht nur vorübergehend, sondern bleibend die Tätigkeit des Geistes ausgeht, und gleichsam das Fundament der geistigen Tätigkeit. (*Phantasma est principium nostrae cognitionis, ut ex quo incipit intellectus operatio, non sicut transiens, sed sicut permanens, ut quodam fundamentum intellectualis operationis.*)" (In Trin. VI 2,5)

Auf die „Hinwendung zum sinnlich Gegebenen" (*conversio ad phantasma*) kann somit niemals verzichtet werden.

Sein als Ganzes

Nun verhält es sich aber so, daß sich unsere Erkenntnis auf das Ganze dessen ausdehnt, das ihr begegnet: *Intellectus noster ad infinitum in intelligendo extenditur.* („Unsere Vernunft spannt sich ins Unendliche auf alles Erkennbare aus.") (S. c. g. I 43) Deshalb stellt sich die Frage, ob sie dieses Ganze alles Erkennbaren auch unter einem einheitlichen Gesichtspunkt zu fassen vermag. Thomas bejaht diese Frage, weil schlechthin alles, was der Erkenntnis begegnet, als etwas angesprochen werden kann, das *ist*, bzw. weil alles, was erkannt wird, als *Seiendes* erkannt ist ([...] *in cognitione cuiuslibet rei ipsum [ens] cognoscitur*, Ver. X 11,10). Da weiters „der Name ‚Seiendes' vom Sein genommen wird (*nomen entis [imponitur] ab esse*)" (S. c. g. I 25), darf geschlossen werden: Soll die Gesamtheit der Wirklichkeit erfaßt werden, kommt alles darauf an, über das Sein (*esse*), das allem gemeinsam ist und daher *esse commune* heißt, etwas herauszufinden. Denn alles, was *ist* und als *Seiendes* angesprochen werden darf, *hat* Sein (*ens simpliciter est quod habet esse*, S. th. I/II 26,4;I 45,4;III 17,2 u.ö.).

Sein ‚ist' nicht

Wie aber verhält es sich mit dem Sein? Zunächst muß grundsätzlich festgehalten werden, daß es *nicht* Seiendes ‚ist' und sich fundamental von diesem *unterscheidet*. Damit scheint etwas Banales gesagt zu sein. Überlegt man jedoch, was dies zur Konsequenz hat, stößt man auf etwas Bemerkenswertes: ‚Ist' nämlich Sein nicht Seiendes, dann bedeutet dies, daß es überhaupt nicht ‚ist'. Mit Thomas formuliert:

> „Das Sein ist etwas Erfülltes und Einfaches, aber es subsistiert nicht. (*Esse significat aliquid completum et simplex, sed non subsistens.*)" (Pot. I 1) Daß ‚es *subsistiert* nicht' hier für ‚es *ist* nicht' steht, belegen folgende Zitate: „[...] wir können nicht sagen, daß das Sein selbst sei. ([...] *non possumus dicere quod ipsum esse sit.*)" (In Hebd. 2); „[...] streng genommen kann nicht gesagt werden, daß das Sein ist. ([...] *non proprie dicitur quod esse sit.*)" (In Div. Nom. VIII 1)

Differenz zum Seienden

Wir verstehen sogleich, warum sich dies so verhalten muß. Wäre nämlich Sein so wie Seiendes, so ließe es sich von etwas anderem unterscheiden. Das ist aber nicht der Fall, weil das Sein ja das ‚ist', was schlechthin allem zukommt, was uns als Wirkliches begegnet und erkennbar ist, und folglich der *Grund* dafür ‚ist', daß sich die Seienden überhaupt von einander unterscheiden lassen. (Voneinander unterschieden werden kann ja nur, was zuvor etwas *gemeinsam* hat. Was wäre sonst voneinander zu *scheiden*?) Thomas sagt daher:

> „Das Sein kann aber, sofern es Sein ist, aber auch nicht in sich verschieden sein [...] (*Esse autem, inquantum est esse, non potest esse diversum* [...])" (S. c. g. II 52) Bzw.: „Zum Sein kann nicht etwas hinzugefügt werden wie ein außerhalb seiner liegender Gehalt, so wie etwa eine Artbestimmung zur Gattung oder ein Akzidens zu einem Träger hinzukommt; denn jedwede Wirklichkeit ist wesenhaft Seiendes. Darum beweist auch der Philosoph [Aristoteles] [...], daß das Sein keine Gattung sein kann [...] (*Sed enti non possunt addi aliqua quasi extranea per modum quo differentia additur generi vel accidens subiecto, quia quaelibet natura est essentialiter ens, unde probat etiam Philosophus* [...] *quod ens non potest esse genus* [...])" (Ver. I 1, Übersetzung leicht verändert).

Formalursache

Was ‚ist' das Sein aber positiv? Bisher steht nur fest, was es *nicht* ist. Dazu stellt sich Thomas folgende These auf: Das Sein ‚ist' lediglich eine Ursache oder ein Prinzip jedes Seienden. Es ‚ist' das, *wodurch (quo)* etwas (ein Seiendes, *aliquid ens*) ist: *ipsum esse est, quo aliquid est* [...]" (Quaestio disputata de Anima VI; vgl. S. th. I 50,2,3); [...] *esse, quo* [*entia*] *subsistunt* (Ver. XXI 2; vgl. S. c. g. II 54 u.ö.). Zum Verständnis dieser These muß beachtet werden, was Thomas in diesem Fall mit ‚Ursache' und ‚Prinzip' meint. Er denkt dabei nämlich nicht an die üblichen effizienten Ursachen, die das Verursachte sozusagen ‚von außen' her bestimmen, wie z.B. der Künstler Ursache für ein Kunstwerk oder der Baumeister Ursache für ein Bauwerk ist, sondern an eine Ursache, die dem Verursachten so innerlich ist, daß sie – wie paradox immer das klingen mag – ohne dieses ihrerseits nicht wäre. Thomas nennt eine solche Ursache eine *formale* Ursache bzw. ein *formales* Prinzip. Folglich gilt für das Sein, daß es das „erste formale Prinzip" (*primum formale principium quod est esse*, In II Sent. I 1,1) ‚ist':

> „Das, wodurch etwas ist und Seiendes genannt wird, nenne ich ein formales, nicht ein faktives [effizientes] Prinzip. (*Principium autem dico, non factivum, sed formale, quo aliquid est et dominatur ens.*)" (S. c. g. II 68; dt. L. Oeing-Hanhoff, Ens et unum convertuntur, Münster 1953, 27)

„actus essendi"

Wenn jedoch das Sein das ‚ist', *wodurch* alles ist (*esse universale, quo quaelibet res formaliter est*, EE VI), dann muß es auch im eminentesten Sinne *Wirklichkeit* sein. Wie könnte sonst alles, was ist, durch es *sein*? ‚Wirklichkeit' wiederum bezeichnet Thomas ganz im Sinne der aristotelischen ἐνέργεια als das, was im Gegensatz zum bloß Möglichen (δύνατον) ‚im' oder ‚am Werk Seiendes' (ἐν ἐργῷ) ist – als *actus* oder als das *in actu* Seiende. So wird *actus* für ihn ein Synonym von *esse*:

> „Das Sein wird ausgesagt vom Akt eines Seienden, sofern es ein Seiendes ist, d.h. von dem, wodurch etwas ein wirklich Seiendes genannt

> wird [...] (*Esse dicitur actus entis inquantum est ens, idest quo denominatur aliquid ens actu* [...])“ (Quaest. quodl. IX 2,3). „Das Sein ist die Verwirklichung von allen Dingen [...] (*Esse est actualitas omnis rei* [...])“ (S. th. I 5,1; vgl. I 4,1,3)

In diesem Zusammenhang prägt Thomas den später so berühmt gewordenen Begriff des *actus essendi* (ebd. IX 4,6; In I Sent. XXV 1,4). Mit ihm wird die Identität von *esse* und *actus* am prägnantesten formuliert.

Inbegriff

In der Geschichte der Thomas-Auslegung hat man den *actus essendi* gelegentlich dahingehend ausgelegt, daß man sagte: Durch den *actus essendi* kommt zum Wesen einer Sache (eines Seienden) die konkrete *Existenz* bzw. das konkrete *Dasein* hinzu. Nach dem bisher Dargelegten müssen wir einwenden, daß eine solche Auslegung auf einem fundamentalen Mißverständnis beruht. Ist nämlich das Sein (*esse commune*) das, wodurch (*quo*) schlechthin alles *ist,* was zur geschöpflichen Wirklichkeit gehört, dann muß das Sein auch all das, was durch es ist, irgendwie enthalten. Zu dem, was es da enthält, gehört notwendigerweise auch alles Wesenhafte hinzu, nicht bloß die Existenz oder das Dasein der Seienden. Der *actus essendi* umfaßt demnach Wesen und Existenz gleichermaßen. Nicht von ungefähr betrachtet Thomas das Sein sowohl als das Allgemeinste (*communissimum*) und prinzipiell Grenzenlose (*infinitum*), weil es ja *alles* umfaßt, als auch darüber hinaus als das Vollkommenste:

> „Das Sein ist von allem das Vollkommenste [...] Das Sein enthält die Aktualität [die Wirklichkeit] jedes Aktes, und deshalb ist es die Vollkommenheit aller Vollkommenheiten. (*Esse est inter omnia perfectissimum* [...] *esse est actualitas omnium actum, et propter hoc est perfectio omnium perfectionum*.)“ (Pot. VII 2,9)

Er nennt es sogar ein „Gleichnis Gottes“ (*ipsum esse est similitudo divinae bonitatis*, Ver. XXII 2,2 u.ö.), weil es ähnlich wie Gott alles enthält (*ipsum esse praehabet in se omnia* [...] *subsequentia*, S. th. I/II 2,5,2) und in diesem Sinne etwas „Erfülltes“ (*completum*, Pot. I 1) darstellt.

Möglichkeiten des Seins

Wie enthält schließlich das *esse* als *actus* alles, was ist, in sich? Nach Ansicht von Thomas als *Möglichkeit*, als *potentia*:

> „Das aber, was dem der Akt innewohnt, ist eine Möglichkeit, denn der Akt als solcher bezieht sich auf eine Möglichkeit. (*Id autem cui actus inest, potentia est: nam actus, inquantum huiusmodi, ad potentiam refertur.*)“ (S. c. g. II 53; Übersetzung verändert)

Diese Möglichkeiten bilden etwas, was der Akt vermag und dessen er mächtig ist. Sie sind also nicht mit jenen beliebigen Möglichkeiten zu verwechseln, welche der bloßen Materie (*materia prima*) eigen sind, welche von außen – von einem Akt – bestimmt werden müssen, um überhaupt zu sein. (Vgl. Pot. VII 2,9) Während im ersten Falle die Möglichkeiten im Akt bereits enthalten sind – egal ob dieser sie schon aktualisiert hat oder nicht –, haben sie im zweiten Fall mit dem Akt nur zufällig und äußerlich zu tun. Beispiel für das erstere ist die menschliche Freiheit, die über so und so viele Möglichkeiten verfügt, die sie je nach Gelegenheit verwirklicht oder nicht verwirklicht, Beispiel für letzteres hingegen ist ein beliebiges Material, das zu Unterschiedlichstem verwendet und so auf vielfältigste, von ihm selbst her nicht festgelegte Weise Wirklichkeit werden kann.

Zweites Prinzip

Es erhebt sich jetzt aber die Frage, wer oder was die Möglichkeiten (*potentiae*), welche das Sein (*actus essendi*) enthält, verwirklicht. Diese Frage ist identisch mit der Frage nach der Ursache dafür, daß nicht das Sein als solches (das *ipsum esse*), sondern das jeweils konkrete Seiende ist. Wer schafft mit anderen Worten die Begrenzungen, die zu den einzelnen Seienden führen, bzw. wer aktualisiert die Möglichkeiten, die im Sein enthalten sind? Thomas antwortet: Ein *zweites* Prinzip, das genauso wie das Sein jedem Seienden als formale Ursache bzw. als formales Prinzip innewohnt, und mit dem Sein (dem *esse commune*) gemeinsam das konkrete Seiende konstituiert. Er nennt dieses zweite Prinzip „Wesen“ – *essentia*.

Das Wesen (essentia)

Begrenzung

Erinnern wir uns, daß bei Aristoteles das Wesen (οὐσία) das Fundamentalste ist, was sich von einem Seienden (ὄν) überhaupt aussagen läßt. Wissen wir von etwas das Wesen, können wir sagen, *was* es ist. Thomas schließt sich dem völlig an. Auch für ihn ist die *essentia* (oder *natura*) das, was ein Seiendes zu dem macht, *was* es ist (*quod est*):

> „Weil das, wodurch ein Seiendes (*res*) seinen Ort in der ihm eigenen Gattung oder Art (*in proprio genere vel specie*) findet, eben durch die Definition ausgedrückt wird, die angibt, was ein Seiendes ist (*indicantem quid est res*), gebrauchen die Philosophen für das Wort ‚Wesen‘ auch das andere der ‚Washeit‘ (*nomen essentiae a philosophis in nominem quidditatis mutatur*). Diese ist eben das, was der Philosoph [Aristoteles] so oft nennt: was irgendetwas für ein Sein hat (*quod quid erat esse*), d.h. das, wodurch irgendetwas sein Was-Sein hat (*per quod aliquid habet esse quid*).“ (EE I)

Über dieses aristotelische Verständnis von ‚Wesen‘ als *quod est* bzw. als *quidditas* geht Thomas aber auch hinaus, indem er das Wesen (*essentia, natura*) grundsätzlicher noch als Begrenzungsprinzip des Seins (*esse commune*) begreift. Nur in dem Umfang, in dem die *essentia* das *esse commune* aufnimmt und an ihm partizipiert, hat ein Seiendes Sein: [...]*essentia dicitur secundum quod et per eam et in ea res habet esse* („[...] Von Wesen wird gesprochen, sofern etwas durch es und in ihm Sein hat.“) (Ebd.) Spricht man folglich ein Seiendes auf sein Wesen hin an, kommt neben seiner Washeit (*quidditas*) auch das Ausmaß oder der Grad zur Sprache, in dem es Sein hat (*ens dicitur quasi esse habens*, In Met. XII 1 [2419] u.ö.).

Endlichkeit

So gesehen ist das Wesen das Prinzip der Endlichkeit.

> „Das Sein selbst, in sich betrachtet, ist unendlich, denn von unendlich vielen und auf unendlich viele Weisen kann an ihm teilgenommen werden. Wenn [nun aber] das Sein von etwas endlich ist, muß dieses Sein durch etwas begrenzt werden, das irgendwie die Ursache dieses Seins ist (*oportet quod limitetur esse illud per aliquid aliud, quod sit aliqualiter causa illius esse*)." (S. c. g. I 43)

Diese formale Ursache jedoch ist das Wesen. Ihm verdankt daher das konkrete Seiende insofern sein Sein, als es dieses „aufnimmt" (*recipere*) und dadurch eine Teilnahme an ihm herstellt (*participare*), ihm verdankt es aber gleichzeitig auch seine Endlichkeit, Begrenztheit und Konkretheit, da es *im* Aufnehmen des Seins sowie *im* Teilnehmen am Sein dieses zugleich limitiert (*limitare*), einengt (*coartare*) und kontrahiert (*contrahere*).

Prinzipien des Seienden

Das konkrete Seiende erscheint demnach als etwas „Zusammengewachsenes" (*concretum*) bzw. als etwas „Zusammengefügtes" (*compositum*). Was in ihm zusammenwächst bzw. sich zusammenfügt, sind das Sein und das Wesen. Gemeinsam bilden sie die Konstitutiva alles dessen, was wirklich ist. Dies darf freilich nicht so vorgestellt werden, als gäbe es zunächst das Sein für sich und das Wesen für sich und als würden diese dann zu einem konkreten Seienden vermischt und zusammengebracht. Nein, Sein und Wesen im zuvor definierten Sinne sind *formale* Ursachen oder Prinzipien, die dem Seienden innerlich sind und die beide nur dann wirklich ‚sind', wenn sie eben zusammengefunden *haben* und *dabei* schon Ursachen oder Prinzipien eines konkreten Seienden sind. Anders formuliert: Wirklich *ist* weder das Sein noch das Wesen je für sich – auch gemeinsam für sich *sind* sie nicht –, sondern allemal nur das konkrete Seiende. Einzig allein als *dessen* formale Prinzipien *sind* auch sie wirklich.

Priorität des Seins

Bleibt die Frage, ob Sein und Wesen sozusagen gleichwertig sind oder ob es zwischen ihnen so etwas wie einen Vorrang gibt. Nach dem, was Thomas über das Sein gesagt hat, darf angenommen werden, daß letzteres der Fall ist und daß das Sein dem Wesen insofern zuvorkommt, als ihm als schlechthin Allgemeinem und Grenzenlosem nichts äußerlich sein kann (*cum ab eo [esse] nihil sit estraneum*, Pot. VII 2,9). Das Wesen muß sich vielmehr vom Sein herleiten (*essentia, quae sumitur ab esse*, S. th. I 29,2,4), weil das Allgemeinere von Natur aus dem Spezielleren vorhergeht (*magis commune est prius secundum naturam*, ebd. I 85,3,1). Darüber hinaus versteht Thomas die Aktualisierung der Möglichkeiten des Seins zu konkreten Seienden durch das Wesen als eine natürliche Resultierung (*naturalis resultatio*, vgl. ebd. I 77,6-7). Eine Resultierung aus etwas vermag jedoch nur dann zu erfolgen, wenn es schon etwas gibt, *woraus* resultiert werden kann. Das heißt noch einmal: Das Wesen folgt dem Sein nach, obwohl gleichzeitig das Sein das konkrete Seiende nicht begründen könnte, wenn es nicht durch das Wesen begrenzt würde.

Partizipation

Thomas erläutert dieses Verhältnis von Sein und Wesen mit Hilfe des Gedankens der *Partizipation*. Er folgt darin – das ist zu beachten – nicht Aristoteles, sondern letztlich Platon und seiner Theorie von der Anteilhabe (μέθεξις, μετέχειν). Teilhabe (*participatio, participare*) ist zunächst etwas, was das Anteil*nehmende* betrifft, in unserem Fall das Wesen. Dieses vermag nur deshalb zu sein, weil es an der Fülle des Seins partizipiert. Umgekehrt ist die Teilhabe aber auch etwas, was für das Anteil*gebende*, in unserem Fall für das Sein, von Bedeutung ist, denn dieses geht in das Anteil*nehmende* ein. Beim Eingehen des Anteil*gebenden* in das Anteil*nehmende* geschieht daher zweierlei: Einerseits entsteht überhaupt erst das Anteil*nehmende*, andererseits verringert sich aber auch das Anteil*gebende*. Letzteres hat seinen Grund darin, daß das Anteil*gebende* immer nur in dem Maße in das Anteil*nehmende* eingehen kann, als dieses dazu fähig ist ([...] *omne quod recipitur in aliquo recipitur in eo per modum recipientis*, ebd. I 75,5).

> „Daß etwas durch Teilhabe in einem anderen sei, sagt man dann, wenn das, was einem Wesen zuerteilt wird, nicht in ganzer Fülle, sondern vermindert in ihm angetroffen wird. (*Per participationem autem [dicitur esse aliquid in re aliqua], quando illud, quod attribuitur alicui, non plenarie invenitur in eo, sed deficienter.*)“ (Ebd. I 108,5)

„actus“ – „potentia“

Wenden wir dies auf das Verhältnis von Sein und Wesen an, so können wir sagen: Das Wesen nimmt Anteil am Sein. Ohne das Sein könnte es nicht sein. Indem es anteilnimmt – partizipiert –, empfängt es (*suscipit, rescipit*) Sein. ([...] *quod habet esse et non est esse, est ens per participationem*, ebd. I 3,4) Allerdings fließt das Sein nicht in seiner ganzen Fülle in ihm ein. Dazu wäre das Wesen von sich aus nicht fähig, weil es dem Sein gegenüber das Endliche ist und deshalb das Sein notwendig einengt (*coartare*), kontrahiert (*contrahere*) und limitiert (*limitare*). So bringt es aus der Fülle (*infinitas*) des Seins jeweils nur eine *Möglichkeit*, die im Sein enthalten ist, zur faktischen Realisierung und Erfüllung. Vergegenwärtigen wir uns noch einmal, daß Sein Wirklichkeit und *actus* im eminentesten Sinne ‚ist‘, dann verstehen wir zusätzlich, warum Thomas die Beziehung zwischen Sein und Wesen auch als Beziehung zwischen *actus* und *potentia* (Möglichkeit) beschreiben kann. Das Sein ‚ist‘ nach diesem Muster der *actus*, der die gesamte Wirklichkeit als *potentia* enthält. Das Wesen hingegen verendlicht den *actus essendi* stets dadurch, daß es eine seiner *potentiae* resultieren läßt. Insofern verhält es sich seinerseits zum *actus essendi* wie eine *potentia*. Obwohl es sozusagen in das Sein eingreift, indem es dieses begrenzt, kann es doch immer nur das zustandebringen, was bereits im Sein als Möglichkeit enthalten ist. Folglich ist es selbst nichts anderes als eine Möglichkeit des Seins, die es gemeinsam mit diesem in konkreten Seienden realisiert und der Erfüllung zuführt.

„distinctio realis"

Zu beachten bleibt allerdings: Stellt auch das Wesen eine Möglichkeit des Seins dar, herrscht also eine gewisse Priorität des Seins vor dem Wesen, so ist doch das Wesen mit dem Sein nicht identisch. Oder anders gesagt: Das Wesen läßt sich nicht einfach auf das Sein reduzieren. Es bildet vielmehr genauso wie dieses eine formale Ursache bzw. ein formales Prinzip des konkreten Seienden. Das Sein könnte ohne das Wesen das konkrete Seiende nicht konstituieren. Deshalb ist die Unterscheidung zwischen Sein und Wesen auch keine bloß gedankliche, sondern eine wirkliche, in der Objektivität des Seienden begründete Unterscheidung. Es handelt sich bei ihr – wie es ein späterer, meines Wissens erst nach Thomas eingeführter Begriff treffend ausdrückt – um eine *distinctio realis*.

Das Sein und Gott

Sein als Geschaffenes

Soeben hieß es: Das Sein könnte ohne das Wesen das konkrete Seiende nicht konstituieren. Zuvor stießen wir bereits auf den Satz, daß das Sein wohl etwas Erfülltes und Einfaches sei, aber nicht subsistiere. Beides widerspricht der anderen Aussage, nach der das Sein als Grund von allem, was *ist*, das schlechthin Vollkommenste, die *perfectio omnium perfectionum*, sei. Dieser Widerspruch löst sich sogleich auf, wenn man daraus den Schluß zieht, daß eben auch das Sein, das *esse commune*, etwas Endliches ist.

Sein und Gott

In der Tat betont dies Thomas mit allem Nachdruck. Für ihn ist das Sein etwas Geschaffenes: [...] *esse rei quaedam res creata est* (Ver. I 4,4), ja er betrachtet es sogar als „erste Kreatur" (*prima rerum creaturarum est esse*, ebd.; vgl. S. th. I 45,4,1) und als „erste Wirkung Gottes" (*primus* [...] *effectus Dei* [...] *est ipsum esse, quod omnes alii effectus praesupponunt*, Compendium theologiae I 68). Deshalb erscheint ihm völlig abwegig die These, daß „Gott jenes allgemeine Sein sei, wodurch ein jedes Seiende formaliter ist (*Deum* [...] *esse illud esse universale, quo quaelibet res est formaliter*)" (EE VI). Mag es auch ein besonderes „Gleichnis Gottes" sein, so entsteht es doch erst gemeinsam mit den konkreten Seienden – als *deren* formale Ursache (vgl. S. th. I 45,4,2). Seine Gleichnishaftigkeit gegenüber Gott ist daher prinzipiell auch eine solche, die diesen niemals einholt (*secundum quendam deficientem assimilationem*, In Div.Nom. I 1).

Gott hat kein Wesen.

‚Ist' Gott nicht das *esse commune*, was ‚ist' er dann? Nach dem bisher Gesagten müssen wir sagen: Er ist deshalb nicht das *ipsum esse commune*, weil dieses nur dann seine Wirkung entfaltet, wenn etwas hinzukommt, was seine Fülle begrenzt und seine Möglichkeiten der konkreten Realisierung zuführt, nämlich das Wesen.

> „Das Sein Gottes hingegen ist ohne Hinzufügung [...] und [zwar] nicht allein ohne Hinzufügung, sondern sogar ohne Aufnahmefähigkeit für eine Hinzufügung. (*Divinum autem esse est absque additione* [...] *nec solum absque additione, sed etiam absque receptibilitate additionis*.)" (S. c. g. I 26)

Aus diesem Grunde betont Thomas etwas überraschend, daß Gott kein Wesen habe ([...] *Deus non habet essentiam* [...], EE VI; *[Deus] est sine essentia*, In I Sent. II 1,3). Das Wesen stellt zunächst ein begrenzendes Prinzip dar. So etwas kann es im Sein Gottes jedoch nicht geben. Folglich ist nur denkbar, daß in ihm Sein und Wesen völlig identisch sind, besser: daß Gottes Wesen sein Sein ‚ist'. (*Deus igitur non habet essentiam quae non sit suum esse*, S. c. g. I 22 u.ö.) Alles andere liefe darauf hinaus, aus ihm ein *compositum* zu machen, d.h. etwas, das sich aus mindestens zwei Prinzipien zusammensetzte oder herleitete. Gerade dies ist aber das Kennzeichen alles Kreatürlichen, also des Nicht-Göttlichen.

Positive Aussagen

Davon ausgehend, erschließen sich die beiden fundamentalen philosophischen Aussagen, die Thomas von Gott macht, nämlich einmal, daß Gott das *ipsum esse in se* [oder *per se*] *substistens* (vgl. z.B. Pot. VII 2,5; S. th. I 7,1,3; 27,2,3), und zum andern, daß Gott *actus purus* sei (vgl. z.B. S. c. g. I 16; S. th. I 90,1-2). Ersteres versteht sich daher, daß das *esse commune* seine Endlichkeit gerade darin hat, daß es für sich alleine nicht ‚sein', nicht subsistieren kann, sondern die *essentia* braucht, um mit dieser gemeinsam das konkrete *ens* zu konstituieren und als *dessen* formale Ursache zu *sein*. Gott hingegen hat das absolute Sein zu seinem Wesen. Die *essentia* kommt zum *esse* nicht hinzu wie bei einem *compositum*. Beides ist in ihm identisch. Deshalb kann Gott auch *per se* und *in se* ‚sein'. Letzteres hängt damit unmittelbar zusammen. Auch das *esse commune* ist Wirklichkeit, *actus* im eminentesten Sinne. Doch als solcher *actus* enthält es zahllose Möglichkeiten, *potentiae*, die erst im Zusammenwirken mit der *essentia* erfüllt werden und zur konkreten Realität resultieren. Das heißt: Dem *actus essendi* ist ein hohes Maß an Möglichkeit, an *potentia*, beigegeben und insofern ist er nichts Absolutes, sondern etwas Endliches. Anders in Gott: In ihm gibt es keine „passive Möglichkeit" (*potentia passiva*), die aus irgendeinem Anlaß, etwa beim Resultieren der konkreten Seienden, der Entfaltung und Vollendung bedürfte. In ihm ist alles immer schon entfaltet, immer schon erfüllt. Ein Übergang von einer *potentia* zu einem *actus* findet nicht statt. Alles ist immer schon reine Wirklichkeit – *actus purus*.

Gottes-
beweis

Daß die berühmten Gottesbeweise Thomas (S. th. I 3; S. c. g. I 13) auf diesen metaphysischen Gedankengängen fußen, bezeugt der folgende Text aus „De ente et essentia" (V):

> „Daher muß jedes Ding (*omnis talis res*), dessen Sein etwas anderes ist als seine Natur (*cuius esse est aliud quam sua natura* [= *essentia*]), sein Sein von woandersher erhalten haben. Weil nun alles, was von einem anderen her ist, letztlich auf das, was von sich aus ist (*id quod est per se*), auf die erste Ursache (*causam primam*) zurückgeht, so muß es etwas geben, was für alle Dinge dadurch die Ursache des Seins ist (*causa essendi omnibus rebus*), daß es selbst nur Sein ist (*ipsa est esse tantum*); wäre dem nicht so, ginge die Reihe der Ursachen ins Endlose, weil, wie gesagt, jedes Ding, das nicht nur Sein wäre, eine Ursache für das Sein haben müßte."

Übernahme der aristotelischen Ontologie

Ontologie
des
Konkreten

Kehren wir noch einmal zur thomasischen Lehre vom Seienden als „Zusammengefügtem" und „Zusammengewachsenem" aus Sein und Wesen zurück. Mit dieser Ontologie hat Thomas erst die *fundamentalen* Aussagen über die Struktur des Seienden gemacht. Zum konkreten Seienden, wie es sich der menschlichen Erkenntnis *unmittelbar* zeigt, ist er dadurch noch nicht vorgedrungen. Das am Sein teilhabende Wesen als solches kommt in der Wirklichkeit nicht vor. Was begegnet, sind vielmehr *individuelle* Wesenheiten, die ganz unterschiedliche *Eigenschaften* besitzen und vor allem dauernden *Veränderungen* unterliegen. Das bedeutet aber: Die bis jetzt dargestellte Ontologie, die sich einzig auf das Zusammenfinden von *esse commune* und *essentia* konzentriert hat, muß weiter entfaltet und ausgebaut werden. Dazu wiederum kann Thomas auf die Tradition, konkret auf Aristoteles und dessen Lehre vom ‚wesen-haltigen Träger' von Eigenschaften (ὑποκείμενον, τόδε τι) sowie auf dessen Theorie von der „Bewegung" (κίνησις) zurückgreifen. Er baut somit die aristotelische Ontologie in seine eigene ein. Dabei ergibt sich folgende Konstruktion:

Substanz /
Akzidenz

„Träger" (ὑποκείμενον) der Eigenschaften (oder Qualitäten) eines Seienden ist das am Sein (*esse commune*) teilhabende und dadurch (dank des *actus essendi*) verwirklichte Wesen (*essentia*). Thomas nennt es *substantia*, Substanz ([...] *quod quid erat esse, id est quidditas, vel essentia, sive natura rei dicitur eius substantia*, In Met. VII 2 [1270]). Diese Substanz unterscheidet sich von den genannten Eigenschaften, die es nur gibt, weil sie von der Substanz getragen werden bzw. durch sie Wirklichkeit erlangen. Im Gegensatz zu diesen ist sie unabdingbar, ein *ens per se*, sprich: dasjenige am Seienden, was keiner weiteren Begründung, Verwurzelung oder Hinordnung mehr bedarf. Ohne sie könnte von einem Seienden nichts ausgesagt werden. Alles, was einem Seienden (im Sinne der Kategorienlehre) zu- oder abgesprochen wird, setzt das reale Wesen, d.h. die Substanz, voraus. Deshalb erscheint das, was einem Seienden nicht als Wesen, sondern als eine Eigenschaft unter anderen zugehört, als das Zufällige – Thomas sagt: als das Akzidentelle, als das *accidens*, als das *ens in alio*. So kommt es etwa dem Menschen *wesen*haft zu, daß er Vernunft oder Sprache besitzt. Nicht zum Wesen zählt hingegen, daß ein Mensch groß ist, eine bestimmte Hautfarbe hat, in Europa lebt, eine besondere Lebensphase durchmacht, verheiratet ist usw. Letzteres sind gegenüber dem Wesen *Akzidentien*.

Wenn es heißt, daß die Akzidentien gegenüber der Substanz zufällig sind, dann darf dies nicht zu der Ansicht verleiten, daß die Akzidentien mit der Substanz prinzipiell (oder zunächst) gar nichts zu tun hätten bzw. ihr völlig fremd wären. Nein, die Akzidentien sind Effekte und Äußerungen der Substanz (*Accidentia propria sunt effectus formarum substantialium et manifestant eas*. S. th. I 29,1,3), „Weisen" des substantialen Wesens (*accidentia* [...] *sunt quidam modi ipsius rei*, S. c. g. I 85). Oder umgekehrt: Die Substanz äußert, vollzieht und konstituiert *sich* in den Akzidentien. Z.B. ist es der Baum *selbst*, der ausgedehnt ist, obwohl seine Ausdehnung immer von Zufälligkeit behaftet sein wird. Genauso hat der Mensch *selbst* eine bestimmte Hautfarbe, wenngleich seine Hautfarbe ein Akzidens darstellt. Deshalb sagt Thomas auch, daß sich die Akzidentien aus der Substanz „wie aus ihrer Wurzel" (*ut in radice per modum*) „entfalten" und „entwickeln" (*fluunt, propaginantur*) bzw. daß die Akzidentien in der Substanz „inhaerieren" und „inne sind" (vgl. S. th. I 28,2: [...] *et hoc communiter in omnibus [accidentibus] est inesse subiecto, accidentis enim esse est inesse*) und auf diese Weise von ihr verursacht sind (vgl. ebd. I/II 29,2,1: [...] *substantia realiter est causa accidentis*).

Differenzierung der Substanz

Genauso wie Aristoteles unterscheidet Thomas eine erste und eine zweite Substanz, eine *substantia prima* und eine *substantia secunda*. Erste Substanz, auch *suppositum* oder *hypostasis* genannt, ist das konkrete, individuelle, subsistierende Wesen – dieser einmalige Mensch, Sokrates; zweite Substanz hingegen ist das allgemeine, ideale Wesen – der Mensch als solcher, das Menschsein. (*Substantia dicitur dupliciter: Uno modo suppositum in genere substantiae, quae dicitur substantia prima et hypostasis, cuius proprie est subsistere. Alio modo quod quid est, quod etiam dicitur natura rei*. In Met. X 3) Z.B. ist der Mensch Person nur in erster Hinsicht, denn zur Personalität gehören Individualität und Einmaligkeit (im Sinne des Boethius: *Persona est rationabilis naturae individua substantia*, Contra Eutychen et Nestorium 3 und 5; vgl. Thomas: S. th. I 29,1; Pot. IX 2). Das Wesen des Menschseins für sich alleine bildet zwar ebenfalls eine Substanz, eben die *substantia secunda*, jedoch noch keinen konkreten, individuell existierenden Menschen wie die *substantia prima*. Wie schon bei Aristoteles bedeutet diese Unterscheidung keine Verdoppelung, sondern eine Differenzierung der

Substanz. Man versteht dies am besten, wenn man sich vergegenwärtigt, daß nach Aristoteles die Substanz dasjenige ist, worauf man konkret zeigen kann, ein „Dies-da" bzw. „Dies-da, was" (τόδε τι). Zeige ich nun auf einen Menschen, so kann ich zum einen wohl auf sein allgemeines Wesen zeigen (‚das ist ein Mensch' im Unterschied zum Tier), zum andern aber zeige ich gleichzeitig auf diesen konkreten Menschen (z.B. auf Sokrates).

Gott ist keine Substanz.

Es überrascht wiederum, daß Thomas an einigen Stellen seines Werkes sagt, Gott sei keine Substanz ([...] *Deus non est in genere substantiae*, S. th. I 3,5,1; III 77,1,2; Pot. VII 3,4 u.ö.). Nach dem bisher Gesagten ist dies aber verständlich. Erinnern wir uns, daß Thomas Gott sogar ein Wesen absprach. Dies tat er, weil in seinen Augen das Wesen ein Begrenzungsprinzip darstellt, ein formales Prinzip des konkreten Seienden, des *compositum* aus *esse* und *essentia*. Analoges gilt in diesem Zusammenhang: Substanz ist das Wesen, die *essentia*, die sich dadurch verwirklicht, daß sie mit dem *esse* zusammenfindet und an ihm partizipiert. Ein solches Wesen besitzt Gott jedoch nicht, weil bei ihm Sein und Wesen von vornherein identisch sind. In Gott setzt sich nichts zusammen. Gott braucht keine Hinzufügung. Gott kennt keine Begrenzung.

Bewegung

Mit der Unterscheidung von Substanz und Akzidens ist die Unterscheidung von Form (*forma*) und Materie (*materia*) – bei Aristoteles die Unterscheidung von εἶδος und ὕλη – und damit die Lehre von der Bewegung (κίνησις, *motus*) als Grundbestimmung der gesamten Wirklichkeit impliziert. Wenn sich nämlich ein Seiendes sowohl durch etwas konstituiert, das unabdingbar wesenhaft ist, weil sonst von ihm gar nichts ausgesagt werden könnte, als auch durch etwas, das zufälligerweise hinzukommen kann, wenn es mit anderen Worten an einem Seienden eine *essentia* oder eine *substantia* einerseits und verschiedene *accidentia* andererseits gibt, dann herrscht in ihm auch eine Spannung, die Bewegung erzeugt. Bewegung (*motus*) wiederum entsteht deshalb, weil das substantiale Wesen dann niemals rein, einfach und vollkommen realisiert ist, sondern aufgrund seiner Verbundenheit mit den Akzidentien immer nur begrenzt, vereinzelt und differenziert vorkommt und folglich stets zu seiner vollständigen Verwirklichung *unterwegs* bleibt. Durch diese Bewegung wird jedes Seiende veränderlich und vergänglich.

Form und Materie

Betrachtet man nun jedes Seiende als bewegt, dann empfiehlt es sich an jedem substantialen Wesen die beiden Prinzipien einer Bewegung zu unterscheiden. Diese beiden Prinzipien wären *zum einen* etwas Beharrendes, sich in aller Veränderung Durchhaltendes und mit sich selbst Gleichbleibendes, *zum andern* aber etwas Veränderliches, Wechselndes und Beliebigkeit bzw. Zufälligkeit Zulassendes. („Alles, was sich bewegt, bleibt zum Teil dasselbe und geht zum Teil in anderes über." [...]

omne quod movetur, quantum ad aliquid manet, et quantum ad aliquid transit. S. th. I 9,1) Würde eines der beiden Prinzipien fehlen, könnte so etwas wie Bewegung nicht einmal vorgestellt werden. Beispiel: Ein Mensch verändert sich im Laufe seines Lebens erheblich. Er bleibt aber dennoch der eine Mensch, der sich von der Kindheit bis ins Alter verändert. So hat er sowohl etwas an sich, was sich durchhält – sonst könnte er nicht *sich* verändern –, als auch etwas, was ihn heute Kind, morgen Erwachsenen und übermorgen alter Mensch sein läßt. Das erste Prinzip nennt Thomas *forma*, das zweite *materia prima*:

> „Das Wesen der zusammengesetzten Substanz und das der einfachen unterscheiden sich sohin dadurch, daß das Wesen der ersten nicht nur Form ist, sondern Form und Materie einschließt (*essentia substantiae compositae non tantum formam nec tantum materiam, sed complectitur formam et materiam*), während jenes der zweiten nur (reine) Form ist." (EE V, Übersetzung leicht verändert)

„materia prima"

Zu beachten ist, daß Thomas nicht einfach von *materia*, sondern von *materia prima* spricht. Daraus wird deutlich, daß er unter *materia prima* etwas anderes als das versteht, was wir landläufig mit „Materie" verbinden, nämlich das physikalisch-chemische Element, den durch Masse bestimmten Teil der gegenständlichen oder nicht gegenständlichen Welt bzw. das sinnlich Wahrnehmbare und Stoffliche. *Diese* Art von Materie ordnet Thomas der *materia secunda* zu. Deshalb ist für ihn die *materia prima* etwas Prinzipielleres, ja sie ist ein reines Prinzip. Als solches bildet sie die Bedingung einer Möglichkeit (*materia prima est potentia pura*, S. c. g. I 17; *materia est aliquid in potentia tantum* [...] *omnino in potentia,* De substantiis separatis V). Bedingung zu welcher Möglichkeit? Antwort: zur Möglichkeit der Bestimmbarkeit, Veränderlichkeit und Vergänglichkeit, kurz: zur Möglichkeit der Bewegbarkeit (*principium mutabilitatis est materia*, Quaestiones disputatae de spiritualibus creaturis I obiectio 3; *motus non est sine materia*, In Met. VIII 1 [1687]). Bevor also ein Seiendes sein Wesen in der Begrenztheit, Zufälligkeit und Kontingenz der konkreten Realität verwirklicht, bringt es bereits die Voraussetzung, die ‚conditio sine qua non', die Bedingung der Möglichkeit dazu mit, daß es in all seiner Endlichkeit konkret wird.

Man darf sich allerdings nicht vorstellen, daß die *materia prima* für sich alleine bestehen könnte und sozusagen darauf wartete, durch eine Form gestaltet zu werden. Nein, als reines Prinzip besitzt sie Wirklichkeitswert immer nur am konkreten, bereits realisierten Seienden. Wir haben sie uns daher – analog zu den Prinzipien *esse* und *essentia* – als eine Formalursache vorzustellen, die zwar ein Seiendes mitbegründet, zugleich aber nur mit dem Seienden selbst und nicht ohne es da ist. Das bedeutet im weiteren, daß die *materia prima* nicht ohne das andere Prinzip, welches gemeinsam mit ihm die Bewegung ermöglicht, d.h. nicht ohne die *forma* gedacht werden kann.

> „Zu sagen, daß es die Materie ohne die Form in Wirklichkeit gäbe, hieße behaupten, daß sich Widersprechendes zugleich sei [...] (*Dicere* [...] *quod materia sit in actu sine forma, est dicere contradictoria simul* [...]).“ (Quaest. quodl. III 1,1)

Erst in der Verbindung mit der *forma* gewinnt sie Wirklichkeitswert.

Analogia entis

Einheit in Differenz

Wie Aristoteles fragt sich auch Thomas, ob all die Prinzipien, die das Seiende bestimmen, undifferenziert auf alle Arten und Bereiche desselben angewendet werden dürfen. Ist es erlaubt, die gesamte Wirklichkeit und alles, was zu ihr gehört, Gott, die Engel, den Menschen, die Tiere, die Pflanzen, das Anorganische sozusagen an einem Maß zu messen? Ganz offensichtlich nicht. Wie wir bereits bei der Betrachtung des Wesens Gottes gesehen haben, sind Differenzierungen unbedingt geboten. Erinnern wir uns daran, daß man streng genommen bei Gott von keinem „Wesen“ (*essentia*) sprechen kann, da das Wesen in seiner Resultierung aus dem Sein (*esse*) ein Begrenzungsprinzip darstellt, in Gott jedoch keine Begrenzung möglich ist. Solche Unterschiede ließen sich auch bei den anderen Bereichen der Wirklichkeit aufzeigen. Denken wir nur daran, daß die Kombination von Form und Materie bei den Pflanzen ganz anders aussieht als bei den Tieren oder beim Menschen. Sollen nun aber die metaphysischen Prinzipien dennoch für das Seiende als solches (*ens inquantum ens*) und damit für *alles* Wirkliche gelten, dann müssen sie ihrerseits eingebettet sein in ein grundlegenderes Prinzip, das sowohl ihrer universalen Gültigkeit als auch der Differenzierung ihrer Anwendungsmöglichkeit Rechnung trägt. Dieses grundlegendere Prinzip wiederum ist das Prinzip der *Analogie*.

Begriff

Analogie besagt: Bei größter Ähnlichkeit zwischen Seienden herrscht dennoch größte Unähnlichkeit; und umgekehrt: größte Unähnlichkeit zwischen Seienden impliziert zugleich größte Ähnlichkeit. Lateinisch formuliert: *indivisum secundum quid, et divisum simpliciter* (S. th. I 11,1,2) – was frei und erläuternd übersetzt heißt: ungeteilt und eins (*unum secundum quid*) hinsichtlich eines bestimmten Gesichtspunktes, zugleich aber auch geteilt und differenziert in anderer Hinsicht. Wird nun dieses Prinzip durch die Metaphysik angewendet, indem sie es ihren Aussagen über die Wirklichkeit in ihrer Gesamtheit zugrundelegt, dann vermag sie die genannte Schwierigkeit zu lösen, nämlich einmal Aussagen von universaler Gültigkeit machen zu müssen, gleichzeitig aber die unaufhebbaren Differenzen innerhalb der Wirklichkeit nicht übergehen zu können.

Ontologische Struktur

Die Bedingung der Möglichkeit zur Anwendung des Analogie-Prinzips konstituiert sich alles, was ist, aus einem Zusammenfinden und Zusammenwachsen von Sein (*esse*) und Wesen (*essentia*). Das Sein ‚ist' das, woran alle Seienden Anteil haben. Diese Anteilhabe ist allen gemeinsam und so können sie auch alle in dieser Hinsicht zueinander in Beziehung gesetzt werden. Das Sein bildet in diesem Fall das Eine (*unum*), hinsichtlich dessen (*secundum quid*) alles Seiende seinerseits eine Einheit darstellt. Dem gegenüber schafft das Wesen die Differenzierungen. Es begrenzt das Sein und schafft dadurch die verschiedenen Stufen und Bereiche des Seienden. Daß das Wesen durch diese seine Funktion aber dennoch die Einheit der Seienden nicht auflöst, verdankt sich dem Umstand, daß es selbst aus der Fülle des Seins, aus dem *actus essendi*, resultiert. Theologisch gewendet kann dasselbe auch so gesagt werden: Alle Seienden treffen sich darin, Geschöpfe Gottes zu sein. Als solche partizipieren sie nicht nur am Sein, sondern grundlegender noch an der Seinsmacht Gottes. Dies wiederum bewirkt, daß sie – nach dem Prinzip, daß eine Wirkung auf ihre Ursache zurückverweist – Gott ähnlich sind und sein Bild (*imago Dei*) tragen. Selbstverständlich bestehen aber nicht nur innerhalb der Geschöpfe fundamentale Unterschiede hinsichtlich ihrer Gottähnlichkeit, sondern auch zwischen den Geschöpfen und ihrem Schöpfer. Die Einheit Gottes sowie die Einheit der Schöpfung garantieren aber doch, daß die Unähnlichkeit die Ähnlichkeit nicht überdeckt und verwischt. So darf also die Wirklichkeit selbst als analog strukturiert betrachtet werden. Die Metaphysik tut nichts anderes als mittels des Analogieprinzips dieser Struktur zu entsprechen.

Präzisierung

Der historischen Genauigkeit wegen muß darauf hingewiesen werden, daß Thomas noch nicht ausdrücklich von *analogia entis* spricht. Meines Wissens tut dies erst einer seiner Kommentatoren, nämlich Giovanni de Vio Caietanus (1448–1554). Ihm folgt die thomistische Tradition bis ins 20. Jahrhundert. Thomas selbst äußert sich zur Analogie ‚expressis verbis' weniger in ontologischen als in semantisch-logischen Zusammenhängen. Da für ihn jedoch semantisch-logische Strukturen der Sprache stets rückgebunden sind an entsprechende Strukturen der Wirklichkeit, ist die *analogia entis* sachlich auch schon bei ihm da.

Die Transzendentalien

Geschichte

Zur Antwort, die Thomas auf die Frage der Metaphysik, wie die Wirklichkeit im Ganzen bestimmt und begriffen werden könne, gibt, gehört noch wesentlich das hinzu, was man in der Philosophie die „Transzendentalienlehre" nennt. Diese Lehre geht zwar nicht auf Thomas zurück. Sie findet sich in Ansätzen schon bei Platon und Aristoteles, wird deutlicher formuliert bei Augustinus (*Nihil est autem esse quam unum esse*, De moribus ecclesiae catholicae et de moribus manichaeorum II 6; [...] *verum mihi videtur esse id quod est*, Solil. II 8; [...] *inquantum est, quidquid est, bonum est,* Ver. rel. XI 21) und erfährt eine eingehendere Ausgestaltung bei Philipp dem Kanzler (in seiner „Summa de bono" von 1231), bei Alexander von Hales (Summa theologiae I Nr.21) und bei Albert dem Großen (Commentum in librum I Sententiarum VIII 7, ad 3). Thomas stellt sie in den Mittelpunkt der Metaphysik. Deshalb ist sie in unserem Zusammenhang von Wichtigkeit.

Sein und Seiendes

Worum geht es? Wir sahen breits, daß das Sein (das *esse commune*) von nichts mehr unterschieden werden kann, weil ja schlechthin alles was nur in irgendeiner Weise ‚ist', am Sein teilhat, und folglich das Sein die Voraussetzung dafür bietet, daß überhaupt etwas von etwas anderem unterschieden werden kann. Als Bedingung der Möglichkeit von Unterscheidungen ‚ist' das Sein selbst von nichts mehr unterscheidbar. Wäre es von etwas unterscheidbar, müßte es dieses Etwas wiederum ‚geben'. Das aber bedeutete, daß dieses Etwas Sein hätte. Wie könnte es sonst ‚gegeben sein'? Insofern muß gesagt werden: Das Sein ‚übersteigt', *transzendiert*, jedes Seiende.

Eigenschaften des Seins

Nun kann man feststellen, daß das Sein seinerseits gewisse Eigenschaften hat. Diese Eigenschaften fügen dem Sein nichts hinzu, sie machen lediglich Aspekte des Seins sichtbar, die durch den Begriff des ‚Seins' oder ‚Seienden' nicht zur Sprache kommen ([...] *aliqua dicuntur addere super ens in quantum exprimunt modum ipsius entis qui nomine entis non exprimitur*, Ver. I 1). Sie gelten jedoch genauso wie das Sein für prinzipiell *jedes* Seiende (*modus expressus sit modus generalis consequens omne ens*, ebd.). Insofern übersteigen und *transzendieren* sie auch jedes Seiende. Deshalb heißen sie *Transzendentalien*, die Begriffe hingegen, die sie ausdrücken, *nomina transcendentia*.

Um diese Transzendentalien zu eruieren, empfiehlt es sich, noch einmal die ‚Seinsweise' des Seins selbst, des *esse commune*, zu bedenken. Dazu wiederum hielten wir bereits fest, daß das Sein als *formale* Ursache des Seienden – paradoxerweise – nur *mit* dem Seienden faktisch ‚gegeben ist'. Anders ‚ist' es nicht. Verhält es sich aber so, dann ist dieses

ens

‚Ein-Seiendes-sein', das *(hoc) ens*, das *erste* Transzendental. Zugleich wurde klar, daß es zur Konkretisierung des *esse commune* eines begrenzenden Prinzips bedarf, nämlich des Prinzips des Wesens, der *essentia*. Durch dieses Prinzip gewinnt das Seiende seine fundamentale Ansprechbarkeit bzw. seine Washeit (*quidditas*), dank derer die Frage ‚was ist das?' grundsätzlich beantwortet werden kann. Gemeinsam mit dem Transzendental des *ens* tritt daher gleichursprünglich ein *zweites* Transzendental auf, das diese *Wesens*komponente ausdrückt. Thomas be-

res

zeichnet es mit *res*. Aufgrund der unbedingten Zusammengehörigkeit von Sein und Wesen bei der Konstituierung eines Seienden bilden weiters auch *ens* und *res* eine unbedingte Einheit. Thomas sagt sogar, daß sie „völlig dasselbe bezeichnen, wenn auch in verschiedener Hinsicht (*res, ens* [...] *significant omnino idem, sed secundum diversas rationes*)" (In Met. IV 2 [553]). Können sie also wohl voneinander unterschieden werden – wie Sein und Wesen (*esse et quod est* [...] *in compositis differunt realiter*, In Hebd. 2) –, lassen sie sich aber dennoch letztlich nicht von einander trennen, dann liegt hier ein prinzipielles Einssein vor – das *dritte* Transzendental: das *unum*. „Ein jedes ist ein Seiendes, sofern es eine Einheit ist ([...] *unumquodque in tantum est ens, inquantum est unum*).“ (Quaestio disputata de anima 11) Deshalb gilt: „Sein und Einheit gehören zusammen (*unde ens et unum convertuntur*).“ (Quaest. quodl. VI 1) Da sodann diese Einheit immer die Einheit des konkreten Seienden ist, das sich von anderen Seienden unterscheidet, ergibt sich mit ihr die Unterschiedenheit zum anderen Seienden bzw. das Anderssein gegenüber den übrigen Seienden – das *aliquid*, das ein ‚etwas-anderes-Sein‘, das *vierte* Transzendental (Ver. I 1). Damit sind wir auch schon beim *fünften* und *sechsten* Transzendental: Dieses andere Seiende nämlich, von dem sich jedes Seiende unterscheidet, bzw. dieses Seiende, gegenüber dem es von sich selbst her ein Anderes (*aliquid*) ist, kann die menschliche Seele sein. Die Seele jedoch ist auf das Seiende von Hause aus hingeordnet. Umgekehrt ist ihr das Seiende unmittelbar gegenwärtig. („Seiendes aber ist jenes, was der Intellekt [die Seele] zuerst als das ihm Bekannteste begreift [...]“. *Illud autem, quod primo intellectus concipit quasi notissimum* [...] *est ens* [...] Ebd.) Seiendes und Seele stehen daher in einer besonderen Beziehung, die Thomas als *convenientia* oder *adaequatio*, als Übereinstimmung oder Angleichung, charakterisiert. Hergestellt wird diese Beziehung zunächst durch die Seele. Allerdings könnte die Seele diese Beziehung gar nicht herstellen, wenn das Seiende *von sich selbst her* nicht die Möglichkeit dazu einräumen würde. Das Seiende muß folglich schon eine Eigenschaft besitzen, die eine solche Möglichkeit gewährleistet. Diese Eigenschaft wiederum zeigt sich, wenn man die Tätigkeit der Seele näher betrachtet und fragt, wie sich die Seele zum Seienden grundsätzlich verhält. Dabei stellt sich heraus, daß dies im wesentlichen in zweifacher Form geschieht: in der Form des Erkennens (*vis cognitiva* oder *intellectus*) und in der Form des Strebens (*vis appetitiva* oder *appetitus* bzw. *voluntas*). Damit nun das Erkennen gelingt, muß das Seiende ihm gegenüber offenbar (*manifestum*) und erkennbar (*cognoscibilis*), d.h. wahr (*verum*) sein; damit hingegen das Streben an sein Ziel kommt, muß das Seiende erstrebbar (*appetibile*), d.h. gut (*bonum*) sein. So bildet das Wahre, *verum*, das fünfte und das Gute, *bonum*, das sechste Transzendental.

unum

aliquid

verum

bonum

> „In der Seele aber gibt es Erkenntnis- und Strebekraft. Das Übereinstimmen eines Seienden mit dem Streben drückt also das Wort ‚Gutes‘ aus. [...] Das Übereinstimmen jedoch eines Seienden mit dem Verstand drückt das Wort ‚Wahres‘ aus. (*In anima autem est vis cognitiva et appetitiva; convenientiam ergo entis ad appetitum exprimit hoc nomen bonum,* [...] *convenientiam vero entis ad intellectum exprimit hoc nomen verum.*)“ (Ebd.)

Ergänzungen / Präzisierungen

Es sei noch ergänzt, daß Thomas (meines Wissens nach) diese sechs Transzendentalien – *ens, res, unum, aliquid, verum, bonum* – lediglich in „De veritate" (I 1) aufzählt. An anderen Stellen (z.B. in Ver. XXI 1 und 3 bzw. in Pot. IX 7 ad 6) erwähnt er – ganz im Sinne der Tradition – nur das *unum*, das *verum* und das *bonum*. Darin liegt kein Widerspruch. Es liegt nämlich auf der Hand, daß mit der Behauptung des *unum*, der Einheit also, die Transzendentalia *ens, res* und *aliquid* zwangsläufig mitangesprochen sind bzw. daß sich *ens, res* und *aliquid* auf das *unum* reduzieren lassen. Denn ein *unum* ist eben ein Seiendes, das aus der Verbindung von Sein (ausgedrückt durch das Transzendental *ens*) und Wesen (ausgedrückt durch das Transzendental *res*) entsteht und sich aufgrund seiner Einheit gegenüber allen anderen Seienden (ausgedrückt durch das Transzendental *aliquid*) unterscheidet. Hinzugefügt sei weiters, daß das *verum* bei Thomas immer *vor* dem *bonum* kommt. Dies rührt daher, daß nach seiner Überzeugung ein Streben (*appetitus*) seitens des Menschen nur dann einsetzt, wenn das, wonach gestrebt wird, das *appetibile*, bereits erkannt worden ist (*appetitus enim cognitionem sequitur*, Ver. XXIV 2). Schließlich muß Erwähnung finden, daß Thomas ganz selten auch das Schöne, das *pulchrum*, als zusätzliches Transzendental führt (vgl. u.a. Ebd. XXII 1,12; S. th. I V 4,1 und I/II XXVII 1,3). Dies ergibt sich für ihn daraus, daß mit dem Guten, dem Erstrebenswerten, das Schöne notwendig einhergeht (*pulchrum convertitur cum bono*, In Div. Nom. IV 22). Abgesehen davon gründet die Tatsache, daß alles Sein prinzipiell wahr und gut ist, letztlich darin, daß es von Gott geschaffen, d.h. erkannt und gewollt wird. Gott jedoch hat aus seiner Güte heraus die Schöpfung so gestaltet, daß sie nicht nur gut im Sinne von ‚geordnet', sondern auch schön im Sinne von gefällig, anziehend und einnehmend ist.

Die Antwort auf die Frage der Metaphysik

Zusammenfassung

Die Frage der Metaphysik lautet: Wie ist die Wirklichkeit im Ganzen zu verstehen? Darauf antwortet Thomas von Aquin: Alles Wirkliche, alles Seiende (*omne ens*), ist ein „Zusammengefügtes" (*compositum*) bzw. ein „Zusammengewachsenes" (*concretum*) aus Sein (*esse commune*) und Wesen (*essentia*). Als solches ist es – ganz im Sinne des Aristoteles – bewegt (*motus*). Das bedeutet: Als solches ist es gemäß den Bedingungen der Möglichkeit von Bewegung auch strukturiert – nach Substanz (*substantia*) und Akzidenz (*accidens*) einerseits und nach Form (*forma*) und Materie (*materia prima*) andererseits. Dies gilt – ebenfalls wie bei Aristoteles – im analogen (*secundum analogiam*) Sinne. Die Wirklichkeit nämlich darf nicht als undifferenzierte Einheit betrachtet werden, die sich auf so etwas wie einen einheitlichen Bewegungsbegriff ‚reduzieren' ließe, sondern stellt eine hierarchisch gegliederte Ordnung von Seinsstufen dar, die nicht ineinander aufgehen können. Daß sie trotz ihrer unaufhebbaren Unterschiedenheit dennoch etwas Gemeinsames haben und somit über alle Differenz hinweg eine Einheit bilden, verdankt sich zum einen dem Umstand, daß alles Seiende an der umfassenden wirklichkeits-schaffenden Fülle des Seins (*actus essendi*) partizipiert (*participatio*), und zum andern der Tatsache, daß es von Gott geschaffen wurde. Ersteres impliziert, daß alles, was ist, die transzendentalen Eigenschaften des Seins besitzt, die – zusammengefaßt – lauten: Einheit, Wahrheit und Gutheit. Weil zum andern aber das Sein seinerseits ein Geschöpf Gottes ist, partizipiert alles Seiende letztlich auch an Gott, dem es dadurch bei aller Unähnlichkeit als Abbild (*imago*) ähnlich ist. Letzteres ermöglicht es Thomas, die Eigenständigkeit der Wirklichkeit gegenüber Gott als ihrem Schöpfer beträchtlich aufzuwerten. Für ihn nämlich gehört es zur Ähnlichkeit wesentlich dazu, daß das Geschöpf auch an der *schöpferischen Eigenständigkeit* seines Schöpfers – im Sinne einer Zweitursache – teilhat.

Ausgang des Mittelalters – Übergang zur Neuzeit

Christentum und Neuzeit

14. und 15. Jahrhundert sind für die Geschichte der Metaphysik von großer Bedeutung. In ihnen kündigt sich das Ende der klassisch-christlichen Ära einerseits sowie der Anfang der neuzeitlichen Epoche andererseits unverkennbar an. Dies geschieht *innerhalb* des damals *umfassend* christlichen Denkens, erfolgt also nicht unter dem Druck eines wie immer gearteten außer-christlichen Standpunktes. Was im Zuge dieser Veränderungen zum Vorschein kommt, ist die Radikalisierung von Konsequenzen, die mit einem spezifisch christlichen Denkansatz von Hause aus gegeben sind (vgl. dazu das Kapitel über die „Veränderung der Metaphysik durch das Christentum“, S. 104ff.). Die klassisch christliche Metaphysik bereitet somit *ihre eigene* Überwindung durch die neuzeitliche Metaphysik *selbst* vor. Darin mag ein Grund dafür liegen, daß sich auch noch in nachmittelalterlicher Zeit viele Exponenten der neuzeitlichen Philosophie nicht etwa als Opponenten zum Christentum, sondern als zutiefst christliche Denker empfanden. Unter derselben Rücksicht bleibt umgekehrt bis heute unverständlich, warum die faktische historische Entwicklung so verlief, daß die Neuzeit häufig als etwas ‚Gegen-Christliches‘ erschien. Weder vom Ausgangspunkt noch von der Intention her, welche die Eigendynamik der Neuzeit beherrschte, wäre das Resultat der gegenseitigen Verteufelung notwendig gewesen. Doch darüber zu spekulieren ist müßig. Die Geschichte hat aus vielerlei – politischen, kulturellen, sozialen u.a. – Gründen den Gang genommen, den sie genommen hat. Worauf wir uns hier beschränken müssen, ist der Versuch einer Rekonstruktion des Übergangs von der mittelalterlichen zur neuzeitlichen Metaphysik. Zu diesem Zweck greifen wir zwei wichtige Einschnitte aus der Geschichte der damaligen Philosophie heraus: den sogenannten Universalienstreit sowie die Metaphysik des Nikolaus von Kues.

Der Universalienstreit

Den Universalienstreit halte ich für den folgenschwersten Einschnitt in der Geschichte der gesamten abendländisch-europäischen Kultur. Wenn er auch zunächst eine rein philosophisch-theologische Auseinandersetzung zu sein schien, trug er doch wesentlich dazu bei, ein neues Selbstverständnis des Menschen auf den Weg zu bringen und letztlich auch eine ganz andere Beziehung desselben zur Wirklichkeit zu schaffen. Noch heute scheinen mir nicht alle Konsequenzen ausgeschöpft zu sein, die sich aus dem mit ihm eingeleiteten Wandel ergeben. Fern davon also eine bloß metaphysisch-wissenschaftliche Angelegenheit zu sein, die bloß eine neue philosophische Schulrichtung – den sogenannten ‚Nominalismus' – hervorgebracht hätte, bildet er einen jener Augenblicke der Geistes- und Kulturgeschichte, in denen sich fundamentale Weichenstellungen für ganze Jahrhunderte eingestellt haben.

Realisten / Nominalisten

Worum ging es in diesem Streit? Zunächst um ein rein erkenntnistheoretisches Problem. Es fragte sich nämlich, ob dem Begrifflichen (*conceptus*) bzw. Allgemeinen (*universale*), das wir einer Sache (einem Seienden) zusprechen, etwas an dieser Sache *selbst* korrespondiert, d.h. ob es zum Begrifflichen und Allgemeinen unserer Erkenntnis ein *real existierendes* Gegenstück in der Wirklichkeit selbst gibt. Die Parteien, die in diesem Streit aufeinanderstießen, vertraten entgegengesetzte Ansichten. Die *Realisten*, unter ihnen vor allem die Platoniker, die Aristoteliker und Thomisten, meinten: Dem Begrifflich-Allgemeinen, dem *universale*, entspricht sehr wohl etwas am Seienden selbst. Dieses Allgemeine ist identisch mit dem Wesen (*essentia*) bzw. mit der Form (*forma*). Zwar existiert es nicht für sich alleine, sondern immer schon konkretisiert in einem materiellen und einzelnen Seienden. Sofern es aber ein Prinzip darstellt, ohne welches dieses Seiende gar nicht gedacht werden könnte, läßt es sich doch von diesem formal (*formaliter*) unterscheiden und mit Hilfe der Abstraktion (*abstractio*) geistig erkennen.

> „Nach Aristoteles sind ‚die Worte Zeichen für die Begriffe (*signa intellectuum*) und die Begriffe Abbilder der Dinge (*rerum similitudines*)'. Also dienen die Worte zum Ausdruck für die Dinge und zwar auf dem Wege über die Begriffe. (*Et sic patet quod voces referuntur ad res significandas, mediante conceptione intellectus.*) [...] [Z.B.] drückt der Name ‚Mensch' durch seine Bedeutung das Wesen des Menschen so aus, wie es ist; er bezeichnet nämlich seine Begriffsbestimmung, drückt also sein Wesen aus (*significat enim eius definitionem, declarantem essentiam eius*). [...] Nun sind die Geschöpfe der [materiellen] Art, d.h. die in sich abgeschlossenen und konkret existierenden Dinge (*ea quae sunt perfecta et subsistentia*), zusammengesetzt (*sunt composita*); die Form [das Wesen] hingegen in ihnen ist nicht etwas, das vollständig für sich existiert (*forma autem in eis non est aliquid completum subsistens*), sondern vielmehr das, wodurch et-

was ist (*sed magis quo aliquid est*); darum bezeichnen alle Namen, mit denen wir etwas in sich Abgeschlossenes und konkret Existierendes (*aliquid completum subsistens*) meinen, dieses als greifbares Einzelding (*in concretione*), eben als etwas Zusammengesetztes. Jene Namen aber, mit denen wir einfache Wesensformen (*formas simplices*) bezeichnen, meinen etwas nicht als konkret Existierendes, sondern als das, wodurch etwas ist (*aliquid non ut subsistens sed ut quo aliquid est*), wie das ‚Weiß' das bezeichnet, wodurch etwas weiß ist." (Thomas von Aquin, S. th. I 13,1; Übersetzung verändert)

Die Gegenpartei bildeten im wesentlichen die *Nominalisten*, die sich ihrerseits wiederum unterteilten in die *reinen* Nominalisten und in die *Konzeptualisten*. Deren Ansicht lautete: Das Begrifflich-Allgemeine ist einzig und allein das Werk der menschlichen Vernunft. Ihm entspricht nichts Wirkliches am Seienden selbst. Es bildet entweder etwas rein Sprachliches (*vox, flatus vocis, nomen* – daher ‚Nominalismus') oder etwas rein Gedankliches (*conceptus* – daher ‚Konzeptualismus').

„Daran halte ich fest, daß es kein [...] wie auch immer außerhalb der Seele existierendes Allgemeines gibt; sondern alles, was allgemein ist und von mehreren ausgesagt werden kann, existiert im Geiste [...], und kein Allgemeines rührt vom Wesen oder von der Washeit irgendeiner Substanz her [...] (*Hoc tamen teneo, quod nullum universale* [...] *existens quocumque modo extra animam, sed omne illud quod est universale praedicabile de pluribus ex natura sua est in mente* [...], *et quod nullum universale est de essentia seu quidditate cuiuscumque substantiae* [...]" (Wilhelm von Ockham, In I Sent. II 8) „[...] jedes Universale kann, gemäß der Auffassung aller, von vielen ausgesagt werden (*omne universale, secundum omnes, est de multis praedicabile*). Aber nur eine Intention der Seele oder ein konventionell eingesetztes Zeichen, nicht aber eine Substanz, hat diese Fähigkeit. (*Sed sola intentio animae vel signum voluntarie institutum natum est praedicari et non substantia aliqua.*) Also ist nur eine Intention der Seele oder ein konventionelles Zeichen ein Universale. (*Ergo sola intentio animae vel signum voluntarie institutum est universale.*) [...] Ferner: Eine Aussage (*propositio*) ist entweder im Geiste, oder sie wird gesprochen oder geschrieben (*in mente vel in voce vel in scripto*). Ihre Teile also können nur als gedachte, gesprochene oder geschriebene vorkommen. Von dieser Art sind aber keine Einzelsubstanzen. (*Huiusmodi non sunt substantiae particulares.*) Es steht also fest, daß keine Aussage aus Substanzen zusammengesetzt ist. Eine Aussage ist aus Universalien zusammengesetzt. (*Componitur autem propositio ex universalibus.*) Die Universalien sind deshalb auf keine Weise Substanzen. (*Universalia igitur non sunt substantiae ullo modo.*)" (Ders., SL I 15 [R. Imbach Nr. XI 13.15]; vgl. I 14 [X 1-7])

Konsequenzen

Dieses zunächst erkenntnistheoretische Problem besaß eine ungeheure *metaphysische* Sprengkraft. Wenn es sich nämlich herausstellte, daß alles Übergeordnete, Allgemeine und Vereinheitlichende etwas rein Sprachliches oder Gedankliches ist, in jedem Fall etwas, das bloß durch die menschliche Vernunft zustandekommt, so war es nur eine Frage der Zeit, bis auch der ‚Gegenstand' der Metaphysik, die Gesamtheit (Einheit, Totalität) der Wirklichkeit, zu etwas wurde, was die menschliche Vernunft hervorbringt. Das heißt: Die Ganzheit der Wirklichkeit, die während der Antike und des Mittelalters etwas darstellte, das allem konkret Realen als das eigentlich Wirkliche und eminent Wahre vorhergeht, wurde damit zu etwas, was sich die menschliche Vernunft *entwirft* und *konstruiert*, um in das konkret Reale Ordnung und Sinn hineinzubringen. Wiederum war es nur eine Frage der Zeit, bis sich als nächste Frage einstellte: Woher nimmt die Vernunft ihren Entwurf bzw. ihre Konstruktion von Ganzheit? Darauf antwortete die aus dem Nominalismus hervorgegangene neuzeitliche Philosophie: Aus sich selbst. Und so lag es nur in der Konsequenz der Folgerungen, daß die menschliche Vernunft (oder Subjektivität) *selbst* zum Einheitsprinzip aller Wirklichkeit wurde.

Abstraktion / Konstruktion

Das eben Gesagte läßt sich auch so erklären: Mit dem Nominalismus tritt an die Stelle der *Abstraktion* der *Entwurf* bzw. die *Konstruktion*. (Der bedeutendste Nominalist, Wilhelm von Ockham, um 1280 – ca. 1349, spricht in diesem Zusammenhang sogar von „Fiktion", *fictio, fingere* [In I Sent. II 8], *fictum per animam* [SL I 12].) „Abstraktion", griechisch ἀφαίρεσις bzw. χωρισμός, lateinisch *abstractio*, bedeutet in der Tradition seit Aristoteles: Absehen von etwas, um dadurch etwas Anderes erkennen zu können. In der Regel ist das, wovon abgesehen wird, das Zufällige, Sinnliche, Nicht-Verallgemeinerbare oder – ganz einfach – Vernachlässigbare. Das hingegen, was durch diese Absehung deutlicher hervortreten oder an sich selbst erscheinen soll, ist das Geistige, Allgemeine, Höhere und Prinzipielle, so z.B. der Bereich des Mathematischen. In diesem herrscht bekanntlich das streng Verallgemeinerbare, Ideale und Formale. Alles Sinnliche ist auf ein Minimum reduziert. Diese Reduktion des Sinnlichen erfolgt durch Abstraktion. Ähnliches gilt nach Ansicht der Tradition für die höchsten Prinzipien und Ursachen der Wirklichkeit. Um sie zu erkennen, müssen sogar noch die letzten Reste der Sinnlichkeit und Anschaulichkeit wegabstrahiert werden. Denken wir etwa an den Begriff des ‚Seins'. Er ist das Allgemeinste schlechthin. Soll er gewonnen werden, muß von absolut allem, was diese allgemeinste Allgemeinheit einschränken könnte, abgesehen werden. Bleibt nun die Frage, wie es zu einer solchen Abstraktion kommt bzw. wie sie vor sich geht? Geschieht sie ohne Veranlassung? Und wenn sie geschieht, erfolgt sie dann zielgerichtet oder willkürlich? Für Thomas von Aquin, den wichtigsten Vertreter dieser traditionellen Theorie, ist klar: Eine Abstraktion wird immer durch etwas veranlaßt, und dieses ‚etwas' ist auch das, was der Abstraktion ihr Ziel vorgibt. Was da veranlaßt und ein Ziel setzt, ist wiederum nicht die Abstraktion selbst oder die Vernunft selbst, die diese Abstraktion durchführt, sondern etwas Wirkliches, das der Vernunft *seinsmäßig*, wir können auch sagen *reali-*

ter vorhergeht. Letztlich ist es die Einheit der Wirklichkeit, das *ens*, das *esse* bzw. das, worin dieses *esse* konkret wird: die *essentia* (das Wesen) und die *forma* (die Form). Bezeichnenderweise begreift Thomas das Auszeichnende der Vernunft, lateinisch *intellectus*, als das Vermögen des *intus legere*, des ‚drinnen Lesen-Könnens' bzw. des ‚von Innen heraus Lesen-Könnens'. Worin? Woraus? Aus der Wirklichkeit selbst, die *vor* der Vernunft, *vor* dem Intellectus, immer schon wahr ist. Vernunft, so können wir sagen, ist letztlich nicht etwas Schöpferisches, das aus sich selbst etwas hervorbrächte, was über die Wirklichkeit als etwas Neues hinausginge, sondern etwas Nachvollziehendes, das in die stets zuvorkommende Wirklichkeit tiefer und tiefer eindringt.

> Thomas von Aquin: „Das Wort ‚Intellekt' ist daher genommen, daß dieses Vermögen das Innerste eines Dinges erkennt ([...] *nomen intellectus sumitur ex hoc quod intima rei cognoscit*). ‚Intelligere' (einsehen, verstehen) heißt nämlich so viel wie ‚intus legere' (im Innern lesen) (*sed enim intelligere quasi intus legere*). Die Sinne (*sensus*) nämlich und die Vorstellungskraft (*imaginatio*) erkennen nur äußere unwesentliche Eigenschaften. Allein die Vernunft erreicht also das Innere und die Wesenheit eines Dinges (*solus autem intellectus ad interiora et essentiam pertingit*). [...] Die Washeit eines Dinges ist aber der eigentümliche Gegenstand der Vernunft (*Quidditas autem rei est proprium obiectum intellectus* [...])." (Ver. I 12, Übersetzung leicht verändert)

Ganz anders im Nominalismus. Für ihn bildet die Vernunft nicht etwas ab, was bereits vorgegeben ist. Sie dringt auch nicht in etwas ein, was sozusagen mehrere ‚Schichten' enthielte, eine sinnlich wahrnehmbare und eine intellektuell (geistig) erfaßbare. Nein, die Vernunft schafft etwas *Eigenständiges*, in der Wirklichkeit *nicht Vorhandenes* und gegenüber allem Seienden *Neues*. Die konkrete Wirklichkeit provoziert die Vernunft lediglich, ihre eigene Dimension, sprich die Welt der Allgemeinbegriffe, der Zeichen, Formen und sämtlicher *universalia* zu entfalten. Dies wiederum geschieht nicht mehr durch die Abstraktion im zuvor beschriebenen Sinne, sondern dadurch, daß die Vernunft in ihrem Bereich schöpferisch tätig wird. Abstraktion erfolgt ja, wie wir festgestellt haben, wesentlich an etwas, was bereits da ist. Im Verständnis der Tradition ist sie eine aufdeckende, enthüllende, ja ‚archäologische' Tätigkeit. Da nun für den Nominalismus nichts mehr da ist, was es zu entdecken oder herauszuarbeiten gilt, konstituiert sich die Vernunft in einer anderen Tätigkeit. Diese jedoch wird von der späteren Philosophie als *Entwurf* und *Konstruktion* bezeichnet.

> Wilhelm von Ockham: „Und so entsteht kein Allgemeines in der Weise des natürlichen Hervorgehens, sondern durch eine Abstraktion, die nichts anderes als eine Fiktion ist. (*Et ita isto modo universale non est per generationem sed per abstractionem, quae non est nisi fictio quaedam.)*" (In I Sent II 8)

Metaphysik wird Kritik.

Wir sehen jetzt, warum der Universalienstreit für die Metaphysik so wichtig wurde. Er legte nicht nur den Grundstein für die Wende zur Vernunft, zur Subjektivität, bzw. für die von Kant in Anspruch genommene „kopernikanische Wende", sondern auch den Boden für die Metaphysik*kritik*. Wenn nämlich die bisherigen ‚Gegenstände' der Metaphysik, die Ganzheit der Wirklichkeit und deren Prinzipien, zu etwas werden, was die Vernunft setzt (wenn sie, wie man sagt, *Funktionen* der Vernunft werden), dann bleibt folgende Alternative: *Entweder* die bisherigen ‚Gegenstände' der Metaphysik gehen in Schall und Rauch auf, verlieren jeglichen Wirklichkeitswert und müssen dementsprechend behandelt werden, *oder* aber die Metaphysik wandelt ihr Wesen und wird *Kritik* der Vernunft bzw. *Kritik* dessen, was später an die Stelle der Vernunft tritt, die *Sprache* allem voran. (Dabei ist ‚Kritik' im ursprünglichen Sinn des Wortes κρίνειν zu nehmen, als ‚Prüfung', ‚Bewertung', ‚Unterscheidung' oder ‚Beurteilung'.) In jedem Fall gibt es kein Sich-Zeigen der Wirklichkeit mehr ohne das *apriorische* Mitwirken der Vernunft. Diese hört auf, bloße Abbildnerin oder Entdeckerin der Wirklichkeit zu sein. Wahr und wirklich ist in der Folge nur mehr, was die Vernunft überhaupt erscheinen läßt.

Geschichte

Zur *historischen* Information sei abschließend vermerkt, daß der Begriff „Nominalismus" in der Geschichtsschreibung alles andere als eindeutig verwendet wird. Vor allem seine Abgrenzung gegenüber dem Begriff des „Konzeptualismus" wechselt von Autor zu Autor. Uneinigkeit herrscht auch darüber, wann man den Beginn des Universalienstreites im allgemeinen sowie das Auftreten des Nominalismus im speziellen datieren soll. Einige Historiker setzen bereits im 12. Jahrhundert an. Für sie gehören schon Roscelin von Compiègne (gest. um 1120), Petrus Abaelard (1079–1142) und Gilbert von Poitiers (um 1080–1154) dazu. Andere Forscher nennen das 14. Jahrhundert und hier vor allem die Vertreter jener „via moderna", die im Anschluß an den oben genannten Wilhelm von Ockham gegenüber den Verfechtern der „via antiqua" des Thomas von Aquin und anderer eine neue Vorstellung von Vernunft begründeten. Ich selbst vertrete die zweite Position, weil ich meine, daß Nominalismus und Konzeptualismus erst vor dem Hintergrund einer differenzierten Wissenschaftstheorie sowie im Zusammenhang mit einem neuen Wirklichkeitsgefühl ihre eigentliche Sprengkraft entwickeln konnten. Dies war jedoch erst ab dem 13. Jahrhundert der Fall. Was ersteres anbelangt, hatte sich nämlich seit dem 12. Jahrhundert (in den Schulen von Laon, Chartres, Poitiers und St.Victor sowie in der Auseinandersetzung mit dem Aristotelismus) eine klare Unterscheidung zwischen theologischen und philosophischen Disziplinen herausgebildet. Bezüglich des letzteren hingegen muß beachtet werden, daß sich schon Ende des 13. Jahrhunderts, z.B. bei Johannes Duns Scotus (1266–1308), eine höhere Bewertung des Einzelnen, Einmaligen und Individuellen durchsetzte. Wahrscheinlich war es Duns Scotus, der den Begriff der *haecceitas*, der „Diesheit", genauer noch „Dieseinzigkeit", prägte. (Reportata Parisiana II 12,4,3 [23,21a]; Ordinatio II 3,2,4 [12,80a]; 3,4,3 [12,93a]; 3,6,15 [12,144a])

> Diesem Einzigen ordnete er sogar eine eigene Art von Erkenntnis zu, die er *cognitio intuitiva* nannte. Ockham übernahm diese Theorie und erklärte das *singulare* (Einzelne, Einmalige, Individuelle) zum alleinig Wirklichen. Ebenso sprach er von einer spezifischen Erkenntnis (Intuition), die das *singulare* erfaßt – von einer *notitia intuitiva*, wenn „man wissen kann, ob ein Gegenstand ist oder nicht (*virtute cuius potest sciri, utrum res sit vel non*)", und von einer *notitia abstractiva*, wenn „in bezug auf eine kontingente Sache nicht evident gewußt werden kann, ob sie ist oder nicht (*virtute cuius de re contingente non potest evidenter, utrum sit vel non sit*)". (In Sent. Prol. 1,1 [R. Imbach Nr. XXII 21.23])

Nikolaus von Kues

Stellung zur Tradition

Die Philosophie des Nikolaus von Kues (Nicolaus Cusanus 1401–1464) wird vor allem mit zwei Begriffen in Zusammenhang gebracht, die sich auf seine philosophische Theologie beziehen: mit dem Begriff der „docta ignorantia" sowie mit dem Begriff der „coincidentia oppositorum". Beide Begriffe hängen eng miteinander zusammen. Gemeinsam beschreiben sie die absolute Unerreichbarkeit Gottes durch die menschliche Erkenntnis. Weil die Wirklichkeit Gottes den Kategorienrahmen, gemäß dem sich die menschliche Erkenntnis vollzieht, dermaßen sprengt, daß sogar das Widersprüchliche ineinanderfällt (*coincidentia oppositorum*), gibt es für den Menschen von Gott nur ein wissendes Nichtwissen (*docta ignorantia*). Doch hinsichtlich beider Begriffe bzw. hinsichtlich beider durch sie bezeichneten ‚Sachverhalte' ist das Denken des Cusanus nicht originell. Mit ihnen steht er vielmehr in einer alten Tradition. Der Begriff der „docta ignorantia" kommt bereits bei Augustinus (Brief CXXX 15,28) und Bonaventura (Breviloquium V 6,7; In II Sent. XXIII 2,3) vor, reiht sich in das vom Neuplatonismus inspirierte Vokabular der negativen Theologie ein und verweist zurück auf Sokrates, der nach platonischer Überlieferung seine Weisheit gerade darin gesehen hat, darum zu wissen, nichtwissend zu sein. Ähnliches gilt für die „coincidentia oppositorum", die der Sache nach schon in Platons Dialog „Parmenides" zu finden ist, wo über die Denkbarkeit des Ursprungs in seinem Für-sich-Sein, d.h. in seiner Nicht-Bezogenheit auf etwas Anderes – auf das aus ihm Hervorgegangene – reflektiert wird. Noch mehr findet sich das mit „coincidentia oppositorum" Bezeichnete in der neuplatonischen Tradition, die sich gegenüber anderen Traditionen dadurch auszeichnet, daß sie das Überkategoriale des Ursprungs (des ἕν) herausstellt und dabei nicht anders als Cusanus zu höchst paradoxen Formulierungen greift. Cusanus selbst dürfte ihn während seines Studiums in Köln von Heymerich von Kamp (1395 – 1460), einem spätmittelalterlichen Albertisten, übernommen haben.

Priorität der Erkenntnis

Originell – und damit die neue Zeit ankündigend – ist Nikolaus von Kues durch seine *Argumentation*. Diese orientiert sich nämlich primär nicht mehr an der Hierarchie der Wirklichkeitsstufen, d.h. am Rang der Erkenntnis*gegenstände*, sondern *an der menschlichen Erkenntnis und ihren Fähigkeiten*. Anders ausgedrückt: Nikolaus setzt nicht damit an, daß er zuerst die Vollkommenheit Gottes anspricht, um dann davon ausgehend die Schwäche der menschlichen Erkenntniskraft angesichts dieser Vollkommenheit nachzuweisen. Er geht vielmehr umgekehrt vor, analysiert zuerst die Fähigkeiten der menschlichen Erkenntnis und konfrontiert danach diese mit einem ‚Gegenstand' wie Gott in seiner Vollkommenheit. Allein schon dieser unscheinbare, auf den ersten Blick folgenlos erscheinende Schritt weist auf ein anderes Denken voraus, das die Entscheidung darüber, was wirklich und wahr ist (oder nicht), an der menschlichen Erkenntnisfähigkeit (an der Subjektivität) mißt, nicht mehr an einer immer schon vorgegebenen, seitens der Erkenntnis nur nachzuvollziehenden objektiven Ordnung.

Erkenntnis und Schöpfung

Daß Cusanus diesen Wandel mit einleitet, äußert sich zusätzlich darin, daß er die menschliche Erkenntnis nicht als ein primär passives Organ versteht, welches das sich ihm (in der Wirklichkeit) Darbietende aufnimmt und wiederspiegelt, sondern als etwas *Schöpferisches*. Um dies zu begründen, greift er auf die alte biblisch-christliche Grundaussage über den Menschen zurück: daß dieser ein Abbild Gottes ist. Abbild des Schöpfers ist in seinen Augen wohl die gesamte Wirklichkeit, der Mensch ist es jedoch in so herausragender Weise, daß ihn Cusanus in bereits zitierten (berühmten) Formulierungen einen „zweiten Gott" nennt.

> De beryllo VI [Philosophisch-Theologische Schriften, hg. von L. Gabriel, übers. von D. und W. Dupré, 3 Bde., Wien 1964–1967, hier III 8]: „*Dicere hominem esse secundum Deum*"; De coniecturis II 14 [II 158]: „*Homo enim deus est, sed non absolute, quoniam homo; humanus est igitur Deus*. (Der Mensch ist nämlich Gott, aber nicht in Absolutheit, weil er eben Mensch ist. Er ist also menschlicher Gott.)"

Zwei Gründe geben den Ausschlag für diese besondere Bewertung: Zum einen *weiß* der Mensch im Unterschied zu allen anderen Seienden darum, daß er Abbild Gottes ist: „[...] er tritt in sich ein und weiß, daß er ein solches Bild wie sein Urbild ist (*in se intrat et scit se talem esse imaginem, quale est suum exemplar in se speculatur*)." (De venatione sapientiae XVII [I 78]) Noch ausdrücklicher:

> „Und weil Erkennen (*cognitio*) Angleichung (*assimilatio*) bedeutet, findet sie [die Vernunft: *intellectus*] vermittels ihres Vollzuges alles in sich selbst wie in einem lebendigen Spiegel (*reperit omnia in se ipso ut in speculo vivo*). Sie sieht in sich selbst blickend alles als in ihr Angeglichenes. (*Qui in se ipsum respciens cuncta in seipso assimilata videt*.) Und diese Angleichung ist das lebendige Bild des Schöpfers und aller Dinge. (*Et haec assimilatio est imago viva creatoris et omnium*.)" (Ebd., Übersetzung verändert)

Zum anderen ahmt der Mensch Gott gerade auch in seinem Schöpfersein nach. Denn in seiner Erkenntnis ist er nicht weniger hervorbingend als Gott selbst. Gewiß schafft er durch seine Erkenntnis keine Wirklichkeit, wie Gott das tut, wenn er ‚ex nihilo' die Welt (*entia realia*) erschafft, doch er gleicht sich dem göttlichen Schöpfungsakt an, indem er die Begriffe (*entia rationalia*) bildet, mittels derer überhaupt erst menschliche Erkenntnis und damit eine Wirklichkeit für den Menschen zustandekommt. (Idiota de mente VII [III 530ff.]) Und gewiß haben diese Begriffe gegenüber den Urbildern (Ideen), die Gott bei seinem Schaffen schaut, lediglich Abbild-Charakter, lassen folglich nur eine Annäherung bzw. Vermutung (*coniectura*) bezüglich der Wahrheit zu (De coniectura I 1ff. [II 2 ff.]); der Schöpfungscharakter der Erkenntnis bleibt – wie ein Zitat betreffend die praktische Erkenntnis belegt – trotzdem gewahrt:

> „[...] der Mensch ist ein zweiter Gott. Denn so wie Gott der Schöpfer der wirklichen Seienden und der natürlichen Formen ist, ist der Mensch der Schöpfer der Verstandesdinge und der künstlichen Formen (*rationalium entium et formarum artificialium*). Diese sind nichts anderes als Ähnlichkeiten seiner Vernunft (*intellectus similitudines*) so wie die Geschöpfe Gottes Ähnlichkeiten des göttlichen Denkens sind. Demgemäß hat also der Mensch seine Vernunft, die eine Ähnlichkeit des Göttlichen ist, im schöpferischen Tun. (*Ideo homo habet intellectum, qui est similitudo divini intellectus in creando*.)" (De beryllo VI [III 8] Übersetzung verändert; vgl. Idiota de mente VII [III 530ff.])

Grenzen der ratio

Fragt man nun *im Rahmen dieser Aussagen* nach den Fähigkeiten der menschlichen Erkenntniskräfte im einzelnen, so hält Cusanus hinsichtlich der ‚höheren' Erkenntniskräfte Verstand (*ratio*) und Vernunft (*intellectus*) Folgendes fest: Der Verstand bezieht sich auf den Bereich des Endlichen. Das Endliche wiederum ist charakterisiert durch die Vielfalt von Seienden. Die Vielfalt jedoch wird durch eine Differenz-Struktur beherrscht, die Cusanus als Widerspruch interpretiert: Jedes Seiende ist eines, indem es nicht ein anderes Seiendes ist. Dadurch erscheint es auch als etwas Begrenztes, das allemal an ein anderes grenzt, das es nicht ist. Man kann auch sagen: Sofern es sich von jedem anderen Seienden unterscheidet, besitzt es an sich selbst Bestimmtheit: Es ist dieses Seiende und kein anderes. Der Verstand geht dementsprechend vergleichend (*comparatio*) und bestimmend (*mensuratio*) vor. (Vgl. De docta ignorantia II 1 [I 312ff.]; Idiota de mente I, IX [III 480ff.,554ff.]) Er bezieht ein Seiendes auf ein anderes Seiendes und stellt dabei jeweilige Unterschiede fest. Hierbei kommt er an kein Ende, denn die Vergleichsmöglichkeiten eines Seienden mit anderen Seienden sind unendlich. Das heißt: Eine defintive, absolute Bestimmung eines Seienden vermag er nicht zu erreichen. Er kommt über die Vergleichung letztlich nicht hinaus. Damit aber erweist sich der Verstand als unfähig, das Unendliche oder Absolute zu erkennen, denn dieses zeichnet sich gerade dadurch aus, daß es nicht mehr verglichen werden kann. Wie wäre es sonst das Absolute? Angesichts dessen herrschen gänzlich andere Verhältnisse als im Bereich des Endlichen. Zwischen beidem ist kein Vergleich möglich: *finiti ad infinitum proportionem non esse* (De docta ignorantia I 3 [I 200]).

„coincidentia oppositorum"

Nun ist aber nicht zu übersehen: Daß eben dies festgestellt werden kann, daß der Verstand des Absoluten bzw. ‚Un-endlichen' nicht fähig ist, setzt voraus, daß dieses dennoch irgendwie erkannt wird. Wie ließe sich sonst sagen, daß das Absolute mit dem Endlichen nicht vergleichbar ist? Was gestattete sonst die Behauptung, daß der Verstand angesichts des Absoluten scheitern muß? Cusanus nennt diese Erkenntnis des Absoluten Vernunft (*intellectus*). Die Vernunft ist allerdings ebenso ein Organ des Menschen. Dadurch ist sie ihrerseits nichts Göttliches (Absolutes), sondern Endliches (Menschliches). Sie dringt daher nicht in das Selbstsein Gottes vor. Dieses bleibt auch ihr verschlossen, so daß sie im Sinne der *docta ignorantia* darüber nur negative Aussagen machen kann. (De docta ignorantia I 1,16,18, 24,26 u.ö. [I 196,244,252, 282,292ff. u.ö.]; De venatione sapientiae XII [I 50ff.]) Was sie aber erfaßt, ist das Hinaussein des Absoluten über jegliche Kategorie des Endlichen. Cusanus begreift dieses Hinaussein als Zusammenfall der Gegensätze und Widersprüche: als *coincidentia oppositorum*. (De coniecturis II 1 [II 82]; De beryllo I [III 2]; De visione Dei IX,X [III 129ff.,132f.]; u.ö.) Daß er ausgerechnet diese Bezeichnung wählt, begründet er auf vielerlei Weise. Im Anschluß an das zuvor Gesagte legt sich hier diese nahe: Das Endliche ist als das Vielheitliche bestimmt, in welchem jeweils ein Seiendes neben anderen Seienden steht, jedes Eines-sein (*unitas*) auf ein Anderes-sein (*alteritas*) bezogen ist. In Gott kann es diesen Gegensatz von Eines-sein und Anderes-sein nicht mehr geben. Denn gäbe es ein Anderes neben Gott, auf das er bezogen wäre bzw. an das er grenzen würde, so wäre er nicht das Absolute, sondern ein Endliches, das durch dieses Andere seine ‚De-finition' fände. Gott wird daher von Nikolaus von Kues in einer eigenen Schrift (II 443-565) als das „non-aliud", als das „Nicht-Andere" beschrieben. Man würde nun aber seinem Gedankengang nicht gerecht, würde man dieses ‚Nicht-Anderes-sein' Gottes dem Endlichen mit seiner Widerspruchsstruktur zwischen dem Einen und dem Anderen entgegensetzen. Damit würde man einen neuen Widerspruch konstruieren, der Gott abermals verendlichte, diesmal dem Endlichen mit samt seiner Widerspruchsstuktur gegenüber. Um dem zu entgehen, muß man sagen, daß in Gott auch das Anderes-sein ist. Gott ist demnach unbezügliches Eines-sein und Anderes-sein zugleich – ein absoluter Widerspruch, eine *coincidentia oppositorum*, an der die menschliche Erkenntnis stranden muß.

Bezeichnend für den Philosophen, der auf die spezifisch neuzeitlichen Problemstellungen vorausweist, identifiziert Nikolaus von Kues diese *coincidentia oppositorum* nicht mit Gott selbst. Dieser ist *nicht* der Zusammenfall der Gegensätze. Er ist vielmehr über all dies hinaus. Der Zusammenfall der Gegensätze bezeichnet das, was sich *der menschlichen Erkenntnis* von Gott zeigt. Cusanus beschreibt es in seiner Schrift „De visione Dei“ als „Mauer des Paradieses“:

> „Wenn ich dich, Gott, im Paradies sehe, das diese Mauer des Zusammenfalls der Gegensätze (*murus coincidentiae oppositorum*) umgibt, sehe ich Dich [...:] jenseits von ihr bist Du, losgelöst von allem, das gesagt oder gedacht werden kann (*absolutus ab omni eo, quod aut dici aut cogitari potest*).“ (De visione Dei XI [III 140])

Schlußfolgerung

Diese ‚gnoseologische‘ Position läßt bereits einen Schluß hinsichtlich der Antwort zu, die Nikolaus von Kues auf die Frage der Metaphysik nach einer möglichen Bestimmbarkeit der Wirklichkeit in ihrer Gesamtheit gibt: Wenn die Vernunft Gott lediglich in der Form der *coincidentia oppositorum* erfassen kann, dann wird die Wirklichkeit in ihrer Gesamtheit, sofern sie ein Abbild Gottes ist, ebenfalls nach der Struktur der *coincidentia oppositorum* zu begreifen sein. Zumindest auf dem Wege der Vernunft, d.h. auf dem für die Metaphysik einzig möglichen Weg, kann keine andere Konklusion gezogen werden. Die Frage ist nur noch, welche umfassende *coincidentia oppositorum* die Vernunft im Bereich des Abbildes, d.h. im Bereich der geschöpflichen Wirklichkeit auszumachen vermag. Cusanus beantwortet auch diese Frage in einer gegenüber früheren mittelalterlichen Theorien originellen Weise. Erneut nimmt er damit eine Position der neuzeitlichen Philosophie vorweg, die sich nach längerer Entwicklung erst Ende des 17. Jahrhunderts voll entfalten wird – in der Monadenlehre von Leibniz.

Universum

Der spezifische Gedankengang ist dieser: Wenn die Schöpfung, das Universum, Abbild Gottes ist, dann hat diese an Gott Anteil bzw. dann gibt umgekehrt Gott seiner Schöpfung an sich als Urbild Anteil. Man kann auch sagen: Das göttliche Urbild ist im geschöpflichen Abbild anwesend. Wie ist jedoch diese Anwesenheit vorzustellen? Sicherlich nicht so, daß sich Gott in das Universum hinein ‚verteilen‘ würde, so daß er zu einem Stück da und zu einem anderen Stück dort zu finden wäre. Derartiges würde der Absolutheit Gottes widersprechen. Nach einer theoretischen Teilung wäre das Absolute nicht mehr das Absolute, sondern als Geteiltes eine Vielheit, d.h. etwas Endliches. Man könnte nicht mehr sagen, daß das Absolute selbst bzw. das Absolute als Absolutes im endlichen Abbild, im Universum, anwesend ist. Folglich muß das Absolute als solches im Universum da sein. Vom Universum aus betrachtet: Dieses spiegelt die ‚Un-endlichkeit‘ Gottes wieder. Doch offensichtlich ist das Universum nicht Gott, sondern dessen endliches Geschöpf. So bleibt nur folgender Schluß: Das Universum stellt ein verendlichtes Absolutes dar:

„Wer kann verstehen, wie alles das Bild einer einzigen, unendlichen Gestalt ist (*quomodo omnia illius unicae infinitae formae sunt imago*) und die Verschiedenheit nur aus Zufälligem hat, als wäre das Geschöpf gleichsam ein zufälliger Gott (*quasi creatura sit Deus occasionatus*) [...]? Die unendliche Gestalt ist nur auf endliche Weise aufgenommen, so daß jedes Geschöpf eine endliche Unendlichkeit oder ein geschaffener Gott ist und dies auf die bestmögliche Weise. (*Quoniam ipsa forma infinita non est nisi finite recepta, ut omnis creatura sit quasi infinitas finita aut Deus creatus, ut sit eo modo, quo hoc melius esse possit.*)" (De docta ignorantia II 2 [I 328])

Universum und Teil

Dieses Verhältnis von Gott und Universum setzt sich in das Verhältnis des Universums zu seinen Teilen fort, wobei sogleich präzisiert werden muß, daß Nikolaus von Kues ebenso wie Aristoteles bei diesen ‚Teilen' die selbständigen Seienden, die Substanzen, vor Augen hat. Jedenfalls ist jeder Teil zugleich das Ganze. Das ergibt sich schon daraus, daß jeder einzelne Teil seine Bestimmung durch seine Beziehung zu einem anderen Teil bzw. zu allen anderen Teilen erhält. Alle anderen Teile zusammen bilden aber das Universum. So definieren sich Universum und Einzelteil gegenseitig: „[...] Alles ist in Allem und Jedes in Jedem (*omnia in omnibus* [...] *et quodlibet in quodlibet*)." (Ebd. II 5 [I 344]) Man kann jedoch auch sagen: Wie das Universum eine endliche Unendlichkeit darstellt, so ist jeder Teil ein individualisiertes Universum. Da aber nun das Universum ein Abbild Gottes ist, in dem Gott in ungeteilter Ganzheit anwesend ist, ist auch jeder Teil des Universums ein solches Abbild und steht unmittelbar zu Gott. Was für das Universum gilt, gilt ebenso für jeden seiner Teile.

„Einfaltung" / „Ausfaltung"

Wird das Verhältnis von Gott, Universum und Teilen des Universums so gesehen, kann die Antwort auf die Frage der Metaphysik gegeben werden. Es muß nur noch geklärt werden, worin sich die Korrelation zwischen Urbild und Abbild ursprünglich und fundamental zeigt. Nach Nikolaus von Kues geschieht dies naheliegenderweise dort, wo Gott primär mit seiner Schöpfung in Berührung kommt. Das ist *im Akt der Erschaffung* derselben der Fall. Hier tritt Gott zugleich ‚nach außen', d.h. hier macht er sich seiner Schöpfung gleichzeitig zugänglich. Wie aber ist der Schöpfungsakt Gottes zu begreifen? Gemäß dem, was die menschliche Vernunft davon überhaupt zu auszumachen vermag, kann dies – nach dem zuvor Gesagten – lediglich im Blick auf eine *coincidentia oppositorum* geschehen. Anders formuliert: Der göttliche Schöpfungsakt muß sich der Vernunft als etwas in sich Widersprüchliches kundtun. Diese Widersprüchlichkeit wiederum beschreibt Cusanus durch das Begriffspaar „Einfaltung" (*complicatio, implicatio*) und „Ausfaltung" (*explicatio*). (De docta ignorantia II 3,6,9 [I 330ff.,350ff., 372ff.]; De visione Dei XI-XIII [III 138ff.]; Idiota de mente IX [III 554ff.]). Darunter ist zu verstehen: In Gott ist alles enthalten, impliziert, eingefaltet. Sofern er aber dieses Alles erschafft, faltet er das Eingefaltete auseinander, expliziert und entfaltet er es. Mit dieser Ausfaltung wird freilich die Einfaltung nicht zurückgelassen oder aufgegeben. Die Ausfaltung ist allemal Ausfaltung der Einfaltung. Abgesehen davon ist nicht nur alles in Gott, sondern Gott ist auch in allem, sobald er es erschaffen hat. Schöpfung ist somit immer beides: Einfaltung *und* Ausfaltung.

Cusanus erläutert dies in vielen Bildern: Die Eins ist die Zahl (die Einfaltung), aus der sich alle anderen Zahlen ergeben (sich ausfalten). Der Punkt ist die Einheit (die Einfaltung), aus der die Linien, Figuren und Körper entspringen (sich entfalten). Die Ruhe ist der Zustand (die Einfaltung), aus der die Bewegung heraus hervorgeht (sich entfaltet). Das Jetzt ist die Zeit (die Einfaltung), aus der Vergangenheit und Zukunft entstehen (sich entfalten). Die Identität ist die Voraussetzung (die Einfaltung), daß Verschiedenheit gegeben sein kann (sich entfaltet). (Vgl. De docta ignorantia II 3 [I 331ff.]; Idiota de mente IX [III 554ff.])

Sofern – noch einmal – gilt, daß im Schöpfungsakt Gottes das Verhältnis von Urbild und Abbild ursprünglich und fundamental gebildet wird und alles Wirkliche im zuvor beschriebenen Sinn ein Abbild Gottes ist, lautet die Antwort des Nikolaus von Kues auf die Frage der Metaphysik: *Alles Wirkliche trägt die Struktur von ‚koinzidierender' Einfaltung* (complicatio) *und Ausfaltung* (explicatio), *ja* ist *letztlich ein Ineinander von Implikation und Explikation*. Das heißt freilich nicht, daß alles Wirkliche diese Struktur in derselben Weise realisiert. Wie es schon einen Unterschied zwischen Gott und Mensch gibt, setzen sich Unterschiede auch in allen anderen Wirklichkeitsstufen fort. Es ist jedoch immer dieselbe Struktur, die sich je nach Seinsstufe unterschiedlich realisiert und konkretisiert.

Die neuzeitliche Metaphysik

Anthropozentrik

Durch den Universalienstreit des späten Mittelalters setzt ein Paradigmenwechsel ein, der zu einem ganz neuen Verständnis von Wirklichkeit und Wahrheit führt. Aus ihm resultiert das, was man später die *Anthropozentrik* nennen wird. Unter Anthropozentrik versteht man landläufig eine allgemeine Weltanschauung, die den Menschen zum Maß aller Dinge macht. Mit diesem Verständnis verbindet man häufig die Ansicht, daß Anthropozentrik der Inbegriff eines hochmütigen, die Fähigkeiten des Menschen weit überschätzenden Standpunktes sei. Davon kann jedoch – zumindest im Ansatz – keine Rede sein. Denn Anthropozentrik bedeutet grundsätzlich nur folgendes:

Ausgangspunkt

Erstens: Wann immer der Mensch etwas über die Wirklichkeit aussagt, muß er sie bereits *erkannt* haben. Wer dies bestreiten wollte, müßte sich selbst widersprechen und genau das beweisen, was er in Abrede stellt. Wie nämlich sollte es anders zugehen? Stellen wir uns vor, jemand würde behaupten, die Wirklichkeit unter Absehung aller Erkenntnis zu haben, sozusagen rein, objektiv, völlig neutral und unter Vermeidung irgendeines Blickpunktes. Diesem Jemand könnten wir sofort entgegnen: Wie *hast* du aber dann die Wirklichkeit? Du nimmst ja in Anspruch, daß du sie *hast*. Dieses Haben kann dir doch wiederum nur auf dem Wege der *Erkenntnis* möglich geworden sein. So gibt es keine Alternative. Sie ist das absolut Erste, das da ist, wenn wir der Wirklichkeit – in welcher Form auch immer – begegnen. Ohne sie gäbe es für uns überhaupt keine Wirklichkeit. Was folgt daraus? Machen wir irgendwelche Aussagen über die Wirklichkeit, so kommt alles darauf an, daß wir uns zuerst der *Erkenntnis* zuwenden, die uns die Wirklichkeit bietet. Erst wenn wir wissen, wie uns die Erkenntnis die Wirklichkeit vermittelt, können wir damit anfangen, über die Wirklichkeit als solche zu sprechen.

Problemstellungen

Zweitens: Was für jede Aussage gilt, die sich über etwas zur Wirklichkeit Gehörendes äußert, gilt in besonderer Weise für jene Aussagen, welche die Wirklichkeit *in ihrer Gesamtheit* betreffen, d.h. für die Aussagen der *Metaphysik*. Sie setzen ja voraus, daß wir die Wirklichkeit *als ganze* haben und folglich auch als ganze *erkennen* können. Damit stellt sich ein neues Problem: Wirklich ist für uns primär immer das Einzelne, Singuläre und Individuelle. Alles, was darüber hinausgeht, d.h. alles, was Allgemeinbegriff, Idee, Norm, Ordnung, System oder eben das Ganze der Wirklichkeit ist, wird – zumindest fürs erste – durch den Menschen in die Wirklichkeit eingebracht. Daraus ergeben sich sogleich folgende Fragen: Kann der Mensch dies alles in die Wirklichkeit einbringen, ohne daß dem, was er da einbringt, in der Wirklichkeit selbst etwas entspricht? Wer jedoch entscheidet darüber, ob sich Erkenntnis und Wirklichkeit entsprechen? Setzte eine solche Entscheidung nicht einen Standpunkt außerhalb der Erkenntnis voraus? Und weiters: Ist die menschliche Erkenntnis überhaupt *fähig*, das Ganze der Wirklichkeit zu fassen – unabhängig davon, ob dieses Ganze nun ihr eigenes Werk wäre oder ob demselben etwas in der Wirklichkeit selbst korrespondierte? Besitzt sie dazu die Voraussetzungen? Verfügt sie über *Bedingungen der Möglichkeit* dazu? Wie immer darüber befunden wird: Eine Metaphysik, die ihren Ausgangspunkt von der Erkenntnis nimmt und sich folglich vor jeglicher Antwort auf ihre Frage nach dem Ganzen der Wirklichkeit überlegt, wie dieses Ganze *in der Erkenntnis* gegeben ist, muß notwendig als Grundlage ihrer selbst dasjenige enthalten, was Kant Ende des 18. Jahrhunderts die *Erkenntniskritik* genannt hat. Auch dies beinhaltet Anthropozentrik.

Positionen

Was diesen zweiten Fragenkomplex anbelangt, so werden sich an der Auseinandersetzung mit ihm *zwei grundsätzliche Positionen* herausbilden: eine *absolutistische* und eine *skeptische*. Die absolutistische Position wird im wesentlichen der Überzeugung sein, daß der Mensch in seiner Erkenntnis zum Begreifen der Wirklichkeit im Ganzen fähig ist und daß das, was er dazu innerhalb seiner Erkenntnis vorfindet, identisch ist mit dem, was auch in der Wirklichkeit als solcher gegeben ist. Die skeptische Position wird dem gegenüber sagen, daß die menschliche Erkenntnis nicht über die Fähigkeit verfügt, die Wirklichkeit in ihrer Gesamtheit zu verstehen, und daß alles das, was sie hinsichtlich der Ganzheit der Wirklichkeit eruiert, nichts anderes ist als eben das Bild, das *sie* sich von der Wirklichkeit macht, keineswegs die absolute und objektive Wahrheit der Wirklichkeit als solcher. Die erste Position werden *exemplarisch* Philosophen wie Spinoza, Leibniz, Fichte, Schelling und Hegel, beziehen, die zweite Position hingegen – wiederum *exemplarisch* – Philosophen wie Hume, die französischen Aufklärer, Kant und Denker unterschiedlichster Richtungen im 19. und 20. Jahrhundert. Wie nicht anders zu erwarten, gibt es natürlich auch Philosophen, bei denen es schwierig und dementsprechend umstritten ist, sie einer der beiden Positionen zuzuordnen. Überragende Beispiele dafür scheinen mir Schopenhauer und Nietzsche zu sein.

Übersicht

Die drei Positionen sollen im Folgenden näher betrachtet werden. Aus historischen Gründen beginnen wir mit der absolutistischen Position. Haben wir sie analysiert, wenden wir uns zunächst der genannten ‚Zwischenposition' Schopenhauers und Nietzsches und erst danach der skeptischen Position zu. Dies ist historisch gesehen nicht ganz korrekt, empfiehlt sich aber insofern, als sich nach meiner Ansicht von der skeptischen Position Hume's und Kants aus leichter ein Bogen zu den Problemstellungen der modernen Philosophie und Wissenschaft schlagen läßt. Dieses Bogenschlagen ist jedoch für uns wichtig, weil wir uns nach der Darstellung der drei Positionen in einem abschließenden systematischen Teil der Frage zu stellen haben werden, ob und wie *heute* die Fragen der Metaphysik beantwortet werden können.

Bevor wir allerdings diesen Weg verfolgen, wenden wir uns jenem Philosophen zu, der die neuzeitliche Metaphysik vielleicht nicht begründet, in ihrer spezifischen Eigenartigkeit und Problematik aber erstmals klassisch formuliert hat: René Descartes (1596–1650). Er ist keiner der drei genannten Positionen zuzuweisen. Vielmehr schafft er erst die Voraussetzungen dafür, daß sich diese herausbilden können. Wer daher die Metaphysik der Neuzeit verstehen will, kann nicht umhin, mit ihm zu beginnen.

Der erkenntnistheoretische Ansatz

Die Neubegründung der Metaphysik durch René Descartes

Augustinus

Als wir uns mit dem ‚Weg nach Innen' bei Augustinus beschäftigten, stießen wir bereits auf die Philosophie von René Descartes. Wir wiesen dort darauf hin, daß Augustinus mit seinem Argument gegen die Skeptiker einen Gedanken vorweggenommen habe, den über ein Jahrtausend später Descartes – aller Wahrscheinlichkeit nach ohne Kenntnis der entsprechenden augustinischen Texte – ins Zentrum seiner Überlegungen stellen sollte. Dieses Argument bestand in der berühmten Formel: *si enim fallor, sum* – „wenn ich mich täusche, bin ich" (Civ. Dei XI 26). Daraus folgerte Augustinus zum einen, daß es das Unbezweifelbare, Sichere und schlechthin Wahre gibt – daran, daß ich zweifle, und daran, daß ich bin, kann ich nicht mehr zweifeln –, und zum andern, daß der Weg zum Ewigen, immer Gültigen und Göttlichen über das Innere des Menschen führt.

Neue Situation

In der Tat greift Descartes diesen Gedankengang des Augustinus völlig selbständig auf. Er tut dies allerdings unter ganz anderen Voraussetzungen: Erstens braucht er nicht mehr davon überzeugt zu werden, daß der Weg über das Innere des Menschen, wir können auch sagen: der Weg über das Sich-Beschäftigen der Erkenntnis mit sich selbst, zu Gewißheit und Wahrheit führt. Als neuzeitlich-anthropozentrischer Denker hat er diesen Standpunkt von vornherein und aus Prinzip bereits bezogen. Er betrachtet die Erkenntnis, wenn ich mich so ausdrücken darf, *immer schon* aus der *Innenperspektive*. Etwas anderes ist für ihn grundsätzlich nicht vorstellbar, denn die Erkenntnis hat es stets *mit sich selbst* zu tun – auch dann, wenn sie sich nach außen, auf das Gegenständliche, Objektive, Körperliche oder Naturhafte richtet. Letzteres hätte Augustinus niemals gesagt. Zweitens kennt Descartes im Unterschied zu Augustinus bereits das *erkenntniskritische* Problem. Augustinus weiß zwar ebenfalls, daß es unter den verschiedenen Arten der Erkenntnis solche gibt, die sicherer zur Wahrheit führen als andere, er fragt aber nicht danach, ob dem, was die sicheren Erkenntnisarten (wie das Denken oder das mystische Schauen) uns zugänglich machen, in der Wirklichkeit auch etwas korrespondiert oder ob es sich dabei lediglich um ein Bild handelt, das sich die Erkenntnis von der Wirklichkeit macht. Genau dies tut aber Descartes, indem er sich selbst dort, wo er auf absolut sichere Erkenntnisse stößt – wie z.B. im Falle der Mathematik oder Geometrie –, immer noch fragt, ob die Erkenntnis dabei nicht einer Täuschung unterliegt.

Die Wirklichkeit als Vorstellung (idea)

Idee als Vorstellung

Alles, was nur in irgendeiner Form oder Hinsicht *ist*, muß nach Descartes in der menschlichen Erkenntnis aufscheinen, d.h. nach seinen Worten eine „Vorstellung" sein. „Vorstellung" wiederum heißt lateinisch *idea* und französisch *idée*. Dies irritiert, weil der Begriff der ‚Idee' in der Tradition – seit Platon und Aristoteles – ganz anders verwendet wird. In ihr bezeichnet ‚Idee' eine objektive, der menschlichen Erkenntnis zuvorkommende Wesenheit. Jetzt, bei Descartes, nähert sich „Idee" dem an, was auch heute vielfach darunter verstanden wird: Ein Inhalt unserer Erkenntnis bzw. das, was wir uns unter etwas vorstellen. Descartes führt somit bereits im philosophischen Vokabular einen entscheidenden Wandel herbei.

Konsequenz

Hinter diesem Wandel verbirgt sich aber mehr als eine bloße Umstellung im philosophischen Vokabular. In ihm drückt sich ein fundamentaler Neuansatz in der Metaphysik aus. Denn schon allein dadurch, daß gesagt wird: ‚alles, was ist, muß eine Vorstellung sein', wird eine Aussage *über die Wirklichkeit in ihrer Gesamtheit* gemacht. Das *Vorgestelltsein* durch die menschliche Erkenntnis ist zur grundlegenden Eigenschaft jeglicher Wirklichkeit geworden. Das bedeutet noch nicht, daß sich auch alle Wirklichkeit darauf *reduzieren* ließe Vorstellung zu sein. Fürs erste gilt aber: *Wenn irgendetwas für uns – in welcher Form auch immer – sein soll, muß es zunächst einmal in unserer Erkenntnis vorkommen, eben ‚vor uns stehen', d.h. ‚Vor-stellung' sein.* Um die Tragweite dieser Aussage deutlich zu machen, können wir sie zusätzlich so akzentuieren: *Alles, was wir über die Wirklichkeit sagen können – natürlich auch über die Wirklichkeit in ihrer Gesamtheit –, bezieht sich nur mehr auf das, was wir uns von der Wirklichkeit vorzustellen vermögen.*

Will nun die Metaphysik dieser grundlegenden Feststellung Zusätzliches abgewinnen, muß sie das Vorgestelltsein der Wirklichkeit näher untersuchen. Descartes tut dies in zweifacher Hinsicht: *Zum einen* dadurch, daß er den Unterschieden in der Gegebenheitsweise der Vorstellungen nachgeht, und *zum andern* dadurch, daß er nach der Verursachung der Vorstellungen in unserer Erkenntnis fragt.

Formen der Vorstellung

Was das Erste anbelangt, so stellt Descartes fest, daß es Vorstellungen gibt, die uns sehr ungenau, verschwommen, wechselhaft, alles andere als stetig und differenziert gegeben sind (Disc. III 1; Med. I 1-11), daß es aber auch Vorstellungen gibt, die man genau und präzise erfassen kann, weil sie „klar und deutlich" (*clare et distincte* bzw. *clairement et distinctement*) erscheinen. Diese beiden wichtigen Begriffe „klar" und „deutlich" definiert Descartes folgendermaßen:

„Klar nenne ich die Erkenntnis, welche dem aufmerkenden Geiste gegenwärtig und offenkundig ist (*J'appelle claire celle qui est presente & manifeste à un esprit attentif*), wie man klar gesehen nennt, was dem schauenden Auge gegenwärtig ist und dasselbe hinreichend kräftig und offenkundig erregt. Deutlich nenne ich aber die Erkenntnis, welche, bei Voraussetzung der Stufe der Klarheit, von allen übrigen so getrennt und unterschieden ist, daß sie gar keine anderen als klare Merkmale enthält (*Et distincte, celle qui ... est tellement precise & differente de toutes autres, qu'elle ne comprend en foy que ce qui paroit manifestement à celuy qui la considere comme il faut*)." (Princ. I 45; vgl. Med. II 12, III 2.19.21, VI 9.10.15 u.ö.)

Klare und deutliche Vorstellungen kann ich nur intuitiv hinnehmen. Sie leuchten unmittelbar ein, haben den Anspruch auf Evidenz (*evidenter*) und sind schlechthin gewiß (*certe*).

„[...] ich meinte daher, ich könne als allgemeine Regel annehmen, daß die Dinge, die wir klar und deutlich begreifen, alle wahr sind [...] (*je jugeai que je pouvais prendre pour règle générale, que les choses que nous concevons fort clairement et fort distinctement, sont toutes vraies*)" (Disc. IV 3; Med. III 2).

Ganz anders die übrigen, zuerst genannten Vorstellungen. Sie rufen in mir nichts anderes als Zweifel (*dubitationes* bzw. *doûtes*) hervor, denn sie lassen über sich in keiner Hinsicht sichere Aussagen zu. Was auch immer ich von ihnen behaupte oder nicht behaupte, besitzt weder einen Wahrheits- noch einen Gewißheitswert.

Konsequenz

Bedenken wir, was dies für die Metaphysik bedeutet: Wir wissen bereits, daß sämtliche Aussagen, die über die Wirklichkeit in ihrer Gesamtheit gemacht werden können, ausnahmslos auf die menschliche Erkenntnis bezogen sind. Alles, was ist – so hieß es –, ist Vorstellung. Zu dem kommt jetzt hinzu: *Wahre und sichere Aussagen vermag die Metaphysik nur unter der Voraussetzung zu treffen, daß sie von einer bestimmten Klasse von Vorstellungen ausgeht, nämlich von den klaren und deutlichen.*

Vorstellungen und ihre Ursachen

Dies stellt aber – damit kommen wir zur zweiten Hinsicht, unter der Descartes das Vorgestelltsein der Wirklichkeit untersucht – vor ein neues Problem: Wer oder was verursacht die Vorstellungen? Zunächst bieten sich zwei Möglichkeiten an: entweder die Wirklichkeit, der die Erkenntnis begegnet, oder aber die Erkenntnis selbst. Daß es eine Wirklichkeit außerhalb der Erkenntnis gibt, leugnet Descartes nicht. Damit er freilich seinem Grundprinzip, ausschließlich von der Erkenntnis auszugehen, nicht untreu werden muß, gesteht er ihr lediglich eine *formale* Realität (*realitas formalis*) zu. Als formale Größe hat sie gegenüber der *objektiven* Realität (*realitas obiectiva*), d.h. gegenüber der Realität des Wirklichen innerhalb der Vorstellung, zunächst nur theoretischen Wert (vgl. Med. III 11-15). Unabhängig davon zeigt sich, daß es zusätzlich Vorstellungen geben muß, die uns angeboren sind.

> „Von diesen Vorstellungen aber, scheint es, sind die einen mir angeboren (*innatae*), andere erworben (*adventiciae*), wieder andere von mir selbst gemacht (*a me ipso factae*). Denn daß ich verstehe, was ein ‚Ding', was ‚Wahrheit', was ‚Bewußtsein' ist, das, scheint es, habe ich nur aus meiner eigenen Natur; daß ich aber jetzt ein Geräusch höre, die Sonne sehe, die Wärme des Feuers wahrnehme, das rührt, wie ich bisher angenommen habe, von gewissen außer mir befindlichen Dingen her. Sirenen schließlich, Hippogryphen (fabelhafte Flügelrosse) und dergleichen werden von mir selbst ausgedacht. Doch ich kann vielleicht auch annehmen, alle Ideen wären erworben, oder alle wären angeboren oder alle von mir gemacht; denn noch habe ich ja ihren wahren Ursprung nicht klar durchschaut." (Ebd. III 7)

Am deutlichsten springt dieses Problem gerade dort ins Auge, wo nach Ansicht Descartes' die Erkenntnis am allersichersten sein kann: beim Bewußtwerden dessen, daß sie im Vollzug ihrer selbst ihrer eigenen Existenz unbedingt gewiß sein kann, bei der Erfahrung des *cogito, ergo sum*. Um wiederum dies zu verstehen, müssen wir uns kurz diesem berühmten Prinzip des *cogito, ergo sum* zuwenden, das Descartes zwar nicht immer in der bekannten Formulierung (vgl. Disc. IV 1-2; Med. II 3-9, III 2.4 u.ö.; Princ. I 7-10), sehr wohl aber der Sache nach häufig wiederholt hat.

Je pense, donc je suis

Universeller Zweifel

Descartes stößt auf sein Prinzip, indem er grundsätzlich alle Vorstellungen, die sich der Erkenntnis aufdrängen, hinsichtlich ihres Wahrheits- und Gewißheitswertes bezweifelt *(fallor, fallamur* bzw. *je me trompe)*. Zu den bezweifelten Vorstellungen zählen nicht bloß die sinnlichen und erfahrungsmäßigen Vorstellungen, sondern vor allem auch jene, die man traditionellerweise für die sichersten hält: die mathematischen und die geometrischen. Dazu kommen erwartungsgemäß die metaphysischen Vorstellungen, allen voran die Idee Gottes, da sie noch viel weniger greifbar erscheinen als alle übrigen. Doch gerade beim Zweifeln entdeckt Descartes – ähnlich wie schon vor ihm Augustinus – sein erstes, sicherstes Prinzip:

> „Insofern wir so alles nur irgend Zweifelhafte (*tout ce dont nous pouvons douter*) zurückweisen und es selbst als falsch gelten lassen, können wir leicht annehmen (*nous supposons facilement*), daß es keinen Gott, keinen Himmel, keinen Körper gibt; daß wir selbst weder Hände noch Füße, überhaupt keinen Körper haben; aber wir können nicht annehmen, daß wir, die wir solches denken, nichts sind; denn es ist ein Widerspruch, daß das, was denkt, zu dem Zeitpunkt, wo es denkt, nicht existiert. Demnach ist der Satz: *Ich denke, also bin ich* die allererste und gewißeste aller Erkenntnisse, die sich jedem ordnungs-

> gemäß Denkenden darbietet. ([...] *mais nous sçaurions supposer de mesme, que nous ne sommes point, pendent que nous doutons de la verité de toutes choses: car nous aurons tant de repugnance à concevoir que ce qui pense n'est pas veritablement au mesme temps qu'il pense* [...], *que cette conclusion:* Je pense, donc je suis, *ne soit vraye, & par consequent la premiere & la plus certaine, qui se presente à celuy qui conduit ses pensées par ordre*.)" (Princ. I 7)

Göttlicher Betrüger

Darin, daß ich bin, wenn ich denke oder zweifle, könnte mich nicht einmal ein höchster und mächtigster Betrüger (*genius malignus* bzw. *malin génie*, häufig auch *deceptor*, vgl. Med. I 12, II 3.6, III 4) täuschen.

> „Aber es gibt einen, ich weiß nicht welchen, allmächtigen und höchst verschlagenen Betrüger (*deceptor nescio quis, summe potens, summe callidus*), der mich geflissentlich stets täuscht. – Nun, wenn er mich täuscht, so ist es also unzweifelhaft, daß ich bin (*haud dubie igitur ego etiam sum, se me fallit*). Er täusche mich, so viel er kann, niemals wird er doch fertigbringen, daß ich nichts bin, solange ich denke, daß ich etwas sei. Und so komme ich, nachdem ich nun alles mehr als genug hin und her erwogen habe, schließlich zu der Feststellung, daß dieser Satz: ‚ich bin, ich existiere' (*ego sum, ego existo*), sooft ich ihn ausspreche oder in Gedanken fasse, notwendig wahr ist (*necessario esse verum*)." (Ebd. II 3)

Besonderheit der Erfahrung

Zu beachten ist, daß diese Einsicht nicht sinnlicher Natur ist. Wäre sie dies, begänne der Zweifel von neuem. Trotz des ‚also' (*ergo* bzw. *donc*) bildet sie aber auch nicht das Ergebnis einer Schlußfolgerung. Dafür ist sie zu grundlegend und unmittelbar. Bleibt nur noch, sie als „Intuition" (*intuitus* bzw. *intuition*) zu bezeichnen, wie wir es bereits im Zusammenhang mit allen klaren und deutlichen Vorstellungen getan haben. Man muß dann allerdings genau angeben, was man unter „Intuition" versteht. Descartes selbst, der den Begriff selten verwendet (im *Discours* z.B. gar nicht), definiert sie in den „Regulae ad directionem ingenii" aus den Jahren zwischen 1620 und 1628 als „ein so einfaches und distinktes Begreifen (*tam facilem distinctumque conceptum*) des reinen und aufmerksamen Geistes, daß über das Erkannte weithin kein Zweifel übrigbleibt" (Regula III). Er spricht somit weder von einem einfachen Schauen, wie es die neuplatonische Tradition angesichts des höchsten Prinzips getan hat, noch von dem, was später bei Husserl und in der Phänomenologie die „Wesensschau" heißt, sondern ausdrücklich von einem *Begreifen*. Das bedeutet: Descartes sieht in der „Intuition" eine *hinnehmende* Erkenntnis, die zugleich *sowohl* ein Sehen ist, das ursprünglichen und unableitbaren Charakter hat, *als auch* ein *Ein*sehen, das Begründungs- und Bedingungsverhältnisse aufdeckt – wie z.B. das „cogito, *ergo* sum". In diesem Sinne kann man sagen: Beim Prinzip „cogito, ergo sum" macht zunächst das Denken bzw. das Zweifeln die Erfahrung mit sich selbst. Es stellt fest, daß es an allem zweifeln kann, nicht aber an sich selbst. Damit dies aber möglich ist, daß es denkend bzw. zweifelnd seiner selbst bewußt ist, muß es zuvor *sein* – „um zu denken, muß man sein (*pour penser, il faut être*)“ (Disc. IV 3). Das heißt: Das faktische Sein erweist sich als *Bedingung der Möglichkeit* von Denken und Zweifeln.

Weite des Prinzips

Erwähnt sei schließlich, daß Descartes bei seinem Prinzip „cogito, ergo sum“ nicht bloß das Denken (*cogitatio, cogitare*) im engeren Sinne meint, sondern *alle* Akte, in denen sich das seiner selbst bewußte Ich (*je*) äußert. Deutlich wird dies vor allem dort, wo er das „denkende Existieren“, die *res cogitans*, näher erläutert.

> „Ich bin also genau nur ein denkendes Wesen, d.h. Geist, Seele, Verstand, Vernunft [...] (*sum igitur praecise tantum res cogitans, id est mens, sive animus, sive intellectus, sive ratio* [...])“ (Med. II 6). „Was aber bin ich demnach? Ein denkendes Wesen! Was heißt das? Nun, – ein Wesen, das zweifelt, einsieht, bejaht, verneint, will, nicht will und das sich auch etwas bildlich vorstellt und empfindet. (*Sed quid igitur sum? res cogitans; quid est hoc? nempe dubitans, intelligens, affirmans, negans, volens, nolens, imaginans quoque et sentens.*)“ (Ebd. II 8)

Hieraus wird klar, daß das erste Prinzip *überall* dort aufscheint, wo das Ich in einem Verhältnis zu sich selbst steht. Descartes ist so gesehen – auch wenn er in diesem Punkt nicht so ausdrücklich formuliert wie spätere Philosophen – der erste Theoretiker des Phänomens des *Selbstbewußtseins*. Nicht von ungefähr übersetzt er den Begriff der *cogitatio* (des Denkens) mit dem der *conscientia* – der Sich-selbst-Gegebenheit. (So im Brief vom 19. Januar 1642 an Guillaume Gibieuf: *ma propre pensée ou conscience*.) Unter „Conscientia“ war zuvor „Gewissen“ im ethischen Sinne verstanden worden.

Die Funktion der Idee Gottes

Anlaß der Frage

Kommen wir zurück zur Frage nach der Verursachung der Vorstellungen. Dieses Problem ist vor allem dort von Relevanz, wo „klare und deutliche“ Vorstellungen (*ideae clare et distinctae*) gegeben sind, an deren Wahrheit und Gewißheit nicht gezweifelt werden kann. Warum ist es ausgerechnet dort von Bedeutung, konkret etwa im Falle des Prinzips „cogito, ergo sum“? Nach Descartes ist nicht auszuschließen, daß mich Gott so geschaffen habe, „daß ich mich auch in dem täuschte, was mir am alleraugenscheinlichsten zu sein“ scheint (*ut etiam circa illa deciperer, quae manifestissima viderentur*) (Med. III 4) Das würde bedeuten, daß ich mich selbst in der gewissesten meiner Einsichten täusche.

> „Sooft aber diese vorgefaßte Meinung von der Allmacht Gottes mir aufstößt, kann ich nicht umhin zu gestehen, daß es ihm, wenn er nur wollte, ein Leichtes wäre zu bewirken, daß ich mich selbst in dem irre, was ich ganz klar mit meinem geistigen Auge zu durchschauen glaube (*ut errem, etiam in iis, quae me puto mentis oculis quam evidentissime intueri*).“ (Ebd.)

Zwar hält Descartes dem sogleich entgegen, daß Gott – der kein Betrüger ist (*cum nullam occasionem habeam existimandi aliquem Deum esse deceptorem*) – mich darin, etwas zu sein, ebenso wenig täuschen könne wie der genannte und fingierte Betrügergeist (*genius malignus*), und daß dieser ganze Zweifel „recht schwach und, sozusagen, metaphysisch" sei (*valde tenius et, ut ita loquar, Metaphysica dubitandi ratio est*). Dennoch hält er es für notwendig, zweierlei zu untersuchen, nämlich erstens „ob es einen Gott gibt, und wenn [– zweitens –], ob er ein Betrüger sein kann (*an sit Deus, et si sit, an possit esse deceptor*)". „Denn solange das unbekannt ist, glaube ich nicht, daß ich über irgendetwas anderes jemals völlig gewiß sein kann. ([...] *hac enim re ignorata non videor de ulla alia plane certus esse umquam posse*.)" (Ebd.)

Kontingenzbeweis

Zum *ersten* Punkt, daß es einen Gott gibt: Descartes führt dazu zwei Beweise, einen in der 3. und einen in der 5. Meditation seines gleichnamigen Buches. Gemeinsame Voraussetzung dieser Beweise ist, daß Gott sowohl eine angeborene als auch eine „klare und deutliche" Vorstellung (*idea innata clara et distincta*) unseres Bewußtseins ist. Ersteres, daß die Gottesvorstellung in uns angeboren ist, besagt für Descartes: Ihre Ursache kann weder in der uns umgebenden Wirklichkeit noch in uns selbst liegen. Sie ist ebenso wenig empirischen wie psychischen Ursprungs. Wenn sie gebildet wird, verdankt sie sich einer anderen Herkunft. Letzteres, daß die Gottesvorstellung „klar und deutlich" ist, steht für Descartes grundsätzlich fest. Kommt es zu einer solchen Vorstellung, erscheint diese sogleich als „klar und deutlich" im oben definierten Sinn. Ja mehr noch, bildet sie sich heraus, dann ist sie „in höchstem Grade klar und deutlich" (*maxime clara et distincta*), dann umfaßt sie „mehr Vorstellungsrealität als irgendeine andere" (*plus realitatis obiectivae quam ulla alia*) und dann besitzt sie unbedingten Wahrheitswert (*per se magis vera*) (Ebd. III 25).

Dies voraussetzend kann Descartes nun sagen:

> „Unter dem Namen ‚Gott' verstehe ich eine Substanz, die unendlich, unabhängig, allwissend und allmächtig ist (*substantiam quondam infinitam, independentem, summe intelligentem, summe potentem*) und von der ich geschaffen bin ebenso wie alles andere Existierende, falls es solches gibt (*a qua tum ego ipse, tum aliud omne, si quid aliud exstat, quodcumque exstat, est creatum*). Dies alles ist nun in der Tat so vorzüglich, daß mir dessen Abstammung aus mir allein umso weniger möglich erscheint, je sorgfältiger ich es betrachte. Man muß daher aus dem Zuvorgesagten schließen, daß Gott notwendig existiert. (*Ideoque ex antedictis Deum necessario existere est concludendum.*) Denn: Zwar habe ich eine Vorstellung von Substanz, eben weil ich ja selbst Substanz bin; dennoch wäre das deshalb noch nicht die Vorstellung einer unendlichen Substanz, da ich endlich bin; es sein denn, sie rührte von einer Substanz her, die in Wahrheit unendlich ist." (Ebd. III 22-23)

Priorität des Unendlichen

Man könnte auf dieses erste cartesianische Argument sogleich einwenden: Ist eine solche Vorstellung von Gott nicht eine Erfindung des Menschen? Darf nicht angenommen werden, daß sich der endliche Mensch eine Ergänzung seiner selbst im Unendlichen schafft, eine Art Wunschbild, wie es später heißen wird? Dem widerspricht Descartes energisch, indem er die Verhältnisse umdreht und sagt: Das Unendliche wird nicht deshalb vorgestellt, weil es das Endliche gibt, sondern umgekehrt: Das Endliche kann nur erkannt werden, weil *zuvor schon* das Unendliche gegeben ist:

> „Wie sollte ich sonst auch begreifen können, daß ich zweifle, daß ich etwas wünsche, d.h. daß mir etwas mangelt und ich nicht ganz vollkommen bin, wenn gar keine Vorstellung von einem vollkommeneren Wesen in mir wäre (*idea entis perfectioris in me esset*), womit ich mich vergleiche und so meine Mängel erkenne?" (Ebd. III 24; vgl. ebd. III 25ff.; Disc. IV 4)

Deshalb gilt: Der Mensch könnte aufgrund seiner Endlichkeit und Relativität aus sich selbst heraus niemals zu einer Vorstellung Gottes gelangen. Da sie aber offensichtlich gegeben ist – und dies in eminenter „klarer und deutlicher" Weise –, muß eine Ursache für sie da sein, die nicht geringer ist als sie, sondern in puncto Wirklichkeit bzw. Seinsmächtigkeit weit über sie hinausgeht. (Med. III 13-17) Diese wiederum kann nur Gott sein. Er hat folglich die Vorstellung seiner selbst in die menschliche Erkenntnis „eingepflanzt". (*Et sane non mirum est Deum me creando ideam illam mihi indidisse*. Ebd. III 38; vgl. Disc. IV 8; Princ. I 18-21)

Ontologischer Gottesbeweis

Wie erwähnt, führt Descartes noch einen zweiten Beweis, wir können sagen: seine Form des sogenannten *ontologischen Gottesbeweises*. Descartes kannte den auf Anselm von Canterbury zurückgehenden Beweis (vgl. dazu das entsprechende Kapitel) aus seiner Studienzeit in La Flèche. Dort muß er freilich vor allem mit der Kritik an ihm vertraut geworden sein, da die Schule von La Flèche scholastisch-suarezianisch ausgerichtet war. Nichts desto weniger macht er ihn sich in seinem „Discours" von 1637 und in seinen Meditationen (V) von 1641 zu eigen. Da wiederum lautet er so:

> „Zweifellos finde ich seine [Gottes] Vorstellung, d.h. die des höchst vollkommenen Wesens, ebensogut bei mir vor, wie die Vorstellung einer beliebigen Figur oder Zahl. Auch sehe ich genauso klar und deutlich ein, daß es zu seiner Natur gehört, immer zu existieren (*nec minus clare et distincte intelligo ad eius naturam pertinere, ut semper existat*), wie ich einsehe, daß, was ich von irgendeiner Figur oder Zahl beweise, auch zu der Natur dieser Figur oder Zahl gehört. [...] Gleichwohl leuchtet dies in der Tat auf den ersten Blick nicht ganz ein, sondern sieht gewissermaßen wie ein Trugschluß aus. Da ich nämlich gewohnt bin, bei allen anderen Dingen das Dasein vom Wesen zu

> unterscheiden, so rede ich mir leicht ein, daß es auch vom Wesen Gottes getrennt werden könne und Gott sich so als nicht existent denken läßt. Achte ich indessen sorgfältiger darauf, so wird deutlich, daß sich das Dasein vom Wesen Gottes ebensowenig trennen läßt (*non magis posse existentiam ab essentia Dei separari*), wie vom Wesen des Dreiecks, daß die Größe seiner drei Winkel zwei rechte beträgt, oder von der Vorstellung des Berges die Vorstellung des Tales. Es widerspricht sich daher ebensosehr, sich einen Gott, d.h. ein höchst vollkommenes Wesen zu denken, dem das Dasein fehlte, d.h. dem eine gewisse Vollkommenheit mangelte, als einen Berg zu denken ohne Tal. ([...] *adeo ut non magis repugnet cogitare Deum [hoc est ens summe perfectum], cui desit existentia [hoc est cui desit aliqua perfectio], quam cogitare montem, cui desit vallis.*)" (Med. V 7-8; vgl. Disc. IV 5; Princ. I 14)

Gott ist kein Betrüger.

Bevor wir überlegen, was Descartes durch seine Gottesbeweise gewonnen hat, wenden wir uns noch kurz seiner zweiten Frage zu, ob nämlich Gott ein Betrüger (ein *Dieu trompeur*) sein könne. Darauf kann nach dem soeben Gesagten rasch geantwortet werden. Ist nämlich Gott das Vollkommene schlechthin, dann kann er auch kein Betrüger sein. Zum Betrügersein gehört ein Mangel an Wahrhaftigkeit, somit eine Reduktion der Vollkommenheit. In Gott ist aber ein Mangel nicht denkbar. Gott „ist für Schwächen durchaus unempfindlich (*nullis plane defectibus obnoxius*)" (Med. III 38).

> „Woraus zur Genüge erhellt, daß er kein Betrüger sein kann (*fallacem esse non posse*), denn daß aller Trug und alle Täuschung auf irgendeiner Schwäche beruht, das macht das natürliche Licht augenscheinlich (*lumine naturali manifestum est*)." (Ebd.)

Garant von Wahrheit und Gewißheit

Was ist nun durch diese Gedankengänge erreicht? Nach der Ansicht von Descartes zweierlei: *Erstens* garantiert die Tatsache, daß es Gott gibt und daß dieser absolut wahrhaftig ist, daß wir in unseren „klaren und deutlichen" Vorstellungen nicht getäuscht werden, sondern Gewißheit besitzen. Oder anders gesagt: Die „klare und deutliche" Vorstellung von Gott als vollkommenem Wesen räumt jeden Zweifel in unsere sicheren Vorstellungen aus. Alle „klaren und deutlichen" Vorstellungen nehmen Anteil an der unbedingten Gewißheit und vollkommenen Untrüglichkeit der Vorstellung Gottes. Diesen Anteil wiederum an der Wahrhaftigkeit Gottes haben sie, weil sie ebenso wie die gesamte menschliche Erkenntnis Geschöpfe Gottes sind und weil sie dadurch in einer Schöpfungsordnung stehen, in der alles mit Gott zusammenhängt. *Zweitens* bestätigt die Existenz Gottes, daß unsere „klaren und deutlichen" Vorstellungen den Anspruch auf Wahrheit erheben dürfen. So wie der Vorstellung Gottes notwendig seine Existenz, d.h. die Wirklichkeit Gottes entspricht, so geben auch die übrigen „klaren und deutlichen" Vorstellungen die Wirklichkeit an sich selbst wieder. Im Wortlaut Descartes':

> „[...] daß nämlich die Dinge, die wir uns sehr klar und sehr deutlich vorstellen, alle wahr sind, [ist] nur gesichert, weil Gott ist oder existiert (*n'est assuré qu'à cause que Dieu est ou existe*) und weil er ein vollkommenes Wesen ist und alles in uns von ihm herkommt (*et qu'il est un être parfait, et que tout ce qui est en nous vient de lui*)." (Disc. IV 7) „Und so sehe ich ganz klar, daß die Gewißheit und die Wahrheit jeder Wissenschaft (*omnis scientiae certitudinem et veritatem*) einzig von der Erkenntnis des wahren Gottes abhängt (*ab una veri Dei cognitione pendere*), so sehr, daß ich, bevor ich ihn nicht erkannte, nichts über irgendeine andere Sache vollkommen wissen konnte. Jetzt aber kann Unzähliges sowohl von Gott selbst und den anderen Gegenständen des reinen Verstandes als auch von der gesamten körperlichen Natur, die den Gegenstand der reinen Mathematik bildet, mir vollkommen bekannt und gewiß sein (*mihi plane nota et certa esse possunt*)." (Med. V 16)

Die Antwort auf die Frage der Metaphysik

Undeutliche Vorstellungen?

Soll die Frage der Metaphysik – wie ist die Wirklichkeit in ihrer Gesamtheit zu verstehen? – im Sinne von Descartes beantwortet werden, ist zunächst noch zu bedenken, wie jene Vorstellungen zu interpretieren und zu bewerten sind, die *nicht* „klar und deutlich" erscheinen. Hinsichtlich der „klaren und deutlichen" Vorstellungen gibt es ja kein Problem. Über sie sind mit absoluter Gewißheit wahre Aussagen möglich. Nicht so bei den übrigen Vorstellungen. In ihnen bleiben Verworrenheit und Dunkelheit (*confus et obscur*, Disc. IV 7; *valde confuse et obscure*, Med. III 19). Sie lassen daher wahre Erkenntnis über sich nicht zu. Wie ist aber nun dennoch mit ihnen zu verfahren, denn zur Wirklichkeit in ihrer Gesamtheit gehören sie allemal?

Descartes löst dieses Problem mit zwei Argumenten: *Zum einen* meint er, daß es gar nicht notwendig sei, *alle* Vorstellungen „klar und deutlich" erkennen zu müssen, um über die Wirklichkeit als ganze etwas sagen zu können. Es genügt, wenn es einige wesentliche Vorstellungen gibt, die „klare und deutliche" Erkenntnisse gestatten. Aufgrund der *Ordnung* nämlich, die Descartes „Natur" (*natura*) nennt und von der er überzeugt ist, daß sie ihre Gültigkeit in Gott selbst hat (vgl. Med. VI 11), hängt alles Vorstellbare miteinander zusammen, was wiederum bedeutet, daß von dem, was „klar und deutlich" gegeben ist, weitergeschlossen werden kann auf das, was nicht „klar und deutlich" erscheint. *Zum andern* ortet Descartes die Ursache dafür, daß wir es auch mit „konfusen und dunklen" Vorstellungen zu tun haben, in der Endlichkeit des Menschen (z.B. Disc. IV 7; Med. IV 1-17). Von Gott her betrachtet wären sie „klar und deutlich". So will es das Prinzip, daß Gott die Vollkommenheit schlechthin ist, Dunkelheit und Verworrenheit als Formen eines Mangels aber von ihm nicht herrühren können. Abgesehen davon beweist die Erfahrung, daß sich Dunkelheiten und Verworrenheiten auflösen lassen bzw. daß sich „klare und deutliche" Verhältnisse plötzlich einstellen, folglich also das „Klare und Deutliche" das letzte Wort hat.

Mathematisch-geometrische Struktur

Fallen somit die verworrenen und dunklen Vorstellungen nicht mehr ins Gewicht, sind also metaphysische Aussagen über die Wirklichkeit in ihrer Gesamtheit auch allein von den „klaren und deutlichen" Vorstellungen her möglich und sinnvoll, dann braucht nur noch überlegt zu werden, worin das Wesen dessen liegt, was sich in den „klaren und deutlichen" Vorstellungen zeigt, bzw. wie die Beziehungen zu verstehen sind, welche diese Vorstellungen untereinander haben. Dazu wiederum stellt Descartes fest, daß sowohl den „klaren und deutlichen" Vorstellungen selbst als auch den Beziehungen zwischen ihnen am besten *mathematisch-geometrisch* entsprochen wird. Dies wäre nicht möglich, wenn es nicht auch in dem, was diese Vorstellungen repräsentieren, so etwas wie eine *mathematisch-geometrische Wesensstruktur* gäbe. Folglich kann gesagt werden: *Die Wirklichkeit in ihrer Gesamtheit bildet eine von Gott geschaffene und von Gott garantierte Ordnung, die sich mathematisch-geometrisch begreifen läßt.*

Abwertung des Natürlichen

Manifester Ausdruck dafür, daß Descartes die Wirklichkeit im Ganzen so verstand, belegt zum einen seine Definition aller nicht-geistigen Wirklichkeit, d.h. des ganzen Bereiches der anorganischen und organischen Natur, als bloßer *res extensa*, als „ausgedehnter Wirklichkeit" (Med. III 21, IV I, VI 19 u.ö.), sowie seine Bestimmung des menschlichen Körpers als *machina*, als „Gliedermaschine" (ebd. II 5), bzw. seine Degradierung der Tiere zu bloßen „Automaten oder bewegungsfähigen Maschinen" (*automates, ou maschines mouvantes*, Disc. V 9-10). Beides bedeutet eine Reduktion der gesamten Realität auf mathematisch-geometrische Größen oder Funktionen. Descartes wurde dadurch zum Begründer des Rationalismus, einer philosophischen Richtung, mehr noch einer Weltanschauung, die aus der Überzeugung heraus lebte, daß die gesamte Wirklichkeit rational durchschaubar ist und daher auch *an sich selbst* etwas durch und durch Rationales ist. Rational wiederum bedeutete konkret: mathematisch-geometrisch rekonstruierbar.

Funktion Gottes

Wir sehen bereits, was dies für das metaphysische Gottesbild bedeutet: Auch es wird rationalisiert. Zwar bleibt Gott nach wie vor der Schöpfer aller Dinge, das höchste und vollkommenste Wesen, „über das hinaus nichts Vollkommeneres gedacht werden kann" (*aliquid quo nihil maius cogitari possit*, Anselm von Canterbury, Prosl. 2-4). Gleichzeitig erschöpft sich ‚seine Funktion' aber zunehmend darin, Garant und – wie wir noch sehen werden – Retter der Vernunft zu sein.

Die Alternative nach Descartes

Ausblick

Die Philosophie von Descartes wird die weitere Geschichte der Metaphysik nachhaltig bestimmen. An ihr werden sowohl jene Denker anknüpfen, die sie weiterführen und erweitern, als auch jene, die sie kritisieren und ablehnen. Gemeinsam ist ihnen der erkenntnistheoretische Ansatz sowie die Problemstellung, die sie von Descartes übernehmen. Jedesmal wird es darum gehen, zu prüfen, ob und unter welchen Voraussetzungen die Erkenntnis objektiv sichere Vorstellungen hat bzw. ob und wie metaphysische Erkenntnisse möglich sind, die Anspruch auf die gesamte Wirklichkeit erheben. Wie bereits erwähnt wird es drei Positionen geben: eine *absolutistische*, eine *skeptische* und eine *andere,* die sich nicht eindeutig einer dieser beiden Positionen zuordnen läßt, sondern mehr oder weniger dazwischen liegt. Die absolutistische wird behaupten, daß der Mensch zu sicheren und objektiven Erkenntnissen fähig ist und von diesen aus dazu kommen kann, Aussagen über die Wirklichkeit im Ganzen zu machen. Die skeptische Position wird beides zwar nicht rundweg leugnen, aber doch so erheblich modifizieren, daß die Metaphysik eine zunehmend fragwürdigere Unternehmung wird.

Gottesidee im Zentrum

Aufgrund dessen, was wir von Descartes kennengelernt haben, können wir bereits jetzt sagen, woraus sich diese Alternative ergibt. Wir sahen, daß Descartes den *ideae innatae*, den angeborenen Vorstellungen, eine ausschlaggebende Funktion in seinem System zuweist. Ihnen verdankt es die menschliche Erkenntnis, daß sie überhaupt Wahrheit besitzt und daß sie darüber hinaus zu metaphysischen Aussagen gelangen kann. Ganz besonders wird dies durch die angeborene Vorstellung Gottes garantiert, da mit ihr apriori mitgegeben ist, daß das, was in ihr vorgestellt wird, wirklich ist und daher absoluten Anspruch auf Wahrheit besitzt. Sofern von Gott jede andere Vorstellung abhängt, partizipieren sämtliche „klaren und deutlichen" Vorstellungen an seinem Wirklichkeits- und Wahrheitswert. Hier eröffnen sich nun zwei mögliche Ansätze weiterer Theorien:

Absolutistische Position

Entweder man akzeptiert, daß die Vorstellung von Gott diese zentrale und absolute Funktion ausübt. In diesem Falle liegt es nahe zu überlegen: Verhält es sich wirklich so, daß wir von Gott eine derartig sichere, über jeden Zweifel erhabene und über die Maßen „klare und deutliche" Vorstellung haben, warum dann nicht gleich von Gott bzw. von der Vorstellung Gottes ausgehen und von ihr her die gesamte Wirklichkeit rekonstruieren? Empfiehlt es sich aufgrund dieser Prämisse nicht, den Gedankengang Descartes' umzukehren und nicht beim Zweifel, sondern beim Sichersten anzufangen, das unsere Erkenntnis überhaupt hat? Ist nicht Metaphysik von vornherein möglich, wenn wir eine absolut sichere Vorstellung haben, wovon die gesamte Wirklichkeit abhängt? Und deutet nicht allein schon die Tatsache, daß wir diese Vorstellung in unserer Erkenntnis besitzen, darauf hin, daß uns die Fähigkeit zu metaphysischen Aussagen über die Wirklichkeit im Ganzen gegeben ist? Die absolutistische Position wird diese Fragen bejahen und behaupten, die Gesamtheit der Wirklichkeit von Gott her rekonstruieren zu können.

Gottesprinzip

Der Gott, von dem in dieser Philosophie die Rede sein wird, ist gemäß dem berühmten „Mémorial" von Blaise Pascal (1623–1662), dem Zeitgenossen und Kritiker Descartes', freilich nicht der lebendige und geschichtlich erfahrene „Gott Abrahams, Gott Isaaks und Gott Jakobs", sondern ein *reines*, durch den Verstand (die Vernunft) erschlossenes und in Anspruch genommenes *Prinzip* des Systems. Vor diesem Gott konnte und sollte sich – nach einem Dictum Heideggers („Identität und Differenz", Pfullingen 1957, 64) – in der Tat kein Knie beugen, kein Gebet erklingen und kein Tanz erfolgen. Mögen persönlich auch etliche dieser Philosophen religiös empfindende Menschen gewesen sein, wichtiger als der Umstand, daß das Prinzip ‚Gott' hieß, war letztlich die Tatsache, daß sich überhaupt ein solches Prinzip ausmachen ließ, von dem aus man alles rekonstruieren und legitimieren konnte. Davon hing – nach damaliger Vorstellung – nichts Geringeres als die Vernünftigkeit der Vernunft, d.h. aufs Ganze gesehen auch die Sinnhaftigkeit des eigenen Tuns, des Philosophierens, ab. Daß das Prinzip wichtiger war als Gott, beweist – meines Erachtens – der Fortgang der Geschichte. Nicht von ungefähr konnte im 19. Jahrhundert die Rede von Gott aufgegeben, ja zum Angriffsziel der großen Metaphysik- und Religionskritik gemacht werden, zugleich aber die absolutistische Position erhalten bleiben, d.h. am umfassenden (metaphysischen) Prinzip festgehalten werden. Es ist wichtig, sich diesen Zusammenhang vor Augen zu halten. Denn vordergründig haben wir es hier mit zwei Ungereimtheiten zu tun: Einmal bezeichneten wir die neuzeitliche Philosophie als anthropozentrisch. Jetzt stellen wir fest, daß sie zumindest in einer ihrer Traditionen eminent theozentrisch vorgeht. Zum andern gehören der absolutistischen Position sowohl Denker an, die ‚Theologie' betrieben, als auch solche, die Gott für tot erklärten. Beides ist sogleich verständlich, wenn beachtet wird, daß es im Gottesprinzip von Anfang an nicht so sehr um Gott als um ein absolut sicheres *Erkenntnisprinzip* ging, das ermöglichen sollte, wirklichkeitsumfassende – metaphysische – Aussagen zu treffen.

Skeptische Position

Oder (zweite Möglichkeit der Alternative): Man bezweifelt die angeborenen Vorstellungen – diejenige Gottes inbegriffen. In diesem Fall wird die Metaphysik auf der Stelle fragwürdig, denn jetzt fehlt nicht bloß die Garantie für eine wahre und sichere Erkenntnis, sondern auch das Prinzip, nach dem sich die Wirklichkeit in ihrer Gesamtheit begreifen läßt. Sie verliert damit die Voraussetzungen, die ihr die Existenz innerhalb der absolutistischen Position gewährleistet haben. So ist es nicht verwunderlich, daß im Rahmen dieser skeptischen Position das Betreiben von Metaphysik in die radikale Kritik an der Metaphysik umschlägt. Diese Kritik bedeutet freilich nicht zwangsläufig das Ende aller Metaphysik. Bezweifelt man nämlich auch die Metaphysik als Wissenschaft, so bleiben immer noch die metaphysischen Fragen. Diese wiederum lassen sich nicht einfach wegrationalisieren. In jedem Fall wird aber Metaphysik nur noch mit begrenzter Kompetenz und d.h. mit begrenztem Recht auf ihren Anspruch (Aussagen über die Wirklichkeit im Ganzen machen zu können) zugelassen.

Wenn wir im folgenden die drei Positionen der neuzeitlichen Metaphysik – zuerst die absolutistische, danach die ‚dazwischen liegende' und schließlich die skeptische – näher betrachten, dann gehen wir weniger chronologisch als typologisch vor. Aus diesem Grunde wird es auch nicht immer notwendig sein, jeden der zu behandelnden Philosophen in aller Ausführlichkeit darzustellen. Wichtiger ist es, den Positions*typ* zu erklären und deshalb die einzelnen Philosophen nur so weit zu untersuchen, als es zu diesem Zwecke notwendig ist.

Die absolutistische Position

Der Substanzmonismus Spinozas

Ausgangspunkt

Der erste Philosoph, der von Descartes – seiner Problemstellung und seinem Methodenideal – ausgeht und die ebenso „klare und deutliche" wie angeborene Vorstellung von Gott zum *Ausgangspunkt* seiner Metaphysik macht, ist Baruch de Spinoza (1632–1677). Für das Gelingen seines Versuches war es freilich notwendig, diese Vorstellung Gottes – den Begriff Gottes – präziser zu fassen. Sollte aus ihr nämlich die Wirklichkeit in ihrer Gesamtheit rekonstruiert werden, so genügte es nicht, Gott nur als das vollkommenste und notwendig existierende Wesen zu definieren. Dazu wären diese beiden Bestimmungen, die Spinoza übrigens nicht leugnete, sondern seinerseits nachhaltig hervorhob (vgl. Eth. I Def.6, Prop.11), nicht differenziert genug gewesen. Durch sie allein hätte sich die Komplexität der Wirklichkeit niemals einholen lassen. Abgesehen davon hätte mit ihnen die mathematisch-geometrische Methode, die Spinoza radikal anwendete, nur schwer in Einklang gebracht werden können. Für einen auf Mathematik und Geometrie (*more geometrico*) basierenden Umgang mit der Wirklichkeit wären sie zu allgemein und vage geblieben.

Die Gott-Substanz

Definition von Substanz

Spinoza definiert Gott also genauer. Der Begriff, der ihm dazu verhilft, ist der Begriff der *substantia*. Dieser Begriff ist, wie wir gesehen haben, nicht neu. Er besitzt vielmehr eine reichhaltige Tradition. Spinoza legt seine Bedeutung aber in so anderer Weise fest, daß es ihm gelingt, mit seiner Hilfe ein ganzes metaphysisches System zu konstruieren. Er bestimmt:

> „Unter *Substanz* verstehe ich das, was in sich ist und aus sich begriffen wird; das heisst das, dessen Begriff nicht des Begriffes eines andern Dinges bedarf, um daraus gebildet werden zu müssen. (*Per substantiam intelligo id, quod in se est, et per se concipitur: hoc est id, cuius conceptus non indiget conceptu alterius rei, a quo formari debeat.*)" (Eth. I Def.3, vgl. Axiom 1-2)

Einzigkeit

Schon allein diese Definition enthält weitreichende Implikationen. Die wichtigste von ihnen ist die, daß es nur *eine einzige* Substanz geben kann (Eth. I Prop.14). Man sieht dies sogleich, wenn man darauf achtet, daß Spinoza das traditionelle Verständnis von Substanz als „In-sich-Sein" (*in se est*) parallelisiert mit der Bestimmung, daß eine Substanz auch nur aus sich alleine heraus begriffen werden kann (*per se concipitur*). Aus dieser Parallelisierung ergibt sich nämlich folgendes:

Würden wir mehrere, voneinander unterschiedene Substanzen annehmen, müßten wir auch etwas zugrundelegen, das all diesen Substanzen gemeinsam wäre. Gäbe es dieses Gemeinsame nicht, ließen sich die Substanzen voneinander nicht unterscheiden. Wollte man nun jede dieser Substanzen definieren und bestimmen, so könnte dies notwendigerweise nur so erfolgen, daß man ihre jeweilige Unterschiedenheit (*differentia*) von den übrigen Substanzen, damit aber auch ihre Besonderheit innerhalb dessen, was allen gemeinsam ist, namhaft machte. Das bedeutete aber, daß man keine Substanz mehr *aus sich heraus* begreifen (*per se concipitur*) könnte, sondern nur im Bezug zu den übrigen Substanzen. So folgt: Ist Substanz das, was Spinoza darunter versteht, nämlich ein *aus sich heraus zu begreifendes* Seiendes (*ens*), dann kann es nur eine einzige Substanz geben.

Eigenschaften

Es ist leicht einzusehen, daß diese Substanz mit all ihren Eigenschaften unendlich und absolut, d.h. Gott sein muß (vgl. Eth. I Prop.8.13-14). Stellen wir uns nämlich vor, die Substanz wäre endlich. Das würde in jedem Fall bedeuten, daß die Substanz an etwas anderes grenzt, das nicht sie selbst, sondern eben etwas anderes ist. Damit bestünde abermals die Notwendigkeit, die Substanz in Abgrenzung zu etwas anderem, d.h. in Bezug auf etwas anderes zu begreifen. Dies ist nach der gegebenen Definition aber nicht möglich. Doch auch abgesehen davon: Wäre die Substanz endlich, müßte gefragt werden, woher sie stammt bzw. wie sie verursacht ist. Dies erneuerte auf der Stelle unser Problem, denn die Ursache einer Substanz könnte ja nichts Geringeres als wieder eine Substanz sein. Es gäbe folglich abermals mehrere Substanzen, die notwendigerweise etwas Gemeinsames hätten, weil sie sonst nicht in der Beziehung von Ursache und Wirkung zueinander stehen könnten. Wie nicht anders zu erwarten müßten sie aus dieser Beziehung zueinander auch begriffen werden. So kann es aber im Sinne der Definition von Substanz nicht sein. Deshalb gilt: *Una substantia non potest produci ab alia substantia* – „eine Substanz kann nicht von einer anderen Substanz hervorgebracht werden" (Eth. I Prop.6), es kann vielmehr nur eine einzige Substanz geben und diese muß ‚un-endlich', absolut sein. Genau dies ist aber Gott, denn unter Gott versteht man „das schlechthin unendliche Seiende, d.h. die Substanz, die aus unendlichen Attributen besteht, von denen jedes ein ewiges und unendliches Wesen ausdrückt (*ens absolute infinitum, hoc est, substantiam constantem infinitis attributis, quorum unumquodque aeternam, et infinitam essentiam exprimit*)" (Eth. I Def.6).

„Causa sui"

Bleibt die Frage, ob diese Substanz Gott auch wirklich ist, d.h. wirklich existiert. Noch einmal hilft Spinoza seine Substanz-Definition, sofern er nämlich mit ihr problemlos am *ontologischen Gottesbeweis* anzuknüpfen vermag. Kehren wir dazu zurück, daß die Substanz keine Ursache haben kann. Daraus folgt, daß sie, wenn es sie geben soll, nur als

Ursache ihrer selbst (*causa sui*) vorzustellen ist. *Causa sui*, Ursache seiner selbst, vermag aber nur etwas zu sein, bei „dem das Wesen die Existenz in sich schließt“ (*cuius essentia involvit existentiam*) bzw. bei dem „die Natur nicht anders als existierend begriffen werden kann“ (*cuius natura non potest concipi, nisi existens*)“ (Eth. I Def.1) So liegt es in der Vollkommenheit dieser Vorstellung, sobald sie gegeben ist:

> „Was [...] die Substanz an Vollkommenheit hat, verdankt sie keiner äußeren Ursache. Darum muß auch ihre Existenz aus ihrer Natur allein folgen, welches deshalb nichts anderes ist, als ihr Wesen. ([...] *quare eius etiam existentia ex sola eius natura sequi debet, quae proinde nihil aliud est, quam eius essentia.*) Die Vollkommenheit hebt daher die Existenz eines Dinges nicht auf, sondern setzt sie vielmehr (*perfectio igitur rei existentiam non tollit, sed contra ponit*); die Unvollkommenheit aber hebt sie hingegen auf, und deshalb können wir der Existenz keines Dinges gewisser sein als der Existenz des schlechthin unendlichen oder vollkommenen Seienden, d.h. Gottes (*adeoque de nullius rei existentia certiores esse possumus, quam de existentia Entis absolute infiniti, seu perfecti, hoc est, Dei*). Denn da sein Wesen alle Unvollkommenheit ausschließt und die unbedingte Vollkommenheit in sich schließt, so hebt es eben dadurch alle Ursache des Zweifelns an seiner Existenz auf und gibt die höchste Gewißheit von derselben, was, wie ich glaube, auch bei mäßiger Aufmerksamkeit klar sein wird.“ (Eth. I Prop.11 Schol., Übersetzung verändert)

Die Wirklichkeit als Modus der Substanz

Antwort auf die Frage der Metaphysik

Spinozas Substanz-Definition ist immer noch nicht erschöpft. Sie enthält noch eine weitere wichtige Konsequenz: Wenn es nur eine einzige Gott-Substanz geben kann, d.h. wenn neben derselben keine andere Substanz zu sein vermag, dann muß sich notwendigerweise die gesamte ‚übrige‘ Wirklichkeit darauf reduzieren, Bestimmung der Substanz zu sein. Selbständigkeit dieser gegenüber ist ja nicht denkbar, weil Selbständigkeit Substantialität beinhalten würde, eine andere Substanz aber neben der Gott-Substanz nicht gedacht werden darf. Bleibt übrig: *Die Wirklichkeit in ihrer Gesamtheit erschöpft sich darin, etwas an der Substanz Gottes zu sein.* In den Worten Spinozas:

> „Alles, was ist, ist in Gott, und nichts kann ohne Gott sein oder begriffen werden. (*Quicquid est, in Deo est, et nihil sine Deo esse, neque concipi potest.*)“ (Eth. I Prop.15)

Anders formuliert: Gott schafft nichts außerhalb von sich. Was immer er verursacht, verursacht er an sich selbst. „Gott ist immanente, nicht aber ‚in etwas Anderes übergehende‘ Ursache aller Dinge. (*Deus est omnium rerum causa immanens; non vero transiens.*)“ (Eth. I Prop.18)

„Modus“

Was aber ist die Wirklichkeit an der Substanz Gottes genau? Spinoza antwortet: Eine Vielfalt von *modi* der Substanz. *Modi* sind Weisen bzw.

„Affektionen" (*affectiones*) der Substanz, die nur von der Substanz her begriffen werden können (Eth. I Def.5, vgl. Axiom 4). Es läge auch nahe zu sagen: *Modi* sind Wirkungen (*effectus*) der Substanz. Damit schliche sich aber sehr rasch das Mißverständnis ein, daß es zwischen der Substanz als Ursache und ihren *modi* als Wirkungen eine Differenz gäbe. Nichts weniger ist gemeint, denn so wie alles Wirkliche in der Substanz ist und nur von ihr her begriffen werden kann (vgl. Eth. I Prop.15), so ist auch umgekehrt die Substanz in allem Wirklichen. Daher empfiehlt es sich, *modus* mit „Weise" wiederzugeben und zu sagen: Alles, was nur in irgendeiner Weise *ist* und damit als Bestandteil der uns zugänglichen Wirklichkeit betrachtet werden muß, ist nicht anderes als *Seinsweise* der Substanz bzw. eine Weise, in der die Substanz ist.

„Attributa"

Fragt man, warum Gott in solchen *modi* ist bzw. warum er die Wirklichkeit geschaffen hat, so erhält man von Spinoza folgende Antwort: Die Gott-Substanz besitzt spezifische Eigenschaften oder Wesensbestimmungen – die „Attribute" (*attributa*, vgl. Eth. I Def.4). Das heißt: Gott ist keine leere, unstrukturierte und differenzlose, sondern eine durch Komplexität und Attributenvielfalt bestimmte Einheit (Eth. I Prop.9-11). Diese Attribute wiederum bilden die Ursache für die *modi* (Eth. I Prop.23). Will man näher wissen, welche Attribute Spinoza ausmacht, so stößt man nicht etwa auf Eigenschaften wie ‚Güte', ‚Liebe' oder ‚Gerechtigkeit' Gottes. Nein, die Attribute, die nach Ansicht Spinozas der menschliche Verstand (*intellectus finitus*) überhaupt eruieren kann, sind die ontologischen Prinzipien der Wirklichkeit. So allem voran – man erinnert sich an Descartes – das Denken (*cogitatio*) und die Ausdehnung (*extensio*). Warum dies? Der Grund hierfür ist leicht einzusehen: Wenn sich die Wirklichkeit in einen Bereich des Geistigen und Ideellen einerseits sowie in einen Bereich des Körperlichen und Materiellen andererseits teilt, dann muß in Gott dafür eine Voraussetzung gegeben sein, besser: dann muß Gott an sich selbst eine *res cogitans* und eine *res extensa* sein (Eth.II Prop.1-2; vgl. I Prop.15 Schol.). Zu den Attributen zählen aber auch die bereits genannten Eigenschaften der Gott-Substanz: ihre Vollkommenheit, ihre Unendlichkeit und ihre Selbstursächlichkeit (*causa sui*).

Notwendigkeit der Schöpfung

Es gibt noch einen weiteren Grund dafür, daß Gott in der Form der konkreten Wirklichkeit (der *modi*) existiert: Die Gott-Substanz, hieß es, ist *causa sui*, Ursache ihrer selbst. Sehen wir dies noch einmal zusammen mit der anderen These Spinozas, wonach es neben der Gott-Substanz keine andere geben könne und alles Wirkliche ein *modus* derselben sei, dann folgt daraus zwingend:

> „[...] aus der bloßen Notwendigkeit der Wesenheit Gottes folgt, daß Gott die Ursache seiner selbst [...] und [...] aller Dinge ist. (*Ex sola enim necessitate Dei essentia sequitur, Deum esse causam sui* [...] *et* [...] *omnium rerum.*)" (Eth. I Prop.34 Dem.) „[...] in dem Sinne, wo-

> nach Gott Ursache seiner selbst heißt, muß er auch Ursache aller Dinge genannt werden (*eo sensu, quo Deus dicitur causa sui, etiam omnium rerum causa dicendus est*) [...]." (Eth. I Prop.25 Schol.)

Das bedeutet: Indem Gott sich selbst schafft, schafft er auch die Wirklichkeit (die *modi*). Beides gehört untrennbar zusammen. Und sofern Gott als die einzige Substanz, die gedacht zu werden vermag, nichts Zufälliges an sich haben kann, weil dies Endlichkeit oder Begrenztheit implizieren würde, sondern vielmehr das Notwendige schlechthin sein muß, ist alles, was von ihm stammt bzw. durch ihn verursacht wird, ebenso notwendig wie er. (*Ex necessitate divinae naturae, infinita infinitis modis* [...] *sequi debent*. Eth.I Prop.16, vgl. 21-22.29)

Freiheit und Notwendigkeit

Keine Frage, daß Spinoza damit etwas ganz anderes als die christliche Metaphysik sagt. Hat diese die Schöpfung der Wirklichkeit als ein Werk der *Freiheit* Gottes betrachtet, so scheut er sich nicht, aus seinen Prämissen zu folgern, daß Gott *ex sola necessitate*, aus bloßer *Notwendigkeit*, schafft. Zwar betont er sofort, daß die Notwendigkeit in Gott mit seiner Freiheit identisch sei.

> „[...] folglich handelt Gott allein nach den Gesetzen seiner Natur und von Niemandem gezwungen. ([...] *adeo Deus est solis suae naturae legibus, et a nemine coactus agit*.)" (Eth. I Prop.17 Dem.)

Deshalb bleibt Gott aber dennoch nur im beschränkten Ausmaß „freie Ursache" (*causa libera*), sofern er nämlich „nicht aus freiem Willen wirkt" (*Deum non operari ex libertate voluntate*, Eth. I Prop.32 Cor.I) und „die Dinge auf keine andere Weise und in keiner anderen Ordnung von Gott hätten hervorgebracht werden können als sie hervorgebracht worden sind" (*res nullo alio modo, neque alio ordine a Deo produci potuerunt, quam productae sunt*, Eth. I Prop.33). Alles Einmalige, Nicht-Vorhersehbare und Geschichtliche wäre der Gott-Substanz nicht nur nicht würdig, sondern stünde auch im Widerspruch zu ihrem Wesen. Es deutete auf Endlichkeit und Unvollkommenheit hin.

Kein Erkenntnisproblem

Bleibt noch zu überlegen, woher Spinoza denn all das weiß bzw. wissen kann, was er sowohl von Gott als auch von der Wirklichkeit im Ganzen aussagt. Selbst in diesem Punkt wirkt sich die ungeheure Stringenz und Geschlossenheit seines Systems aus. Spinoza kann sich nämlich darauf verlassen, *daß selbst die Erkenntnis ein modus der Gott-Substanz ist*. Außerhalb Gottes kann es nichts Eigenständiges und Substantielles geben. Folgedessen spielt sich nicht zuletzt die menschliche Erkenntnis *innerhalb* Gottes ab. Daraus erklärt sich ihre Reichweite, daraus erklärt sich aber auch ihre Gewißheit. Diese Gewißheit wiederum besteht letztlich auch dann, wenn die menschliche Erkenntnis den Begleiterscheinungen ihrer Endlichkeit (wie Irrtum, Unaufmerksamkeit, Diffusität usw.) unterliegt.

Monismus / Pantheismus

In summa: Für Spinoza gibt es keine andere Wirklichkeit als die absolute Gott-Substanz. In der Konsequenz dieses *Monismus*, d.h. dieser Entschlossenheit, alles Wirkliche aus einem einzigen Prinzip heraus zu erklären, kann die Antwort auf die Frage der Metaphysik daher lediglich lauten: *Alles, was nur in irgendeiner Weise ist, ist nichts weniger, aber auch nichts mehr als ein modus der Gott-Substanz.* Alles Wirkliche ist daher in Gott, ja ist eine Weise, in der Gott selbst ist; und umgekehrt: Gott ist in allen Dingen, hat diese mit sich selbst immer schon hervorgebracht. In anderen Worten: Gott ist nichts anderes als die Wirklichkeit, die er geschaffen hat und die uns erscheint. Es gibt nur eine einzige Wirklichkeit. Die Unterscheidung von ‚Transzendenz' und ‚Immanenz' erübrigt sich in diesem *Pantheismus* von selbst.

Die Monadenlehre von Leibniz

Kritik an Spinoza

Das System Spinozas besticht durch seine Einfachheit (im Grunde baut es auf einem einzigen Prinzip auf) sowie durch seine Funktionsfähigkeit (es erklärt nichts weniger als die Wirklichkeit in ihrer Gesamtheit). Nicht von ungefähr zählt es zu den kompaktesten und übersichtlichsten Systemen, welche die Metaphysik in ihrer ganzen Geschichte hervorgebracht hat. Es impliziert allerdings auch Konsequenzen, die so weitreichend sind, daß sie das ganze System am Ende wiederum fragwürdig machen. Zwei von ihnen wurden schon genannt: einmal der Pantheismus (die Aufhebung der Unterscheidung von ‚Transzendenz' und ‚Immanenz') und zum andern der Verlust der Freiheit (bzw. dessen, was damit zusammenhängt: die Geschichte im weitesten Sinne). Beides läßt zumindest die Frage zu, ob Spinoza mit seinem System die Wirklichkeit *differenziert* genug betrachtet hat. Wird diese Frage verneint, ist es wenigstens möglich, daß die genannten Konsequenzen nicht zwingend gezogen werden müssen.

Rationalismus

Gottfried Wilhelm Leibniz (1646–1716) vertritt diese Ansicht. Er fordert daher nicht nur eine differenziertere Betrachtungsweise der Realität, sondern darüber hinaus eine Neukonstruktion des Systems. Das bedeutet allerdings nicht, daß er gleichzeitig die von Descartes und Spinoza begründete Überzeugung von der rationalen Rekonstruierbarkeit der Wirklichkeit aufgeben würde. Ganz im Gegenteil, Leibniz ist geradezu besessen von dem Plan, die gesamte Wirklichkeit rational durchdringen und verstehen zu können (vgl. dazu Philos. Schr., hg. C.I. Gerhardt, Hildesheim 1960/61, VII 1-247; Mathem. Schr., hg. C.I. Gerhardt, Hildesheim 1962, VII). Er träumt von einer enzyklopädischen Universalwissenschaft (*scientia generalis*), die imstande wäre, alles, was es gibt, *clare et distincte* zu interpretieren und zu charakterisieren (im Sinne einer *characteristica universalis*). Er läßt auch keinen Zweifel daran, daß er – wie die übrigen Rationalisten – ‚rational‘ mit ‚mathematisch-geometrisch‘ gleichsetzt. Sein wissenschaftliches Universalprojekt zielt eindeutig auf eine „universelle Mathematik“ (*mathesis universalis*). Diese Mathematik sollte auf einer „Universalschrift“ (*scriptura universalis*) oder „Universalsprache“ (*lingua universalis*) bzw. auf einem „Alphabet des menschlichen Denkens“ (*alphabetum cognitionum humanarum*) beruhen, mit dessen Hilfe „die Wahrheiten der Vernunft wie in der Arithmetik und Algebra so auch in jedem anderen Bereich, in dem es um logisches Schließen geht, gewissermaßen durch ein Kalkül erreicht werden (*cuius ope veritates rationis velut calculo quodam, ut in Arithmetica Algebraque, ita in omni alia materia quatenus ratiocinationi subjecta est, consequi liceret*)“ (Brief an C. Rödken von 1708, Philos. Schr. VII 32). Würde die Philosophie eines Tages diese Kalkülsprache beherrschen, die wesentlich im Verknüpfen von mathematisch erfaßbaren und formulierbaren Größen, d.h. in einer *ars combinatoria* (vgl. die gleichnamige Schrift von 1666, Philos. Schr. IV 27-104) bzw. in einem *calculus universalis* bestünde, könnte sie „das Gefüge unserer Gedanken vollkommen erfassen (*rapporte parfaitement les relations des nos pensées*)“ (Brief an J. Gallois vom Dez. 1678, in: Philos. Schr. VII 22).

Möglichkeit der Differenzierung

Daß Leibniz einerseits am rationalistischen Ideal, die Wirklichkeit in ihrer Gesamtheit mathematisch-geometrisch interpretieren zu müssen, so emphatisch festzuhalten vermag, andererseits aber doch eine differenziertere Erfassung der Wirklichkeit fordern kann, verdankt er entscheidend dem Fortschritt der mathematischen Wissenschaft, an der nicht zuletzt er selbst wesentlich beteiligt war. Bekanntlich entwickelt Leibniz gleichzeitig und unabhängig von Isaac Newton die Infinitesimalrechung, d.h. die mittels Differential- und Integralrechnung durchgeführte Erfassung von unendlichen Reihen und Grenzwerten. Darüber hinaus macht er bewußt, daß auch die Wahrscheinlichkeit eine Größe der Mathematik ist. Durch beides kommt er in die Lage, die Anwendung der Mathematik in Bereiche auszudehnen, die das System Spinozas ausklammern, ja sogar leugnen mußte, weil ihm dazu das Instrumentarium fehlte.

Erweiterung des Rationalitätsprinzips

Zwei Weisen von Kausalität

Ein solcher Bereich, dem Leibniz sich mit Hilfe seines erweiterten Verständnisses von Mathematik – nach seiner Ansicht – unbedenklich nähern kann, ist der Bereich des Faktischen. Hierzu stellt er folgende Überlegung an: Die Wirklichkeit ist dann rational erfaßt, wenn sich für alles, was es gibt, ein Grund ausmachen läßt. (Bezeichnenderweise bedeutet *ratio* sowohl ‚Verstand‘ oder ‚Vernunft‘ als auch ‚Grund‘. Letzteres drückt die Formel *rationem reddere* aus, was so viel heißt wie ‚rechtfertigen‘, ‚einen Grund angeben‘.) Leibniz stellt daher „das große

Prinzip“ vom zureichenden Grund auf: *Nihil est sine ratione sufficiente* – „nichts ist ohne zureichenden Grund“. Auf ihm baut die gesamte rationale Erkenntnis des Menschen auf. Nun stellt sich aber heraus, daß *zwei* Arten von Gründen vorkommen: logische und faktische. Logische Gründe sind dann gegeben, wenn sich aus einer unbezweifelbaren, „klaren und deutlichen“ Einsicht bzw. aus einem vollständigen Begriff andere Einsichten bzw. andere Begriffe ableiten, wir können auch sagen: *analysieren* lassen. Letztere können auf erstere zurückgeführt werden, d.h. diese bilden die Gründe von jenen. In diesem Fall gelangt freilich nur solches zur Auslegung, was eigentlich schon gewußt wird. Faktische Gründe hingegen liegen dann vor, wenn sich keine logische Notwendigkeit erweist, sondern lediglich tatsächliche oder kontingente Ursachen *festgestellt* werden können. Derartiges ist praktisch bei allem, was in der Welt geschieht, der Fall, denn diesbezüglich läßt sich möglicherweise Wahrscheinlichkeit, nicht aber Notwendigkeit eruieren. Erst recht gilt dies für die Taten, die der menschlichen Freiheit entspringen. Auch sie können auf keine analysierbare logische Notwendigkeit zurückgeführt werden.

Vernunft- und Tatsachenwahrheiten

Leibniz fordert daher gegenüber Spinoza, der nur die erste Art von Gründen, d.h. die erste Art von rationaler Erkenntnis, gelten ließ, eine *erweiternde Präzisierung* des Rationalitätsprinzips, sprich: eine Differenzierung des Prinzips vom zureichenden Grund. Er legt fest: Für die logischen Gründe äußert sich das „große Prinzip“ vom zureichenden Grund in der Gestalt des *Widerspruchsprinzips*. Es ist leicht einzusehen, warum dem so sein muß: Aus ein und derselben Einsicht bzw. aus ein und demselben Begriff kann nicht *gleichzeitig* und unter *derselben* Rücksicht sowohl das Eine als auch das diesem Widersprechende geschlossen werden. Dies gilt für die faktischen Gründe nicht, weil das, was konkret geschieht, ebenso gut nicht geschehen könnte, d.h. weil das Gegenteil ebenso möglich wäre. Deshalb formuliert Leibniz für die faktischen Gründe das *Prinzip vom zureichenden* bzw. *bestimmenden Grunde im engeren Sinne*.

> „Um diesen Punkt besser zu verstehen, muß man beachten, daß es zwei große Prinzipien für unsere Vernunftschlüsse gibt (*deux grands principes de nos raisonnements*): das eine ist das *Prinzip des Widerspruchs*, das besagt, daß von zwei einander widersprechenden Sätzen der eine wahr, der andere falsch ist; das andere *Prinzip* ist das des *bestimmenden Grundes*, wonach nichts geschieht, ohne daß es eine Ursache oder wenigstens einen bestimmenden Grund gibt, d.h. etwas, das dazu dienen kann, *a priori* zu begründen, weshalb etwas eher existiert als nicht existiert und weshalb etwas gerade so als in einer anderen Weise existiert (*l'un est le* principe de contradiction, *qui porte que de deux propositions contradictoires, l'une est vraie, l'autre fausse; l'autre* principe *est celui de la raison* déterminante, *c'est-à-dire quelque chose qui puisse servir à rendre raison* a priori, *pourquoi cela est existant plutôt que non existant, et pourquoi cela est ainsi plutôt que*

de toute autre façon)." (Théod. I § 44; vgl. Nouv. E. IV 7 § 12; Monad. §§ 31-37; Philos. Schr. IV 357; 2.Brief an S. Clarke vom Dez. 1715 § 2 u.ö.)

Entsprechend gibt es für Leibniz „zwei Arten der Wahrheit (*deux sortes de* Verités), nämlich *Vernunftwahrheiten* und *Tatsachenwahrheiten* (*celles de* Raisonnement *et celles de* Fait). Die Vernunftwahrheiten sind notwendig und ihr Gegenteil ist unmöglich, und die Tatsachenwahrheiten sind kontingent und ihr Gegenteil ist möglich." (Monad. § 33; vgl. Disc. de Mét. § 13; Théod. „Discours" § 2)

Erkenntnis der Ursachen

Beachten wir, daß Leibniz die Tatsachenwahrheiten ebenfalls für rational erfaßbar hält. Er meint nur, daß im Bezug auf sie andere – besser: erweiterte – Rationalitätskriterien angewendet, d.h. andere Arten von Gründen gefunden werden müssen. Wo sind nun diese faktischen Gründe oder Ursachen zu finden? Nach Leibniz auf zwei Ebenen: Zum einen könnten diese Gründe leicht erwiesen werden, wenn der Mensch den Überblick über das gesamte Geschehen in der Wirklichkeit hätte. Dann würde er nämlich erkennen, daß alles miteinander zusammenhängt und in umfassenden Kausalketten zu einem Ganzen harmonisiert ist. Da er dies nicht vermag, bleiben die Gründe des Faktischen für den Menschen meist verborgen. Es gibt sie aber. Zum andern dürfen – wie Leibniz in Anschluß an Aristoteles und die Scholastiker betont – nicht nur Wirkursachen (*causae efficientes* bzw. *causes efficientes*) gesucht werden. Neben diesen herrschen auch die Finalursachen (*causae finales* bzw. *causes finales*), die sich am deutlichsten bei allen Handlungen zeigen, die der – menschlichen oder göttlichen – Freiheit entspringen. Sie implizieren nicht weniger als die Wirkursachen eine Notwendigkeit. Freilich ist diese nicht logisch, sondern vielmehr hinsichtlich ihrer „Angemessenheit" (*convenance*) bzw. hinsichtlich ihres höheren Wertes (*choix du meilleur*) notwendig. Schon Leibniz sagt: Sie ist *moralisch* notwendig. (Vgl. Monad. §§ 36-37.46; P.n.g. §§ 8-11; Théod. I §§ 36-37.44-45.49.52, II §§ 184-185 u.ö.)

Die soeben dargelegte Unterscheidung zwischen Vernunft- und Tatsachenwahrheiten erhielt geistesgeschichtlich betrachtet eine ungeheure Bedeutung. Sie wurde nicht nur von den unterschiedlichsten philosophischen Richtungen akzeptiert – schon die Empiristen zur Zeit von Leibniz griffen sie auf –, sondern sie spielte auch in der weiteren Geschichte der Wissenschaftstheorie eine ausschlaggebende Rolle. Auf der Hand liegt, daß durch sie das geschichtliche Faktum eine wesentliche Aufwertung erhielt. Dies wiederum führte zwangsläufig zu einer Anerkennung der Geschichtswissenschaft und über diese hinaus zur Akzeptierung aller Wissenschaften, die sich spezifisch mit dem menschlichen Handeln in der Geschichte befassen: der Soziologie, der Psychologie, der Kunstwissenschaft usw. Noch die moderne Diskussion um die sogenannte „Erklären-Verstehen-Kontroverse", die den Unterschied zwischen Natur- und Geisteswissenschaft markieren soll, fußt letztlich auf dieser Leibnizschen Unterscheidung.

Fassen wir das Gesagte in einem Schema zusammen:

Allgemeines Prinzip vom zureichenden Grund

Prinzip des Widerspruchs	Prinzip vom zureichenden oder bestimmenden Grund im engeren Sinne
Vernunftwahrheiten *(verités de raison)*	Tatsachenwahrheiten *(verités de fait)*
Werden aus übergeordneten Einsichten oder Begriffen analysiert bzw. auf diese zurückgeführt und mit diesen identifiziert	Werden faktisch festgestellt bzw. in Kausalketten eingeordnet oder aus Finalfunktionen eruiert
Logisch notwendig	Faktisch oder kontingent moralisch notwendig

Erkenntnis Gottes

Es bleibt nachzutragen, daß für Gott das Zusammenhängen der Wirklichkeit anders aussieht als für den Menschen. Er überblickt die Wirklichkeit als Ganze. Er kennt sämtliche Kausalketten. Ihm ist jede Finalität bewußt. In der Formulierung von Leibniz: Gott besitzt von allem eine „adaequate" Erkenntnis (*cognitio adaequata*), während die menschliche Erkenntnis außer im Falle der „klaren und deutlichen Vorstellungen" „inadaequat" (*cognitio inadaequata*) ist. (Vgl. „Meditationes de cognitione, veritate et ideis" von 1684, Philos. Schr. IV 422-427) Deshalb erscheint Gott selbst das, was der Mensch als zufällig, grundlos oder gar absurd empfindet, als notwendig und gut. In Gott ist abermals *alle* Rationalität garantiert. Für ihn hat alles einen Grund.

Die beste aller möglichen Welten

Unterschied zu Spinoza

Man könnte nun einwenden: Steht Leibniz nicht wiederum genau dort, wo auch Spinoza gestanden hat? Ist nicht erneut alles notwendig – Gott und die aus ihm entspringende Wirklichkeit? Haben wir es nicht abermals mit demselben Monismus und mit demselben Pantheismus zu tun? Nach dem bisher Gesagten zeigt sich, daß dem keineswegs so sein muß. *Ein* Gewinn der beschriebenen Erweiterung des Rationalitätsprinzips besteht nämlich darin, daß Leibniz die Wirklichkeit im Ganzen nicht mehr als notwendig, sondern als *kontingent* und in der Folge als eine *Schöpfung* des *freien* göttlichen Handelns anerkennen kann.

Mögliche Welten

Die klassisch gewordene Frage „Warum gibt es überhaupt etwas und nicht nichts?" (*Pourquoi il y a plustôt quelque chose que rien?*, vgl. P.n.g. § 9) bezieht Leibniz nicht etwa nur auf einzelne Bereiche oder Teile der Wirklichkeit, sondern auf die Wirklichkeit als ganze (auf das *univers*, wie er sagt). Und die Antwort, die er gibt, besteht nicht in der „schlimmen und unerklärlichen Ansicht (*un sentiment si mauvais et même si inexplicable*)" Spinozas, „daß alle Dinge durch die Notwendigkeit der göttlichen Natur existieren, ohne daß Gott eine Auswahl trifft (*que toutes les choses existent par la nécessité de la nature divine, sans que Dieu fasse aucune choix*)" (Théod. II § 173). Nein, sie geht davon aus, daß die Wirklichkeit nicht notwendig ist und daß Gott auch eine andere Wirklichkeit hätte schaffen können. Das heißt: Die Wirklichkeit stellt die Realisierung *einer* Möglichkeit neben unendlich vielen anderen Möglichkeiten dar. Sie ist *eine* unter „unendlich vielen möglichen Welten (*infinité de mondes possibles*)" (ebd. I § 9).

> „Da es nun in den Vorstellungen Gottes eine Unendlichkeit möglicher Universen gibt (*une infinité des Univers possibles*) und da nur eines allein von ihnen existieren kann, so muß es einen zureichenden Grund für die Wahl Gottes geben (*une raison suffisante du choix de Dieu*), der ihn eher zu dem einen als zu dem anderen bestimmt (*qui le determine à l'un plustôt qu'à l'autre*)." (Monad. § 53, vgl. 43)

Ontologischer Gottesbeweis

Wenn die dem Menschen zugängliche Wirklichkeit aber ebenso gut sein wie nicht sein könnte, d.h. wenn sie durch und durch kontingent ist, dann muß zur Wahrung ihrer Rationalität zweierlei bewiesen werden: Erstens, daß es überhaupt eine Ursache für sie gibt, und zweitens, daß diese Ursache die Wirklichkeit trotz aller Nicht-Notwendigkeit aus zureichendem Grund bewirkt hat. Beide Desiderate meint Leibniz erfüllen zu können. Was die Existenz einer ersten Ursache, d.h. Gottes anbelangt, so bedient er sich sowohl des klassischen Kontingenzbeweises als auch des ontologischen Arguments. Er schreibt:

> Wenn es einer Ursache für die Welt bedarf, „so muß der zureichende Grund, der keines anderen Grundes mehr bedarf, außerhalb der Reihe der kontingenten Dinge (*hors de cette suite des choses contingentes*) liegen und sich in einer Substanz finden (*se trouve dans une substance*), die deren Ursache ist oder die ein notwendiges Seiendes (*un Être necessaire*) ist, das den Grund seiner Existenz an sich selbst hat (*portant la raison de son existence avec soy*); andernfalls würde man weiterhin keinen zureichenden Grund haben, an dem man enden könnte. Und dieser letzte Grund der Dinge wird *Gott* genannt. (*Et cette dernière raison des choses est appellée Dieu.*)" (P.n.g. § 8)

Dieser Gott wiederum muß der Inbegriff aller Vollkommenheit (*perfection absolue*) sein, da er die Grenzen und Schranken, die mit allen Teilen der Wirklichkeit einhergehen, nicht hat. Zur Vollkommenheit jedoch, über die hinaus keine höhere mehr gedacht werden kann, gehört die Existenz notwendig dazu. Deshalb schließt Leibniz ähnlich wie Anselm von Canterbury, Descartes und Spinoza:

> „So besitzt Gott allein (oder das notwendige Seiende) dieses Vorrecht (*ce privilege*), daß er existieren muß, wenn er möglich ist (*qu'il faut qu'il existe, s'il est possible*). Und da nichts der Möglichkeit dessen entgegensteht, das keine Grenzen, keine Verneinung und folglich auch keinen Widerspruch einschließt, ist dies allein zureichend, um die Existenz Gottes *a priori* zu erkennen." (Monad. § 45; vgl. Disc. de Mét. § 23)

Beste aller möglichen Welten

Aus dieser Vollkommenheit Gottes, der erwiesenermaßen existiert, erklärt sich auch die Rationalität der Wirklichkeit. In der Erschaffung der Welt drückt sich nach Leibniz nämlich nicht nur die Macht (*puissance*) Gottes, sondern ebenso seine Weisheit (*sagesse*), Güte (*bonté*) und Gerechtigkeit (*justice*) aus. (Vgl. u.a. P.n.g. §§ 9ff.; Théod. I §§ 7ff.). Das bedeutet: Es ist sinnvoll, vernünftig und rational, daß es die Welt gibt, weil aus Gott nur Weises, Gutes und Gerechtes hervorgehen kann. Diese Eigenschaften Gottes äußern sich wiederum darin, daß er unter den unendlich vielen Möglichkeiten, in der er die Welt hätte erschaffen können, die beste aller möglichen Welten (*le meilleur [optimum] parmi tous les mondes possibles*, vgl. Théod. I § 8) gewählt und realisiert hat.

> „Es folgt aus der höchsten Vollkommenheit (*Perfection Supreme*) Gottes, daß er, als er das Weltall hervorbrachte, den bestmöglichen Plan auswählte (*il a choisi le meilleur Plan possible*), bei dem es die größte Vielfalt im Rahmen der größten Ordnung gab, bei dem Raum, Ort und Zeit am besten genutzt, die größte Wirkung mit den einfachsten Mitteln hervorgebracht, den Geschöpfen die meiste Macht, die höchste Erkenntnis, das größte Glück und die größte Güte, die das Weltall aufnehmen konnte, zuteil würde (*le plus de puissance, le plus de connoissance, le plus de bonheur et de bonté dans les creatures, que l'Univers en pouvoit admettre*). Denn da alles, was möglich ist, im Verstande Gottes im Verhältnis zu seiner Vollkommenheit nach Wirklichkeit strebt, muß das Ergebnis all dieser Strebungen die vollkommenste wirkliche Welt sein, die möglich ist (*le Monde Actuel le plus parfait qui soit possible*). Und ohne dies wäre es nicht möglich, einen Grund anzugeben, warum die Dinge eher so gelaufen sind als anders." (P.n.g. § 10; vgl. Disc. de Mét. §§ 1-7; Monad. §§ 54-55; Théod. I § 78, „Causa Dei" §§ 1-41)

Wäre m.a.W. die uns bekannte Wirklichkeit, das uns bekannte „Universum" nicht „tatsächlich besser [...] als jedes andere mögliche Universum" (Théod. „Abrégé" § 1 Rép.), dann hätte es Gott nicht geschaffen (*Dieu n'en aurait produit aucun*, ebd. I § 8).

Prästabilisierte Harmonie

In der besten aller möglichen Welten verwirklichen sich somit jene Möglichkeiten, die „von Ewigkeit her in den Vorstellungen des göttlichen Verstandes enthalten sind“ (*possibilia ab aeterno sunt in ideis Divini Intellectus*, ebd. „Causa Dei“ § 8) und die Gott bei der Erschaffung der Welt als die realisierungswürdigsten auserwählt hat. Diese Möglichkeiten haben sich jedoch noch nicht erschöpft. In der uns zugänglichen Wirklichkeit sind sie vielmehr nach wie vor dabei sich zu realisieren. Das bedeutet: In der besten Welt herrscht keine Statik, sondern *Dynamik*. Anders gesagt: In der besten Welt kommt es nicht allein auf die Wirkursachen (*causes efficientes*), sondern gleichermaßen auf die Ziel- oder Zweckursachen (*causes finales*) an (siehe P.n.g. § 11; Disc. de Mét. §§ 19.21ff. u.ö.). Diese Welt besitzt – im Sinne des Aristoteles – eine Vollgestalt, eine *Entelechie*, zu der sie bleibend unterwegs ist. Verhält es sich aber so, dann ist der Plan, den Gott seiner Schöpfung zugrundegelegt hat, ein *providentieller* Plan, ein Plan der *Vorsehung* – Leibniz formuliert: eine *„prästablisierte* Harmonie“, *une harmonie préétablie* (vgl. u.a. 5.Brief an S. Clarke § 90, Philos.Schr. VII 412; Théod. „Discours“ § 10, I §§ 18.60.62ff. u.ö.).

> „Denn alles ist ein für allemal bei den Dingen mit der größtmöglichen Ordnung und Übereinstimmung (*avec autant d'ordre et de correspondance qu'il est possible*) geregelt, da die höchste Weisheit und Güte nur in vollkommener Harmonie (*parfaite harmonie*) handeln kann: die Gegenwart geht schwanger mit der Zukunft, die Zukunft läßt sich in der Vergangenheit lesen, das Entfernte wird im Nahen ausgedrückt.“ (P.n.g. § 13, vgl. § 15)

Monadologie

Der Begriff der *harmonie préétablie* leitet zum Herzstück der Leibniz'schen Metaphysik, zu seiner Theorie von den Monaden über, denn er wird im Zusammenhang mit ihr eingeführt und in überwiegendem Maße nur im Bezug auf sie verwendet. Monaden sind „einfache“ (*substances simples*, vgl. Monad. §§ 1ff.; Théod. „Discours“ § 10) oder „individuelle Substanzen“ (*substances individuelles*, vgl. Disc. de Mét. §§ 8ff.). Die Monadenlehre ist somit die Lehre von den Substanzen. In ihr bezieht Leibniz zur *gesamten* philosophischen Tradition – angefangen bei den Atomisten der Antike bis hin zu Spinoza – Position. Sie ist daher besonders geeignet, die spezifische Antwort, die er auf die Frage der Metaphysik nach der Wirklichkeit in ihrer Gesamtheit gegeben hat, verständlich werden zu lassen.

Vielheit der Substanzen

Zieht man einen Vergleich zu Spinoza, so stellt man fest, daß Leibniz diesen einerseits kritisiert, andererseits aber auch rezipiert. Kritisch setzt er sich von ihm ab, sofern er nicht eine einzige Substanz annimmt, sondern unendlich viele (*multitude infinie des substances simples*, Monad. § 57; *répandue par toute la nature*, Théod. „Discours“ § 10; *tout est plein dans la nature. Il y a des substances simples par tout* [...], P.n.g. § 3). Dies muß er schon allein deshalb tun, weil er Gott und die Welt nicht identifiziert, sondern Gott als den Schöpfer der Welt ansieht und der Welt genauso wie Thomas von Aquin – den er übrigens kennt und schätzt (vgl. u.a. Dis. de Mét. § 11) – Selbständigkeit zugesteht. Keine Selbständigkeit aber ohne Substantialität. So bleibt nichts anderes übrig, als Substanzen neben Gott zu postulieren. Positiv hingegen schließt Leibniz insofern an Spinoza an, als er das Wesen aller Substanzen ähnlich begreift, wie dieser es bei seiner einzigen Gott-Substanz getan hat. Das bedeutet: Leibniz versteht unter ‚Substanz' ebenfalls das, „was in sich ist und aus sich begriffen wird". Dadurch scheint sich ein Widerspruch zu ergeben, denn wie soll es zum einen unendlich viele Substanzen geben, zum andern aber jede Substanz nur aus sich, nicht aus dem Bezug zu anderen Substanzen heraus erfaßt werden können? Letzteres würde ja dafür sprechen, auf lediglich eine einzige Substanz zu schließen.

Wesen der Monaden

Um diesem Dilemma zu entkommen, weist Leibniz den Substanzen, die er ab 1696 – nachdem er sie auch „substantielle Einheiten" (*unités substantielles*), „substantielle Atome" (*Atomes de substance*), „metaphysische Punkte" (*points metaphysiques*) oder „erste Entelechien" (*entelechies premieres*) genannt hat (Syst. nouv. §§ 3.11) – regelmäßig als Monaden anspricht, eine *relative* Absolutheit zu. Ihre Absolutheit äußert sich nicht so sehr darin, daß sie als „die wahrhaften Atome der Natur und [...] Elemente der Dinge" (*veritables Atomes de la Nature* [...] *les Elements des choses*, Monad. § 3) nicht weiter geteilt und in keiner Weise mehr ‚hintergangen' werden können bzw. daß sie immateriell vorgestellt werden müssen, weil alles Körperliche unendlich lange geteilt werden kann (Syst. nouv. § 11; P.n.g. §§ 1-2), sondern vielmehr darin, daß sie voneinander völlig unabhängig sind und weder aufeinander wirken noch in irgendeiner Weise untereinander kommunizieren können.

> „Es gibt [...] kein Mittel zu erklären, wie eine Monade in ihrem Inneren von irgendeinem anderen Geschöpfe verändert oder gewandelt werden könnte, da man in sie nichts übertragen noch sich irgendeine innere Bewegung in ihr vorstellen kann, die dort in ihrem Inneren hervorgerufen, geleitet, vermehrt oder vermindert werden könnte, wie das bei den zusammengesetzten Dingen geschehen kann, wo es Veränderungen zwischen den Teilen gibt. Die Monaden haben keine Fenster, durch die irgendetwas in sie hinein- oder aus ihnen hinaustreten könnte. (*Les Monades n'ont point de fenêtres, par lesquelles quelque chose y puisse entrer ou sortir.*)" (Monad. § 7)

Rolle Gottes

Aus dieser radikalen Unabhängigkeit der Monaden voneinander folgt auch, daß keine Monade durch eine andere hervorgebracht oder vernichtet werden kann bzw. daß keine Monade auf irgendeinem natürlichen Weg entsteht oder vergeht. (Ebd. §§ 5-6; vgl. Disc. de Mét. § 9;

P.n.g. § 2) Sowohl was ihre Verursachung als auch was ihre Koordinierung untereinander anbelangt, ist ausschließlich Gott selbst in der Lage etwas zu tun. (Monad. §§ 4-6.51ff. u.ö.) Nur er vermag sie zu schaffen und zu vernichten (ebd. § 47), nur er vermag sie auch so aufeinander abzustimmen, daß sie trotz ihrer Beziehungslosigkeit in vollendeter prästabilisierter Harmonie (*harmonie préétablie*) zueinander stehen. (P.n.g. § 4; Syst. nouv. §§ 15-16)

Spiegel des Universums

Wenn es sich aber so verhält, daß jede Monade für sich ist, direkt von Gott geschaffen wird und mit den übrigen Monaden lediglich aufgrund göttlicher Koordinierungstätigkeit in geregelter Verbindung steht, dann muß nicht nur jede Monade eine Welt für sich sein, sondern dann muß sich hinsichtlich des geregelten Zusammenhanges aller Monaden in der *harmonie préétablie* auch in jeder Monade das gesamte All der Wirklichkeit ausdrücken. Letzteres ist freilich bloß „kraft der Einmischung Gottes" (*par l'intervention de Dieu*) möglich, der einen „*idealen* Einfluß einer Monade auf eine andere" (*une influence* ideale *d'une Monade sur l'autre*) herstellt (Monad. § 51). Es muß aber, auch wenn es die endliche Erkenntnis des Menschen nicht zu fassen vermag, gefordert werden, weil sonst das Gesamtgefüge des Schöpfungswerkes Gottes nicht erklärt werden könnte. Leibniz nennt jede Monade daher „einen dauernden Spiegel des Universums" (*un miroir vivant perpetuel de l'univers*, ebd. § 56; *un miroir vivant* [...] *representatif de l'univers*, P.n.g. § 3). Natürlich ist dieser Spiegel jeweils ein besonderer und begrenzter. Lediglich die „ursprüngliche Einheit oder ursprüngliche einfache Substanz" Gottes (*l'Unité primitive, ou la substance simple originaire*), die alle anderen Monaden geschaffen hat und „sozusagen von Augenblick zu Augenblick durch von der Gottheit ausgehende Blitze" (*par des Fulgurations continuelles de la Divinité de moment à moment*) erhält, spiegelt das Universum total und absolut. Die übrigen, endlichen Monaden tun dies nur „in den Grenzen der Aufnahmefähigkeit des Geschöpfes (*bornées par la receptivité de la creature*)" (Monad. § 47; vgl. P.n.g. §§ 12ff.) Mit der „Aufnahmefähigkeit des Geschöpfes" ist für Leibniz die *Erkenntnis* angesprochen. Die Begrenzung der Spiegelung des Universums durch jede Monade erfolgt somit durch eine „Modifikation der Erkenntnis" (*modification de la connoissance*, Monad. § 60). Was jedoch bewirkt diese Modifikation, wenn sie die Spiegelung begrenzt? Leibniz: Nicht etwa eine jeweils andere Wirklichkeit, sondern eine jeweils andere Perspektive (*perspective*), in der ein und dieselbe Wirklichkeit erfaßt wird. (Théod. II § 147; Syst. nouv. § 14; P.n.g. §13; Disc. de Mét. § 14: *le resultat de chaque veue de l'univers, comme regardé d'un certain endroit, est une substance qui exprime l'univers conformement à cette veue* [...])

> „Und wie eine und dieselbe Stadt, die von verschiedenen Seiten betrachtet wird, als eine ganz andere erscheint und gleichsam auf perspektivische Weise vervielfacht (*multipliée perspectivement*) ist, so

geschieht es in gleicher Weise, daß es durch die unendliche Vielheit der einfachen Substanzen gleichsam ebenso viele verschiedene Universen gibt, die jedoch nur die Perspektiven des einen einzigen gemäß den verschiedenen Gesichtspunkten jeder Monade sind (*qui ne sont pourtant que les perspectives d'un seul selon les differents points de veue de chaque Monade*)." (Monad. § 57)

Rolle der Erkenntnis

Damit ist erneut ein springender Punkt angesprochen: Wird die Begrenzung der Spiegelung vom All des Wirklichen, welche jede Monade repräsentiert, durch eine Modifikation der Erkenntnis verursacht, dann muß die Erkenntnis für die Wesensbestimmung jeder Monade eine ausschlaggebende Rolle spielen, ja zu einem Seinsprinzip jeder Monade werden. In der Tat spricht ihr Leibniz diese Funktion zu. Und er tut dies umso nachdrücklicher, als er in ihr zugleich jenes Prinzip gefunden zu haben meint, das die *Besonderheit* jeder Monade zu erklären vermag. Erinnern wir uns, daß die Monaden untereinander nicht verglichen werden können. Ihre Besonderheit kann daher weder aus einem solchen Vergleich noch aus einer äußerlichen Beziehung zu einer anderen Monade aufscheinen. Folglich muß notwendig ein „inneres Prinzip" (*principe interne*, ebd. § 11) gefunden werden, das diese Besonderheit plausibel macht. (Ebd. §§ 8-13) Für Leibniz liegt ein derartiges Prinzip in der Erkenntnis – in der „Perzeption" (*perception*). (Ebd. § 14; P.n.g. §§ 2.4)

Apperzeption

Aus dieser Überlegung heraus lassen sich zwei weitere wichtige Konsequenzen ziehen: *Erstens* stellt jede Monade eine Welt für sich dar. Existieren aber zwischen den Monaden unmittelbar keine Beziehungen, dann mündet alle Erkenntnis letztlich in *Selbst*erkenntnis, wir können auch sagen: in *Bewußtsein* oder *Selbstbewußtsein*. Leibniz prägt in diesem Zusammenhang den später – durch Kant – so berühmt gewordenen Begriff der „Apperzeption" (*apperception*). Mit ihm bezeichnet er „das *Bewußtsein* oder die reflexive Erkenntnis dieses inneren Zustandes (*qui est la* Conscience, *ou la connoissance reflexive de cet état interieur*)". (P.n.g. § 4, vgl. 5; Monad. § 23: *on* s'apperçoit *de ses perceptions*) Er fügt hinzu:

> So steigen wir „zu den *reflexiven Akten* auf, die uns dazu bringen, an das zu denken, was man *‚Ich'* nennt, und zu erwägen, daß dies oder das in *uns* ist (*nous sommes élevés aux* Actes reflexivs, *qui nous font penser à ce qui s'appelle* Moy, *et à considerer que cecy ou cela est en* Nous); indem wir so an uns denken, denken wir zugleich an das Sein, an die Substanz, an das Einfache oder an das Zusammengesetzte, an das Immaterielle und an Gott selbst, indem wir uns vorstellen, daß das, was in uns beschränkt ist, sich in ihm ohne Schranken findet." (Monad. § 30; vgl. P.n.g. § 5)

Grade des Bewußtseins

Zweitens: Unter dieser Voraussetzung, daß sich das Wesen einer Monade von der Erkenntnis und die Erkenntnis letztlich vom Bewußtsein her bestimmt, muß Leibniz seinen Begriff von *perception* auf alles ausdehnen, was nach seiner Ansicht Monade ist. Als Monade wiederum gilt ihm jedes Seiende, das keine bloße Materie ist, sondern eine darüber hinausgehende nicht-materielle Organisation und Einheit darstellt. Das bedeutet, daß außer Gott nur Menschen, Tiere und Pflanzen Monaden sein können. Verbindet nun diese unterschiedlichen Monaden die Fähigkeit des Erkennens bzw. ihres Bewußtseins, so liegt es auf der Hand, daß es die *Grade* des Erkennens und Bewußtseins sind, die den jeweiligen Rangunterschied festlegen. Erwartungsgemäß steigert sich von unten, d.h. von den Pflanzen her, die Fähigkeit zur Bewußtwerdung. Für Leibniz äußert sich diese in dem Bestreben (*appetitus*) einer Monade, die Erkenntnisse (*perceptions*), die sie macht, festzuhalten, in einen Zusammenhang zu bringen und zu erweitern. (Vgl. Monad. § 15) Während etwa die Pflanzen, die offensichtlich „ganz nackte Monaden" (*des Monades toutes nues*, ebd. § 24) sind, Perzeptionen einfach haben, gehen Tiere mit diesen schon differenzierter um. Sie sind zu Empfindung fähig und besitzen bereits so etwas wie ein „Gedächtnis" (*memoire*). Leibniz spricht ihnen daher eine „Seele" (*âme*) (vgl. ebd. §§ 5.19.25ff.; P.n.g. §§ 4ff.), ja sogar einen bescheidenen Grad an Bewußtsein zu (Nouv. E. II 21 § 5: *quoyqu' elles ayent la faculté de s'appercevoir des impressions plus remarquables et plus distinguées*). Zum wirklichen Bewußtsein (*conscience*) und Selbstbewußtsein (*apperception*) – „zur Reflexion des Geistes, wenn er über sich selbst nachdenkt" (*à la reflexion de l'esprit lorsqu'il réflechit sur soy même*, ebd. I 1 § 11) – kommt es freilich erst in der Seele des Menschen. Leibniz „rechnet sie deshalb zu den Geistern (*Esprits*)" (P.n.g. § 4).

> „Diese Seelen [nämlich] sind in der Lage, reflexive Akte (*Actes reflexifs*) zu vollziehen und das, was man Ich, Substanz, Seele, Geist nennt (*ce qu'on appelle Moy, Substance, Ame, Esprit)*, mit einem Wort die immateriellen Dinge und Wahrheiten zu betrachten (*en un mot, les choses et les verités immaterielles*)." (Ebd. § 5; Monad. 30)

Am Menschen zeigt sich auch, daß es so etwas wie einen schlummernden bzw. einen unter- oder unbewußten Bewußtseinszustand gibt. Anzeichen dafür sind die Zustände „bei einem tiefen traumlosen Schlaf oder bei einer Ohnmacht" (P.n.g. § 4; Monad. § 23).

Die Antwort auf die Frage der Metaphysik

Wir müssen die Philosophie von Leibniz in keine weiteren Details mehr verfolgen. Mit dem, was wir soeben über die fundamentale Rolle der Erkenntnis bzw. des Selbstbewußtseins im Wesensvollzug jeder Monade gesagt haben, sind wir so weit, daß wir Leibniz' Verständnis von der Wirklichkeit in ihrer Gesamtheit nachvollziehen können. Wie für Descartes ist auch für ihn die Wirklichkeit im Ganzen eine von Gott geschaffene und von Gott garantierte Ordnung, die sich mathematisch- Bewußtsein geometrisch begreifen läßt. Darüber hinaus behauptet er: Wenn alles Wirkliche gegenüber Gott substanzhafte Eigenständigkeit besitzt – also nicht *modus* Gottes selbst ist, wie Spinoza meinte –, die Struktur der Substanz aber von der Struktur der Monade her interpretiert werden muß, dann läßt sich aus *deren* Eigenschaften ablesen, *daß auch die Erkenntnis, besser: das Bewußtsein bzw. das Selbstbewußtsein zur Grundstruktur der gesamten Wirklichkeit gehört*. Wir werden bei der Behandlung des Deutschen Idealismus sehen, daß diese Leibniz'sche These von größter Wirksamkeit war. Bewußtsein und Selbstbewußtsein bilden mit einem Mal nicht mehr die ausschließlichen Eigenschaften der „Geister", d.h. Gottes und des Menschen, sondern erscheinen *auch* als Wesensmerkmale jener Wirklichkeitsstufen, die nicht als „Geister", ja nicht einmal als „Seelen" bezeichnet werden können. Freilich tritt auf diesen Stufen das Bewußtsein noch nicht als solches hervor. Wie aber die Phänomene des „traumlosen Schlafes" und der „Ohnmacht" illustrieren, kann auch *dies*, daß das Bewußtsein noch nicht als solches auftritt, ein Zustand oder eine Erscheinungsform *des Bewußtseins* sein. Kurz: Das Bewußtsein bzw. das Selbstbewußtsein ist zu einem Prinzip geworden, nach dem die Wirklichkeit *in ihrer Gesamtheit* erschlossen werden kann. Wir können auch sagen: Die Analyse des Bewußtseins bzw. Selbstbewußtseins ist zu einem Ausgangspunkt der Metaphysik geworden.

Die Freiheitsphilosophie des Deutschen Idealismus

Geschichtliches

Die Philosophie, die erstmals die Analyse des Selbstbewußtseins im engeren Sinne zum Ausgangspunkt ihrer Metaphysik gemacht hat, ist die Philosophie des Deutschen Idealismus. Mit dem Deutschen Idealismus verbindet man vor allem die Namen Johann Gottlieb Fichte (1762–1814), Friedrich Wilhelm Joseph Schelling (1775–1854) und Georg Friedrich Wilhelm Hegel (1770–1831). Über den Beginn dieser Denkrichtung herrscht in der Forschung keine Einigkeit. Während ihr die einen Kants (1724–1804) Erkenntniskritik bereits zurechnen und deshalb den Beginn mit dem Erscheinungsjahr der „Kritik der reinen Vernunft" im Jahre 1781 ansetzen, nehmen die anderen Kant vom Deutschen Idealismus aus und datieren den Anfang auf das Jahr 1792, d.h. in die Zeit der Publikation von Fichtes „Versuch einer Kritik aller Offenbarung". Persönlich halte ich die zweite Meinung für die richtigere. Es stimmt zwar, daß die idealistische Philosophie ohne Kants Kritik kaum verstanden werden kann und in mancher Hinsicht eine Konsequenz aus den Aporien derselben darstellt. Zugleich muß man aber sehen, daß die idealistische Philosophie das wichtigste Anliegen Kants, nämlich die Erkenntnis hinsichtlich ihrer Grenzen zu prüfen und zu ‚kritisieren' – im Sinne von κρίνειν, ‚prüfen', ‚auf ihre Fähigkeiten untersuchen' –, doch in bemerkenswerter Weise ignoriert hat. Insofern erscheint mir zwischen den beiden Philosophien ein fundamentaler Unterschied zu bestehen, der es nicht gestattet, sie in einem Atemzug zu nennen, sondern vielmehr erfordert, mit dem Auftreten Fichtes eine Zäsur der Philosophiegeschichte zu erblicken. Mit ihr tritt an die Stelle der Skepsis das absolute Wissen. Aus diesem Grund werde ich die Kant'sche Kritik auch nicht hier, sondern im Abschnitt über die skeptische Position behandeln. Doch zurück zur zeitlichen Eingrenzung: Herrscht über den Beginn des Idealismus Dissens, so kaum über sein Ende. Vom größten Teil der Forschung wird das Todesjahr Hegels – 1831 – angenommen. Daran änderte auch die Spätphilosophie Schellings, die Walter Schulz als Vollendung des Deutschen Idealismus interpretiert hat, de facto nichts mehr. Gewiß trat der Idealismus mit diesem Datum nicht von der Bühne ab. Sein Einfluß sollte noch über ein Jahrhundert währen und sich sogar erst nach 1831 in vielen Ländern der Welt nachhaltig durchsetzen. Hierbei handelte es sich jedoch um verzögerte Wirkungen, die auf die Dauer nicht das Sagen behalten sollten. Der letztlich entscheidende Diskurs der Philosophie wandte sich nach dem Tode Hegels in wesentlichen Punkten von der idealistischen Position ab. Dazu trugen Existentialismus, Marxismus, Positivismus, Lebensphilosophie, Historismus, Sprachphilosophie und die modernen Natur-, Geistes- und Sozialwissenschaften gleichermaßen bei. So darf festgehalten werden, daß der Deutsche Idealismus seine große Zeit in den Jahren zwischen 1792 und 1831 hat, also fast ein Jahrhundert nach Leibniz.

Mehr kann in unserem Zusammenhang über die Geschichte nicht ausgeführt werden. Es sei nur noch hinzugefügt, daß wir im folgenden ein *grob vereinfachtes* Bild des Idealismus bieten. Wir beschränken uns darauf, sein Grundanliegen so weit darzulegen, als es für unseren Zweck, seine metaphysische Zentralthese plausibel zu machen, notwendig ist. Wollten wir mehr, müßten wir uns nicht nur auf die äußerst schwierigen Gedankengänge und Argumentationen dieser Philosophie einlassen, sondern auch jeden einzelnen ihrer Exponenten in seinem eigenen Ansatz und in seiner eigenen Entwicklung darstellen. Letzteres wäre vor allem deshalb notwendig, weil die Forschung schon seit langem weiß, daß das von Hegel selbst und (u.a.) von Richard Kroner in seinem klassisch gewordenen Werk „Von Kant bis Hegel" (2 Bde., Tübingen 1921,1924) kolportierte Bild von einem sich kontinuierlich und aus einem einzigen Grundgedanken heraus entwickelnden Idealismus nicht stimmt. Wir hätten vielmehr von einer höchst differenzierten und vielschichtigen Geschichte auszugehen, die sich weder an ihrem Anfang noch an ihrem Ende auf einen Nenner bringen läßt. Dies würde uns aber zu weit und in zu viele Details führen. Wir bleiben daher dabei, die *Grundthese* der idealistischen Metaphysik zu behandeln, und beginnen sogleich damit, sie zu benennen. Sie lautet:

Hauptthese

Die Wirklichkeit in ihrer Gesamtheit läßt sich begreifen als ein Moment jenes geschichtlichen Prozesses, in dem sich die absolute Freiheit Gottes ihrer selbst in absoluter Weise bewußt ist bzw. bewußt wird. Diese Antwort erinnert sowohl an Spinoza als auch an Leibniz. Sie knüpft in der Tat ausdrücklich an beiden an. Den eigentlichen Anlaß zu ihr boten aber weder Spinoza noch Leibniz, sondern die Erkenntniskritik Kants. In dieser wiederum waren es die Theorie des Selbstbewußtseins einerseits sowie die Neubestimmung der Freiheit als Autonomie andererseits, die zum idealistischen Konzept führten. Beidem müssen wir uns jetzt zuwenden, damit wir die genannte Antwort auf die Frage der Metaphysik verstehen können. (Zu diesem Zweck sehen wir im gegenwärtigen Zusammenhang vom erkenntniskritischen Anliegen Kants ab. Es soll später eigens bedacht werden.)

Selbstbewußtsein in der „Kritik der reinen Vernunft"

Ansatz bei Kant

Kant spricht im Unterschied zu Leibniz vom Selbstbewußtsein – von der „Apperzeption" – nicht so sehr im metaphysischen Kontext als vielmehr im Rahmen seiner Analyse der menschlichen Erkenntnis. Dabei bezeichnet er „die synthetische Einheit der Apperzeption" zum einen als jenen „Grundsatz", „welcher der oberste im ganzen menschlichen Erkenntnis ist" (KrV B 135), und zum andern als „höchste[n] Punkt, an dem man allen Verstandesgebrauch, selbst die ganze Logik, und, nach ihr, die Transzendental-Philosophie heften muß" (ebd. B 134 Anm.). Was bedeutet das?

Erkennen als Synthetisieren

Für Kant ist *alle* Erkenntnis ein *Synthetisieren* (A 96ff.). Dies gilt für die sinnlich-anschauungsmäßige Erkenntnis ebenso – schon sie bildet eine „Synopsis" (A 97) – wie für die verstandesmäßig-begriffliche. Und erst recht gilt es jedesmal dann, wenn die verschiedenen Stämme der Erkenntnis, sprich Sinneswahrnehmung (Anschauung) und Verstand (Denken), zusammenwirken. Was aber heißt ‚synthetisieren'? Zunächst ganz einfach ‚zusammenstellen', ‚zusammenfügen', ‚zusammenbringen'. Ein solches Zusammenstellen, -fügen oder -bringen erschöpft sich freilich nicht darin, etwas willkürlich nebeneinander zu reihen oder nach Belieben anzuhäufen. Damit käme nichts wirklich *zusammen*. Folglich bedarf es eines Kriteriums, nach dem synthetisiert wird. Dieses kann wiederum nur in etwas bestehen, was dem Zusammenzufügenden gemeinsam ist, bzw. etwas, worin das Zusammenzufügende bereits Einheit besitzt. In diesem Sinne betont Kant, daß es zu wirklichen Synthesen ausschließlich dann kommt, wenn bereits *Einheiten* gegeben sind, gemäß denen bzw. aufgrund derer das Mannigfaltige oder Vielfältige verbunden werden kann.

> „[...] der Begriff der Verbindung führt außer dem Begriffe des Mannigfaltigen, und der Synthesis desselben, noch den der Einheit desselben bei sich. Verbindung ist Vorstellung der *synthetischen* Einheit des

> Mannigfaltigen. Die Vorstellung dieser Einheit kann also nicht aus der Verbindung entstehen, sie macht vielmehr dadurch, daß sie zur Vorstellung des Mannigfaltigen hinzukommt, den Begriff der Verbindung allererst möglich.“ (B 130f.)

Apriorische Einheiten

Woher stammen jedoch die Einheiten, wenn sie den möglichen Verbindungen oder Synthetisierungen vorhergehen? Nach Kant „liegen sie im Gemüte apriori bereit“ (B 34, A 20), d.h. sie sind in der Erkenntnis *von vornherein* gegeben, sie gehen jeder konkreten Erkenntnis *immer schon* vorher und bestimmen sie. Aus diesem Grunde heißen sie „rein“. Solche reinen Einheiten, welche das Zustandekommen unseres Erkennens gewährleisten, findet Kant sowohl in der Sinnlichkeit als auch im Verstand. Erstere nennt er die „reinen Anschauungen“ von Raum und Zeit (B 33ff., A 19ff.), letztere hingegen die „reinen Begriffe“ bzw. die „Kategorien“ als die wesentlichen Formen, nach denen der Verstand das mannigfaltige Material der Sinne nicht bloß passiv sich zusammenfinden läßt, wie dies in der Sinneserkenntnis der Fall ist, sondern *aktiv handelnd* unter die „reinen Begriffe“ bringt, d.h. „subsumiert“ (B 89ff., A 65ff.). Da freilich menschliche Erkenntnis nur dann geschieht, wenn sich Sinnlichkeit und Verstand gegenseitig ergänzen, d.h. weil grundsätzlich gilt: „Gedanken ohne Inhalt sind leer, Anschauungen ohne Begriffe sind blind.“ bzw. „Der Verstand vermag nichts anzuschauen, und die Sinne nichts zu denken. Nur daraus, daß sie sich vereinigen, kann Erkenntnis entspringen.“ (B 75f., A 51), bedarf es einer ebenfalls reinen „vermittelnden Vorstellung“, die „einerseits *intellektuell*, andererseits *sinnlich*“ ist, d.h. eines „Dritten“, das die reinen Begriffe mit den reinen Anschauungen verknüpft. Diese vereinigende reine Vorstellung ist das „*transzendentale Schema*“ (B 177, A 138, vgl. B 176ff., A 137ff.). In Entsprechung zu den Kategorien, die das Subsumieren unter die reinen Begriffe apriori regeln, heißen jene Regeln, nach denen der Verstand im konkreten Erkenntnisfall seine Synthetisierungsleistung vollbringt, „Grundsätze des reinen Verstandes“ (B 187ff., A 148ff.). Damit sind wir wieder beim Begriff „Grundsatz“, auf den wir schon im Zusammenhang mit dem Selbstbewußtsein gestoßen sind. Die „synthetische Einheit der Apperzeption“, hieß es nämlich, bilde jenen „Grundsatz“, „welcher der oberste der ganzen menschlichen Erkenntnis ist“. Wir können jetzt annehmen, daß die Einheit des Selbstbewußtseins die *fundamentalste* Voraussetzung für alle Synthetisierungen bietet, welche die Erkenntnis überhaupt zu leisten vermag. In der Tat verhält es sich so, denn wir lesen bei Kant:

> „Wollen wir [...] den innern Grund dieser Verknüpfungen der Vorstellungen bis auf denjenigen Punkt verfolgen, in welchem sie alle zusammenlaufen müssen, um darin allererst Einheit der Erkenntnis zu einer möglichen Erfahrung zu bekommen, so müssen wir von der reinen Apperzeption anfangen. Alle Anschauungen sind vor uns nichts, und gehen uns nicht im mindesten etwas an, wenn sie nicht ins Be-

> wußtsein aufgenommen werden können, sie mögen nun direkt, oder indirekt, darauf einfließen, und nur durch dieses allein ist Erkenntnis möglich. Wir sind uns a priori der durchgängigen Identität unserer selbst in Ansehung aller Vorstellungen, die zu unserem Erkenntnis jemals gehören, bewußt, als einer notwendigen Bedingung der Möglichkeit aller Vorstellungen (weil diese in mir doch nur dadurch etwas vorstellen, daß sie mit allem andern zu einem Bewußtsein gehören, mithin darin wenigstens müssen verknüpft werden können). Dies Prinzip steht a priori fest, und kann das *transzendentale Prinzip der Einheit* alles Mannigfaltigen unserer Vorstellungen (mithin auch in der Anschauung) heißen. Nun ist die Einheit des Mannigfaltigen in einem Subjekt synthetisch: also gibt die reine Apperzeption ein Principium der synthetischen Einheit des Mannigfaltigen in aller möglichen Anschauung an die Hand." (A 116)

Selbstbewußtsein

Die Einheit der „*ursprünglichen*" und „*reinen Apperzeption*" ist nichts anderes als die Einheit des Selbstbewußtseins. In einem Text der Auflage B heißt es dazu:

> „Ich nenne auch die Einheit derselben [der reinen Apperzeption] die *transzendentale* Einheit des Selbstbewußtseins, um die Möglichkeit der Erkenntnis a priori aus ihr zu bezeichnen. Denn die mannigfaltigen Vorstellungen, die in einer gewissen Anschauung gegeben werden, würden nicht insgesamt *meine* Vorstellungen sein, wenn sie nicht insgesamt zu einem Selbstbewußtsein gehöreten, d.i. als meine Vorstellungen (ob ich mich ihrer gleich nicht als solcher bewußt bin) müssen sie doch der Bedingung notwendig gemäß sein, unter der sie allein in einem allgemeinen Selbstbewußtsein zusammenstehen *können*, weil sie sonst nicht durchgängig mir angehören würden." (B 132f.)

Oberste Bedingung

In eigenen Worten: Das Selbstbewußtsein ist deshalb die wichtigste und fundamentalste Voraussetzung der menschlichen Erkenntnis, weil es eine dreifache Funktion erfüllt: Zum *ersten* muß alle Erkenntnis irgendwo ankommen und dort angeschaut und begriffen werden. Dieser Bezugspunkt kann aber nirgends anders als *in mir* liegen, da alle Erkenntnisse, die ich habe, immer *meine* sind. Damit sie freilich *meine* Erkenntnisse sein oder werden können, muß ich *von vornherein* – a priori – in einem Verhältnis zu mir selbst stehen, d.h. ein Selbstbewußtsein besitzen. Wie wäre ich sonst in der Lage, sie auf *mich* zu beziehen oder als *meine* zu bezeichnen? Zum *zweiten* stiftet das Selbstbewußtsein unter den Erkenntnissen, die ich haben kann, Zusammenhang, Ordnung und Einheit. Stellen wir uns vor, jede Erkenntnis spielte sich für sich selbst, unabhängig von jeder anderen, ab. Die Folge wäre eine totale Zersplitterung und Auflösung unseres Gemütes, unseres Bewußtseins, unserer Erkenntnis. Soll dies nicht eintreten, bedarf es eines einigenden, Zusammenhang und Ordnung stiftenden Prinzips. Ein solches kann wiederum nur der einheitliche, identische Bezugspunkt sein, auf den alle Erkenntnisse gerichtet sind: *ich* in meinem Verhältnis *zu mir selbst*, ich im *Bewußtsein um mich selbst*. Zum *dritten* garantiert das Selbstbewußtsein auch die Einheit dessen, *was* ich erkenne, d.h. die Einheit des „Objekts“, wie Kant sagt (B 137ff.). Man versteht dies, wenn man sich vergegenwärtigt, daß auch der Umgang mit einem beliebigen ‚Gegenstand‘ unserer Erkenntnis eine Vielfalt von Anschauungen, Erfahrungen, Vorstellungen und dergleichen mit sich bringt. Damit sich nun der Gegenstand in dieser Vielfalt der Anschauungen, Erfahrungen, Vorstellungen usw. nicht ebenso auflöst und zersplittert wie das menschliche Gemüt oder Bewußtsein, ist auch für ihn ein Prinzip gefordert, das seine Identität garantiert. Abermals kann dieses Prinzip nur jene Instanz sein, die auch Zusammenhang, Ordnung und Einheit der Erkenntnisse des Gegenstandes gewährleistet: das *Ich*, das mit dem Gegenstand umgeht, ihn erkennt und sich seiner bewußt ist. Letzteres, dieses ‚*sich* seiner bewußt sein‘ spricht es erneut an: das Bewußtsein *seiner selbst*, das *Selbst*bewußtsein. Wie könnte man *sich* sonst einer Sache bewußt sein? In summa: Aufgrund dieser Überlegungen erweist sich für Kant das Selbstbewußtsein als Bedingung der Möglichkeit von Erkenntnis überhaupt, als jener Grundsatz, welcher „der oberste im ganzen menschlichen Erkenntnis ist“ (B 135).

Freiheit als Autonomie in Kants Moralphilosophie

Zentrale Bedeutung

Der Gedanke der Autonomie nimmt in den moralphilosophischen Schriften Kants eine ähnlich zentrale Stellung ein wie das Selbstbewußtsein in der „Kritik der reinen Vernunft“. Auch über sie lesen wir, daß sie „oberstes Prinzip der Sittlichkeit“ sei (GrMS BA 87); und analog heißt es: „Die Transcendentalphilosophie ist Autonomie, d.i. eine ihre Principien, Umfang, Grenzen bestimmt vorzeichnende Vernunft in einem vollständigen System“ (Opus postumum, Akademie-Ausgabe XXII 59). Wir verstehen den Grund hierfür, wenn wir folgende Überlegung anstellen:

Für Kant ist Freiheit nichts anderes als Autonomie:

> „[...] Freiheit und eigene Gesetzgebung des Willens sind beides Autonomie, mithin Wechselbegriffe [...]“ (GrMS BA 105f.). Da weiters von Sittlichkeit des Handelns nur dort sinnvoll gesprochen werden kann, wo Freiheit gegeben ist, erscheint Autonomie notwendig als Wesensmerkmal des Sittlichen: „Die *Autonomie* des Willens ist das alleinige Prinzip aller moralischen Gesetze und der ihnen gemäßen Pflichten; alle *Heteronomie* der Willkür gründet dagegen nicht allein gar keine Verbindlichkeit, sondern ist vielmehr dem Prinzip derselben und der Sittlichkeit des Willens entgegen. In der Unabhängigkeit nämlich von aller Materie des Gesetzes (nämlich einem begehrten Objekte) und zugleich doch Bestimmung der Willkür durch die bloße allgemeine gesetzgebende Form, deren eine Maxime fähig sein muß, besteht das alleinige Prinzip der Sittlichkeit. Jene *Unabhängigkeit* aber ist Freiheit im *negativen*, diese *eigene Gesetzgebung* aber der rei-

nen, und, als solche, praktischen Vernunft ist Freiheit im *positiven* Verstande. Also drückt das moralische Gesetz nichts anders aus, als die *Autonomie* der reinen praktischen Vernunft, d.i. der Freiheit [...]" (KpV A 58f.; vgl. GrMS BA 87,97ff.)

Tragweite des Begriffs

Die Tragweite dieses Gedankens zeichnet sich ab, wenn man sich daran erinnert, daß für die klassische Tradition Freiheit überwiegend zwei Bestimmungen hatte: Zum einen war sie primär Wahlfreiheit (*liberum arbitrium*), d.h. das Vermögen zwischen mehreren Möglichkeiten zu entscheiden. Zum andern besaß sie einen Zweck, eine Finalität (*finis*). Wir können auch sagen: Sie war eingeordnet in eine ihr vorhergehende Ordnung des Guten. In der Entscheidung für das Gute lag daher ihr Sinn. Sie war nicht einfach Freiheit für sich, sondern vielmehr Freiheit für das Gute. Beidem widerspricht Kant mit seinem neuen Freiheitsbegriff. Was das Erste anbelangt, so sieht er in der Freiheit *vor aller Wahl* zwischen dieser oder jener Möglichkeit das Moment der *Selbstbestimmung*. Genau das aber ist mit Autonomie gemeint: „die Beschaffenheit des Willens, dadurch derselbe ihm selbst (unabhängig von aller Beschaffenheit der Gegenstände des Willens) ein Gesetz ist" (GrMS BA 87) Damit leugnet Kant die Wahlfreiheit nicht, er betrachtet sie nur als ein abkünftiges, d.h. nicht ursprüngliches Phänomen der Freiheit. In dem Augenblick nämlich, in dem ich wähle, verhalte ich mich bereits zu mir selbst und bestimme mich so auch selbst. Die Selbstbestimmung geht in diesem Sinne der Wahlfreiheit vorher und begründet sie. Was das Zweite betrifft, so läßt Kant keinen Zweifel: Freiheit ist nicht nur von außen her nicht bestimmbar, weil sie sonst *Hetero*nomie und nicht *Auto*nomie wäre, sie kann auch niemals auf irgend etwas anderes (ihr Äußerliches) hin finalisiert werden.

> „In der ganzen Schöpfung kann alles, was man will, und worüber man etwas vermag, auch *bloß als Mittel* gebraucht werden; nur der Mensch, und mit ihm jedes vernünftige Geschöpf, ist *Zweck an sich selbst*. Er ist nämlich das Subjekt des moralischen Gesetzes, welches heilig ist, vermöge der Autonomie seiner Freiheit. Eben um dieser willen ist jeder Wille, selbst jeder Person ihr eigener, auf sich selbst gerichteter Wille, auf die Bedingung der Einstimmung mit der *Autonomie* des vernünftigen Wesens eingeschränkt, es nämlich keiner Absicht zu unterwerfen, die nicht nach einem Gesetze, welches aus dem Willen des leidenden Subjektes selbst entspringen könnte, möglich ist [...]" (KpV A 155f.; vgl. GrMS BA 82ff.)

Ein Zweck der Freiheit kann weder in der Natur mit ihrem Gesetz noch in der Schöpfungsordnung Gottes gefunden werden. „Diese Bedingung legen wir mit Recht sogar dem göttlichen Willen, in Ansehung der vernünftigen Wesen in der Welt, als seiner Geschöpfe, bei, indem sie auf der *Persönlichkeit* derselben beruht, dadurch allein sie Zwecke an sich selbst sind." (KpV A 156, vgl. 231f.)

Nimmt man Kant beim Wort, kann man die Autonomie *letztlich* nur absolut verstehen. Gibt es nämlich nichts, was die Freiheit bestimmen kann, nicht einmal Gott, ihr Schöpfer, dann zwingt sich dieser Schluß geradezu auf. Kant selbst hat ihn freilich nicht gezogen. Ihm stand vielmehr der Mensch – als Träger der Freiheit – in seiner Endlichkeit vor Augen. Deshalb betrachtete er es einfach als *Faktum*, daß der Mensch zweierlei Gesetzmäßigkeiten unterliegt: dem autonomen Gesetz der Freiheit und dem heteronomen Gesetz der Natur (vgl. u.a. KrV B 560ff., A 532ff; KpV A 169ff.). Er erklärte zwar, warum es möglich sei, *daß* dem so sei (KrV B 566ff., A 538ff. u.ö.), er sah es jedoch als undenkbar an, *beweisen* zu können, daß diese beiden Gesetzmäßigkeiten – aufs Ganze gesehen – miteinander harmonisieren. Um der Vernünftigkeit des sittlichen Handelns willen betrachtete er es lediglich als notwendig, eine solche Harmonie der beiden Gesetzmäßigkeiten *postulieren* zu müssen (KpV A 198ff., 223ff.). Auf diese Weise endete seine Anthropologie in einem *Dualismus*, der demjenigen der Anthropologie Descartes' verwandt war. An die Stelle der Unterscheidung von *res cogitans* und *res extensa* trat jetzt die Unterscheidung von *freier Selbstbestimmung* und *Bestimmung durch Natur*.

Begrenzung

Der Ausgangspunkt des Idealismus

Schon die Zeitgenossen Kants konnten sich mit dieser Lösung nicht anfreunden. Es kam daher nicht nur innerhalb der Philosophie, sondern auch innerhalb der Literatur und der Kunst zu Bemühungen, den genannten Dualismus zu überwinden. Für die Philosophie ergab sich eine prinzipielle Notwendigkeit dazu: Sollte nämlich die Freiheit wirklich Autonomie sein und zwar *absolute* Autonomie, dann mußte sich letztlich die Naturgesetzlichkeit auf die Autonomie der Freiheit *zurückführen* lassen. Wie anders wäre sonst die Autonomie eine *absolute* Größe geblieben? Ein Absolutes, das neben sich noch etwas Anderes hat, ist kein Absolutes.

Absolute Autonomie

Daß die Idealisten die Autonomie einzig und allein als *absolute* Größe verstehen konnten, belegt folgender Text aus dem „System der Sittenlehre" von J.G. Fichte aus dem Jahre 1798:

> „Man hat, [...] sehr treffend diese Gesetzgebung [der Ethik] *Autonomie*, Selbstgesetzgebung, genannt. [...] Sonach ist die ganze moralische Existenz nichts anderes, als eine ununterbrochne Gesetzgebung des vernünftigen Wesens an sich selbst; und wo diese Gesetzgebung aufhört, geht die Unmoralität an. – Dann, was den Inhalt des Gesetzes anbelangt, wird nichts gefordert, als absolute Selbständigkeit, absolute Unbestimmbarkeit durch irgendetwas außer dem Ich. Die materielle Bestimmung des Willens nach dem Gesetze wird sonach lediglich aus uns selbst hergenommen; und alle *Heteronomie*, Entlehnung der Bestimmungsgründe von irgendetwas außer uns, ist geradezu gegen das Gesetz. – Endlich, der ganze Begriff unsrer nothwendigen Unter-

werfung unter ein Gesetz entsteht lediglich durch absolut freie Reflexion des Ich auf sich selbst in seinem wahren Wesen, d.h. in seiner Selbständigkeit. [...] Sonach ist es das Ich selbst, das sich in dieses ganze Verhältniß einer Gesetzmäßigkeit bringt, und die Vernunft ist sonach in jeder Rücksicht ihr eigenes Gesetz." (GA, hg. R. Lauth/H. Jacob, Stuttgart 1964ff., hier I/5, 67)

Angenommen – so argumentiert Fichte an anderer Stelle –, es gäbe einen „höheren Grund", der uns bestimmen würde, dann müßte gefragt werden:

„Und wo soll dieser höhere Grund gesucht werden? *In* uns, wo wir bis zur absoluten Autonomie gekommen sind? Soll *absolute* Autonomie *begründet* werden? Das ist ein Widerspruch. Oder *außer* uns? Aber die Frage ist ja eben von einem *Uebergange* von dem aeußern zum innern, oder umgekehrt. Es ist ja eben das Geschäft der kritischen Philosophie, zu zeigen, daß wir eines Ueberganges nicht bedürfen; daß alles, was in unserm Gemüthe vorkommt, aus ihm selbst vollständig zu erklären, und zu begreifen ist." (Aenesidemus-Rezension [1792] I/2, 55)

Vom Menschen zu Gott

Natürlich sahen auch die Idealisten, daß man nicht dem Menschen in seiner Endlichkeit absolute Autonomie zusprechen konnte. Dem hätte jegliche Vernunft widersprochen. Wenn sie aber nun doch an der Kantschen Bestimmung der Freiheit als absoluter Autonomie festhalten wollten – und daran konnte kein Zweifel bestehen –, dann blieb ihnen nur folgende Lösung des Problems übrig: *die absolute Autonomie der Freiheit zum Grundprinzip der Wirklicheit schlechthin zu machen, sie sozusagen vom einzelnen Menschen abzulösen und umgekehrt die Freiheit des einzelnen Menschen zu einer endlichen Erscheinungsform der absoluten Freiheit zu erklären*. Damit kamen sie in die Nähe Spinozas, der alles Endliche als einen *Modus* der Gott-Substanz verstand. Sie sprachen freilich nicht gleich von Gott, sondern von einem Prinzip absoluter Autonomie, aus dem heraus die Wirklichkeit in ihrer Gesamtheit begreifbar sei. Doch jeder der Idealisten war schließlich bereit, dieses Prinzip absoluter Freiheit als göttlich anzusehen. So gelangten sie ebenfalls zu einem – wenn auch gegenüber Spinoza sehr differenzierten – *Pantheismus*. Hierin liegt wiederum der Grund, warum die Idealisten der absolutistischen Position zuzuordnen sind, die sich im Anschluß an Descartes' Lehre von der Vorstellung Gottes als absolut sicherem und wahrem Prinzip der Erkenntnis dazu berechtigt fühlt, die Wirklichkeit im Ganzen von Gott bzw. von einem absoluten Prinzip aus zu rekonstruieren.

Autonomie–Selbstbewußtsein

Neben dem Einfluß von Descartes und Spinoza stand allerdings auch der Einfluß von Leibniz und seiner Theorie des Selbstbewußtseins. Er wurde vor allem im Zusammenhang mit einem Defizit der Kantschen Philosophie relevant. Dieses (zumindest von den Idealisten als solches empfundene) Defizit besteht darin, daß Kant zwischen Selbstbewußtsein und Autonomie wenigstens *expressis verbis* keine Verbindung herstellt. Das überrascht, denn ganz offensichtlich kann die Autonomie ohne Selbstbewußtsein nicht gedacht werden. Wie sollte ich mich nämlich *selbst* bestimmen können, wenn ich nicht *zuvor schon* ein Verhältnis *zu mir selbst* hätte? Daraus folgt, daß das Selbstbewußtsein entweder die Autonomie ermöglicht oder aber mit ihr identisch ist. Daß sich Kant dazu nicht näher geäußert hat, ist vermutlich darauf zurückzuführen, daß er einige Probleme hatte, die theoretische Vernunft (die er in der „Kritik der reinen Vernunft" untersuchte) mit der praktischen Vernunft (die Thema der „Kritik der praktischen Vernunft" war) zu vermitteln und aus einer einzigen „Architektonik" der reinen Vernunft heraus als Einheit zu begreifen. (Vgl. dazu KdU B XIff., A XIff.; B XXff., A XXff.; B LIIIff., A LIff.) Diese Schwierigkeit stand offensichtlich der Synthetisierung von Selbstbewußtsein und Autonomie im Wege. (Vgl. dazu Fichte, Zw. Einl. [1797] I/4, 224f.)

Absolute Freiheit

Schon allein aufgrund der Überzeugung, daß sich Autonomie nur *absolut* denken lasse, konnten die Idealisten bei Kant nicht stehen bleiben. Es hätte der Absolutheit der Autonomie widersprochen, wenn sie das Selbstbewußtsein ‚außerhalb' derselben gedacht hätten. Sie mußten deshalb, wollten sie konsequent bleiben, Selbstbewußtsein und Autonomie zu *einem einzigen* Prinzip erklären. Das implizierte aber, daß nicht nur die absolute Freiheit als solche – die absolute Autonomie – zum Grundprinzip der Wirklichkeit in ihrer Gesamtheit wurde, sondern die *ihrer selbst bewußte* bzw. *bewußt werdende* absolute Freiheit. Erst diese Einsicht, die den Idealisten aus ihrer Beschäftigung mit Kant erwuchs, machte ihr System fruchtbar und weitreichend anwendbar. Der Freiheits- oder Autonomie-Begriff alleine hätte es ihnen kaum ermöglicht, die Wirklichkeit in ihrer Gesamtheit daraus zu rekonstruieren. Dazu war ein *differenzierungsfähigeres* Prinzip erforderlich. Dieses wiederum bot sich im Prinzip des Bewußtseins bzw. Selbstbewußtseins an. Es ist jetzt auch klar, warum an dieser Stelle die Apperzeptions-Theorie von Leibniz wichtig wurde. Wie erinnerlich war schon durch sie das Selbstbewußtsein (*apperception*) in der Weise universalisiert worden, daß sie es zum einen Wesensmerkmal jeder Monade machte. Dies brachte es mit sich, daß Leibniz mehrere Grade des Bewußtseins unterscheiden mußte, die vom Unbewußten bis zum absoluten Selbstbewußtsein reichten. Genau daran knüpfen die Idealisten an. Für sie ist das Selbstbewußtsein noch viel unbedingter zum fundamentalen Prinzip der gesamten Wirklichkeit geworden. Wollen sie daran festhalten, sind sie mehr noch als Leibniz daran gehalten, in schlechthin *allem*, was wirklich ist, einen Ausdruck des Selbstbewußtseins zu finden – auch in dem, was scheinbar ohne Bewußtsein ist, in der Materie und in der Natur.

Gott

Die Verknüpfung von absoluter Autonomie und Selbstbewußtsein gestattete es den Idealisten schließlich auch besser, sowohl *Gott für sich* als auch *Gott in seinem Verhältnis zur Schöpfung* zu begreifen. Ist nämlich, wie wir sagten, das absolute Autonomie-Prinzip ein göttliches Prinzip, dann muß Gott absolutes Selbstbewußtsein sein. Vorwegnehmend dürfen wir anfügen: Sofern darüber hinaus die gesamte Wirklichkeit aus diesem absoluten Selbstbewußtsein heraus rekonstruiert werden kann, wird die Schöpfung der Welt mit ihrem Anfang, ihrem Ende und ihrer Geschichte zu einem Moment, zu einer Phase bzw. zu einem konstitutiven Element jenes Geschehens, in dem Gott sich seiner selbst bewußt wird. Und so haben wir uns dem Verständnis der Antwort, welche die idealistische Philosophie auf die Frage der Metaphysik gegeben hat, ein Stück weit angenähert. Sie lautete: *Die Wirklichkeit in ihrer Gesamtheit läßt sich begreifen als ein Moment jenes geschichtlichen Prozesses, in dem sich die absolute Freiheit Gottes ihrer selbst in absoluter Weise bewußt ist bzw. bewußt wird.* Um aber diese These noch besser zu verstehen, müssen wir uns einigen anderen Überlegungen zuwenden, die mit ihr in engem Zusammenhang stehen.

Intellektuelle Anschauung

Endlichkeit und Absolutheit

Wird die Autonomie der Freiheit *absolut* gedacht, so sagten wir, kann sie nicht mehr der Wesensvollzug eines *endlichen* Wesens, konkret des Menschen, sein, sondern dann muß umgekehrt gelten, daß das Endliche *Ausdruck* oder *Erscheinungsform* der absoluten Freiheit ist. Ist aber nun, wie wir ebenfalls gesehen haben, die autonome Freiheit an sich selbst Selbstbewußtsein, dann muß Entsprechendes für das Selbstbewußtsein gelten. Das endliche Selbstbewußtsein kann nichts anderes als Ausdruck oder Erscheinungsform des absoluten Selbstbewußtseins sein. Die Idealisten scheuen sich nicht einmal zu sagen: *Im endlichen Selbstbewußtsein wird sich das absolute Selbstbewußtsein seiner selbst bewußt.* Das ist eine gewaltige These, die nach einer erkenntniskritischen Rechtfertigung verlangt. Denn eines darf bei all dem nicht vergessen werden: Derjenige, der das feststellt, daß die endliche Freiheit Erscheinungsform der absoluten Freiheit und in Konsequenz dazu das endliche Selbstbewußtsein Ausdrucksform des absoluten Selbstbewußtseins ist, *ist allemal der Philosoph, d.h. ein endliches Wesen, ein endliches Selbstbewußtsein.* Geht nun ein solcher Philosoph hin und behauptet, bei aller Endlichkeit seiner Erkenntnis, seines Wissens, seines Selbstbewußtseins imstande zu sein, Aussagen über das absolute Selbstbewußtsein machen und aus diesem heraus sogar die Wirklichkeit in ihrer Gesamtheit rekonstruieren zu können, so muß er diesen Anspruch legitimieren und angeben, wie und wo er in den Besitz einer derartigen Erkenntnis gekommen ist bzw. jederzeit kommen kann.

Erkenntnis „sui generis“

Den Idealisten hat dieses Problem der Rechtfertigung ihres philosophischen Standpunktes und ihres Erkenntnisanspruches unvergleichlich weniger Schwierigkeiten bereitet als Kant. Sie haben sich ihm aber sehr wohl gestellt und um eine Antwort gerungen. Diese Antwort fiel nicht einhellig aus. Wir haben es vielmehr mit einer *Geschichte von Antworten* zu tun. Die Abfolge dieser Geschichte läßt sich verstehen, wenn wir noch einmal zu Kants Theorie des Selbstbewußtseins zurückkehren. Erinnern wir uns daran, daß das Selbstbewußtsein in der „Kritik der reinen Vernunft" die wichtigste und fundamentalste Voraussetzung der menschlichen Erkenntnis bildet, da es nicht nur in die Vielheit aller unserer Erkenntnisse Zusammenhang, Ordnung und Einheit bringt, sondern darüber hinaus auch die Einheit der ‚Gegenstände' unserer Erkenntnisse garantiert. In diesem Sinne erscheint es als die oberste und grundlegende *Synthese*, welche die menschliche Erkenntnis überhaupt leistet. Nun kann man nicht übersehen, daß auch im Selbstbewußtsein eine besondere Weise von Erkennen geschieht. Wie könnte ich nämlich etwas auf mich beziehen, wenn ich mich nicht immer schon *kennen* würde? Wie wäre es mir möglich, mich von etwas zu distanzieren oder mit etwas zu identifizieren, wenn ich nicht zuvor bereits darum *wüßte*, wer oder was ich bin? Wie ließe sich meine Fähigkeit erklären, mich jederzeit auf mich selbst besinnen oder zu mir selbst kommen zu können, wenn ich nicht von Hause aus *bei mir* wäre? Die Frage, die sich hier stellt, lautet somit: Wie ist das spezifische Erkennen des Selbstbewußtseins zu verstehen?

Offene Fragen bei Kant

Bei Kant konnten die Idealisten auch zu diesem Punkt wenig Aufschlußreiches finden. Sie stießen bei ihm lediglich auf negative Abgrenzungen, zum einen etwa darauf, daß ich für mich eine „gänzlich leere Vorstellung" sei, „wovon wir, abgesondert, niemals den mindesten Begriff haben können; um welches wir uns [vielmehr] in einem beständigen Zirkel herumdrehen, indem wir uns seiner Vorstellung jederzeit schon bedienen müssen, um irgend etwas von ihm zu urteilen" (KrV B 404, A 346f.), zum andern aber auch darauf, daß die fundamentale Vorstellung meiner selbst nicht mit dem verwechselt werden darf, was mir „der innere Sinn" bietet, d.h. ein unter dem Gesetz der Zeit stehendes „empirisches" Bewußtsein (B 139f.). Grundsätzlich erfuhren sie von Kant auch, daß das Erkennen des Selbstbewußtseins, d.h. das Erkennen der fundamentalen Synthesis aller Erkenntnis, *weder* sinnliche Anschauung *noch* begriffliches Denken sein könne. Anschauung und Denken sind ja das, was durch das Selbstbewußtsein synthetisiert und damit in seinem Zusammenwirken ermöglicht wird. (B 422f. Anm.) Es muß daher anderer Natur sein. Doch welcher? Den Idealisten blieb schließlich nicht verborgen, daß Kant den einen oder anderen Lösungsversuch des ganzen Problems unternahm. Immerhin bezeichnete er an einer Stelle das „Bewußtsein meiner selbst" als eine zwar nicht sinnliche, sehr wohl aber „*intellektuelle* Vorstellung der Selbsttätigkeit eines denkenden Subjekts" (B 278). Darüber hinaus gestand er im Zusammenhang mit dem ‚Ich denke, also bin ich' des Descartes ein, daß das ‚Sein' oder ‚Existieren', von dem hier die Rede ist und das ganz offensichtlich im Zusammenhang mit dem ,*Ich* denke' wahrgenommen wird, weder Gegenstand der sinnlichen Anschauung noch Gegenstand des begrifflichen Denkens zu sein vermag, sehr wohl aber ,Gegenstand' eines Erkennens ist, das beidem *vorhergeht*. (422f. Anm.)

Unmittelbarkeit und Aktivität

Wie dem auch sei: Es gehört zu den Verdiensten des Deutschen Idealismus, vor allen anderen Johann Gottlieb Fichtes, deutlich gemacht zu haben, daß sich die durch das Selbstbewußtsein einstellende Erkenntnis des Ich *eine Erkenntnis sui generis, eine Erkenntnis besonderer Art ist*. Diese Erkenntnis zeichnet sich grundsätzlich durch *zwei* Eigenschaften aus: Sie ist erstens *unmittelbar* und sie richtet sich zweitens *auf eine Aktivität*. Beides kann leicht verstanden werden, wenn wir uns vergegenwärtigen, wie wir uns auf uns selbst richten und dabei uns unser selbst bewußt werden. Nehmen wir an, dies geschehe durch eine eigene Initiative, etwa durch einen Akt der Reflexion. Nach dessen Durchführung oder nach dessen Vollzug stünde als Ergebnis eine Erkenntnis unseres Ich. Wir sehen jedoch sofort, daß eine solche Initiative zu spät käme. Sie setzte die Kenntnis des Ich immer schon voraus. Zum einen bräuchte die Initiative ja ein Ziel, auf das sie sich richten könnte. Dieses Ziel könnte aber wiederum nichts anders sein als das, was allererst gewonnen werden sollte, nämlich das Ich. Zum andern wissen wir bereits im Augenblick der besagten Initiative, mittels derer wir aktiv zu uns hinstreben, daß *wir* es sind, die das tun. Wir benötigen dazu keiner Vermittlung. Doch nehmen wir noch etwas anderes an: Wir erkennen uns unter der Voraussetzung, daß wir uns ein Bild von uns machen oder in einen Spiegel schauen und uns somit aus diesem Gegenüber (Bild bzw. Spiegel) zurück-begegnen (,re-flektieren'). Erneut müßten wir feststellen, daß wir zu spät kämen. Denn *uns selbst* könnten wir in einem Bild oder in einem Spiegel unserer selbst nur deshalb erkennen, weil wir uns eben *bereits* kennen. Woher wüßten wir sonst, daß *wir* es sind, die uns da entgegenschauen? So folgt: In unserem Selbstbewußtsein sind wir *unmittelbar*, d.h. ohne Umweg, ohne Zwischenstufe, ohne Vermittlung *bei uns*. Freilich gilt auch dies: Wir stellen zwar durch keinerlei Initiative oder Aktivität ein Bewußtsein unserer selbst her, weil wir schon im Vollzug dieser Initiative oder Aktivität wissen, daß *wir* es sind, die das tun, unser Bewußtsein um uns selbst herrscht dennoch nur *im* Initiativ- oder Aktivsein, *im* Tun. (Vgl. dazu J.G. Fichte, E. Einl. [1797] I/4, 190ff.,204ff.) Dies kommt daher, daß *es selbst* Aktivität, Handlung ist. Schon Kant definierte es als „Actus der *Spontaneität*" (KrV B 132). Wie ausgeführt sah er in allem Erkennen ein Synthetisieren, d.h. ein Tun, ein Handeln am Werk. Wie sollte dann ausgerechnet jene Synthesis, die als die fundamentale Bedingung der Möglichkeit der gesamten Erkenntnis angesehen werden muß, etwas anderes sein als eben Aktivität, Spontaneität, Handlung, Tun? Zusammengefaßt in einem längeren Zitat Fichtes:

> „Jeder wird hoffentlich *sich selbst* denken können. Er wird hoffentlich inne werden, daß, indem er zu diesem Denken aufgefordert wird, er zu etwas von seiner Selbstthätigkeit abhängigem, zu einem *innern Handeln* aufgefordert werde, und, wenn er das Geforderte vollbringt, wirklich durch Selbstthätigkeit sich afficire, also *handle*. Er wird *dieses* Handeln hoffentlich von dem *entgegengesetzten*, wodurch er Objecte außer sich denkt, unterscheiden können, und finden, daß in dem letztern das Denkende und das Gedachte entgegengesetzt seyn, sonach seine Thätigkeit auf Etwas von ihm selbst verschiedenes gehen solle, dahingegen in dem Geforderten [sich selbst zu denken], das Denken und das Gedachte dasselbe seyn, und sonach seine Thätigkeit in sich selbst zurück gehen soll. Er wird hoffentlich einsehen, daß, da *nur* auf diese Weise ihm der Gedanke seiner selbst entstehe, indem ja, wie er gefunden, durch ein entgegengesetztes Denken ihm ein ganz anderer Gedanke entsteht, – daß, sage ich, der Gedanke seiner selbst nichts anderes sey, als der Gedanke dieser Handlung, und das Wort Ich nichts anders, als die Bezeichnung desselben; daß *Ich* und *in sich zurückgehendes Handeln* völlig identische Begriffe sind. Er wird hoffentlich begreifen, daß, wenn er mit dem transscendentalen Idealismus [...] voraussetze, Alles Bewußtseyn beruhe auf dem SelbstBewußtseyn, und sey dadurch bedingt [...,] er dann jenes in sich Zurückkehren allen andern Acten des Bewußtseyns voraus *denken* müsse, als dieselben bedingend, oder, was dasselbe heißt, jenes in sich Zurückkehren als den ursprünglichen Act des Subjects denken müsse; und zwar [...] als einen *für ihn* ganz unbedingten und sonach absoluten Act [...]" (Fichte, Zw. Einl. I/4, 216f.; vgl. ders., E. Ein. I/4, 195f.; Vers. WL [1797] I/4, 271ff. u.ö.)

Geistige Anschauung

Die besondere Erkenntnis, die uns im Selbstbewußtsein unmittelbar gegeben ist, nennen Fichte und Schelling die „intellektuelle" bzw. „intellektuale Anschauung" (J.G. Fichte, Zw. Einl. I/4, 216-221,224ff.; ders., Vers. WL I/4, 276ff.; Schelling, Vom Ich als Princip der Philosophie [1795], in: Schellings Sämmtliche Werke [hg. K.F.A. Schelling] I/1 180ff.; ders., Abhandlungen zur Erläuterung des Idealismus der Wissenschaftslehre [1796/97] I/1 401ff.] u.ö.). „*Anschauung* heißt diese Erkenntniß, weil sie *unvermittelt*, *intellektual*, weil sie eine *Thätigkeit* zum Objekt hat, die weit über alles Empirische hinausgeht und durch *Begriffe* niemals ereicht wird." (Schelling, Abhandlungen ... I/1 401). „Sie ist das unmittelbare Bewusstseyn, daß ich handle, und was ich handle: sie ist das, wodurch ich etwas weiß, weil ich es thue." (Fichte, Zw. Einl. I/4, 217)

Ort des Absoluten

Die Tatsache, daß wir als Selbstbewußtsein eine intellektuelle Anschauung besitzen – Fichte nennt sie ein „Factum des Bewußtseyns" (ebd. I/4, 218f.) –, versetzt uns nach idealistischer Ansicht in die Lage, gerechtfertigterweise Aussagen über das Absolute, welches seinerseits nichts anderes als die ihrer selbst bewußte absolute Freiheit ist, machen zu können. Wir haben in ihr nämlich nicht allein mit der fundamentalen Voraussetzung *unseres* endlichen und empirischen Bewußtseins (ebd.

I/4, 219) zu tun, sondern mit dem *Absoluten* selbst, das sich in unserem Selbstbewußtsein manifestiert, ja seiner selbst bewußt wird. Warum können die Idealisten das sagen? Ihre Antwort: Die intellektuelle Anschauung vergegenwärtigt deshalb das Absolute selbst in uns, weil sich in ihr *zum einen* alle Gegensätze aufheben, die das Endliche charakterisieren, wie z.B. der Gegensatz zwischen Subjekt und Objekt, der Gegensatz zwischen Denken und Gedachtem oder der Gegensatz zwischen Freiheit und Notwendigkeit, und weil sich *zum andern* in ihr etwas Wirkliches erschließt, das sich – analog zu Spinozas Begriff der *causa sui* – durch sein Handeln selbst wirklich werden läßt. Zwei Texte mögen dies erläutern. Der erste stammt wiederum von Fichte, der zweite hingegen vom frühen Schelling.

> „Indem du [...] *dich* denkst, bist du dir nicht nur das Denkende, sondern zugleich auch das Gedachte; Denkendes und Gedachtes sollen dann Eins seyn; dein Handeln im Denken soll auf dich selbst, das Denkende, zurückgehen. / Also – *der Begriff oder das Denken des Ich besteht in dem auf sich Handeln des Ich selbst;* und umgekehrt, *ein solches Handeln auf sich selbst giebt ein Denken des Ich, und schlechthin kein anderes Denken*." (Fichte, Vers. WL I/4, 272) „Dieses unmittelbare Bewusstseyn [des Ich] ist die [... intellektuelle] Anschauung des Ich; in ihr setzt das Ich sich selbst nothwendig, und ist sonach das Subjective und Objective in Einem. Alles andere Bewusstseyn wird an dieses angeknüpft und durch dasselbe vermittelt; wird lediglich durch die Verknüpfung damit zu einem Bewusstseyn: dieses allein ist durch nichts vermittelt oder bedingt; es ist absolut möglich und schlechthin nothwendig, wenn irgendein anderes Bewusstseyn stattfinden soll." (Ebd. I/4, 277)

> „Sollte das Ich nicht *durch sich selbst* realisirt seyn, so müßte der Satz, welcher sein Seyn ausdrükte, dieser seyn: *wenn* Ich bin, *so* bin Ich. Allein die Bedingung dieses Satzes schließt selbst schon das Bedingte in sich: die Bedingung ist selbst nicht ohne das Bedingte *denkbar*, ich kann nicht mich unter der *Bedingung* meines Seyns denken, ohne mich als schon seyend zu denken. In jenem Satz also bedingt nicht die Bedingung das Bedingte, sondern umgekehrt das Bedingte die Bedingung, d.h. er hebt sich selbst als bedingter Satz auf, und wird zum unbedingten: *Ich bin, weil ich bin. / Ich bin!* Mein Ich enthält ein Seyn, das allem Denken und Vorstellen vorhergeht. Es ist, indem es gedacht wird, und es wird gedacht, weil es ist; deßwegen, weil es nur insofern ist und nur insofern gedacht wird, als es *sich selbst* denkt. Es ist also, weil es nur *selbst* sich denkt, und es denkt sich nur selbst, weil es ist. Es bringt sich durch sein Denken selbst – aus absoluter Causalität – hervor. [...] Das Ich ist also nur *durch sich selbst* als unbedingt gegeben." (Schelling, Vom Ich ... I/1, 167; vgl. Historisch-Kritische Ausgabe Bd.II, hg. H. Buchner/J. Jantzen, Stuttgart 1980, 90f.)

Ekstase und geschichtliches Denken

Ekstase

Wird zunächst auch das Ich, das uns im Selbstbewußtsein unmittelbar zugänglich ist, nicht nur als das endliche bzw. empirische Ich, sondern – wie der jüngere Schelling nicht müde wird zu betonen – als das „absolute Ich“ angeschaut, so bleibt doch der Zweifel, ob es sich dabei wirklich um das absolute und nicht bloß um das *uns* zugängliche Ich handle. Schelling selbst war es, der sich dies trotz seiner Verbundenheit mit der Philosophie Fichtes immer entschiedener fragte. Er kam letztlich zu dem Schluß, daß die Anvisierung des Absoluten von *unserem* Selbstbewußtsein (Ich) her die Gefahr einer Subjektivierung und damit Verendlichung des Absoluten heraufbeschwöre. Deshalb ging er mehr und mehr dazu über, den Begriff der „intellektuellen Anschauung“ fallen zu lassen, weil er ihm dieser Gefahr zu stark Vorschub zu leisten schien. Um ja keinen Verdacht einer subjektiven Verkürzung des Absoluten aufkommen zu lassen, wählte er lieber einen Begriff, der eindeutig ausdrückte, daß angesichts des Absoluten selbst das subjektive, d.h. endlich-empirische Selbstbewußtsein überwunden werden müsse – den Begriff der „Ekstase“:

> „Allein eben weil dieser Ausdruck [der intellektuellen Anschauung] erst der Erklärung bedarf, so ist es besser, ihn ganz beiseite zu setzen. Eher könnte man für jenes Verhältniß die Bezeichnung *Ekstase* gebrauchen. Nämlich unser Ich wird *außer* sich, d.h. außer seiner Stelle, gesetzt. Seine Stelle ist die, Subjekt zu seyn. Nun kann es aber gegen das absolute Subjekt nicht Subjekt seyn, denn dieses kann sich nicht als Objekt verhalten. Also es muß den *Ort* verlassen, es muß außer sich gesetzt werden, als ein gar nicht mehr Daseyendes. Nur in dieser Selbstaufgegebenheit kann ihm das absolute Subjekt aufgehen [...]“ (Ueber die Natur der Philosophie als Wissenschaft [1821] I/9 229)

Offenbarung

Bleibt die Frage, ob diese Ekstase rein das Werk des endlichen Ich sein kann oder ob für ihr Zustandekommen nicht schon eine Initiative seitens des absoluten Ich notwendig ist. Schelling hat sich dazu widersprüchlich geäußert. Er entschied sich zwar einerseits für die zweite Alternative und ließ seinen Idealismus in einer *Philosophie der Offenbarung* münden, d.h. in einer Philosophie, die den Akzent auf die Initiative des Absoluten legte, andererseits hatte er dann aber doch kein Problem, die genannte Ekstase eine Tat des endlichen Subjekt sein zu lassen – seine Vernunft setzt *sich selbst* ekstatisch – und die Offenbarung nicht wirklich als Offenbarung anzuerkennen, sondern auf den Rahmen seines idealistischen Freiheitsbegriffes festzulegen. So viel ist aber klar: Schelling legitimierte den idealistischen Anspruch auf sein Wissen um das Absolute nicht mehr mit einer intellektuellen Anschauung, die im Selbstbewußtsein eines jeden Menschen aufgedeckt werden kann, sondern mit einer *Offenbarung* Gottes. Diese Offenbarung, die für ihn seit der Erschaffung der Welt geschieht und den eigentlichen Inhalt der ganzen Weltgeschichte ausmacht (nicht nur der jüdisch-christlichen Heilsgeschichte, wenngleich diese Ziel, Sinn und Höhepunkt *aller* Offenbarung darstellt), ist bereits erfolgt und braucht von der Philosophie nur noch nachvollzogen und begriffen zu werden. (Zu Schellings „Philosophie der Offenbarung" siehe Bd. II/6 der oben genannten Ausgabe.)

Weltgeschichte

Durch diesen Positionswechsel rückt das Phänomen der *Geschichte* ins Zentrum der Aufmerksamkeit. Sie wird durch die Idealisten in ihrer Bedeutung für das menschliche und göttliche Bewußtsein nicht nur neu entdeckt, sondern auch mit der spezifischen Funktion bedacht, den Anspruch auf absolutes Wissen zu rechtfertigen. Konsequenter als Schelling macht dies Hegel deutlich. Auch er kann sich mit der intellektuellen oder „transzendentalen" Anschauung letztlich nicht anfreunden. Deshalb suchte er spätestens ab seiner Jenaer Zeit (1801–1807) nach einer anderen Möglichkeit, seinen Wissensanspruch zu legitimieren. Diese Möglichkeit wiederum findet er mehr und mehr in seiner Analyse der Weltgeschichte, besser: in seiner Rekonstruktion der Weltgeschichte als einem Prozeß, in dem das Selbstbewußtsein – das menschliche wie das göttliche – wächst und wächst, bis es sich in seiner absoluten Gestalt vollendet. Die geschichtliche Entwicklung des Selbstbewußtseins versteht Hegel nämlich als Entfaltung bzw. Verwirklichung dessen, was das Selbstbewußtsein von allem Anfang an ist. Im Zuge dieser Entwicklung wird folglich das, was das Selbstbewußtsein *an sich* ist, auch *für es* (für das Selbstbewußtsein) oder *für sich* – entsprechend dem Beispiel:

> „Wenn der Embryo wohl *an sich* Mensch ist, so ist er es aber nicht *für sich*; für sich ist er es nur als gebildete Vernunft, die sich zu dem *gemacht* hat, was sie *an sich* ist. Dies erst ist ihre Wirklichkeit." (Phän. [1807], 20)

Entelechie und Kreis

Dieses von Aristoteles übernommene Modell der Zweckursache bzw. der Entelechie (ebd. 20) kann auch im Vergleich mit der Kreisbewegung veranschaulicht werden: „Es ist das Werden seiner selbst, der Kreis, der sein Ende als seinen Zweck voraussetzt und zum Anfange hat und nur durch die Ausführung und sein Ende wirklich ist." (Ebd. 18) Dementsprechend sieht Hegel am Ende einer Entwicklung stets „das in sich Zurückgekehrte" (ebd. 20), welches im Prozeß des Zurückkehrens zu sich selbst reicher und ‚voll-endeter' geworden ist, weil es nun ein Bewußtsein um sich selbst, ein Selbstbewußtsein gewonnen hat.

Resultat

Gelangt somit das menschliche Selbstbewußtsein zu der Ansicht, daß es fähig ist, die Wirklichkeit in absoluter Weise zu begreifen, folglich auch dem absoluten Selbstbewußtsein der göttlichen Freiheit gewachsen zu sein und sogar sich selbst als einen Ort bzw. einen Moment zu sehen, in dem das *absolute* Selbstbewußtsein zu sich selbst kommt, *dann kann ihm das einzig und allein aus seiner eigenen Geschichte heraus klar ge-*

worden sein. Wir sagten ja: Das Selbstbewußtsein wächst im Laufe seiner Geschichte. Plötzlich steht ihm vor Augen, daß seine Erkenntnis weiter reicht, als es angenommen hat, und nichts Geringeres als Einblick in das absolute Selbstbewußtsein Gottes gewährt. Handelt es sich bei diesem Klarwerden nicht um ein mystisches Aha-Erlebnis bzw. um eine zufällige Intuition, sondern um eine begründbare und verifizierbare Einsicht, dann bleibt nur die Geschichte übrig, die dem Selbstbewußtsein diesen Schluß gestattet. Das Selbstbewußtsein muß demnach sowohl in der geschichtlichen Entwicklung als auch in einzelnen Ereignissen, Perioden oder Werken Hinweise darauf finden, daß es wesentlich mehr ist, als es zu früheren Zeiten der Geschichte angenommen hat, ja daß es sogar des Absoluten fähig ist. Hegel nennt in der Tat mehrere Zeichen, die ihm das Anbrechen der Ära des absoluten Wissens ankündigen. Unter ihnen ragen die Französische Revolution sowie die Freiheitsphilosophie Kants besonders heraus. Darauf können und müssen wir uns hier nicht einlassen. Wichtig ist nur noch dies: Wenn das Selbstbewußtsein *absolut* wird, d.h. letztlich sich selbst als absolutes Selbstbewußtsein erkennt, dann muß die Geschichte bereits an ihr *Resultat* (ebd. 10f.,20f.,61 u.ö.), sprich: in ihre ‚Voll-endung' gelangt sein. Denn was sollte über das Absolute hinaus noch aus der Geschichte hervorgehen? So verstehen wir nicht nur, warum Hegel seinen Anspruch auf absolutes Wissen erkenntnistheoretisch mit dem Hinweis auf das Resultat der Weltgeschichte rechtfertigen kann, an dem er sich befindet und von dem aus er denkt, sondern auch zu der berühmten Feststellung kommt:

> „Das Wahre ist das Ganze. Das Ganze aber ist nur das durch seine Entwicklung sich vollendende Wesen. Es ist von dem Absoluten zu sagen, daß es wesentlich *Resultat*, daß es erst am *Ende* das ist, was es in Wahrheit ist; und hierin eben besteht seine Natur, Wirkliches, Subject oder sich selbst werden zu sein." (Ebd. 19)

Die Struktur des Absoluten

Begreifen des Absoluten

Wir verstehen nunmehr die erkenntnistheoretischen Argumente, mit denen die Idealisten ihre Ansprüche auf ihr absolutes Wissen gerechtfertigt haben. So ist es jetzt sinnvoll danach zu fragen, wie die Idealisten das Absolute konkret begriffen haben. Die grundsätzliche Antwort auf diese Frage kennen wir schon. Sie lautet: Das Absolute, das die Idealisten meinen, ist die ihrer selbst bewußte und sich selbst vollkommen bestimmende (autonome) Freiheit Gottes. Wir fügten hinzu, daß im Selbstbewußtseins ein differenzierungsfähiges Prinzip gefunden worden sei, das sich zur Rekonstruktion der gesamten Wirklichkeit besser eigne als der bloße Gedanke der autonomen Freiheit. Damit ist aber noch nicht gesagt, wie die autonome Freiheit bzw. das Selbstbewußtsein so gedacht wird, daß es *dem Absoluten* entspricht. Zunächst ist ja wieder davon auszugehen, daß wir *endliche* Vorstellungen und Begriffe davon haben. Würden wir diese bedenkenlos anwenden, würden wir dem Absoluten nicht gerecht. Darüber hinaus fiele das ganze idealistische Unternehmen, die Wirklichkeit in ihrer Gesamtheit vom Absoluten her zu rekonstruieren, in sich zusammen, denn das, was dann als erklärendes Prinzip angewendet würde, wäre nicht das Absolute als Absolutes, sondern das verendlichte, auf das Maß des Menschlichen reduzierte Absolute. So überrascht es nicht, daß die Idealisten um das richtige Begreifen des Absoluten derart bemüht waren, daß sich praktisch die ganze Geschichte des Deutschen Idealismus als Versuch deuten läßt, ein solches Begreifen zu gewinnen. Wir können auch sagen: Es ging im Idealismus wesentlich darum, das Absolute in der *ihm eigenen Struktur* zu erfassen.

Struktur des Endlichen

Um dieser Struktur des Absoluten auf die Spur zu kommen, empfiehlt es sich bei dem zu beginnen, was uns unmittelbar und problemlos zugänglich ist: bei der uns umgebenden *endlichen* Welt. Wodurch ist *diese* strukturiert? Die Idealisten – und nicht nur sie – antworten: durch die Struktur der „Entgegensetzung“ oder „Entzweiung“. (Vgl. Hegel, Differenz des Fichte'schen und Schelling'schen Systems der Philosophie [1801], Ges.W. [hg. Rheinisch-Westfälische Akademie der Wissenschaften] IV 13ff.) Diese Entgegensetzung zeichnet sich sowohl auf horizontaler als auch auf vertikaler Ebene ab. Auf horizontaler Ebene finden wir u.a. die Gegensätze „von Geist und Materie, Seele und Leib, Glaube und Verstand, Freiheit und Notwendigkeit“ (ebd. 21), aber natürlich auch von Subjekt und Objekt, Teil und Ganzem, Denken und Sein und vielem mehr. In vertikaler Hinsicht herrschen hingegen die Gegensätze von Gott und Welt, Absolutem und Endlichen, Transzendentem und Immenantem, Übersinnlichem und Sinnlichem, Mystischem und Natürlichem usw. *Beide* Arten von Gegensatz, das ist festzuhalten, charakterisieren die Struktur des Endlichen.

Endliches und Absolutes

Soll das Absolute gedacht werden, so kommt alles darauf an, die Struktur der Entgegensetzung zu überwinden und nicht mehr ihr gemäß zu denken. Andernfalls würde das Absolute ja wieder verendlicht. Versucht man aber eine solche Überwindung der Gegensatz-Struktur, stößt man auf unerwartete Schwierigkeiten. Man kann sich dies in aller Kürze in folgender Form klarmachen: Nehmen wir an, es sind A und B einander entgegengesetzt, und ihre Entgegensetzung soll aufgehoben werden. Dies kann auf verschiedene Weise geschehen: Zunächst könnte sich A das entgegengesetzte B einverleiben, wenn sich z.B. herausstellte, daß B nichts anderes als A ist bzw. daß B ein Teil oder eine Funktion von A ist. Die Entgegensetzung A – B ginge dann in die Form A(B) über. Entsprechend wäre das Umgekehrte möglich, daß B sich das A einverleibte und an die Stelle von A – B die Formel B(A) treten müßte. Denkbar wäre aber auch dies: A und B vereinigen sich und erscheinen als etwas Identisches. A – B würde dann zu A=B bzw. zu AB. Schließlich ist nicht auszuschließen, daß es ein Drittes gibt, sagen wir C, in dem sich A und B finden und so ihre Entgegensetzung überwinden. Die neue Formel könnte in diesem Fall C(A,B) sein. Egal wie: In jeder dieser Möglichkeiten erfolgt die Aufhebung des Gegensatzes A – B, die Idealisten würden sagen: in jeder dieser Möglichkeiten geschieht eine *Identifizierung von Nichtidentischem* bzw. die Umformung einer *Nichtidentität in Identität*.

Stellt sich die Frage: Welche Möglichkeit der Identifizierung wählen wir, um das Absolute zu denken? Die Idealisten, allen voran Schelling und Hegel, würden antworten: *Keine von ihnen*. In jeder dieser Möglichkeiten bleibt der Gegensatz nämlich in neuer oder gewandelter Form erhalten. Er ist zwar aufgehoben, aber das, was durch die Aufhebung oder Identifizierung zustandekommt, ist nun seinerseits zu einem Entgegengesetzten geworden, nämlich zum Gegensatz des Gegensatzes. In unseren Formeln: A(B), B(A), A=B, AB oder C(AB) stehen allesamt dem A – B *gegenüber*. So ist ein neuer Gegensatz entstanden. Das Identische, das aus der Identifizierung des Nichtidentischen hervorgegangen ist, ist abermals durch Nichtidentität bestimmt. Es bildet das Identische *gegenüber* dem Nichtidentischen. Folglich kann das Absolute in dieser Weise nicht gedacht werden. Würde es so gedacht werden, bliebe es ein durch das Endliche bestimmtes Absolutes.

Struktur des Absoluten

Will man hier weiterkommen, bleibt einem keine andere Wahl als auch noch den Gegensatz *zwischen Entgegensetzen und Identifizieren* zu überwinden. Tut man dies, gelangt man zu dem von Schelling in seinen „Stuttgarter Privatvorlesungen" von 1810 (I/7 425ff) erläuterten, zuvor aber schon von Hegel klassisch formulierten Prinzip von der „Identität der Identität und der Nichtidentität". Dazu die berühmte Stelle aus der „Differenzschrift" von 1801:

> „So gut die Identität geltend gemacht wird, so gut muß die Trennung geltend gemacht werden; insofern die Identität und die Trennung einander entgegengesetzt werden, sind beyde absolut; und wenn die Identität dadurch festgehalten werden soll, daß die Entzweyung vernichtet wird, bleiben sie einander entgegengesetzt. Die Philosophie muß dem Trennen in Subjekt und Objekt sein Recht wiederfahren lassen, aber indem sie es gleich absolut setzt mit der der Trennung entgegengesetzten Identität, hat sie es nur bedingt gesetzt, so wie eine solche Identität – die durch Vernichten der entgegengesetzten bedingt ist, – auch nur relativ ist. Das Absolute selbst aber ist darum die Identität der Identität und der Nichtidentität; Entgegensetzen und Einsseyn sind zugleich in ihm." (Ebd. IV 64)

Weder Theismus noch Pantheismus

Veranschaulichen wir uns das soeben Gesagte mit einem Beispiel aus der philosophischen Theologie (vgl. Hegel, Enz. [1830] §§ 564ff., X 372ff.). Wenn die philosophische Tradition Gott denkt, dann steht sie sehr rasch vor der Alternative, ihn entweder von der Welt radikal zu unterscheiden, ihn als das ganz Andere zur Welt zu betrachten, oder ihn aber mit der Welt zu identifizieren und als ein inneres Lebens- und Seinsprinzip derselben zu verstehen. Ersteres wäre der Theismus, letzteres hingegen der Pantheismus. Nach idealistischer Überzeugung wird jedoch weder der Theismus noch der Pantheismus der Absolutheit Gottes gerecht. In beiden Positionen erfährt nämlich Gott eine Verendlichung, sofern er beide Male in einen Gegensatz gebracht wird: einmal zur Welt (Theismus), dann zum Gegensatz zwischen Gott und Welt (Pantheismus). Aus diesem Grunde ist ein Denken, das Gott in seiner Absolutheit erfassen will, daran gehalten, den Theismus ebenso aufzuheben wie den Pantheismus und Gott als jene absolute Einheit zu begreifen, die an sich selbst *sowohl* Gleichheit Gottes mit der Welt *als auch* Unterschiedenheit Gottes zur Welt ist – Identität der Identität und der Nichtidentität. (Ebd. § 573, X 389ff.)

Grundprinzip der Metaphysik

Zu diesem Prinzip der Identität der Identität und der Nichtidentität wäre noch viel zu sagen. Wir beschränken uns hier darauf hinzuweisen, daß es dieses Prinzip war, das es vor allem Schelling und Hegel gestattet hat, das metaphysische Konzept des Idealismus durchzuziehen. Mit einer ungeheuren Virtuosität gelang es ihnen, alles Wirkliche auf diese Formel zurückzuführen und gleichzeitig in origineller Weise plausibel zu machen. Dieses Prinzip galt ihnen natürlich nicht nur als Prinzip des Absoluten als solchem, sondern konsequenterweise als Prinzip dessen, was nach ihrer Ansicht absolut ist: die Freiheit und das Selbstbewußtsein. Auch in dieser Hinsicht erwies es sich als überaus fruchtbar, denn Freiheit und Selbstbewußtsein konnten dank seiner sowohl in ihrem Wesen als auch in ihrer geschichtlichen Entwicklung treffend beschrieben werden. Dadurch wiederum ließen sie sich glaubwürdig zu Prinzipien der Gesamtwirklichkeit *universalisieren*. Zusammenfassend dürfen wir somit festhalten, *daß das Gesetz bzw. Prinzip von der Identität der Identität und der Nichtidentität für schlechthin alles Wirkliche gilt und demnach ein metaphysisches Prinzip par excellence ist*.

Die Notwendigkeit des Endlichen

Warum das Endliche?

Neben dem Absoluten, d.h. neben der vollkommen autonomen und ihrer selbst bewußten Freiheit kann es nach idealistischer Auffassung nichts geben. Gäbe es solches, würde dies dem Wesen des Absoluten widersprechen. Etwas, das mit dem Absoluten letztlich nicht identisch und ihm sozusagen äußerlich wäre, würde es begrenzen, damit in einen Gegensatz bringen und folglich verendlichen. Daher kann es nur das Absolute geben. Nun stellt sich aber folgendes Problem: Auch wenn es nur das Absolute gibt, läßt sich die Existenz des Endlichen nicht leugnen. Bei aller Identität, die das Absolute an sich selbst ist, besteht auch das einander Entgegengesetzte und Begrenzte. Wie ist das zu erklären? Läßt sich dafür ein Grund im Absoluten selbst ausmachen?

Geschichte in Gott

Obwohl die Idealisten in der Antwort auf diese Frage unterschiedliche Akzente setzten und sie folglich auch unterschiedlich formulierten, so waren sie sich doch darin einig: Das Absolute, sprich: das autonome Selbstbewußtsein Gottes, ist zunächst nur *an sich* das Absolute, es hat selbst noch *kein wirkliches Wissen* darum, ist sich seiner selbst demnach nur *im allgemeinen* oder *unmittelbar* bewußt. Damit es auch *für sich selbst* das Absolute wird, ein *wirkliches* Wissen um sich selbst gewinnt, d.h. ein *konkretes* und *bestimmtes* Bewußtsein seiner selbst erhält, bedarf es der Entgegensetzung und der Verendlichung. In idealistischer Sprache heißt es sogar: Um *an und für sich* absolutes Selbstbewußtsein zu werden, muß es in der Verendlichung seiner selbst die *Negation seiner selbst*, auch *Entäußerung* oder *Vergegenständlichung seiner selbst* in Kauf nehmen. Es ist ja in der Verendlichung nicht mehr das Absolute, sondern eben sein Gegenteil. Allerdings führt diese Negation nicht über das Absolute hinaus. Sie ist die Negation, in die sich nichts anderes als *das Absolute selbst* hineinbegibt. Sie ist die Negation *des Absoluten* (sowohl im Sinne eines Genitivus subiectivus als auch im Sinne eines Genitivius obiectivus). Folgedessen steht auch von Anfang an fest, daß sich das Absolute in dieser Negation im Laufe der Geschichte selbst erkennt. Dies geschieht in der Form, daß das Absolute das scheinbar bloß Endliche oder das vermeintlich nicht Absolute mit sich selbst *vermittelt*, so gesehen wieder *aufhebt* und schließlich zu sich selbst zurückfindet. Was aber erreicht das Absolute in dieser Selbstnegation und in der damit verbundenen Geschichte des Sich-selbst-Wiederfindens in der Negation (im Endlichen)? Nichts anderes als das ausdrückliche, definitive, konkrete und bestimmte Wissen darum, daß es absolute Freiheit bzw. absolutes Selbstbewußtsein um die eigene Absolutheit ist.

Substanz und Subjekt

Hegel führt in diesem Zusammenhang die Unterscheidung von „Substanz“ und „Subjekt“ ein. *Substanz* wäre das Absolute im Zustand der Unmittelbarkeit, des bloßen Ansichseins, *Subjekt* hingegen das Absolute auf dem Weg bzw. in jenem weltgeschichtlichen Augenblick, in dem das, was es *an sich* ist, auch *für es* klar geworden ist. Zum Verständnis des idealistischen Systems kommt daher „alles darauf an, das Wahre nicht als *Substanz*, sondern eben so sehr als *Subjekt* aufzufassen“ (Phän. 18). Dies voraussetzend verstehen wir folgenden Text, in dem Hegel zwar nicht von „Freiheit“, dafür aber von „Geist“ spricht, was dasselbe meint. (Vgl. dazu die „Vorlesungen über die Philosophie der Geschichte“ [1830/31] in: G.W.F. Hegel, Werke [hg. E. Moldenhauer/K.M. Michel] XII 30: „[...] die Substanz, das Wesen des Geistes [ist] die Freiheit. [...] die Philosophie aber lehrt uns, daß alle Eigenschaften des Geistes nur durch die Freiheit bestehen, alle nur Mittel für die Freiheit sind, alle nur diese suchen und hervorbringen; es ist dies eine Erkenntnis der spekulativen Philosophie, daß die Freiheit das einzige Wahrhafte des Geiste sei.“). Hegel faßt darin das soeben Gesagte zusammen:

> „Die Substanz des Geistes ist die Freiheit, d.h. das Nichtabhängigsein von einem Anderen, das Sichaufsichselbstbeziehen. Der Geist ist der für sich seiende, sich selbst zum Gegenstand habende verwirklichte Begriff. In dieser in ihm vorhandenen Einheit des Begriffs und der Objektivität besteht zugleich seine Wahrheit und seine Freiheit. Die Wahrheit macht den Geist, wie schon Christus gesagt hat, frei; die Freiheit macht ihn wahr. Die Freiheit des Geistes ist aber nicht bloß eine außerhalb des Anderen, sondern eine im Anderen errungene Unabhängigkeit vom Anderen, – kommt nicht durch die Flucht vor dem Anderen, sondern durch dessen Überwindung zur Wirklichkeit. Der Geist kann aus seiner abstrakten für sich seienden Allgemeinheit, aus seiner einfachen Beziehung auf sich heraustreten, einen bestimmten, wirklichen Unterschied, ein Anderes, als das einfache Ich ist, somit ein Negatives in sich selbst setzen; und diese Beziehung auf das Andere ist dem Geiste nicht bloß möglich, sondern notwendig, weil er durch das Andere und durch Aufhebung desselben dahin kommt, sich als dasjenige zu bewähren und in der Tat dasjenige zu sein, was er seinem Begriffe nach sein soll, nämlich die Idealität des Äußerlichen, die aus ihrem Anderssein in sich zurückkehrende Idee oder, abstrakter ausgedrückt, das sich selbst unterscheidende und in seinem Unterschiede bei und für sich seiende Allgemeine. Das Andere, das Negative, der Widerspruch, die Entzweiung gehört also zur Natur des Geistes. [...] In der Unmittelbarkeit ist der Geist [...] nur an sich, dem Begriffe oder der Möglichkeit nach, noch nicht der Wirklichkeit nach frei; die wirkliche Freiheit ist also nicht etwas unmittelbar im Geiste Seiendes, sondern etwas durch seine Tätigkeit Hervorzubringendes."
> (Enz. § 382 [Zusatz], X 26f.; vgl. Phän. 22f.,57-61)

Notwendigkeit des Endlichen

Der Grund dafür, daß es das Endliche gibt, liegt somit im Absoluten selbst. Dieses braucht das Andere seiner selbst, d.h. das ihm Entgegengesetzte und mit ihm nicht Identische, um zum absoluten Bewußtsein seiner selbst zu gelangen. Der damit verbundene Prozeß, der sowohl zum Sich-Entäußern als auch zum Zu-sich-selbst-Zurückkehren des Absoluten führt, erzeugt als Gestalten des Endlichen sowohl die anorganische und organische Natur als auch die gesamte Geschichte der Menschheit. Natur und Geschichte *sind* demnach nichts anderes als das Zu-sich-selbst-Finden des Absoluten. Sie sind Formen *seiner* Wirklichkeit (*seines* „Daseins", wie Hegel sagt). Sie gehören zu *seinem* Wesen. Deshalb kann Hegel so wie Spinoza sagen, daß das Endliche (Natur und Geschichte) etwas vom Absoluten her *Notwendiges* ist. Da schließlich das Absolute die radikale Autonomie der Freiheit ist, werden in dieser fundamentalen Hinsicht Notwendigkeit und Freiheit miteinander identisch. Alle Notwendigkeit der Wirklichkeit ist letztlich Notwendigkeit *der Freiheit*.

Zwei Ebenen

Beachten wir zuletzt noch Folgendes: Die eben beschriebene Entwicklung, die das Absolute in Gang setzt, um sich auch *für sich* als absolut freies Selbstbewußtsein zu setzen, läuft sozusagen auf zwei Ebenen ab: auf der Ebene der menschlichen, wenn man so will philosophisch-wissenschaftlichen Einsicht, die im Laufe der Geschichte dies alles begreifen lernt (in der „Phänomenologie des Geistes" durch die wichtige Kategorie des „für uns" beschrieben [22,58ff.,61 u.ö.]), und auf der Ebene des absoluten Selbstbewußtseins Gottes, das in *derselben* Geschichte zu sich zurückkehrt (vgl. u.a. Enzyklopädie ... §§ 575ff., X 393f.). Dem *subjektiven* Wachstum unseres Selbstbewußtseins, das am Resultat der Geschichte zu der Einsicht gelangt, die Wirklichkeit in ihrer Gesamtheit absolut begreifen zu können, entspricht ein *objektives* Wachstum der Wirklichkeit als solcher, die ihrerseits nichts anderes als Selbstbewußtsein ist, nämlich das absolute Selbstbewußtsein Gottes. So dürfen wir sagen: Am Resultat, an dem die Geschichte nach Hegel bereits angelangt ist und an dem subjektives und objektives Wachstum des Selbstbewußtseins identisch geworden sind, haben nicht nur *wir* etwas über die Reichweite unserer Erkenntnis und damit über die Wirklichkeit im Ganzen erfahren, sondern im selben Augenblick hat sich auch *Gott selbst* in uns als das begriffen, was er immer schon an sich ist: die absolute, ihrer selbst bewußte Freiheit.

Zu Beginn unserer Erläuterung des idealistischen Metaphysikkonzeptes formulierten wir die Grundthese desselben folgendermaßen: *Die Wirklichkeit in ihrer Gesamtheit läßt sich begreifen als ein Moment jenes geschichtlichen Prozesses, in dem sich die absolute Freiheit Gottes ihrer selbst in absoluter Weise bewußt ist bzw. bewußt wird.* Die angeschlossenen – stark vereinfachenden und überaus selektiv vorgehenden – Ausführungen über einige wesentliche Themen des Deutschen Idealismus mögen diese These nachvollziehbar und in ihrer Tragweite deutlich gemacht haben.

Zwischenpositionen

Meta-physiker?

In der Philosophie von Arthur Schopenhauer (1788–1860) und Friedrich Nietzsche (1844–1900) begegnen wir einem Denken, das mit der Tradition der Metaphysik von den Griechen bis zum Deutschen Idealismus in mehrfacher Hinsicht bricht. Dennoch haben wir es in beiden Fällen noch einmal mit großer Metaphysik zu tun – und dies, obwohl vor allem Nietzsche – unvergleichlich mehr als Schopenhauer – zugleich zu den schärfsten Kritikern der Metaphysik überhaupt zählt. Man kann daher weder den einen noch den anderen eindeutig der absolutistischen oder der skeptischen Position zuordnen. Vielmehr findet man im Werk beider Texte, die sich einmal mehr in die eine, dann wieder mehr in die andere Richtung interpretieren lassen. Entsprechend unterschiedlich fallen die Beurteilungen der Forschungsliteratur aus: Was einmal als Vollendung der Metaphysik ausgelegt wird, erscheint unter anderer Rücksicht als der radikale Ausstieg aus jeglicher Form von Metaphysik. Eine defintive Entscheidung zwischen diesen beiden Deutungsmöglichkeiten läßt sich meiner Ansicht nach auch gar nicht treffen. Man wird vielmehr immer sowohl das eine als auch das andere sagen müssen, nämlich: Es steht zweifellos fest, daß Schopenhauer die erkenntnis*kritische* Absicht der Philosophie Kants wesentlich ernster genommen hat als seine Zeitgenossen, die Idealisten, und eine unverkennbar *skeptische* Einschätzung der menschlichen Erkenntnisfähigkeiten vertrat, es steht aber ebenso fest, daß er sich mit seiner Theorie vom Willen als umfassendem Verstehensprinzip der *gesamten* Wirklichkeit zutraute, eminent metaphysische Aussagen machen zu können. Sodann wird wachen Auges niemand leugnen können, daß Nietzsche nichts so kompromißlos bekämpft hat wie die Metaphysik, die er als wissenschaftlich-theoretisch verbrämten Ausdruck der abendländischen Sklavenmoral und der christlichen Religion verstand, und deshalb einen unbedingten *Ausstieg* aus ihr forderte, und daß er darüber hinaus der menschlichen Erkenntnis ganz im Sinne des radikalen *Skeptizismus* ausschließlich die Möglichkeit von perspektivisch beeinträchtigten Interpretationen beimaß, es wird sich gleichzeitig aber nicht von der Hand weisen lassen, daß sowohl seine Theorie vom Willen zur Macht als auch die Einschätzung seines eigenen Standpunktes Züge enthält, die gemäß unserer Metaphysik-Definition als metaphysisch bezeichnet werden müssen.

Stellenwert der Debatte

Da es im vorliegenden Buch um Metaphysik geht, liegt es nahe, bei der Darstellung dieser beiden Philosophen die metaphysischen Aspekte ihres Denkens in den Vordergrund zu rücken. Dies soll die anderen Aspekte, die ihr Denken eindeutig als metaphysik*kritisch* charakterisieren, jedoch nicht leugnen oder auch nur unbedeutend machen. Aus diesem Grunde sei im Anschluß an die Analyse von Nietzsches Theorie vom Willen zur Macht eine eigene Auseinandersetzung mit einer jener Nietzsche-Interpretationen geführt, die in seiner Philosophie ausschließlich den Ausstieg aus der Metaphysik und nichts außerdem sehen. Daß dies im Zusammenhang mit Nietzsche geschieht, hat wiederum nicht nur damit zu tun, daß seine Kritik an der Metaphysik unvergleichlich klarer und reflektierter ist als jene Schopenhauers, sondern zusätzlich damit, daß nach meiner Beurteilung in der heutigen Disputation um die ‚richtige' Nietzsche-Auslegung eine prinzipielle Debatte über die Möglichkeit oder Unmöglichkeit von Metaphysik überhaupt geführt wird.

Der blinde Drang nach Leben – Schopenhauer

Ansatz bei Kant

Auch für die Philosophie Arthur Schopenhauers stand die Erkenntniskritik Kants Pate. Doch obwohl er gleichzeitig mit den Exponenten des Deutschen Idealismus sein metaphysisches Konzept entwarf – sein Hauptwerk „Die Welt als Wille und Vorstellung" erschien erstmals 1818 (mit angeführtem Datum 1819) und in stark erweiterter Auflage 1844, also zur selben Zeit wie die späteren Schriften Schellings und Hegels –, setzte er nicht nur methodisch andere Akzente, indem er allem Denken einen Ausgangspunkt bei der Erfahrung und damit letztlich Anschaulichkeit verordnete, sondern kam er auch zu gänzlich anderen Schlüssen. Dabei ging es in der Auseinandersetzung mit Kant vordergründig um dasselbe: Genauso wie die Idealisten beanstandete Schopenhauer, daß Kant das Verhältnis von theoretischer und praktischer Vernunft letztlich nicht geklärt hatte. Auch er fand sich nicht damit ab, daß Kant eine Versöhnung des Gesetzes der Natur einerseits und des Gesetzes des Willens andererseits am Ende nur postulieren, nicht aber begreifen wollte.

Ding an sich selbst

Bezeichnenderweise (wie wir noch sehen werden) setzte Schopenhauer zur Synthetisierung von theoretischer und praktischer Vernunft nicht wie die Idealisten beim Selbstbewußtsein und beim Autonomiegedanken an, sondern beim Begriff des „Ding an sich selbst" und beim Begriff des Willens. Was Kant unter „Ding an sich selbst" versteht, ist – so schwierig es im einzelnen sein mag – für unsere Zwecke rasch erklärt: Das „Ding an sich selbst" fungiert in der „Kritik der reinen Vernunft" als ein reiner Grenzbegriff. Es bezeichnet die Wirklichkeit – der Ausdruck „Ding" ist meines Erachtens irreführend – in der Form, in der sie vielleicht einer überirdischen („intellektuellen"), sicherlich aber nicht unserer menschlichen, „sinnlichen Anschauung" (KrV B 307ff.) zugänglich ist, nämlich in völlig neutraler, bloß für sich seiender und auf keinerlei Erkenntnis bezogener Objektivität. Wir können auch sagen: Das „Ding an sich selbst" ist die Wirklichkeit, auf die kein menschlicher Blick fällt, der sie verändert, in eine bestimmte Perspektive zwingt oder versubjektiviert. Wann immer wir nämlich die Wirklichkeit erkennen, *begegnet diese uns nicht so, wie sie an sich selbst ist, sondern so, wie sie durch unsere Erkenntnis zurechtgelegt wird* – als „Erscheinung". Kant nennt das „Ding an sich selbst" daher den „gänzlich unbestimmte[n] Gedanken von Etwas überhaupt" (ebd. A 253) bzw. das „Etwas = x, wovon wir gar nichts wissen, noch überhaupt (nach der jetzigen Einrichtung unseres Verstandes) wissen können" (A 250). Daß wir ein „Ding an sich selbst", „wenngleich nicht *erkennen*, doch wenigstens müssen *denken* können" (B XXVI), rührt daher, daß wir es aus zwei Gründen annehmen müssen. Zum einen nämlich wäre es ungereimt, daß „Erscheinung ohne etwas wäre, was da erscheint" (B XXVIf.), d.h. daß unsere Erkenntnis sich etwas zurechtlegte, was es in Wirklichkeit gar nicht gäbe und sie folglich auch gar nicht veranlassen – Kant sagt „affizieren" – würde, dieses Zurechtlegen zu leisten (B 1,33,152f.,235 [A 190] u.ö.), und zum andern muß parallel zur Einheit des Selbstbewußtseins („als ein Correlatum der Einheit der Apperzeption") ein gegenständlicher Bezugspunkt angenommen werden, an dem die Vielheit von bestimmten Erscheinungen eines beliebigen Gegenstandes sozusagen festzumachen ist, damit dieser überhaupt als *einheitlicher* Gegenstand zu erscheinen vermag (A 250). Ansonsten würde er sich genauso auflösen wie das Selbstbewußtsein, das nicht imstande wäre, die Vielfalt der Erkenntnisse zu ordnen und zu bündeln. Der Gegenstand fiele in die „Mannigfaltigkeit" der Erscheinungen auseinander, die sich die Erkenntnis von ihm macht.

Freier Wille

Ist uns das „Ding an sich selbst" auch völlig unbekannt, weil es eine menschliche Erkenntnis von ihm prinzipiell nicht geben kann, so existiert doch ein gewisser Zugang zu ihm. Dies wiederum ist nicht bloß deshalb anzunehmen, weil wir es postulieren müssen, um das Funktionieren unserer Erkenntnis überhaupt erklären zu können. Nein, es gibt auch nach Kant einen Bereich, in dem sich die übersinnliche Gesetzmäßigkeit des „Dings an sich selbst" in der menschlichen Erfahrungswelt manifestiert. Dieser Bereich ist der Bereich der Sittlichkeit, konkret das moralische Gesetz, das über den „kategorischen Imperativ" als Gesetz des freien Willens in unsere Welt der Erscheinungen einbricht. Ausdrücklich nennt Kant den Freiheitsbegriff „in seinem Objekte [...] ein Ding an sich selbst" (KdU B XVIII, A XVIII). Dadurch entsteht keine Ungereimtheit zum zuvor Gesagten.

> „Denn, daß ein *Ding in der Erscheinung* (das zur Sinnenwelt gehörig) gewissen Gesetzen unterworfen ist, von welchen eben dasselbe, *als Ding* oder Wesen *an sich selbst*, unabhängig ist, enthält keinen Widerspruch; daß er sich selbst aber auf diese zwiefache Art vorstellen und denken müsse, beruht, was das erste betrifft, auf dem Bewußtsein seiner selbst als durch Sinne affizierten Gegenstandes, was das zweite anbelangt, auf dem Bewußtsein seiner selbst als Intelligenz [oder als freier Wille], d.i. als unabhängig im Vernunftgebrauch von sinnlichen Eindrücken (mithin als zur Verstandeswelt gehörig)." (GrMS BA 117, vgl. 105ff.)

Freier Wille als absolutes Prinzip

Gesteht man dies alles zu, legt sich als nächste Vermutung nahe, daß das Gesetz, welches die Welt der Erscheinungen unserer Erfahrungswelt bestimmt (das Naturgesetz), und das Gesetz, welches den freien Willen als Norm regelt (das Freiheitsgesetz), miteinander zu tun haben müssen bzw. daß das „Ding an sich selbst" (= der Bereich, aus dem die Freiheit ihr Gesetz bezieht) die Welt der Erscheinungen (= der Bereich, der durch unsere Erkenntnis konstituiert wird) kausal beeinflußt. Selbst Kant räumt ein:

> „Also muß es doch einen Grund der *Einheit* des Übersinnlichen [= Ding an sich selbst], welches der Natur zum Grunde liegt, mit dem, was der Freiheitsbegriff praktisch enthält, geben [...]" (KdU B XX, A XX)

Schopenhauer setzt an diesem Punkt an und liefert für das, was Kant allenfalls zu postulieren wagt, einen Beweis. Grundlage dafür ist ihm der Mensch, der in seinem Leib dem Gesetz der Natur, in seinem Handeln hingegen dem Gesetz des Willens unterworfen ist. Betrachtet man das Verhältnis der beiden Gesetze an dieser konkreten Stelle ‚Mensch', so sieht man, daß der Wille den Leib beeinflussen und bestimmen kann. Das wäre nach Schopenhauer nicht möglich, wenn der Wille im Leib nicht die Bedingung der Möglichkeit für seine Einflußnahme finden könnte. Woher soll nun aber diese Bedingung stammen? Schopenhauer: *Aus nichts anderem als aus dem Willen selbst*. (Die Welt als Wille und Vorstellung, in: A.Schopenhauer, Sämtliche Werke [hg. von W. Frhr. von Löhneysen] § 20, I 166f., vgl. §§ 18ff., I 156ff.). Der Wille nämlich ist das „Ding an sich" (ebd. § 21, I 170; vgl. § 22, I 171: „wir wollen den Kantischen Ausdruck als stehende Formel beibehalten"). Als solches hat er vor der Welt der Erscheinungen, zu welcher der Leib gehört, Vorrang. Er ist die Voraussetzung dafür, daß der Mensch sich die Wirklichkeit erkenntnismäßig zurechtlegen kann, und er ist das, was in den Erscheinungen erscheint.

> Der Leib „muß schon Erscheinung des Willens sein und muß zu meinem Willen im ganzen, d.h. zu meinem intelligiblen [übersinnlichen] Charakter, dessen Erscheinung in der Zeit mein empirischer Charakter ist, sich so verhalten wie die einzelne Aktion des Leibes zum einzelnen Akte des Willens. Also muß der ganze Leib nichts anderes sein als mein sichtbar gewordener Wille, muß mein Wille selbst sein [...]" (§ 20, I 166f.)

Antwort auf die Frage der Metaphysik

Universalisiert man das, was Schopenhauer für den Menschen behauptet, d.h. betrachtet man die Wirklichkeit in ihrer Gesamtheit als Erscheinung – im Vokabular Schopenhauers als „Vorstellung" oder „Objektivation" – des Willens, dann versteht man auch schon die Antwort, die diese Philosophie auf die Frage der Metaphysik gibt. Sie heißt: *Die Wirklichkeit in ihrer Gesamtheit ist nichts anderes als eine Objektivation oder Erscheinung jenes Willens, der das Wesen alles Wirklichen ausmacht*. Im Wortlaut Schopenhauers:

> „Nicht allein in denjenigen Erscheinungen, welche seiner eigenen ganz ähnlich sind, in Menschen und Tieren wird er [der Mensch] als ihr innerstes Wesen jenen nämlichen Willen anerkennen; sondern die fortgesetzte Reflexion wird ihn dahin leiten, auch die Kraft, welche in der Pflanze treibt und vegetiert, ja die Kraft, durch welche der Kristall anschießt, die, welche den Magnet zum Nordpol wendet, die, deren Schlag ihm aus der Berührung heterogener Metalle entgegenfährt, die, welche in den Wahlverwandtschaften der Stoffe als Fliehn und Suchen, Trennen und Vereinen erscheint, ja zuletzt sogar die Schwere, welche in aller Materie so gewaltig strebt, den Stein zur Erde und die Erde zur Sonne zieht – diese alle nur in der Erscheinung für verschieden, ihrem innern Wesen nach aber als dasselbe zu erkennen, als jenes ihm unmittelbar so intim und besser als alles andere Bekannte, was da, wo es am deutlichsten hervortritt, *Wille* heißt. Diese Anwendung der Reflexion ist es allein, welche uns nicht mehr bei der Erscheinung stehnbleiben läßt, sondern hinüberführt zum *Ding an sich*. Erscheinung heißt Vorstellung, und weiter nichts: alle Vorstellung, welcher Art sie auch sei, alles *Objekt* ist *Erscheinung*. *Ding an sich* aber ist allein der *Wille*: als solcher ist er durchaus nicht Vorstellung, sondern toto genere von ihr verschieden: er ist es, wovon alle Vorstellung, alles Objekt, die Erscheinung, die Sichtbarkeit, die *Objektität* ist. Er ist das Innerste, der Kern jedes Einzelnen und ebenso des Ganzen: er erscheint in jeder blindwirkenden Naturkraft: er auch erscheint im überlegten Handeln des Menschen; welcher beiden große Verschiedenheit doch nur den Grad des Erscheinens, nicht das Wesen des Erscheinenden trifft." (§ 21, I 170)

Unterschied zum Idealismus

Auf den ersten Blick scheint sich Schopenhauers Denken von demjenigen der Idealisten nur darin zu unterscheiden, daß er bei der Bestimmung des Absoluten den Akzent vom Selbstbewußtsein oder Geist auf den Willen verschoben hat. Ich sage mit Absicht, daß scheinbar nur eine Akzentverschiebung eingetreten ist, weil selbstverständlich auch für alle Idealisten galt, daß das absolut autonome Handeln Gottes bzw. des Geistes wesentlich ein Wollen ist. Doch es geht um bedeutend mehr. Schopenhauer setzt nicht nur einen neuen Akzent. Und es ist alles andere als ein Zufall, daß er nicht wie die Idealisten beim Phänomen des Selbstbewußtseins ansetzt, sondern bei der Synthese von „Ding an sich selbst" und „Wollen". Seine metaphysische Grundthese, nach der alles Wirkliche nichts anderes als eine Objektivation des Willens ist, verknüpft er nämlich noch mit einer anderen. Diese lautet: *Der Wille, der das Wesen alles Wirklichen ausmacht, ist ohne Grund, ohne Ziel, ja er ist blinder Drang nach Leben.*

Blinder Drang

Selbst dies entbehrt nicht jeder Konsequenz, denn Schopenhauer kann und muß geltend machen, daß die Gesetzmäßigkeiten, die den Bereich der Erscheinungen bestimmen (das Naturgesetz), nicht auf den absoluten Willen übertragen werden dürfen. Das haben, wie bereits dargelegt, nicht allein die Idealisten gesehen, als sie die Struktur des Absoluten zu eruieren versuchten, dies hat vor allem auch Kant betont, als er u.a. die

Gesetze der Kausalität und der Finalität in ihrer Gültigkeit streng auf den Erscheinungsbereich beschränkte. Schopenhauer tut im Prinzip nichts anderes. Indem er den „Satz vom Grunde" zum universellen Gesetz der Erscheinungswelt erklärt, muß er zwangsläufig den absoluten Willen davon ausnehmen und ihn für „grundlos" halten. (§ 23, I 174f. u.ö.) Entsprechendes gilt für die Finalität:

> „In der Tat gehört die Abwesenheit alles Zieles, aller Grenzen zum Wesen des Willens an sich, der ein endloses Streben ist. [...] jeder einzelne Akt hat einen Zweck; das gesamte Wollen keinen [...]" (§ 29, I 240f.)

Doch daraus schließt Schopenhauer im Unterschied zum Idealismus und zur gesamten Tradition nicht etwa auf eine *höhere* – die Gesetze von Kausalität und Finalität *überbietende* – Gesetzmäßigkeit, sondern ganz im Gegenteil *auf das Fehlen jeglicher Gesetzmäßigkeit*. Deshalb ist für ihn der Wille letztlich „ein blinder, unaufhaltsamer Drang", der nichts anderes will als „Leben" („[...] so ist es einerlei und nur ein Pleonasmus, wenn wir, statt schlechthin zu sagen ‚der Wille', sagen ‚der Wille zum Leben'„ [§ 54, I 380]). Um kein Mißverständnis aufkommen zu lassen, nennt er den Willen sogar noch ausdrücklich „erkenntnislos" (ebd.), mehr noch „ein unermüdliches Triebwerk, ein[en] unvernünftige[n] Trieb" (ebd. Erg.Bd. Kap. 28, II 464). Dahinter steht die Festlegung, daß die Erkenntnis bereits etwas ist, was dem Willen *nachfolgt*, d.h. auf den Bereich der Erscheinungen, den sie konstituiert, beschränkt ist und lediglich einen *sekundären* Wert besitzt.

Metaphysik des Irrationalen

Beachten wir, was Schopenhauer damit behauptet: Auf der einen Seite erhebt er – ganz im Sinne der absolutistischen Position – den Anspruch, die Wirklichkeit im Ganzen als einzigen Ausdruck eines blinden Willensdranges nach Leben begreifen zu können, auf der anderen Seite betrachtet er aber – und das ist das gegenüber der früheren Zeit Neue – dieses vereinheitlichende Prinzip aller Wirklichkeit *als etwas Irrationales*. Ja, *die Wirklichkeit in ihrer Gesamtheit wird erstmals in der Geschichte der Metaphysik nicht mehr für etwas letzlich Vernünftiges oder Sinnvolles, sondern im Gegenteil für etwas zutiefst Blindes und Sinnloses gehalten*. Kein höherer Gesichtspunkt, kein Gott ändert daran etwas. Schopenhauer folgert daraus zum einen die Notwendigkeit des Atheismus und zum andern die Empfehlung, den Willen zum Leben überall zu negieren, wo es existentiell möglich ist. In *diesem* Punkt folgert er plötzlich *nicht mehr* den Skeptizismus. Das heißt: Seine Behauptung zielt nicht etwa dahin, daß der Mensch aufgrund der prinzipiellen Beschränktheit seiner Erkenntnis keinen Sinn der Wirklichkeit eruieren könne bzw. zur Entscheidung über Sinn oder Unsinn der Wirklichkeit unfähig sei, er stellt vielmehr die These auf, daß *unabhängig davon*, was der Mensch erkennt oder nicht erkennt, ein solcher Sinn nicht existieren kann. Dies zu wissen und damit über die Wirklichkeit in ihrer Gesamtheit eine Aussage machen zu können, hält er für gerechtfertigt und möglich. Deshalb geht es in seiner Theorie auch um keine Absage an die Metaphysik. Seine Metaphysik kommt nur zu einem anderen Schluß als die Tradition vor ihm. Meinte diese, die Wirklichkeit im Letzten als etwas Rationales, Sinnvolles und Geordnetes deuten zu dürfen, so ist sich Schopenhauer sicher, das Gegenteil bewiesen zu haben.

Der Wille zur Macht – Nietzsche

Diese Welt ist der Wille zur Macht – und nichts außerdem!

Nietzsche – ein Metaphysiker

Wie bereits erwähnt, haben wenige Philosophen die Metaphysik so kompromißlos und nachhaltig kritisiert wie Friedrich Nietzsche. Dennoch ist er zugleich ein Metaphysiker geblieben. Das eine schließt das andere nicht aus. Mehr noch: In der Vollendung eines geistigen Phänomens kann sich sein Untergang einstellen; und umgekehrt: im Untergang ist noch einmal Vollendung möglich. Daß sich dies bei Nietzsche so verhält, möchte ich nicht bloß damit begründen, daß ich mit Kant sage: „Auch alle Verächter der Metaphysik, die sich dadurch ein Ansehen heiterer Köpfe haben geben wollen, hatten [...] ihre eigene Metaphysik" (Akademieausgabe Bd.XXIX/1.2, 765), sondern dadurch, daß ich Nietzsches Gedanken vom „Willen zur Macht" näher analysiere. Dies bietet sich aus zwei Gründen an: Zum einen läßt sich von diesem Gedanken aus eine Verbindung zu Schopenhauers Willenstheorie und darüber hinaus zum Autonomie- bzw. Geistbegriff des Deutschen Idealismus ziehen; zum andern gibt der Gedanke vom „Willen zur Macht" der *ganzen* Kritik, die Nietzsche an Religion (vor allem am Christentum), Moral, Wissenschaft und Metaphysik gleichermaßen übt, ihr theoretisches Fundament.

Noch einmal muß ich darauf hinweisen, daß die folgende Nietzsche-Interpretation umstritten ist. Zwar kann sie sich auf eine große Tradition der Nietzsche-Auslegung berufen, die mit Namen wie Martin Heidegger, Karl Jaspers, Wilhelm Weischedel, Walter Schulz, Karl Schlechta und vieler anderer verbunden ist, doch sie vermag nicht über die Erkenntnisse der Nietzsche-Forschung, die sich im Zusammenhang mit der Edierung der Kritischen Gesamtausgabe von Giorgio Colli und Mazzino Montinari (seit 1967) ergeben haben, sowie über die daran anknüpfende Nietzsche-Deutung von Experten wie Wolfgang Müller-Lauter oder postmodernen Interpreten wie Gilles Deleuze, Michel Foucault, Gianni Vattimo und zahlreicher anderer hinwegzugehen, die in Nietzsches Philosophie die radikale Auflösung der Metaphysik bzw. die totale Anti-Metaphysik erblicken. Deshalb sei im Anschluß an diese Darstellung – im Rahmen des Möglichen – eine Auseinandersetzung mit einer repräsentativen Nietzsche-Deutung geführt, die ihr widerspricht. An ihr möge zugleich deutlich werden, daß es in der Debatte längst nicht mehr um Nietzsche allein geht, sondern um einen Streit, der über die Möglichkeit bzw. Unmöglichkeit von Metaphysik überhaupt geführt wird.

Universalprinzip

Grundsätzlich ist nun davon auszugehen, daß Nietzsche genauso wie Schopenhauer den Willen – bei ihm den „Willen zur Macht" – als jenes Prinzip versteht, von dem her die *gesamte* Wirklichkeit begriffen werden muß. Dies mögen die beiden folgenden Texte belegen:

> „[...] man muss die Hypothese wagen, ob nicht überall, wo ‚Wirkungen' anerkannt werden, Wille auf Wille wirkt – und ob nicht alles mechanische Geschehen, insofern eine Kraft darin thätig wird, eben Willenskraft, Willens-Wirkung ist. – Gesetzt endlich, dass es gelänge, unser gesammtes Triebleben als die Ausgestaltung und Verzweigung Einer Grundform des Willens zu erklären – nämlich des Willens zur Macht, wie es *mein* Satz ist –; gesetzt, dass man alle organischen Funktionen auf diesen Willen zur Macht zurückführen könnte und in ihm auch die Lösung des Problems der Zeugung und Ernährung – es ist Ein Problem – fände, so hätte man damit sich das Recht verschafft, *alle* wirkende Kraft eindeutig zu bestimmen als: *Wille zur Macht*. Die Welt von innen gesehen, die Welt auf ihren ‚intelligiblen Charakter' hin bestimmt und bezeichnet – sie wäre eben ‚Wille zur Macht' und nichts ausserdem. –" (JGB [1885/86] Nr. 36, KGA VI/2, 51)

Ähnlich klar drückt sich Nietzsche im sogenannten „Nachlaß der Achtzigerjahre" aus. Der „Wille zur Macht" ist ihm „das innerste Wesen des Seins" (VIII/3, 52, vgl. 49ff.). Dies wiederum beweist ihm nicht nur der Mensch bzw. das Phänomen des Lebens schlechthin – „Leben ist Wille zur Macht." (ebd. VIII/1, 159; JGB Nr. 13, VI/2, 21f.,217f. u.ö.) –, sondern selbst das, was man nicht als menschlich oder lebendig bezeichnen würde: die Materie, der Gegenstand der Physik. Ähnlich wie die Idealisten und Schopenhauer meint er nämlich argumentieren zu können:

> „Der siegreiche Begriff *‚Kraft'*, mit dem unsere Physiker Gott und die Welt geschaffen haben, bedarf noch einer Ergänzung: es muß ihm ein innerer Wille zugesprochen werden, welchen ich bezeichne als *‚Willen zur Macht'*, d.h. als unersättliches Verlangen nach Bezeigung der Macht; oder Verwendung, Ausübung der Macht, als schöpferischen Trieb usw. Die Physiker werden die ‚Wirkung in die Ferne' aus ihren Principien nicht los; ebensowenig eine abstoßende Kraft (oder anziehende). Es hilft nichts: man muß alle Bewegungen, alle ‚Erscheinungen', alle ‚Gesetze' nur als Symptome eines innerlichen Geschehens fassen und sich der Analogie des Menschen zu diesem Ende bedienen. Am Thier ist es möglich, aus dem Willen zur Macht alle seine Triebe abzuleiten; ebenso alle Funktionen des organischen Lebens aus dieser Einen Quelle." (Nachl. VII/3, 287, vgl. VIII/3, 92f.)

Nihilismus

Weiters ist festzuhalten, daß für Nietzsche genauso wie für Schopenhauer der Wille weder einen Grund noch einen Zweck oder Wert hat, d.h. in keiner Weise einem rationalen Kriterium unterliegt. Ein solches Kriterium anzunehmen, bedeutete die Dinge auf den Kopf zu stellen.

Gründe, Zwecke und Werte gibt es, weil es zuvor schon den Willen zur Macht gibt, und nicht umgekehrt. Die Wirklichkeit in ihrer Gesamtheit besitzt daher auch für Nietzsche keinen rational eruierbaren Zusammenhang. Sie ist aus keiner ersten Ursache hervorgegangen, sie empfängt aus nichts einen Wert und sie geht auf kein letztes Ziel zu. Sie entbehrt *jeglichen* Sinns. Die Metaphysik, die dies feststellt – und um eine Metaphysik handelt es sich, weil eine Aussage über die Wirklichkeit im Ganzen getroffen wird –, eine solche Metaphysik verkörpert nicht anders als die Schopenhauersche Metaphysik einen *Irrationalismus*. Nietzsche spricht allerdings nicht von Irrationalismus, sondern von *Nihilismus*. (Vgl. u.a. Nachl. VIII/1, 123ff.,127ff.,215ff.,326, VIII/2, 15ff.,19ff.,287-291,301f,350,431 u.ö.) Er tut dies offensichtlich mit Bedacht, denn der Irrationalismus ist ihm, wie aus anderen Zusammenhängen hervorgeht (z.B. ebd. VIII/2, 18ff.), noch zu sehr durch sein Gegenteil, durch den Rationalismus (im weitesten Sinne) bestimmt. Dies äußert sich vor allem darin, daß der Irrationalismus seinen eigenen Prämissen zum Trotz gemeinsam mit dem Rationalismus am *Wert der Wahrheit* festhält. Wie soll es aber, fragt Nietzsche völlig konsequent, noch Wahrheit geben, wenn die Bedingung der Möglichkeit von wahrer Erkenntnis, der Wille zur Macht, als eine sich selbst gebärende, ziellos vorwärtsdrängende und alles permanent verwandelnde Kraft erscheint? Ist Wahrheit denkbar, wenn alles im Fluß, alles im Werden, alles im unerschöpflichen Sich-Verändern ist? Impliziert Wahrheit nicht das Universelle, Ewige, Allgemeingültige und folglich unbedingt Festmachbare? Auf welche Weise kann die Wahrheit schließlich noch ein Wert sein, wenn sich erweist, daß die Bedingung der Möglichkeit von allem, der Wille zur Macht, jenseits der Unterscheidung von Wert oder Unwert liegt? (Vgl. u.a. JGB Nr. 1-3.34-35, VI/2, 9-12.48-50; Geneal. [1887] 3. Abh., Nr. 24.27, VI/2, 416-420.426-429; Nachl. VII/3, 226, VIII/2, 16f.,48f., VIII/3, 296 u.ö.) Die nihilistische Metaphysik Nietzsches begnügt sich somit nicht mit der Überzeugung Schopenhauers, „daß alles Geschehen sinnlos und umsonstig ist“ (Nachl. VIII/2, 287), sondern behauptet darüber hinaus, „daß es keine Wahrheit giebt; daß es keine absolute Beschaffenheit der Dinge, kein ‚Ding an sich‘ giebt“ (ebd. VIII/2, 15).

Schöpferisches Prinzip

Nietzsche erweitert jedoch nicht bloß Schopenhauers These, er setzt auch einen deutlich anderen, ja geradezu konträren Akzent, indem er die Grund- und Ziellosigkeit des Willens *positiv* interpretiert und deshalb an die Stelle des „blinden, unaufhaltsamen Dranges“ bzw. „unvernünftigen Triebes“ ein *schöpferisches* Prinzip setzt, eben den „Willen zur Macht“. Ausdrücklich lesen wir im 2. Teil von „Also sprach Zarathustra“ [1883], im Abschnitt „Von der Selbst-Überwindung“:

> „Der [d.h. Schopenhauer] traf freilich die Wahrheit nicht, der das Wort nach ihr schoss vom ‚Willen zum Dasein‘: diesen Willen – giebt es nicht! / Denn: was nicht ist, das kann nicht wollen; was aber im Da-

> sein ist, wie könnte das noch Dasein wollen! / Nur, wo Leben ist, da ist auch Wille: aber nicht Wille zum Leben, sondern – so lehre ich's dich – Wille zur Macht!" (VI/1, 144f.; vgl. Nachl. VIII/3, 93)

Die Konklusion, die Nietzsche aus seinem Nihilismus zieht, läuft daher auch nicht auf den „Pessimismus" Schopenhauers, der ihm „ein Stehen- und Steckenbleiben in [...] den christlich-asketischen Moral-Perspektiven" (Die fröhliche Wissenschaft [1881/82] Nr. 357, V/2, 283) bzw. ein „müde[r] [...]*passivischer* Nihilism[us]" (Nachl. VIII/2, 15) ist, sondern auf einen *optimistischen, aktiven und schöpferischen Nihilismus* hinaus. Was bedeutet das?

Schöpfung und Zerstörung

Der Wille, von dem Nietzsche spricht, ist wesenhaft *hervorbringend*, *verändernd* und *vorwärts strebend*. Er kommt nie zum Stehen, er ist durch und durch Leben und er besitzt – auch wenn Nietzsche das niemals so sagen würde – einen *absoluten Selbstwert*. In dieser Eigenschaft, unendlich schöpferisch zu sein, erzeugt er eine spezifische *Dialektik*. Denn zum schöpferischen Schaffen gehört einerseits das Hervorbringen von etwas Konkretem oder Bestimmtem. Nietzsche sieht in diesem Konkreten und Geschaffenen die jeweiligen Werte, Zwecke und Wahrheiten. Andererseits impliziert dasselbe Schaffen aber auch, daß der Wille das von ihm erzeugte Konkrete und Geschaffene jedesmal wieder negieren, aufheben und vernichten muß. Wie bliebe er sonst seinem Wesen, permanent und unendlich schöpferisch zu sein, treu? Der „aktive Nihilismus", der als „gewaltthätige Kraft der *Zerstörung*" (ebd.), als „das *Nein der That*" (ebd. VIII/2, 302) diesem Wesen des Willens in Denken und Handeln entspricht, ist konsequenterweise alles andere als ein resignierender Fatalismus, der sich in das große europäische Schicksal von der Entwertung aller Werte fügt (vgl. u.a. ebd. VIII/2, 123ff.,432; Geneal. 1. Abh., Nr. 12 u. 3. Abh., Nr. 14, VI/2, 291f.,385ff.). Er ist vielmehr das bewußte und entschlossene Ergreifen einer weltgeschichtlichen Chance. Zarathustra, der die Stunde gekommen sieht, den Menschen dazu aufzurufen, die Chance zu nützen, sucht sich als „lebendige Gefährten" daher „Schaffende" und „Erntende", die in ihrer Stärke und Härte bereit sind, auch „Vernichter" und „Verächter des Guten und Bösen" zu werden. (Zarathustra, Vorrede Nr. 9, VI/1, 20.)

> „Wahrlich, ich sage euch: Gutes und Böses, das unvergänglich wäre – das giebt es nicht! Aus sich selber muss es sich immer wieder überwinden. / [...] Und wer ein Schöpfer sein muss im Guten und Bösen: wahrlich, er muss ein Vernichter erst sein und Werthe zerbrechen. / Also gehört das höchste Böse zur höchsten Güte: diese aber ist die schöpferische." (Ebd. 2.Teil, „Von der Selbst-Überwindung", VI/1, 145)

Kampf und Macht

In diesem dialektischen Charakter des Willens liegt der Grund, warum Nietzsche nicht nur vom Willen, sondern vom „Willen *zur Macht*" spricht. Macht nämlich besteht in dem Vermögen, *unaufhaltsam schöp-*

ferisch zu sein. Permanent schaffend kann ein Vermögen jedoch nicht bleiben, wenn es sich entweder durch Grenzen, die ihm von außen gesetzt werden, oder aber durch die Produkte seines eigenen Handelns in irgendeiner Weise aufhalten läßt. Deshalb gehört zu seinem Schöpferischsein wesentlich der *Kampf* gegen das, was sich ihm entgegenstellt, sowie das *Überwinden* dessen, was es selbst hervorgebracht hat.

> „Und diess Geheimniss redete das Leben selber zu mir: ‚Siehe', sprach es, ‚ich bin das, *was sich immer selber überwinden muss.* / Freilich, ihr heisst es Wille zur Zeugung oder Trieb zum Zwecke, zum Höheren, Ferneren, Vielfacheren: aber all diess ist Eins und Ein Geheimniss. / Lieber noch gehe ich unter, als dass ich diesem Einen absagte; und wahrlich, wo es Untergang giebt und Blätterfallen, siehe, da opfert sich Leben – um Macht! / Dass ich Kampf sein muss und Werden und Zweck und der Zwecke Widerspruch: ach, wer meinen Willen erräth, erräth wohl auch, auf welchen *krummen* Wegen er gehen muss! / Was ich auch schaffe und wie ich's auch liebe, – bald muss ich Gegner ihm sein und meiner Liebe: so will es mein Wille. / Und auch du, Erkennender, bist nur ein Pfad und Fusstapfen meines Willens: wahrlich, mein Wille zur Macht wandelt auch auf den Füssen deines Willens zur Wahrheit!'" (Ebd. VI/1, 144)

Noch einmal ist zu beachten, daß Nietzsche beim Willen *zur Macht* an eine Bestimmung der *gesamten* Wirklichkeit denkt, nicht nur an den Bereich des Lebendigen, Menschlichen oder Gesellschaftlichen. Die Konstituierung von Macht setzt bereits im Materiellen ein:

> „Meine Vorstellung ist, daß jeder spezifische Körper darnach strebt, über den ganzen Raum Herr zu werden und seine Kraft auszudehnen (– sein Wille zur Macht:) und Alles das zurückzustoßen, was seiner Ausdehnung widerstrebt. Aber er stößt fortwährend auf gleiche Bestrebungen anderer Körper und endet, sich mit denen zu arrangiren (‚vereinigen'), welche ihm verwandt genug sind: – so *conspiriren sie dann zusammen zur Macht*. Und der Prozeß geht weiter [...]" (Nachl. VII/3, 165f.)

Perspektive statt Wahrheit

Am sichtbarsten wird das Phänomen der Willensmacht freilich dort, wo das Bewußtsein auftritt und die Wirklichkeit interpretiert wird. Ausdrücke dieser Interpretation sind grundsätzlich die *Perspektiven*, in denen sich das Bewußtsein die Wirklichkeit theoretisch, praktisch und wertend (schätzend) zurechtlegt. Erst diese bringen in die Wirklichkeit das ein, was man „Sinn", „Wert", „Zweck", „Ziel" und „Norm" nennt. Unabhängig von ihnen, sozusagen in der Wirklichkeit als solcher, gibt es weder eine Wahrheit noch Gutheit, noch Schönheit. All dies entsteht gemeinsam mit den Perspektiven, die von den verschiedenen Standpunkten des Bewußtseins aus gegenüber der Wirklichkeit eingenommen werden. Kein Wunder, daß der Wille zur Macht auf dieser Ebene auch seine größte Herausforderung erfährt. Eine solche tritt vor allem ein, wenn – wie in der europäischen Kultur spätestens seit dem Auftreten des Christentums der Fall – vergessen bzw. bewußt unterdrückt wird, daß sämtliche Perspektiven, jeglicher Sinn, jede Wahrheit, sämtlicher Wert und überhaupt alles, was der Mensch in die Wirklichkeit hineinlegt bzw. hineinschafft, nichts anderes als ein Werk des Willens zur Macht ist. (Vgl. ebd. VIII/1, 95,159; VIII/2, 16ff.,48f.,286f.; VIII/3, 115ff. u.ö.) In diesem Augenblick nämlich wird der Wille um das gebracht, was ihm Macht verleiht – um seine schöpferische Kraft, um seine Freiheit zur permanenten Lebensentfaltung, um sein Recht zum Kampf und zur Selbstüberwindung. Kann dies aufs Ganze gesehen auch nicht gelingen, weil sich eine derartige „Perversion" früher oder später gegen sich selbst richtet (vgl. z.B. Die fröhliche Wissenschaft Nr. 357, V/2, 282; Nachl. VIII/1, 123f.; VIII/2, 290f.,432,), so vermag sie auf bestimmte Zeit doch zu einer Zerstörung des Lebens und zu einer Entstellung der Wirklichkeit zu führen.

Kritik der Metaphysik

An dieser Stelle böte sich Gelegenheit, Nietzsches Kritik am Christentum, an der Religion, an der Moral sowie an der abendländischen Philosophie (Wissenschaft) darzulegen. Dies würde jedoch den Rahmen unserer Überlegungen, denen es speziell um die Grundfrage der Metaphysik geht, sprengen. Wir beschränken uns deshalb auf zwei Punkte dieser Kritik. Der *eine* Punkt betrifft die Metaphysik als solche. Sie bekämpft Nietzsche aus dem eben genannten Grund. Gemeinsam mit der Religion und der aus dieser hervorgehenden Moral tut sie in seinen Augen nichts anderes als das Leben zu negieren und den Willen zur Macht in all seiner Eigendynamik zu unterdrücken. Ihre spezifische Funktion bei dieser „Raserei der Vernunft" besteht im Beschaffen einer theoretisch-spekulativen Legitimation für den „Vampyrismus", der durch das Christentum über Europa gekommen ist. (Vgl. u.a. Ecce homo [1888] VI/3, 369ff.) Psychologisch und historisch-genetisch handelt es sich jedoch bei Religion, Moral und Metaphysik um ein und dasselbe Phänomen. (Menschliches, Allzumenschliches [1876–1878], Nr. 10 u. 20, IV/2, 26,37f.; Nachl. VIII/1, 337f.) Nietzsche sieht in der Metaphysik daher auch nur *ein* Symptom einer einzigen Krankheit, die er im weitesten Sinn als Lebensschwäche bzw. als Lebensmüdigkeit diagnostiziert. In diesem Sinne sind für ihn die sogenannten „Hinterweltler", denen er im 1. Teil von „Also sprach Zarathustra" einen eigenen Abschnitt widmet (VI/1, 31-34), auch nicht allein die ‚Meta-physiker' (Hinter-weltler), sondern alle „Kranken und Absterbenden", die zur Linderung ihres „Unvermögens", ihrer „Leiden" und ihrer „armen unwissenden Müdigkeit" „den Kopf in den Sand der himmlischen Dinge stecken", sich an „Hinterwelten und erlösende Blutstropfen" hängen und „mit einem Todessprunge" jenen „kurzen Wahnsinn des Glücks, den nur der Leidendste erfährt", verschaffen (ebd. VI/1, 32f.).

Gott ist tot.

Der *zweite* Punkt betrifft die Gottesfrage. Nietzsche ist sich von Anfang an im klaren darüber, daß sowohl Religion als auch Metaphysik in Gott den obersten Garanten für absolute Wahrheits- und Wertansprüche besitzen. Wird er nicht als ein „Gespenst“, als „Menschen-Werk und –Wahnsinn“ (ebd. VI/1, 31f.) oder als „Muthmassung“ (ebd. VI/1, 105) entlarvt, hat der Wille zur Macht keine Chance. Aus diesem Grund steht Zarathustras Botschaft „*Ich lehre euch den Übermenschen*“ (ebd. VI/1, 8ff.,17,98 u.ö.), der den Willen zur Macht an sich selbst realisiert, unmittelbar neben der Verkündigung, „daß *Gott tot* ist“ (ebd. VI/1, 9f.,111,318f.,353 u.ö.). Die berühmte Parabel vom „tollen Menschen“, die sich im Abschnitt 125 der „Fröhlichen Wissenschaft“ (V/2 158-160) findet und in der Nietzsche in unüberbietbarer Deutlichkeit die Sätze „Wohin ist Gott? [...] ich will es euch sagen! *Wir haben ihn getödtet* – ihr und ich! Wir Alle sind seine Mörder! [...] Gott ist todt! Gott bleibt todt!“ spricht, bildet konsequenterweise sowohl ein Dokument der Religionsgeschichte als auch einen Markstein in der Geschichte der Metaphysik. Letzteres ist für unsere Themenstellung wichtig. Nietzsche trifft seine Entscheidung gegen Gott nicht allein aus biographischen oder ästhetischen Gründen, sondern aufgrund einer *metaphysischen* Überzeugung:

> „Und wißt ihr auch, was mir ‚die Welt‘ ist? Soll ich sie euch in meinem Spiegel zeigen? Diese Welt: ein Ungeheuer von Kraft, ohne Anfang, ohne Ende, eine feste, eherne Größe von Kraft, welche nicht größer, nicht kleiner wird, die sich nicht verbraucht, sondern nur verwandelt, als Ganzes unveränderlich groß, ein Haushalt ohne Ausgaben und Einbußen, aber ebenso ohne Zuwachs, ohne Einnahmen, vom ‚Nichts‘ umschlossen als von seiner Gränze, nichts Verschwimmendes, Verschwendetes, nichts Unendlich-Ausgedehntes, sondern als bestimmte Kraft einem bestimmten Raum eingelegt, und nicht einem Raume, der irgendwo ‚leer‘ wäre, vielmehr als Kraft überall, als Spiel von Kräften und Kraftwellen zugleich Eins und ‚Vieles‘, hier sich häufend und zugleich dort sich mindernd, ein Meer in sich selber stürmender und flutender Kräfte, ewig sich wendend, ewig zurücklaufend, mit ungeheuren Jahren der Wiederkehr, mit einer Ebbe und Fluth seiner Gestalten, aus den einfachsten in die vielfältigsten hinaustreibend, aus dem Stillsten, Starrsten, Kältesten hinaus in das Glühendste, Wildeste, Sich-selber-widersprechendste, und dann wieder aus der Fülle heimkehrend zum Einfachen, aus dem Spiel der Widersprüche zurück bis zur Lust des Einklangs, sich selber bejahend noch in dieser Gleichheit seiner Bahnen und Jahre, sich selber segnend als das, was ewig wiederkommen muß, als ein Werden, das kein Sattwerden, keinen Überdruß, keine Müdigkeit kennt –: diese meine *dionysische* Welt des Ewig-sich-selber-Schaffens, des Ewig-sich-selber-Zerstörens, diese Geheimniß-Welt der doppelten Wollüste, dies mein Jenseits von Gut und Böse, ohne Ziel, wenn nicht im Glück des Kreises ein Ziel liegt, ohne Willen, wenn nicht ein Ring zu sich selber guten Willen hat – wollt ihr einen *Namen* für diese Welt? Eine *Lösung* für alle ihre Räthsel? ein *Licht* auch für euch, ihr Verborgensten, Stärksten, Unerschrockensten, Mitternächtlichsten? – *Diese Welt ist der Wille zur Macht – und nichts außerdem!* – Und auch ihr selber seid dieser Wille zur Macht – und nichts außerdem!“ (Nachl. VII/3, 338f.)

Das Metaphysische an Nietzsches Theorie

Meines Erachtens sind es vor allem *zwei* Argumente, die dagegen vorgebracht werden, Nietzsche als Metaphysiker zu betrachten:

Pluralität nicht Einheit

Zum einen wird darauf hingewiesen, daß der Wille zur Macht – anders als der Wille bei Schopenhauer – kein universelles einheitliches Prinzip sei, das sich in einer Vielfalt von Formen äußere. Der Wille zur Macht bilde mit anderen Worten niemals eine Substanz, auf die sich die gesamte Wirklichkeit reduzieren lasse, bzw. eine fundamentale Einheit, aus der heraus die Vielheit der Wirklichkeit begriffen werden könne. Vielmehr gäbe es nur eine *Pluralität von vielen in sich selbst zu Einheiten organisierten Willen zur Macht*. Wolfgang Müller-Lauter: Es ist deutlich, „daß Nietzsche immer faktische Vielheiten von Willen zur Macht im Blick hat, die jeweils Eins im Sinne von Einfachheit bzw. Stabilität bedeuten, in Wahrheit jedoch komplexe und unaufhörlich sich wandelnde Gebilde ohne Beständigkeit sind, in denen sich ein Gegeneinander von in sich mannigfachen Abstufungen organisierten Kraftquanten abspielt. [...] Es *existiert* nur eine Vielheit von Willen zur Macht. Der Wille zur Macht ist eine *essentielle* Bestimmung. Wirkliche Einheit kommt einem Willen zur Macht allein als *Zusammenspiel im Gegensatz zu anderen Machtwillen* zu." (Nietzsches Lehre vom Willen zur Macht [[1]1974], in: J. Salaquarda (Hg.), Nietzsche, Darmstadt 1980, 234-287, hier 249 und 255) In gewisser Weise nehme Nietzsche somit Jacques Derridas Konzept vom umfassenden Differenzierungsgeschehen vorweg, bezüglich dessen es kein Außerhalb geben könne. Nicht die Einheit sei das Erste und Begründende, sondern umgekehrt die Vielheit, die ohne Unterlaß immer wieder neue Einheiten hervorbringe. Nietzsche löse demnach die Metaphysik auf, indem er das einheitliche Grundprinzip streiche, worauf diese jedesmal abziele.

Selbstwiderspruch oder Konsequenz?

Zum zweiten erfährt Nietzsche eine entschlossene Verteidigung gegen den Vorwurf, seine eigene Theorie vom Willen zur Macht davon ausgenommen zu haben, daß jegliche Interpretation der Wirklichkeit perspektivisch relativiert sei und keinen Anspruch auf Wahrheit erheben könne, gegen den Vorwurf also, seine Theorie widerspreche den Kriterien, die sie für jede andere Theorie aufgestellt habe, und beanspruche letztlich, selbst nicht relativ, sondern wahr zu sein. Würde dieser Vorwurf zutreffen, geriete Nietzsches Philosophie in der Tat in einen eklatanten Selbstwiderspruch und führte so de facto in die Metaphysik mit ihren weitreichenden Ansprüchen zurück. Einem Denker von der Größe eines Nietzsche konnte dieses Problem freilich nicht verborgen bleiben. Er stellte sich ihm vielmehr, indem er zu einer der ältesten Einsichten der Philosophie griff. Nach dieser rechtfertigen sich fundamentale, d.h. nicht mehr hintergehbare Prinzipien aus sich selbst heraus. Zum einen nämlich kann kein anderes Prinzip mehr in Anspruch genommen werden, das noch fundamentaler wäre, sonst wäre es eben nicht das fundamentale, nicht mehr hintergehbare Prinzip; zum anderen führt jegliche Infragestellung des Prinzips sowie jeder Verstoß gegen es zu seiner Bestätigung. Wollte man aber auch ein solches Prinzip beweisen, so müßte man es von vornherein in Anspruch nehmen. Das wiederum zöge logisch betrachtet zwar einen Zirkelschluß nach sich, machte zugleich aber auch offenkundig, daß sich ein derartiges Prinzip nicht mehr *beweisen* läßt – woraus sollte es abgeleitet, woraufhin sollte es zurückgeführt, vor dem Hintergrund von was sollte es begriffen werden? –, sondern nur noch *auf*zuweisen ist. Nun impliziert Nietzsches Theorie vom Willen zur Macht ein solches fundamentales, nicht mehr hintergehbares Prinzip aller Wirklichkeit. Deshalb kann das Kriterium, das es rechtfertigt, mit W. Müller-Lauter so definiert werden: „Dient eine Deutung der Machtsteigerung, so ist sie [...] wahrer als diejenigen, die das Leben bloß erhalten, erträglich machen, verfeinern oder auch das Kranke separieren und zum Absterben bringen." (A.a.O. 269) Oder anders formuliert: „Alle Interpretationen sind perspektivisch; es gibt keinen absoluten Maßstab, an dem man prüfen könnte, welche ‚richtiger' ist und welche ‚weniger richtig' ist; das einzige Kriterium für die Wahrheit einer Auslegung der Wirklichkeit besteht darin, ob und in welchem Maße sie sich gegen andere Auslegungen durchzusetzen imstande ist. Jede Auslegung hat soviel Recht, wie sie Macht hat." (Ebd. 271f.) Es ist sicherlich aufschlußreich, jedoch nicht mehr notwendig, wenn Nietzsche zusätzlich darauf verweist, daß der Mensch an sich selbst diesen Kampf um die stärkere Interpretation, dieses Sich-Durchsetzen eines Willens zur Macht gegen einen anderen Willen zur Macht, erlebe, da er ja ein mehrschichtiges Wesen sei, das an sich selbst ein vielfältiges, in sich ringendes Interpretieren der Wirklichkeit erfahre – so z.B. das anorganische gegen das organische, dieses gegen das psychische, letzteres wiederum gegen das geistige und so fort. (Vgl. ebd. 274ff.) Akezptiert er die *Selbstevidenz* seines fundamentalen Prinzips, wonach alles Wirkliche Wille zur Macht sei „und nichts außerdem", dann bleibt er innerhalb des Zusammenhanges seiner Argumentation konsequent und widerspricht sich nicht. Schon gar nicht bedeutet dann sein Argumentieren wider Willen einen faktischen Rückfall in die Metaphysik.

Auf diese beiden Einwände möchte ich folgendermaßen antworten:

Metaphysik in jedem Fall

Ad primum: Im Werk Nietzsches läßt sich sicherlich der Nachweis führen, daß der Wille zur Macht nicht als einheitliches Universalprinzip, sondern als ein Streitgeschehen von *vielen* Willen zur Macht, von Machtquanten, zu interpretieren ist. Es fragt sich dann nur, für wie wesentlich man jene Texte, die dies nahelegen, gegenüber jenen – meines Erachtens zahlreichen – anderen Texten hält, die zumindest den Eindruck vermitteln, daß der Wille zur Macht als ein einheitliches Universalprinzip verstanden werden muß. In unserem Zusammenhang, wo es darum geht, ob Nietzsche ein Metaphysiker war oder nicht, ist es jedoch letztlich unwichtig darüber zu befinden. Das mag die historisch-kritische Nietzsche-Forschung tun. Entscheidend ist, daß Nietzsche auch dann, wenn er den Willen zur Macht als ein Streitgeschehen vieler Machtquanten begreift, nicht eo ipso die Metaphysik auflöst, sondern genauso Metaphysiker bleibt, wie wenn er ihn als ein Universalprinzip sieht. Hier kommt natürlich alles auf die Definition von Metaphysik an, die zugrundegelegt ist. In diesem Buch wird sie als jene Wissenschaft verstanden, die im Rahmen des menschlich Möglichen Aussagen über die Wirklichkeit in ihrer Gesamtheit macht. Diese Definition schreibt weder vor, daß eine solche Aussage ein einheitliches Universalprinzip enthalten müsse, noch erfordert sie, daß eine derartige Aussage so etwas wie eine Einheits- oder Ursubstanz aufzudecken habe. Im Sinne der Definition vermag eine Aussage, welche die Wirklichkeit als ein Streitgeschehen vieler Machtquanten beschreibt, vielmehr ebensogut metaphysisch zu sein. Auch sie trifft eine Feststellung hinsichtlich der Wirklichkeit in ihrer Gesamtheit. Nietzsche entkommt somit der Metaphysik nicht allein dadurch, daß er bestimmten Fixierungen der klassischen Metaphysik auf Einheitsprinzipien oder Substanzen entsagt. Solange er sich, *in welcher Form auch immer*, Aussagen über das Ganze der Wirklichkeit zutraut, bleibt er Metaphysiker.

Absolutes Wissen

Ad secundum: Die Frage, ob Nietzsche gemäß seiner Theorie seinen eigenen Standpunkt in derselben Weise als eine endliche Perspektive unter anderen relativiert habe oder ob er für diesen eine Ausnahme gemacht und ihn damit als schlechthin wahr anerkannt habe, läuft auf die Frage hinaus, ob er allen entgegengesetzten Aussagen zum Trotz letztlich nicht doch zu einer Metaphysik gelangt sei, denn Metaphysik beginnt überall dort, wo sich jemand ein *Wissen* zutraut, die Wirklichkeit in ihrer Gesamtheit bestimmen zu können. Dazu ist grundsätzlich festzuhalten: Allein dadurch, daß ein System keinen Widerspruch in sich selbst enthält und somit auch der System-Erstellende beim Erstellen des Systems keinen Selbstwiderspruch begeht, ist hinsichtlich Metaphysik oder Nicht-Metaphysik noch gar nichts entschieden. Auch große Metaphysiker wie Hegel konstruierten Systeme, die sich – zumindest nach meiner Einschätzung – in nichts widersprachen und darüber hinaus den Standpunkt des System-Konstrukteurs durchaus widerspruchsfrei reflektierten. Wie Nietzsche nahmen sie vor allem in puncto eigenem Standpunkt ein sich aus sich selbst heraus evident machendes Prinzip in Anspruch. An der Stelle vom Willen zur Macht steht bei Hegel, um bei diesem Beispiel zu bleiben, das absolute Selbstbewußtsein, das sich am Resultat der Geschichte selbst hervorgebracht bzw. konstituiert hat. Entscheidend ist folglich nicht, ob ein System in sich selbst widerspruchsfrei stimmt und ob zudem sein Konstrukteur sich in keinem performativen Widerspruch zu ihm befindet, sondern welches das Prinzip ist, das zu den Ehren der Selbstevidenz erhoben wird. Ist es das absolute Selbstbewußtsein, ist es der Wille zur Macht oder ist es ein anderes? Man sieht sogleich, daß es keineswegs selbstverständlich ist, welches Prinzip zum Zuge kommt. Es muß vielmehr gesehen werden, daß im Laufe der Geschichte der Philosophie bezüglich dieses Prinzips *unterschiedliche* Auffassungen bestanden haben und nach wie vor bestehen. Die Entscheidung darüber, welches Prinzip gewählt wird, kann daher nicht mit allgemein zwingender Notwendigkeit erfolgen. Sie hängt vielmehr ihrerseits von relativierenden Faktoren wie Biographie, Gesellschaft, Kultur, geschichtlicher Situation usw. ab. Wird aber nun umgekehrt ein derartiges Prinzip *unbedingt* in Anspruch genommen, dann scheint mir, wie immer im Einzelnen argumentiert wird, eine klare metaphysische Position bezogen zu sein. Und genau dies ist meines Erachtens bei Nietzsche der Fall. Jedenfalls sehe ich nicht, wo er seine Theorie vom Willen zur Macht, die doch keineswegs selbstverständlich ist, sondern denkbaren Alternativen gegenübersteht, in Frage stellen, diskutieren oder auf ihre Relativität hin bedenken würde. Damit aber nimmt er de facto ein *Wissen* in Anspruch, das ihn ‚nolens-volens' in die Nähe der absolutistischen Position der Metaphysik bringt. Anders als die Exponenten der skeptischen Position, die von vornherein bekennen, zu keinem derartigen Wissen jemals imstande zu sein, und sich daher auch jegliche Aussagen über ein nicht mehr hintergehbares Fundamentalprinzip verbieten, sieht er sich im Letzten doch in der Lage, ein Prinzip dieser Art zu nennen und folglich im Besitz eines Wissens zu sein, daß eben dies möglich macht.

Die skeptische Position

Der Empirismus David Humes

Differenzierung

Daß die skeptische Position nicht absolut antimetaphysisch sein muß, bestätigt sich im Denken des schottischen Empiristen David Hume (1711–1776), eines ihrer schärfsten Kritiker. Zwar geben Texte wie dieser bereits zitierte den Grundton seiner Haltung gegenüber der Metaphysik (*metaphysics*) an:

> „Hierin liegt allerdings der gerechteste und einleuchtendste Vorwurf gegen einen beträchtlichen Teil der Metaphysik: daß sie nicht eigentlich eine Wissenschaft ist, sondern entweder das Ergebnis fruchtloser Anstrengungen der menschlichen Eitelkeit, welche in Gegenstände eindringen möchte, die dem Verstand durchaus unzugänglich sind, oder aber das listige Werk des Volksaberglaubens, welcher auf offenem Plan sich nicht verteidigen kann und hinter diesem verstrickenden Gestrüpp Schutz und Deckung für seine Schwäche sucht. Verjagt vom freien Felde, flieht dieser Räuber in den Wald und liegt auf der Lauer, um in jeden unbewachten Zugang des Geistes einzubrechen und ihn durch religiöse Ängste und Vorurteile zu überwältigen. Der stärkste Gegner unterliegt, wenn er einen Augenblick in seiner Wachsamkeit nachläßt; und viele öffnen aus Feigheit und Torheit dem Feinde die Pforten und empfangen ihn bereitwillig mit Ehrfurcht und Unterwürfigkeit als ihr rechtmäßiges Oberhaupt." (Enq. 9f.)

Daneben finden sich aber auch Aussagen wie diese:

> „Die einzige Methode, die Wissenschaft mit einem Male von solch unzugänglichen Fragen frei zu machen, besteht in einer ernstlichen Untersuchung der Natur des menschlichen Verstandes (*is to enquire seriously into the nature of human understanding*) und in dem aus genauer Zergliederung seiner Kräfte und Fähigkeiten (*from an exact analysis of its powers and capacity*) gewonnenen Nachweis, daß er keineswegs für solche entlegenen und dunklen Gegenstände geeignet ist. Wir müssen uns dieser Mühe unterziehen, um nachher für alle Zeiten in Ruhe zu leben: wir müssen die echte Metaphysik mit einer gewissen Sorgfalt pflegen, um die unechte und verfälschte zu zerstören. (*And must cultivate true metaphysics with some care, in order to destroy the false and adulterate*.)" (Ebd. 10f.)

Metaphysik als natürlicher Glaube

Naturbedürfnis

Im Zuge dieser – freilich begrenzten – Anerkennung der Metaphysik kommt Hume sogar zu dem Schluß, daß alles das, was Metaphysik hervorbringt, einem *Naturbedürfnis* des Menschen entstammt. In seinem konkreten Leben kann dieser gar nicht anders als in der ihm begegnenden Wirklichkeit Zusammenhänge herzustellen, die ihm „die Teile des Universums zu einem Bild zusammenfügen (*that bind the parts of the universe*)“ (Abstract [1740] 61). Die Voraussetzung dafür wiederum liegt in dem, was Hume die „Einbildungskraft“, *imagination*, nennt. Sie bildet jenes Vermögen der menschlichen Erkenntnis (*knowledge*), welche über das, was ihr – sei es durch Sinneseindrücke (*impressions, outward and inward sensations*) oder durch Intuition (*intuition*) – unmittelbar gegeben wird, *hinausgeht*, und durch Reproduktion (*conception*), Kombination (*connexion*), Assoziation (*association*) und dergleichen jene Bewußtseinsinhalte (*perceptions*) schafft, die als Gedanken (*thoughts*), Begriffe (*conceptions*) oder Vorstellungen (*ideas*) bezeichnet werden können. Was immer sie hervorbringt (*creative power, operation*), besitzt den Stellenwert einer Einbildung (*fiction*).

Einbildungskraft / Glaube

Die Einbildungskraft gerät dadurch in unmittelbare Nähe zur Phantasie (*fancy*). Hume muß sich deshalb die Frage stellen, ob am Ende alles, was der Mensch über die Wirklichkeit aussagt, reine Täuschung, Fiktion oder Phantasterei sei. Im 1.Buch seines Hauptwerkes „A Treatise of Human Nature. Of the Understanding“ von 1739 neigt er zu dieser Konsequenz. (Vgl. Tr. 341-352) Trotz persönlicher Betroffenheit scheut er sich nicht einmal vor dem Schluß „Es bleibt uns also nur die Wahl zwischen falscher Erkenntnis oder gar keiner. (*We have, therefore, no choice left but betwixt a false reason and none at all.*)“ (ebd. 346). Schon in „An Abstract of a Book lately Published; entituled, a Treatise of Human Nature“ von 1740 (33ff.), erst recht aber in „An Enquiry concerning Human Understanding“ von 1748 (59ff.,122ff.) mildert er diesen radikalen Standpunkt allerdings ab, indem er innerhalb der Einbildungskraft die bloße „Erdichtung“ (*fiction*) vom „Glauben“ (*belief*) unterscheidet. Letzterer hat nichts mit einem religiösen Glauben (*faith*) zu tun, sondern ist eine auf Erfahrung (*experience*) beruhende und von spezifischen Sicherheitsgefühlen (*sentiments or feelings*) begleitete Überzeugung (*assurance, assent, conviction, persuasion, opinion*), die anders als die reine „Erdichtung“ etwas *Unausweichliches* ist, weil sie auf einem „natürlichen Instinkt (*natural instinct*)“ (Enq. 59) bzw. auf einer „mechanischen Tendenz (*mechanical tendency*)“ der Natur (ebd. 69) beruht.

> Glaube „ist ein seelischer Vorgang (*operation of the soul*), der [...] so unvermeidlich (*unavoidable*) ist, wie der Affekt der Liebe, wenn wir Wohltaten empfangen, oder des Hasses, wenn man uns Leid antut. Alle diese Vorgänge sind eine Gattung natürlicher Instinkte, welche keine Vernunfttätigkeit, d.h. kein gedankliches oder verstandesmäßiges Verfahren hervorzubringen noch zu verhüten vermag. (*All these operations are a species of natural instincts, which no reasoning or process of the thougth and understanding is able, either to produce, or to prevent.*)“ (Ebd. 59; vgl. Tr. I 353ff.)

Nutzen der Metaphysik

Wovon aber ist der Glaube überzeugt? Davon, daß in der Wirklichkeit ein rationaler Zusammenhang exisitiert. Genau dies wiederum macht ihn zur Bedingung der Möglichkeit von Metaphysik, deren Absicht es ja ist, die Wirklichkeit in ihrer Gesamtheit zu deuten. So sieht Hume – ähnlich wie später Kant – in der Metaphysik etwas Unvermeidliches, das der Mensch tut und anstrebt, weil es ihm von der Natur aus vorgegeben ist. Er fügt freilich sofort hinzu: Als „echte Metaphysik" hat sie nur solange Berechtigung, als sie sich dieser Tatsache, daß sie auf einem naturhaften Instinkt aufbaut und einen Glauben ausdrückt, bewußt bleibt. Vergißt sie dies, wird sie „Aberglaube (*superstition*)". Hält sie sich dies hingegen vor Augen, kann sie dem Menschen eine wertvolle Hilfe bei der Entscheidung zwischen Fiktion und gerechtfertigter Annahme sein. (Vgl. Tr. I 349ff.)

Empiristische Erkenntnistheorie

Ausgangspunkt

Hinter dieser These Humes, daß alle Metaphysik ein natürliches Werk der Einbildungskraft (*imagination*), genauer eines angeborenen Glaubens (*belief*) ist, steht ein spezifische Theorie über die menschliche Erkenntnis. Diese Theorie wird als *empiristische* Theorie bezeichnet, weil sie als Quelle aller Erkenntnis einzig und allein die sinnliche Erfahrung (*experience*) anerkennt. Dazu wiederum kommt es aufgrund folgender Überlegung:

> „Die Perzeptionen des menschlichen Geistes (*all the perceptions of the human mind*) zerfallen in zwei Arten, die ich als *Eindrücke* (*impressions*) und *Vorstellungen* (*ideas*) bezeichne. Der Unterschied zwischen ihnen besteht in dem Grad der Stärke und Lebhaftigkeit (*in the degrees of force and liveliness*), mit welcher sie dem Geist sich aufdrängen und in unser Denken oder Bewußtsein (*into our thought or consciousness*) eingehen. Diejenigen Perzeptionen, welche mit größter Stärke und Heftigkeit auftreten, nennen wir Eindrücke (*impressions*). Unter diesem Namen fasse ich alle unsere Sinnesempfindungen, Affekte und Gefühlserregungen, so wie sie bei ihrem erstmaligen Auftreten in der Seele sich darstellen, zusammen. Unter Vorstellungen (*ideas*) dagegen verstehe ich die schwachen Abbilder derselben, wie sie in unser Denken und Urteilen (*thinking and reasoning*) eingehen [...]". (Tr. I 8-10, vgl. Enq. 18)

Gemeinsam ist diesen beiden Arten von Perzeption (Wahrnehmung), daß sie entweder einfach oder zusammengesetzt sind:

> „Einfache (*simple*) Perzeptionen oder einfache *Eindrücke* und *Vorstellungen* sind solche, welche keine Unterscheidung oder Trennung zulassen; von den zusammengesetzten (*complex*) gilt das Gegenteil: sie können in Teile zerlegt werden." (Tr. I 11)

Analysiert man nun näher, welches die einfachsten Perzeptionen sind, in die sich die zusammengesetzten zergliedern lassen, so stellt man *allemal* fest, daß es die einfachen *Eindrücke* (*impressions*) sind (ebd. 12ff.; Enq. 19ff.). Auch einfache Vorstellungen (*ideas*) fußen demnach auf einfachen Eindrücken (*impressions*). So folgt, *daß es in der Er-*

kenntnis des Menschen nichts gibt, was nicht auf Eindrücke zurückgeht bzw. was nicht aus den Sinnen stammt.

Erinnerung, Einbildung, Assoziation

Baut jedoch sämtliche Erkenntnis auf sinnlichen Eindrücken auf, dann stellt sich die Frage: Wie kommt es dazu, daß sich die menschliche Erkenntnis von den sinnlichen Eindrücken entfernt bzw. über sie hinauswächst, indem sie aus einfachen Eindrücken zusammengesetzte Perzeptionen aller Art (*impressions and ideas*) bildet? Hume sieht hier zwei Kräfte am Werk: zum einen die Erinnerung (*memory*), zum andern die Einbildungskraft (*imagination*). Beide haben ihre primäre Funktion darin, daß sie die Wirklichkeit *wiederholen*. Sie unterscheiden sich jedoch darin, wie sie die Wiederholung bewerkstelligen. Während nämlich die Erinnerung eine starke Nähe zu den ursprünglichen Eindrücken sucht, die so weit geht, daß sie sogar die „Reihenfolge und Form" (*the same order and form*) derselben festhält, fühlt sich die Einbildungskraft davon weitgehend frei. Sie erzeugt dadurch zwar weniger lebhafte und weniger starke Wiederholungen, dafür wird sie aber zum eigentlich schöpferischen Prinzip der Erkenntnis. (Vgl. Tr. I 18-20,112ff.) Dies wiederum verdankt sie ihrer spezifischen Fähigkeit, einfache Perzeptionen zu zusammengesetzten zu verknüpfen (*connect*): der Assoziation (*association*). Die Assoziation ihrerseits geht im wesentlichen nach drei Kriterien vor: nach dem Kriterium der Ähnlichkeit (*resemblance*), nach dem Kriterium des Zusammenhangs von Wahrgenommenem in Raum oder Zeit (*continuity in time or place*) und nach dem Kriterium des Zusammenhangs von Wahrgenommenem im Verhältnis von Ursache und Wirkung (*relation of cause and effect*). (Vgl. ebd. I 20ff.; Enq. 24ff.,63ff.) Assoziation ist und bleibt freilich Assoziation. Das, was die Einbildungskraft durch sie zustandebringt, ist allemal ein *freies* Verknüpfen von Eindrücken, das *keinerlei Notwendigkeit* unterliegt. Folgedessen besitzt auch das Bild der Wirklichkeit, das sie sich zusammenassoziiert, keinerlei Anspruch auf Objektivität.

Einbildung / Gewohnheit

Damit ist jedoch mitgesagt: Die menschliche Erkenntnis besitzt Zugang zur Wirklichkeit *ausschließlich in den einzelnen sinnlichen Eindrücken.* Alles, was darüber hinausgeht, führt von der Wirklichkeit weg in die Gebiete der Einbildungskraft (*imagination*). Schon allein die Verknüpfung *zweier* solcher Eindrücke legt sich nicht von den Eindrücken selbst her nahe, *sondern einzig und allein aus den Neigungen der Einbildungskraft*. Deshalb erschöpfen sich auch sämtliche Zusammenhänge, die zwischen den Eindrücken hergestellt werden, darin, *Werk der Einbildungskraft zu sein*. Sie sind nichts anderes als das Produkt einer gewissen Gewohnheit (*a certain custom or habit*), die sich die Einbildungskraft aneignet, wenn sie sich aus Lebensnützlichkeit veranlaßt sieht, in bestimmter Regelmäßigkeit zwischen den Eindrücken zu assoziieren. (Vgl. Tr. I 34ff.,131,183f. u.ö.; Enq. 55ff.67f.,91,93 u.ö.)

> „So ist die Gewohnheit die große Führerin im menschlichen Leben. (*Custom, then, is the great guide of human life*.) Dieses Prinzip ist es allein, das unsere Erfahrung uns nutzbringend (*useful to us*) gestaltet und uns für die Zukunft eine Kette gleichartiger Ereignisse erwarten läßt, wie die in der Vergangenheit aufgetretenen. Ohne den Einfluß der Gewohnheit blieben wir gänzlich in Unwissenheit über jede Tatsache, die über das unmittelbar dem Gedächtnis und den Sinnen Gegenwärtige hinausreicht." (Enq. 57f.)

Die Gewohnheit ihrerseits führt, wo sie nicht in bloßer Phantasie und Fiktion mündet, zu dem bereits beschriebenen Glauben (*belief*), der gewisse Zusammenhänge der Wirklichkeit als gegeben annimmt.

Kritik an den metaphysischen Prinzipien

Bedeutung der Kritik

Wenn alle Zusammenhänge, die zwischen einzelnen Eindrücken (*impressions*) hergestellt werden, ein Werk der Einbildungskraft (*imagination*) und ihrer Gewohnheit (*custom*) sind, dann betrifft das nicht bloß die zusammengesetzten Perzeptionen (Eindrücke und Vorstellungen), *sondern zuvor schon die Prinzipien, nach denen solche Zusammenhänge zustandekommen*. Diese Prinzipien spielen, wie wir in allen unseren bisherigen Erörterungen feststellen konnten, eine entscheidende Rolle für die Metaphysik. Hätte es sie nicht gegeben, wäre die Metaphysik niemals zu Aussagen über die Wirklichkeit im Ganzen gelangt. Fallen jetzt ausgerechnet sie der Erkenntniskritik zum Opfer, dann ist es mit ihnen auch um die Metaphysik geschehen. Wie sollte diese noch anders einen Zusammenhang in die gesamte Wirklichkeit bringen, der es ihr gestattete, alles, was ist, zu begreifen und zu verstehen?

Vier Prinzipien

Nicht nur in der klassischen Metaphysik, sondern vor allem auch innerhalb der absolutistischen Position der neuzeitlichen Metaphysik waren es vor allem *vier* Prinzipien, die eine Gesamtrekonstruktion der Wirklichkeit zuließen:

1. das Kausalitätsprinzip, d.h. die Auffassung, daß alles Wirkliche effizient- oder finalkausal zusammenhängt;
2. das Substantialitätsprinzip, d.h. die These, daß sich alles Wirkliche nach der Differenzierung in selbständiges (substantielles) und nicht selbständiges (abhängiges, akzidentelles, modales) Sein begreifen läßt;
3. das Identitätsprinzip im Bereich des Selbstbewußtseins, d.h. die Ansicht, daß sämtliche Bewußtseinsinhalte bzw. Erkenntnisse darin zusammenfinden, daß sie auf das Ich bezogen sind;
4. das Prinzip von der obersten, fundamentalen oder letzten Ursache, d.h. die Überzeugung, daß alles Wirkliche von Gott geschaffen wurde, von ihm herrührt, auf ihn hinzielt und folglich im Bezug zu ihm verstanden werden muß.

Die genannten Prinzipien traten in den meisten Typen von Metaphysik, denen wir bisher begegnet sind, gemeinsam auf. Sie wurden jedoch unterschiedlich in den Vordergrund gerückt und akzentuiert. So spielte das Kausalitätsprinzip (1) bei Leibniz eine zentrale Rolle .Bei Spinoza hingegen dominierte das Substanzprinzip (2). In der idealistischen Philosophie wiederum herrschte das Identitätsprinzip des Selbstbewußtseins (3) vor. Und bei allen, angefangen von den christlichen Denkern der Spätantike, über die Maßen erneuert jedoch von Descartes lief es immer wieder darauf hinaus, den Gesamtzusammenhang der Wirklichkeit in Gott als der Bedingung der Möglichkeit alles Seins zu verankern (4).

Zusammenhang

Hume kritisiert alle vier Prinzipien. Erwartungsgemäß gelangt er jedesmal zu demselben Argument, das lautet: Die Zusammenhänge, die durch die genannten Prinzipien hergestellt werden, sind lediglich Produkte der menschlichen Einbildungskraft, die sie sich aufgrund eines natürlichen Instinktes, vor allem aber aufgrund ihrer nützlichen Anwendbarkeit im konkreten Leben zur Gewohnheit macht. Das Bild der Wirklichkeit, das letztlich dank der Prinzipien assoziativ entsteht, stellt daher auch bloß einen Glaubensinhalt dar. Weder die Prinzipien noch die durch sie hervorgebrachten Zusammenhänge haben objektive Bedeutung, sprich: ein ‚fundamentum in re' bzw. einen Rückhalt in der Wirklichkeit als solcher.

Kausalitätsprinzip

Am ausführlichsten setzt sich Hume mit dem Kausalitätsprinzip (1) auseinander. (Vgl. Tr. I 210-237; Enq. 35ff.,74-95) Dies kommt nicht von ungefähr. Es kann nämlich nicht übersehen werden, daß sich die übrigen drei Prinzipien (2) – (4) auf es vielleicht nicht reduzieren, sehr wohl aber in es übersetzen lassen. Jedesmal geht es letztlich um eine Verursachung: die Akzidentien existieren nur im Bezug auf eine Substanz (2), das Selbstbewußtsein ist Bedingung der Möglichkeit von Erkenntnis überhaupt (3) und Gott ist Schöpfer, Erhalter und Vollender der Wirklichkeit im Ganzen, d.h. (effizienter und finaler) Grund derselben. Das Kausalitätsprinzip durfte Hume somit als repräsentativ für alle metaphysischen, auf eine Strukturierung der gesamten Wirklichkeit zielenden Prinzipien betrachten. Ihm hält er nun entgegen:

> „Mit einem Wort, jede Wirkung ist ein von ihrer Ursache verschiedenes Ereignis. Sie kann daher in der Ursache nicht entdeckt werden, und was man sich zuerst a priori von ihr erfindet oder vorstellt, muß gänzlich willkürlich sein. Und selbst nachdem sie uns in den Sinn gekommen, muß ihr Zusammenhang mit der Ursache ebenso willkürlich scheinen; weil es immer eine Menge anderer Wirkungen gibt, die der Vernunft genau so widerspruchslos und natürlich dünken müssen. Vergeblich würden wir uns also anmaßen, den Ablauf eines einzelnen Ereignisses zu bestimmen, oder irgend eine Ursache oder Wirkung herzuleiten, ohne den Beistand von Beobachtung und Erfahrung. (*In a word, then, every effect is a distinct event from its cause. It could not, therefore, be discovered in the cause, and the first invention or con-*

> *ception of it,* a priori, *must be entirely arbitrary. And even after it is suggested, the conjunction of it with the cause must appear equally arbitrary; since there are always many other effects, which, to reason, must seem fully as consistent and natural. In vain, therefore, should we pretend to determine any single event, or infer any cause or effect, without the assistance of observation and experience.*)“ (Enq. 40)

Beobachtung und Erfahrung erzeugen jedoch nichts anderes als „Gewohnheit“ (*custom*) und diese wiederum „nötigt die Einbildungskraft (*imagination*), von der Vorstellung des einen Gegenstandes zur Vorstellung seines gewöhnlichen Begleiters und von dem Eindrucke des einen zu einer lebhafteren Vorstellung des anderen überzugehen“ (Tr. I 230; vgl. Enq. 89ff.,94f.).

Zwei Wahrheiten

Dem muß differenzierend hinzugefügt werden, daß Hume die Leibnizsche Unterscheidung von Vernunftwahrheiten (*vérités de raison*) und Tatsachenwahrheiten (*vérités de fait*) kennt. (Seine Quelle dürften die von Leibniz an John Locke gerichteten „Nouveaux Essais sur l'entendement humain“ [geschrieben 1703/05, publiziert 1765, hier bes. IV 7 § 12] gewesen sein.) Im Sinne dieser Unterscheidung meint auch er, daß sich die Problematik des Kausalitätsprinzips nicht schon auf der Ebene der Vernunftwahrheiten (*relations of ideas*), sondern erst auf der Ebene der Tatsachenwahrheiten (*matters of fact*) einstellt. Bei den Vernunftwahrheiten handelt es sich ja um Wahrheiten, die mit Hilfe von Schlußfolgerungen aus bloßen Begriffen oder aus intuitiv gewissen Einsichten gewonnen werden und letztlich nichts anderes als Explikationen von bereits Bekanntem bilden. Hume findet sie vor allem in „Geometrie, Algebra und Arithmetik“.

> „Daß das Quadrat der Hypothenuse gleich ist den Quadraten der beiden Seiten, ist ein Satz, der eine Beziehung zwischen diesen Figuren ausdrückt. Daß dreimal fünf gleich der Hälfte von dreißig ist, drückt eine Beziehung zwischen diesen Zahlen aus. Sätze dieser Art sind durch die reine Tätigkeit des Denkens zu entdecken, ohne von irgend einem Dasein in der Welt abhängig zu sein. (*Propositions of this kind are discoverable by the mere operation of thought, without dependence on what is any where existent in the universe.*) Wenn es auch niemals einen Kreis oder ein Dreieck in der Natur gegeben hätte, so würden doch die von Euklid demonstrierten Wahrheiten für immer ihre Gewißheit und Evidenz behalten.“ (Enq. 35)

Ganz anders verhält es sich bei der Tatsachenwahrheiten. Zwischen ihnen lassen sich keine eindeutigen und stringenten Beziehungen herstellen. Zu jeder Beziehung zwischen Tatsachen können nämlich zahlreiche andere Beziehungen gedacht werden, die ebensogut möglich wären und keinerlei Widerspruch bedeuteten. (*The contrary of every matter of fact is still possible* [...] Ebd. 35f.) So existiert in diesem Fall der *matters of fact* keine Notwendigkeit, und dadurch entsteht erst bei ihnen das Problem der Prinzipien, nach denen sich die Verknüpfungen zwischen den

Tatsachen der Erkenntnis aufdrängen – das Problem des Kausalitätsprinzips allen voran.

Gegenüber den anderen drei Prinzipien führt Hume, wie gesagt, *letztlich* immer wieder dasselbe Argument wie gegenüber dem Kausalitätsprinzip an. Es lohnt sich dennoch, abschließend und in aller Kürze die unterschiedliche Anwendung dieses Arguments zu betrachten, weil dadurch die Tragweite und Radikalität der Humeschen Kritik deutlicher wird.

Keine Substanzen

Zunächst zum Substanzprinzip: Die Annahme von Substanzen rührt nach Hume daher, daß wir für die unzähligen Eindrücke, die wir von den einzelnen Gegenständen (*objects*) haben, einen Bezugspunkt brauchen, an dem wir sie sozusagen festmachen können. Erst dadurch entstehen für uns einheitliche, „kohärente" (*coherence*) und „mit sich selbst identische" (*meant by itself*) Gegenstände, die sich im Laufe aller Veränderungen durchhalten, Beständigkeit (*constancy*) besitzen und so ein bestimmtes Wesen haben. Bei Hume kommt noch hinzu, daß wir den Gegenständen eine von uns unabhängige Wirklichkeit (*independant existence*) zuschreiben, die über die Eindrücke, die wir von ihnen empfangen, hinausgeht. Dasjenige, was dies gewährleisten soll, ist ebenfalls die Substanz. (Vgl. Tr. I 250ff.,287ff.) Vermag Hume sich auch zu erklären, warum es zur Annahme von Substanzen kommt, hält er sie doch in *keiner* Hinsicht für gerechtfertigt. Zum einen nämlich gelangen wir über unsere Erkenntnis, die nun einmal bei den sinnlichen Eindrücken beginnt, niemals hinaus. „Alles, was ins Bewußtsein tritt, ist *tatsächlich* eine *Perzeption*, es kann darum nicht als etwas anderes von uns unmittelbar erlebt werden." (Ebd. 254,279f.) Eine von uns unabhängige Wirklichkeit vorzustellen, ist folglich ein Ding der Unmöglichkeit. Zum andern beruht alle Verknüpfung von Eindrücken auf Einbildung (*imagination*). Das gilt auch für das Beziehen von Eindrücken eines Gegenstandes auf einen gemeinsamen oder identischen Bezugspunkt, der die Einheit dieses Gegenstandes garantieren soll. Es wäre nicht einzusehen, warum bei dieser Verknüpfung (*connexion*) andere Verhältnisse herrschen müßten als im Falle der Beziehung zwischen Ursache und Wirkung. (Ebd. 291ff.,303ff.; vgl. Enq. 177ff.) Gilt dies für die einzelnen Substanzen, die Aristoteles, Thomas von Aquin, Leibniz und viele andere Denker der Tradition angenommen haben, so gilt es erst recht für die Einheits- oder Gott-Substanz Spinozas, die nichts Geringeres als die Wirklichkeit in ihrer Gesamtheit als Einheit und als Existenzform (*modus*) des Absoluten plausibel machen sollte. (Tr. I 313ff.)

Selbstbewußtsein nicht erklärbar

Radikal wird – meines Erachtens – Humes Kritik beim dritten Prinzip: beim Identitätsprinzip im Bereich des Selbstbewußtseins. Dieses Prinzip hängt mit dem Substanzprinzip eng zusammen. Es stellt letztlich eine analoge Anwendung desselben auf das menschliche Selbstbewußtsein dar. Ist es demnach nicht möglich, die Eindrücke, die wir von der Wirklichkeit außerhalb von uns oder aber von uns selbst haben, auf einen einheitlichen Bezugspunkt zu beziehen, so lösen sich nicht allein die Gegenstände (*objects*), sondern auch das Ich (*myself*) auf, das diese Eindrücke empfangen, in Zusammenhang bringen und überblicken soll. Hume:

> „Ich meines Teils kann, wenn ich mir das, was ich als ‚mich' bezeichne, so unmittelbar als irgend möglich vergegenwärtige, nicht umhin, jedesmal über die eine oder die andere bestimmte Perzeption zu stolpern, die Perzeption der Wärme oder Kälte, des Lichtes oder Schattens, der Liebe oder des Hasses, der Lust oder Unlust. Niemals treffe ich *mich* ohne eine Perzeption an und niemals kann ich etwas anderes beobachten als eine Perzeption. (*I never can catch* myself *at any time without a perception, and never can observe any thing but the perception.*) [...] Wenn ich aber von einigen Metaphysikern, die sich eines solchen Ich zu erfreuen meinen, absehe, so kann ich wagen, von allen übrigen Menschen zu behaupten, daß sie nichts sind als ein Bündel oder ein Zusammen verschiedener Perzeptionen (*nothing but a bundle or collection of different perceptions*), die einander in unbegreiflicher Schnelligkeit folgen und beständig in Fluß und Bewegung sind. [...] Der Geist ist eine Art Theater (*The mind is a kind of theatre*), auf dem verschiedene Perzeptionen nacheinander auftreten, kommen und gehen, und sich in unendlicher Mannigfaltigkeit der Stellungen und Arten der Anordnung untereinander mengen. Es findet sich in ihm in Wahrheit weder in einem einzelnen Zeitpunkt Einfachheit noch in verschiedenen Zeitpunkten Identität; sosehr wir auch von Natur geneigt sein mögen, uns eine solche Einfachheit und Identität einzubilden. Der Vergleich mit dem Theater darf uns freilich nicht irre führen. Die einander folgenden Perzeptionen sind allein das, was den Geist *ausmacht*, während wir ganz und gar nichts von dem Schauplatz wissen, auf dem sich jene Szenen abspielten, oder von einem Material, aus dem dieser Schauplatz gezimmert wäre." (Ebd. 326-328) Anders und kürzer formuliert: „Daher müssen es die vielen einzelnen Perzeptionen sein, die zusammen den Geist bilden. Ich sage: den Geist *bilden*, nicht zum Geiste *gehören*. (*I say,* compose *the mind, not* belong *to it.*) Die Seele oder der Geist sind keine Substanz, der die Perzeptionen inhärieren. [...] Wir haben keine Vorstellungen von Substanzen. (*We have no idea of substance* [...]) Denn alle unsere Vorstellungen hängen irgendwie von unmittelbaren Eindrücken ab; und wir haben keinen Eindruck von einer sei es geistigen, sei es materiellen Substanz (*we have no impression of any substance either material or spiritual*)." (Abstract 47)

Unerkennbarkeit Gottes

Lösen sich Gegenstand und Ich in einen beliebigen Fluß von Perzeptionen auf, so ist es schließlich auch um Gott geschehen, der – philosophisch-metaphysisch gesehen – der absolute Garant für den einheitlichen Zusammenhang der Wirklichkeit ist. Auch ihm gegenüber gilt: Jegliche Vorstellung (*idea*) von ihm ist das Produkt unserer Einbildungskraft bzw. der sie begleitendenden Gewohnheit, die sie aus Nützlichkeitsgründen beibehält, niemals eine Entsprechung dessen, was es in Wirklichkeit gibt.

> „Alle unsere Vorstellungen von einer Gottheit (sagen die, die bestreiten, daß es angeborene Ideen gibt) sind nichts weiter als Zusammensetzungen aus Vorstellungen, die wir uns bilden, wenn wir auf die Vorgänge in unserem eigenen Geiste achten. (*All our idea of a Deity* [...] *is nothing but a composition of those ideas, which we acquire from reflecting on the operations of our own minds*.)" (Abstract 43)

Bevor wir mit Theologie oder Metaphysik „ins Märchenland" geraten, müssen wir uns daher vor Augen halten:

> „Unsere Senkleine ist nicht lang genug, so ungeheure Abgründe zu loten. Und wie wir uns auch schmeicheln mögen, daß wir bei jedem unserer Schritte eine gewisse Wahrheitsähnlichkeit und Erfahrung zum Führer haben, so können wir doch sicher sein, daß diese vermeintliche Erfahrung dann keine Geltung besitzt, wenn wir sie so auf Gegenstände anwenden, die gänzlich außer dem Umkreis der Erfahrung liegen." (Enq. 87f., vgl. 117ff., 175ff. u.ö.)

Metaphysik als Kritik

Bleibt abschließend die Frage: Was hat eine echte Metaphysik (*true metaphysics*) angesichts dieser Kritik noch zu tun? Ihrer Aufgabe, die Wirklichkeit in ihrer Gesamtheit zu bestimmen, vermag sie offensichtlich nicht mehr nachzukommen. Nach Hume reduziert sich ihre Berechtigung daher auf zwei Funktionen: zum einen auf „eine ernstliche Untersuchung der Natur des menschlichen Verstandes (*to inquire seriously into the nature of human understanding*)" (ebd. 10f.) und zum andern auf die Unterscheidung zwischen dem, was der menschliche Verstand aufgrund eines „natürlichen Instinktes (*natural instinct*)" (ebd. 59,69) annehmen muß, und dem, was er sich aus reinem Aberglauben (*superstition*) bloß vormacht. Mit einem Wort: *Metaphysik erschöpft sich darin, Erkenntniskritik zu sein.*

Kants Kritik der reinen Vernunft

Auf die Erkenntniskritik von Immanuel Kant (1724–1804) kamen wir bereits in mehreren Zusammenhängen zu sprechen: im Einleitungsteil, als es um die Geschichte des Begriffs „Metaphysik" bzw. um einen skizzenhaften Überblick zur Geschichte der Metaphysik sowie um die wichtigsten Typen der Metaphysikkritik ging, bei der Behandlung des Deutschen Idealismus und dessen Theorie des Selbstbewußtseins bzw. der absoluten Autonomie der Freiheit und anläßlich der Philosophie des Willens von Arthur Schopenhauer. Dies allein hat schon die überragende Bedeutung, die Kant in der Geschichte der Metaphysik einnimmt, deutlich gemacht. Wenn wir uns jetzt eingehender mit ihm beschäftigen, so wiederholen wir das bereits Dargelegte nicht. Wir setzen es voraus und ergänzen es lediglich um jene Elemente, die das Gesamtbild abrunden, welches sich Kant von der Metaphysik gemacht hat.

Das Verständnis von Metaphysik

Ausgangspunkt

Kant ist von Hume tief beeinflußt worden. Die Einleitung in die „Prolegomena zu einer jeden künftigen Metaphysik, die als Wissenschaft wird auftreten können" von 1783 (A 3-48) belegt dies eindrucksvoll. Dennoch herrscht bei aller Verwandtschaft der Aussagen von vornherein ein anderer Ton. In seiner Frühschrift „Träume eines Geistersehers, erläutert durch Träume der Metaphysik" (1766) bekennt Kant ganz offen, daß er „das Schicksal habe" in die Metaphysik „verliebt zu sein, ob ich mich gleich von ihr nur selten einiger Gunstbezeugungen rühmen kann" (A 115). Er hegt sogar die Hoffnung, für die Metaphysik dasselbe leisten zu können, was Newton für die Naturwissenschaft erwirkt hat, nämlich „den sicheren Gang einer Wissenschaft" zu eröffnen. (KrV B XVIIIf.,XXIIf.; vgl. Untersuchung über die Deutlichkeit der Grundsätze der natürlichen Theologie und der Moral [1764] A 82f.) Ausdrücklich untersucht er in den genannten „Prolegomena" nicht bloß die allgemeine Frage „Ist überall Metaphysik möglich?" (A 32ff.) bzw. „Wie ist Metaphysik überhaupt möglich?" (A 124ff.), sondern die spezifische und konkrete Frage „*Wie ist Metaphysik als Wissenschaft möglich?*" (A 48,188ff.; vgl. KrV B 22). Nicht von ungefähr stehen schließlich neben seinen kritischen Werken eine Schrift über die „*Metaphysische[n]* Anfangsgründe der Naturwissenschaft" (1786) und eine „*Metaphysik* der Sitten" (1797).

Metaphysik als Naturanlage

Zunächst klingt es ganz ähnlich wie bei Hume. Dies äußert sich vor allem in zwei Bestimmungen. *Erstens* erscheint auch Kant die Metaphysik als eine „Naturanlage der menschlichen Vernunft" (Prol. A 183, vgl. 168,187f. u.ö.). Die 1. Auflage der „Kritik der reinen Vernunft" (1781) beginnt bereits mit dem Satz: „Die menschliche Vernunft hat das besondere Schicksal [...]: daß sie durch Fragen belästigt wird, die sie nicht abweisen kann, denn sie sind ihr durch die Natur der Vernunft selbst aufgegeben, die sie aber auch nicht beantworten kann, denn sie übersteigen alles Vermögen der menschlichen Vernunft." (A VII) Noch deutlicher heißt es zwei Jahre später in den „Prolegomena":

> „Daß der Geist des Menschen metaphysische Untersuchungen einmal gänzlich aufgeben werde, ist ebenso wenig zu erwarten, als daß wir, um nicht immer unreine Luft zu schöpfen, das Atemholen einmal lieber ganz und gar einstellen würden. Es wird also in der Welt jederzeit, und, was noch mehr, bei jedem, vornehmlich dem nachdenkenden Menschen Metaphysik sein, die, in Ermangelung eines öffentlichen Richtmaßes, jeder sich nach seiner Art zuschneiden wird." (A 192f.; vgl. KrV B 21f.)

Unabweisbare Fragen

Den Grund dafür, daß in der Metaphysik „unaufgebbare Aufgaben der reinen Vernunft" (KrV B 7) behandelt werden, liegt darin, daß sich in der Lösung derselben „alles Interesse meiner Vernunft (das spekulative sowohl, als das praktische) vereinigt [...]" (ebd. B 832f., A 804f.) In ihr kommen die elementarsten Probleme unserer menschlichen Existenz zur Debatte, die Kant in den berühmten drei Fragen „*Was kann ich wissen? / Was soll ich tun? / Was darf ich hoffen?*" (ebd.; vgl. I. Kants Logik, ein Handbuch zu Vorlesungen [1800] A 25) zusammenfaßt.

Kritik und System

Zweitens: Ebenfalls wie Hume sieht Kant als erste Aufgabe der Metaphysik eine Kritik der Erkenntnis.

> „Der andre Vorteil [der Metaphysik] ist der Natur des menschlichen Verstandes [...] angemessen und besteht darin: einzusehen, ob die Aufgabe aus demjenigen, was man wissen kann, auch bestimmt sei und welches Verhältnis die Frage zu den Erfahrungsbegriffen habe, darauf sich alle unsre Urteile jederzeit stützen müssen. In so ferne ist die Metaphysik eine Wissenschaft von den *Grenzen der menschlichen Vernunft*, und da ein kleines Land jederzeit viel Grenze hat, überhaupt auch mehr daran liegt, seine Besitzungen wohl zu kennen und zu behaupten, als blindlings auf Eroberungen auszugehen, so ist dieser Nutzen der erwähnten Wissenschaft der unbekannteste und zugleich der wichtigste, wie er denn auch nur ziemlich spät und nach langer Erfahrung erreicht wird." (So schon 1766 in „Träume eines Geistersehers..." A 115f.)

Die „Kritik der reinen spekulativen Vernunft" erscheint Kant daher als „Metaphysik in ihrem ersten Teile" (KrV B XIXff.). „Sie ist ein Traktat von der Methode, nicht ein System der Wissenschaft selbst; aber sie verzeichnet gleichwohl den ganzen Umriß derselben, so wohl in Ansehung ihrer Grenzen als auch den ganzen inneren Gliederbau derselben." (ebd. B XXIIIf.) In anderen Worten:

> „Die Philosophie der reinen Vernunft ist nun entweder *Propädeutik* (Vorübung), welche das Vermögen der Vernunft in Ansehung aller reinen Erkenntnis a priori untersucht, und heißt *Kritik*, oder zweitens das System der reinen Vernunft (Wissenschaft), die ganze (wahre sowohl als scheinbare) philosophische Erkenntnis aus reiner Vernunft im systematischen Zusammenhange, und heißt *Metaphysik*; wiewohl dieser Name auch der ganzen reinen Philosophie mit Inbegriff der Kritik gegeben werden kann, um, sowohl die Untersuchung alles dessen, was jemals a priori erkannt werden kann, als auch die Darstellung desjenigen, was ein System reiner philosophischen Erkenntnisse dieser Art ausmacht, [...] zusammen zu fassen." (B 869, A 841; vgl. Prol. A 16ff., 188ff.)

Skeptizismus / Dogmatismus

Als „Kritik" der menschlichen Erkenntnisfähigkeit wird es die Metaphysik vielleicht nicht verhindern, daß über ihre Fragen endlos gestritten und debattiert wird, sie kann aber dem entgegentreten, was Hume den Aberglauben (*superstition*) genannt und Kant nun unter „Schwärmerei", „Dogmatismus" sowie „Skeptizismus" versteht. Schwärmerei wäre das beliebige, auf Aberglauben, Phantasterei, Hirngespinsten und Einbildung fußende Assoziieren über die Wirklichkeit. „Dogmatismus" (bei Kant „Dogmatism") hingegen beschreibt eine unter dem Anspruch auf Wissenschaftlichkeit auftretende Vorgangsweise der Vernunft, die „ohne vorangehende Kritik ihres eigenen Vermögens" Behauptungen aufstellt. (KrV B XXXIIIf., A IX). Die traditionelle Philosophie war für Kant weitgehend ein solcher Dogmatismus. Der „Skeptizismus" (bzw. „Skeptizism") schließlich, der „uns gar überall nichts verspricht" (Prol. A 38), macht „mit der ganzen Metaphysik kurzen Prozeß" (KrV B XXXVI), indem er sie für unmöglich erklärt. Allen drei Formen von nicht gerechtfertigtem Auftreten der Vernunft kann die Metaphysik die Stirn bieten, sobald sie zur Kritik der reinen Vernunft wird und damit die Frage nach dem Recht der Erkenntnis*ansprüche* stellt.

Transzendentale Deduktion

Dies wiederum geschieht mittels dessen, was Kant die „transzendentale Deduktion" nennt (ebd. B 116ff., A 84ff.). „Deduktion" ist in der damaligen Zeit ein Begriff der Rechtssprache und bezeichnet jenes Verfahren, das „die Befugnis, oder auch den Rechtsanspruch dartun soll", die bzw. den jemand erhebt. In der philosophischen Sprache besagt „Deduktion" analog: Die menschliche Erkenntnis stellt ihre Rechtmäßigkeit unter Beweis, sobald sie bestimmte Ansprüche geltend macht, wie z.B. den Anspruch, daß sie Aussagen über die Wirklichkeit im Ganzen zu treffen vermag oder Einsichten in übernatürliche Seinsbereiche besitzt. Wie jedoch gelingt ihr das? Indem sie sich über die fundamentalen Voraussetzungen ihrer eigenen Wirklichkeit, d.h. über die *Bedingungen der Möglichkeit* ihrer selbst Rechenschaft gibt. Damit stoßen wir auf den wichtigen Begriff *transzendental*. Diese Bezeichnung steht jeder Bedingung zu, „unter der allein Dinge Objekte unserer Erkenntnis überhaupt werden können" (KdU B XXIX, A XXVII). Sie trifft aber auch auf jedes methodische *Verfahren* bzw. auf die philosophische *Erkenntniskritik* zu, die derartige Bedingungen aufdeckt.

> „Ich nenne alle Erkenntnis *transzendental*, die sich nicht so wohl mit Gegenständen, sondern mit *unserer Erkenntnisart* von Gegenständen, *so fern diese* a priori *möglich sein soll*, überhaupt beschäftigt. Ein System solcher Begriffe würde *Transzendental-Philosophie* heißen." (KrV B 25, A 12; vgl. B 80f., A 56f.; Prol. A 71)

Transzendental und transzendent

Man beachte in diesem Zusammenhang die Bedeutung von ‚transzendental', die nicht mit derjenigen von ‚transzendent' zu verwechseln ist, was auf etwas Überirdisches, Mystisches oder Göttliches hinweisen würde. Kant selbst erläutert gegenüber diesem naheliegenden Mißverständnis:

> Transzendental „bedeutet nicht etwas, das über alle Erfahrung hinausgeht, sondern, was vor ihr (a priori) zwar vorhergeht, aber doch zu nichts Mehrerem bestimmt ist, als lediglich Erfahrungserkenntnis

> möglich zu machen. Wenn diese Begriffe die Erfahrung überschreiten, dann heißet ihr Gebrauch transzendent, welcher von dem immanenten, d.i. auf Erfahrung eingeschränkten Gebrauch unterschieden wird." (Prol. A 204 Anm.; vgl. KrV B 352, A 296)

So verdankt es die Metaphysik mit einem Wort der *transzendentalen Deduktion*, was letztlich nichts anderes als *Kritik der reinen Vernunft* besagt, daß sie – wenn überhaupt – Wissenschaft sein bzw. werden kann.

Unterschied zu Hume

An dieser Stelle fällt freilich wieder der andere Ton auf, mit dem Kant im Unterschied zu Hume auf die Metaphysik zu sprechen kommt. Immerhin traut er ihr unter bestimmten Umständen zu, *Wissenschaft* werden zu können. Dies wiederum setzt voraus, daß er an die Möglichkeit von Wissenschaft überhaupt glaubt. Auch sie war bei Hume nur mehr bedingt vorstellbar, partizipierte sie doch wie alle Erkenntnis an den bloßen Fähigkeiten der Einbildungskraft und Gewohnheit. Kant dagegen ist vom *Faktum der wissenschaftlichen Erkenntnis* und damit vom gerechtfertigten Anspruch derselben auf Objektivität und Allgemeingültigkeit überzeugt. Allein schon die Tatsache, daß es die Mathematik bzw. Geometrie und die Naturwissenschaft gibt, löst ihm jeden Zweifel auf. Dazu kommt, daß er von einem System, d.h. von einem umfassenden Zusammenhang aller menschlichen Erkenntnisse, d.h. von einer „Architektonik der reinen Vernunft" (KrV B 860ff., A 832ff.) ausgeht und darüber hinaus behauptet, daß es die *Metaphysik* ist, die dieses System begreift. Ausgerechnet von ihr darf nach seiner Ansicht „die *absolute Vollständigkeit* der Wissenschaften erhofft werden" (Metaphysische Anfangsgründe der Naturwissenschaft A XIV, vgl. VIff.,XIVff.; Metaphysik der Sitten AB 10ff.; KrV B 869ff., A 841ff.). Derartiges zu sagen wäre Hume unmöglich gewesen, denn zu nichts ist die menschliche Erkenntnis gemäß seiner Theorie weniger fähig als zur Erlangung eines *objektiven* Systems oder einer *allgemeingültigen* Archtiketonik aller Vernunfteinsichten. Was sich Hume vorstellen konnte, war höchstens ein Assoziationsprodukt der Einbildungskraft. Doch dieses hätte aus reinem Schein bestanden und niemals Anspruch auf Objektivität besessen. Wenn Kant nun zu ganz anderen Schlüssen kommt, ist zu vermuten, daß er in der Erkenntnistheorie unterschiedlicher Meinung ist. In der Tat schließt er sich in der Frage, ob die Erkenntnis auch zu objektiven Einsichten gelangen kann, der rationalistischen, auf Descartes, Leibniz, Christian Wolff u.a. zurückgehenden Tradition an. Was dabei entsteht, ist eine Synthese von Empirismus und Rationalismus. Diese wiederum gestaltet sich folgendermaßen:

Die Erkenntnisse a priori

Rein und a priori

Kant geht davon aus, daß sich die menschliche Erkenntnis *nicht allein* von den sinnlichen Eindrücken (den Humeschen *impressions*) her begreifen läßt. Wie schon erwähnt beweist ihm vor allem das Faktum der

Wissenschaften, d.h. konkret der Mathematik und Geometrie sowie der Naturwissenschaft, daß auch andere Elemente als die Sinneseindrücke unsere Erkenntnis bestimmen. (KrV B 3ff.) Diese Elemente gehen den sinnlichen Eindrücken bzw. der „Erfahrung" *vorher*, sind sozusagen *von vornherein* da und gelten deshalb *a priori* (von Hause aus, von vornherein): „Man nennt solche *Erkenntnisse a priori*, und unterscheidet sie von den *empirischen*, die ihre Quelle a posteriori, nämlich in der Erfahrung haben." (Ebd. B 2, vgl. A 2) Nach einem anderen Begriff heißen die apriorischen Erkenntnisse auch *reine* Erkenntnisse: „Ich nenne alle Vorstellungen *rein* [...], in denen nichts, was zur Empfindung [oder Erfahrung] gehört, angetroffen wird." (B 34, A 20) In diesem Sinne liest man in der „Einleitung" der 1. Auflage der „Kritik der reinen Vernunft":

> „Nun zeigt es sich, welches überaus merkwürdig ist, daß selbst unter unsere Erfahrungen sich Erkenntnisse mengen, die ihren Ursprung a priori haben müssen, und die vielleicht nur dazu dienen, um unsern Vorstellungen der Sinne Zusammenhang zu schaffen. Denn, wenn man aus den ersteren auch alles wegschafft, was den Sinnen angehört, so bleiben dennoch gewisse ursprüngliche Begriffe und aus ihnen erzeugte Urteile übrig, die gänzlich a priori, unabhängig von der Erfahrung entstanden sein müssen, weil sie machen, daß man von den Gegenständen, die den Sinnen erscheinen, mehr sagen kann, wenigstens es sagen zu können glaubt, als bloße Erfahrung lehren würde, und daß Behauptungen wahre Allgemeinheit und strenge Notwendigkeit enthalten, dergleichen die bloß empirische Erkenntnis nicht liefern kann." (A 2)

Synthesen a priori

Wann wird, um im Vokabular des Zitates zu bleiben, „von den Gegenständen, die den Sinnen erscheinen, mehr gesagt [...], als bloße Erfahrung lehren würde"? Sicherlich nicht dann, wenn man das Erkannte lediglich *analysiert*, d.h. in dem Sinne erläutert, daß man daraus hervorhebt oder expliziert, was man im Grunde schon weiß. Leibniz und Hume orteten diesen Fall bei den sogenannten Vernunftwahrheiten (*vérités de raison* bzw. *relations of ideas*). Nein, über das jeweils Erkannte sagt man in dem Augenblick mehr, in dem man es mit anderem Erkannten verknüpft, in ‚Zusammenhang' bringt bzw. *synthetisiert*. Diese Erkenntnis*erweiterung*, die Leibniz und Hume im Bereich der Tatsachenwahrheiten (*vérités de fait* bzw. *matters of fact*) ansiedelten, geschieht nun offensichtlich nicht beliebig – etwa so, wie dies Hume bei den Assoziationsformen der Einbildungskraft angenommen hat –, sondern *geregelt, gesetzmäßig* und *notwendig*. Im Vokabular Kants: Was sich bei den Erkenntniserweiterungen abzeichnet, sind *apriorische Synthesen*. (Vgl. u.a. B 10ff., A 6ff.; Prol. A 24ff.) Damit ist aber klar, daß die fundamentale Frage aller Erkenntniskritik und Metaphysik lauten muß: „*Wie sind synthetische Erkenntnisse a priori möglich?*" (Prol. A 45, vgl. 40ff.; vgl. KrV B 19)

Grundsätze des reinen Verstandes

Kant findet die Bedingungen der Möglichkeit von synthetischen Erkenntnissen a priori sowohl in der Sinneserkenntnis als auch im Verstand. Im Bereich der Sinneserkenntnis sind es die „reinen Anschauungen" von Raum und Zeit (KrV B 33ff., A 19ff.), im Bereich des Verstandes hingegen die „reinen Begriffe" bzw. das, was die Synthetisierungsleistung der reinen Begriffe konstituiert – die „Kategorien" (ebd. B 89ff., A 65ff.). In der konkreten Erfahrung, in der Sinneserkenntnis und Verstand allemal eine Einheit bilden, verknüpfen sich die „reinen Anschauungen" mit den „reinen Begriffen" bzw. „Kategorien" in den „transzendentalen Schemata", aus denen sich die „Grundsätze des reinen Verstandes"(B 176ff., A 137ff.) ergeben. Unter den Grundsätzen des reinen Verstandes figurieren – neben anderen – vor allem jene Prinzipien, die Hume besonders heftig kritisiert hat: das Substanzprinzip und das Kausalitätsprinzip. Sie werden im Namen des fundamentaleren Prinzips „*Erfahrung ist nur durch die Vorstellung einer notwendigen Verknüpfung der Wahrnehmungen möglich*" (B 218, A 176) aufgestellt und folgendermaßen formuliert: „*Bei allem Wechsel der Erscheinungen beharret die* Substanz, *und das Quantum derselben wird in der Natur weder vermehrt noch vermindert*." (B 224), bzw.: „*Alle Veränderungen geschehen nach dem Gesetze der Verknüpfung der Ursache und Wirkung*." (B 232). Ohne auf Details der transzendentalen Deduktion einzugehen, die Kant zu dieser gegen Hume (vgl. Prol. A 97ff.) gerichteten These führt, bedenken wir deren Konsequenz:

Mehr als Schein

Für Hume ist die Anwendung des Kausalitäts- bzw. Substanzprinzips nichts anderes als eine wohl nach gewissen Kriterien, im Großen und Ganzen aber frei assoziierende Tätigkeit der Einbildungskraft. Das Bild der Wirklichkeit, das daraus erwächst, ist daher auch nichts weiter als ein bloßer *Schein*. Bei Kant erfolgt dieselbe Anwendung *notwendig*. Die menschliche Erkenntnis kann gar nicht anders, als sie vorzunehmen. Insofern paßt das Prädikat „Schein" für das Wirklichkeitsbild, das da entsteht, nicht mehr. „Schein" suggeriert subjektive Beliebigkeit, ja Willkür. Davon kann jedoch keine Rede mehr sein, denn die grundlegenden Elemente des Wirklichkeitsbildes, das sich jetzt einstellt, sind für alle Menschen gleich und konstituieren das einzig mögliche Bild, das sich der Mensch zu bilden vermag, wenn er seine Vernunft einsetzt. (Vgl. KrV B 69ff.) *Es besitzt daher Anspruch auf Allgemeingültigkeit und Objektivität*. Aus demselben Grund sind auch die Wissenschaften – bei Kant vor allem die Mathematik, die Geometrie und die Naturwissenschaft (konkret die Physik) – möglich. (Vgl. u.a. Prol. A 48-124) Das in ihnen dargebotene Wissen zeichnet sich gegenüber anderen Formen des Wissens ja gerade dadurch aus, daß es in besonderer Weise allgemeingültig (intersubjektiv) und objektiv ist.

Wende

Gibt Kant damit die grundlegende These der neuzeitlichen Philosophie, nach der uns die Wirklichkeit immer nur in der Form *ihres Erkannt-*

seins durch uns gegeben ist, auf? Bedeutet sein Insistieren darauf, daß unsere Erkenntnis Objektivität erreichen kann, am Ende einen Rückfall in den Objektivismus des mittelalterlichen Denkens oder eine Revidierung der unaufgebbaren Einsichten Humes und anderer Skeptiker der Neuzeit? Keineswegs. Kant *radikalisiert* ganz im Gegenteil den erkenntnistheoretischen Standpunkt der Philosophie seit Descartes und wirft dieser sogar vor, in der Beachtung ihrer Grundprämisse nicht konsequent genug gewesen zu sein. Er fordert daher eine noch konsequentere *kopernikanische Wende* von den Gegenständen zur Erkenntnis:

> „Bisher nahm man an, alle unsere Erkenntnis müsse sich a priori nach den Gegenständen richten; aber alle Versuche, über sie a priori etwas durch Begriffe auszumachen, wodurch unsere Erkenntnis erweitert würde, gingen unter dieser Voraussetzung zu nichte. Man versuche es daher einmal, ob wir nicht in den Aufgaben der Metaphysik damit besser fortkommen, daß wir annehmen, die Gegenstände müssen sich nach unserem Erkenntnis richten, welches so schon besser mit der verlangten Möglichkeit einer Erkenntnis derselben a priori zusammenstimmt, die über Gegenstände, ehe sie uns gegeben werden, etwas festsetzen soll." (KrV B XVI)

Als obersten Grundsatz aller synthetischen Erkenntnis hält er zusätzlich fest:

> „[...] die Bedingungen der *Möglichkeit der Erfahrung* überhaupt sind zugleich die Bedingungen der *Möglichkeit der Gegenstände der Erfahrung* [...]" (Ebd. B 197, A 158)

Ding an sich selbst nicht erkennbar

Das bedeutet: Von der Wirklichkeit, wie sie unabhängig von unserer Erkenntnis, d.h. *an sich selbst* ist, zu sprechen, hat überhaupt keinen Sinn. Eine Wirklichkeit an sich selbst, ein *Ding an sich selbst*, müssen wir zwar annehmen, weil sich unsere Erkenntnis ganz offensichtlich auf so etwas wie einen ihr „korrespondierenden, mithin auch davon unterschiedenen Gegenstand" bezieht. (A 104, vgl. 105ff.) „Es ist [aber] leicht einzusehen, daß dieser Gegenstand nur als etwas überhaupt = X müsse gedacht werden, weil wir außer unserer Erkenntnis doch nichts haben, welches wir dieser Erkenntnis als korrespondierend gegen über setzen könnten." (Ebd.) Abgesehen davon ist er „vor uns nichts" (A 105) bzw. etwas so „Allgemeines" (A 106) wie ein „Gegenstand überhaupt" (A 251), von dem wir „gar nichts wissen, noch überhaupt [...] wissen können" (A 250). Kant bezeichnet ihn daher – formal und abstrakt – als „transzendentalen Gegenstand" (A 109,250f.), der *angenommen* werden muß, weil sonst das Funktionieren der Erkenntnis nicht erklärt werden könnte.

Erscheinung nicht Schein

Was bleibt aber dann der menschlichen Erkenntnis? Das „Ding an sich selbst", rein für sich und ohne Beziehung zu ihr, vermag sie niemals zu erreichen. Zugleich ist aber auch das, was sie sich vom „Ding an sich selbst" – von der Wirklichkeit an ihr selbst – vorstellt, kein bloßer

Schein. Da sich *jeder* Mensch die Vorstellungen von der Wirklichkeit nach apriorischen, d.h. unausweichlichen und zwingenden Gesetzmäßigkeiten und Regeln bildet, erschöpfen sich diese Vorstellungen nicht in bloßer Zufälligkeit, Subjektivität und „Empirie", sondern gelten im Bezug auf diese Gesetzmäßigkeiten und Regeln notwendig, objektiv und allgemeingültig. Was nun einerseits nicht „Ding an sich selbst" und andererseits nicht „Schein" ist, was sich der Mensch – nicht nur als *empirisches*, sondern als *transzendentales* Subjekt – aber von der Wirklichkeit vorstellt, das nennt Kant die *Erscheinung*.

> „Wir haben also sagen wollen: daß alle unsre Anschauung nichts als die Vorstellung von Erscheinung sei; daß die Dinge, die wir anschauen, nicht das an sich selbst sind, wofür wir sie anschauen, noch ihre Verhältnisse so an sich selbst beschaffen sind, als sie uns erscheinen, und daß, wenn wir unser Subjekt oder auch nur die subjektive Beschaffenheit der Sinne überhaupt aufheben, alle die Beschaffenheit, alle Verhältnisse der Objekte im Raum und Zeit, ja selbst Raum und Zeit verschwinden würden, und als Erscheinungen nicht an sich selbst, sondern nur in uns existieren können." (B 59, A 42) „Wenn ich [freilich] sage: im Raum und der Zeit stellt die Anschauung, so wohl der äußeren Objekte, als auch die Selbstanschauung des Gemüts, beides vor, so wie es unsere Sinne affiziert, d.i. wie es *erscheint*: so will das nicht sagen, daß diese Gegenstände ein bloßer *Schein* wären. Denn in der Erscheinung werden jederzeit die Objekte, ja selbst die Beschaffenheiten, die wir ihnen beilegen, als etwas wirklich Gegebenes angesehen, nur daß, so fern diese Beschaffenheit nur von der Anschauungsart des Subjekts in der Relation des gegebenen Gegenstandes zu ihm abhängt, dieser Gegenstand als *Erscheinung* von ihm selbst als Objekt *an sich* unterschieden wird." (B 69)

Die Grenze der menschlichen Erkenntnis

Transzendentale Topik

Kant kritisiert nicht nur die Position Humes. Ebenso deutlich distanziert er sich vom Rationalismus, den er vor allem in der Gestalt der Philosophien von Leibniz und Wolff vor Augen hat. (Vgl. u.a. B 326ff., A 270ff.) Dieser nahm zwar genauso wie Kant und im Gegensatz zum Empirismus apriorische Erkenntnisse an, dank derer sich unser Bewußtsein in der Lage befindet, die sinnlichen Eindrücke miteinander zu verknüpfen (synthetisieren) und in größere Zusammenhänge einzuordnen. Als er jedoch dazu überging, aus diesen reinen Erkenntnissen Regeln und Prinzipien abzuleiten, um sie bei der Bildung seiner Theorien methodisch einzusetzen, versäumte er die Beantwortung einer entscheidenden Frage, nämlich: Wo bzw. in welcher Weise dürfen die gewonnenen Regeln und Prinzipien eingesetzt werden? Ist es z.B. sinnvoll, das Kausalitätsprinzip universal anzuwenden, egal ob es sich bei dem Anwendungsgebiet um den Bereich der Erscheinung, um den Bereich des Dinges an sich selbst bzw. um den Bereich des Transzendenten handelt? Verhält es sich am Ende nicht vielmehr so, daß der Anwendungsbereich der genannten Regeln und Prinzipien begrenzt ist? Weil der Rationalismus diese Frage nach dem „transzendentalen Ort", an dem er die apriorischen Synthesen gerechtfertigterweise durchführen durfte, nicht stellte, mit anderen Worten auf eine „transzendentale Topik" (Ortsbestimmung) verzichtete (B 324f., A 268f.; vgl. B 294f., A 235f.), wurde er zunehmend „dogmatisch", ja mehr noch: er wurde phantastisch, denn er wendete seine Regeln und Prinzipien so bedenkenlos an, daß er gar nicht bemerkte, wie abseits aller Möglichkeiten der menschlichen Erkenntnis sich seine Theorien ansiedelten.

Grenze der Erkenntnis

Kant fordert daher eine „transzendentale Deduktion", die im Sinne einer „transzendentalen Topik" genau angibt, wo bzw. wozu die vonden apriorischen Erkenntnissen her gewonnenen Regeln und Prinzipien angewendet werden dürfen. In besagter Topik wiederum hält er grundsätzlich fest: Als Ort ihrer gerechtfertigten Anwendbarkeit kommt *ausschließlich der Bereich der Erscheinung* in Frage. Eine Ausdehnung auf den Bereich des Dings an sich selbst bzw. des Transzendenten ist prinzipiell unmöglich. Die apriorischen Erkenntnisse, die es uns gestatten, die sinnlichen Eindrücke zu synthetisieren, konstituieren ja gerade das, was Kant die Erscheinungen nennt. Wollte man daher ausgerechnet mit ihnen bzw. mit den an ihnen gebildeten Regeln und Prinzipien über den Bereich der Erscheinungen hinaus, so versuchte man etwas Unmögliches, denn man stieße abermals auf nichts anderes als eben auf Erscheinungen. (Vgl. u.a. Prol. A 101-109) Abgesehen davon liefert aber auch die Grundstruktur der Erkenntnis eine klare Auskunft. Wie schon öfters erwähnt, entspringt die menschliche Erkenntnis „aus zwei Grundquellen des Gemüts", aus Sinnlichkeit und Verstand bzw. aus Anschauung und Begriff. (KrV B 74ff., A 50ff.) Das bedeutet jedoch nicht, daß sie in zwei Hälften oder Stämme auseinanderfiele bzw. keine Einheit hätte. Im Gegenteil. Zunächst existiert keine der beiden Erkenntnisarten für sich. Beide treten vielmehr nur dergestalt auf, daß sie sich ergänzen.

> „Ohne Sinnlichkeit würde uns kein Gegenstand gegeben, und ohne Verstand keiner gedacht werden. Gedanken ohne Inhalte sind leer, Anschauungen ohne Begriffe sind blind. Daher ist es eben so notwendig, seine Begriffe sinnlich zu machen (d.i. ihnen den Gegenstand in der Anschauung beizufügen), als, seine Anschauungen sich verständlich zu machen (d.i. sie unter Begriffe zu bringen), [...] Nur daraus, daß sie sich vereinigen, kann Erkenntnis entspringen." (Ebd. B 75f., A 51)

Funktion reiner Erkenntnisse

Sodann vollzieht sich konkrete und wirklichkeitsbezogene Erkenntnis ausschließlich in der Form, in der sinnliche und verstandesmäßige Elemente von Hause aus verbunden sind – *in der Erfahrung*. Was bedeutet das für die Anwendung der Regeln und Prinzipien, welche die Philosophie aus der Analyse der apriorischen Erkenntnisse – der reinen Anschauungen von Raum und Zeit einerseits und der reinen Begriffe bzw.

Kategorien andererseits – gewinnt? *Es bedeutet, daß sie keine andere Funktion haben als die reinen Erkenntnisse, aus denen sie abgeleitet sind.* Die reinen Erkenntnisse jedoch dienen dazu, die durch die Sinne erhaltenen Eindrücke zunächst jeweils für sich, dann aber auch gemeinsam zu *synthetisieren* und so die *Einheit der menschlichen Erkenntnis* zu begründen. Die Regeln und Prinzipien sind folglich nur unter der Voraussetzung richtig angewendet, daß sie dieser Synthetisierungs-Struktur der Erkenntnis entsprechen. (Vgl. B 309f., A 253f.) Oder anders gesagt: *Sie werden sinnvoll nur dort eingesetzt, wo sie auf die Synthetisierung von Sinnlichkeit und Verstand abzielen.* Jede andere Anwendung ist ihrem Wesen fremd und führt zu nichts. So zeigt sich noch einmal: *Ort* der einzig möglichen Gültigkeit sowie der einzig gerechtfertigten Anwendbarkeit der Regeln und Prinzipien unserer Erkenntnis *ist ausschließlich der durch die Erfahrung konstituierte Bereich der Erscheinung.*

Beispiel Kausalitätsprinzip

Illustrieren wir die Konsequenz dieses Ergebnisses der transzendentalen Topik an jenem Prinzip, das uns bereits etliche Male beschäftigt hat und im Zusammenhang mit den Gottesbeweisen gleich wieder begegnen wird: am *Kausalitätsprinzip.* Wie erinnerlich diente der „Satz vom Grund" den rationalistischen Philosophen und über sie hinaus der ganzen Tradition seit Aristoteles einerseits zur Strukturierung der Wirklichkeit in ihrer Gesamtheit, andererseits aber auch zum Erweis der Existenz Gottes als höchster oder erster Ursache. Kant kritisiert im Sinne seiner Topik vor allem das Letztere, daß mit Hilfe des Kausalitätsprinzips auf eine transzendente Wirklichkeit, d.h. auf ‚etwas' geschlossen wird, was wir uns überhaupt nicht vorstellen können, was folglich auch niemals *Erscheinung* in der oben genannten Bedeutung des Wortes werden kann. Gott wäre nach dem Verständnis der Tradition *zum einen* kein Gegenstand der Sinneserkenntnis, *zum andern* aber auch kein Teil jenes Zusammenhanges, den das Prinzip der Kausalität herstellt, denn Gott erschafft ja den Kausalzusammenhang und hat selbst keine Ursache mehr. Beides – sowohl Gottes Übersinnlichkeit als auch seine Unabhängigkeit von der Kausalität – zu fassen, ist nach Ansicht Kants für die menschliche Erkenntnis unmöglich. *Das Kausalitätsprinzip dient lediglich dazu, die Wirklichkeit, wie sie sich über die Sinneseindrücke darbietet, zu strukturieren und dadurch die Welt der Erscheinungen zu konstituieren, keinesfalls dazu, über den Bereich der Erscheinungen hinauszugelangen bzw. einen Weg ins Transzendente zu bahnen.* Mit den Worten Kants:

> „Daher haben auch die reinen Verstandesbegriffe ganz und gar keine Bedeutung, wenn sie von Gegenständen der Erfahrung abgehen und auf Dinge an sich selbst (noumena) bezogen werden wollen. Sie dienen gleichsam nur, Erscheinungen zu buchstabieren, um sie als Erfahrung lesen zu können; die Grundsätze [wie das Kausalitätsprinzip], die aus der Beziehung derselben auf die Sinnenwelt entspringen, die-

> nen nur unserm Verstande zum Erfahrungsgebrauch; weiter hinaus sind es willkürliche Verbindungen, ohne objektive Realität, deren Möglichkeit man weder a priori erkennen, noch ihre Beziehung auf Gegenstände durch irgendein Beispiel bestätigen, oder nur verständlich machen kann, weil alle Beispiele nur aus irgend einer möglichen Erfahrung entlehnt, mithin auch die Gegenstände jener Begriffe nirgend anders, als in einer möglichen Erfahrung angetroffen werden können. [...] Hieraus fließt nun folgendes Resultat aller bisherigen Nachforschungen [der Kritik bzw. transzendentalen Deduktion]: ‚Alle synthetischen Grundsätze a priori sind nichts weiter, als Prinzipien möglicher Erfahrung' und können niemals auf Dinge an sich selbst, sondern nur auf Erscheinungen, als Gegenstände der Erfahrung, bezogen werden." (Prol. A 101f.; vgl. KrV B 294-346, A 235-289)

Unverzichtbarkeit der Sinne

Aus diesem wichtigen Resultat, „daß der Verstand a priori niemals mehr leisten könne, als die Form einer möglichen Erfahrung überhaupt zu antizipieren, und, da dasjenige, was nicht Erscheinung ist, kein Gegenstand der Erfahrung sein kann, daß er die Schranken der Sinnlichkeit, innerhalb denen uns allein Gegenstände gegeben werden, niemals überschreiten könne" (KrV B 303, A 246f.), aus diesem Resultat folgt, daß die menschliche Erkenntnis aus ihrer inneren Struktur heraus *nicht behebbare Grenzen* hat. Natürlich kann sich der Verstand für sich alleine, unabhängig von der Sinneserkenntnis, etwas ausdenken. Damit vermag er, wie die Philosophie des Rationalismus beweist, sehr weit zu kommen. Doch er besitzt dadurch keine Erkenntnis im strengen Sinn, er denkt sich lediglich etwas aus. Das Ergebnis dieses Ausdenkens hat keinerlei Wirklichkeits- oder Wahrheitswert. Dazu bedürfte es der Synthetisierung des Ausgedachten mit dem sinnlich Gegebenen. Geschieht dies, d.h. macht der Verstand von seinen Mitteln einen *„empirischen* Gebrauch" (Ebd. B 303ff., A 244ff.), konstituiert er gemeinsam mit der Sinnlichkeit *die Wirklichkeit, wie sie dem Menschen in der einzig möglichen Form erscheint*. Über diese Wirklichkeit, wie sie ihm erscheint, gelangt er niemals hinaus. Auf sie ist er eingegrenzt.

Die Kritik der Gottesbeweise

Unerkennbarkeit Gottes

Es bedarf keiner längeren Erläuterung, daß das soeben Gesagte für die Erkenntnis Gottes und hier konkret für die Gottesbeweise eine entscheidende Konsequenz nach sich zieht. Verstehen wir nämlich unter Gott ein rein geistiges Wesen, das – zumindest nach Vorstellung der Philosophie – durch die Sinne nicht gegeben ist und das sich darüber hinaus von der uns zugänglichen Wirklichkeit wesentlich unterscheidet, da es den Strukturen, die diese bestimmen, nicht unterliegt, *dann kann er nicht erkannt werden*. Unsere Erkenntnis führt immer wieder in die Welt der Erscheinungen, und Erscheinung kann Gott *per definitionem* der Philosophie nicht sein. *Daraus folgt kein Atheismus*. Kant behauptet lediglich, daß der Mensch mit Hilfe seiner Erkenntnis über Gott nichts auszumachen vermag. Er ist daher auch nicht in der Lage, das Gegenteil anzunehmen und die Nichtexistenz Gottes zu beweisen. Denn dies würde abermals voraussetzen, daß er über einen Bereich entscheiden könnte, der *jenseits* des Bereiches der Erscheinungen liegt. Dazu fehlen ihm jedoch sämtliche Möglichkeiten.

Beweis und Gegenbeweis

Sagen wir es konkreter: Die uns zugängliche Wirklichkeit, die Welt der Erscheinungen, ist prinzipiell beherrscht durch den Gegensatz von Existenz und Nichtexistenz. Es gibt in der uns bekannten Wirklichkeit grundsätzlich nichts, das nicht ebenso gut nicht sein könnte. Wollten wir nun die Existenz Gottes beweisen, so kämen wir nach Kant niemals dazu, uns eine Existenz vorzustellen, die nicht im Gegensatz zu einer Nichtexistenz stünde. Das heißt: Wir würden mit unserem Beweis nichts anderes als eine Erscheinung erzeugen, die Gott gerade um das brächte, was ihn auszeichnet, nämlich das völlige Anderssein gegenüber der uns zugänglichen Wirklichkeit. Entsprechendes gälte für den Beweis der Nichtexistenz. Auch er würde eine Gesetzmäßigkeit, die in unserer Wirklichkeit Sinn und Funktion hat, auf eine Wirklichkeit übertragen, in der sie nicht gilt. In beiden Fällen, sowohl beim Beweis der Existenz als auch beim Beweis der Nichtexistenz, erfolgt somit nichts anderes als die *Projektion* unserer Erscheinungswirklichkeit auf die uns völlig unzugängliche Wirklichkeit des Transzendenten.

Konsequenzen

Wenn wir jetzt doch auf die Kantsche Kritik an den Gottesbeweisen näher eingehen, dann tun wir es deshalb, weil die Gottesbeweise nicht nur für die Tradition seit Platon und Aristoteles, sondern vor allem auch für die Philosophie der Neuzeit einen zentralen Stellenwert besaßen. Erinnern wir uns daran, daß Gott für die rationalistische Philosophie seit Descartes die sicherste und untrüglichste Erkenntnis darstellte, die der Mensch überhaupt haben kann. Aus ihr heraus leitete sie nicht nur das System aller Erkenntnisse ab, die von der Wirklichkeit möglich sind, sondern in ihr verwurzelte sie vor allem auch die Rationalität der Vernunft als solcher. Ist es nun prinzipiell ausgeschlossen, von Gott überhaupt eine Erkenntnis zu haben bzw. eine Verbindung zwischen ihm und der uns zugänglichen Wirklichkeit herzustellen, dann bedeutet das zweierlei:

Ende der christlichen Metaphysik

Erstens stehen wir damit vor dem Ende einer Überzeugung, die durch das Christentum in die Metaphysik eingebracht und durch die neuzeitlich-absolutistische Philosophie noch einmal mächtig erneuert wurde, daß nämlich eine Aussage über die Wirklichkeit im Ganzen nur getroffen werden kann, wenn der Bezug zu ihrem Schöpfer mitberücksichtigt wird. Ist ein solcher Bezug nicht mehr erweislich, *dann steht die Metaphysik vor einem Paradigmenwechsel.* Sie muß hinkünftig Aussagen treffen, die diesen Bezug zumindest offen lassen, wenn nicht gar von ihm überhaupt absehen.

Neuer Begriff von Vernunft

Zweitens: In der gesamten abendländisch-neuzeitlichen Metaphysik wurde die Vernunft als die Fähigkeit des Menschen begriffen, das Absolute einzusehen und aus dem Bezug zu ihm alles Wirkliche zu verstehen. Fällt jetzt die Möglichkeit weg, eine solche Einsicht zu haben, dann bedeutet das auch etwas für die Vernunft. *Sie ändert damit ihr Wesen*. Wie definiert sie sich von nun an selbst? Worin liegt ihre zukünftige Funktion? Was macht sie weiterhin sinnvoll? Wodurch legitimiert sie unter den geänderten Voraussetzungen *ihre eigene Vernünftigkeit*? Es bestand natürlich die Möglichkeit, die Vernunft selbst zu etwas Absolutem und folglich auch zu einem reinen Selbstzweck zu erklären. Wir haben gesehen, daß der Deutsche Idealismus einen solchen Versuch unternommen hat. Kant selbst tendierte in diese Richtung. Je mehr jedoch die Endlichkeit der Vernunft bewußt wurde, umso weniger überzeugte ein solcher Versuch. So mußte und muß sich die Philosophie bis heute fragen, was eigentlich Vernunft ist. Wie wir noch erörtern müssen, stellt sich immer mehr heraus, daß das, was die Vernunft auszeichnet, nicht so sehr der *Inhalt* ist, den sie als besondere Erkenntnis hat – dieser ist nach Kant ja relativ geworden –, als vielmehr *die Form ihres Verfahrens*.

Arten der Gottesbeweise

Doch nun zu den Gottesbeweisen im einzelnen: Kant untersucht in der „Kritik der reinen Vernunft" *drei* Gottesbeweise (B 612-658, A 584-630): den *ontologischen*, den *kosmologischen* und den *physikotheologischen*. Auf den *ontologischen* Gottesbeweis sind wir bereits mehrmals gestoßen (in Zusammenhang mit Anselm, Descartes, Spinoza und Leibniz). Bei ihm „abstrahieren wir", wie Kant sagt, „von aller Erfahrung, und schließen gänzlich a priori aus bloßen Begriffen auf das Dasein einer höchsten Ursache" (B 618f., A 590f.). Das heißt: wir kommen vom reinen Begriff Gottes her zu dem Schluß, daß er aufgrund seiner Vollkommenheit (über die hinaus keine größere Vollkommenheit mehr gedacht werden kann) existieren muß bzw. „etwas sei, dessen Nichtsein unmöglich ist" (B 620, A 592). Der *kosmologische* Gottesbeweis ist der klassische *Kontingenzbeweis*. Hier setzen wir bei „der bestimmten Erfahrung und der dadurch erkannten besonderen Beschaffenheit unserer Sinnenwelt an, und steigen von ihr nach Gesetzen der Kausalität bis zur höchsten Ursache außer der Welt hinauf" (B 618, A 590). Die besondere Beschaffenheit, die wir an der Welt wahrnehmen, ist ihre Zufälligkeit. Da Zufälligkeit eine Ursache erfordert, schließen wir letztlich auf eine „schlechthinnotwendige Ursache" (B 632f., A 604f. Anm.) Hinter dem *physikotheologischen* Gottesbeweis verbirgt sich schließlich das alte *teleologische* Argument. Es betrachtet die Welt als „unermeßlichen Schauplatz von Mannigfaltigkeit, Ordnung, Zweckmäßigkeit und Schönheit" (B 650, A 622) und kommt zu dem Ergebnis, daß diese „zweckmäßige Anordnung" ohne „eine erhabene und weise Ursache [...], die nicht bloß als blindwirkende allvermögende Natur, durch *Fruchtbarkeit*, sondern, als Intelligenz, durch *Freiheit* die Ursache der Welt sein muß", nicht gedacht werden kann. (B 653, A 625)

Zusammenhang

Meines Erachtens sieht Kant richtig, wenn er davon ausgeht, daß die drei Beweise untereinander zusammenhängen und am Ende alle auf den ontologischen Beweis hinauslaufen. Der physikotheologische Beweis kommt nämlich über seine Erkenntnis von der Zweckmäßigkeit und Geordnetheit aller Dinge zu der Einsicht, daß diese Tatsache keineswegs notwendig, sondern zufällig ist. Damit setzt er den kosmologischen Beweis voraus, der aus der Zufälligkeit der Welt (*a contingentia mundi*) auf eine absolut notwendige erste Ursache schließt. Um zuletzt aber diesen Schluß möglich zu machen, bedarf es eines Begriffs der ersten Ursache, die sich von allen übrigen Ursachen fundamental unterscheidet und ein von aller Wirklichkeit abweichendes Wesen hat. Dadurch tritt wiederum das ontologische Argument (das *argumentum anselmianum*) in Funktion. (Vgl. B 657f., A 629f.)

> „So liegt demnach dem physikotheologischen Beweise der kosmologische, diesem aber der ontologische Beweis, vom Dasein eines einigen Urwesens als höchsten Wesens, zum Grunde [...]“ (B 658, A 630)

Wird daher der ontologische Beweis widerlegt, so ist es auch um die anderen Beweise geschehen.

Kausalität und Transzendenz

Im wesentlichen sind es zwei Argumente, die Kant gegen jeglichen Gottesbeweis in Treffen führt, nämlich *erstens*: Es ist nicht möglich, Kausalbeziehungen – welcher Art auch immer (Effizenz- oder Finalkausalität) – zwischen der uns zugänglichen Welt der Erscheinungen und einer transzendenten Wirklichkeit herzustellen.

> „Würde das höchste Wesen in dieser Kette der Bedingungen stehen, so würde es selbst ein Glied der Reihe derselben sein, und, eben so, wie die niederen Glieder, denen es vorgesetzt ist, noch fernere Untersuchung wegen seines noch höheren Grundes erfordern. Will man es dagegen von dieser Kette trennen, und, als ein bloß intelligibeles Wesen, nicht in der Reihe der Naturursachen mitbegreifen: welche Brücke kann die Vernunft alsdenn wohl schlagen, um zu demselben zu gelangen? Da alle Gesetze des Überganges von Wirkungen zu Ursachen, ja alle Synthesis und Erweiterung unserer Erkenntnis überhaupt auf nichts anderes, als mögliche Erfahrung, mithin bloß auf Gegenstände der Sinnenwelt gestellt sein [= sind] und nur in Ansehung ihrer eine Bedeutung haben können.“ (B 649f., A 621f.)

Begriff und Existenz

Zweitens: Der bloße Begriff bzw. die reine Idee von etwas gestattet keinen Schluß auf dessen Existenz.

> „Unser Begriff von einem Gegenstande mag [...] enthalten, was und wie viel er wolle, so müssen wir doch aus ihm herausgehen, um diesem die Existenz zu erteilen. Bei Gegenständen der Sinne geschieht dieses durch den Zusammenhang mit irgend einer meiner Wahrnehmungen nach empirischen Gesetzen; aber für Objekte des reinen Denkens ist ganz und gar kein Mittel, ihr Dasein zu erkennen, weil es gänzlich a priori erkannt werden müßte, unser Bewußtsein aller Exi-

> stenz aber [...] gehöret ganz und gar zur Einheit der Erfahrung, und eine Existenz außer diesem Felde kann zwar nicht schlechterdings für unmöglich erklärt werden, sie ist aber eine Voraussetzung, die wir durch nichts rechtfertigen können." (B 629, A 601)

Sein kein Prädikat

Abgesehen davon fügt nach Kant die Existenz dem Wesen von etwas nichts hinzu. Sie ist, wie er sich ausdrückt, kein Prädikat. „*Sein* ist offenbar kein reales Prädikat, d.i. ein Begriff von irgend etwas, was zu dem Begriffe eines Dinges hinzukommen könne. Es ist bloß die Position eines Dinges, oder gewisser Bestimmungen an sich selbst." (B 626, A 598) Aus diesem Grunde kann die Existenz, wie im Falle des ontologischen Beweises, auch nicht zur Vollkommenheit Gottes (d.h. zu seinen Prädikaten) hinzugezählt werden. Da Gott schließlich nicht so existiert, wie wir uns das in einzig möglicher Weise vorstellen können, macht der ontologische Beweis eine unmögliche Rechnung auf, die Kant abschließend so kommentiert:

> „Es ist also an dem so berühmten ontologischen [...] Beweise, vom Dasein eines höchsten Wesens, aus Begriffen, alle Mühe und Arbeit verloren, und ein Mensch möchte wohl eben so wenig aus bloßen Ideen an Einsichten reicher werden, als ein Kaufmann an Vermögen, wenn er, um seinen Zustand zu verbessern, seinem Kassenbestand einige Nullen anhängen wollte." (B 630, A 602)

Die Ideen der reinen Vernunft

Das Ganze als Idee

Wie wir gesehen haben, erschöpft sich Metaphysik für Kant nicht in der bloßen Kritik der Erkenntnis. Sie hat es darüber hinaus mit dem Ganzen der Erkenntnis bzw. mit der absoluten Vollständigkeit der Wissenschaften zu tun. Wie ist ihr jedoch dieses „*absolute Ganze aller möglichen Erfahrung*" (Prol. A 126, vgl. 161f.) gegenwärtig? Kant antwortet: Durch die *Ideen der reinen Vernunft*. Wie ist das zu verstehen? Was bedeutet ‚Idee'?

Gesamtheit

Ziehen wir zur Beantwortung dieser Fragen noch einmal das Beispiel des Kausalitätsprinzips heran. Wir sahen, daß dieses als ein „Grundsatz der Erfahrung" anzusehen ist, den wir *a priori* einsetzen müssen, wenn es darum geht, die Vielfalt der gegebenen Erscheinungen in einen Zusammenhang zu bringen und zu *synthetisieren*. Es kommt nun darauf an zu beachten, daß die bisher berücksichtigte Anwendung des Kausalitätsgrundsatzes sich lediglich *auf den Einzelfall* bezog. Unsere Aufmerksamkeit richtete sich bis jetzt auf die *konkrete* Anwendung des Prinzips bei *diesem oder jenem* Anlaß. Das ist offensichtlich nicht genug. Denn die Anwendung im Einzelfall hat nur dann Sinn und Bedeutung, wenn sich das Verhältnis von Ursache und Wirkung nicht bloß *da oder dort* feststellen läßt, sondern wenn angenommen wird, daß es eine *umfassende Kette von Ursachen und Wirkungen* gibt. Wie wäre anders zu erklären, daß eine bestimmte Ursache ja ihrerseits wiederum Wirkung einer anderen – früheren, fundamentaleren oder sonstigen – Ursache ist? Neben dem Einzelfall muß mit einem Wort ein *Gesamtzusammenhang* existieren. In den Worten Kants: Über die einzelne Bedingung – *eine* Wirkung braucht *eine* Ursache – hinaus ist eine „*Allheit* (universitas) oder *Totalität* der Bedingungen" vorauszusetzen. (KrV B 379, A 322) Weil *diese* Voraussetzung aber nicht erneut eine Bedingung unter allen anderen sein kann, sondern vielmehr *die Bedingung aller Bedingungen* sein muß, nennt sie Kant auch „das Unbedingte":

> „Da nun das *Unbedingte* allein die Totalität der Bedingungen möglich macht, und umgekehrt die Totalität der Bedingungen jederzeit selbst unbedingt ist: so kann ein reiner Vernunftbegriff überhaupt durch den Begriff des Unbedingten, so fern er einen Grund der Synthesis des Bedingten enthält, erklärt werden." (Ebd.; vgl. B 444, A 416f.)

Neuer Begriff von Idee

Die „reinen Vernunftbegriffe", welche das Ganze der Erfahrung bzw. das Unbedingte anzeigen, sind *die Ideen*. Kant ist sich dessen bewußt, daß er beim Reden von ‚Ideen' in einer großen Tradition steht. Ausdrücklich erinnert er an Platon. (B 370ff., A 313ff.). Und selbstverständlich ist ihm auch das bei Rationalisten und Empiristen übliche Verständnis von ‚Idee' als ‚Vorstellung' geläufig. Dennoch entscheidet er sich für diesen Begriff und definiert ihn folgendermaßen:

> „Ich verstehe unter der Idee einen notwendigen Vernunftbegriff, dem kein kongruierender Gegenstand in den Sinnen gegeben werden kann. Also sind unsere jetzt erwogene[n] reine[n] Vernunftbegriffe *transzendentale Ideen*. Sie sind Begriffe der reinen Vernunft; denn sie betrachten alles Erfahrungserkenntnis als bestimmt durch eine absolute Totalität der Bedingungen. Sie sind nicht willkürlich erdichtet, sondern durch die Natur der Vernunft selbst aufgegeben, und beziehen sich daher notwendiger Weise auf den ganzen Verstandesgebrauch. Sie sind endlich transzendent und übersteigen die Grenze aller Erfahrung, in welcher also niemals ein Gegenstand vorkommen kann, der der transzendentalen Idee adäquat wäre." (B 383f., A 327; vgl. B 378, A 321)

Keine Gegenstände

Aus der eben zitierten Definition wird bereits klar, daß die Ideen der Vernunft von Natur aus vorgegeben und daher notwendig sind. Die Vernunft erfindet sie nicht. Aus diesem Grund besitzen sie einen *transzendentalen* Stellenwert. Darüber hinaus ist deutlich geworden, daß die Ideen niemals Gegenstände unserer Wirklichkeitserfahrung werden können. Ihnen entspricht nichts von dem, was uns konkret als Erscheinung begegnet. All dem gegenüber sind sie *transzendent*. (B 383, A 327; Prol. A 126) Das, woran sie sich abzeichnen, bilden deshalb auch nicht die sinnlich erfahrbaren Erscheinungen, sondern die apriorischen Gesetzmäßigkeiten, nach denen die Erkenntnis die sinnlichen Eindrücke ordnet und synthetisiert. Insofern betont Kant immer wieder, daß es die Vernunft bei der Beschäftigung mit den Ideen letztlich *mit sich selbst* zu tun hat. (KrV B 362ff., A 305ff.; B 383f., A 326f.; B

671f., A 643f. u.ö.; Prol. A 125) Was in der zitierten Definition noch nicht steht, faßt sich in folgenden zwei Punkten zusammen:

Regulative

Erstens: Wenn die Ideen keine Gegenstände im üblichen und weitesten Sinne sind, ihnen also nichts in unserer Vorstellungswelt entspricht, und wenn sie auch keine Erscheinungen von ‚etwas' sind, was unsere Vorstellungswelt übersteigen würde, was sind sie dann? Kant antwortet: *Bloße Regulative* unserer Erkenntnis. Ein Regulativ jedoch, das sagt schon das Wort, erfüllt seine Funktion dadurch, daß es etwas ausrichtet. Ausrichtet worauf? Auf einen Ziel- bzw. Fluchtpunkt. Worin wiederum besteht dieser Ziel- oder Fluchtpunkt im Falle der Erkenntnis? In nichts anderem als in dem bereits genannten *Gesamtzusammenhang*, den alle Bedingungen der Erfahrungen untereinander haben müssen, bzw. in der *Totalität* oder *Ganzheit*, den diese Erfahrungsbedingungen gemeinsam zu bilden anstreben.

> „Ich behaupte demnach: die transzendentalen Ideen sind niemals von konstitutivem Gebrauche, so, daß dadurch Begriffe gewisser Gegenstände gegeben würden [...]. Dagegen aber haben sie einen vortrefflichen und unentbehrlichnotwendigen regulativen Gebrauch, nämlich den Verstand zu einem gewissen Ziele zu richten, in Aussicht auf welches die Richtungslinien aller seiner Regeln in einen Punkt zusammenlaufen, der, ob er zwar nur eine Idee (focus imaginarius), d.i. ein Punkt ist, aus welchem die Verstandesbegriffe wirklich nicht ausgehen, indem er ganz außerhalb den Grenzen möglicher Erfahrung liegt, dennoch dazu dient, ihnen die größte Einheit neben der größten Ausbreitung zu verschaffen." (KrV B 672, A 644; vgl. B 536ff., A 508ff.)

Differenzierte Ganzheit

Zweitens: Spricht Kant von Ideen im Plural, so liegt es auf der Hand, daß er sich die Totalität oder Ganzheit der Erfahrungen nicht undifferenziert vorstellt bzw. nicht davon ausgeht, daß sich der Gesamtzusammenhang der Erkenntnis auf einen einheitlichen oder gar einfachen Nenner bringen ließe. Inspiriert durch die philosophische Tradition, die schon seit geraumer Zeit diese Unterscheidungen vorgenommen hatte, jedoch erst durch Christian Wolff klassisch formuliert worden war, stellt er die These auf: Es gibt *drei* Ideen der reinen Vernunft. Das heißt: Die Vernunft richtet sich in *dreifacher* Richtung auf einen Gesamtzusammenhang der Bedingungen ihrer Erkenntnisse aus. Es ist leicht zu sehen, wo sie dies tut.

Seele (Psychologie)

Zunächst bedarf es eines solchen Zusammenhanges innerhalb desjenigen, der erkennt, d.h. des Menschen (des Subjekts). Würde er fehlen, käme es zu keiner wirklichen Erkenntnis, weil die unzähligen Eindrücke, Erlebnisse, Wahrnehmungen, Erfahrungen, Überlegungen usw., die der Mensch sowohl außerhalb auch innerhalb seiner selbst macht, nirgends ankämen, niemandem bewußt würden und im Bewußtsein des Menschen nichts anderes als eine pausenlose Fraktur erzeugten. Diese erste „absolute (unbedingte) *Einheit* des *denkenden Subjekts*" (B 391, A

334) nennt Kant „Seele". Die besondere Disziplin der Metaphysik, die sich mit ihr beschäftigt, heißt „rationale" bzw. „transzendentale Seelenlehre" oder *Psychologie*. Bei ‚Psychologie' darf freilich nicht an das gedacht werden, was man heute darunter versteht, nämlich die Wissenschaft von den bewußten und unbewußten seelischen Vorgängen sowie deren Auswirkung auf das unmittelbare Erleben und konkrete Verhalten des Menschen. Im metaphysischen Kontext ist ihr Thema vielmehr

> „die einfache und für sich selbst an Inhalt gänzlich leere Vorstellung: *Ich*, von der man nicht einmal sagen kann, daß sie ein Begriff sei, sondern ein bloßes Bewußtsein, das alle Begriffe begleitet", bzw. „ein transzendentales Subjekt der Gedanken [...], wovon wir, abgesondert, niemals den mindesten Begriff haben können; um welches wir uns daher in einem beständigen Zirkel herumdrehen, indem wir uns seiner Vorstellung jederzeit schon bedienen müssen, um irgendetwas von ihm zu urteilen" (B 404, A 346f.).

Welt (Kosmologie)

Sodann muß ein Zusammenhang innerhalb alles dessen angenommen werden, *was* dem eben beschriebenen Subjekt (Ich, Seele) *erscheint*. Diese zweite „absolute *Einheit* der *Reihe* der *Bedingungen* der *Erscheinung*" bzw. diesen „Inbegriff aller Erscheinungen" (B 391, A 334; vgl. B 434f.; A 407f.) bezeichnet Kant als „Welt". Der ihr zugewiesenen metaphysischen Disziplin gibt er den Namen „rationale" bzw. „transzendentale Weltwissenschaft" oder *Kosmologie*. Wie im Falle der Psychologie ist auch bei der ‚Kosmologie' an etwas anderes zu denken als bei der heutigen kosmologischen Wissenschaft. Diese versteht sich in erster Linie als Erforschung des Universums und bedient sich – zumindest beabsichtigerweise – keiner Metaphysik, sondern der Physik, der Chemie, der Astronomie und anderer Disziplinien, die zum Verständnis der Entstehung und der Struktur des Weltalls beitragen. Nicht so die Kosmologie Kants. Sie richtet sich nicht speziell auf das Weltall, sondern auf die Welt als „absolute Totalität des Inbegriffs existierender Dinge" (B 447, A 419), d.h. auf die Welt „im Großen sowohl als im Kleinen, d.i. sowohl in dem Fortschritt derselben durch Zusammensetzung als durch Teilung" (B 446, A 418). Wir können auch sagen: Welt – Kosmos – umfaßt für Kant die Totalität der Bedingungen dessen, was „ein Objekt der Sinne ist" (Prol. A 142f.), d.h. alles dessen, was nur in irgendeiner Weise Erscheinung sein kann.

Gott (Theologie)

Schließlich ist davon auszugehen, daß es eine „absolute *Einheit* der *Bedingung aller Gegenstände des Denkens* überhaupt" gibt (KrV B 391, A 334). Dies ist folgendermaßen zu verstehen: „[...] um ein Ding vollständig zu erkennen, muß man alles Mögliche erkennen, und es dadurch, sei es bejahend oder verneinend, bestimmen" (ebd. B 601, A 573), denn endgültig definiert ist es erst, wenn es von jedem anderen *möglichen* Ding hinreichend unterschieden bzw. mit ihm entsprechend identifiziert worden ist. Heute würde es heißen: Jedes Ding ist von jedem anderen möglichen Ding hinreichend zu *differenzieren*. Erst dann ist es in seiner Besonderheit erkannt. Das setzt jedoch voraus, daß „eine Idee von dem *Inbegriffe aller Möglichkeiten*" (ebd.) angenommen wird, d.h. „die Idee von einem All der Realität (omnitudo realitatis)" (B 603f., A 575f.), wir können auch sagen: die Idee eines „*Wesen[s] aller Wesen* (ens entium)", das „in seiner unbedingten Vollständigkeit durch alle Prädikate" als „*Urwesen* (ens originarium)" und „*höchste[s] Wesen* (ens summum)" alles Wirklichen angesehen werden muß. (B 606f., A 578f.) Ein solches Wesen jedoch bildet „ein *Ideal* der reinen Vernunft" (B 602, A 574) und ist letztlich „der Begriff [...] von *Gott*, in transzendentalem Verstande gedacht" (B 608, A 580). Dieser Idee, diesem Ideal, entspricht daher die „transzendentale Gotteserkenntnis" bzw. die „transzendentale *Theologie*" (B 391f., A 334f.; B 608, A 580). Erneut sehen wir, daß das, was Kant hier „transzendentale Theologie" nennt, in keiner Weise mit der heutigen – von Karl Rahner begründeten – Transzendentaltheologie zu tun hat. Sie ist weder Theologie im engeren Sinn, d.h. die Auslegung eines durch Offenbarung ergangenen Wortes Gottes (*sacra doctrina*), noch Theologie im weiteren Sinn, d.h. die durch natürliche Vernunft geleitete Annäherung an ein göttliches Wesen (*theologia naturalis* bzw. *theologia philosophica*). Ersteres ergibt sich von selbst. Theologie als Wissenschaft des Übernatürlichen, wie sie die Tradition seit der Scholastik und seit der Reformation verstanden hat, taucht in der Vorstellungswelt Kants meines Erachtens überhaupt nicht auf. Letzteres hingegen folgt aus dem, was wir anläßlich der Behandlung der Gottesbeweise dargelegt haben. Gott ist für Kant prinzipiell unerkennbar. Wir haben von ihm weder einen wirklichkeitsrelevanten Begriff noch die Möglichkeit eines Schlusses, der seine Existenz beweisen könnte. Deshalb bleibt auch jetzt zu beachten, daß Gott als Ideal der Vernunft zum einen bloß ein *Regulativ der Vernunft* und zum anderen lediglich der *Inbegriff eines Wirklichkeitszusammenhanges* ist, den die Vernunft von Natur aus zugrundlegen muß, weil sie sonst keine erschöpfende Bestimmung der einzelnen Teile der Wirklichkeit gewährleisten könnte. Keinem von beidem, weder dem Regulativ noch dem Wirklichkeitszusammenhang, entspricht irgendetwas oder irgendwer.

> „Das Ideal des höchsten Wesens ist [...] nichts anders, als ein *regulatives Prinzip* der Vernunft, alle Verbindung in der Welt so anzusehen, *als ob* sie aus einer allgenugsamen notwendigen Ursache entspränge, [...] nicht eine Behauptung einer an sich notwendigen Existenz." (B 647, A 619)

Die Postulate der praktischen Vernunft

Erweiterung der Vernunft

Was wir soeben ausgeführt haben, ist nicht alles, was Kant über die Möglichkeiten und Grenzen der Metaphysik gesagt hat. Kant konnte nämlich nicht übersehen, daß die Analyse der theoretischen oder spekulativen Vernunft (wie sie in den Wissenschaften gegeben ist) nicht genügt, um die Vernunft *in ihrer Vielfalt* zu erklären. Von der theoretischen Vernunft unterschied man in der Philosophie – im Grunde schon seit Aristoteles – eine praktische und eine ästhetische Vernunft. In diesen beiden Gestalten der Vernunft *gibt es ebenfalls synthetische Erkenntnisse a priori*, d.h. allgemein gültige und notwendig einzusetzende Formen, nach denen die menschliche Erkenntnis die sinnlich gegebene Wirklichkeit ordnet, synthetisiert und somit in Zusammenhänge bringt. Sie dürfen nicht mißachtet werden, wenn es darum geht, die Möglichkeiten und Grenzen der menschlichen Vernunft auszuloten. Und in der Tat zeigt vor allem die Analyse der praktischen Vernunft, die Kant in der „Grundlegung zur Metaphysik der Sitten" von 1785 sowie in der „Kritik der praktischen Vernunft" von 1788 durchführt, daß der Mensch zumindest *gewisse Annahmen (Postulate)* über den Bereich *jenseits der Erscheinungen* machen muß. Daß dieses Ergebnis Rückwirkungen auf die Metaphysik hat, die im Bereich der theoretischen Vernunft – wie wir gesehen haben – relativ eingeschränkte Möglichkeiten besitzt, liegt auf der Hand. *Denn in praktischer Hinsicht erfährt sie offensichtlich eine gewisse Erweiterung*. Sie vermag mit einem Mal doch *begründete Vermutungen* über ‚Dinge' anzustellen, die eindeutig jenseits des Bereiches der Erscheinungen anzusiedeln sind. (KpV A 87ff.) Wie aber gelangt sie dazu?

Faktum der Vernunft

Kant antwortet: Durch das „Faktum der reinen Vernunft". Worin besteht wiederum dieses „Faktum"? Im sittlichen Gesetz. Was ist daran besonders? Zum *ersten* handelt es sich hierbei um eine Synthetisierung der sinnlich gegebenen bzw. gestaltbaren Wirklichkeit. Es ist ja ein *Gesetz* da, das einen Zusammenhang schafft. Diese Synthetisierung gilt zusätzlich *a priori*, d.h. von vornherein, notwendig und bei allen Menschen gleich. Zum *andern* ist dieses Gesetz aus keiner sonstigen Gesetzmäßigkeit oder Erkenntnisstruktur abzuleiten. Es gründet „auf keiner, weder reinen noch empirischen Anschauung" (ebd. A 56) und kann daher „durch keine Deduktion, durch alle Anstrengung der theoretischen, spekulativen oder empirisch unterstützten Vernunft, und also, wenn man auch auf die apodiktische Gewißheit Verzicht tun wollte, durch Erfahrung bestätigt und so a posteriori bewiesen werden [...]" (A 81f.) Es zeichnet sich nicht einmal an jenen Gesetzen ab, die Kant allgemein der Natur zuordnet, die aber – wie wir gesehen haben – durch die apriorischen Erkenntnisse der theoretischen Vernunft konstituiert werden. Diese Naturgesetze schließen zwar das Sittengesetz bzw. die Möglichkeit der Freiheit nicht aus (vgl. KrV B 560ff., A 532ff.; B 829ff., A 801ff.), sie lassen beides jedoch nur „problematisch", d.h. „als nicht unmöglich" (KpV A 4 u.ö.) zu. Das Sittengesetz „steht dennoch für sich selbst fest" (ebd. A 82), und so erhebt sich die Frage, wodurch es begründet wird bzw. worauf es gründet. Die Welt der Erscheinungen kann es nicht sein, denn diese ist durch die reinen Erkenntnisse der Sinnlichkeit und des Verstandes konstituiert. Bleibt folglich nur der Bereich des Dings an sich selbst, d.h. der Bereich des ‚Jenseits der Erscheinungen'. Da jedoch über diesen transzendenten Bereich gar nichts ausgesagt werden kann, folglich auch keine eindeutige ‚Verursachung' des Sittengesetzes durch ein ‚Jenseits der Erscheinungen' zu eruieren ist, muß sich unsere Analyse darauf beschränken, *ein bloßes Faktum* festzustellen – freilich ein Faktum besonderer Art, nämlich ein Faktum der *reinen Vernunft*.

> „Man kann das Bewußtsein dieses Grundgesetzes ein Faktum der Vernunft nennen, weil man es nicht aus vorhergehenden Datis der Vernunft [...] herausvernünfteln kann, sondern weil es sich für sich selbst uns aufdringt als synthetischer Satz a priori, der auf keiner, weder reinen noch empirischen Anschauung gegründet ist [...] Doch muß man, um dieses Gesetz ohne Mißdeutung als *gegeben* anzusehen, wohl bemerken: daß es kein empirisches, sondern das einzige Faktum der reinen Vernunft sei, die sich dadurch als ursprünglich gesetzgebend (sic volo, sic iubeo) ankündigt." (A 55f.)

Gesetz und Freiheit

Ein sittliches Gesetz hat freilich keinen Sinn, wenn es nicht zugleich die *Freiheit* dessen gibt, der das Gesetz erfüllen soll. Deshalb ist „dieses Faktum [des Sittengesetzes] mit dem Bewußtsein der Freiheit des Willens unzertrennlich verbunden, ja mit ihm einerlei" (A 72). Heute würden wir sagen: Moralisches Gesetz und Freiheit sind *gleichursprüngliche* Phänomene. Das eine läßt sich ohne das andere gar nicht denken. Kant differenziert noch dahingehend, daß er behauptet:

> „[...] die Freiheit [ist] allerdings die ratio essendi des moralischen Gesetzes, das moralische Gesetz aber die ratio cognoscendi der Freiheit [...]" (A 5 Anm.) Doch seine Begründung für diese These zeigt noch einmal, daß die Gleichursprünglichkeit das Entscheidende ist: „Denn, wäre nicht das moralische Gesetz in unserer Vernunft eher deutlich gedacht, so würden wir uns niemals berechtigt halten, so etwas, als Freiheit ist (ob diese gleich sich nicht widerspricht), *anzunehmen*. Wäre aber keine Freiheit, so würde das moralische Gesetz in uns gar *nicht anzutreffen* sein." (Ebd., vgl. A 52ff.)

Fußfassen im Transzendenten

Wie immer: Mit dem Faktum des moralischen Gesetzes und der Freiheit haben wir *im übersinnlichen Bereich Fuß gefaßt*. Was bislang – d.h. für die theoretische Vernunft – offen gelassen werden mußte, d.h. weder zu beweisen noch auszuschließen war, das ist durch dieses Faktum „*objektive* und obgleich nur praktische, dennoch unbezweifelte *Realität*" geworden. (A 85 u.ö.) Das gilt freilich in erster Linie für die Idee der Freiheit selbst. Es gilt aber ebenso für alle weiteren Ideen und Begriffe, die mit der Freiheit in notwendiger Verbindung stehen. In diesem Sinne heißt es schon zu Beginn der „Kritik der praktischen Vernunft":

> „Der Begriff der Freiheit, so fern dessen Realität durch ein apodiktisches Gesetz der praktischen Vernunft bewiesen ist, macht nun den *Schlußstein* von dem ganzen Gebäude eines Systems der reinen, selbst der spekulativen [theoretischen], Vernunft aus, und alle andere[n] Be-

> griffe [...], welche, als bloße Ideen, in dieser ohne Haltung bleiben, schließen sich nun an ihn an, und bekommen mit ihm und durch ihn Bestand und objektive Realität, d.i. die *Möglichkeit* derselben wird dadurch *bewiesen*, daß Freiheit wirklich ist [...]" (A 4f., vgl. A 100, 185f.,215ff. u.ö.)

Ideal des höchsten Guts

Ohne auf die Details der Moralphilosophie Kants eingehen zu müssen, können wir kurz skizzieren, welches die Ideen sind, die durch die Idee der Freiheit „objektive Realität" erhalten. Wir brauchen dazu nur folgende Überlegung: Auch die praktische Vernunft hat spezifische ‚Gegenstände' oder ‚Objekte'. Diese Gegenstände bestehen aus dem, was der Mensch durch sein Wollen und Handeln anstrebt. Nun kann der Mensch sehr Unterschiedliches anstreben. Es gibt aber zwei wesentliche Richtungen, in die er sein Streben richtet: das Glück und das moralisch Gute. Von *Natur* aus ist das grundlegende Ziel das Glück bzw. die Glückseligkeit.

> „Glücklich zu sein, ist notwendig das Verlangen jedes vernünftigen aber endlichen Wesens, und also ein unvermeidlicher Bestimmungsgrund seines Begehrungsvermögens. Denn die Zufriedenheit mit seinem ganzen Dasein ist nicht etwa ein ursprünglicher Besitz, und eine Seligkeit, welche ein Bewußtsein seiner unabhängigen Selbstgenugsamkeit voraussetzen würde, sondern ein durch seine endliche Natur selbst ihm aufgedrungenes Problem, weil es bedürftig ist [...]" (A 45)

Durch das *Sittengesetz* hingegen ist ihm – ebenso grundlegend – *geboten*, die Gebote desselben zu erfüllen.

> „Das moralische Gesetz ist [...] ein *Imperativ*, der kategorisch gebietet, weil das Gesetz unbedingt ist; das Verhältnis eines solchen Willens zu diesem Gesetze ist *Abhängigkeit*, unter dem Namen der Verbindlichkeit [...]" (A 57)

Hier ensteht eine Spannung zwischen natürlichem Streben (Neigung) und ethischer Pflicht. Bleibt es *für Kant* auch unbestritten, daß in jedem Fall die Pflicht den Vorrang bzw. das letzte Wort hat, ist das Streben nach Glück somit nur unter der Voraussetzung gerechtfertigt, daß sich der Mensch *zuvor* seines Glückes „würdig" erweist (A 198f. u.ö.; vgl. KrV B 836ff., A 808ff.), so bedarf es doch eines Ausgleichs zwischen dem moralisch Gebotenen und der Glückseligkeit. Das oberste und letzte, ja – aufs Ganze gesehen – *unbedingte* Ziel des Handelns, ist daher das, was Kant *das höchste Gut* nennt und als „Einheit" und „Synthesis" von Glückseligkeit und Sittlichkeit versteht. (KpV A 199,202ff.)

> „Daß *Tugend* (als die Würdigkeit glücklich zu sein) die *oberste Bedingung* alles dessen, was uns nur wünschenswert scheinen mag, mithin auch aller unserer Bewerbung um Glückseligkeit, mithin das oberste Gut sei, ist [...] bewiesen worden. Darum ist sie aber noch nicht das ganze und vollendete Gut, als Gegenstand des Begehrungsvermögens vernünftiger endlicher Wesen; denn um das zu sein, wird auch *Glückseligkeit* dazu erfordert [...]" (ebd. A 198f.) „Glückseligkeit also,

> in dem genauen Ebenmaße mit der Sittlichkeit der vernünftigen Wesen, dadurch sie derselben würdig sein [= sind], macht allein das höchste Gut einer Welt aus [...]" (KrV B 842, A 814)

Es zeigt sich nun aber, daß diese Verbindung von moralischem Gut und natürlicher Glückseligkeit keineswegs selbstverständlich ist. Sie ist zwar nicht ausgeschlossen und unmöglich, zugleich aber auch nicht notwendig und unausweichlich. Der Grund dafür liegt darin, daß hierbei zwei verschiedene Gesetzmäßigkeiten – das Gesetz der Freiheit (Sittlichkeit) einerseits und das Gesetz der Natur andererseits – aufeinandertreffen, die sich nicht zwingend gegenseitig implizieren. (KpV A 204ff.) So bleibt nichts anderes übrig, als daß die prinzipielle Vereinbarkeit der beiden Gesetzmäßigkeiten gefordert, besser: *postuliert* wird. Anders würde das ganze sittliche Verhalten des Menschen sinnlos. Wie nämlich sollte es gerechtfertigt sein, einem sittlichen Gebot zu folgen, wenn zugleich klar wäre, daß die Natur dies jedesmal oder auch nur aufs Ganze gesehen verhinderte? Wodurch aber läßt sich die Erreichung des höchsten Gutes glaubwürdig postulieren? Kant meint, indem neben dem Postulat, daß es die Freiheit nicht nur als Faktum sondern auch als Wirklichkeit „nach dem Gesetze einer intelligibelen Welt" gibt, die Postulate *der Unsterblichkeit der Seele* und *des Daseins Gottes* vorausgesetzt werden. (Ebd. A 238ff., vgl. A 219ff.) Ersteres ist notwendig, weil sich der konkrete Mensch in seiner natürlichen, nach Glückseligkeit suchenden Existenz dem moralischen Gesetz nur „in einem ins *Unendliche* gehenden *Progressus*" (A 220) annähern kann, eine solche unendliche Annäherung aber nur unter der Voraussetzung Sinn behält, daß der Tod sie nicht wertlos macht, sondern ihr „über dieses Leben hinaus" (A 222) Bedeutung verleiht. Das Postulat der Unsterblichkeit der Seele erweist sich damit als notwendige Voraussetzung allen moralischen Handelns. Zweiteres – das Dasein Gottes – hingegen drängt sich als unabdingbar auf, weil es eines Garanten dafür braucht, daß Natur und Sittengesetz letztlich miteinander versöhnt sind. Dieser Garant jedoch ist nur vorstellbar als ein Wesen, das sowohl die „von der Natur unterschiedene Ursache der gesamten Natur" als auch eine aus „moralischer Gesinnung" handelnde „Intelligenz" ist. (A 225f.) Unsterblichkeit der Seele und Dasein Gottes

> „Also ist die oberste Ursache der Natur, so fern sie zum höchsten Gute vorausgesetzt werden muß, ein Wesen, das durch *Verstand* und *Willen* die Ursache (folglich der Urheber) der Natur ist, d.i. *Gott*. Folglich ist das Postulat der Möglichkeit des *höchsten abgeleiteten Guts* (der besten Welt) zugleich das Postulat der Wirklichkeit eines *höchsten ursprünglichen Guts*, nämlich der Existenz Gottes." (Ebd.)

Zusammenfassung und Folgerung für die Metaphysik

Fragen wir uns – ohne diesen Gedankengang weiter zu verfolgen –, was das soeben Gesagte für Kants Stellung zur Metaphysik bedeutet. Zu diesem Zweck vergegenwärtigen wir uns noch einmal die wichtigsten Wiederholung

Ergebnisse unserer Interpretation. Zunächst gilt für Kant in noch viel radikalerem Ausmaß als für die früheren neuzeitlichen Philosophen: Welche Aussagen auch immer wir über die Wirklichkeit treffen – über einzelne Bereiche derselben oder über die Wirklichkeit in ihrer Gesamtheit –, *Inhalt dieser Aussagen vermag allemal nur das zu sein, was wir uns von der Wirklichkeit vorstellen können*. Die Wirklichkeit unter Absehung unserer Vorstellung ist völlig unzugänglich. Nicht mehr und nicht weniger will Kant sagen, wenn er die Unterscheidung zwischen „Erscheinung" und „Ding an sich selbst" einführt. Diese Einschränkung, die das Ergebnis der „transzendentalen Deduktion" ist, muß sich vor allem die Metaphysik zu Herzen nehmen. Sie entspringt zwar einem Naturbedürfnis des Menschen und kann davon ausgehen, daß die Erkenntnis durch Regulative („Ideen", Fluchtpunkte) darauf ausgerichtet ist, die (sinnlich vermittelten) Wirklichkeitsdaten nicht nur im konkreten Einzelfall zu „synthetisieren", sondern auch in ihrer Gesamtheit in einen Totalzusammenhang zu bringen. Sie muß aber wissen, *daß sie weder über ein Apriori, ein Prinzip oder ein Regulativ verfügt noch einen Begriff besitzt, um die Wirklichkeit in ihrer Gesamtheit auch tatsächlich fassen, geschweige denn in den Bereich des Transzendenten vordringen zu können*. Der einzige Bereich, für den sie nicht anders als die menschliche Erkenntnis überhaupt Kompetenz hat, ist jener Bereich, den die Erkenntnis selbst durch ihre Vorstellungskraft konstituiert: *der Bereich der Erscheinungen*. Darin trifft die Erkenntnis wohl nicht auf bloßen Schein, sondern im Rahmen dessen, was sie zu konstituieren vermag, auf objektive und allgemeingültige Inhalte, *diese Inhalte sind jedoch allemal konkrete, sinnlich erfahrbare Gegenstände (Objekte), niemals etwas Über-Gegenständliches, sei es die Wirklichkeit in ihrer Totalität oder etwas zur Wirklichkeit Transzendentes*.

Aussagen über Transzendentes

Nun zeigt sich aber durch das „Faktum der reinen Vernunft", d.h. durch das Faktum des moralischen Gesetzes und dem damit verbundenen Faktum der Freiheit, daß in der uns zugänglichen, sprich: in der von uns vorstellbaren Wirklichkeit eine Gesetzmäßigkeit „objektive und [...] unbezweifelte Realität" hat, *die weder durch uns konstituiert noch aus der von uns vorgestellten Wirklichkeit abgeleitet sein kann, sondern ihre Begründung offensichtlich im Bereich des Transzendenten, des Dings an sich selbst oder ganz allgemein des Vorstellungs-Unabhängigen haben muß*. Das heißt: In der durch das moralische Gesetz bestimmten Freiheit steht eine Gesetzmäßigkeit vor uns, die für die Wirklichkeit gilt, wie sie *an sich selbst*, d.h. – noch einmal – *unabhängig von unseren Vorstellungen* ist. In puncto Metaphysik bedeutet dies: *Vom Gesetz der moralisch bestimmten Freiheit aus können nicht nur Aussagen über die Wirklichkeit in ihrer Gesamtheit, sondern auch Aussagen über das Jenseits zu der uns zugänglichen Wirklichkeit gemacht werden*. Zwar werden diese Aussagen *bloß in praktischer Hinsicht* möglich sein. Aber immerhin: Selbst Kant folgert, *daß auch die übrigen Gesetzmäßigkei-*

ten, welche die menschliche Erkenntnis erschließt oder konstituiert, an der Objektivität und Allgemeingültigkeit des Freiheitsgesetzes anteilhaben, sofern dieses sie tangiert. Letzteres, daß das Freiheitsgesetz die übrigen Gesetze unserer Vorstellungswirklichkeit – Kant nennt sie pauschal „Naturgesetze" – berührt, bezeugen das Ideal des höchsten Guts sowie die daran anschließenden Postulate der praktischen Vernunft. Die genannten Postulate müssen aufgestellt werden, weil andernfalls das gesamte sittliche und aus Freiheit geborene Handeln sinnlos wäre.

Metaphysische These

Damit gelangt Kant – ob beabsichtigt oder unbeabsichtigt bleibe dahingestellt – zu *einer großen metaphysischen These*. Inhalt dieser These ist: Die Wirklichkeit in ihrer Gesamtheit läßt sich aus dem Zusammenspiel von moralischem Freiheitsgesetz einerseits und – an dessen Objektivität und unbezweifelbarer Realität partizipierendem – Naturgesetz andererseits begreifen. Das Naturgesetz ist zunächst noch einmal das durch uns konstituierte Gesetz unserer Vorstellungswirklichkeit. Es gewinnt jedoch im Zusammenspiel mit dem Freiheitsgesetz Objektivität und sozusagen Rückhalt im Bereich des „Dings an sich selbst". Gilt dies auch lediglich in praktischer Hinsicht, so ist die dadurch gewonnene Erweiterung der Erkenntnis doch beträchtlich. Sie ermöglicht nichts Geringeres als die Begründung einer Metaphysik, die neben ihrer Funktion als Kritik der Erkenntnis und als Systematik derselben in ihrem Zusammenhang auch zu einer umfassenden Theorie wird, die in der Ausdeutung des Faktums der moralisch bestimmten Freiheit zu Aussagen über die Wirklichkeit in ihrer Gesamtheit gelangt. Kürzer formuliert: Metaphysik transformiert sich unter dieser Rücksicht in die Philosophie der Freiheit. Gemessen an dem, was wir bisher von der skeptischen Position der neuzeitlichen Metaphysik kennengelernt haben, ein beachtlicher Schritt.

Erweiterungen und Überwindungen der Kantschen Transzendentalphilosophie

Ausgangspunkt bei Kant

Wir spannen jetzt einen Bogen von Kant zur Gegenwartsphilosophie. Damit sei keineswegs gesagt, daß sich die ganze Geschichte der Metaphysik seit Kant auf eine einzige Auseinandersetzung mit der Transzendentalphilosophie bzw. nur noch auf eine Abfolge von Metaphysiktypen mit transzendentalphilosophischem Ausgangspunkt reduzieren ließe. Überhaupt nicht. Neben den transzendentalphilosophischen Ansätzen von Metaphysik gab es vielmehr auch die (neo)idealistische Metaphysik im Anschluß an Schelling und Hegel, die lebensphilosophische Metaphysik in der Nachfolge Schopenhauers und Nietzsches, die existenzialistische Metaphysik, die neorealistische Metaphysik, die phänomenologische Metaphysik, die neuscholastische Metaphysik, die seinsphilosophische Metaphysik und darüber hinaus eine ganze Menge von *impliziten* Formen der Metaphysik in antimetaphysischen, ideologisch dominierten und szientistisch verkürzten Philosophien. Alle diese Typen von Metaphysik sind nicht allein von Kant und seiner Transzendentalphilosophie her zu verstehen. Dennoch meine ich, daß sich die Situation, in der sich nach *meiner* Beurteilung die Philosophie im allgemeinen und die Metaphysik im speziellen *heute* befindet, aus der Geschichte der Auseinandersetzung mit Kant gut begreifen läßt. Deshalb schließe ich selbstverständlich nicht aus, daß es nicht auch *andere* Wege gibt, die Situation der heutigen Auseinandersetzung auf den Begriff zu bringen.

Heutige Debatte

Wodurch ist die heutige Debatte charakterisiert? Anders ausgedrückt: Unter welchen Vorzeichen wird sie geführt? *Meines* Erachtens sind es vor allem *zwei* Einsichten, die sich aufgrund der philosophischen und wissenschaftlichen Entwicklung nicht mehr von der Hand weisen lassen und der weiteren Behandlung bedürfen:

Erstens: Es gibt keine reinen Erkenntnisse a priori, die es der menschlichen Vernunft gestatteten bzw. sie zwingen würden, sich die Wirklichkeit, sofern sie ihr zugänglich ist, in allgemeingültiger, objektiver und notwendiger Weise zurechtzulegen. Die Vernunft besitzt folglich nicht nur keine absoluten *Inhalte*, wie es die Tradition angenommen hat, sondern darüber hinaus auch keine absoluten *Formen* mehr, nach denen sie sich die endliche Wirklichkeit ordnet und systematisiert.

Zweitens: Die Konstitutionskraft der menschlichen Vernunft verringert sich dadurch so stark, daß die Grundthese der neuzeitlichen Anthropozentrik zu fallen droht, die da lautete: Der Mensch ist die Ursache jenes Bildes, das er sich von der Wirklichkeit macht. Es stellt sich nämlich heraus, daß die Konstituenten dieses Bildes nur sehr begrenzt in der Verfügung des Menschen stehen. Das, worin sie wurzeln, ist nicht so sehr der Mensch (im Vokabular Kants: ein „empirisches" oder ein „transzendentales Subjekt") als ein Geflecht von subjektlosen Systemen wie Natur, Sprache, Kultur, Gesellschaft, Geschichte usw.

Ende der Neuzeit

Wir sehen aus dem soeben Gesagten wiederum *zweierlei*: Zum *einen* läuft die Entwicklung der Philosophie auf *eine Radikalisierung des skeptischen Standpunktes* hinaus. Wir haben daher allen Grund, die Geschichte der Metaphysik seit Kant im gegenwärtigen Abschnitt zu behandeln. Zum *andern* zeichnet sich *eine Relativierung, wenn nicht gar das Ende der neuzeitlichen Metaphysik* ab. Es ist daher sinnvoll, den geschichtlichen Teil unserer Untersuchungen mit der Schilderung dieser Entwicklung zu beschließen, um dann im dritten, systematischen Teil vom Ergebnis derselben auszugehen und den Versuch eines Beitrages zur gegenwärtigen, nach-neuzeitlich geprägten Auseinandersetzung zu wagen.

Im folgenden seien die genannten beiden Einsichten erläutert und in ihrer Plausibilität zugänglich gemacht. Ich kann auch sagen: Die weiteren Darlegungen dieses Abschnittes wollen die *These*, die ich bezüglich der Situation der heutigen Philosophie und Metaphysik soeben aufgestellt habe, begründen. Damit, daß ich die beiden Einsichten erläutere, in ihrer Plausibilität zugänglich mache und in ihrer Berechtigung begründe, rechtfertige ich noch nicht die *zahllosen Konsequenzen*, die aus ihnen gezogen wurden und permanent weiter gezogen werden. Mir geht es in diesem Abschnitt vielmehr nur um eine *Diagnose*, die ich fürs erste weder bewerten noch beurteilen will. Erst im dritten Teil möchte ich dazu Stellung nehmen.

Grenzen der Postmoderne

Aus diesem Grund vermeide ich auch im gegenwärtigen Zusammenhang den Begriff der „Postmoderne", obwohl er sich nahelegen würde. Immerhin sprechen wir in diesem Abschnitt bereits Positionen und Richtungen an, die explizit nach-neuzeitliche, ‚post-moderne' Standpunkte beziehen. Mit „Postmoderne" verbinden wir jedoch – bei aller Konturlosigkeit und Weitläufigkeit dieses Begriffs – *bestimmte Konsequenzen*, die aus dem diagnostizierten Ende des neuzeitlichen Denkens gezogen werden. Genau diese Konsequenzen halte ich weder für zwingend noch für unausweichlich. Ich glaube vielmehr, daß es Anliegen der neuzeitlichen Philosophie gibt, die unaufgebbar sind. Deshalb spreche ich umgekehrt der postmodernen Kritik nicht pauschal jedes Recht ab. Ich schließe mich ihr sogar teilweise an und meine, daß man die spezifisch neuzeitlichen Anliegen differenzierter formulieren und begründen muß. Mir scheint es aber ebenso wichtig zu sein, das Kind nicht mit dem Bad auszuschütten und abwägend vorzugehen. Nur in dieser Hinsicht verzichte ich auf einen Begriff, der mir bereits mit zu vielen Implikationen aufgeladen zu sein scheint.

Wie in den bisherigen Erläuterungen gehen wir im folgenden nicht streng chronologisch vor. Wir geben erneut dem systematisch-inhaltlichen Gesichtspunkt den Vorrang. Hier soll dies so geschehen, daß wir – ohne Anspruch auf Vollständigkeit – die einzelnen Themen- bzw. Gegenstandsbereiche auflisten, die sich der Kantschen Erkenntnistheorie entziehen. Bei der Beschäftigung mit ihnen wird sich zeigen, warum sie eine Revision und Veränderung der Kantschen Theorie von den apriorischen Strukturen unserer Erkenntnis erzwungen haben. Ohne daß wir gleich darauf eingehen müssen, wird uns dabei von der Sache selbst her klar werden, daß diese Umstellung letztlich auch zu einer Auflösung der neuzeitlichen Anthropozentrik führen mußte.

Existenz

Das Allgemeingültige

Kants Erkenntniskritik trat mit dem Anspruch auf, die menschliche Erkenntnis *überhaupt* untersucht und in ihren Möglichkeiten abgeschätzt zu haben. Bei unvoreingenommener Betrachtung zeigt sich nun aber sofort, daß er fast ausschließlich die auf *allgemeingültige Urteile* abzielende Erkenntnis vor Augen hatte. Besonders deutlich wird dies in der „Kritik der reinen Vernunft", die ursprünglich als Kritik der *gesamten* menschlichen Erkenntnis gedacht war, auch der praktischen Erkenntnis. Hier nimmt sich Kant die mathematische und die naturwissenschaftliche Erkenntnis zum Leitfaden seiner Untersuchungen. Zwar spricht er auch von der Erfahrung im allgemeinen Sinne, doch seine Ausführungen beweisen deutlich, daß er diese nahezu ausnahmslos im Bezug auf die wissenschaftliche Erkenntnis betrachtet. Durch die „Kritik der praktischen Vernunft" sowie durch die „Kritik der Urteilskraft" erweitert er zwar den Blick auf die sittliche Einsicht sowie auf das ästhetische Empfinden. Auch in diesen Fällen geht es ihm aber primär um *die auf Allgemeingültiges setzenden Urteile* dieser Erkenntnisarten.

Der einzelne Mensch

Dem gegenüber mußte sich früher oder später die Frage einstellen, ob Kant damit nicht seinen Wirklichkeitshorizont eingeengt habe und in der Folge nur noch das als Wirklichkeit wahrgenommen habe, was sich wissenschaftlich oder zumindest unter allgemeingültigen Kriterien erfassen lasse. In der Tat zeigt sich, daß die wissenschaftlich zugängliche Wirklichkeit nur die Wirklichkeit *unter einem besonderen Aspekt* ist, der vieles von dem, was ebenfalls zur Wirklichkeit in ihrer Gesamtheit gehört, ausklammert. Zu dem Ausgeklammerten gehört vor allem das, was ‚per definitionem' nicht Gegenstand der Wissenschaft sein kann: das Subjektive, das unwiederholbar Einmalige und das absolut Unersetzbare. In eminenter Weise ist dies die konkrete Existenz des einzelnen Menschen. Gerade sie fordert jedoch ihr Recht ein, denn wer ist es, der letztlich Wissenschaft betreibt und das Objektive vertritt? Das transzendentale Subjekt Kants? Das absolute Ich der deutschen Idealisten? Oder ganz allgemein *der* Mensch als solcher? Niemals. Dasjenige Subjekt, das die Wissenschaft realisiert, ist allemal *ein einmaliger, konkret existierender Mensch*. Ohne diesen im Hier und Jetzt lebenden Menschen gäbe es die Wissenschaft überhaupt nicht. Er ist somit die *Bedingung der Möglichkeit*, wenn man so will: die *transzendentale Voraussetzung* von Wissenschaft.

Existenzinteresse

Es war der sogenannte Existenzialismus, der dieser schwer zu leugnenden Tatsache Rechnung getragen hat. Als sein Begründer wies Sören Kierkegaard (1813–1855) energisch darauf hin, daß die Wirklichkeit nur dort zum Vorschein kommt, wo *das Verhältnis* des einzelnen, konkret existierenden Menschen zur Wissenschaft oder – ganz allgemein – zum Medium des Objektiven, Allgemeingültigen und Intersubjektiven *mitberücksichtigt wird*. Geradezu trotzig stellte er die These auf: „Die Subjektivität ist die Wahrheit; die Subjektivität ist die Wirklichkeit." (Abschließende unwissenschaftliche Nachschrift zu den philosophischen Brosamen [1846], übersetzt von B. u. S. Diderichsen, München 1976, 509, vgl. 340ff. u.ö.) Damit wollte er jedoch alles andere als einen Subjektivismus, der ihm häufig vorgeworfen wurde. Mit ihm hätte er gegenüber dem Objektivismus der Wissenschaft ja lediglich eine Gegenthese aufgestellt, die abermals die Wirklichkeit verkürzt hätte – diesmal mit dem Extrem des bloß Subjektiven, das seinerseits nicht stimmen kann, weil auch das Objektive Wirklichkeitswert besitzt. Nein, mit seiner These ging es ihm vielmehr darum, die Wirklichkeit in der Spannung wahrzunehmen, in der sie konkret allemal auftritt, nämlich in dem Zwischensein – in dem „inter-esse" (ebd. 476; vgl. De omnibus est dubitandum [1842|3], übersetzt von E. Hirsch, in: S. Kierkegaard, Philosophische Brocken, Frankfurt 1975, 154f.) – zwischen der üblichen Subjekt-Objekt-Beziehung einerseits und dem sich zu dieser Beziehung verhaltenden konkreten Menschen andererseits. Wahrheit, so dürfen wir auch sagen, besteht für Kierkegaard niemals in der einfachen „adaequatio intellectus ad rem", d.h. in der simplen Entsprechung von Denken und Realität, sondern in der *Bedeutung*, die eben diese Entsprechung (adaequatio) – dieses „inter-esse" – für den existierenden Menschen hat. Die Relation, welche der Wahrheit zugrundeliegt, ist folglich nicht zwei-, sondern *drei*gliedrig. (De omnibus ...148ff.) Oder anders formuliert: Zum „inter-esse" gehört das „Interesse", das der Mensch daran nimmt.

> „Erst mit diesem Begriff [Interesse] kommt eigentlich die Wirklichkeit zum Vorschein." (Der Begriff Angst, übersetzt von R. Lögstrup, in: S.Kierkegaard, Die Krankheit zum Tode und anderes, München 1976, 463 Anm.2) Und umgekehrt: „In der Wirklichkeit kommt das Interesse der ganzen Subjektivität zum Vorschein [...]" (Ebd. 459 Anm.)

Woran ist jedoch der konkret existierende Mensch interessiert? Was macht eine gegebene Relation zwischen Denken und Realität für ihn bedeutungsvoll? Darauf Kierkegaard:

> „Das, dafür ich mich [...] interessiere, bin ich selbst." (Tagebuchtext IV B 13,18 in: De omnibus ... 161) Bzw.: „Für den Existierenden ist das Existieren sein höchstes Interesse, und das Interessiertsein am Existieren die Wirklichkeit." (Nachschrift 476, vgl. 200,480ff. u.ö.) „[...] es gibt nur *ein* Interesse, das Existieren; die Interesselosigkeit ist Ausdruck für die Gleichgültigkeit gegenüber der Wirklichkeit." (ebd. 480)

Entscheidung

Wie bringt der einzelne Mensch jedoch sein Interesse in die allgemeinen Relationen von Denken und Wirklichkeit ein? Für Kierkegaard geschieht dies in der *Wahl* bzw. in der *Entscheidung*, unter die dieser sein

Leben stellt. „[...] denn das Interesse ist, gleich wie die Entscheidung, die Subjektivität.“ (Ebd. 333, vgl. 160f.,172f.) *Damit liegt es letztlich an der Entscheidung, wie uns die Wirklichkeit erscheint und wie nicht.* Im Vokabular Kants können wir auch sagen: Die Entscheidung ist die eigentliche *transzendentale Voraussetzung* des menschlichen Wirklichkeitsbezuges. Das bedeutet aber gegenüber Kant: Wie uns die Wirklichkeit erscheint, *steht nicht a priori fest*, denn eine Entscheidung wäre keine Entscheidung, wenn es nicht mehrere Möglichkeiten gäbe, in denen sie getroffen werden kann. Als notwendig erweist sich nur die Entscheidung als solche. Wie diese Entscheidung jedoch ausfällt, ist keineswegs ausgemacht.

So hängt schon grundsätzlich alles davon ab, ob ich überhaupt anerkenne, daß ich mich entscheiden muß. Ich kann jeder Entscheidung über mein Leben – über meine Wirklichkeit – aus dem Wege gehen und es sozusagen den Verhältnissen überlassen, was aus mir und meinem Leben wird. Ich bin aber auch in der Lage, eine bewußte und gezielte Lebensentscheidung zu fällen und dadurch die Gestaltung meines Lebens selbst zu übernehmen. Ersteres nennt Kierkegaard eine *ästhetische*, letzteres hingegen eine *ethische* Existenzform. Innerhalb dieser beiden fundamentalen Möglichkeiten gibt es wiederum Variationen und Vertiefungen. Diese können hier nicht untersucht werden. Es sei jedoch festgehalten, daß Kierkegaard durch seine Theorie der Existenzentscheidungen – auch „Stadienlehre“ genannt – eine beachtliche Korrektur an der Transzendentalphilosophie Kants anbringt, sofern er die *Bedingungen* der Möglichkeit unseres Wirklichkeitsbezuges – die transzendentalen Strukturen – über die Entscheidung *ihrerseits zu einem Raum von Möglichkeiten erweitert.*

Existenz- und Transzendentalphilosophie

Man könnte dieser Interpretation des Existenzialismus aus transzendentalphilosophischer Sicht entgegenhalten, daß die transzendental-philosophische Fragestellung als solche für den Existenzialismus gar keine Rolle gespielt hat. Das trifft in der Tat für Kierkegaard zu, der nicht nur das Wort „transzendental“ – wenn ich richtig sehe – kaum verwendet, sondern auch für Erkenntnistheorie und Metaphysik wenig Interesse zeigt. In der Konsequenz des Existenzialismus liegt dies jedoch nicht. Andernfalls hätten nicht andere Denker, die in der existenzialistischen Tradition stehen, die Brücke zur Transzendentalphilosophie schlagen können. Beispiele dafür wären Karl Jaspers (1883–1969), für dessen Philosophie Kant in vielfacher Hinsicht einen konstanten Referenzpunkt bildete, oder Jean Paul Sartre (1905–1980), dessen Theorien über das „Ego“, d.h. über das Selbstbewußtsein, ebenfalls transzendentalphilosophische Problemstellungen berührte. Ein wichtiges Beispiel dafür stellt jedoch auch das Denken von Martin Heidegger dar, das gewiß nicht existenzialistisch im engeren Sinne sein wollte, von Kierkegaards Existenzphilosophie aber inspiriert war. In ihm spielt die Auseinandersetzung mit Kant eine zentrale Rolle. Das bezeugt nicht allein das erste Hauptwerk „Sein und Zeit“ (1927), sondern vor allem eine ganze Reihe von eigenen Publikationen über Kant wie „Kant und das Problem der Metaphysik“ (1929), „Die Frage nach dem Ding. Zu Kants Lehre von den transzendentalen Grundsätzen“ (1962), „Kants These über das Sein“ (1963) und „Phänomenologische Interpretation von Kants Kritik der reinen Vernunft“ (1977). Erwartungsgemäß spricht Heidegger ausdrücklich von der transzendentalen Methode und bezeichnet in „Sein und Zeit“ sogar sein eigenes Vorgehen als „transzendental“ (GA II [Frankfurt 1977] 51; vgl. Die Grundprobleme der Phänomenologie, GA XXIV [1975] 23,27,379,460f.). Betrachtet man zusätzlich die fundamentalen Analysen, die Heidegger vom Menschen macht, springen die Parallelen zu Kierkegaard – den er gelegentlich erwähnt (SZ 253 Anm., 313 Anm., 447f. Anm.) – ins Auge:

Schon zu Beginn seiner „fundamentalontologischen Daseinsanalyse“ heißt es:

> „Das Seiende, dessen Analyse zur Aufgabe steht, sind wir je selbst. Das Sein dieses Seienden ist je *meines*. Im Sein dieses Seienden verhält sich dieses selbst zu seinem Sein. Als Seiendes dieses Seins ist es seinem eigenen Sein überantwortet. Das *Sein* ist es, darum es diesem Seienden je selbst geht.“ (Ebd. 56)

Gleich einleitend kommt auch die Bedeutung der Entscheidung in den Blick:

> „Und Dasein“ – das heißt bei Heidegger *Mensch sein* – „ist meines wiederum je in dieser oder jener Weise zu sein. Es hat sich schon immer irgendwie entschieden, in welcher Weise Dasein je meines ist. Das Seiende, dem es in seinem Sein um dieses selbst geht, verhält sich zu seinem Sein als seiner eigensten Möglichkeit. [...] Und weil Dasein wesenhaft je seine Möglichkeit ist, *kann* dieses Seiende in seinem Sein sich selbst ‚wählen‘, gewinnen, es kann sich verlieren, bzw. nie und nur ‚scheinbar‘ gewinnen.“ (57)

Es steht allemal in den Möglichkeiten der *Eigentlichkeit* und der *Uneigentlichkeit*. Letztere bewertet Heidegger im Unterschied zu Kierkegaard nicht gleich negativ. Er fordert vielmehr ihre Berücksichtigung, weil durch sie der Mensch erst in „seiner vollsten Konkretion“ (57f.) gesehen wird. Diese jedoch ist, wie immer man das für sich selbst oder allgemein ethisch einschätzen mag, nicht nur durch existentielle Sonder- oder Grenzsituationen, sondern ebenso durch die Phänomene der „Alltäglichkeit“, „Durchschnittlichkeit“ und „Verfallenheit“ an die Welt sowie an die anonyme Zwischenmenschlichkeit (an das „Man“) bestimmt. (57ff.,153ff.,221ff.335ff. u.ö.)

Ganz-sein-können

Ebenfalls von Kierkegaard inspiriert fragt sich Heidegger, wie es kommt, daß der Mensch in der bloßen Uneigentlichkeit auf Dauer nicht existieren kann. Den Grund sieht er darin, daß die existentielle „Grundbefindlichkeit“ des Menschen durch die Stimmung der *Angst* beherrscht wird. (244-253,334 u.ö.) In der Angst wiederum wird der Mensch „auf sein eigenstes In-der-Welt-sein“ vereinzelt und damit konfrontiert, daß sein Existieren ein „Möglichsein“ ist, das wesentlich von ihm entschieden wird. (249) Verschärfung erfährt dieses Phänomen dadurch, daß die Angst dem Menschen auch „die Möglichkeit der Unmöglichkeit“ (348), d.h. den eigenen *Tod* vor Augen hält und so zu einem „Sein zum Tode“ macht. (321-327,339-354) Dieses ständige „Sein ... *zu* seinem Ende“ bzw. dieses unausweichliche „Vorlaufen“ zum eigenen Tod radikalisiert den Umstand, daß der Mensch seine Existenz als seine *eigenste* Möglichkeit *unüberholbar* zu übernehmen hat. Gerade dadurch erwirken sowohl die Angst als auch das Gewärtigen des persönlichen Todes keine Lähmung, sondern im Gegenteil das ursprüngliche Bewußtsein von Freiheit.

> „Die Angst offenbart im Dasein das *Sein zum* eigensten Seinkönnen, das heißt das *Freisein für* die Freiheit des Sich-selbst-wählens und -ergreifens. Die Angst bringt das Dasein vor sein *Freisein für* ... (propensio in ...) die Eigentlichkeit seines Seins als Möglichkeit, die es immer schon ist.“ (249f.)

Dies gilt erst recht bezüglich des Vorlaufens in die Möglichkeit des eigenen Todes. Durch es gewinnt nämlich das Menschsein erst seine spezifische Ganzheit (321ff.) und folglich auch die Voraussetzung dazu, eine Entscheidung über diese Ganzheit zu fällen.

> „Weil das Vorlaufen in die unüberholbare Möglichkeit [des Todes] alle ihr vorgelagerten Möglichkeiten mit erschließt, liegt in ihm die Möglichkeit eines existenziellen Vorwegnehmens des *ganzen* Daseins, das heißt die Möglichkeit, als *ganzes Seinkönnen* zu existieren.“ (351)

Entschlossenheit

Heidegger nennt das Ergreifen einer *eigentlichen* Möglichkeit des Existierens, das dieses in seinem Bezug zum Tod in seiner *Ganzheit* wählend erfaßt, die *Entschlossenheit*. (393-411)

Zu beachten bleibt noch einmal, was wir auch bei Kierkegaard hervorgehoben haben: In der Entschlossenheit konstituiert sich für den Menschen die Wirklichkeit in ihrer ursprünglichen Form. Ausdrücklich sagt Heidegger: „Nunmehr ist mit der Entschlossenheit die ursprünglichste, weil *eigentliche* Wahrheit des Daseins gewonnen.“ (394, vgl. 393f.,407) Die Entschlossenheit besitzt daher einen *transzendentalen* – Heidegger formuliert: *existenzialen* – Stellenwert. Sie ist die Bedingung der Möglichkeit dafür, wie uns die Wirklichkeit erscheint. Dem widerspricht nicht, daß es neben der Entschlossenheit auch uneigentliche Formen der Nicht-Entschlossenheit gibt, denn „verloren [...] und noch nicht gewonnen haben kann es [das menschliche Dasein] sich nur, sofern es seinem Wesen nach mögliches *eigentliches* [Sein]“ ist (57).

Geschichte

Geistes-wissenschaft

Die einzigen Wissenschaften, die Kant in seiner „transzendentalen Deduktion" für legitmationswürdig hält, sind die Naturwissenschaft – d.h. bei ihm ausschließlich: die Newtonsche Physik – und die Mathematik (inklusive Geometrie). Andere Wissenschaften scheinen bei ihm nicht zu existieren. Dies drängt sogleich die Frage auf, wie es sich mit den übrigen Wissenschaften, allen voran mit den *Geisteswissenschaften* verhält. Sind sie etwa keine Wissenschaften? Hat Kant sie vergessen? Welche Folgen zieht es nach sich, wenn man sie in der Erkenntniskritik mitberücksichtigt?

Geschichte

Der historischen Gerechtigkeit wegen muß festgehalten werden, daß es zur Zeit Kants die Geisteswissenschaften im engeren Sinne noch gar nicht gab. Zumindest sprach man damals noch nicht eigens von ihnen. Der Begriff *in unserer heutigen Bedeutung* dürfte erst 1849 durch die Übersetzung des englischen Terminus „moral sciences", wie John Stuart Mill ihn in seinem „System of Logic" verwendete, ins Deutsche gekommen sein. (Vgl. J.St. Mill, System der deduktiven und induktiven Logik, dt. J. Schiel, 1849, Buch 6: „Von der Logik der Geisteswissenschaften oder moralischen Wissenschaften".) Verbreitung fand er sogar noch später, nämlich Ende des 19. Jahrhunderts – sicherlich unter dem Einfluß der „Einleitung in die Geisteswissenschaften" (1883) von Wilhelm Dilthey (1833–1911). Zu Lebzeiten Kants hingegen hatte sich – im großen Stile – eben erst jener Rationalismus durchgesetzt, der im Gefolge von Descartes und Newton darauf abzielte, die Natur mathematisch-mechanisch zu begreifen und als Wahrheit nur das anzuerkennen, was sich im Sinne der „Vernunftwahrheiten" (*vérités de raison* bei Leibniz, *relations of ideas* bei Hume) deduktiv aus fundamentalen Axiomen erschließen und ausdrücken ließ. Was in dieser Weise nicht zu erfassen war, wie z.B. die geschichtlichen Wahrheiten (*vérités de fait* bzw. *matters of fact*) oder das sittliche Handeln des Menschen, d.h. die „moralische Gewißheit" (*nécessité morale* bzw. *moral evidence*), das sah man als etwas *nicht* Wissenschaftliches an. Derartiges ordnete man – vor allem im Gefolge der Leibnizschen Philosophie – einer anderen Gesetzmäßigkeit zu, in der Regel der sogenannten *Teleologie*, d.h. der *Ordnung der Zwecke*. Die teleologische Betrachtung der Natur wies man jedoch anderen Tätigkeiten des Menschen als der Wissenschaft zu – der Pädagogik etwa, vor allem aber auch der Politik, der Jurisprudenz, der Poetik, der Kunst und der Theologie.

Andere Wissenschaften

Die rationalistische Verengung des Wissenschaftsbegriffes ließ sich erwartungsgemäß nicht aufrechterhalten. Zu offensichtlich war, daß jene vermeintlich nicht-wissenschaftlichen Bereiche des menschlichen Wissens, die sich weder auf Mathematik noch auf klassische Mechanik reduzieren ließen, keineswegs willkürliche, beliebige oder subjektive

Veranstaltungen waren, sondern ebenfalls rational ausweisbaren Kriterien unterlagen und folglich den Anspruch auf Wissenschaftlichkeit erheben durften. Allem voran gab es da vier alte und schon allein aufgrund ihrer Tradition unbestrittene Wissenschaften: die *Theologie* als Auslegung der Bibel, die *Philologie* als Übersetzung der klassischen Texte der Antike, die *Jurisprudenz* als Interpretation der Rechtsdogmen und die *Geschichtswissenschaft* als Erforschung früherer Kulturen und vergangener Ereignisse. Sie alle finden sich in dem, was man die *Hermeneutik* nennt, d.h. in der Kunst des Verstehens, Übersetzens und Auslegens (Erklärens) von überkommenem Kulturgut. Ihnen allen ist darüber hinaus gemein, daß sie ihre hermeneutische Tätigkeit nicht um ihrer selbst willen betreiben, sondern mit ihr das Wirklichkeitsverständnis sowie das Handeln des konkreten Menschen beeinflussen wollen. So jedenfalls sahen es sowohl die katholische als auch die evangelische Theologie, die neben der Exegese der Heiligen Schrift und neben der Ausbildung der Dogmatik immer auch an die unmittelbare Verkündigung zu denken hatten. So sah es die humanistische Tradition, die das Studium der alten Texte grundsätzlich mit der Absicht verband, den Menschen nach dem Ideal der klassischen Antike zu bilden. So sahen es die Ästhetik und Poetik der damaligen Zeit, die sich ebenfalls an den Werken des Altertums orientierten und im Dialog mit diesen bemüht waren, das rationalistische Natur- und Menschenbild zu korrigieren. So sah es schließlich die Geschichtswissenschaft im engeren Sinne. Auch ihr ging es nicht so sehr um das bloße Kennenlernen vergangener Zeit als vielmehr um das Erwecken neuen Lebens in der eigenen Kultur. (Ein eindrucksvolles Beispiel für dieses Konzept bilden die Anfänge der Archäologie und Kunstwissenschaft.)

Vico-Axiom

Die Philosophie konnte sich auf Dauer dem Phänomen der Hermeneutik, d.h.: dem Phänomen der geschichtlichen Erkenntnis nicht entziehen. Dies hätte sie um den Anspruch gebracht, die menschliche Vernunft in ihrem vollen Umfang bzw. in ihrer Vielfalt zu erfassen. Einen Anfang in dieser Richtung hatte schon zu Lebzeiten Leibniz' und Humes der neapolitanische Humanist, Lehrer der Rhetorik und Jurist Giambattista Vico (1688–1744) gesetzt. In seinem Hauptwerk „Principi di una scienza nuova d'intorno alla communa natura delle nazioni" (Grundzüge einer neuen Wissenschaft über die gemeinsame Natur der Völker, Neapel 1725, 1730 und 1744) stellt er zu Descartes eine Antithese auf, indem er behauptet: Das, was der Mensch am besten und sichersten versteht, ist nicht so sehr das, was ihm unmittelbar und evidentermaßen einleuchtet, wie z.B. die Gesetze der Mathematik und Geometrie, sondern vielmehr das, was er selbst getan hat bzw. selbst tut. Im Originaltext lautet diese als Vico-Axiom geläufige These:

> „Doch in solch dichter Nacht voller Finsternis [...] erscheint dieses ewige Licht, das nicht untergeht, folgender Wahrheit, die auf keine Weise in Zweifel gezogen werden kann: *daß diese kulturelle Welt si-*

> *cherlich von den Menschen gemacht worden ist*; deswegen können (denn sie müssen) ihre Prinzipien *innerhalb der Modifikationen unseres eigenen menschlichen Geistes* gefunden werden. (*Ma, in tal densa notte di tenebre [...] apparisce questo lume eterno, che non tramonta, di questa veritá, la quale non si può a patta alcuno chiamar in dubbi: che* questo mondo civile egli certamente è stato fatto dagli uomini, *onde se non possono, perché se ne debbono, ritruovare i princípi* dentro le modificazioni della nostra medesima mente umana.)" (Nr. 331, G.B. Vico, Prinzipien einer neuen Wissenschaft über die gemeinsame Natur der Völker, dt. V. Hösle /Ch. Jermann, Hamburg 1990, CV,142).

Der zweite Teil des Axioms („[...] deswegen können [...] ihre Prinzipien innerhalb der Modifikationen unseres eigenen menschlichen Geistes gefunden werden") deutet schon daraufhin, daß die Transzendentalphilosophie Kants einer Erweiterung bedurfte. Genauso wie nach den Bedingungen der Möglichkeit der *naturwissenschaftlichen* Erkenntnis innerhalb der Vernunft gefragt werden mußte, so hatte auch die Frage nach den Bedingungen der Möglichkeit *geschichtlicher* Erkenntnis gestellt zu werden. Freilich geschah dies im deutschen Sprachraum weniger unter dem Einfluß Vicos, der erst 1822 – nachdem Herder, Hamann und Goethe auf ihn hingewiesen hatten – zum ersten Mal ins Deutsche übersetzt wurde, als im Anschluß an den Deutschen Idealismus, der dem Thema *Geschichte* eine zentrale Stellung innerhalb des Systems eingeräumt hatte, und an die Deutsche Romantik, die auf den Gedanken einer „universalen Hermeneutik" gestoßen war.

Historische Urteile

Wie immer: Die Idee einer Ergänzung der „Kritik der *reinen* Vernunft" durch eine „Kritik der *historischen* Vernunft" entfaltet erst Wilhelm Dilthey zu Beginn unseres Jahrhunderts. (Vgl. W. Dilthey, Ges. Schr. VII: „Der Aufbau der geschichtlichen Welt in den Geisteswissenschaften", hg. B. Groethuysen, Leipzig 1927). Er fragt nicht nur, „ob eine Erkenntnistheorie der Geschichte, welche er selbst [d.h. Kant] nicht gegeben hat, in dem Rahmen seiner Begriffe möglich ist" (192), sondern behauptet zugleich (in unüberhörbarer Anspielung an Vico und Kant):

> „Diese [geschichtlichen] Systeme sind eben aus derselben Menschennatur hervorgegangen, die ich in mir erlebe, an anderen verstehe. Die Sprache, in der ich denke, ist in der Zeit entstanden, meine Begriffe sind in ihr herangewachsen. Ich bin so bis in nicht mehr erforschbare Tiefen meines Selbst ein historisches Wesen. So tritt nun das erste bedeutsame Moment für die Lösung des Erkenntnisproblems der Geschichte auf: die erste Bedingung für die Möglichkeit der Geschichtswissenschaft liegt darin, daß ich selbst ein geschichtliches Wesen bin, daß der, welcher die Geschichte erforscht, derselbe ist, der die Geschichte macht. Die allgemeingültigen synthetischen Urteile der Geschichte sind möglich." (278)

Erklären und Verstehen

Um diese These transzendentalphilosophisch rechtfertigen und eine Kritik der historischen Vernunft erfolgversprechend durchführen zu können, bedarf es freilich einer klaren Abgrenzung zwischen den *Erkenntnisarten*, die den Naturwissenschaften einerseits und den Geisteswissenschaften andererseits zugrundeliegen. Dilthey greift dazu auf die – wahrscheinlich durch den Historiker Johann Gustav Droysen (1808–1884) in seiner „Historik" von 1858 bzw. 1868 eingeführte und bis heute aktuell gebliebene – Unterscheidung von *Erklären und Verstehen* zurück. Wie Droysen ordnet er die Naturwissenschaften dem *Erklären*, die Geisteswissenschaften (dazu gehört für ihn die Erforschung der „Seele" im weitesten Sinne) hingegen dem *Verstehen* zu.

> „Nun unterscheiden sich [...] von den Naturwissenschaften die Geisteswissenschaften dadurch, daß jene zu ihrem Gegenstande Tatsachen haben, welche im Bewußtsein als von außen, als Phänomene und einzeln gegeben auftreten, wogegen sie in diesen von innen, als Realität und als ein lebendiger Zusammenhang originaliter auftreten. Hieraus ergibt sich für die Naturwissenschaften, daß in ihnen nur durch ergänzende Schlüsse, vermittels einer Verbindung von Hypothesen, ein Zusammenhang der Natur gegeben ist. Für die Geisteswissenschaften folgt dagegen, daß in ihnen der Zusammenhang des Seelenlebens als ein ursprünglich gegebener überall zugrundeliegt. Die Natur erklären wir, das Seelenleben verstehen wir. [...] Dies bedingt eine sehr große Verschiedenheit der Methoden, vermittels deren wir Seelenleben, Historie und Gesellschaft studieren, von denen, durch welche die Naturerkenntnis herbeigeführt worden ist." (Ges. Schr. V, hg. G. Misch, Göttingen ²1926, 143f.)

Verstehen als Daseinsvollzug

Ist diese Unterscheidung zwischen Erklären und Verstehen getroffen, erhebt sich als nächstes und schwierigeres Problem die Frage, wie es denn möglich sei, daß sich die Menschen untereinander verstehen können und dies nicht bloß in einer unmittelbaren Begegnung, sondern auch im Zuge der Geschichte – über Jahrhunderte, Jahrtausende hinweg. Dilthey antwortete auf diese Frage mit seiner Theorie von einem allumfassenden „Leben", dessen jeder Mensch in besonderer Weise durch „Erlebnisse" innewerden und dessen Ausdrucksformen (Objektivationen) in der Kultur er ‚sinn-gemäß' verstehen kann. Dadurch hielt er sich freilich mehr an Hegels Spekulation über den „absoluten Geist", der sich ebenfalls geschichtlich in der Kultur verobjektiviert und manifestiert, als an die Versuche der Transzendentalphilosophie, die Bedingungen der Möglichkeit des geschichtlichen Verstehens aufzudecken. In der Folge verstrickte er sich in Konsequenzen, die ihn von seinem ursprünglichen Anliegen, eine „*Kritik* der historischen Vernunft" zu schreiben, immer weiter wegführten.

So war es meines Wissens wiederum erst Heidegger, der – transzendentalphilosophisch gesehen – konsequenter vorging und zu dem Ergebnis kam, daß es als *Daseinsvollzug* des Menschen ein *unableitbar ursprüngliches Verstehen* gibt, das allen wissenschaftlichen Erkenntnisarten – dem geisteswissenschaftlichen Verstehen im engeren Sinne *eben-*

so wie dem naturwissenschaftlichen Erklären – *vorhergeht* und sie ermöglicht. Diese Verstehen ist sogar noch ursprünglicher: Es kommt nicht allein *vor* dem Auseinanderwachsen der verschiedenen Erkenntnisarten, sondern darüber hinaus auch *vor* der Unterscheidung von Theorie und Praxis – oder sagen wir: *vor* der Unterscheidung von Erkennen und Handeln. (Vgl. SZ 190-221,472-481,518ff.) Im Hinblick auf das zuvor genannte Vico-Axiom, wonach der Mensch am besten versteht, was er tut, tritt die Bedeutung dieser Einsicht klar hervor. Sie wird noch offensichtlicher, wenn man hinzunimmt, daß Heidegger das besagte Verstehen über alles hinaus auch als wesenhaft *zeitlich* (ebd. 444-463) und *geschichtlich* (505-518) bestimmt ansehen kann. *Heidegger dringt mit seiner Analyse somit weiter vor als Kant und stößt im Verstehen auf ein noch fundamentaleres und grundlegenderes Transzendental der Wirklichkeitskonstitution des Menschen.* Fragen wir uns, was daraus für unsere Problemstellung folgt, so zeichnen sich *drei* Konsequenzen ab:

Geschichte als Transzendental

Erstens erweist sich daran, daß das genannte Verstehen die Bedingung der Möglichkeit von menschlicher Erkenntnis ist, *die Geschichte als das fundamentale Apriori* derselben. Darin liegt sowohl etwas Eingrenzendes als auch etwas Erweiterndes. Die Eingrenzung besteht darin, daß nunmehr jegliche menschliche Erkenntnis *geschichtlich relativiert* ist. Es gibt mit anderen Worten keinen übergeschichtlichen Standpunkt der Erkenntnis, der sich im Sinne einer transzendentalen Deduktion rechtfertigen ließe. Erweiterung verschafft diese Folgerung hingegen insofern, als sie die Kantschen Apriori aufbricht, vielfältig macht und flexibilisiert. Geschichte impliziert *eine Fülle an Möglichkeiten*, die entweder schon aktualisiert sind oder aber erst aktualisiert werden können. In Gestalt dieser *Möglichkeiten* jedoch, die in keiner Weise vorgeschrieben sind – etwa im Sinne starrer Strukturen wie im Falle der Aprioris Kants –, bildet die Geschichte die transzendentale Voraussetzung des menschlichen Wirklichkeitsbezuges.

Ende der Anthropozentrik

Zweitens: Wenn von Geschichte die Rede ist, erhebt sich sofort die Frage nach dem Subjekt derselben. Wer macht die Geschichte? Aufgrund ihres anthropozentrischen Standpunktes antwortet die neuzeitliche Philosophie darauf: Subjekt der Geschichte ist der Mensch. Es fragt sich aber, wer angesichts der Geschichte konkret ‚der Mensch' ist. Soll dieser als ein allgemein-*transzendentales* oder als ein konkret-existierendes *empirisches* Subjekt gedacht werden? Offensichtlich als letzteres, denn Wirklichkeit gewinnt die Geschichte immer nur am konkreten Menschen. Kann man aber von diesem uneingeschränkt sagen, daß er die Geschichte mache? Vielleicht wäre zu entgegen: Natürlich nicht der einzelne Mensch, sehr wohl aber die Menschen als Gemeinschaft. Möglich. Wie hat aber wiederum eine Gemeinschaft die Geschichte in der Hand, daß man sie als die eigentliche Akteurin derselben ansehen dürfte? Auch darauf wird man keine befriedigende Antwort finden können, und so stellt sich heraus, daß in der Geschichte so etwas wie ein *anonymes, dem Menschen zuvorkommendes Geschehen* enthalten ist, das diesen schon bestimmt, *bevor* er noch in der Lage ist, selbst Geschichte zu gestalten. Damit zeichnet sich aber *ein Ende der neuzeitlichen Anthropozentrik* ab.

Einheit von Theorie und Praxis

Drittens: Bilden Erkennen und Handeln (Theorie und Praxis) im ursprünglichen Verstehen eine Einheit, dann ergibt es sich von selbst, daß es auch entscheidend *am menschlichen Handeln liegt*, wie uns die Wirklichkeit erscheint. Im Hinblick auf Kant bedeutet das, daß die Apriori der theoretischen Vernunft (von Kant in der KrV analysiert) nicht unabhängig von den Apriori der praktischen Vernunft (von Kant in der KpV dargelegt) betrachtet werden dürfen, *sondern als Einheit zu begreifen sind*. Damit wird – wie das Vico-Axiom deutlich macht – abermals der Geschichtlichkeit als transzendentaler Möglichkeitsbedingung unserer Erkenntnis Rechnung getragen. Dieser Aspekt fand freilich schon im Existenzialismus Berücksichtigung, sofern ja für die Entscheidung bzw. für die Entschlossenheit allemal ein Handeln konstitutiv ist. Hier lag der Akzent des Handelns jedoch primär auf dem Handeln des *Einzelnen*. Obwohl Kierkegaard und Heidegger zweifellos auch jene Dimensionen des Handelns zur Sprache brachten, die über den Einzelnen hinausgehen (Kierkegaard in der Schrift „Eine literarische Anzeige“ von 1846, Heidegger in „Sein und Zeit“ bei der Behandlung des „Mitseins“ [157ff.] und der „Sprache“ [213ff.]), stellten sie doch den durch Tod und Angst bestimmten *Einzel*menschen in den Vordergrund. Es erwies sich daher als wichtig, das menschliche Handeln als wesentlichen (Mit-)Konstituierungsfaktor des Wirklichkeitsbildes in größere Zusammenhänge zu stellen und die Konsequenzen zu bedenken, die dies für die Frage nach den Bedingungen der Möglichkeit unserer Erkenntnis hat. Dazu der nächste Abschnitt:

Gesellschaft

Marx und Marxismus

Daß das menschliche Handeln nicht nur im Bezug auf den Einzelnen, sondern ebenso im Bezug auf die Gesellschaft gesehen werden muß, ist sicherlich nicht die Entdeckung von Karl Marx (1818–1883). Marx hat diesem Umstand jedoch einen unvergleichlich zentraleren Stellenwert innerhalb der philosophischen Erkenntniskritik eingeräumt als die meisten Philosophen und ‚Soziologen‘ vor ihm. Deshalb treten in seinem Denken auch die Konsequenzen, die sich aus der Berücksichtigung der gesellschaftlichen Dimension des Handelns für die Kritik unserer Erkenntnis ergeben, viel deutlicher zu Tage als anderswo. Diese Konsequenzen wiederum liegen primär nicht in dem, was man sich landläufig unter ‚Marxismus‘ oder ‚real existierendem Sozialismus‘ vorstellt, nämlich den Umschlag der praktischen Vernunft in die revolutionäre politische Praxis. Das heißt: Wir würden Marx nicht richtig verstehen, wenn wir den Ausgangspunkt unserer Betrachtung an seinen berühmten Aussprüchen wie „Die Philosophen haben die Welt nur verschieden *interpretiert*, es kömmt drauf an, sie zu *verändern*." (Thesen über Feuerbach [1845], in K. Marx, Werke II, hg. H.J. Lieber, Darmstadt 1971, 4) bzw. *„Proletarier aller Länder, vereinigt euch!"* (Manifest der Kommunistischen Partei [1848], ebd. 858) ansetzen würden, obwohl natürlich nicht geleugnet sei, daß diese Aussprüche mit dem theoretischen Konzept, ja wir dürfen sogar sagen: mit der Metaphysik, die Marx in der Form einer Geschichtsphilosophie entwickelt hat, eng zusammenhängen. Für unsere Themenstellung sind die Aussagen über den Menschen, wie sie sich in den sogenannten „Pariser Manuskripten" von 1844 (Werke I, Darmstadt 1962, 506-665) finden, sowohl grundlegender als auch aufschlußreicher. Wir gehen daher von ihnen aus.

Arbeit als Grundvollzug

Der eigentliche Akt, durch den sich der Mensch seine Wirklichkeit konstituiert, ist für Marx *die Arbeit*. Die Arbeit ist so gesehen, obwohl Marx primär an die Formen ökonomisch-wirtschaftlicher Produktionstätigkeit (seiner Zeit) denkt, jener *fundamentale und umfassende* Existenzvollzug, in dem der Mensch sich als Mensch realisiert. Arbeit ist *alles*, was der Mensch tut, wenn er sich die Wirklichkeit zurechtlegt – das einfache Handwerk ebenso wie das Betreiben der Wissenschaft, das Handeln der Politik, das Schöpfen der Kunst und vieles mehr. In der Arbeit *vermittelt* sich der Mensch grundsätzlich mit dem, was er zur Bewältigung und Gestaltung vorfindet. Marx nennt dies die *Natur*. (566ff.) Die Natur wiederum bewältigt und gestaltet er wesentlich dadurch, daß er sie sich „zu seinem Gegenstand macht". Das geschieht teils in Übereinstimmung teils aber auch in deutlicher Unterschiedenheit zum Tier.

> „Das praktische Erzeugen einer *gegenständlichen Welt*, die *Bearbeitung* der unorganischen Natur ist die Bewährung des Menschen als eines bewußten Gattungswesens, d.h. eines Wesens, das sich zu der Gattung als seinem eigenen Wesen oder zu sich als Gattungswesen verhält. Zwar produziert auch das Tier. Es baut sich ein Nest, Wohnungen, wie die Biene, Biber, Ameise etc. Allein es produziert nur, was es unmittelbar für sich oder sein Junges bedarf; es produziert einseitig, während der Mensch universell produziert; es produziert nur unter der Herrschaft des unmittelbaren physischen Bedürfnisses, während der Mensch selbst frei vom physischen Bedürfnis produziert und erst wahrhaft produziert in der Freiheit von demselben; es produziert nur sich selbst, während der Mensch die ganze Natur reproduziert; sein Produkt gehört unmittelbar zu seinem physischen Leib, während der Mensch frei seinem Produkt gegenübertritt." (567f.)

Die Arbeit ist somit das, was den Menschen zum Menschen macht. Marx formuliert: Die Arbeit charakterisiert ihn als „Gattungswesen" (568).

„Diese Produktion ist sein werktätiges Gattungsleben. Durch sie erscheint die Natur als *sein* Werk und seine Wirklichkeit. Der Gegenstand der Arbeit ist daher die *Vergegenständlichung des Gattungslebens des Menschen*: indem er sich nicht nur wie im Bewußtsein intellektuell, sondern werktätig, wirklich verdoppelt und sich selbst daher in einer von ihm geschaffenen Welt anschaut." (Ebd.)

In anderen Worten: In der Arbeit konstituiert sich der Mensch die Wirklichkeit so, wie sie ihm erscheint. Geschieht dies in natürlicher und wesensgerechter Weise, trägt die erscheinende Wirklichkeit ein menschliches Antlitz. Der Mensch besitzt dann die Chance, in der von ihm konstituierten Wirklichkeit sich selbst zu begegnen.

Ungerechtigkeit

Tatsächlich verhält es sich nach Marx aber nicht so. In der konkreten Welt, wie wir sie erleben, gilt vielmehr das Gegenteil.

„Die Arbeit produziert Wunderwerke für die Reichen, aber sie produziert Entblößung für den Arbeiter. Sie produziert Paläste, aber Höhlen für den Arbeiter. Sie produziert Schönheit, aber Verkrüppelung für den Arbeiter. Sie ersetzt die Arbeit durch Maschinen, aber sie wirft einen Teil der Arbeiter zu einer barbarischen Arbeit zurück und macht den anderen Teil zur Maschine. Sie produziert Geist, aber sie produziert Blödsinn, Kretinismus für den Arbeiter." (563)

Der Grund hierfür liegt offensichtlich in den *gesellschaftlichen Verhältnissen*. Aus ihnen erwächst dieser Zustand der Ungerechtigkeit. Wie jedoch entsteht die Ungerechtigkeit? Worin findet sie ihre Chance? Und darüber hinaus: Was bedeutet der Zustand der Ungerechtigkeit für die Menschen, die in ihr leben müssen? Beschränkt sie sich auf das, was Marx soeben aufgezählt hat? Unterscheidet sich m.a.W. der Arme vom Reichen nur darin, daß er weniger Vermögen besitzt?

Geldsystem

Die Ungerechtigkeit resultiert für Marx vor allem daraus, daß dem Arbeiter das Produkt seiner Arbeit genommen werden kann. Dies wird aufgrund etlicher Faktoren möglich. Marx nennt „den [...] Zusammenhang zwischen dem Privateigentum, der Habsucht, der Trennung von Arbeit, Kapital und Grundeigentum, von Austausch und Konkurrenz, von Wert und Entwertung der Menschen, von Monopol und Konkurrenz etc." (560). Im wesentlichen liegt die Ursache aber im „Geldsystem", sofern über dieses eine Trennung zwischen dem Produkt und seinem Wert eintritt. Verselbständigt sich nämlich der Wert gegenüber dem Produkt, dann wird er nicht mehr durch den Arbeiter und seine Tätigkeit bestimmt, sondern durch das herrschende Wirtschafts- und Finanzsystem, das seinerseits wiederum politisch-gesellschaftliche Verhältnisse widerspiegelt. Den zum „Warenwert" gewordenen Wert des Produktes vereinnahmen in der Folge jene Gesellschaftsschichten oder „Klassen" – bei Marx die „Bourgeoisie" und die „Kapitalisten" –, die in der Lage sind, den Markt zu ihrem Nutzen und zu ihrem Genuß zu steuern.

Folgen der Ungerechtigkeit

„Dieses Faktum drückt weiter nichts aus als: Der Gegenstand, den die Arbeit produziert, ihr Produkt, tritt ihr als ein *fremdes Wesen*, als eine von dem Produzenten *unabhängige Macht* gegenüber." (561) Dabei bleibt es aber nicht, denn „mit der *Verwertung* der Sachenwelt nimmt die *Entwertung* der Menschenwelt in direktem Verhältnis zu" (ebd.). Dies wiederum ergibt sich mit Notwendigkeit daraus, daß *die Arbeit der Wesensvollzug des Menschen überhaupt ist*. Wird sie entstellt, muß dies zwingend eine Rückwirkung auf den Menschen haben und zwar nicht oberflächlich oder akzidentell, sondern fundamental und wesenskonstitutiv. Das heißt: *Der Mensch verändert in der unnatürlichen und von Ungerechtigkeit bestimmten Arbeit sein ganzes Wesen*. Er wird zu einem anderen, ja mehr noch zu *etwas* anderem. Vordergründig ist er „ärmer" geworden und „bis zum Hungertod entwirklicht" (ebd.), in seinem Wesen aber – und das ist das Ausschlaggebende – hat er selbst den Charakter einer Ware angenommen.

> „Die Arbeit produziert nicht nur Waren; sie produziert sich selbst und den Arbeiter als eine *Ware*, und zwar in dem Verhältnis, in welchem sie überhaupt Waren produziert." (ebd.)

Damit geht einher, daß dem Arbeiter seine Arbeit zu etwas Fremden und Äußerlichen wird. „Der Arbeiter fühlt sich [...] erst außer der Arbeit bei sich und in der Arbeit außer sich. Zu Hause ist er, wenn er nicht arbeitet, und wenn er arbeitet, ist er nicht zu Hause." (564) Zusätzlich erleidet er sowohl an seinem eigenen Leib als auch in seiner natürlichen Umgebung einen Verlust jener Natur, die er in der Gemeinschaft mit allen Menschen – im „Gattungsleben" – vermenschlichen hätte sollen. (566ff.) Schließlich verkümmert das Verhältnis der Menschen untereinander.

> „Wenn der Mensch sich selbst gegenübersteht, so steht ihm der *andere* Mensch gegenüber. Was von dem Verhältnis des Menschen zu seiner Arbeit, zum Produkt seiner Arbeit und zu sich selbst, das gilt von dem Verhältnis des Menschen zum anderen Menschen, wie zu der Arbeit und dem Gegenstand der Arbeit des anderen Menschen." (569, vgl. 569ff.)

Entfremdung

Alle diese Folgen, die für den Menschen aus der entstellten Arbeit resultieren, faßt Marx – im Anschluß an Hegel und einige Junghegelianer – im Begriff der *Entfremdung* zusammen. Wie soeben klar geworden, bezeichnet er damit nicht nur ein soziales Phänomen, sondern eine Möglichkeit des Menschseins, die nichts Geringeres als einen *transzendentalen Stellenwert* besitzt. In der Entfremdung setzt sowohl „die *Entfremdung*, de[r] *Verlust* des Gegenstandes" bzw. der „gegen-ständlichen Welt" (562) als auch die „*Selbstentfremdung*" (565) ein, d.h. *in der Entfremdung entsteht für den Menschen eine andere – nicht-natürliche und entstellte – Wirklichkeit*. Anders formuliert: *Von der Art und Weise, in welcher der Mensch arbeitet, hängt es ab, wie ihm die Wirklichkeit er-*

scheint. So bildet die Arbeit, die natürlich oder entfremdet erfolgen kann, ein *Tranzendental* der menschlichen Wirklichkeitskonstitution. Da es schließlich jedoch von der Gesellschaft und ihrer Ordnung abhängt, wie die Arbeit geschehen kann, besitzt diese eine noch grundlegendere transzendentale Funktion. So können wir analog zu dem, was wir über die Geschichte gesagt haben, festhalten: *Die Form, in der dem Menschen die Wirklichkeit erscheint, hängt von der Gesellschaftsordnung ab, in der er lebt.*

Theorie und Praxis

Noch deutlicher als zuvor steht uns jetzt auch vor Augen, daß theoretische und praktische Vernunft wohl zu unterscheiden sind, weil sie zwei verschiedene Gestalten derselben darstellen, die nicht aufeinander reduziert werden dürfen, daß sie sich aber in den Bedingungen ihrer Möglichkeit – in ihren transzendentalen Voraussetzungen – durchaus treffen und eine Einheit bilden. Die Arbeit, von der Karl Marx spricht, läßt sich durchaus mit dem vergleichen, was Heidegger unter dem ursprünglichen Verstehen des Menschen versteht. Auch sie bezeichnet einen Existenzvollzug, der *vor* der Unterscheidung von Theorie und Praxis liegt. Die Theorie impliziert nicht weniger Arbeit als die Praxis. Folglich unterstehen Theorie und Praxis über die Arbeit denselben transzendentalen Bedingungen – im konkreten Fall den gesellschaftlichen Verhältnissen.

Problem der Kriterien

Im Zusammenhang mit der Arbeitstheorie von Karl Marx meldet sich aber noch ein weiteres Problem, das die philosophische Diskussion bis heute beschäftigt. Gemeint ist das Problem der *Ideologiekritik*. Darunter ist folgendes zu verstehen: Redet man, wie Marx es tut, von Entfremdung, so muß man auch über das reden, *wovon* die Entfremdung wegführt. Bei Marx ist dies zweifellos die *natürliche* Arbeit, der sowohl ein unbelastetes Verhältnis des Menschen zur Natur als auch eine unbeeinträchtigte Beziehung desselben zu sich selbst zugrundeliegt. Im Namen dieser Vorstellung von einer natürlichen Arbeit meint Marx die Entfremdung auch *kritisieren* und überwinden zu müssen. Sie liefert ihm das *Kriterium* für seine Kritik und seinen Aufruf zur Revolution der Armen, der Proletarier. Es fragt sich nun aber, wie Marx zu diesem Kriterium kommt. Ist *jegliche* menschliche Wirklichkeitsvorstellung von den gesellschaftlichen Verhältnissen bestimmt, in der sie entsteht, dann gilt das auch für die Marxsche Vorstellung von der natürlichen Arbeit. Wer sagt denn, daß ausgerechnet die gesellschaftlichen Verhältnisse, die dieser Vorstellung zugrundeliegen, nicht entfremdet sind? Dies muß umso mehr gefragt werden, als Marx eine Gesellschaft ohne Entfremdung als das Ziel der Geschichte versteht, das gegenwärtig noch nicht erreicht ist. Herrscht also jetzt noch die Entfremdung, wie gelangt man dann zu Vorstellungen, die angeblich frei von Entfremdung sind?

Alles gleichwertig?

Wir können dieses Problem verallgemeinern: Offensichtlich bestehen die transzendentalen Voraussetzungen unserer Erkenntnis aus einer

Vielzahl von Möglichkeiten. Das bedeutet, daß es auch viele Möglichkeiten gibt, in denen sich der Mensch die Wirklichkeit konstituiert, bzw. daß es viele Möglichkeiten gibt, in denen die Wirklichkeit erscheint. Hier stellt sich die Frage: Sind alle diese Möglichkeiten gleichwertig? Besitzen manche von ihnen ein höheres Maß an Konformität zur Wirklichkeit als andere? Erweisen sich einige von ihnen gegenüber allen anderen als die besseren? Dürfen wir sie alle als gleichermaßen gerechtfertigt ansehen? Wenn dies nicht der Fall sein soll, woher nehmen wir dann die *Kriterien* für die ‚richtigere' und ‚gerechtfertigtere' Wirklichkeitssicht, in deren Namen wir andere Wirklichkeitssichten auch *kritisieren* dürften? Grundsätzlich müssen wir ja davon ausgehen, daß *jede* Wirklichkeitssicht – selbstverständlich auch unsere – existentielle, geschichtliche und gesellschaftliche Voraussetzungen hat. Diese Voraussetzungen spezifizieren, determinieren und verendlichen unsere Möglichkeit, die Wirklichkeit zu betrachten. Wir haben daher weder das Vermögen noch das Recht, Aussagen zu machen, die für alle möglichen Formen von Wirklichkeitssicht zutreffen sollten und damit universale Gültigkeit besitzen würden. Folgt daraus aber nicht der radikale Relativismus? Ist es hiermit gleichgültig, welche Wirklichkeitssicht man hat? Besitzt der Kapitalist, um auf das Beispiel von Karl Marx zurückzukommen, eine ebenso berechtigte Sicht der Wirklichkeit wie der Arbeiter? Oder: Dürfen das Konzept der „offenen Gesellschaft" und des Faschismus dasselbe Recht auf Gültigkeit beanspruchen? Die meisten von uns würden wohl antworten: Offensichtlich nicht. Woher sind dann aber – noch einmal – die Kriterien zu gewinnen, die uns eine Entscheidung darüber gestatten?

Dieses Problem, das sich für die transzendentalphilosophische Fragestellung unweigerlich ergibt, je mehr sie über Kant hinausführt und zur Aufdeckung immer neuer, nicht determinierbarer Apriori der Erkenntnis gelangt, kann an dieser Stelle nur angesprochen werden, weil es sich im Zusammenhang mit der Gesellschaftskritik von Karl Marx aufdrängt. Seine Lösung – so wie sie *mir* plausibel zu sein scheint – vermag ich auch bloß anzudeuten und damit gleichzeitig zum nächsten Thema überleiten. *Meines Erachtens* können die Kriterien für die Rechtfertigung einer Wirklichkeitssicht nur dort gefunden werden, *wo sie am meisten in Frage stehen und in ihrer Vielfalt aufeinandertreffen.* Dies geschieht in der *Kommunikation* bzw. – allgemeiner gesprochen – in der *Sprache*. Wenn überhaupt eine Chance besteht, Kriterien für die Berechtigung einer Wirklichkeitssicht sowie für die Ansprüche derselben auf diese Berechtigung zu eruieren, dann müssen sie hier zu entdecken sein. Übergang

Sprache

Sprache als Transzendental

In der Sprache faßt sich alles, was wir bisher über die transzendentalen Strukturen der menschlichen Wirklichkeitskonstitution gesagt haben, zusammen. Dies sieht man freilich erst, wenn man unter Sprache nicht ein bloßes Instrument zur Etikettierung von Erkenntnisgegenständen, ein reines Medium des Informationsaustausches bzw. ein simples Verständigungsmittel versteht. Sprache muß als der Ort begriffen werden, in dem sich die ganze Wirklichkeit des Menschen einfindet. Ist sie das, dann ist sie auch die Bedingung der Möglichkeit des menschlichen Erkennens und Handelns. Zugleich damit bildet sie den gemeinsamen Rahmen, in dem sich die Existenz des Einzelnen, die Geschichte und die Gesellschaft konstituieren. Aus diesem Grunde dürfen wir sagen: *Die Sprache ist das Fundament der menschlichen Wirklichkeitskonstitution schlechthin.* Mit Ludwig Wittgenstein (1889–1951) formuliert: Sofern jeder Satz „ein Modell der Wirklichkeit [ist], so wie wir sie uns denken" (Tractatus logico-philosophicus [1921] 4.01), und die „Gesamtheit der Sätze [...] die Sprache" (ebd. 4.001), ist die Sprache identisch mit der „Welt" als „Gesamtheit der Tatsachen" (1.1), der „bestehenden Sachverhalte" (2.04) oder der „Wirklichkeit" (2.063). Folgedessen müssen auch „*die Grenzen meiner Sprache* [...] die Grenzen meiner Welt" bedeuten (5.6), und die Philosophie, die darauf achtet, kann nichts anderes als „Sprachkritik" sein (4.0031). (Wittgenstein verwendet im „Tractatus" übrigens den Begriff „transzendental" im Sinne von „eine Bedingung der Welt", wie es in einer Vorstudie vom 30.7.1916 [Prototractatus 6.421] heißt, zweimal, in 6.13 und 6.421.)

Moderne Sprachphilosophie

Man ist gewohnt, die Einsicht in die fundamentale Bedeutung der Sprache für die Form, in der uns die Wirklichkeit erscheint, als ein Verdienst der Philosophie des 20. Jahrhunderts anzusehen. Das mag insofern stimmen, als sich *innerhalb der Wissenschaft* erst unter ihrem Einfluß die Überzeugung allgemein durchgesetzt hat, daß zum einen die menschliche Erkenntnis ohne Sprache nicht begriffen werden kann und daß zum andern auch das menschliche Handeln aus seinem Bezug zur Sprache verstanden werden muß. Und zweifellos ist unser Wissen um die Sprache und ihre Gesetzmäßigkeiten durch alle Disziplinen, die sich innerhalb der modernen Sprachwissenschaft im allgemeinen und der modernen Sprachphilosophie im speziellen ausgebildet haben, vor allem auch durch den Strukturalismus und die Sprechakttheorie, wesentlich erweitert, vertieft und präzisiert worden. Die grundlegenden Einsichten, die wir heute im großen Ausmaß teilen, sind jedoch wesentlich älter.

Geschichte

In diesem Zusammenhang sei erneut auf die humanistische Tradition verwiesen, die ihre Ursprünge im zweiten vorchristlichen Jahrhundert in Rom hat, in den Übersetzerschulen des Mittelalters weiter gepflegt wird, einen neuen Höhepunkt in der Renaissance- und Reformationszeit erfährt und von diesem aus nicht nur die Pädagogik der gesamten westlichen Hemisphäre über Jahrhunderte bestimmt, sondern auch die europäische Kunst und Literatur fundamental beeinflußt. Repräsentiert ist sie durch Gelehrte wie Cicero, Dante, Petrarca, Marsilio Ficino, Pico della Mirandola, Erasmus von Rotterdam, Michel de Montaigne, Johann Joachim Winckelmann, Wilhelm von Humboldt und viele andere. Allein durch die Übersetzung klassischer Texte ist diesen Denkern die entscheidende Rolle der Sprache bei der Konstitutierung des Bildes, das sich der Mensch von der Wirklichkeit macht, von Anfang an bewußt. Sie wissen, daß das, was für uns wirklich und wahr ist, von der Sprache abhängt. Da wir uns in unserem Handeln auch immer an das halten, was für uns Wirklichkeitsrelevanz besitzt, bedingt uns die Sprache nach ihrer Ansicht zusätzlich in unserer praktischen Lebensbewältigung. Keine Überraschung, daß die Sprache zum eminenten pädagogischen und ideologiekritischen Anliegen wird. Alle Bildung des Menschen beginnt für die Humanisten bei der Bildung der Sprache. Und Bewußtseinskritik führt allemal über die Sprachkritik.

In der Geschichte der Auseinandersetzung mit Kant, die unmittelbar zu einer Philosophie der Sprache geführt hat, wird zumeist Johann Georg Hamann (1730 – 1788) übersehen. Dieser Zeitgenosse und Freund Kants, der nicht nur die Werke Humes gut kannte und teilweise sogar ins Deutsche übersetzte, sondern sich auch mit der „Kritik der reinen Vernunft“ – größtenteils sogar schon vor ihrem Erscheinen 1781 – intensiv auseinandersetzte, publizierte 1783 seine „Metakritik über den Purismus der Vernunft“. In diesem Werk wies er Kant vor allem darauf hin, daß er zum einen die Sprache als Grundvoraussetzung aller menschlichen Erkenntnis übersehen („Empfindung und Vernunft setzen ja schon eine Sprache zum Voraus“) und zum anderen die Sprache nicht als die einigende Mitte aller Erkenntniskräfte begriffen habe (Sprache ist „ästhetisches [= sinnliches] und logisches Vermögen“ zugleich). Wer die Vernunft einer Kritik unterziehen wolle, müsse hingegen grundsätzlich die Sprache „als das einzige erste und letzte Organon und Kriterion der Vernunft“ verstehen und darüber hinaus davon ausgehen, daß „nicht nur das ganze Vermögen zu denken auf Sprache beruht [...], sondern Sprache auch der *Mittelpunkt des Mißverstandes der Vernunft mit ihr selbst* ist.“ (J.G. Hamann, Sämtliche Werke III, hg. J. Nadler, Wien 1951, 284ff.)

Neukantianismus

Heute dringt sodann wieder mehr ins allgemeine Bewußtsein, daß sich auch die von Kant selbst ausgehende Philosophie, konkret der Neukantianismus, völlig im Klaren darüber war, daß die Kritik Kants durch eine Kritik der Sprache erweitert werden müsse. Stellvertretend für etliche andere Exponenten darf ich hier Ernst Cassirer (1874 – 1945) zitieren. In seinem umfangreichen Hauptwerk „Philosophie der symbolischen Formen“ (3 Bände., Berlin 1923–1929) spricht er prinzipiell von einer „Kritik der Kultur“:

> „Neben der reinen Erkenntnisfunktion gilt es, die Funktion des sprachlichen Denkens, die Funktion des mythisch-religiösen Denkens und die Funktion der künstlerischen Anschauung derart zu begreifen, daß daraus ersichtlich wird, wie in ihnen allen eine ganz bestimmte Gestaltung nicht sowohl *der* Welt, als vielmehr eine Gestaltung *zur* Welt, zu einem objektiven Sinnzusammenhang und einem objektiven Anschauungsganzen sich vollzieht. / Die Kritik der Vernunft wird damit zur Kritik der Kultur. Sie sucht zu verstehen und zu erweisen, wie aller Inhalt der Kultur, sofern er mehr als bloßer Einzelinhalt ist, sofern er in einem allgemeinen Formprinzip gegründet ist, eine ursprüngliche Tat des Geistes zur Voraussetzung hat.“ (Bd.1, [10]1994, 11)

Die ursprüngliche Tat des Geistes erblickt Cassirer in der Symbolisierung der Wirklichkeit durch den Menschen. Diese Fähigkeit, die Sinnlichkeit und Vernunft in allen ihren Gestalten gleichermaßen umfaßt und einigt, geht für ihn über das rein Sprachliche – im Sinne von worthaft Ausgesprochenem – hinaus. Sie ist aber umgekehrt ohne Analyse der Sprache nicht zu verstehen. Deshalb beginnt der erste Teil seines Hauptwerkes mit einer „Phänomenologie der sprachlichen Form“. Sprache erscheint damit auch hier als Bedingung der Möglichkeit von Kultur. Sofern folglich die Kultur als objektiver Ausdruck von Geschichte und Gesellschaft eine unabdingbare Voraussetzung der menschlichen Wirklichkeitssicht abgibt, leistet dasselbe in eminenter Weise gleichursprünglich die Sprache.

Sprachspiele

Da zuvor schon auf Ludwig Wittgenstein, den bedeutendsten Sprachphilosophen unseres Jahrhunderts, hingewiesen wurde, sei schließlich daran erinnert, daß die oben angeführten Zitate einem Werk entstammen, dessen Position Wittgenstein in späteren Jahren aufgab. Vollends deutlich wurde dies, als postum (1953) die „Philosophischen Untersuchungen“ erschienen. In diesem Werk rückt Wittgenstein vor allem von der Theorie ab, daß die Sprache als Gesamtheit der Sätze die Wirklichkeit *abbilde*. (Vgl. u.a. Trac. 4.01: „Der Satz ist ein Bild der Wirklichkeit.“, siehe auch 2.1-2.225, 3-3.05, 4.01ff.) Er erkannte, daß sich die Bedeutung eines Wortes, eines Zeichens oder eines Satzes nicht – wie im „Tractatus“ angenommen (vgl. u.a. 3.3-3.317) – aus seiner Abbildungsfunktion ergibt, sondern aus seiner *Verwendung* bzw. aus seinem *Gebrauch*. Diese Einsicht hatte weitreichende Folgen. Unter anderem machte sie erneut darauf aufmerksam, daß in der Sprache Theorie und Praxis – wenn ich mich im Zusammenhang mit Wittgenstein so ausdrücken darf – von Hause aus miteinander verwoben sind. Man sieht dies sogleich, wenn man sich fragt, wer den Gebrauch der Worte und Sätze festlegt. Dies erfolgt nach Wittgenstein durch die sogenannten „Sprachspiele“:

> „Wir können uns [...] denken, daß der ganze Vorgang des Gebrauchs der Worte [...] eines jener Spiele ist, mittels welcher Kinder ihre Muttersprache erlernen. Ich will diese Spiele *‚Sprachspiele‘* nennen, und von einer primitiven Sprache manchmal als einem Sprachspiel reden. / Und man könnte die Vorgänge des Benennens der Steine und des Nachsprechens des vorgesagten Wortes auch Sprachspiele nennen. Denke an manchen Gebrauch, der von Worten in Reigenspielen gemacht wird. / Ich werde auch das Ganze: der Sprache und der Tätigkeiten, in denen sie verwoben ist, das ‚Sprachspiel‘ nennen." (PU § 7) Die Sprachspiele wiederum sind unübersehbar viele. „Es gibt *unzählige* [...] verschiedene Arten der Verwendung alles dessen, was wir ‚Zeichen‘, ‚Worte‘, ‚Sätze‘, nennen. Und diese Mannigfaltigkeit ist nichts Festes, ein für allemal Gegebenes; sondern neue Typen der Sprache, neue Sprachspiele, wie wir sagen können, entstehen und andre veralten und werden vergessen." (Ebd. § 23)

Deshalb herrscht innerhalb der Spiele selbst aber keine Willkür. Zu jedem Spiel gehört vielmehr eine Spiel*regel*. Spiele ohne Regeln sind keine wirklichen Spiele. Natürlich ist ein Spiel „nicht überall von Regeln begrenzt; aber es gibt ja auch keine Regeln dafür z.B., wie hoch man im Tennis den Ball werfen darf, oder wie stark, aber Tennis ist doch ein Spiel und es hat auch Regeln" (§ 68, vgl. 198). Die Regeln haben den Charakter von einem „Wegweiser", der hinsichtlich der Richtung, die er anzeigt, „manchmal einen Zweifel offen [läßt], und manchmal nicht" (§ 85). Wer legt schließlich diese Art von Spielregeln fest? Das sind nach Wittgenstein die „Lebensformen":

> „[...] eine Sprache vorstellen heißt, sich eine Lebensform vorstellen." (§ 19, vgl. 142) „Das Wort ‚Sprach*spiel*‘ soll hier hervorheben, daß das Sprechen der Sprache ein Teil ist einer Tätigkeit, oder einer Lebensform." (§ 23, vgl. 241)

Philosophie als Sprachkritik

Für den späteren Wittgenstein bleibt die Philosophie Sprachkritik, wenn er sich auch jetzt anders ausdrückt. Entsprechend der Tatsache aber, daß es unzählige Sprachspiele gibt, kann diese Kritik *nicht mehr universal* angewendet werden, sondern immer nur *ad hoc* bezüglich eines bestimmten Sprachspieles.

> „Wenn die Philosophen ein Wort gebrauchen – ‚Wissen‘, ‚Sein‘, ‚Gegenstand‘, ‚Ich‘, ‚Satz‘, ‚Name‘ – und das *Wesen* des Dings zu erfassen trachten, muß man sich fragen: Wird denn dieses Wort in der Sprache, in der es seine Heimat hat, je tatsächlich so gebraucht? – / *Wir* führen die Wörter von ihrer metaphysischen, wieder auf ihre alltägliche Verwendung zurück." (§ 116, vgl. Tractatus ... 6.53)

Die Folge davon ist, daß nur noch „Probleme [...], nicht *ein* Problem" zur Behandlung anstehen. Entsprechend „gibt es nicht *eine* Methode der Philosophie, wohl aber gibt es Methoden, gleichsam verschiedene Therapien" (PU § 133). Wendet man diese Therapien von Fall zu Fall an und betrachtet man folglich jedes philosophische Problem „wie eine

Krankheit" (ebd. § 255, vgl. 593), in welcher die Bedeutungen der Worte von ihrem faktischen Gebrauch getrennt und verselbständigt werden, dann bricht durch die Rückführung der Bedeutungen auf die Sprachspiele, in denen Bedeutungen überhaupt erst entstehen – d.h. durch das „Klarwerden von Sätzen" (Trac. 4.112) –, alles scheinhafte, vermeintliche Wissen und mit ihm jeglicher falsche Erkenntnisanspruch in sich zusammen. Dem Anliegen Kants, nämlich nicht gerechtfertigte Erkenntnisansprüche durch die Konfrontation derselben mit den Grundvoraussetzungen der Erkenntnis zu entlarven, steht dieses Verständnis von Philosophie durchaus nahe.

Argumentativer Diskurs

Kehren wir jetzt zur Frage nach den *Kriterien* für die Rechtfertigung einer Wirklichkeitssicht zurück. Wir stellten dazu fest, daß jede Sicht der Wirklichkeit existenziell, geschichtlich und gesellschaftlich bedingt sei und daß dies die Frage aufwerfe, ob jede Wirklichkeitssicht dasselbe Recht habe. Damit leiteten wir zum Thema ‚Sprache' über, und deshalb ist es nun wichtig anzugeben, in welcher Weise die Betrachtung der Sprache eine Lösung unseres Problems anzeigen kann. Setzen wir dazu bei der banalen Behauptung an, daß lediglich in der Sprache die unterschiedlichen Sichten von Wirklichkeit einander *begegnen* können. Eine Begegnung ist jedoch nur dann eine Begegnung, wenn jeder der Begegnenden zunächst einmal dasselbe Recht und dieselbe Möglichkeit hat aufzutreten. In dem Moment, in dem einer der Begegnenden den anderen vereinnahmt, nicht zu Wort kommen läßt oder in einer sonstigen Weise hindert, *sich selbst* einzubringen, gibt es keine Begegnung mehr. An ihre Stelle ist dann das reine Kräftemessen, das gegenseitige Bekämpfen oder das gewalthafte Unterdrücken getreten. Wie bleibt dem gegenüber Begegnung möglich? Mit Jürgen Habermas (vgl. u.a. Theorie des kommunkativen Handelns, 2 Bde., Frankfurt 1981) und Karl-Otto Apel (vgl. u.a. Transformation der Philosophie, 2 Bde., Frankfurt 1973) möchte ich antworten: Durch die *Argumentation*. Warum das? Weil in der Argumentation, sofern sie wirklich eine solche (und nicht eine Scheinargumentation) ist, garantiert wird, daß einerseits jeder der Argumentierenden seine Ansichten darlegen und daß andererseits auch jeder der Argumentierenden zu den dargelegten Ansichten *Stellung nehmen* kann. Letzteres setzt freilich voraus, daß die dargelegten Ansichten *begründet* werden. Zu bloßen Behauptungen kann man nicht Stellung nehmen. Die *Beurteilung* einer Ansicht ist nur möglich, wenn man weiß, *warum* es zu dieser Ansicht gekommen ist. Liegen jedoch Begründungen vor, dann eröffnet die Argumentation nicht allein die Chance, daß jeder Argumentierende im Vollzug der Argumentation dasselbe Recht besitzt, sondern darüber hinaus die Chance zur *Freiheit*. Nach eigener Überzeugung zu einer dargelegten und begründeten Ansicht über die Wirklichkeit so oder anders Stellung beziehen bzw. selbst jederzeit die eigene Ansicht vertreten zu können, ist nämlich bereits eine Realisierung von Freiheit.

Argumentation und Normativität

Nun zeigte sich schon in der Philosophie Kants, erst recht aber in der Philosophie nach Kant, daß die menschliche Erkenntnis keiner absoluten Inhalte fähig ist, sondern allemal Voraussetzungen unterworfen bleibt, die diese endlich und relativ machen. Das bedeutet aber, daß der *Inhalt* einer Sicht der Wirklichkeit, wie immer er begründet und argumentativ abgesichert er sein mag, nicht das alleinige Kriterium für die Berechtigung derselben sein kann. Denn dafür müßte er absolut sein. So bleibt als Kriterium für die Berechtigung einer Wirklichkeitssicht lediglich die *Form, in der sie gewonnen, bzw. die Art und Weise, in der sie vertreten wird,* übrig. Beides kann aber wiederum nur auf die *Argumentation* hinauslaufen, weil in ihr auf der einen Seite der Endlichkeit jedes Standpunktes Rechnung getragen wird, auf der anderen Seite aber auch die Möglichkeit eröffnet ist, daß sich jeder endliche Standpunkt legitimierend einzubringen vermag. Damit erhalten die Regeln der Argumentation einen *normativen* Stellenwert, d.h. sie werden zu jenen *Kriterien*, nach denen sich *im Rahmen von Intersubjektivität* über die Berechtigung einer Wirklichkeitssicht entscheiden läßt. Haben Regeln einen ‚normativen' Stellenwert, so heißt das freilich auch, daß sie nicht automatisch in Kraft sind, sondern im Sinne eines *Wertes* immer wieder neu realisiert werden *sollen*. Zur Argumentation – damit auch zur Vernunft und zur Freiheit – gehört somit ebenso der *Wille*, daß sie sein soll. Darf sonst – gemäß dem Prinzip von David Hume – niemals von der bloßen Tatsache, daß es etwas gibt, darauf geschlossen werden, daß dies auch sein soll, gilt hier: Argumentation (Vernunft, Freiheit) *ist, indem sie sein soll*. Faktizität und Normativität gehen an dieser einen Stelle eine Einheit ein.

Vernunft, Freiheit, Argumentation

Indem ein Standpunkt auf einem Forum der Argumentation bestehen kann, erweist er sich auch als *vernünftig* und *freiheitsfähig*. Das alte Kriterium für Vernunft, das die griechische Philosophie im λόγον διδόναι und die lateinischsprachige Tradition im *rationem reddere*, d.h. in der Begründungsfähigkeit von Erkenntnisansprüchen gesehen haben, bleibt somit erhalten, allerdings wird die Begründung nicht mehr so sehr hinsichtlich des Inhalts derselben akzentuiert als vielmehr hinsichtlich der Tatsache, daß sie überhaupt stattfindet bzw. prinzipiell argumentiert wird, sowie hinsichtlich der Frage, ob sich ein behaupteter Inhalt argumentativ vertreten läßt.

Nichthintergehbarkeit

Vernunft und Freiheit von der Argumentation her zu begreifen gestattet aber noch eine weitere Neuinterpretation einer alten philosophischen Überzeugung. Diese lautet: Vernunft kann nicht das Ergebnis oder das Produkt von Unvernunft sein, genauso wenig wie die Freiheit nicht durch Zwang zustandekommen kann. Vernunft muß vielmehr bereits auf vernünftige Weise erworben werden. Ebenso führt der Weg zur Freiheit immer schon über die Freiheit selbst. Vernunft und Freiheit stellen so gesehen etwas Unhintergehbares dar, das immer schon in Anspruch genommen werden muß, wenn eines von beidem realisiert werden soll. Woraus aber resultiert, daß sich Vernunft und Freiheit sozusagen immer schon selbst voraussetzen? Die philosophische Tradition berief sich auf *apriorische Inhalte* der Erkenntnis, die sich weder durch die Sinne noch durch Erfahrung oder bloßen Verstand erfassen ließen, sondern *von Hause aus* eine Erkenntnisart erforderten und gleichzeitig begründeten, die man eben als νοῦς, *intellectus* oder Vernunft definierte. Solche apriorischen Inhalte bildeten u.a. die platonische Ideen, die *species intelligibiles* oder die ursprüngliche Gottesschau. Stellt sich jetzt heraus, daß die menschliche Erkenntnis solcher Inhalte nicht fähig ist, so fragt sich, ob es immer noch etwas gibt, das die Unhintergehbarkeit von Vernunft und Freiheit demonstriert. Abermals läßt sich dafür die Argumentation heranziehen. Sind nämlich die Regeln der Argumentation auch Kriterien für Vernunft und Freiheit, so läßt sich an ihnen probieren, ob sie hintergehbar sind oder nicht. Dabei erweist sich, was ich mit Karl Otto Apel (Das Problem der philosophischen Letztbegründung im Lichte einer transzendentalen Sprachpragmatik, in: B. Kanitscheider [Hg.], Sprache und Erkenntnis, Innsbruck 1976, 55-82, bes. 70ff.) behaupten möchte, daß eine Hintergehbarkeit der Argumentationsregeln unmöglich ist. Der Grund hiefür ist leicht einzusehen: Wollte man sie außer Kraft setzen und damit hintergehbar machen, könnte man dies – vorausgesetzt, man wollte dabei überzeugen und nicht einfach behaupten – abermals nur *argumentierend* tun. Das heißt: Argumentation läßt sich allein durch Argumentation bestreiten, ist damit aber in Anspruch genommen und faktisch bewiesen. So gesehen erhalten die Regeln der Argumentation einen *transzendentalen* Status.

Grenzen der Argumentation

Daß den Regeln der Argumentation ein transzendentaler Stellenwert zukommt, wird meines Erachtens nicht dadurch widerlegt, daß es den Abbruch der Argumentation gibt. Auf diesem hat vor allem Jean François Lyotard in seinem Buch „Le différend" (Paris 1983, dt. J. Vogl: Der Widerstreit, München 1987, 172ff.) insistiert und am Beispiel des Holocaust gezeigt, daß sich zwischen den Sprachen – im konkreten Fall zwischen der Sprache der Täter und der Sprache der Opfer – unüberbrückbare Klüfte auftun, die jede Argumentation zur Phrase degradieren. Gewiß, in diesem Fall wird aber die Sprache gerade nicht mehr als Ort der *Begegnung* von unterschiedlichen Ansichten über die Wirklichkeit angesehen, sondern ganz im Gegenteil als Instrument zur Vernichtung einer Wirklichkeitssicht durch eine andere. Die Chance der Argumentation eröffnet sich erst, wenn (wie bereits dargelegt) auch *ein Wille zur Sprache* und damit *ein Wille zur Argumentation* als Bedingung der Möglichkeit von Begegnung vorhanden ist. Fehlt er, so findet die Argumentation als Ausdruck von Vernunft und Freiheit wohl keine Verwirklichung, sie ist deshalb aber nicht als *Wert* bzw. als *Norm* widerlegt. Wird gegen eine Norm verstoßen, ist diese deswegen noch nicht disqualifiziert. Hieraus kann folglich auch nicht geschlossen werden, daß das Wesen der Vernunft aus etwas anderem als aus der Argumentation zu begreifen sei. Würde man dies tun, beginge man den Fehler, von der Ebene der Faktizität auf die Ebene der Normativität zu schließen, was unmöglich ist.

Zu beachten bleibt freilich, daß es auch Formen der Begegnung gibt, in denen Freiheit und Recht für alle Beteiligten ebenfalls gewährleistet sind, in denen aber nicht notwendig im engeren Sinne argumentiert wird. Eine solche Form der Begegnung scheint mir *die Liebe* zu sein. In der Liebe wird die Argumentation nicht abgebrochen, sondern *aufgehoben* in eine tiefere Form der Kommunikation, die des argumentativen Diskurses zwar nicht mehr bedarf, zugleich aber doch immer wieder auf ihn zurückgreifen könnte. Ganz abgesehen davon sehe ich in der Liebe die einzige Möglichkeit, Begegnung und Argumentation unter Umständen selbst dort noch zu erwirken, wo ein Abbruch von Sprache und Kommunikation eingetreten ist. Daß Liebe die Argumentation suspendieren kann, heißt somit nicht, daß sie der Argumentation entgegenstünde oder ihr von ihrem Wesen her fremd wäre. Ganz im Gegenteil, Liebe könnte die Argumentation nicht in sich aufheben (bewahren) und zu ihr auch nicht im Übermaß motivieren, wenn sie nicht zutiefst mit ihr zu tun hätte.

Materie

Kant und Newton

Die Erkenntniskritik Kants wurde nicht allein durch die Philosophie relativiert und radikalisiert, sondern ebenso durch die Wissenschaften. Besonders markante Beispiele dafür bilden die Physik, die Biologie und die Psychoanalyse. Um die Überlegungen dieser Wissenschaften zu verstehen, empfiehlt es sich erneut bei einfachen Fragen anzufangen, die sich wenigstens für den heutigen Leser der „Kritik der reinen Vernunft“ rasch einstellen müssen. Beginnen wir in diesem Abschnitt mit der Physik, so liegt es auf der Hand zu fragen, was mit der Kantschen Kritik geschieht, wenn die Gültigkeit der Physik Newtons (1643–1727), d.h. die Gültigkeit der klassischen Mechanik eingegrenzt wird. Denn daran kann kein Zweifel bestehen: Die Naturwissenschaft, die Kant vor Augen hat, ist nahezu ausschließlich die Physik Newtons. Zur Physik Newtons gehört selbstverständlich auch das mathematische Instrumentar, in dem sie sich ausdrückt, allem voran die euklidische Geometrie.

Elektromagnetismus

Daß mit Hilfe der klassischen Mechanik nicht jedes physikalische Phänomen erklärt werden kann, war schon zur Zeit, als Kant seine transzendentale Deduktion der naturwissenschaftlichen Urteile durchführte, bekannt. Vor allem in der Optik und in der Elektrizitätslehre waren bereits Beobachtungen aufgetreten, welche die universelle Gültigkeit der klassischen Physik Galileis (1564–1642) und Newtons immer zweifelhafter machten. Vollends klar wurde dies, als sich ab der Mitte des 19.

Jahrhunderts unter dem Einfluß von Michael Faraday (1791-1867), James Clerk Maxwell (1831-1879) und Heinrich Hertz (1857-1894) der sogenannte Elektromagnetismus als eine neue umfassende – im Anschluß an Werner Heisenberg (1901-1976) auch „abgeschlossene“ – Theorie der physikalisch zugänglichen Phänomene durchsetzen konnte. Besonders durch den Begriff des *Feldes*, der zur Erklärung der magnetischen und elektrischen Nahwirkungen neu eingeführt werden mußte, erwies sich als derart fruchtbar, daß er nicht nur diese Nahwirkungen, sondern auch die bislang als konstant und voneinander gesondert vorgestellten Größen von *Raum, Kraft* und *Materie* als Feldfunktionen begreifen ließ. Die klassische Mechanik wurde durch diese Theorie zwar nicht widerlegt, in ihrer Gültigkeit aber doch eingeschränkt. Freilich blieb der Elektromagnetismus der Newtonschen Physik mehr verhaftet, als er sich eingestehen wollte. Die Vorstellung, daß es für die Fortpflanzung der elektromagnetischen Energien im allgemeinen und des Lichtes im besonderen eines eigenen Mediums – des *Äthers* – bedürfe, spricht dafür genauso wie die damals noch nicht bezweifelte Annahme von einer absoluten Zeit. Das wurde erst Jahre später bewußt, konkret 1905, als Albert Einstein (1879-1955) in seinem Aufsatz „Zur Elektrodynamik bewegter Körper“ (Annalen der Physik 17 [1905] 891-921) die *spezielle Relativitätstheorie* vorlegte und darin sowohl die Vorstellung des Äthers als auch die Annahme eines absoluten, vom Bewegungszustand eines Bezugssystems (Inertialsystems) unabhängigen Zeitverlaufes endgültig widerlegte.

Spezielle Relativitätstheorie

Die spezielle Relativitätstheorie stellte mehr noch als der Elektromagnetismus – den sie (wie der Titel des berühmten Aufsatzes von Einstein schon andeutet) nicht widerlegen, sondern bis in seine letzten Konsequenzen hinein durchführen wollte – sowohl die Physik als auch die Erkenntniskritik vor die Einsicht, daß selbst so scheinbar unveränderliche und konstant scheinenden Voraussetzungen der menschlichen Erkenntnis wie Raum und Zeit sehr wohl variabel sind. So verlängert sich bei schnell bewegten Bezugssystemen die Zeit (Zeitdilatation). Zugleich verkürzt sich in diesen Systemen der Raum (Raumkontraktion). Beides *scheint* nicht bloß so zu sein, sondern tritt – wie bereits etliche Experimente und Messungen bei natürlichen Erscheinungen beweisen – in der Tat ein, und kann auch gar nicht mehr anders gedacht werden, da es kein absolutes Bezugssystem gibt, bezüglich dessen Zeitdilatation und Raumkontraktion bloße Erscheinungen einer in Wirklichkeit absoluten Zeit bzw. eines in Wirklichkeit absoluten Raumes wären. In der natürlichen Einstellung, die auch der Newtonschen Physik und der Kantschen Erkenntniskritik zugrundeliegt, fällt dies nicht auf, da sie keine Geschwindigkeiten kennt, die Raum und Zeit – des weiteren vor allem auch die Masse – verändern. Mit Geschwindigkeiten, die sich der Grenzgeschwindigkeit des Lichtes (299.794 km/sec) annähern, und allen damit verbundenen Begleiterscheinungen muß hingegen gerechnet werden, wenn unsere Erkenntnis in den mikro- bzw. makrophysikalischen Bereich, d.h. in die Welt der Atome bzw. in den Kosmos vordringt.

Allgemeine Relativitätstheorie

Der Relativierung von Raum und Zeit je nach Bewegungszustand des Bezugssystems folgt die Relativierung der euklidischen Geometrie. Nicht-euklidische Geometrien waren schon vor Einstein durch Bernhard Riemann, Carl Friedrich Gauß, Hermann von Helmholtz, Henri Poincaré und andere Mathematiker in Erwägung gezogen und entworfen worden. Durch die Theorie Einsteins wurde ihre Postulierung jedoch unausweichlich. Zum einen nämlich hatte sich herausgestellt, daß der Raum nicht unabhängig von der Zeit als *drei*dimensionales Kontinuum vorgestellt werden darf, sondern in *Einheit* mit dieser als *vier*dimensionales Kontinuum der *Raum-Zeit*. Zum andern war klar geworden, daß die unter dem Einfluß der Gravitation auftretenden Effekte der Zeitdilatation und Raumkontraktion in der euklidischen Geometrie weder darzustellen noch zu begreifen sind. Dies führte Einstein in der *allgemeinen Relativitätstheorie* (vgl. Grundlage der allgemeinen Relativitätstheorie, in: Annalen der Physik 49 [1916] 769-822) zu der These, daß die Raum-Zeit-Struktur in einer funktionalen Beziehung zur Gravitation und d.h. zur Massenverteilung des Kosmos stehe und folglich *gekrümmt* oder *verworfen* anzunehmen sei. Durch die Beobachtungen der Lichtablenkung bzw. der Verschiebungen der Spektrallinien zum Roten in der Nähe massereicher Sterne erfuhr diese These auch ihre Bestätigung. (Vgl. zum Ganzen: A.Einstein, Über die spezielle und die allgemeine Relativitätstheorie, Leipzig 1917, viele Neuauflagen.)

Konsequenzen

Ohne die Relativitätstheorie weiter zu erörtern, kann sogleich festgehalten werden, daß ihre Ergebnisse die Kantsche Erkenntniskritik modifizieren. Man sieht dies sogleich, wenn man sich vor Augen führt, daß Kant genauso wie Newton Raum und Zeit als absolute Größen annahm, die *jedem* Bezugssystem zugrundeliegen, das der Mensch zur Konstitution seines Wirklichkeitsbildes voraussetzt, und daß er sich darüber hinaus den Raum nur euklidisch denken konnte. Dem steht jetzt entgegen, daß Raum und Zeit vom jeweiligen Bezugssystem abhängen und folglich *veränderliche* Größen sind bzw. daß die euklidische Geometrie allenfalls begrenzte Gültigkeit besitzt und keineswegs den Anspruch erheben darf, die Wirklichkeit in ihrer Gesamtheit darstellen zu können. Philosophischerseits wird dagegen gerne eingewandt, daß Kant über die *konkrete Vorstellung* oder *Darstellung* von Raum und Zeit gar nichts aussagen wollte, sondern lediglich darauf abzielte, Raum und Zeit als transzendentale Bedingungen unserer Erkenntnis aufzuweisen. Da die Theorien Einsteins nichts weiter als unsere konkreten Vorstellungen von Raum und Zeit beträfen, stünden sie in keinem Widerspruch zu Kant. Gewiß, es erhebt sich dann aber sogleich die Frage, was denn Raum und Zeit unabhängig von unseren Vorstellungen noch sein sollen.

Diesbezüglich hilft nicht einmal Kant selbst weiter, denn gerade seinen Ausführungen ist zu entnehmen, daß ohne konkrete Vorstellungen über Raum und Zeit kaum gesprochen werden kann.

Quantenphysik

Die Position Kants erfuhr aber noch von anderer Seite eine erhebliche Relativierung. Ende des Jahres 1900 stellt der Physiker Max Planck (1858–1947) das nach ihm benannte Strahlungsgesetz auf, demzufolge energetische Strahlung nicht kontinuierlich und stetig abgegeben bzw. absorbiert wird, sondern sprunghaft und unstetig. Das bedeutet, daß „die Energie als zusammengesetzt aus einer ganz bestimmten Anzahl endlicher gleicher Teile" aufgefaßt werden muß, die nach „der Naturkonstanten $h = 6{,}55 \cdot 10^{-27}$ ergsec" bestimmt sind. (Vgl. M. Planck, Zur Theorie der Energieverteilung im Normalspectrum, in: Verhandlungen der Deutschen Physikalischen Gesellschaft 2 [1900] 237-245). Mit der Annahme dieser Energiepakete bzw. *Wirkungsquanten* entsteht die sogenannte Quantenmechanik, die mehr noch als die Relativitätstheorie der Gültigkeit der klassischen Mechanik Grenzen setzt. Drei Konsequenzen machen dies sogleich sichtbar:

Relativierung des Kausalitätsprinzips

Zunächst ist damit, daß die Wirkungsquanten nicht kontinuierlich und stetig, sondern sprunghaft und unstetig abgegeben werden, mitgesagt, daß keine zwingende Gesetzmäßigkeit darüber aufgestellt werden kann, wann und wie eine Abgabe der Quanten erfolgt.

> „Um ein Beispiel zu nennen: Wir wissen, daß ein Radiumatom α-Strahlen aussenden kann. Die Quantentheorie kann angeben, mit welcher Wahrscheinlichkeit pro Zeiteinheit das α-Teilchen den Kern verläßt; aber den genauen Zeitpunkt kann sie nicht vorhersagen, der ist prinzipiell unbestimmt." (W. Heisenberg, Atomforschung und Kausalgesetz [1954], Ges. W., Bd. C I, 276-286, hier 281)

Das bedeutet jedoch: Im mikrophysikalischen Bereich muß sich die Physik mit *Wahrscheinlichkeitsaussagen* begnügen. Sie vermag keine kontinuierliche Kausalität festzustellen, welche die Natur beherrschte und Aussagen darüber gestattete, wie und wann ein bestimmter Vorgang in der Natur jetzt und in Zukunft notwendig erfolgen müsse, wenn nur die hinreichende Ursache gegeben sei.

> „Wenn wir den Grund dafür wissen wollten, warum das α-Teilchen eben in diesem Augenblick emittiert wurde, so müßten wir dazu den mikroskopischen Zustand der ganzen Welt, zu der auch wir selbst gehören, kennen, und das ist sicher unmöglich. Daher können Kants Argumente für den a priorischen Charakter des Kausalgesetzes nicht mehr angewendet werden." (W. Heisenberg, Physik und Philosophie [1959], Ges. W., Bd. C II, 76)

Anders formuliert: Das Kausalitätsprinzip, das Kant für eine unabdingbare, apriorische Bedingung der Möglichkeit der gesamten menschlichen Erkenntnis gehalten hat, ist eine solche Bedingung lediglich für jene Erkenntnis, die sich der natürlichen und gewohnten Umwelt des Menschen zuwendet, keinesfalls aber für eine Erkenntnis des mikrophysikalischen Bereiches. (Vgl. W. Heisenberg, Kausalgesetze und Quantenmechanik [1931], Ges. W., Bd. C I, 29-39)

Grenzen der Objektivierung

Sodann ergibt sich als Ursache für die prinzipielle Unbestimmbarkeit von Kausalbeziehungen im Bereich der Quanten nicht so sehr der Umstand, daß der „mikroskopische Zustand der ganzen Welt“ nicht überblickt werden kann, als vielmehr die Tatsache, daß zur Erkenntnis der Quanten ein instrumenteller Eingriff des Erkennenden geboten ist, der den Zustand der Quanten notwendig beeinträchtigt und verändert.

> „Wenn wir uns ein Bild von der Art der Existenz der Elementarteilchen machen wollen, können wir [...] grundsätzlich nicht mehr von den physikalischen Prozessen absehen, durch die wir von ihnen Kunde erlangen. Wenn wir Gegenstände unserer täglichen Erfahrung beobachten, spielt ja der physikalische Prozeß, der die Beobachtung vermittelt, nur eine untergeordnete Rolle. Bei den kleinsten Bausteinen der Materie aber bewirkt jeder Beobachtungsvorgang eine grobe Störung; man kann gar nicht mehr vom Verhalten des Teilchens, losgelöst vom Beobachtungsvorgang sprechen. Dies hat schließlich zur Folge, daß die Naturgesetze, die wir in der Quantentheorie mathematisch formulieren, nicht mehr von den Elementarteilchen an sich handeln, sondern von unserer Kenntnis der Elementarteilchen.“ (W. Heisenberg, Das Naturbild der heutigen Physik [1955], Ges. W., Bd. C I, 398-420, hier 405)

Die Quantenphysik scheint damit Kant entgegenzukommen. Denn auch für ihn ist selbstverständlich, daß über die Natur nicht ohne Bezug zum erkennenden Menschen gesprochen werden kann. Kant gibt aber deshalb den Glauben an die prinzipielle *Objektivierbarkeit* und *Anschaulichkeit* der Natur nicht auf. Das tut hingegen die Quantenphysik, indem sie grundsätzlich nicht überwindbare Grenzen der Objektivierbarkeit und Anschaulichkeit setzt. Heisenberg formuliert diese in den sogenannten *Unbestimmtheitsrelationen*, die besagen:

> „Man stellt fest, daß es nicht möglich ist, den Ort und die Geschwindigkeit eines atomaren Teilchen gleichzeitig mit beliebiger Genauigkeit anzugeben. Man kann entweder den Ort sehr genau messen, dann verwischt sich dabei durch den Eingriff des Beobachtungsinstruments die Kenntnis der Geschwindigkeit bis zu einem gewissen Grad; umgekehrt verwischt sich die Ortskenntnis durch eine genaue Geschwindigkeitsmessung, so daß für das Produkt der beiden Ungenauigkeiten durch die Plancksche Konstante eine untere Grenze gegeben wird.“ (Atomforschung ... 119)

Komplementarität

Schließlich führt die Einsicht in die prinzipielle Unmöglichkeit, die Elementarteilchen zu anschaulichen Objekten zu machen, zur These von der *Komplementarität* physikalischer Modelle durch Niels Bohr (1885–1962). Damit ist gemeint, daß die Erkenntnis ein und desselben Objektes nur durch verschiedene Erkenntnis-Modelle gewonnen werden kann, die einander insofern ausschließen, als sie nicht zugleich und für denselben Zeitpunkt angewandt werden können, die aber doch allesamt notwendig sind, um eine hinreichende Erfassung des Objektes zuzulassen. (Vgl. N. Bohr, Atomtheorie und Naturbeschreibung [1929], Berlin 1931) Gut erklären läßt sich das Gemeinte am Beispiel des Lichtes. Dieses war (trotz vereinzelten Widerspruchs) unter dem Einfluß von Christiaan Huygens (1629–1695) überwiegend als Welle vorgestellt worden. Erst 1905 erneuerte Einstein sowohl im Anschluß an die von Maxwell und Hertz bewiesene Hypothese, wonach das Licht eine Form elektromagnetischer Strahlung ist, als auch im Anschluß an das Plancksche Strahlungsgesetz die Vorstellung vom Licht als „einer endlichen Zahl von in Raumpunkten lokalisierten Energiequanten, welche sich bewegen, ohne sich zu teilen, und nur als Ganze absorbiert und erzeugt werden können“ (Über einen die Erzeugung und Umwandlung des Lichtes betreffenden heuristischen Standpunkt, in: Annalen der Physik 17 [1905] 132-184, hier 133). Das quantenmechanisch formulierte Korpuskularmodell des Lichtes löste das Wellenmodell jedoch nicht ab. Es erwies sich vielmehr als sinnvoll, *beide* Modelle zu verwenden, um die unterschiedlichen Phänomene des Lichtes erklären zu können. Diese *komplementäre* Vorgangsweise, zwei einander ausschließende, zugleich aber doch gegenseitig ergänzende Modelle einzusetzen, erwies sich als fruchtbar und universalisierungsfähig. So ließ sich mit ihr das Problem lösen, daß der Physiker bei der Behandlung mikrophysikalischer Bereiche einerseits die Kategorien der natürlich-alltäglichen Einstellung (Raum und Zeit, Kausalität) aufgeben muß, andererseits aber doch auf die objektivierende Darstellung und Sprache derselben angewiesen bleibt. (Vgl. N. Bohr, Atomtheorie ... 36,62f.) Darüber hinaus durfte die Vermutung aufgestellt werden, daß in *allen* Wissensbereichen des Menschen Probleme durch die Anwendung komplementärer Erkenntnismodelle erläutert und unter Umständen sogar gelöst werden konnten. (Vgl. W. Heisenberg, Ordnung der Wirklichkeit, München 1989)

Folgen für Philosophie

Wie immer: Durch das Komplementaritätsprinzip erfolgt eine neue erhebliche Modifizierung der Erkenntniskritik Kants. Warum? Fiel mit den *Unbestimmtheitsrelationen* schon die Möglichkeit, die Elementarteilchen der Materie zu *objektivieren* und zu *veranschaulichen*, so fällt jetzt zusätzlich die Möglichkeit, *ein eindeutiges Bild* zu konstituieren. Auch daran hatte Kant noch nicht denken können. Für ihn war wohl ausgemacht, daß es keine Aussage über die Wirklichkeit gibt, bei der nicht das erkennende Subjekt eine relativierende und verendlichende Rolle spielt, er hielt es im Rahmen dessen aber immer noch für möglich, daß das Bild, welches sich der Mensch von der Wirklichkeit macht, zum einen anschaulich-objektiv ist und zum anderen den Charakter der Eindeutigkeit besitzt. Daß es hingegen aufgrund der transzendentalen Strukturen der Erkenntnis (Raum und Zeit, Kategorien) zu *mehreren* Bildern der Wirklichkeit kommen könnte, die *gleichberechtigt* nebeneinander existieren, obwohl sie sich gegenseitig ausschließen und trotzdem einander forderen, das vermochte er sich nicht vorzustellen. Ein einmal (rechtens) konstituiertes Bild mußte für ihn eindeutig sein. So schränkt die moderne Physik auch in dieser Hinsicht die Gültigkeit der Kantschen Position erheblich ein und stellt zugleich die philosophische Erkenntnistheorie insgesamt vor neue Probleme.

Evolution

Erworbene Apriori

Erinnern wir uns daran, daß Kant die transzendentalen Bedingungen der menschlichen Erkenntnis für *angeboren* bzw. für *a priori* gültig gehalten hat. Da legt sich früher oder später die Frage nahe, was denn „angeboren" genauer heißt. Kant selbst hatte damit wenig Probleme. Für ihn bedeutete *angeboren* nichts anderes als *nicht erworben*. Was angeboren ist, gehörte daher für ihn auch ganz einfach zum Konstitutiven, Wesenhaften. Auf den Gedanken, daß möglicherweise selbst das Angeborene das Ergebnis einer *Erwerbung* sein könnte, kam er meines Wissens nach nicht. In größerem Ausmaß wurde dies der Wissenschaft auch erst unter dem Einfluß der Evolutionstheorie bewußt, die die Ansätze von Charles Darwin (1809–1882) weiterentwickelte, den Menschen aus der umfassenden Entwicklung aller Lebewesen heraus begriff und die Konstitution desselben als Resultat eines natur-geschichtlichen Mutations- und Selektionsprozesses verstand, der zu einem bestimmten Zeitpunkt der Evolution das Hervortreten des Menschen aus dem Tierreich ermöglicht hat. Unter dieser Perspektive veränderte sich die Bedeutung von *angeboren* in die Bedeutung von *im Laufe der Evolution erworben*. War wiederum dieser Schritt getan, zwang sich der Schluß, auch die apriorischen Strukturen der menschlichen Erkenntnis *evolutionsgeschichtlich* zu sehen, geradezu auf. Allerdings dauerte es einige Zeit, bis dies auch tatsächlich geschah. Zwar gab es schon Überlegungen in diese Richtung bei Herbert Spencer (1820–1903) und Georg Simmel (1858–1918), zur *evolutionären Erkenntnistheorie* im engeren Sinne kam es jedoch erst in den siebziger Jahren unseres Jahrhunderts. Als ihre Begründer dürfen – neben anderen – Donald Campbell, Konrad Lorenz, Georg Vollmer und Rupert Riedl gelten.

Leben als Erkenntniszuwachs

Um das Konzept einer evolutionären Erkenntnistheorie sinnvoll durchführen zu können, sind freilich zwei wesentliche Voraussetzungen zu machen. *Zum einen* muß das Leben als solches, d.h. das Leben, das sich im Laufe der Evolution in unendlich viele Arten entfaltet, als *Erkenntnis*zuwachs aufgefaßt werden. „Leben selbst", betont Konrad Lorenz (1903–1989), „ist ein erkenntnisgewinnender Prozeß." (Zitiert bei R. Riedl, Biologie der Erkenntnis, Berlin-Hamburg 1979, 11,12 u.ö.) Das impliziert aber ebenso, daß die menschliche Erkenntnis in wesentlichen Bestandteilen ihrer Struktur auf die Ebene aller Organe gestellt wird, mittels derer sich die Lebewesen an die Natur anpassen und sie bewältigen.

> „Für den Naturforscher ist der Mensch ein Lebewesen, das seine Eigenschaften und Leistungen, einschließlich seiner hohen Fähigkeiten des Erkennens, der Evolution verdankt, jenem äonenhaften Werdegang, in dessen Verlauf sich alle Organismen mit den Gegebenheiten der Wirklichkeit auseinandergesetzt und – wie wir zu sagen pflegen – an sie *angepaßt* haben. Dieses stammesgeschichtliche Geschehen ist ein Vorgang der *Erkenntnis*, denn jede ‚Anpassung an' eine bestimmte Gegebenheit der äußeren Realität bedeutet, daß ein Maß an ‚Information über' sie in das organische System aufgenommen wurde." (K. Lorenz, Die Rückseite des Spiegels München 1973, 15, vgl. 34ff.)

Zugang zur Wirklichkeit selbst

Zum andern muß angenommen werden, daß die Erkenntnis zur Wirklichkeit *an sich selbst* vordringt. Anders ließe sich nämlich nicht erklären, wie die Erkenntnis zur Bewältigung der *Wirklichkeit* dienen und sich ihr anpassen könnte. Wir dürfen auch sagen: Anders hätte die Erkenntnis im Vorgang der Evolution keinerlei Wert und keinerlei Erfolg gehabt. Die Vertreter der evolutionären Erkenntnistheorie vertreten daher einen „hypothetischen Realismus" (ebd. 15ff.,18ff.: R. Riedl, Biologie ... 31ff.), der von einer „Wechselwirkung zwischen dem erkennenden Subjekt und dem erkannten Objekt [...], die gleichermaßen wirklich sind" (K. Lorenz, Die Rückseite ... 25), ausgeht.

> „Aus dieser Einsicht folgt, daß wir die menschlichen Fähigkeiten zum Erkennen der Wirklichkeit anders beurteilen, als es die Erkenntnistheoretiker bisher getan haben. Wir sind, was unsere Hoffnung betrifft, den Sinn und die letzten Werte dieser Welt zu verstehen, sehr bescheiden. An unserer Überzeugung dagegen, daß alles, was unser Erkenntnisapparat uns meldet, *wirklichen* Gegebenheiten der außersubjektiven Welt entspricht, halten wir unerschütterlich fest." (Ebd. 16, vgl. 21f.)

Neue Methode

Dies alles hat erwartungsgemäß Folgen für die *Methode*, mit Hilfe derer man die apriorischen Strukturen der Erkenntnis eruiert. Sie kann erwartungsgemäß nicht mehr die transzendentale Deduktion im Sinne Kants sein, obwohl sie alle Augenblicke in Anspruch genommen wird. (Vgl. u.a. K. Lorenz, Kants Lehre vom Apriorischen im Lichte gegenwärtiger Biologie, in: Blätter für Deutsche Philosophie 15 [1941] 94-125) An ihre Stelle treten Physiologie, Evolutionstheorie und Verhaltensforschung.

> „Auch heute noch blickt der Realist nur nach außen und ist sich nicht bewußt, ein Spiegel zu sein. Auch heute noch blickt der Idealist nur *in* den Spiegel und kehrt der realen Außenwelt den Rücken zu. Die Blickrichtung *beider* verhindert sie zu sehen, daß der Spiegel eine nicht spiegelnde Rückseite hat, eine Seite, die ihn in eine Reihe mit den realen Dingen stellt, die er spiegelt: Der physiologische Apparat,

> dessen Leistung im Erkennen der wirklichen Welt besteht, ist nicht weniger wirklich als sie." (K. Lorenz, Die Rückseite ... 32)

Transzendentale Bedingungen

Es braucht in unserem Zusammenhang nicht länger ausgeführt zu werden, worin die Ergebnisse dieser biologischen Analyse der transzendentalen Bedingungen der menschlichen Erkenntnis genau bestehen. Ebenso wenig muß hier auf die grundsätzlichen Schwierigkeiten der evolutionären Erkenntnistheorie eingegangen werden. (Wie z.B.: Widerspricht sie sich nicht selbst, wenn sie einerseits die Erkenntnis insgesamt als Anpassungsresultat an die Wirklichkeit definiert, andererseits aber eben diese Feststellung, die ja ihrerseits Erkenntnis ist, davon ausnimmt?) Für unsere Zwecke genügt es festzuhalten: *Für die Konstitution des Bildes, das sich der Mensch von der Wirklichkeit macht, um sie bewältigen zu können, spielen wesentlich Faktoren eine Rolle, die sich phylogenetisch bzw. evolutionstheoretisch erklären lassen.* Keine Frage, daß die Kantschen Aprioris dadurch eine neue Dynamisierung und Flexibilisierung erfahren. Sie bilden keine unveränderlichen, ein für allemal festgelegten Fundamentalstrukturen unserer Erkenntnis, sondern vielmehr Resultate eines Anpassungs- und Differenzierungsprozesses, dem alles Leben unterworfen ist.

Das Unbewußte

Kant und Freud

Erwägt man den Titel „Kritik der reinen Vernunft" und bedenkt man zusätzlich, daß Kant in diesem Werk die fundamentalen Voraussetzungen aufdecken wollte, gemäß denen der Mensch sich seine Wirklichkeit konstituiert, dann ist es vielleicht nicht für einen Vertreter der Aufklärung, wie Kant einer war, sehr wohl aber für einen Zeitgenossen unseres Jahrhunderts unausweichlich, schon hier einzuhaken und grundsätzlich zu fragen: Ist es denn nur die Vernunft, die das spezifisch menschliche Wirklichkeitsbild konstituiert? Könnte es nicht auch sein, daß nicht bloß *vor*bewußte, d.h. prinzipiell von Bewußtsein und Vernunft übernehmbare Faktoren, sondern ebenso *un*bewußte, d.h. gegen Bewußtsein und Vernunft grundsätzlich sich sträubende Kräfte am Werk sind?

Es ist das Verdienst von Sigmund Freud (1856–1939), diese Frage – vielleicht nicht im Detail, sehr wohl aber im Prinzip – geklärt zu haben. Seine Antwort lautet: *Bei der Konstitution des Bildes, welches der Mensch zur Bewältigung seiner Wirklichkeit braucht, spielt als Bedingung seiner Möglichkeit, d.h. als transzendentale Voraussetzung, das Unbewußte eine entscheidende Rolle.* Was er dabei als *das Unbewußte* versteht, verdeutlich folgender Text:

> „Was wir bewusst heissen, brauchen wir nicht zu charakterisieren, es ist das Nämliche wie das Bewusstsein der Philosophen und der Volksmeinung. Alles andere Psychische ist für uns das Unbewusste. Bald

werden wir dazu geführt, in diesem Unbewussten eine wichtige Scheidung anzunehmen. Manche Vorgänge werden leicht bewusst, sind es dann nicht mehr, können es aber ohne Mühe wieder werden, wie man sagt, können reproduziert oder erinnert werden. Dabei werden wir daran gemahnt, dass das Bewusstsein überhaupt nur ein höchst flüchtiger Zustand ist. Was bewusst ist, ist es nur für einen Moment. [...] Alles Unbewusste, das [...] so leicht den unbewussten Zustand mit dem bewussten vertauschen kann, heissen wir darum lieber bewusstseinsfähig oder *vorbewusst*. [...] Andere psychische Vorgänge, Inhalte haben keinen so leichten Zugang zum Bewusstwerden, sondern müssen [...] erschlossen, erraten und in bewussten Ausdruck übersetzt werden. Für diese reservieren wir den Namen des eigentlich Unbewussten. [...] Das [...] Unbewusste kann durch unsere Bemühung bewusst gemacht werden, wobei wir die Empfindung haben dürfen, dass wir oft sehr starke Widerstände überwinden." (Abriß der Psychoanalyse [[1]1940], in: Ges. W. XVII 81f.; vgl. Das Ich und das Es [1923], in: Ges. W. XIII 237-289, bes. 239ff.)

Unbewußtes als Transzendental

Bildet nun das Unbewußte eine wesentliche Voraussetzung der menschlichen Wirklichkeitsbewältigung, so bedeutet dies für die erkenntnistheoretische Fragestellung *dreierlei*: *Erstens*: Die Konstitution eines Wirklichkeitsbildes ist ab sofort an die konkrete physisch-psychische Disposition sowie an die jeweilige Lebensgeschichte (besonders an die Kindheit) des einzelnen Menschen gebunden. *Zweitens*: Jedes Wirklichkeitsbild kann *gestört* sein. Die Ursachen für eine solche Störung liegen in der Regel nicht offen zu Tage. Es gehört vielmehr zu ihrem Wesen, daß ihre Aufdeckung auf heftige Widerstände stößt. Davon hatte die übliche Erkenntnistheorie vor Freud noch wenig Ahnung. Zwar kannte sie die Probleme bei der hermeneutischen Auslegung von Texten bzw. die Schwierigkeiten beim Verstehen von geschichtlichen Zusammenhängen. Von *aktiven* Abwehrmechanismen gegen jede Form der Entschlüsselung und Auslegung wußte sie dagegen noch nichts. *Drittens*: Die Methode, die diese Bedingungen der Möglichkeit eines Wirklichkeitsbildes freilegt, ist nicht die transzendentale Deduktion, wie Kant sie verstanden hat, sondern die Methode der *Tiefenpsychologie* bzw. der *Psychopathologie*.

Konfliktbewältigung

Um dies zu verstehen, empfiehlt es sich, kurz auf den Ausgangspunkt von Freud einzugehen. Ähnlich wie Schopenhauer betrachtet er das menschliche Leben als einen permanenten Prozeß der Konfliktbewältigung. Die Konflikte wiederum, die bewältigt werden sollten, stellen sich für ihn primär und fundamental im Trieb- und Gefühlsleben ein. Sie treten auf, wenn entweder die harte Wirklichkeit des Lebens die Wünsche der Triebe nicht erfüllt oder wenn Triebe gleichmächtig gegeneinander konkurrieren. Die Ursachen dafür können in der Wirklichkeit als solcher liegen, aber ebenso vom Verhalten der Mitmenschen herrühren. Lernt der Mensch, auf diese oder jene Triebwünsche zu verzichten, weil in dieser Wirklichkeit nun einmal nicht jedes Verlangen befriedigt werden kann, ist er imstande, seine Triebe einigermaßen zu steuern und gelingt es ihm, den nicht erfüllbaren Triebwünschen Ersatzobjekte zu verschaffen, so bleibt er gesund. Wird er hingegen mit seinen Triebkonflikten nicht fertig, ist die Möglichkeit zu einer psychischen Erkrankung gegeben.

Neurose

Die Besonderheit der psychischen Krankheit, sofern sie nicht eindeutig psychotischer, d.h. organisch bedingter bzw. vererbter Natur ist und zum radikalen Wirklichkeitsverlust bzw. Persönlichkeitszerfall führt, liegt für Freud in dem, was er eine *Neurose* nennt. (Vgl. Neurose und Psychose [1924], in: Ges. W. XIII 387-391; Der Realitätsverlust bei Neurose und Psychose [1924], ebd. 363-368) Eine Neurose wiederum ist die Folge einer *Verdrängung*. („Die Neurose verleugnet die Realität nicht, sie will nur nichts von ihr wissen; die Psychose verleugnet sie und sucht sie zu ersetzen.“ [Der Realitätsverlust ... 365]) Mit Hilfe der Verdrängung versucht der Mensch, bewußt oder vernunftgemäß nicht lösbaren Konflikten Herr zu werden. Das Ziel der Verdrängung kann zunächst der Traum sein. Schon in ihm verarbeitet der Mensch Probleme, die sich der Aufmerksamkeit seines Bewußtseins üblicherweise entziehen. Die hier lösbaren Konflikte sind aber so alltäglich, daß das Träumen in der Regel als natürliche und gesunde Form der Konfliktbewältigung betrachtet werden darf.

> „Die Formel, der Traum ist eine (verkappte) Erfüllung eines (verdrängten) Wunsches, trifft im Grunde das Wesen des Traumes am besten. [...] Die Wünsche, die er als erfüllt darstellt, sind die nämlichen, die in der Neurose der Verdrängung verfallen. Der Traum verdankt die Möglichkeit seiner Entstehung bloß dem günstigen Umstand, daß sich während des Schlafzustandes, der die Motilität des Menschen lähmt, die Verdrängung zur Traumzensur ermäßigt. Doch wenn die Traumbildung gewisse Grenzen überschreitet, macht ihm der Träumer ein Ende und wacht erschreckt auf.“ (Kurzer Abriß der Psychoanalyse [1928], ebd. 415f.)

Das Es

Anders verhält es sich bei Konflikten, die Angst erzeugen, weil es das menschliche Ich in seinem Selbsterhaltungstrieb letztlich als Gefahr empfindet, daß bestimmte Triebwünsche frustriert werden bzw. als verbotene Wünsche unwillkürliche Schuldgefühle hervorrufen. Werden sie verdrängt, so genügt als Ort dafür nicht mehr bloß der Traum, obwohl sich in diesem nach wie vor wichtige und aufschlußreiche Symptome für einen solchen Verdrängungsvorgang kundtun können, sondern das *Unbewußte* bzw. das *Es*, von dem Freud in späteren Jahren spricht.

> „Das Unbewusste ist die allein herrschende Qualität im Es. Es und Unbewusstes gehören ebenso innig zusammen wie Ich und Vorbewusstes, ja das Verhältnis ist hier noch ausschliesslicher. [...] Ursprünglich war [...] alles Es, das Ich ist durch den fortgesetzten Einfluss der Aussenwelt aus dem Es entwickelt worden. Während dieser langsamen Entwicklung sind gewisse Inhalte des Es in den vorbewussten Zu-

> stand gewandelt und so ins Ich aufgenommen worden. Andere sind unverändert im Es als dessen schwer zugänglicher Kern geblieben. Aber während dieser Entwicklung hat das junge und unkräftige Ich gewisse bereits aufgenommene Inhalte wieder in den unbewussten Zustand zurückversetzt, fallen gelassen und gegen manche neue Eindrücke, die es hätte aufnehmen können, sich ebenso verhalten, so dass diese, zurückgewiesen, nur im Es eine Spur hinterlassen konnten. Diesen letzteren Anteil des Es heissen wir mit Rücksicht auf seine Entstehung das Verdrängte." (Abriß ... 85)

Im Unbewußten jedoch verschwinden die verdrängten Konflikte nicht einfach. Ganz im Gegenteil, *hier bleiben sie wirksam und aktiv.* Und genau dadurch gewinnen sie *als Neurosen* einen unheilvollen Einfluß auf alles, was der Mensch tut – nicht zuletzt auf das Bewußtsein und die Vernunft. So ergibt sich die für die philosophische Tradition ungeheure These, daß *das Bewußte durch das Unbewußte* bestimmt ist.

Das Über-Ich

Wie aber ist dies möglich? Freud gibt dafür – meines Wissens – zwei Faktoren an: *Zum einen* erfolgt schon die Verdrängung als solche *unbewußt*. Sie geschieht nicht im Zuge bewußter Entscheidungen oder reflektierter Handlungen. Verdrängt wird somit nicht allein der jeweilige Konflikt, den es zu verdrängen gilt, sondern ebenfalls die Verdrängung selbst. *Zum andern* setzen gegen die Aufdeckung der Verdrängung bzw. gegen die Überführung des Unbewußten ins Bewußte massive *Abwehrmechanismen* ein, die abermals *unbewußt* sind. Ausgelöst werden dieselben erneut sowohl durch die Angst, die alles Nicht-Bewältigbare als Gefahr für das sich selbst erhalten-wollende Ich empfinden lassen, als auch durch die unbewußt anerkannten Verbote und Sanktionen des sogenannten *Über-Ich*, das für Freud an die Stelle des Gewissens tritt. (Das Ich und das Es ... 256ff., bes. 263ff.) Wirken nun die Abwehrmechanismen, ohne daß sie bewußt werden, dann ist ihnen das Ich des Menschen mehr oder weniger ausgeliefert. Ihnen unterworfen handelt es nicht mehr frei, sondern unter Zwang. Und genau darin besteht eine Neurose, letztlich eine *Zwangsneurose*: Das vom Bewußtsein und von der Vernunft geleitete Ich steht unter dem *unbewußten* Diktat des *Es* (des Unbewußten) bzw. des *Über-Ich*, das keine Aufarbeitung des Unbewußten gestattet.

Psychoanalyse

Deckt somit der Arzt und Psychoanalytiker die Bedingungen der Möglichkeit eines krankhaften Wirklichkeitsbildes auf, so muß er davon ausgehen, daß dem Patienten, den er behandelt, dieselben nicht nur nicht bewußt sind, sondern darüber hinaus unter dem Schutz mehr oder weniger vehement auftretender Abwehrkräfte stehen. Die psychoanalytische Methode besitzt daher allemal den Charakter eines *Kampfes*, in dem Abwehrmechanismen geschwächt und der Patient zur Reflexion auf sich selbst gedrängt wird. Eine Chance dazu besitzt sie freilich nur, wenn sie im Wirklichkeitsbild eines Patienten *Symptome* ausmachen kann, die *gegen* den Willen des Betroffenen zwangshafte Verhaltensweisen bzw. unnatürliche Reaktionen sichtbar werden lassen. Freud:

> „Überblicken wir jetzt nochmals die Situation, in die wir uns mit unserem Versuch, dem neurotischen Ich Hilfe zu bringen, begeben haben. Dieses Ich kann die Aufgabe, welche ihm die Aussenwelt einschliesslich der menschlichen Gesellschaft stellt, nicht mehr erfüllen. Es verfügt nicht über all seine Erfahrungen, ein grosser Teil seines Erinnerungsschatzes ist ihm abhanden gekommen. Seine Aktivität wird durch strenge Verbote des Über-Ichs gehemmt, seine Energie verzehrt sich in vergeblichen Versuchen zur Abwehr der Ansprüche des Es. Überdies ist es infolge der fortgesetzten Einbrüche des Es in seiner Organisation geschädigt, in sich gespalten, bringt keine ordentliche Synthese mehr zustande, wird von einander widerstrebenden Strebungen, unerledigten Konflikten, ungelösten Zweifeln zerrissen. Wir lassen dies geschwächte Ich des Patienten zunächst an der rein intellektuellen Deutungsarbeit teilnehmen, die eine provisorische Ausfüllung der Lücken in seinem seelischen Besitz anstrebt, lassen uns die Autorität seines Überichs übertragen, feuern es an, den Kampf um jeden einzelnen Anspruch des Es aufzunehmen und die Widerstände zu besiegen, die sich dabei ergeben. Gleichzeitig stellen wir die Ordnung in seinem Ich wieder her, indem wir die aus dem Unbewussten eingedrungenen Inhalte und Strebungen aufspüren und durch Rückführung auf ihren Ursprung der Kritik blosstellen." (Abriß ... 106f.)

Kollektive Neurosen

Der transzendentalphilosophische Stellenwert dieser Aussagen wird noch dadurch erhöht, daß Freud seine tiefenpsychologischen Einsichten vom Individuum auf die Gesellschaften, die Kulturen und die Religionen überträgt. Demnach gibt es Psychosen und Neurosen nicht nur im Leben des Einzelnen, sondern ebenso im Werden und Sein jedes menschlichen Kollektivs. Diese Übertragung liegt zunächst insofern nahe, als sich das Kollektiv über das Über-Ich massiv in die Psyche des Einzelnen einmischt. Eine solche Einmischung wäre nicht denkbar, wenn das Kollektiv nicht auch tief im Unbewußten wurzeln würde. Für Freud rechtfertigt sie sich aber auch über die *Analogien und Entsprechungen*, die er zwischen dem neurotischen Individualverhalten und dem neurotischen Kollektivverhalten feststellt. Ein wichtiges Indiz dafür liefern ihm die Religionen. So kommt er z.B. schon 1907 in seiner Abhandlung „Zwangshandlungen und Religionsübungen" (Ges. W. VII 129-139) zu dem Schluß:

> „Nach diesen Übereinstimmungen und Analogien könnte man sich getrauen, die Zwangsneurose als pathologisches Gegenstück zur Religionsbildung aufzufassen, die Neurose als eine individuelle Religiosität, die Religion als eine universelle Zwangsneurose zu bezeichnen. Die wesentlichste Übereinstimmung läge in dem zugrunde liegenden Verzicht auf die Betätigung von konstitutionell gegebenen Trieben [...] Ein fortschreitender Verzicht auf konstitutionelle Triebe, deren Betätigung dem Ich primär Lust gewähren könnte, scheint eine der Grundlagen der menschlichen Kulturentwicklung zu sein." (138f.)

Marx und Freud

Für unsere Themenstellung ist dieses Ergebnis nicht neu. Im Abschnitt über die „Gesellschaft" kamen wir ja bereits zu dem Schluß, daß die Gesellschaft eine entscheidende Rolle bei der Konstitution der menschlichen Wirklichkeitsbilder spielt. Bei Karl Marx stießen wir zusätzlich auf den Begriff der *Entfremdung*, der dem Begriff der *Verdrängung* bei Freud – vor allem wenn es sich um kollektive Verdrängung handelt – nicht ganz ferne steht. Verbinden wir jetzt diese beiden Theorien von Entfremdung und Verdrängung, was übrigens von den Vertretern der Frankfurter Schule (M. Horkheimer, Th.W. Adorno, L. Löwenthal, H. Marcuse, E. Fromm u.a.) umfassend durchgeführt worden ist, so bekräftigen wir nicht bloß das bereits gewonnene Ergebnis hinsichtlich des transzendentalen Stellenwertes der Gesellschaft. Wir begreifen darüber hinaus genauer und differenzierter, wie auch der *Zusammenhang* zwischen individueller Lebensgeschichte einerseits und gesellschaftlicher Struktur andererseits zu interpretieren ist. Eine solche Interpretation zu erreichen ist wiederum wichtig, weil die transzendentalen Voraussetzungen – seien sie individueller oder gesellschaftlicher Natur – *gemeinsam* wirken. Lassen sie sich in der Analyse auch differenzieren, bei der unmittelbaren Konstitution der Wirklichkeitsbilder bilden sie eine *Einheit*.

System

System anstelle des Menschen

Schon im Zusammenhang mit der Geschichte stellten wir uns die Frage, wer denn eigentlich das Subjekt der Geschichte sei. Ist es der einzelne Mensch? Ist es eine mehr oder weniger große Gruppe von Menschen? Die Gesellschaft? Die Kultur? Doch wer ist dann die Gesellschaft? Wer die Kultur? Nach dem, was die psychoanalytische Forschung ergeben hat, erhöht sich noch die Dringlichkeit dieser Frage, denn jetzt hat sich zusätzlich herausgestellt, daß bei der Konstitution des menschlichen Wirklichkeitsbildes nicht zuletzt unbewußte Faktoren individuell-lebensgeschichtlicher und kollektiv-kultureller Art am Werk sind. Wo aber das Unbewußte – vor allem in seiner kollektiven Gestalt – die menschliche Wirklichkeitskonstitution mitbestimmt, da höhlt sich die Rede vom Menschen als Träger, Gestalter oder Subjekt der Geschichte, der Gesellschaft, der Kultur, der Sprache usw. immer mehr aus. So verwundert es nicht, daß die Philosophie von der *neuzeitlichen Anthropozentrik* zunehmend abzurücken begann und in *diesem* Sinne ‚nach-neuzeitlich', *postmodern*, wurde. Die fundamental neue These, die sie nun aufstellte, lautet: *Die Konstitution des menschlichen Wirklichkeitsbildes liegt nur begrenzt beim Menschen selbst. Im wesentlichen wird sie von anonymen, sich selbst organisierenden, zu ungeheurer Differenzierung fähigen Systemen geleistet.* Systeme solcher Art bilden Sprache, Gesellschaft, Kultur und Geschichte. Sie kommen *vor* dem Menschen und bedingen dessen Erkennen, Handeln, Fühlen, kurz: *jeden* Wirklichkeitsbezug desselben fundamental. Der Mensch ist allenfalls noch ein *Mitspieler*, der da oder dort in ein System verändernd eingreift. Etliche Vertreter der postmodernen ‚Anthropologie' sehen aber selbst in diesem Fall des verändernden Eingreifens das System als den eigentlichen Akteur, sofern nämlich die Differenzierungsfähigkeit der – *dynamisch* vorzustellenden – Systeme so groß ist, daß selbst das Verändern des Systems eine einkalkulierte Möglichkeit *des Systems* ist.

Subjekt- und Systemtheorie

Daß von dieser Entwicklung vor allem die Transzendentalphilosophie betroffen ist, liegt auf der Hand. Zumindest in der Form, in der Kant sie begründet hat, versteht sie ihre Aufgabe ja darin, die menschliche Erkenntnis von den Bedingungen ihrer Möglichkeit her zu begreifen und dadurch in ihrem Vermögen beurteilen zu können. Die Bedingungen der Möglichkeit, die transzendentalen Strukturen, wurden aber sowohl von Kant als auch von den meisten Fortführern seiner Erkenntniskritik nahezu ausschließlich *im menschlichen Subjekt* gesucht – in seinem Bewußtsein, in seinem Handeln, in seinem Fühlen. Auf die Idee, daß die Bedingungen im Subjekt *ihrerseits* durch etwas bedingt sind, was dem Subjekt *vorhergeht*, kamen nur die wenigsten. Sind aber nun einmal Bedingungen ausgemacht, die dem menschlichen Subjekt zuvorkommen und es selbst konstituieren, *dann verwandelt sich die Transzendentalphilosophie letztlich in eine Systemtheorie*, dann entsteht, um eine Formulierung von Paul Ricoeur aufzugreifen, „ein Kantianismus ohne transzendentales Subjekt" (*Kantisme sans sujet transcendental* [zitiert bei M. Frank, Was ist Neostrukturalismus?, Frankfurt 1983, 70f.,143]). Daß dies in der Folge auch etwas für die Metaphysik bedeuten mußte, ist ebenfalls klar, galt doch für die neuzeitliche Philosophie, daß Metaphysik letztlich nichts anderes als Erkenntnistheorie (Transzendentalphilosophie) sein könne.

Abtreten des Subjekts

Dieses Ende der neuzeitlichen Metaphysik wurde nicht erst in unserem Jahrhundert eingeläutet, obwohl man natürlich darauf hinweisen kann, daß die Rede von der sogenannten *Postmoderne* – zumindest in der Philosophie – relativ jungen Datums ist. (vgl. W. Welsch, Unsere postmoderne Moderne, Weinheim [3]1991, 9-130) Historisch gesehen sind die ersten Anzeichen dafür schon im 19. Jahrhundert festzustellen. Allen voran muß hier Schopenhauer genannt werden, der – wie wir gesehen haben – den blinden, d.h. ziel- und grundlosen Willen zum absoluten Prinzip der ganzen Wirklichkeit erklärt hat. Diesem Willen sind konsequenterweise auch die menschliche Vernunft und die menschliche Subjektivität *nach*geordnet.

> „[...] vielmehr ist dem als Individuum erscheinenden Subjekt des Erkennens das Wort des Rätsels aufgegeben: und dieses Wort heißt *Wille*. Dieses, und dieses allein gibt ihm den Schlüssel zu seiner eigenen Erscheinung, offenbart ihm die Bedeutung, zeigt ihm das innere Getriebe seines Wesens, seines Tuns, seiner Bewegungen." (Sämtliche Werke [hg. W. Frhr.von Löhneysen] § 18, I 157, vgl. 160f.)

Drastischer noch drückt sich Nietzsche aus, der an die Stelle des blinden Willenstriebes Schopenhauers den „Willen zur Macht“ setzt. Für ihn degeneriert das menschliche Subjekt zu einem reinen Epiphänomen der sich selbst steigernden Willensdynamik. Ja, er spricht sogar von *Fiktion*:

> „Das ‚Subjekt‘ ist ja nur eine Fiktion: es giebt das Ego gar nicht, von dem geredet wird, wenn man den Egoism tadelt.“ (Nachl. KGA VIII/2, 62, vgl. 47ff) „Es giebt weder ‚Geist‘, noch Vernunft, noch Denken, noch Bewußtsein, noch Seele, noch Wille, noch Wahrheit: alles Fiktionen, die unbrauchbar sind. Es handelt sich nicht um ‚Subjekt und Objekt‘, sondern um eine bestimmte Thierart, welche nur unter einer gewissen relativen *Richtigkeit*, vor allem *Regelmäßigkeit* ihrer Wahrnehmungen (so daß sie Erfahrung capitalisieren kann) gedeiht ...“ (Ebd. VIII/3, 93f.) Nietzsche hält es schließlich für einen „Aberglauben der Logiker“, wenn sie sagen: „[...] das Subjekt ‚ich‘ ist die Bedingung des Prädikats ‚denke‘. Es denkt: aber dass dies ‚es‘ gerade jenes alte berühmte ‚Ich‘ sei, ist, milde geredet, nur eine Annahme, eine Behauptung, vor Allem keine ‚unmittelbare Gewissheit‘.“ (JGB Nr.17, VI/2, 24f.)

Unmißverständlicher kann das Ende des neuzeitlichen Anthropozentrismus, wie ihn Descartes begründet hat, kaum verkündet werden.

Das Sein vor dem Menschen

Es kommt nicht von ungefähr, daß Nietzsche auf das Denken Martin Heideggers eine große Faszinationskraft ausgeübt hat. Auch Heidegger gelangt zu der Ansicht, daß die eigentliche Erfassung alles dessen, was nur in irgendeiner Weise ‚ist‘ – das Ding nicht weniger als der Mensch –, nicht vom Menschen her begriffen werden dürfe, sondern von dem aus, was das ‚ist‘ jedes Seienden überhaupt erst verstehbar werden lasse, nämlich vom „Sein selbst“ bzw. vom Sein in seiner „ontologischen Differenz“ zum Seienden her. Vollzieht das Denken daher eine Wende weg vom Menschen, so wird es nicht zuletzt den Menschen selbst, der ja ebenfalls ein ‚Seiendes‘ ist, wieder richtig begreifen lernen.

> „Mit der Frage nach dem Wesen des Seins ist die Frage, wer der Mensch sei, innig verknüpft. Die von hier aus nötige Bestimmung des Wesens des Menschen ist jedoch nicht Sache der freischwebenden Anthropologie, die den Menschen im Grunde auf die gleiche Weise vorstellt wie die Zoologie die Tiere. Die Frage nach dem Menschsein ist jetzt in ihrer Richtung und Reichweite *einzig* aus der Frage nach dem *Sein* bestimmt.“ (Einführung in die Metaphysik [1935], in: GA XL [1983] 214) Das Denken, das den Menschen so betrachtet, „ist der Humanismus, der die Menschheit des Menschen aus der Nähe zum Sein denkt. Aber er ist zugleich der Humanismus, bei dem nicht der Mensch, sondern das geschichtliche Wesen des Menschen in seiner Herkunft aus der Wahrheit des Seins auf dem Spiel steht. Aber steht und fällt in diesem Spiel dann nicht zugleich die Ek-sistenz des Menschen? So ist es.“ (Brief über den ‚Humanismus‘ [1946/47], in: Wegmarken, GA IX [1976] 342f.)

Das „Ek-sistieren“ in die Wahrheit, d.h. in die „Offenbarkeit des Seins“ hinaus, erläutert folgender Text:

> „Durch diese Wesensbestimmung des Menschen werden die humanistischen Auslegungen des Menschen als animal rationale, als ‚Person‘, als geistig-seelisch-leibliches Wesen nicht für falsch erklärt und nicht verworfen. Vielmehr ist der einzige Gedanke der, daß die höchsten humanistischen Bestimmungen des Wesens des Menschen die eigentliche Würde des Menschen noch nicht erfahren. [...] Freilich beruht die Wesenshoheit des Menschen nicht darin, daß er die Substanz des Seienden als dessen ‚Subjekt‘ ist, um als der Machthaber des Seins das Seiendsein des Seienden in der allzu laut gerühmten ‚Objektivität‘ zergehen zu lassen. / Der Mensch ist vielmehr vom Sein selbst in die Wahrheit des Seins ‚geworfen‘, daß er, dergestalt ek-sistierend, die Wahrheit des Seins hüte, damit im Lichte des Seins das Seiende als das Seiende, das es ist, erscheine. Ob es und wie es erscheint, [...] entscheidet nicht der Mensch. Die Ankunft des Seienden beruht im Geschick des Seins.“ (Ebd. 330f.)

Neuzeit und Metaphysik

Keine Überraschung, daß für Heidegger die neuzeitliche Anthropozentrik der Inbegriff dessen ist, was es zu überwinden gilt. Stellt für ihn schon die gesamte abendländische Metaphysik seit Platon eine einzige Geschichte des Vergessens des Seins im Unterschied zum Seienden dar (vgl. u.a. Platons Lehre von der Wahrheit [1940/42], in: Wegmarken ... 203-238, bes. 236ff.), so sieht er in der neuzeitlichen Metaphysik der menschlichen Subjektivität zugleich den Höhepunkt und das Ende *aller* Metaphysik. (Nietzsche: Der europäische Nihilismus [1940], GA XLVIII [1986] 252ff.) Nirgends verbirgt sich das Sein so nachhaltig wie hier. Markantester Ausdruck dafür ist die Technik, die nach Heidegger wesenhaft mit Metaphysik zu tun hat und sogar ein zwingendes Ergebnis der abendländischen „Seinsvergessenheit“ darstellt. Sie nämlich täuscht dem Menschen vor, die Rolle „des Herrn der Erde“ übernommen zu haben.

> „Dadurch macht sich der Anschein breit, alles was begegne, bestehe nur, insofern es ein Gemächte des Menschen sei. Dieser Anschein zeitigt einen letzten trügerischen Schein. Nach ihm sieht es so aus, als begegne der Mensch überall nur sich selbst. [...] *Indessen begegnet der Mensch heute in Wahrheit gerade nirgends mehr sich selber, d.h. seinem Wesen.*“ (Die Frage nach der Technik [1953/54], in: Vorträge und Aufsätze, Pfullingen 1978, 9-40, hier 30f.)

Bleibt wiederum nur der eine Weg, vom Menschen wegzusehen und auf die Offenbarkeit des Seins zu achten, damit aus ihr heraus auch der Mensch wieder das richtige Verhältnis zu sich selbst gewinnt.

Selbstreferentielle Systeme

Heideggers Philosophie war und ist von großer Bedeutung für jenes Denken, das der zuvor geschilderten Überwindung der Anthropozentrik zu einem gewissen Durchbruch verholfen hat, nämlich für den französischen Neo- oder Poststrukturalismus, als dessen herausragende Exponenten Michel Foucault (1926–1984), Jacques Lacan (1901–1981), Jacques Derrida (geb. 1930) und Jean François Lyotard (1924–1998) angesehen werden dürfen. Freilich beginnt dieser Strukturalismus nicht mit Heidegger, sondern mit der strukturalistischen Sprachphilosophie des Genfer Linguisten Ferdinand de Saussure (1857–1913). Dessen Vorlesungen „Cours de linguistique générale" (Lausanne/Paris 1916, kritische Ausgabe Wiesbaden 1967/68) verhalfen der Idee zum Durchbruch, die Sprache als ein autonomes und in sich abgeschlossenes System von Zeichen (*signes linguistiques*) aufzufassen, das sich sowohl auf der Ebene seiner grundlegenden statisch-synchronen Struktur (*langage*) als auch auf der Ebene seiner konkreten dynamisch-diachronen Struktur (*parole*) selbst steuert. Diese Selbstregelung schien de Saussure dadurch ermöglicht, daß jedes Element des Sprachsystems seinen Stellenwert (*valeur*), seine Bedeutung, aus der Unterschiedenheit bzw. Bezogenheit (Differenz) zu allen übrigen Elementen desselben bestimmt, nicht – wie nach Auffassung der Tradition – durch einen Bezug auf etwas, was sich außerhalb des Sprachsystems befände und worauf es verwiese. Schon in dieser Sicht spielt der Sprecher der Sprache, der Mensch, keine konstitutive Rolle mehr. Dennoch hält de Saussure die Sprache immer noch für *handhabbar* und *überblickbar*. Grund dafür ist ihm die Ansicht, daß das Sprachsystem trotz seiner konkreten Variabilität (in der *parole* – Rede) von seinem Fundament (*langage*) her abgeschlossen und invariant ist. Insofern zwingen sich ihm aus seinem Ansatz noch keine anthropologischen Konsequenzen auf. Denn der Handhabende bzw. Überblickende (Steuernde) der Sprache kann immer noch der Mensch sein. Dies ändert sich in dem Moment, in dem das System als prinzipiell *offen*, d.h. grundsätzlich *unabgeschlossen* und *unübersichtlich* begriffen wird. Ansätze in diese Richtung finden sich schon bei Claude Lévi-Strauss (geb. 1908), dem französischen Sozialanthropologen und Ethnologen, der den Strukturalismus von der Sprache auf die gesamte menschliche Kultur des Menschen überträgt. Bereits er erklärt hinsichtlich der Mythen, in denen er fundamentale Strukturen des Menschseins überhaupt entdeckt, „nicht zeigen zu wollen, wie die Menschen in den Mythen denken, sondern wie sich die Mythen in den Menschen denken, und zwar ohne ihr Wissen (*Nous ne prétendons donc pas montrer comment les hommes pensent dans les mythes, mais comment les mythes se pensent dans les hommes, et à leur insu*)." (Mythologiques, Bd. I, Paris 1964, 20) Entschiedener und klarer in diesem Punkt wird – neben anderen – Jacques Derrida.

Differenzen

Derrida betrachtet die Sprache – wie de Saussure – als „das systematische Spiel von Differenzen" (*jeu de différences*). (Positionen [1972], dt. D. Schmidt, Wien 1986, 66ff.) Das bedeutet:

> „Das Spiel der Differenzen setzt [...] Synthesen und Verweise (*des synthèses et des renvois*) voraus, die es verbieten, daß zu irgendeinem

> Zeitpunkt, in irgendeinem Sinn, ein einfaches Element [...] nur auf sich selbst verwiese. Kein Element kann je die Funktion eines Zeichens (*signe*) haben, ohne auf ein anderes Element, das selbst nicht einfach präsent [d.h. auf sich selbst verweisend] ist, zu verweisen, sei es auf dem Gebiet der gesprochenen oder auf dem der geschriebenen Sprache. Aus dieser Verkettung (*enchaînement*) folgt, daß sich jedes ‚Element' – Phonem oder Graphem (*phonème ou graphème*) – aufgrund der in ihm vorhandenen Spur der anderen Elemente der Kette oder des Systems (*à partir de la trace en lui des autres éléments de la chaîne ou du système*) konstituiert. Diese Verkettung, dieses Gewebe ist der *Text*, welcher nur aus der Transformation eines anderen Textes hervorgeht. (*Cet enchaînement, ce tissu, est le* texte *qui ne se produit que dans la transformation d'un autre texte*.) Es gibt nichts, weder in den Elementen noch im System, das irgendwann oder irgendwo einfach anwesend oder abwesend wäre [d.h. keinen Bezug auf ein anderes Element oder anderes System hätte]. Es gibt durch und durch nur Differenzen und Spuren von Spuren. (*Il n' y a, de part en part, que des différences et des traces de traces*.)" (Ebd. 66f.)

So gesehen wird für Derrida die Differenz *zur fundamentalen Struktur der Sprache schlechthin*. (Vgl. Die différance [1968], in: ders., Randgänge der Philosophie, dt. G. Ahrens, H. Beese u.a., Wien 1988, 29-52) Um dies herauszustellen, schreibt Derrida bewußt nicht „différence", wie es im Französischen üblich wäre, sondern „différance". Alle Differenzen, die auftreten, sobald Sprache in irgendeiner Form gegeben ist, sind Realisierungen der *différance* – jener Urdifferenz, „Ur-Spur", „Ur-Schrift" (Positionen 50), die es für sich, quasi ‚jenseits' oder ‚hinter' den konkreten einmaligen Differenzierungen überhaupt nicht gibt, als Ursprung, Substanz, Subjekt oder oberste Instanz, sondern die *allemal nur in konkreten Differenzierungen gegeben ist*. Die *différance* erscheint *lediglich in dieser Form* als Bedingung der Möglichkeit von allem, *was* voneinander differiert. Damit ist mitgesagt, daß das „Spiel der Differenzen" *ohne Zentrum* abläuft, d.h. eine „Struktur [bildet], der jegliches Zentrum fehlt (*une structure privée de tout centre*)" ist (L'écriture et la différance [1967], dt. R. Gasché, Frankfurt 1972, 422, vgl. bes. 423f.). Aus dieser „Dezentrierung" wiederum werden die Konsequenzen für die Stellung des Menschen und folglich für einen transzendentalphilosophischen Ansatzes klar. Derrida: Urdifferenz

> „Nichts [...] geht also der *différance* [...] voraus. Es gibt kein Subjekt, das Agent, Autor oder Herr der *différance* wäre und dem es sich möglicherweise empirisch aufdrängen würde. Die Subjektivität ist – ebenso wie die Objektivität – eine Wirkung der *différance*, eine in das System der *différance* eingeschriebene Wirkung." (Positionen 70) Damit ist gesagt, „daß das Subjekt, und in erster Linie das bewußte und sprechende Subjekt, von dem System der Differenzen und der Bewegung der *différance* abhängig ist, daß es vor der *différance* weder gegenwärtig noch vor allem selbstgegenwärtig ist; es schafft sich seinen Platz in ihr erst, indem es sich spaltet, sich verräumlicht, sich ‚verzeit-

licht', sich differiert." (Ebd. 70f.) So bestätigt sich „jene Aussage Saussures, wonach ‚die Sprache (die nur aus Differenzen besteht) keine Funktion des sprechenden Subjekts ist'." (Ebd. 71)

Ohne Mensch

Pointierter noch als Derrida – wenn auch nicht so sehr von sprachphilosophischen-lingustischen als von historischen Überlegungen ausgehend – formuliert dasselbe Michel Foucault. In seinem Werk „Les mots et les choses" (Paris 1966, dt. Die Ordnung der Dinge, dt. U. Köppen, Frankfurt 1971) kommt er zu dem Schluß:

> „Eines ist auf jeden Fall gewiß: der Mensch ist nicht das älteste und auch nicht das konstanteste Problem, das sich dem menschlichen Wissen gestellt hat. Wenn man eine ziemlich kurze Zeitspanne und einen begrenzten geographischen Ausschnitt herausnimmt – die europäische Kultur seit dem sechzehnten Jahrhundert –, kann man sicher sein, daß der Mensch eine junge Erfindung ist. [...] Der Mensch ist eine Erfindung, deren junges Datum die Archäologie unseres Denkens ganz offen zeigt. Vielleicht auch das baldige Ende. / Wenn diese Dispositionen verschwänden, so wie sie erschienen sind, [...] dann kann man sehr wohl wetten, daß der Mensch verschwindet wie am Meeresufer ein Gesicht im Sand." (462)

Dem „Verschwinden des Menschen", dessen Anzeichen Foucault wie Derrida nicht zuletzt im neuen Bewußtsein um die Sprache erblickt (vgl. 447ff.), ist alles andere als etwas Negatives. Zum einen nämlich bedeutet es den Übergang zu einer „*heiteren* Inexistenz" (461, kursiv von mir) und zum andern gibt sie die Chance zu einem Denken frei, das von einem Erfahrungsraum in beliebig viele andere wechselt und bei dieser Gelegenheit jedesmal zu neuen Erfahrungen führt, die das denkende Subjekt mit sich selbst macht.

> „In unserer heutigen Zeit kann man nur noch in der Leere des verschwundenen Menschen denken. Diese Leere stellt kein Manko her, sie schreibt keine auszufüllende Lücke vor. Sie ist nichts mehr und nichts weniger als die Entfaltung eines Raumes, in dem es schließlich möglich ist, zu denken." (412)

Das „Verschwinden des Menschen" wird keine neue Anthropologie – ebenfalls eine Unternehmung vergleichsweise jungen Datums – hervorbringen. So etwas würde nur den Schlaf vertiefen, der den Menschen daran hindert, seine wirkliche Stunde schlagen zu hören. (410ff.) An die Stelle einer Theorie tritt daher die *Empfehlung*, sich der prinzipiell unabschließbaren Vielfalt von Erfahrungsräumen zu öffen, die ihrerseits eine ebenso unabschließbare Vielfalt an möglichen Weisen menschlichen Selbstverständnisses enthält. Foucault noch einmal über jene, die noch etwas mit Anthropologien im herkömmlichen Sinne im Schilde führen, d.h. mit Anthropologien, die ein klares Wissen über den Menschen, sein Wesen, seine Herkunft, seine Bestimmung usw. zugrundelegen:

„Allen, die noch vom Menschen, von seiner Herrschaft oder von seiner Befreiung sprechen wollen, all jenen, die noch fragen nach dem Menschen in seiner Essenz, jenen, die von ihm ausgehen wollen, um zur Wahrheit zu gelangen, jenen umgekehrt, die alle Erkenntnis auf die Wahrheiten des Menschen zurückführen, [...] kann man nur ein philosophisches Lachen entgegensetzen – das heißt: ein zum Teil schweigendes Lachen." (Ebd.)

Dezentralisierung

Mit dieser fundamentalen Konsequenz, daß der Mensch „dezentralisiert" wird und an seine Stelle Systeme treten, die als die eigentlichen Bedingungen der Möglichkeit der menschlichen Wirklichkeitsbewältigung erkannt werden, damit also, daß eine neue, nach-neuzeitliche bzw. postmoderne Epoche einsetzt, sind erwartungsgemäß unabsehbare Folgen verbunden. Zwei von ihnen seien noch abschließend genannt, weil sie mit dem bisher Gesagten unmittelbar zusammenhängen und im abschließenden systematischen Teil dieser Ausführungen eine wichtige Rolle spielen werden.

Vielfalt der Systeme

Erstens: Bis jetzt haben wir von den Systemen, welche die neuzeitliche Anthropozentrik aushöhlten, äußerst ungenau gesprochen. Wir wiesen zwar sogleich darauf hin, daß die Systeme *mehrere* seien – das System der Geschichte, das System der Kultur, das System der Gesellschaft, das System der Sprache usw. Wir gingen jedoch nicht darauf ein, daß es auch *die* Geschichte, *die* Kultur, *die* Gesellschaft oder *die* Sprache gar nicht gibt, sondern allemal nur *zahllose Formen*, wir können auch sagen: *zahllose Systeme* von Geschichte, Kultur, Gesellschaft, Sprache usf.. Nehmen wir dies ernst und akzeptieren wir – fürs erste – den systemtheoretischen Ansatz, dann müssen wir folgern: *Das Bild, das wir uns von der Wirklichkeit machen, hängt allemal von den konkreten Systemen ab, die uns zuvorkommen und unseren gesamten Wirklichkeitsbezug bestimmen*. Das klingt nicht neu gemessen an dem, was wir bereits im Anschluß an die Geschichts-, Gesellschafts- und Sprachphilosophie resümiert haben, wir vermögen jetzt aber von einer neuen Seite her die Tragweite dieser Einsicht zu ermessen. Sind es Systeme, die unseren Wirklichkeitsbezug ermöglichen und bestimmen, dann beschränkt sich die Relativität desselben nicht mehr bloß darauf, daß wir verschiedene *Ansichten, Meinungen oder Theorien* über die Wirklichkeit haben, sondern dann zeigt sich, daß wir uns schon *in den Formen, in den Strukturen* und – wenn man so will – *in der Logik*, in der wir uns diese Ansichten, Meinungen und Theorien bilden, unterscheiden. Deshalb folgt daraus auch nicht bloß die „Delegitimation" aller „universellen Metasprachen" oder „Metaerzählungen", die nach Jean François Lyotard auf geradezu „terroristische Art" bzw. in der Weise von „Metapräskriptionen" versucht haben, eine einheitliche, umfassende und geschichtsübergreifende Theorie der Wirklichkeit zu erstellen. (Vgl. Das postmoderne Wissen [1982], dt. O. Pfersmann, Wien ^{2}1993, 96ff.,120, 128,184f.,188) Es setzt vielmehr ein fundamentaler und nicht behebbarer „Widerstreit“ (*différend*) zwischen den *Formen und Strukturen* ein, in denen gedacht, gesprochen, gehandelt und gefühlt wird. Lyotard diagnostiziert daher eine Zerstreuung (*dissémination*) und Zersplitterung (*éclatement*) der Arten und Weisen, in denen die Menschen die Wirklichkeit bewältigen. (Ebd. 119f.) Darauf muß sich die Philosophie (oder was immer an ihre Stelle tritt) einstellen. Und das tut sie sicherlich nicht, wenn sie einen nicht zu schlichtenden Widerstreit wie einen bloßen Rechtsfall (*litige*) behandelt, der eine allverbindliche Rechtsordnung wieder zur Geltung bringt, indem er deren Verletzung (*dommage*) aufhebt bzw. sühnt, sondern indem sie den jeweiligen Widerstreit (*différend*) anerkennt und anstelle von Konsens mit „Dissens“, „Paralogie“ und „Agonistik“ rechnet. (40f.,58f.,172f., 175ff.,190; vgl. Der Widerstreit [1983], dt. J. Vogl, München 1987, 9f.,58ff.,149 u.ö.) Die Relativität jeder menschlichen Aussage über die Wirklichkeit – *wie weit immer sie reicht* – ist damit zusätzlich verschärft worden. Daß dies allem voran auch für die Metaphysik gilt, die mit dem Ansinnen aufgetreten ist, Theorien über die Wirklichkeit in ihrer Gesamtheit zu entwerfen, versteht sich von selbst.

Vielgestaltigkeit der Vernunft

Zweitens: Wir sind immer noch nicht konkret genug geworden. Wir dürfen nämlich nicht nur bei der Feststellung bleiben, daß es an sich zahllose Systeme gibt, die den Wirklichkeitsbezug jedes Menschen bestimmen. Wir müssen zusätzlich beachten, daß ein und derselbe konkrete Mensch *an mehreren Systemen partizipiert*. Damit ist nicht allein gesagt, daß der Mensch in mehreren Sprachen oder Kulturen zu Hause sein kann, sondern zusätzlich dies, daß er grundsätzlich und gleichzeitig in *mehreren Formen* von Vernunft lebt. Betrachtet er z.B. die Wirklichkeit als Wissenschaftler, so legt er dieser ein ganz anderes System zugrunde, als wenn er sich ihr unter den Gesichtspunkten der – ethischen, politischen, alltäglichen – Praxis nähert. Wieder andere Systeme kommen zum Zuge, wenn er die Wirklichkeit religiös oder künstlerisch bewältigt. Das bedeutet: *Dieselbe* Person, *dieselbe* Vernunft, ist in ihrer Existenz *zugleich* durch *mehrere Systeme* ermöglicht und bedingt. Daraus ergibt sich vor allem ein Problem der Vernunft. Sie existiert mehr und tiefer als es Aristoteles und Kant angenommen haben, die bekanntlich eine theoretische, eine praktische und eine ästhetische Vernunft unterschieden, nur mehr *in vielen Gestalten*. Was folgt daraus für die *Einheit* der Vernunft, die es ja ebenfalls geben muß, weil sonst sowohl das Bewußtsein des Menschen als auch die Wirklichkeit Sprünge bekäme, was wiederum für das konkrete menschliche Leben ein großes Problem mit sich brächte?

Eine erschöpfende Antwort auf diese Frage, hinter der sich ein zentrales Thema der gegenwärtigen philosophischen Auseinandersetzungen verbirgt, kann hier nicht gegeben werden. Sie sei aber angesprochen, weil sie in den anschließenden Überlegungen eine wichtige Rolle spielt.

Systematischer Entwurf

Kann angesichts des Ergebnisses, das die – im vorangehenden Teil dargestellte und erläuterte – philosophische Diskussion seit Kant erbracht hat, noch Metaphysik betrieben werden? Um diese Frage soll es in diesem letzten Teil meiner Ausführungen gehen.

Das Wort ,Metaphysik'

Vorausschicken möchte ich *vier* Punkte: *Zunächst* kommt es mir nicht auf das *Wort* ,Metaphysik' an. Sollte es stören, was ich aufgrund seiner einigermaßen belasteten Geschichte verstehen würde, dann ließe es sich auch streichen und durch ein anderes ersetzen (etwa durch ,Erste Philosophie'). Entscheidend ist das *Problem*, das mit der Metaphysik verbunden ist, sie hervorgebracht hat und lange Zeit in der Zuständigkeit der Metaphysik lag. Dieses Problem besteht in der Frage: Was kann über die Wirklichkeit in ihrer Gesamtheit ausgesagt werden? Da diese Frage nicht irgendwie, sondern *wissenschaftlich* beantwortet werden soll, ist mit ihr notwendig eine andere verbunden, nämlich: Kann überhaupt über die Wirklichkeit in ihrer Gesamtheit etwas gesagt werden? So halte ich es mit Dieter Henrich, der in seiner Metaphysik-Debatte mit Jürgen Habermas vom „Nicht-Titel ‹Metaphysik›" sprach und damit andeutete, daß man aus unterschiedlichsten Gründen zwar gegen die Verwendung des Begriffs ,Metaphysik' sein könne, daß man deshalb aber an den Fragegstellungen nicht vorbeikäme, die nicht nur in der klassischen Tradition, sondern auch in der Moderne mit der Metaphysik verbunden wurden. (Vgl. D. Henrich, Was ist Metaphysik – was Moderne? [1985], in: ders., Fluchtlinien, Frankfurt 1987, 11-43, bes. 11ff.)

Nicht hinter Kant zurück

Sodann behaupte ich, daß die geschilderte Entwicklung des erkenntniskritischen Problems, wie Kant es begründet und die erwähnten Philosophen und Wissenschaftler weitergeführt und transformiert haben, *nicht revidierbar* ist. Das bedeutet nicht, daß ich jeden Schluß, der gezogen, und jede Kritik, die angebracht wurde, für zwingend notwendig und richtig halte. Die folgenden Überlegungen mögen zeigen, daß ich mancher der dargelegten Theorien kritisch gegenüberstehe. Aufs Ganze gesehen meine ich aber, daß die genannte Entwicklung das Wissen des Menschen um sich selbst erweitert und vertieft hat. Ihr Ergebnis besteht in der Einsicht, daß *zum einen* die Bedingtheit des Menschen durch Geschichte, Gesellschaft, Sprache, Unbewußtes, Evolution und anderes mehr nicht weitreichend genug angenommen werden kann und daß *zum anderen* die Rolle des Menschen angesichts der natürlichen und kulturellen Systeme, die ihm zuvorkommen und sein Bild von der Wirklichkeit entscheidend bestimmen, eher bescheiden ausfällt, jedenfalls nicht mehr jene Bedeutung hat, die ihr durch Kant oder gar durch die Deutschen Idealisten zugedacht wurde. Man mag darüber ernüchtert oder begeistert sein. Das ändert nichts daran, daß alle, die *heute* Metaphysik betreiben bzw. die mit ihr verbundenen Fragestellungen behandeln will, meines Erachtens am Resultat der dargelegten Geistesgeschichte nicht vorbei können.

Prolegomena

Weiters verstehe ich die anschließenden Überlegungen als *Prolegomena*. Das bedeutet: Was ich im folgenden darzulegen vermag, ist zum einen nur eine *Einführung* in das Problemgebiet, das sich auftut, wenn man heute die Frage der Metaphysik beantworten will; zum andern bin ich in etlichen Fragen, die sich stellen werden, lediglich zu *Hinweisen* imstande. Vieles wird somit offen bzw. als Frage stehen bleiben und wahrscheinlich unbefriedigend sein. Über mehreres wird noch gründlicher nachgedacht werden müssen.

Resümee

Schließlich muß ich darauf hinweisen, daß ich aus dem vorausgehenden geschichtlichen Teil dieser Untersuchungen kein Resümee gezogen habe, das weiterführende Überlegungen für eine heutige Metaphysik gestattet. Dies ist deshalb nicht erfolgt, weil die nun folgenden Ausführungen dieses Resümee bilden sollen. Sie gehen ja von der Frage aus, wie angesichts des bereits genannten Ergebnisses, das die philosophisch-wissenschaftliche Diskussion seit Kant erbracht hat, noch Metaphysik betrieben werden könne. Sie müssen daher das besagte Ergebnis in ihre Gedankenschritte notwendig integrieren. Das braucht nun nicht mehr so zu geschehen, daß noch einmal eigens auf jede einzelne Etappe der dargestellten Geschichte bzw. auf jede einzelne Position neu rekurriert werden müßte, sondern kann sich darauf beschränken, vom vorläufig erreichten Ergebnis auszugehen.

Die folgenden Überlegungen gliedern sich in zwei Teile: Wir machen uns in einem ersten Teil einige Argumente, die seitens der Metaphysikkritik vorgebracht wurden, zu eigen. Dies wird zu einem *negativen* Ergebnis führen, denn wir werden am Ende dieser *Pars negativa* sagen müssen: Aussagen über die Wirklichkeit in ihrer Gesamtheit sind nicht möglich. Bei näherer Betrachtung zeigt sich freilich, daß dieses Ergebnis nicht nur negativ ist. Gewiß stellt es vor Grenzen, die durch die menschliche Erkenntnis nicht überschritten werden können. Zugleich lenkt es aber den Blick darauf, daß die Erkenntnis trotz ihrer beschränkten Möglichkeiten berechtigte, d.h. begründbare *Postulate* über Wirklichkeit im Ganzen anstellen kann, ja sogar aufstellen muß. So schließt sich an die Pars negativa eine *Pars positiva* an, die eben diese Möglichkeit der Erkenntnis aufweist.

Pars negativa – Die Unmöglichkeit von Metaphysik

Systemtheoretischer Ansatz

Im Einleitungsteil, der sich um den Begriff sowie um die Definition von Metaphysik und in der Auseinandersetzung mit den wichtigsten Positionen der Metaphysikkritik um einen Aufweis ihrer Berechtigung im Rahmen der Wissenschaften bemühte, konnte u.a. bereits folgende – jetzt numerierte – Zusammenfassung gegeben werden:

(1) Metaphysik ist die wissenschaftliche Beschäftigung mit Fragen, welche die Wirklichkeit, sofern sie dem Menschen zugänglich ist, in ihrer Gesamtheit betreffen.
(2) Unter der Gesamtheit der Wirklichkeit, der Wirklichkeit im Ganzen, ist das multidimensionale System vorzustellen, welches der Mensch der Bewältigung der Wirklichkeit zugrundelegt.
(3) Fragen nach der Wirklichkeit in ihrer Gesamtheit, metaphysische Fragen, entspringen sowohl in der konkreten Existenz des Menschen als auch im Zentrum einzelwissenschaftlicher Problemstellungen.
(4) Metaphysik unterscheidet sich von den einzelwissenschaftlichen Versuchen, die Wirklichkeit im Ganzen zu systematisieren dadurch, daß sie sich nicht nur um eine, sondern um alle Möglichkeiten der Systematisierung, d.h. um alle Systemdimensionen bemüht.

Um den nun folgenden systematischen Überlegungen Übersichtlichkeit und Geschlossenheit zu geben, setze ich neu an und gehe noch einmal auf das in den Sätzen (2) – (4) Gesagte näher ein. Zwar nicht in derselben Reihenfolge, doch inhaltlich entsprechend behandle ich drei Punkte: *Erstens* das Paradox, daß die möglichen Ausgangspunkte der metaphysischen Fragen partikulär sind, die Fragen selbst in ihrer Bedeutung jedoch universelle Reichweite besitzen, *zweitens* den Bezug zwischen Ganzheit der Wirklichkeit und System und *drittens* die Multidimensionalität der wirklichkeitsrelevanten Systeme. Dabei soll nicht einfach bereits Gesagtes wiederholt werden. Vielmehr bietet sich eine Gelegenheit, schon Expliziertes unter anderen Gesichtspunkten bzw. von anderen Seiten her zu betrachten.

Partikularität der Ausgangspunkte und Universalität der Bedeutung metaphysischer Fragen

Paradox

Metaphysische Fragen, d.h. Fragen, die sich auf die Wirklichkeit in ihrer Gesamtheit beziehen, sind – wie im Einleitungsteil gesagt wurde – unabweisbar. Sie entspringen in der konkreten Existenz des einzelnen

Menschen, ergeben sich aber ebenso aus einzelwissenschaftlichen Problemstellungen. Paradox in beiden Fällen ist, daß die Fragen trotz der Konkretheit und Partikularität ihres jeweiligen Ausgangspunktes eine so weitreichende Bedeutung erhalten. Der wahrscheinliche Grund dafür liegt – wie ebenfalls im Einleitungsteil schon dargelegt wurde – darin, daß die Wirklichkeit in ihrer Gesamtheit als das System vorgestellt werden muß, das der Mensch der Bewältigung der ihm begegnenden Wirklichkeit zugrundelegt, daß dieses System entsprechend der Komplexität der Wirklichkeit multidimensional anzunehmen ist und daß die verschiedenen Systemdimensionen miteinander interferieren bzw. eine Art ‚Netz' bilden, das die Gesamtheit des Systems ausmacht. Dadurch ist die Möglichkeit gegeben, daß die Irritierung eines Bereiches, ja einer Stelle innerhalb des Systems Auswirkungen auf das gesamte übrige System hat, welches die Wirklichkeit im Ganzen darstellt. Doch dieser Problematik sollen die beiden folgenden Abschnitte gewidmet sein. In diesem Abschnitt gehe es darum, noch einmal die Genese von metaphysischen Fragen in der Existenz des Menschen einerseits sowie in der Wissenschaft andererseits darzustellen. Dabei ist zu beachten, daß auch der wissenschaftliche Ausgangspunkt kein von vornherein universeller ist. Dies gilt nicht nur deshalb, weil es *einzel*wissenschaftliche Problemstellungen sind, die solche Fragen erzeugen, – im Einleitungsteil hielten wir uns an die Physik und ihr Bemühen um „abgeschlossene Theorien" –, sondern auch deshalb, weil der wissenschaftliche Diskurs als solcher und in seiner Gesamtheit nur einen Teil der menschlichen Vernunft repräsentiert, keinesfalls mit dieser gleichgesetzt werden darf.

Metaphysik und Existenz

In der konkreten Existenz treten die metaphysischen Fragen meist nicht in intersubjektiv nachvollziehbarer oder gar in wissenschaftlicher Form auf. Sie können jedoch aus zwei Gründen zu metaphysischen Fragen im engeren Sinne werden. *Zum einen* enthalten sie eine Relevanz für *alles*, was als wirklich und wahr angesehen wird. Dies illustrieren besonders deutlich die sogenannten Theodizee-Fragen: Warum gibt es Leiden? bzw.: Was bedeutet es, daß in unserer Wirklichkeit das Böse Macht hat? Bekanntlich fragt kein Mensch in dieser bereits verallgemeinerten und in gewisser Weise schon abstrakten Form. Konfrontiert mit unmittelbaren Erfahrungen, die er macht, findet er vielmehr zu unverwechselbaren, möglicherweise ihn und nur ihn betreffenden Ausdrucksweisen. Dennoch besitzen diese Fragen unabhängig von ihrer verallgemeinerten oder nicht verallgemeinerten Form *universelle Sprengkraft*. Darauf haben vor allem Dichter wie Fjodor M. Dostojewskij und Albert Camus angesichts des Leids von Kindern aufmerksam gemacht. „[...] und darum danke ich im voraus für jede höhere Harmonie", empört sich Iwan Karamasoff, „ist sie doch nicht ein einziges Tränlein jenes gequälten Kindes wert, das sich mit dem Fäustchen an die Brust schlug und zu seinem ‚lieben Gott' betete." (Die Brüder Karamasoff [1879/80], dt. E.K. Rahsin, München 1977, 398) Fast im selben Sinn der Arzt Bernard

Rieux: „[...] ich werde mich bis in den Tod hinein weigern, die Schöpfung zu lieben, in der Kinder gemartert werden." (Die Pest [1947], dt. G.G. Meister, Hamburg 1950, 129) *Zum andern* drängen Fragen von umfassender Relevanz und Sprengkraft von sich aus nach Verallgemeinerung. In eben dieser ihrer Bedeutung bewußt geworden streben sie eine Entsprechung von Inhalt und Form an. So kann es zu abstrakten Formulierungen kommen, die sich dezidiert von ihrer ursprünglich einmaligen und unverwechselbaren Entstehungssituation bzw. von ihrem ersten Ausdruck absetzen,und damit einen Formalisierungsgrad erreichen, der unter anderem und nicht zuletzt ihre wissenschaftliche (metaphysische) ‚Behandlung' zuläßt.

Metaphysik und Wissenschaft

Metaphysische Fragen entstehen aber nicht allein in der konkreten Lebenssituation des Menschen, sondern ebenso im wissenschaftlichen Diskurs. Dies zu betonen ist vor dem Hintergrund der verbreiteten Ansicht, daß Metaphysik mit Wissenschaft nichts zu tun habe, besonders wichtig. Läßt sich nämlich zeigen, daß einzelne Wissenschaften von sich aus zu Fragen stoßen, die man mit Fug und Recht als metaphysische Fragen bezeichnen kann, weil sie sich auf die Wirklichkeit in ihrer Gesamtheit beziehen, bzw. daß sie von Hause aus (Vor)Entscheidungen implizieren, die sich ebenfalls auf die Wirklichkeit in ihrer Gesamtheit erstrecken, so ist meines Erachtens ein entscheidendes Argument für die Berechtigung der wissenschaftlichen Behandlung von metaphysischen Fragen, d.h. für Metaphysik gegeben. Im Einleitungsteil wurde am Beispiel der Physik gezeigt, wie eine Einzelwissenschaft aus sich selbst heraus zu metaphysischen Fragestellungen vordringt. An dieser Stelle soll dem gegenüber die Aufmerksamkeit mehr auf die metaphysischen Implikationen gelenkt werden, die den Einzelwissenschaften von Hause aus innewohnen. Dazu zuerst ein besonderes Beispiel und danach eine grundsätzliche Erwägung:

Beispiel Evolutionstheorie

Kaum jemand zweifelt heute daran, daß es in der Geschichte des Lebens auf der Erde so etwas wie eine Evolution gegeben hat und gibt. Nach wie vor spricht das Meiste dafür, die Entstehung sowie die Vervielfältigung des Lebens nach dem Modell einer Evolution zu begreifen. Dabei mögen die Gesetzmäßigkeiten dieser Entwicklung – z.B. Mutation und Selektion nach dem Zufallsprinzip – dahingestellt bleiben. Wichtig in unserem Zusammenhang ist folgendes: So plausibel es ist, eine zusammenhängende Evolution anzunehmen, sie läßt sich mit den von den Naturwissenschaften zugelassenen Methoden nicht wirklich beweisen. Das ergibt sich nicht nur aus den großen Lücken, die sich bei einer auf erdgeschichtlichen Funden basierenden Rekonstruktion der Geschichte des terrestrischen Lebens auftun, sondern auch beim Versuch, die Evolution mit Berücksichtigung molekulargenetischer Erkenntnisse nachzuvollziehen. Letzteres stellt sich bislang als geradezu unmöglich heraus. Was makroskopisch betrachtet als wahrscheinlich und plausibel erscheint, stellt sich im mikroskopischen, molekularen Bereich bis heute als zumindest nicht naheliegend, ja in bestimmter Hinsicht sogar als unwahrscheinlich dar. (Vgl. P. Erbrich, Zufall – Eine naturwissenschaftlich-philosophische Untersuchung, Stuttgart 1988) Daraus folgt, daß die Annahme einer umfassenden Evolution keine bewiesene oder gar zwingend anzunehmende Theorie im Sinne der Naturwissenschaft ist. Sie besitzt in hohem Maße hypothetischen und heuristischen Wert. Sofern sie sich nun aber auf die Wirklichkeit in ihrer Gesamtheit bezieht, denn immerhin soll sie das gesamte Leben auf der Erde erklären, gewinnt sie die Qualität einer metaphysischen Annahme. Dies gilt umso mehr, als sie einer Definition von ‚Leben' bedarf, eine solche jedoch nur mit Bezugnahme auf die ‚bloße' Materie gewonnen werden kann, wodurch zusätzlich deutlich wird, daß über das ‚Leben' im engeren Sinn hinaus auch prinzipiell *alles* zur Wirklichkeit Gehörende mit einbezogen wird, wovon sich ‚Leben' abhebt.

Metaphysische Implikationen

Damit ist bereits die Überlegung grundsätzlicher Natur berührt: Wissenschaften treffen prinzipiell Vorentscheidungen über die Wirklichkeit in ihrer Gesamtheit, die sie selbst nicht reflektieren. Derartige Vorentscheidungen sind dadurch gegeben, daß die Wissenschaften bestimmte Wirklichkeitsbereiche thematisieren, die sie von anderen abgrenzen und unterscheiden. Um aber ‚unter-scheiden' zu können, müssen sie bereits Vorstellungen von umfassenderen Zusammenhängen der Wirklichkeit haben. Wie wären sie sonst dazu in der Lage, ihren Wirklichkeitsbereich von anderen Wirklichkeitsbereichen abzusondern bzw. ihren Wirklichkeitsbereich aus *dem Ganzen* der Wirklichkeit herauszudifferenzieren? Trifft folglich eine Wissenschaft eine Entscheidung über die Wahl ihres ‚Gegenstandes', trifft sie implizit auch eine Aussage über die Wirklichkeit in ihrer Gesamtheit. Das wiederum heißt: Die Wissenschaften kommen ohne metaphysische Vorentscheidungen nicht aus. Wollen sie daher den Anspruch auf *selbstkritisches* Wissen erheben, können sie gar nicht umhin, diese Vorentscheidungen zu reflektieren und damit Metaphysik als Frage nach dem Ganzen der Wirklichkeit zu fordern.

Exkurs: Zum eben Gesagten heißt es in Heideggers „Sein und Zeit" (1927): „Grundbegriffe sind Bestimmungen, in denen das allen thematischen Gegenständen einer Wissenschaft zugrundeliegende Sachgebiet zum vorgängigen und alle positive Untersuchung führenden Verständnis kommt. Ihre echte Ausweisung und ‚Begründung' erhalten diese Begriffe demnach nur in einer entsprechend vorgängigen Durchforschung des Sachgebietes selbst. Sofern aber jedes dieser Gebiete aus dem Bezirk des Seienden selbst gewonnen wird, bedeutet solche vorgängige und Grundbegriffe schöpfende Forschung nichts anderes als Auslegung dieses Seienden auf die Grundverfassung seines Seins. [...] Aber solches Fragen – Ontologie im weitesten Sinne genommen und ohne Anlehnung an ontologische Richtungen und

Tendenzen – bedarf selbst noch eines Leitfadens. Ontologisches Fragen ist zwar gegenüber dem ontischen Fragen der positiven Wissenschaften ursprünglicher. Es bleibt aber selbst naiv und undurchsichtig, wenn seine Nachforschungen nach dem Sein des Seienden den Sinn von Sein überhaupt unerörtert lassen. [...] Die Seinsfrage zielt daher auf eine apriorische Bedingung der Möglichkeit nicht nur der Wissenschaften, die Seiendes als so und so Seiendes durchforschen und sich dabei je schon in einem Seinsverständnis bewegen, sondern auf die Bedingung der Möglichkeit der vor den ontischen Wissenschaften und sie fundierenden Ontologien selbst." (GA II [1977] 14f.)

Wie wir gesehen haben, würde Jacques Derrida dieser Argumentation, daß Unterscheidung nur dort möglich sei, wo ein vorgängiges Gemeinsames oder Identisches vorliege, hinsichtlich dessen sich etwas von etwas anderem scheiden [unter-scheiden] lasse – in unserem Fall ein wissenschaftliches Sachgebiet von einem anderen Sachgebiet –, widersprechen und behaupten, daß die Bedingung der Möglichkeit von Unterscheidungen bzw. *Differenzierung* ihrerseits eine Differenz, besser: eine Ur-Differenz bzw. eine *différance* sei. Da sich jedoch herausstellt, daß die *différance* nicht so vorgestellt oder gedacht werden darf, wie die Differenzen, deren Bedingung der Möglichkeit sie ist, nähert sie sich dem, was Heidegger das „Sein" im Unterschied zum Seienden nennt, erheblich an. Bezeichnenderweise meint auch Heidegger, daß das Sein nicht so sehr *in* der ontologischen Differenz zum Seienden, als vielmehr *als* die ontologische Differenz zum Seienden gedacht werden müsse, weil ja das Sein sich vom Seienden in einer ganz anderen Weise unterscheidet als die Seienden sich von einander unterscheiden. (Vgl. u.a. Identität und Differenz [1957], Pfullingen [6]1978, 53ff.) Haben wir es hier mit einer Frage des bloßen Vokabulars zu tun? Ich würde die Frage bejahen, zumal Derrida selbst auf die Verwandtschaft seines *différance*-Begriffs zum Heideggerschen Begriff des *Seins* bzw. der *Differenz* hingewiesen hat. (Vgl. Die différance [1968], in ders.: Randgänge der Philosophie, dt. G. Ahrens u.a., Wien 1988, 29-52, bes. 47ff.)

Im Hinblick auf die heutige Auseinandersetzung um die Berechtigung von Metaphysik auf dem Forum der Wissenschaft darf als wesentlich festgehalten werden: Die Selbstdifferenzierungen der Wissenschaften voneinander implizieren eine Inanspruchnahme des Ganzen der Wirklichkeit, *aus dem* bzw. *im Hinblick auf das* differenziert werden kann. Sie führen daher *von sich selbst her* zur Frage nach der Wirklichkeit in ihrer Gesamtheit. Wir können auch sagen: Sie führen *von sich selbst her* zur Metaphysik. Insofern bildet die wissenschaftliche Beschäftigung mit metaphysischen Fragen eine von den *Wissenschaften* erhobene Forderung.

Ganzheit der Wirklichkeit und System

Das Ganze als System

Das Ganze der Wirklichkeit, über welches die Metaphysik wissenschaftlich vertretbare Aussage machen will, was somit ihr ‚Gegenstand' ist, kann niemals als Summe aller Teile vorgestellt werden, sondern lediglich als *Ordnung* oder als *System*. Warum das? Ein System bewirkt, was man in der Sprache der modernen Kybernetik und Systemtheorie die *Reduktion der Komplexität* nennt. Was damit gemeint ist, läßt sich durch die Etymologie des Wortes ‚System', griechisch σύστημα, erläutern. Dieses leitet sich vom Verb συνίστημι ab, das transitiv ‚zusammenstellen', ‚zusammenfügen', intransitiv auch ‚zusammen-kommen', ‚sich zusammentun' oder ‚sich verbinden' bedeutet. συνίστημι heißt jedoch nicht ‚auf einen Haufen werfen' bzw. ‚beliebig aneinanderreihen'. Die durch συνίστημι beschriebene Tätigkeit stellt sich vielmehr als ein Vorgang dar, der nach bestimmten *Gesichtspunkten* und *Kriterien* erfolgt. Dank dieser Gesichtspunkte wird zusammengefaßt, dank dieser Gesichtspunkte tritt auch das *Verbindende* und *Allgemeine* auf, unter welches sich das Vereinzelte subsumieren läßt. So entstehen zugleich eine *Ordnung* (ein *System*) und ein *Überblick*, der sich auf größere und umfassendere Zusammenhänge erstreckt. Verfolgt man die sprachlichen Hinweise weiter, so entdeckt man, daß das συνίστημι in seiner Bedeutung einem anderen Wort nahekommt, das in der Geistesgeschichte eine mindestens ebenso große Rolle gespielt hat, nämlich dem Wort λέγειν, das ursprünglich so viel wie ‚sammeln' und ‚lesen' bedeutet, d.h. ebenfalls eine zusammenbringende und zusammenfügende Tätigkeit meint. Da auch das Sammeln und Lesen (z.B. eine Weinlese) nicht willkürlich, sondern wiederum nach Gesichtspunkten und Kriterien erfolgt, realisiert sich im λέγειν ebenfalls Ordnung und System. Bezeichnenderweise heißt λέγειν bei den Griechen auch ‚sprechen' und ‚meinen'. Das Substantiv λόγος darf gar mit ‚Sprache' und ‚Vernunft' übersetzt werden. Die aus der Sprache hervorgehende Vernunft wäre demnach das Organ für die größeren, umfassenden Zusammenhänge, ja letztlich das Organ für die Wirklichkeit im Ganzen. (Vor allem Heidegger hat auf diese Zusammenhänge hingewiesen. Vgl. u.a., weil am ausführlichsten, die Vorlesungen „Heraklit. Logik. Heraklits Lehre vom Logos" [1944], in: GA LV [1979] 185-387.)

Bewältigung als Systematisierung

Der Mensch muß sich nicht eines Tages dazu entschließen, die ihm begegnende Wirklichkeit zu systematisieren. Er tut es nämlich *immer schon*. Wie jedes andere Lebewesen auch bewältigt er die Wirklichkeit wesentlich dadurch, daß er deren Komplexität reduziert. Ohne diese systematisierende Tätigkeit, die er auf *allen* Ebenen seines Seins ausübt, ginge er an der totalen Unübersichtlichkeit der unendlichen Wirklichkeitsvielfalt augenblicklich zugrunde. Er könnte sein Leben nicht bestehen, wäre den Herausforderungen desselben in keiner Weise gewachsen und würde gleichsam permanent in unendlich vielen Richtungen überfordert. Das gilt, wie gesagt, auf allen Ebenen. Wären seine physischen Organe nicht darauf programmiert (geordnet, systematisiert), worauf sie reagieren sollen und worauf nicht, sie dienten zu gar nichts. Würde sich weiters die Seele nicht auf das einstellen, was ihr gut tut und was nicht, sie würde unter dem Druck ihrer Konflikte sogleich verkümmern. Gäbe es schließlich keine Übersicht im Geistigen, der Mensch könnte sich auf die Wirklichkeit keinen Reim machen, wüßte nicht, was er tun sollte, und verlöre darüber hinaus jedes Wertempfinden, das ihm den Einsatz für seine Existenz dafürstehen ließe.

Zukunft

Muß sich somit der Mensch die ihm begegnende Wirklichkeit systematisierend (ordnend) zurechtlegen, damit er sie zu bewältigen und zu bestehen vermag, so heißt dies gleichzeitig, daß seine Systeme eine *zeitliche* Dimension besitzen. Sie dienen zur Bewältigung der Wirklichkeit. Dies kann jedoch nur in die *Zukunft* hinein geschehen, denn die Wirklichkeit ist allemal das, was auf den Menschen *zukommt*. Selbst dann, wenn er die Vergangenheit bewältigt, tut er es für das Leben, das ihm *bevor*steht. Auch die Vergangenheit ist dann weniger das, was einen sozusagen ‚von hinten her' einholt, als vielmehr das, womit es *nach vorne hin* fertig zu werden gilt. Die Systeme, mit denen der Mensch seine Wirklichkeit meistert, sind in dieser Hinsicht *Eröffnungen von Zukunftsräumen*. Dank ihrer kann er sein Leben wagen, dem, was morgen und übermorgen auf ihn eindringt, entgegenblicken und darauf vertrauen, nicht jedesmal von vorne beginnen zu müssen. Da die Zukunft freilich nicht determiniert, sondern offen ist, empfiehlt es sich, die Zukunftsräume, die unsere Wirklichkeitssysteme eröffnen, als *Wahrscheinlichkeitsräume* zu verstehen.

Dazu ein kurzer *Exkurs*: Diese Überlegung ließe die Vermutung zu, daß es auch das System der Wirklichkeit in ihrer Gesamtheit, sollte es ein solches überhaupt geben und sollte darüber überhaupt etwas ausgemacht werden können, als vom Menschen eruiertes System *mit Zukunft* zu tun haben müßte. Das würde nicht zuletzt bedeuten, daß die Ganzheit etwas ist, was uns bevorsteht bzw. auf uns zukommt. Dem wäre insofern eine gewisse Plausibilität abzugewinnen, als zum Ganzen der Wirklichkeit nicht zuletzt das gehört, was wir – problematisch genug – Geschichte nennen, Geschichte aber etwas ist, was nicht als abgeschlossen betrachtet werden darf. Doch dies sei hier nur erwogen, keinesfalls behauptet oder gar als begriffen hingestellt. Es genügt, wenn wir eine Option in dieser Richtung ins Auge fassen und als grundsätzlich möglich ansehen.

Keine Festlegung

Nicht übersehen werden darf sodann, daß die *besondere Art und Weise*, in welcher der Mensch die Wirklichkeit systematisiert, keineswegs apriori festgelegt ist. Von vornherein entschieden ist nur, *daß* der Mensch grundsätzlich systematisieren und ordnen muß. *Wie* er das jedoch tut, ist nicht automatisch ausgemacht, sondern hängt von der konkreten Begegnung mit der Wirklichkeit ab. Das gilt selbst für die Apriori von

Raum und Zeit, wie uns die oben geschilderte Entwicklung der modernen Physik zeigt. Auch Raum und Zeit stellen von Hause aus nichts anderes als *beliebige* und folglich *veränderliche* Zusammenhänge dar, mit deren Hilfe wir die Wirklichkeit ordnen und systematisieren. Dies muß vor allem gegenüber Kant festgehalten werden, der sich den Raum ausschließlich im Sinne der euklidischen Geometrie vorstellen konnte und darüber hinaus meinte, daß seine „reinen Anschauungen" von Raum und Zeit schlechthin *alles* Wirkliche konstituierten. Beides ist jedoch nicht der Fall. Zum einen reicht das euklidische Raummodell nicht einmal zur Beschreibung der uns alltäglich vertrauten Wirklichkeit aus und zum andern müssen Raum und Zeit je nach Bewegungszustand des physikalischen Bezugssystems bzw. je nach Wirklichkeitsbereich, der untersucht wird, *verschieden strukturiert* werden. (Man erinnere sich an die Hinweise zur Quantenphysik.) Ein Apriori bildet somit nur die Tatsache, *daß* wir systematisieren müssen, niemals die Art und Weise, in der wir das tun. (Vgl. dazu H. Reichenbach, Relativitätstheorie und Erkenntnis apriori [1920], in: ders., Ges. W. III, Braunschweig-Wiesbaden 1979, 191-295, bes. 266ff.; E. Cassirer, Zur Einsteinschen Relativitätstheorie [1921], in: ders., Zur modernen Physik, Darmstadt 1957, 1-125, bes. 67ff.)

Tendenzielle Ausgriffe

Schließlich noch dies: Systeme, mit deren Hilfe der Mensch die ihm begegnende Wirklichkeit zu bewältigen versucht, stellen von sich aus *tendenzielle Ausgriffe auf die Wirklichkeit in ihre Gesamtheit* dar. Der Grund hierfür ist leicht einsichtig: Ein System, das in jedem Fall von Wirklichkeit, d.h. bei jeder Gelegenheit neu errichtet werden müßte, heute Gültigkeit hätte und morgen schon wieder nicht, da von Nutzen wäre und dort schon wieder nicht, besäße keinen Zukunftswert, diente zu nichts und wäre im Grunde gar kein System, mit dem sich die Wirklichkeit angehen ließe. Ein System, das die menschliche Wirklichkeitsbewältigung gewährleisten soll, erfüllt seine Funktion somit dann, wenn es so *umfassend* und *differenzierungsfähig* wie möglich ist. Anders gesagt: Ein System ist umso funktionsgerechter, je mehr es an Wirklichkeit zu integrieren vermag. Das wiederum impliziert, *daß wirklichkeitsbewältigende Systeme – exstensiv und intensiv – auf die Wirklichkeit in ihrer Gesamtheit zielen.*

Multidimensionalität der Systeme und Vielgestaltigkeit der Vernunft

Komplexität

Systematisierung der Wirklichkeit, wie sie vom Menschen gefordert wird, ist nicht zu verwechseln mit einer Simplifizierung der Wirklichkeit. Angesichts der immensen Komplexität der Wirklichkeit bedeutet jegliche Reduktion derselben auf eine Ebene des Systems bzw. auf eine Systematisierungsform den Verlust der Wirklichkeitsrelevanz des Systems als solchem. Soll daher ein System dem Menschen helfen, die

Wirklichkeit zu bestehen, hat es *multidimensional* strukturiert zu sein. Dies läßt sich durch folgende Überlegung plausibel machen: Der Mensch muß in die Wirklichkeit eine gewisse Logik hineinbringen. Anders könnte er sie nicht verstehen bzw. sich keinen Reim auf sie machen. Er würde an ihr irre werden. Das System bedarf folglich einer *theoretischen* Dimension. Der Mensch muß sich aber auch *auf* die Wirklichkeit verstehen. Er ist durch sie zum Handeln gezwungen, wird durch sie zur Entscheidung herausgefordert und steht zu ihr in einem distanzlosen Reaktionsverhältnis. Antwortet er darauf nicht in der entsprechenden Weise, ist er jeder Situation, in die er gerät, hilflos ausgeliefert. Das System enthält demnach auch eine *praktische* Dimension. Was der Mensch begreift und handelnd bewältigt, ist jedoch keine neutrale Objektivität, sondern eine wertbesetzte Wirklichkeit, die ihn sich zu dem einen neigen und von dem andern hingegen abgestoßen sein läßt, zum einen verpflichtet und vom anderen abwehrt, durch das eine fasziniert und durch das andere abstößt. Das System besitzt somit zusätzlich eine *axiologische* Dimension. Es mag noch mehrere Dimensionen haben: Wesentlich für ein wirklichkeitsrelevantes System ist freilich nicht seine Multidimensionalität als solche, sondern ebenso, daß zwischen den diversen Dimensionen Verknüpfungen und Interferenzen bestehen. Man wird sogar sagen müssen, daß erst das ‚Netz', das durch die verschiedenen Dimensionen *gemeinsam* aufgespannt wird, das System bildet, welches faktisch die Wirklichkeitsbewältigung des Menschen bedingt und ermöglicht. Damit stellt sich sogleich die für die Metaphysik entscheidende Frage, ob sich die diversen Systemdimensionen innerhalb des genannten ‚Netzes' so ergänzen, daß eine Art ‚Gesamtblick' auf die Wirklichkeit möglich wird, dank dessen Aussagen über die Wirklichkeit in ihrer Gesamtheit, d.h. metaphysische Aussagen, getroffen werden können.

System und Vernunft

Wir sind auf diese Frage bereits im Einleitungsteil gestoßen. Dort ordneten wir jeder Systemdimension einen besonderen Vernunfttyp bzw. eine spezifische Form von Rationalität zu. In diesem Zusammenhang erinnerten wir daran, daß die philosophische Tradition im Anschluß an Aristoteles und Kant der theoretischen Dimension die theoretische Vernunft, der praktischen Dimension die praktische Vernunft und der axiologischen Dimension die poietische oder ästhetische Vernunft zuordnete. Die nachkantianische Philosophie nannte neben diesen Vernunfttypen bzw. Rationalitätsformen noch andere, etwa die mythische, religiöse und technische Vernunft. Jedenfalls erwies sich, daß der Multidimensionalität der wirklichkeitsrelevanten Systeme die *Vielgestaltigkeit der Vernunft* entspricht. Das überrascht nicht, denn die Vernunft – im Sinne des griechischen λόγος – ist ja das umfassend systematisierende ‚Organ' des Menschen. Hieß es bisher immer wieder, daß der Mensch die Wirklichkeit mit Hilfe von Systemen bewältige, so ist dasjenige am Menschen, was diese bewältigenden Systeme konstituiert, die Vernunft. Es liegt auf der Hand, daß der Frage nach der möglichen Einheit der Systemdimensionen hiermit die Frage nach der möglichen Einheit der Vernunft korrespondiert.

Paradigmen und Konstellationen

Angesichts der Fragen, welche die Wirklichkeit in ihrer Gesamtheit betreffen, verkomplizierte sich bereits im Einleitungsteil die Problematik noch einmal. Es erwies sich nämlich, daß nicht die Metaphysik als Wissenschaft alleine mit diesen Fragen umgeht, sondern daß es noch andere Formen von Vernunft gibt, die sich ebenfalls derselben annehmen. Wir nannten in diesem Zusammenhang neben der Metaphysik Religion, Kunst, Literatur, politische Ideologie und allgemeine Weltanschauung. Jede dieser Vernunftformen repräsentiert ein spezifisches *Paradigma*, im Rahmen dessen die genannten Fragen behandelt werden. Diese Paradigmen verknüpfen sich ihrerseits untereinander bzw. interferieren miteinander. Jedes einzelne von ihnen kann sich auf jedes andere beziehen und im Rahmen seiner Möglichkeiten integrieren, was die anderen Paradigmen je für sich bereitstellen. Ihre Verschiedenheit ergibt sich aus der unterschiedlichen Intentionalität, hinsichtlich derer sie nicht nur Theorie und Praxis sowie den Umgang mit den Werten gestalten, sondern auch ‚Errungenschaften' anderer Paradigmen rezipieren. So zielt z.B. die Metaphysik darauf, wissenschaftlich beurteilbare Theorien über die Wirklichkeit im Ganzen zu erstellen. Der Religion hingegen geht es darum, die Adressaten ihrer Botschaft zu existentiellen Entscheidungen zu bringen, der Kunst und der Literatur darum, der Wirklichkeit Sprache und Ausdruck zu verleihen usw. Wie verhalten sich nun aber diese Vernunftparadigmen, denen ich spezifische *Systemkonstellationen* zuordnen würde, zu den genannten Systemdimensionen bzw. Vernunft- oder Rationalitätstypen?

Diskursformen und Paradigmen

Ich mache dazu folgenden Vorschlag: Theoretischer, praktischer und axiologischer Dimension korrespondieren fundamentale Formen der Rationalität bzw. spezifische Vernunfttypen, häufig auch einfach ‚Diskurse' genannt, weil die Rede von ‚Diskursen' historisch weniger belastet und eingeengt ist, als jene von ‚Rationalität' und ‚Vernunft'. Wählen wir ebenfalls diese Ausdrucksweise, können wir sagen: Die Paradigmen enthalten jedes für sich alle drei Diskursformen und setzen sie in jeweils unterschiedlicher Weise ein. Anders gesagt: Jedes Paradigma realisiert eine spezifische Gestalt von Theorie, Praxis und Umgang mit Werten. Dies zu behaupten ist nicht selbstverständlich. In der Geschichte der Philosophie wurden nämlich nicht selten Diskursformen und Paradigmen vermengt. Die Grund dafür lag häufig darin, daß entweder überhaupt keine Paradigmen wahrgenommen wurden, wodurch nur noch die Unterscheidung der Diskursformen übrigblieb, oder ein Paradigma zum einzig anerkannten avancierte und folglich die übrigen Paradigmen unter den Diskursformen unterbrachte. Hält man dem gegenüber daran fest, daß es zum einen unterschiedliche, nicht aufeinander reduzierbare Paradigmen und zum anderen ebenfalls unterschiedliche, nicht aufeinander reduzierbare Diskursformen gibt, können jedem Paradigma spezifische Gestaltungen von Theorie, Praxis und Werte-Umgang zugeordnet werden. Anstelle einer ausführlichen Erläuterung jeder einzelnen Zuordnung, die für unsere Problemstellung bzw. in unserem gegenwärtigen Zusammenhang nicht ausschlaggebend ist, möge das Schema auf Seite 334 Übersicht verschaffen.

Komplexität der Vernunft

An dieser Stelle soll das Ausmaß der Multidimensionalität eines wirklichkeitsrelevanten Systems sowie der ihr entsprechenden Vielgestaltigkeit der Vernunft vor Augen geführt werden. Die Komplexität dieses Phänomens ergibt sich nach dem soeben Gesagten daraus, daß nicht nur die fundamentalen Diskursformen – theoretische, praktische und axiologische Dimension bzw. Rationalität (Vernunfttyp) – von Hause aus untereinander interferieren, und dies je nach Paradigma in spezifischer Art und Weise, sondern zusätzlich die Paradigmen, die durch ihre Verknüpfungen und Verbindungen abermals auf die Ebene der Diskursformen und ihrer Interferenzen zurückwirken und dadurch noch einmal neue Möglichkeiten von Interferenzen erzeugen.

Metaphysik und Komplexität

Bleibt die Frage: Ist es angesichts dieser Komplexität möglich, in der Intention, eine Theorie über die Wirklichkeit in ihrer Gesamtheit zu erstellen (wissenschaftliche Aussagen über die Wirklichkeit im Ganzen zu machen), die verschiedenen Systemkonstellationen und Systemdimensionen so untereinander zu ergänzen und zu verbinden, daß ein weitreichend kohärentes ‚Bild' der Wirklichkeit bzw. die Möglichkeit einer Gesamtsystematisierung der Wirklichkeit entsteht, aufgrund dessen bzw. aufgrund deren wiederum Metaphysik durchgeführt werden könnte? Angesichts dieses ‚Bildes' bzw. dieses ‚Gesamtsystems' wäre es selbstverständlich müßig zu diskutieren, ob dieses mit der Wirklichkeit in ihrer Gesamtheit deckungsgleich wäre oder nicht. Denn wirklich und wahr ist für die Vernunft allemal nur, was sich mittels ihrer Systematisierungsfähigkeit erschließen oder zumindest zu dieser in eine Beziehung setzen läßt. Kants „oberster Grundsatz aller synthetischen Urteile", wonach „die Bedingungen der *Möglichkeit der Erfahrung* überhaupt [...] zugleich die Bedingungen der *Möglichkeit der Gegenstände der Erfahrung*" sind (KrV B 197, A 158), behält auch im systemtheoretischen Zusammenhang seine Gültigkeit. Dies festzuhalten ist wichtig, da es auch – worauf noch zurückzukommen sein wird – das prinzipiell Nicht-Systematisierbare gibt, das sich freilich als *Nicht-Systematisierbares* nur *am Systematisierbaren* als Grenze desselben bzw. im Scheitern des Systematisierens kundtut. Doch unter Berücksichtigung dieser ‚Einschränkungen' noch einmal: Ist Metaphysik angesichts der Komplexität der wirklichkeitsrelevanten Systeme bzw. der Vielgestaltigkeit der Vernunft möglich?

Zur Illustration der Vielgestaltigkeit der menschlichen Vernunft der Versuch eines Schemas (zu Seite 333)

→ Paradigmen ↓ Diskursformen	Metaphysik Wissenschaft	Religion	Kunst Literatur	Politische Ideologie	Allgemeine, undifferenzierte Weltanschauung
Theoretischer Diskurs	Wissenschaftliche Theorien (verständigungsorientiert)	Erzählung des Mythos Inhalt der Botschaft Bekenntnis	Kunsttheorie Poetik Künstlerische Ästhetik	Politisches Grundsatzprogramm Politische Vision	„Sich einen Reim auf die Dinge machen“
Praktischer Diskurs	Praktische, wissenschaftliche Disziplinen, Theorieanwendungen (erfolgsorientiert)	Religiöses Leben Nachfolge Spiritualität Gebet, Kult, Ritus	Poiesis Leben für die Kunst – Leben aus der Kunst	Gesellschaftliche Aktion Politik	„Sich sein Leben zurechtlegen“ Alltägliche / nichtalltägliche Lebensbewältigung
Axiologischer Diskurs	Philosophische Ethik Ästhetik Theorien des Glücks Philosophie der Sinnfrage	„Anweisungen zum seligen Leben“ Erlösungswissen Askese Religionskultur	Geschmacksurteil Kunst- und Literaturkritik	Wertediskussion Durchsetzung von Rechten	„Prioritäten setzen“ „Seinem Leben Sinn geben“

Mit diesem Schema, das in jedem Detail zu diskutieren wäre, wird keineswegs der Anspruch erhoben, das ganze Wesen der Vernunft erfaßt zu haben. Vielmehr geht es darum, vom Ausmaß der Vielgestaltigkeit der Vernunft eine Vorstellung zu vermitteln. Was in diesem Schema nicht zum Ausdruck kommt, jedoch mitbedacht gehört, ist die Interferenz der einzelnen Vernunftgestalten untereinander. Ebenfalls nicht zur Darstellung gelangt die historische, kulturelle, gesellschaftliche, psychische oder biographische Bedingheit jeder einzelnen Realisierung einer spezifischen Vernunftgestalt.

Die grundsätzliche Relativität jedes wirklichkeitsrelevanten Systems

Stellen die wirklichkeitsbewältigenden Systeme des Menschen auch tendenzielle Ausgriffe auf die Gesamtheit der Wirklichkeit dar, zielen sie mit andern Worten darauf ab, alles, was den Anspruch auf Wirklichkeit und Wahrheit erhebt, zu erfassen, so ist es ihnen doch *prinzipiell* nicht möglich, dieser ihrer Funktion nachzukommen und die Wirklichkeit im Ganzen letztlich zu erreichen. Warum verhält es sich so? Es gibt dafür wenigstens *vier* Gründe:

Keine Einheit der Vernunft

Erstens: Anknüpfend an das, was über die Multdimensionalität der Systeme bzw. über die dieser korrespondierenden Vielgestaltigkeit der Vernunft gesagt wurde, ist sogleich offensichtlich, daß es unmöglich ist, sämtliche Paradigmen und Diskurse so ineinander überzuführen, daß sich am Schluß ein einziges, alle Systematisierungsformen integrierendes und in sich aufhebendes Gesamtsystem herausbildete, welches eine einheitliche Bewältigung der Wirklichkeit gestatten und damit die Wirklichkeit in ihrer Gesamtheit, sofern sie überhaupt der menschlichen Vernunft zugänglich ist, darstellen würde. Schon die alltägliche Erfahrung lehrt, daß Theorie und Praxis niemals ineinander aufgehen. Um wie viel mehr gilt es erst, wenn die Paradigmen mit berücksichtigt werden, welche die theoretischen, praktischen und axiologischen Diskurse jeweils unterschiedlich gestalten. Und um wie viel noch einmal mehr gilt dasselbe, wenn die prinzipielle Nicht-Reduzierbarkeit der einzelnen Paradigmen aufeinander bedacht wird. Die Tatsache, daß zwischen den Diskursen und Paradigmen Verknüpfungen und Interferenzen bestehen, impliziert keineswegs, daß es auch eine integrierende Ganzheit oder Einheit derselben geben müsse. Im Gegenteil: Jeder Versuch, ein Paradigma zum alleinig gültigen zu erheben und in der Folge alle anderen Paradigmen auf dieses eine zurückzuführen, hat die Auslöschung dieser anderen Paradigmen zur sofortigen Folge.

Versuche dieser Art hat es in der Geschichte der Philosophie mehrere gegeben. So war u.a. Hegel der Ansicht, Paradigmen wie die Kunst und die Religion in die Philosophie als Wissenschaft aufheben zu können. Nicht von ungefähr prägte er den Satz vom Ende der Kunst. Und keineswegs zufällig wies ihm Kierkegaard nach, daß Religion in seinem System streng genommen nicht mehr vorkomme. Vergleichbare Beispiele lassen sich in der Geschichte der Religionskritik finden. Auch hier herrschte verbreitet die Ansicht, daß Religion kein eigenständiges Paradigma sei, sondern sich von anderen Paradigmen her interpretieren bzw. auf andere Paradigmen reduzieren lasse (z.B. auf Ideologie). Ein drittes Beispiel bieten alle Formen eines szientistischen Reduktionismus wie Evolutionismus, Biologismus, Psychologismus, Materialismus oder ‚Idealismus', die in der modernen Wissenschaftsgeschichte immer wieder vertreten wurden. Wie das Wort ‚Reduktionismus' schon sagt, wurde in jedem dieser Fälle die Gleichung aufgestellt, daß alles, was sich an der Wirklichkeit begreifen lasse, ‚nichts anderes sei als ...'. Reduktionismen gab und gibt es aber nicht allein philosophischer- und wissenschaftlicherseits. Der religiöse Fundamentalismus, der alles und jedes im Sinne einer Religion beurteilen will, hat alle heiligen Zeiten Konjunktur. Und selbst in der Kunst traten wiederholt Bemühungen auf, die gesamte Wirklichkeit zu ‚romantisieren' bzw. zu Kunst zu läutern.

Binnenpluralität

Das ‚Problem' der Vielgestaltigkeit der Vernunft begegnet der Metaphysik auch dann, wenn sie innerhalb der Grenzen ihres eigenen Paradigmas bleibt. Selbst hier stößt sie auf die Nicht-Reduzierbarkeit der Systemdimensionen bzw. der Diskursformen. So sehr alles ineinander greift, Theorie sich niemals völlig von der Praxis abgrenzen läßt, Praxis kaum ohne eine Verständigung über Werte erfolgen kann, Praxis selbst Erfahrung generiert, die in Theorie umsetzbar ist, Werte immer auch Gegenstand theoretischer Auseinandersetzungen und Herausforderungen an die ethische, künstlerische, technische, politische oder alltägliche Praxis sind, obwohl noch einmal all dies der Fall ist, stellt sich innerhalb der Vernunft kein übergeordneter Gesichtspunkt ein, der alles Divergierende in sich ‚aufheben' und ineinander überführend integrieren könnte.

Relativität

Zweitens: Zum Phänomen der Vielgestaltigkeit der Vernunft gesellt sich der Umstand, daß jede Äußerung von Vernunft – innerhalb eines Diskurses sowie im Rahmen eines Paradigmas –, d.h. jede Systematisierung, jedes System, durch *Standpunktbezogenheit* und *Perspektivität* charakterisiert ist. Der Grund dafür liegt darin, daß jede Wirklichkeitskonstituierung, in die der Mensch involviert ist, sprachlichen, existentiell-lebensgeschichtlichen, kulturell-weltgeschichtlichen, gesellschaftlichen usw. Bedingungen unterliegt. Das bedeutet: Alles, was als Wirklichkeit erscheint, trägt das Zeichen einer bestimmten Sprache, einer bestimmten Biographie, einer bestimmten Kultur, einer bestimmten Geschichte, einer bestimmten Gesellschaft, kurz: alles, was wirklich ist, ist dies nur in einer spezifischen Hinsicht, Perspektive und Konstellation. Es tut in diesem Zusammenhang wenig zur Sache, ob man die Wirklichkeitskonstituierung im menschlichen Subjekt verankert und alle Relativität derselben auf die menschliche Endlichkeit zurückführt oder ob man im Sinne des sogenannten postmodernen Neostrukturalismus an die Stelle des Menschen anonyme Systeme setzt, die weder überblickbar noch ‚steuerbar' sind, und von den zufälligen Kombinationen der Systemstrukturen her erklärt, daß es streng genommen nicht einmal ‚die' Geschichte, ‚die' Kultur, ‚die' Sprache usw. gibt, weil sich jedesmal nur eine spezifische Konkretion von Geschichte, Kultur, Sprache usw. einstellt.

Exkurs: Abgesehen vom eben Gesagten meine ich, daß die postmoderne These von der Abdankung des menschlichen Subjekts aus dem Zentrum der Wirklichkeitskonstitution, die wenigstens eine gewisse Zeit lang behauptet wurde – neben anderen hat sie der späte Michel Foucault im 3. Teil seiner „Histoire de la sexualité – Le souci de soi" (1984) teilweise wieder zurückgenommen –, nur partiell stimmt und eine strenge Alternative zwischen neuzeitlicher Anthropozentrik und postmoderner Systemtheorie nicht aufgestellt werden kann. (Vgl. F. Dosse, Geschichte des Strukturalismus ([1]1991), dt. S. Barmann, Hamburg 1996/7, Bd.II, 394ff.) Zwar halte ich es für erwiesen, daß die neuzeitliche Anthropozentrik weit überzogen war. Der Mensch ist in der Tat viel weniger Akteur alles dessen, was er sich zugetraut hat. Denken wir nur an die Geschichte oder an die Kultur. Selbst wenn man beachtet, daß es natürlich Menschen gibt, die in außerordentlichem Maße ‚Geschichte gemacht' oder ‚Kultur geprägt haben', muß man zugeben, daß sogar im besonderen Fall menschlicherseits allemal mehr mitgespielt, reagiert bzw. die Gunst einer Stunde oder die Konstellation von Verhältnissen genützt als schöpferisch gestaltet wird. Das heißt, daß die postmodernen Philosophen nicht bloß einem Lebensgefühl Ausdruck verleihen, das viele Menschen erfüllt, sondern etwas sachlich Richtiges ansprechen, wenn sie auf dem vom Menschen *weitgehend unabhängigen* und *ihm immer schon zuvorkommenden* Verlauf von Geschichte, Kultur, Gesellschaft, Sprache usw. insistieren. Dennoch geraten sie meines Erachtens, indem sie den Menschen zugunsten der sich selbst steuernden Systeme ‚entmachten', in ein neues Extrem, das in der Form, in der es vertreten wird, ebenfalls nicht stimmen kann. Denn ganz ohne den Menschen ist auch die Wirklichkeit von Systemen kaum erklärbar.

Systeme für sich alleine besitzen keine Realität. Sie gewinnen diese erst, wenn sie angewandt und vollzogen werden. Wer aber wendet sie an, akzeptiert ihre Regeln oder vollzieht sie? Dafür kommt – wie bewußt oder unbewußt immer dies geschehen mag – ausschließlich der Mensch in seiner Individualität in Frage. (Vgl. dazu M. Frank, Die Unhintergehbarkeit von Individualität, Frankfurt 1986, bes. 116ff.) Gesteht man dies zu, hat man sich zusätzlich zu überlegen, wie und in welchem Ausmaß die Systeme im Menschen sozusagen Fuß fassen. Dazu wird man sicherlich sagen müssen, daß sie den Menschen in all seinen Dimensionen bestimmen und daß dies sowohl über das Unbewußte als auch über das Bewußtsein erfolgt. Man wird aber nicht behaupten können, daß sie sich des Menschen in *jeder* Hinsicht bemächtigen. Es erweist sich nämlich, daß das *Selbstbewußtsein* als jene Erkenntnis, die dem Menschen wesentlich ist, zumindest in seiner primären Erscheinung nicht aus dem Reflex von Systemfunktionen erklärt werden kann. Im Selbstbewußtsein ist der Mensch vielmehr in einer *unableitbar ursprünglichen* Weise mit sich vertraut. Auf jeden Fall hier, wo es der Mensch mit sich selbst zu tun hat, besitzt er *in prinzipieller Hinsicht* eine Selbständigkeit gegenüber den Systemen. (Vgl. D. Henrich, Selbstbewußtsein. Kritische Einleitung in eine Theorie, in: R. Bubner u.a. (Hg.), Hermeneutik und Dialektik, Bd.1, Tübingen 1970, 257-284; M. Frank, Die Unhintergehbarkeit ... 26-

115) Als wir den Deutschen Idealismus behandelten, kamen wir auf diese bemerkenswerte Tatsache bereits zu sprechen. Wir dürfen es daher an dieser Stelle beim bloßen Hinweis belassen, gleichzeitig aber auch festhalten, daß nach dem soeben Gesagten die Konstitution der uns zugänglichen Wirklichkeit weder durch den Menschen alleine noch durch ein System alleine erfolgen kann, sondern vielmehr *aus dem Zusammenwirken von Menschen und System*. Von beiden Seiten *gemeinsam* geht also die Perspektivierung dessen aus, was uns als wirklich und wahr erscheint.

Erschließung – Verschließung

Drittens: Jedes System, das der Mensch seiner Wirklichkeitsbewältigung zugrundelegt, *erschließt und verschließt die Wirklicheit zugleich*. Wir können auch sagen: Jedes System repräsentiert im übertragenen Sinne eine ‚Wahl' zwischen vielen Möglichkeiten, die Wirklichkeit zu betrachten. Eine oder mehrere dieser Möglichkeiten kommt bzw. kommen in ihr zum Zug, während unübersehbar viele andere Möglichkeiten *gleichzeitig* zurückgestellt werden. Die ‚Wahl' zwischen den Möglichkeiten ist unumgänglich. Eine solche Wahl hat freilich nichts mit der gewöhnlich vorgestellten Wahl zwischen ‚besseren' und ‚schlechteren' oder gar zwischen ‚guten' und ‚bösen' Möglichkeiten zu tun. Die Möglichkeit, die zum Zuge kommt, muß keineswegs besser sein. Sie kann sogar schlechter sein oder gleich gut und gleich schlecht bzw. in dieser Hinsicht besser und in jener weniger gut bis eindeutig schlechter. Das steht hier nicht zur Debatte. Von Interesse ist lediglich, daß uns jedes System die Wirklichkeit *in einem* zugänglich und unzugänglich macht. Und dies ist unvermeidlich, folglich auch nicht zu irgendeinem Zeitpunkt behebbar.

Wir können uns dies veranschaulichen, wenn wir an andere Weltanschauungen denken, die sich von der unseren wesentlich unterscheiden. Verhalten wir uns diesen gegenüber nicht abwehrend oder herablassend, sondern offen und tolerant, so machen wir die Erfahrung, daß den Menschen anderer Weltanschauungen vielleicht manches abgeht bzw. verschlossen bleibt, was unserer Weltanschauung zugänglich ist, daß ihnen dafür aber anderes, nicht weniger Wertvolles und Wesentliches, vertrauter ist als uns und daß sie folglich vieles besitzen, was uns abgeht. Das trifft für die Weltanschauungen früherer Zeiten nicht weniger zu als für die anderen Weltanschauungen, denen wir heute begegnen.

Kein moderner Philosoph hat dies so nachhaltig betont wie Martin Heidegger. Er versteht Wahrheit im Sinne des frühen griechischen Denkens als ἀ-λήθεια, d.h. als Un-Verborgenheit. Dadurch gehört für ihn zur Un-Verborgenheit eine Verborgenheit, zur Wahrheit eine Un-Wahrheit, zum Ent-bergen ein Ver-bergen: „Das Wesen der Wahrheit, d.h. der Unverborgenheit, wird von einer Verweigerung durchwaltet. Dieses Verweigern ist jedoch kein Mangel und Fehler, als sei die Wahrheit eitel Unverborgenheit, die sich alles Verborgenen entledigt hat. [...] Die Wahrheit ist in ihrem Wesen Un-wahrheit. So sei es gesagt, um in einer vielleicht befremdlichen Schärfe anzuzeigen, daß zur Unverborgenheit als Lichtung das Verweigern in der Weise des Verbergens gehört. Der Satz: Das Wesen der Wahrheit ist die Un-wahrheit, soll dagegen nicht sagen, die Wahrheit sei im Grunde Falschheit. Ebensowenig meint der Satz, die Wahrheit sei niemals sie selbst, sondern sei, dialektisch vorgestellt, immer auch ihr Gegenteil. / Die Wahrheit west gerade als sie selbst, sofern das verbergende Verweigern als Versagen erst aller Lichtung die ständige Herkunft [...] zumißt. Mit dem verbergenden Verweigern soll im Wesen der Wahrheit jenes Gegenwendige genannt sein, das im Wesen der Wahrheit zwischen Lichtung und Verbergung besteht. Es ist das Gegeneinander des ursprünglichen Streites." (Vom Ursprung des Kunstwerkes [1935], in: Holzwege, GA V [1977] 41f.; vgl. Das Wesen der Wahrheit [1931/32], GA XXXIV [1988] bes. 117ff.)

Nicht-Systematisierbares

Viertens: Der Systematisierung der Wirklichkeit in ihrer Gesamtheit sind nicht zuletzt dadurch Grenzen gesetzt, *daß es das prinzipiell Nicht-Systematisierbare gibt*. Grundsätzlich Nicht-Systematisierbares scheint mir das zu sein, was Thema der Theodizee ist: das Leiden und das Böse. Beides wäre nicht mehr das, was es ist, wenn es sich systematisieren ließe. Denn daß Leiden nicht begriffen, nicht mitgeteilt, nicht bewältigt und nicht akzeptiert werden kann, ist nicht nur eine Begleiterscheinung des Leidens, sondern gerade das, was Leiden erst zum wirklichen Leiden macht. Ebenso bildet das Rätsel des Bösen, seine Widernatürlichkeit, seine Irrationalität, seine Selbstdestruktivität, nicht nur ein Anhängsel oder ein Akzidens, sondern gerade das Wesen desselben. In beiderlei Hinsicht hat die Diskussion um die sogenannte Holocaust-Literatur sensibel gemacht. Durch sie wurde deutlich, daß das ‚malum' im weitesten Sinne (als Übel, das sowohl Leiden als auch Böses meint) niemals nur das irregeleitete Derivat einer Ordnung bzw. der bloße Mangel eines letztlich intakten Systems ist. Das ‚malum' erweist sich vielmehr als die *prinzipielle Verweigerung* und als die *unbedingte Destruktion* jeglichen Systems. (Vgl. u.a. R. McAffee-Brown, Elie Wiesel – Zeuge für die Menschheit [1983/89], Freiburg 1990, 30-60; J.E. Young, Beschreiben des Holocaust – Darstellung und Folgen der Interpretation, Frankfurt 1992)

Exkurs: Hier stellt sich sogleich ein neues Problem: Wir behaupten, daß das, was für uns wirklich bzw. wahr ist, von der jeweiligen Systematisierung abhängt, die wir unserer Begegnung mit der Wirklichkeit zugrundelegen. Folgt daraus nicht, daß das prinzipiell Nicht-Systematisierbare dann eigentlich nicht wirklich ist? Derartiges kann aber doch nicht angenommen werden, denn erfahren wir nicht gerade das Leiden und das Böse als etwas unmißverständlich Wirkliches? Man entkommt diesem Problem nicht, wenn man sagt: Erkennen und damit als wirklich wahrnehmen können wir das Leiden und das Böse wohl, bewältigen (im weitesten Sinne) können wir es hingegen nicht. Diese Meinung übersieht nämlich, daß schon das bloße Erkennen ein Systematisierungsvorgang und deshalb hinsichtlich der Wirklichkeit ein

Bewältigungsversuch ist. Deshalb muß das Problem anders gelöst werden. Meines Erachtens ist zu bedenken, daß das Systematisieren der Wirklichkeit allemal einen Bezug zum Nicht-Systematisierten und in der Folge zum Nicht-Systematisierbaren hat. Das mag nach allem, was wir bisher gesagt haben, paradox erscheinen. Es erklärt sich aber, wenn man folgendes bedenkt:

Das Systematisieren geschieht *an der Wirklichkeit*. Es erfolgt nicht für sich allein bzw. so, daß gleichsam zuerst ein System für sich entstünde und danach die Wirklichkeit in dieses System quasi hineingelassen würde. Nein, *das System bildet sich in der Auseinandersetzung mit der Wirklichkeit*. (Richard Schaeffler spricht in diesem Zusammenhang sogar von „Dialog". Vgl. Erfahrung als Dialog mit der Wirklichkeit, Freiburg-München 1995.) Wäre dem nicht so, ließe sich ein System niemals verifizieren oder falsifizieren, differenzieren oder erweitern. Denn woran sollte all dies geschehen, wenn nicht eben an der Wirklichkeit? Ebenso wäre es widersinnig, vom System als *tendenziellem* Ausgriff auf die Wirklichkeit zu sprechen. Ginge die Wirklichkeit nicht jedesmal über das *hinaus*, worauf sich das System integrativ anlegt, bzw. wäre die Wirklichkeit mit dem System einfach identisch, dann hätte es keinen Sinn von irgendeiner *Tendenz* zu sprechen. Wohin sollte auch *tendiert* werden? Schließlich enthält jedes System als bloße Möglichkeit sein Nicht-Möglichsein, wir können auch sagen: seine Negation in sich. (Vgl. N. Luhmann, Sinn als Grundbegriff der Soziologie, in: J. Habermas/N. Luhmann, Theorie der Gesellschaft oder Sozialtechnologie, Frankfurt 1971, 25-100, bes. 35ff.) Das bedeutet jedoch, daß zum System der Bezug zu anderen Systemen gehört, die die Wirklichkeit an seiner Stelle möglicherweise genauso strukturieren könnten. Heißt dies wiederum nicht: Die Wirklichkeit besitzt gegenüber jeglicher Systematisierung eine grundsätzliche *Unabhängigkeit und Überlegenheit*?

Wir werden auf diesen Zusammenhang, hinter dem sich das *Grundparadox der menschlichen Erkenntnis* verbirgt, noch einmal zurückkommen. An dieser Stelle genügt es, festzuhalten, daß die Wirklichkeit zwar grundsätzlich in der Form erscheint, in der sie systematisiert wird, daß die Wirklichkeit zugleich aber auch nicht in ihren Systematisierungen aufgeht und dies sogar ein wesentliches Moment bei der Konstituierung von Systemen bildet. Dadurch erweist es sich als möglich, daß es *im Bezug auf die Systeme* das prinzipiell Nicht-Systematisierbare *als Wirkliches* gibt. ‚Im Bezug auf die Systeme' muß natürlich betont werden, weil die Grenze zwischen Systematisierbarem und Nicht-Systematisierbarem nirgends sonst als an einem System festzustellen ist. Dem darf noch hinzugefügt werden, daß nach dem soeben Gesagten die Grenze zwischen ‚systematisierbar' und ‚nicht-systematisierbar' nicht als starr und unverrückbar anzusehen ist. Würden die Systeme als starr und unverrückbar angesehen, widerspräche dies dem Umstand, daß sie *tendenziellen* Charakter haben und *Möglichkeiten der Negation ihrer selbst* in sich tragen. Nicht zuletzt hinsichtlich der Theodizee-Fragen ist dies von Bedeutung, denn damit ist nicht ausgeschlossen, daß auch die Bewältigungsmöglichkeiten des Leidens und

> des Bösen erweitert werden können. Keine Religion, keine Kunst, keine Literatur, keine Weltanschauung und keine Philosophie könnte Wege zeigen, mit dem ‚malum' in irgendeiner Form zu leben, wenn sich nicht darauf setzen ließe.

Nach diesen vier Gründen bestätigt sich der bereits öfters zitierte Satz, mit dem Kant 1781 seine „Kritik der reinen Vernunft" begann: Fazit

> „Die menschliche Vernunft hat das besondere Schicksal in einer Gattung ihrer Erkenntnisse: daß sie durch Fragen belästigt wird, die sie nicht abweisen kann, denn sie sind ihr durch die Natur der Vernunft selbst aufgegeben, die sie aber auch nicht beantworten kann, denn sie übersteigen alles Vermögen der menschlichen Vernunft." (A VII)

Im Vokabular des bisher Gesagten: Die metaphysischen Fragen stellen sich in der konkreten menschlichen Existenz sowie innerhalb der Wissenschaften unvermeidlich. Die Vernunft befindet sich jedoch in der „Verlegenheit", wie Kant sagt, mit diesen Fragen aus sich selbst heraus nicht fertigzuwerden. Metaphysik ist so gesehen nicht möglich. Auch wenn man es mit Kant als einen Gewinn betrachtet, in *kritischer* Hinsicht darüber Klarheit gewonnen zu haben, was man nicht weiß bzw. nicht wissen kann, so ist dieses Ergebnis angesichts des klassischen und neuzeitlichen Ideals von Metaphysik dennoch negativ. Bleibt folgende Überlegung anzustellen: Wenn die metaphysischen Fragen unabweisbar sind, Fakten des menschlichen Vernunftvollzuges bilden, so ist trotz des nunmehr erzielten Ergebnisses zu vermuten, daß sie der Mensch in irgendeiner Weise löst. Es ist nämlich nicht anzunehmen, daß er sie völlig unbeantwortet läßt bzw. in ihrer Unbeantwortbarkeit aushält. Dazu hängt von ihnen zu viel ab. Stellt sich also die Frage: Gibt es am Ende auch eine philosophische, d.h. wissenschaftlich gerechtfertigte Form, in welcher der Mensch mit der Lösung von Fragen umgeht, die zwar prinzipiell nicht beantwortet werden können, die aber doch in irgendeiner Weise beantwortet werden müssen, weil sie existentiell und wissenschaftlich von so großer Bedeutung sind? Eine derartige philosophische Umgangsform wäre eine Metaphysik, die möglich ist und sich erkenntniskritisch rechtfertigen ließe. Fragen wir uns, ob und wie es sie geben kann.

Pars positiva – Die bedingte Möglichkeit von Metaphysik

Metaphysische Hypothesen und Postulate

Definitionen und Erläuterungen

Unterscheidungen

Wenn es nicht möglich ist, die Wirklichkeit in ihrer Gesamtheit so zu systematisieren, daß über sie treffende und begründbare Aussagen oder Theorien gemacht werden können, wenn sich mit anderen Worten kein sicheres Wissen über die Wirklichkeit im Ganzen gewinnen läßt, dann bleibt nur der Weg von *Annahmen*. Damit diese Annahmen wissenschaftlichen Charakter erhalten, müssen sie sich von bloßen Fiktionen, beliebigen Wunschvorstellungen oder reinen Vermutungen unterscheiden. Dies erreichen sie dadurch, daß sie *begründet* und folglich *diskursfähig* bzw. *beurteilbar* sind. Unter den begründeten und beurteilbaren Annahmen kommen wiederum vor allem zwei in Frage: zum einen *Hypothesen*, zum anderen *Postulate*. Hypothesen und Postulate differieren voneinander im *Grad* ihrer Begründetheit. Während Hypothesen *sich nahelegende* Annahmen sind, mit denen man bereits Bekanntes erklären kann, bilden Postulate bezogen auf bestimmte Prämissen, die man mit mehr oder weniger großer Gewißheit ansetzt, derart *zwingende* Annahmen, daß ihre Nicht-Annahme die Prämissen als absurd und sinnlos erscheinen ließe.

Kopernikus und Kant

Zur Erläuterung dieses Unterschiedes zwei Beispiele aus der Geschichte der Wissenschaft: Als Kopernikus (1473–1543) den Versuch unternahm, nicht mehr die Erde, sondern die Sonne als Mittelpunkt des ihm bekannten Kosmos anzunehmen, tat er es, weil er mit Hilfe dieser Annahme etliche Beobachtungen, welche die Astronomie seiner Zeit angestellt hatte, besser als mit dem geozentrischen Modell erklären konnte bzw. weil er durch die Annahme des heliozentrischen Modells imstande war, zahlreiche Schwierigkeiten zu lösen, die durch das traditionelle geozentrische nicht mehr zu beheben waren. Er stellte mit anderen Worten eine Hypothese auf, die nicht beweisbar war, die sich aber aus den beiden genannten Gründen nahelegte. Als Kant Ende des 18. Jahrhundert das Wesen der menschlichen Vernunft seiner „Kritik" unterwarf, stieß er im Bereich der praktischen Vernunft, d.h. im Bereich der Ethik, auf Postulate. Diese ergaben sich für ihn daraus, daß das sittliche Handeln des Menschen auf der Stelle sinnlos und absurd wäre, wenn mit ihm nicht zwingende Annahmen, eben Postulate, verbunden würden. Widersetzte sich z.B. die Natur dem sittlichen Handeln des Menschen von Hause aus, so könnte sittliches Handeln nicht nur nicht gefordert werden, es wäre schon an sich selbst ein sinnloses Unternehmen. Wie könnte sittlich geboten sein, was prinzipiell gegen die Natur ist? Folglich muß nach Kant eine prinzipielle Entsprechung von ethischem Gesetz und Naturgesetz gefordert – postuliert – werden, auch wenn sich eine solche Entsprechung erst in einem Leben nach dem Tod offenbaren und realisieren sollte. Ähnliches behauptete er hinsichtlich des Daseins Gottes. Auch dieses ist zwingend zu postulieren, wenn das sittliche Handeln, welches sich aus der Freiheit als notwendiger Folge des ethischen Gesetzes ergibt, einen Sinn haben soll. Kant war es denn auch, der den Unterschied zwischen Hypothese und Postulat philosophisch auf den Punkt brachte, indem er definierte:

> „Wenn nun entweder, daß etwas sei, oder geschehen solle, ungezweifelt gewiß, aber doch nur bedingt ist: so kann doch entweder eine gewisse bestimmte Bedingung dazu schlechthin notwendig sein, oder sie kann nur als beliebig und zufällig vorausgesetzt werden. Im ersteren Falle wird die Bedingung postuliert (per thesin), im zweiten supponiert (per hypothesin). Da es praktische Gesetze gibt, die schlechthin notwendig sind (die moralische[n]), so muß, wenn diese irgendein Dasein [Gottes bzw. eines Zustandes, in dem Natur- und Freiheitsgesetz sich bruchlos ergänzen], als die Bedingung der Möglichkeit ihrer *verbindenden* Kraft, notwendig voraussetzen, dieses Dasein *postuliert* werden, darum, weil das Bedingte, von welchem der Schluß auf diese bestimmte Bedingung geht, selbst a priori als schlechterdingsnotwendig erkannt wird.“ (KrV B 661f., A 633f.)

Einschränkungen

Nach diesem Zitat ist ein Postulat eine notwendige, die Hypothese hingegen eine beliebige Annahme. Beides muß meines Erachtens abgeschwächt werden. Zum einen nämlich sind philosophisch-wissenschaftliche Hypothesen keineswegs „beliebig und zufällig“. Zwar hätte Kopernikus sich ebenso ein anderes Modell als das heliozentrische ausdenken können. Aus der Tradition wären ihm andere Alternativen zur Geozentrik zur Verfügung gestanden. Hätte er unser heutiges Wissen besessen, hätte er auch ein Universum mit zahllosen Sonnensystemen annehmen können. Dennoch war seine Hypothese weder beliebig noch zufällig. Mit ihrer Hilfe erklärte sich bereits Bekanntes. *Bezogen auf dieses* war sie begründet und beurteilbar. Ebenso sind Postulate nicht „schlechthin notwendig“. Dieser Charakter eignet ihnen *nur bezogen auf die Prämissen*, deren Sinnhaftigkeit sie garantieren. Würde diese Einschränkung wegfallen, entstünde sogleich ein logischer Widerspruch: Aus etwas Nicht-Notwendigem leitete sich etwas schlechthin Notwendiges ab. Postulate besitzen daher sehr wohl die Eigenschaft, hinsichtlich bestimmter Prämissen zwingend notwendig zu sein, sofern aber keine Notwendigkeit der Prämissen gegeben ist, ist ihre Notwendigkeit eine *relative* Notwendigkeit.

Wert von Annahmen

Metaphysik als Wissenschaft tritt in Gestalt von Hypothesen und von Postulaten auf. Das scheint auf den ersten Blick etwas Geringfügiges, ja

Bedeutungsloses zu sein. Dem ist jedoch mehreres entgegenzuhalten: *Zum ersten* war sich auch die klassische und neuzeitliche Metaphysik ihres hypothetischen Vorgehens bewußt. Gewiß rechnete sie gleichzeitig mit der Möglichkeit, ihre hypothetischen Annahmen in sichere Erkenntnisse verwandeln zu können. Aber immerhin: Daß Metaphysik zunächst einmal mit Annahmen beginnen müsse, die sich einer Verifikation zu unterziehen hätten, galt auch vielen ihrer Vertreter als sicher.

Ich erinnere in diesem Zusammenhang nur an das Verhältnis zwischen ὑπόθετον und ἀνυπόθετον und dessen Reflex in der dialektischen Methode (ἀφαίρεσις – διαίρεσις) bei Platon (vgl. Pol. 510b-c), an Hegels Plan, seine „Phänomenologie des Geistes" als Weg der Erfahrung des Bewußtseins durch die „Logik" des absoluten Begriffs rückwirkend bestätigen zu lassen (vgl. die „Vorrede zur ersten Ausgabe" der „Logik" von 1812), an Schellings Versuch, die „negative Philosophie" der begrifflichen Vernunft durch eine „positive Philosophie" der erfahrungsdurchdrungenen Vernunft abzulösen (vgl. u.a. die „Philosophie der Offenbarung" von 1842/43, in: Werke Erg. Bd.6, München 1954), sowie an Heideggers Vorstellung, den Weg, der zur Freilegung des Verständnisses von Sein führt, nach der Freilegung dieses Verständnisses wieder zum Ausgangspunkt zurückzuverfolgen (vgl. SZ 51,575f.).

Zum zweiten gestattet das Aufstellen von wissenschaftlichen Hypothesen und Postulaten begründete und somit rational ausweisbare Vermutungen über Wirklichkeits-Zusammenhänge, die uns nicht zugänglich sind. Man darf auch sagen: Sie erfüllen ein Bedürfnis nach Antwort auf Fragen, die sich unabweisbar einstellen. *Zum dritten:* Hypothesen und Postulate lassen sich *in ihrer Wahrscheinlichkeit* stärken. Dies geschieht zum einen dadurch, daß sie einem ständigen *Verifikations- bzw. Falsifikationsprozeß* ausgesetzt werden, und zum anderen dadurch, daß sie Eingang in eine *vernünftige Kommunikation* finden. Neben der Stärkung ihrer Wahrscheinlichkeit kann Hand in Hand eine *Differenzierung* und *inhaltliche Bereicherung* dessen einhergehen, was sie enthalten. Damit hängt *zum vierten* eng zusammen, daß Hypothesen und Postulate einen besonderen *heuristischen* Wert haben. Wenn auch sie selbst keine Erkenntnisse sind, so können doch im Hinblick auf sie Erkenntnisse gewonnen, Handlungen gesetzt und Werte bzw. Unwerte empfunden werden, zu denen es unter anderen Vorzeichen nicht kommen würde. Beispielsweise ist unter der Annahme des jüdisch-christlichen Gottes vieles entdeckt worden, was sich die Philosophie im Laufe ihrer Geschichte zu eigen gemacht hat. Ich erwähne nur die Erkenntnis von der Endlichkeit der Welt, die Entdeckung einer alle Menschen verbindenden Weltgeschichte sowie das Verständnis des Menschen als Person. Ähnliche Auswirkungen ließen sich im Bereich der Ethik und der Ästhetik nachweisen. Heuristische Annahmen haben somit eine *stiftende* Funktion: Sie stiften Erkenntnis, eröffnen neue Handlungsmöglichkeiten und verändern Wertvorstellungen.

Zwei Beispiele

Im folgenden sei sowohl ein Beispiel für ein metaphysisches Postulat als auch ein Beispiel für eine metaphysische Hypothese gegeben.

Ordnung der Wirklichkeit

Ein meines Erachtens zwingendes metaphysisches, d.h. ein sich auf die Wirklichkeit in ihrer Gesamtheit beziehendes Postulat scheint mir die Annahme zu sein, daß die Wirklichkeit an sich selbst und in ihrer Gesamtheit geordnet oder systematisiert ist, bzw. daß sie so viel an Ordnung oder System enthält, daß sie in eine Ordnung gebracht oder systematisiert werden kann. Würde dies nicht angenommen, hätte alles menschliche Systematisieren der Wirklichkeit keinerlei Sinn. Es wäre kein Systematisieren mehr, sondern ein blindes Herumtappen, das nicht einmal die Chance hätte, irgendwann und irgendwo auf eine verläßliche Regelmäßigkeit von Wirklichkeitsverhältnissen zu stoßen. Es wäre in sich ein absurder Akt. So kann es aber nicht sein, denn der Mensch bewältigt die Wirklichkeit im Rahmen seiner Möglichkeiten und Grenzen passabel. Er greift erfolgreich in sie ein. Dabei weiß er auch, warum ihm dies gelingt. Er kennt viele Ordnungszusammenhänge der Wirklichkeit. Und er lernt diese immer besser kennen. Es gibt, wie immer man das im Einzelfall bewerten mag, einen nicht zu leugnenden Fortschritt des Wissens. Die Umsetzung dieses Wissens in die Praxis bestätigt dies. Selbst dort, wo der Mensch unheilvoll in die Wirklichkeit eingreift, läßt sich in der Regel, über kurz oder lang, sagen, warum dem so ist. Ganz offensichtlich geschieht dies alles nicht an der Wirklichkeit vorbei. Denn in hohem Ausmaß kann sich der Mensch darauf verlassen, daß er den Herausforderungen der Wirklichkeit gerecht wird, wenn er sich nach bestimmten, aufgrund von Erfahrung und gezieltem Wissenserwerb eruierten Regeln verhält. In anderen Worten: Was Kant bezüglich des sittlichen Handelns festgestellt hat, daß es sinnlos würde, wenn nicht bestimmte Postulate damit verbunden wären, gilt in entsprechender Weise hier: *Keine* Form einer menschlichen Systematisierung der Wirklichkeit wäre letztlich etwas wert, wenn nicht vorausgesetzt würde, daß diesem Systematisieren in der Wirklichkeit etwas entspricht, d.h. daß es an der Wirklichkeit selbst etwas gibt, das zumindest die Disposition zu einem System enthält und in *diesem* Sinne ein System ist.

Transformationskonstante

Für dieses Postulat spricht noch ein weiterer Umstand: Systeme stehen nicht statisch und klar abgegrenzt nebeneinander. Sie lassen sich vergleichen, gehen ineinander über, setzen sich gegenseitig ab, interferieren, transformieren sich usw. All dies wäre nicht möglich, wenn es nicht auch einen gemeinsamen Faktor gäbe, hinsichtlich dessen verglichen, transformiert, abgesondert usw. würde. Wie es in der Physik bei der Transformierung von äquivalenten Bezugssystemen einer konstanten Größe bedarf (z.B. der Lichtgeschwindigkeit in den Gleichungen der Lorentz-Transformation), so läßt sich auch das Neben-, Gegen- und Zueinander der Systeme nur unter der Voraussetzung einer ‚Konstante' begreifen, die allen Systemen in all ihrer Unterschiedlichkeit gemeinsam ist. Diese jedoch kann meines Erachtens nur in der zwingenden Annahme, d.h. in dem Postulat liegen, daß es in der Wirklichkeit selbst ein System gibt, auf das hin bzw. bezüglich dessen die Systeme verglichen, transformiert, unterschieden usw. werden.

Präzisierungen

Um nicht mißverstanden zu werden, müssen zwei Dinge präzisiert werden: *Zum einen* ist mit der Setzung dieses Postulates keineswegs der Anspruch verbunden, daß damit die angenommene Ordnung der Wirklichkeit auch schon vollständig erkannt oder gar beherrscht würde. Die Setzung des Postulates geschieht vielmehr im Bewußtsein, daß an die Ordnung der Wirklichkeit prinzipiell nur eine *Annäherung* möglich ist. Trotzdem wird – ausgehend von den Prämissen, daß der Mensch wissend und (im Rahmen des Möglichen) erfolgreich in die Wirklichkeit eingreift – postuliert, daß es eine Ordnung (ein System) der Wirklichkeit gibt. *Zum anderen* sagt die Postulierung einer solchen Ordnung nichts über das aus, was man landläufig unter dem ‚Sinn des Lebens' versteht. Ein solches Mißverständnis könnte sich nahelegen, wenn es heißt, daß die menschliche Wirklichkeitsbewältigung ohne die Setzung des Postulates auf der Stelle sinnlos oder absurd wird. Über den Sinn des Lebens wird damit jedoch nichts entschieden, denn es ist nicht auszuschließen, daß hinsichtlich der Frage nach dem Sinn des Lebens die Ordnung der Wirklichkeit ihrerseits ein Inbegriff an Sinnlosigkeit ist. Ordnung allein impliziert noch nicht Sinn. Auch Sinnloses kann Ordnung und System haben.

In der Geschichte der Philosophie und Wissenschaft haben sich (neben anderen) vor allem Immanuel Kant und Albert Einstein zum genannten Postulat geäußert. Kant spricht darüber dort, wo er eine einheitliche Gesetzgebung der Wirklichkeit annehmen muß, die sowohl Freiheits- als auch Naturgesetz in sich vereinigt: „Ob nun zwar eine unübersehbare Kluft zwischen dem Gebiete des Naturbegriffs, als dem Sinnlichen, und dem Gebiete des Freiheitsbegriffs, als dem Übersinnlichen, befestigt ist, so daß von dem ersteren zum anderen [...] kein Übergang möglich ist, gleich als ob es so viel verschiedene Welten wären, deren erste auf die zweite keinen Einfluß haben kann: so *soll* doch diese auf jene einen Einfluß haben, nämlich der Freiheitsbegriff soll den durch seine Gesetze aufgegebenen Zweck in der Sinnenwelt wirklich machen; und die Natur muß folglich auch so gedacht werden können, daß die Gesetzmäßigkeit ihrer Form wenigstens zur Möglichkeit der in ihr zu bewirkenden Zwecke nach Freiheitsgesetzen zusammenstimme. – Also muß es doch einen Grund der *Einheit* des Übersinnlichen, welches der Natur zum Grunde liegt, mit dem, was der Freiheitsbegriff praktisch enthält, geben, wovon der Begriff [...] den Übergang von der Denkungsart nach den Prinzipien der einen, zu der nach Prinzipien der anderen, möglich macht." (KdU B XX, A XIXf.) Einstein kommt auf das Postulat 1940 in einem Aufsatz, der das Verhältnis von „Naturwissenschaft und Religion“ untersucht, zu sprechen. Das, was er dort „Glauben“ bzw. „Religion“ nennt, entspricht nach meiner Interpretation dem, was wir hier als metaphysisches Postulat bezeichnen. Die zentrale These dieses Textes lautet: „Die Wissenschaft kann [...] nur von denen aufgebaut werden, die durch und durch von dem Streben nach Wahrheit und Erkenntnis erfüllt sind. Die Quelle dieser Gesinnung entspringt [...] auf religiösem Gebiet. Hierher gehört auch der Glaube an die Möglichkeit, daß die Welt der Erscheinungen nach Gesetzen der Vernunft gelenkt wird und daß diese Welt mit dem Verstand zu erfassen ist. Ohne diesen Glauben kann ich mir einen echten Wissenschaftler nicht vorstellen. Ein Bild mag dieses Verhältnis veranschaulichen: Naturwissenschaft ohne Religion ist lahm, Religion ohne Naturwissenschaft ist blind.“ (Zitat aus: H.P. Dürr [Hg.], Physik und Transzendenz, Bern-München-Wien ^{6}1992, 71-78, hier 75)

Philosophische Theologie

Als ein Beispiel für eine metaphysische Hypothese nenne ich die philosophische Annahme der Existenz Gottes. Das mag Menschen, die religiös sind und aus der Überzeugung heraus leben, daß es Gott gibt, blasphemisch erscheinen. Ich spreche hier jedoch nicht von Religion, die ein eigenständiges und nach spezifischen Gesetzmäßigkeiten gestaltetes Paradigma menschlicher Vernunft ist, sondern von Philosophie bzw. von Metaphysik, die sich von den anderen Paradigmen der Vernunft dadurch unterscheidet, daß sie wissenschaftlich diskutierbare Theorien über die Wirklichkeit im Ganzen erstellt. Im Rahmen des Paradigmas ‚Philosophie/Metaphysik‘ kann aufgrund dessen, was wir nach langer philosophischer und wissenschaftlicher Auseinandersetzung über die Möglichkeiten und Grenzen der menschlichen Erkenntnisfähigkeit wissen, nicht mehr gesagt werden, daß sich die Existenz Gottes beweisen lasse und damit die Wirklichkeit Gottes außer Zweifel stehe. Gott vermag daher innerhalb der Philosophie nur hypothetisch angenommen zu werden. Im Hinblick darauf, was oben über den Wert von Postulaten und Hypothesen gesagt wurde, daß sie nämlich begründete Annahmen sind, daß sich ihre Wahrscheinlichkeit stärken läßt, daß ihre Inhalte differenzierungsfähig sind und daß sie für den menschlichen Umgang mit der Wirklichkeit eine erhebliche heuristische Funktion besitzen, ist dies nicht wenig.

Aber warum ist die Annahme der Existenz Gottes in der Philosophie ‚bloß‘ eine Hypothese und kein Postulat? Der Grund dafür liegt darin, daß die Annahme der Existenz Gottes im Unterschied zur Annahme eines Postulates, das bezogen auf bestimmte Prämissen notwendig ist, Alternativen gegenübersteht, die sich als begründete Hypothesen ebenso vertreten lassen. So sind bereits die Möglichkeiten dessen, was philosophisch unter Gott vorgestellt werden kann, zahlreich. Erwähnt sei lediglich die große abendländische Alternative zwischen Pantheismus und Theismus. Die Wirklichkeit läßt sich aber auch mit einer kaum zu leugnenden Plausibilität dualistisch oder atheistisch erklären. Ersteres hat nicht nur der alte Manichäismus vertreten, der in der abendländisch-europäischen Kulturgeschichte – trotz oder gerade wegen der Autorität von Augustinus – wesentlich einflußreicher war, als man verbreitet meint. In jüngerer Vergangenheit hat erneut der rumänisch-französische Essayist Émile Michel Cioran (1911–1995; vgl. Über das reaktionäre Denken [1957/70], Frankfurt 1980, 26-37; Die verfehlte Schöpfung [1969], Frankfurt 1979, 7ff.) darauf hingewiesen, daß die Erklärung der Welt aus dem Kampf zwischen einem guten und einem bösen Prinzip nicht weniger überzeugend sei als die Erklärung aus einer einzigen guten Ursache. Darf angesichts des unermeßlichen Leidens aller Kreaturen, das durch die Natur genauso erzeugt wird wie durch menschliche Bosheit, aber nicht auch der Atheismus ein Recht für sich reklamieren? Dringt in die uns zugängliche Wirklichkeit, die – um mit Thomas Bernhard zu sprechen – in nicht geringem Maße eine Leidens- und Todeswirklichkeit ist, nicht ebenso viel Plausibität ein, wenn Gott nicht angenommen wird?

Begründetheit

Die Gründe für die Annahme einer Existenz Gottes sind in der langen Tradition der natürlichen oder philosophischen Theologie häufig und ausführlich erörtert worden. Die wichtigsten unter ihnen sind bis zum heutigen Tage dieselben geblieben und bilden bis in die Gegenwart herein den Inhalt der sogenannten Gottesbeweise. Ich erwähne beispielshaft nur das Argument, daß es zur Erklärung der Faktizität der uns zugänglichen Wirklichkeit einer ersten Ursache bedarf, die nicht der endlichen Wirklichkeit angehört, das Argument, daß sich die Natur in ihrer Vielgestaltigkeit und Großartigkeit nur verstehen läßt, wenn es eine Intelligenz gibt, die dies alles ausgedacht hat, das Argument, daß zu allem Sein auch so etwas wie eine Ziel- und Zweckhaftigkeit gehört, was wiederum eine Ursache erfordert, die diese Ziele gesetzt hat, sie in ebenso sinnhaften Zusammenhang bringt und schließlich sogar sich selbst zum letzten Ziel der gesamten Wirklichkeit macht, sowie das Argument, daß der Wesensvollzug des Menschen in all seinen Dimensionen nur dann begriffen werden kann, wenn er sich in einem ewigen Du erfüllt. Diese Argumente sollen hier nicht als falsch hingestellt werden. Meines Erachtens sind sie durchaus tauglich, die Annahme der Existenz Gottes und die daraus folgende Interpretation der Wirklichkeit zu stützen. Es muß aber bewußt bleiben, daß das, was sie rechtfertigen können, nicht die Existenz Gottes als solche ist, sondern *die Annahme* der Existenz Gottes. Diese Annahme jedoch hat – im zuvor definierten Sinn – einen hypothetischen Stellenwert.

Auf die Gottesfrage soll noch einmal am Ende dieser systematischen Ausführungen, in einem anderen Kontext, eingegangen werden. Was soeben besprochen wurde, bezog sich ja ausschließlich auf die wissenschaftliche Theoriefähigkeit von philosophisch-theologischen Aussagen. Noch nicht einmal berührt wurde die Frage, ob es Erfahrungen gibt, die man in der Tradition ‚mystische' oder ‚transzendentale' Erfahrungen genannt hat, jedenfalls Erfahrungen, die sich sowohl hinsichtlich ihres Inhaltes als auch hinsichtlich ihrer Struktur von Erfahrungen bekannter und üblicher Art unterscheiden. Von ihnen her gesehen könnte sich der philosophische Diskurs über Gott anders als in der soeben skizzierten Form gestalten. Doch darüber sei abschließend bei der Erörterung einer Quaestio disputata eigens nachgedacht.

Wissenschaftliche Verifikation und Falsifikation

Schwierigkeit

Metaphysische Hypothesen und Postulate erheben den Anspruch, sich in ihren Aussagen auf die Wirklichkeit in ihrer Gesamtheit zu beziehen. ‚Wirklichkeit in ihrer Gesamtheit' heißt jedoch: Entsprechend der immensen Komplexität ein System in seiner Multidimensionalität, wobei diese Multidimensionalität sowohl durch Systemdimensionen als auch durch Systemkonstellationen konstituiert ist. Schon allein daraus ergibt sich, daß die Überprüfung von metaphysischen Annahmen überaus schwierig, d.h. komplex und zeitaufwendig ist. Im Unterschied zu einzelwissenschaftlichen Theorien, die sich innerhalb ein und derselben Systemkonstellation, innerhalb ein und desselben Vernunftparadigmas, meist einem, zwei oder drei Systemdimensionen bzw. Diskursformen zuordnen lassen und dementsprechend (vergleichsweise) einfach und eindeutig verifiziert oder falsifiziert werden können, sind metaphysische Annahmen, sofern sie ihren Namen zu Recht tragen wollen, prinzipiell in allen Systemdimensionen und Systemkonstellationen zu bestätigen oder nicht zu bestätigen. Das stellt vor unübersehbar große und weitreichende Schwierigkeiten. Angesichts ihrer erhebt sich sogar die Frage, ob über metaphysische Theorien jemals definitiv entschieden werden kann. Selbst wenn man zugesteht, daß es im Laufe der Geschichte immer wieder eindeutige Widerlegungen metaphysischer Theorien gegeben hat, so muß man sich doch fragen, ob diese Widerlegungen wirklich umfassend waren, d.h. als bezüglich jedes Diskurses und jedes Paradigmas gültig betrachtet werden dürfen.

So wurde zweifellos die Physik des Aristoteles durch die Physik der Neuzeit widerlegt. Ähnliche Falsifikationen ergaben sich für die idealistisch-romantische Naturphilosophie sowie für die nachfolgenden Lebensphilosophien durch die Entdeckungen der Biologie, Chemie, Physik und anderer Naturwissenschaften. Nicht weniger eindrucksvoll ist die Überwindung der klassisch-metaphysischen Psychologie durch die moderne Psychologie und Psychoanalyse. Warum spielt Aristoteles aber immer noch eine so wichtige Rolle in der philosophischen Diskussion? Weshalb finden heute die Vorsokratiker so großes Interesse, daß eine Ausgabe ihrer Fragmente nach der anderen publiziert wird? Wieso wächst und wächst die Literatur über Platon? Aus welchem Grund hat die Erforschung der mittelalterlichen Philosophie so große Ausmaße angenommen? Warum gewinnen frühere Natur- und Lebensphilosophien oder alte Psychologien immer wieder an Einfluß?

Sicherlich nicht nur aus rein historischem Interesse. Ausschlaggebender dürfte sein, daß große Theorien der Metaphysik wohl in dieser oder jener Hinsicht widerlegt wurden, in anderer Hinsicht aber entweder konsistent geblieben sind oder wenigstens Anregungen zur Möglichkeiten des Denkens geboten haben und nach wie vor bieten.

Kriterien für Überprüfung

Daraus gleich abzuleiten, daß metaphysische Systeme letztlich überhaupt nicht diskutierbar oder überprüfbar seien und ausschließlich vom Privatempfinden des einzelnen Philosophen abhingen, halte ich jedoch nicht für gerechtfertigt. Selbst dann, wenn man ins Treffen führt, daß sich solche Systeme oft so stark autonomisieren, ja – sofern sie auch noch die Kriterien für ihre Überprüfbarkeit selbst mitbringen – in gewisser Weise sogar nach außen immunisieren und tendenziell totalisieren, so daß sie wie Paradigmen nur noch als ganze – in toto – akzeptiert oder abgelehnt werden können, unterliegen sie hinsichtlich ihres Anspruches auf Wissenschaftlichkeit doch zwei prinzipiellen Kriterien:

Bezug zu Wissenschaften

Erstens: Die Validität von metaphysischen Hypothesen und Postulaten hängt wesentlich von dem Maß ab, in dem sie sich zu gesicherten Ergebnissen der Einzelwissenschaften in Beziehung setzen lassen. Das leuchtet unmittelbar ein, entstehen doch sowohl metaphysische Hypothesen als auch metaphysische Postulate im Bezug auf solche Erkenntnisse. Nur mit Rücksicht auf diese sind sie begründete Annahmen über Wirklichkeitszusammenhänge, die nicht wirklich erkannt werden können. Da nun aber die einzelwissenschaftlichen Erkenntnisse einem permanenten Wandel unterliegen, bewahren metaphysische Annahmen ihre Begründetheit in diesen Erkenntnissen nur dann, wenn sie ihren Bezug zu denselben auch dem Wandel derselben kontinuierlich aussetzen. Tun sie dies nicht, schließen sie sich mit der Zeit in sich selbst ein und verlieren dadurch ihre wissenschaftliche Berechtigung. Metaphysik erweist sich damit nicht als eine statische, sondern als eine veränderliche, dynamische Wissenschaft.

Rechtfertigung vor Erkenntniskritik

Zweitens: Metaphysische Hypothesen und Postulate unterliegen nicht weniger als alle Erkenntnisse der Philosophie und Wissenschaft den Kriterien der Erkenntniskritik. Die begründeten Vermutungen, die sie anstellen, bleiben allemal Produkte der menschlichen Vernunft. Die Grenzen, die für diese gelten, gelten daher auch für sie. Mehr noch: Gerade weil sie Hypothesen und Postulate sind und nichts anderes als Annahmen sein wollen, machen sie die Grenzen der Vernunft namhafter und sichtbarer als alle Erkenntnisse derselben. Sie heben die „transzendentale Deduktion“ keineswegs auf, sie setzen sie vielmehr unbedingt voraus. Hält sich nun eine Metaphysik nicht an die Kriterien, die durch die transzendentale Deduktion eruiert werden, verwechselt sie Annahme mit Erkenntnis und Wissen oder entledigt sie sich des Bezuges zu den wissenschaftlichen Erkenntnissen, dann ist sie als wissenschaftlich fragwürdig zu betrachten. Sie vermag in diesem Falle die Ansprüche, die sie mit ihren Aussagen erhebt, nicht mehr zu legitimieren, läßt sich folglich auch argumentativ nicht mehr vertreten.

> Davon ausgehend würde ich sagen, daß z.B. die idealistische Philosophie eindeutig widerlegt ist. Diese Philosophie verknüpfte ihre Erkenntnisansprüche mit der Überzeugung, im Besitze eines absoluten Wissens zu sein. Nach allen Einsichten der philosophisch-wissenschaftlichen Erkenntnistheorie gibt es aber für den Menschen kein solches Wissen. Folglich können die Theorien des Idealismus auch nicht akzeptiert werden. Ähnliches scheint mir gegenüber den Willens- oder Lebensphilosophien Schopenhauers und Nietzsches gesagt werden zu müssen. Was sie über den blinden Drang nach Leben bzw. über den Willen zur Macht als Grundprinzipien der Wirklichkeit behaupten, läßt sich erkenntniskritisch nicht rechtfertigen. Ihre Theorien gehen weit über das hinaus, was sich mit Bezug auf gesicherte Erkenntnisse legitimerweise eruieren läßt. Die Erkenntniskritik, wie sie seit Kant von Philosophie und Wissenschaften gleichermaßen erarbeitet wurde, macht nach meiner Auffassung nicht zuletzt die Methode der Phänomenologie fragwürdig. Diese basiert wesentlich auf der Überzeugung, daß der Mensch zu evidenten bzw. intuitiven Wesensschauungen fähig sei, die auch weitgehend von so relativierenden Faktoren wie Geschichte, Gesellschaft, Kultur und dergleichen unabhängig sind. Wo jedoch lassen sich innerhalb der menschlichen Vernunft solche ausgezeichneten Erkenntnisse aufzeigen? Ist dies nicht möglich, dürfen sie auch nicht wissenschaftlich in Anspruch genommen werden. Daran ändert nichts, daß ein Philosoph wie Heidegger bis zuletzt an der phänomenologischen Methode festgehalten hat, wenn er sie in den späteren Werken auch anders genannt und umschrieben hat. Im Gegenteil, gerade Heideggers Philosophie veranschaulicht, wohin Phänomenologie führen kann, wenn sie sich nicht erkenntniskritisch rechtfertigt: im bloßen Behaupten bzw. in der bloßen Berufung auf Einsichten oder Erfahrungen, die sich wissenschaftlich nicht nur nicht nachvollziehen, sondern in ihren Ansprüchen auch nicht legitimieren lassen.

Verallgemeinerung durch Kommunikation

Notwendigkeit der Kommunikation

Dadurch daß metaphysische Hypothesen und Postulate wissenschaftlich diskursfähig werden, indem sie sich an einzelwissenschaftlichen Erkenntnissen bewähren und hinsichtlich der Kriterien der Erkenntniskritik rechtfertigen lassen, erfahren sie von Hause aus bereits eine Verallgemeinerung. Sie partizipieren dadurch in mehr oder weniger großem Ausmaß an jener Intersubjektivität, zu der die Wissenschaften fähig sind. Metaphysik erfordert neben dieser Form der Verallgemeinerung aber noch eine andere. Man versteht dies leicht, wenn man sich noch einmal daran erinnert, daß metaphysische Aussagen für die Wirklichkeit in ihrer Gesamtheit gelten wollen, folglich auch im Rahmen von Diskursen und Paradigmen Gültigkeit beanspruchen, die nicht wissenschaftlich im engeren Sinne sind. Umgekehrt stellen metaphysische

Theorien nicht selten das Resultat einer Verbindung von mehreren Diskursen und Paradigmen dar. Erinnern wir uns an die metaphysische Gottes-Hypothese. Jede Darstellung ihrer Geschichte klärt darüber auf, daß in sie keineswegs nur philosophische Einsichten eingegangen sind, sondern ebenso religiöse Erfahrungen und kulturelle Konventionen. Soll es nun zu einer Bewährung und damit Verallgemeinerung von metaphysischen Theorien auch in Bereichen wie Religion, Kultur, Politik, Kunst usw. kommen, so genügen reine Anknüpfungen an die Einzelwissenschaften oder Rechtfertigungen vor der Erkenntniskritik nicht mehr. Sie müssen vielmehr in eine zwischenmenschliche *Kommunikation* eingebettet werden, die fähig ist, allen Erkenntnis- und Erfahrungsarten Raum zu geben, zu denen die Vernunft in ihrer Vielgestaltigkeit gelangen kann. Nur im Austausch solcher Erkenntnisse und Erfahrungen können metaphysische Theorien auch in dieser weitreichenden Hinsicht geprüft und differenziert werden. Es liegt auf der Hand, daß sie dabei auch anderen Kriterien sowie anderen Methoden der Validierung unterliegen als in der Wissenschaft. Diese Kriterien resultieren aus den unterschiedlichen Paradigmen oder werden erst im Vollzug des kommunikativen Austausches gefunden bzw. festgelegt.

„Überwindung" von Relativität

In diesem Zusammenhang kommt ein zusätzlicher Aspekt zum Tragen, der zwar auch in der Wissenschaft eine nicht zu unterschätzende Rolle spielt, der sich jedoch in ihr nicht so unmittelbar und deutlich auswirkt. Gemeint ist die bereits angesprochene Standpunktbezogenheit und Relativität aller menschlichen Systematisierungsversuche. Jeder von diesen, nicht nur die metaphysischen, ist sprachlich, biographisch, kulturell, gesellschaftlich, allgemeingeschichtlich usw. bestimmt. Das gilt auch dann, wenn sich die Systematisierungsversuche, wie u.a. in der Metaphysik, auf die Wirklichkeit in ihrer Gesamtheit beziehen. Sind nun bei der Validierung metaphysischer Theorien selbst jene Erkenntnisse und Erfahrungen gefragt, die durch nicht-wissenschaftliche Vernunfttypen konstituiert werden, so spielen die genannten relativierenden Faktoren auf der Stelle eine entscheidende Rolle. Abermals bietet sich nichts anderes als die Kommunikation an, diesem Umstand nicht nur Rechnung zu tragen, sondern auch Brücken zwischen den unterschiedlichen Standpunkten zu schlagen. Was letzteres anbelangt, überwindet die Kommunikation selbstverständlich nicht die Relativität als solche, denn auch ein möglicherweise erreichter Konsens zwischen verschiedenen Standpunkten ist bedingt und folglich relativ. Trotzdem zeichnet sich kein anderer Weg zu einer Vermittlung von Standpunkten und damit gleichzeitig zu einer Verallgemeinerung von Ansichten ab als jener über die Kommunikation.

Kein nicht-relativer Standpunkt

Bestreiten könnte dies nur, wer sich im Besitze eines privilegierten Zuganges zur Wahrheit fühlte. Wie sollte ein solcher Zugang aber aussehen? Er müßte aus einer Erfahrung oder einer Erkenntnis bestehen, die aus einem nicht-relativen Kontakt zur Wirklichkeit hervorgeht. Dazu bedürfte er jedoch auch der *Bedingung der Möglichkeit* eines solchen Kontakts. Da eine solche innerhalb der menschlichen Vernunft bislang nicht eruiert werden konnte, bleibt bis zum Beweis des Gegenteils bestehen, daß sich Verallgemeinerungen von Ansichten bzw. begrenzte, ihrerseits relativierte ‚Überwindungen' von Relativität nur in der Kommunikation durchführen lassen.

Auch die klassische Theorie von der Abstraktion bedeutet dazu keine Alternative. Zum einen kann in unterschiedlichster Form abstrahiert werden, was in sich schon Relativität anzeigt. Zum andern ist selbst bei einer einheitlich angenommenen Abstraktion keine Garantie hinsichtlich des Ergebnisses derselben gewährleistet. Aufgrund des unvermeidlich relativen Ausgangspunktes wäre auch wieder das Ergebnis relativ. Drittens fußt die klassische Vorstellung von Abstraktion wesentlich auf der Voraussetzung, daß der Mensch die Wirklichkeit nicht konstituiere, sondern empfange, und daß er darüber hinaus von dem, was er mittels der Abstraktion aus der Vielfalt der Wirklichkeit herauslöse, immer schon angesprochen und angeleitet sei. Dies ist jedoch eine Voraussetzung, die wir weder im Rahmen des Ansatzes dieser systematischen Überlegungen noch im Anschluß an unsere Auseinandersetzung mit der Geschichte der Metaphysik teilen können.

Möglichkeiten der Sprache

Ein weiterer Einwand könnte aus der Ansicht kommen, daß die Kommunikation in ihren Möglichkeiten hier weit überschätzt wird. Stehen uns die Grenzen derselben nicht allzu deutlich vor Augen? Hat nicht – um nur einen philosophischen Konflikt in dieser Problematik anzusprechen – Jean François Lyotard gegenüber Jürgen Habermas zu Recht gegenüber allem *Konsens* die Bedeutung des *Dissenses* eingemahnt? Wissen wir nicht, daß es das schlechthin Nicht-Mitteilbare bzw. das absolut Nicht-Übersetzbare gibt? Sprechen wir nicht verschiedene Sprachen, die sich nach Kenntnis aller Sprachwissenschaft nicht bloß in Vokabular, Grammatik und Schrift, sondern bereits in ihrer Struktur so fundamental unterscheiden, daß sie nicht einmal dasselbe ausdrücken können? Mir steht es fern, dies bestreiten zu wollen. Ich meine jedoch, daß gerade die Fähigkeit ‚der' Sprache zur *Übersetzung* oder *Transformation* der einen Sprache in eine andere *beachtlich und unerhört weitreichend* ist. Das bestätigt die gesamte Kulturgeschichte der Menschheit. Man kann nicht behaupten, daß diese aus einer einzigen Abfolge von Mißverständnissen bestanden habe, obwohl natürlich nicht geleugnet sei, daß es *auch* viele Mißverständnisse gegeben hat. Ebenso wird man nicht sagen können, daß sich die heutige Kommunikation der verschiedenen Sprachen unserer Welt ausschließlich im Schein erschöpfe, obwohl es selbstverständlich richtig ist, daß *auch* viel Scheinverständnis herrscht. Gewiß wird die Übersetzung einer Sprache in eine andere nie so stringent erfolgen können wie die Transformation der Gesetzmäßigkeiten eines physikalischen Bezugssystems in ein anderes, aber die Möglichkeiten dazu reichen nach meiner Einschätzung doch so weit, daß ich in der sprachlichen Kommunikation *die ausschließliche Bedingung der begrenzten Möglichkeit jeder über die Wissenschaft hinausgehenden Verallgemeinerung* sehe.

Grundsätzliches Problem

Hier stellt sich nun aber ein erkenntnistheoretisches Problem, dessen Lösung nicht nur Rückwirkung auf alles bisher Gesagte hat, sondern auch zu den abschließenden Überlegungen dieses systematischen Teiles überleitet. Es besteht in folgendem: Wenn es stimmt, daß das, was für den Menschen wirklich ist, allemal durch ein oder mehrere Systeme konstituiert sein muß, kann es dann überhaupt gelingen, über ein System hinauszugelangen? Dies ist sowohl für die Kommunikation als auch für die Verifikation bzw. Falsifikation entscheidend. Bliebe nämlich alles innerhalb der Systeme, wie könnten diese dann an der Wirklichkeit bewährt oder nicht bewährt werden? Hätten die Systeme das einzige Sagen, käme mit anderen Worten kein Mensch über die ihn bedingenden Systeme hinaus, wie ließe sich dann eine Begegnung zwischen Menschen – d.h. Kommunikation im weitesten Sinne – überhaupt denken? Ein Konsens z.B. kann nur über ‚etwas' hergestellt werden, worüber Einigkeit besteht bzw. was von unterschiedlichen systembedingten Standpunkten aus gemeinsam als richtig oder akzeptabel erscheint. Damit es jedoch dazu kommt, bedarf es da nicht eines Standpunktes jenseits der Systeme? Muß es m.a.W. sowohl für die Möglichkeit von Kommunikation als auch für die Möglichkeit von Verifikation und Falsifikation nicht einen system-unabhängigen Zugang zur Wirklichkeit selbst geben? Mir scheint dieses Problem nur lösbar durch Annahme eines Grundparadoxes in der Struktur der menschlichen Erkenntnis.

Das Grundparadox der Erkenntnis

Paradox nichts Negatives

Für viele Wissenschaftler und Philosophen ist ein Paradox etwas Unerträgliches. Sie tun alles, um es aufzulösen und in einen einfachen Gedanken zu transformieren. Ihre Theorien stimmen für sie nicht, solange noch Paradoxales in ihnen vorkommt. Nun könnte es aber sein, daß sich ein Paradox nicht auflösen läßt, weil alle Versuche, solches zu tun, zu völlig unglaubwürdigen oder unwahrscheinlichen Konsequenzen führen würden. In diesem Fall halte ich es für sinnvoller, *das Paradox gar nicht auflösen zu wollen und einfach zu akzeptieren*. Hat man sich dazu einmal durchgerungen, stellt man fest, daß ein Paradox ebenso viel erklären und seinerseits an Problemen auflösen kann wie ein einfacher Gedanke oder ein einfaches Gesetz.

Mit einem solchen Paradox haben wir es bei der menschlichen Erkenntnis, ja beim gesamten Bezug, den der Mensch zur Wirklichkeit eingeht, zu tun. (Der Einfachheit halber spreche ich im folgenden nur von ‚Erkenntnis'.) Unsere Erkenntnis ist durch dieses Paradox sogar so fundamental bestimmt, daß man sie in ihrer spezifischen Struktur zerstören würde, wenn man es auflösen wollte. Insofern ist es nicht hintergehbar. Wir dürfen es daher das *Grundparadox* der Erkenntnis nennen. Worin besteht es nun aber?

Unauflösbarkeit

Es besteht kurz formuliert darin, daß der Mensch die Wirklichkeit immer in einem bestimmten System, wir können auch sagen: in einer bestimmten Perspektive, Abschattung oder Ordnung erfaßt, daß er deshalb aber nicht ein System bzw. eine Perspektive, Abschattung oder Ordnung für sich erfaßt, sondern *die Wirklichkeit* in einem System bzw. *die Wirklichkeit* in einer Perspektive, Abschattung oder Ordnung. Das bedeutet: Der Mensch hat in aller Relativität Objektivität, in aller Selbstbefangenheit Wirklichkeit, in aller Subjektivität Wahrheit. Zur Probe auf die Unauflösbarkeit bzw. Nicht-Hintergehbarkeit dieses Paradoxes versuchen wir seine Auflösung. Konkret würde sich dadurch folgende Alternative eröffnen: *Entweder* man behauptet, daß die menschliche Erkenntnis ohne Beeinflussung durch irgendein System (eine Perspektive, Abschattung usw.) zur Wirklichkeit einen direkten Zugang habe, der so etwas wie absolute Wahrheit erreichbar mache; *oder* man stellt die These auf, daß es einen system-freien Zugang zur Wirklichkeit gar nicht gebe und folglich die Wahrheit allemal relativ sei. Man sieht sogleich, daß *keine* der beiden Alternativen *für sich genommen* stimmen kann. Die *erste* Alternative widerspricht der wissenschaftlich erwiesenen und durch unmittelbare Erfahrung reichlich bestätigten Einsicht, daß die menschliche Erkenntnis allemal durch existentielle, sprachliche, geschichtliche, kulturelle, gesellschaftliche und andere Faktoren relativiert ist. Insofern gibt es für sie kein Bild der Wirklichkeit, das nicht von vornherein systematisiert wäre. Deshalb trifft aber nicht einfach die *zweite* Alternative zu. Es kann nämlich kein Zweifel darüber bestehen, daß menschliche Wirklichkeitssysteme verifiziert und falsifiziert werden, daß sie Erweiterungen und Ausdifferenzierungen erfordern und daß sie sich über die Kommunikation ineinander transformieren lassen. Woran oder woraufhin sollte all dies geschehen, wenn nicht an der Wirklichkeit selbst? Abgesehen davon entstehen Systeme nicht beliebig oder bloß für sich. Sie bilden sich vielmehr in der Auseinandersetzung mit der Wirklichkeit. Dabei geben sie sogar die Erfahrung frei, daß sie die Wirklichkeit im Ganzen nur tendenziell erfassen bzw. auf Abruf zugunsten anderer, der Wirklichkeit vielleicht besser entsprechenden Systeme gelten. Das setzt wiederum voraus, daß die Wirklichkeit den Systemen überlegen und von ihnen unabhängig ist. Daß die Erkenntnis dem offenkundig Rechnung trägt, bedeutet jedoch, daß es in irgendeiner Form so etwas wie einen system-freien Zugang zur Wirklichkeit geben muß.

Bestätigung im Selbstbewußtsein

Noch einmal: Dieses Paradox läßt sich meines Erachtens nicht auflösen. Es bleibt uns nur übrig, beides gemeinsam zu sagen, daß wir nämlich keine Erkenntnis der Wirklichkeit haben können, die ohne ein konstituierendes System erfolgt, daß wir zugleich aber nicht allein ein System haben, sondern die Wirklichkeit selbst in einem System. Einen zusätzlichen Beweis dafür scheint mir die Analyse der menschlichen Selbsterkenntnis, d.h. des Verhältnisses, das der Mensch zu sich selbst eingeht, zu bieten. Auch sich selbst gegenüber ist der Mensch Wirklichkeit. Um sie zu erfassen, bedarf er nicht weniger der Ordnungsprinzipien und Systeme als im Falle der nicht-menschlichen Umwelt. Auch auf sich muß er sich einen Reim machen, auch mit sich muß er umgehen lernen, auch sich selbst muß er irgendwie einschätzen. Das bedeutet dann: Der Mensch begegnet sich, indem er sich ein Bild von sich macht, eine Rolle spielt, eine Funktion übernimmt oder ganz einfach in den Spiegel schaut, den er sich vorhält. Woher stammen jedoch die Voraussetzungen, die ihm das ermöglichen? Wiederum aus den Systemen der Sprache, der Kultur, der Gesellschaft usw. Insofern besteht kein Zweifel darüber, daß der Mensch auch mit sich selbst nicht system-frei umgeht. Doch stimmt das in jeder Hinsicht? Keineswegs, denn daß der Mensch *sich* in einem bestimmten Bild wiedererkennt, daß er *sich* von einer Rolle distanziert, daß er *sich* in einer Funktion vorstellt oder daß er *sich* im Spiegel identifiziert, setzt voraus, daß er zu *sich selbst* ein ursprüngliches, system-unabhängiges Verhältnis hat. Das bedeutet umgekehrt wiederum nicht, daß es nun ein Leichtes wäre, ein system-unabhängiges Selbstbildnis zu erstellen. Denn dazu bedürfte es sogleich wieder der Hilfe der Systeme. Deshalb gilt auch hier: Der Mensch ist mit sich ursprünglich vertraut, hat mit sich selbst distanzlos und unvermittelt zu tun, begegnet aber dennoch und zugleich sich selbst immer nur in einem bestimmten Selbstverständnis (Bild, Funktion, Rolle, Spiegel). Womit wir wieder beim Grundparadox der menschlichen Erkenntnis wären, das sich nicht auflösen läßt.

Exkurs: In der Geschichte der Philosophie wurde und wird meines Erachtens immer wieder der Fehler gemacht, das Grundparadox auflösen zu wollen. Eklatant geschieht dies dort, wo auf der einen Seite der einfache Objektivismus oder Realismus auftritt und wo auf der anderen Seite der bloße Subjektivismus oder Skeptizismus herrscht. Beides halte ich im Sinne der zuvor diskutierten Alternative für nicht vertretbar. Ebenso problematisch scheint mir aber auch die weit verbreitete Tendenz der neuzeitlichen Erkenntniskritik zu sein, das Erkannte auf das Bild zu *reduzieren*, das sich der Mensch – in welcher Form auch immer – von der Wirklichkeit macht. Eine solche Reduktion findet nämlich nicht statt. Zwar mache ich mir ein Bild von der Wirklichkeit, was ich aber erkenne, ist nicht das Bild für sich, sondern *die Wirklichkeit* im Bild. Im Vokabular Kants: Was ich erkenne, ist nicht allein die „Erscheinung“, die ich vom „Ding an sich selbst“ habe, sondern *das Ding an sich selbst* in der Erscheinung. Oder noch einmal anders: Was ich erkenne, ist niemals die Perspektive, von der aus ich die Wirklichkeit betrachte, sondern *die Wirklichkeit* in dieser oder jener Perspektive. Schließlich das berühmte Beispiel Edmund Husserls (vgl. u.a. Logische Untersuchungen, Bd.II/2 [1901], Tübingen 1980, 41,56ff.,97ff.,148ff.): Einen Tisch vermag ich unter keinen Umständen von allen Seiten gleichzeitig zu betrachten. Ich sehe ihn einmal von vorne, einmal von oben, einmal von ferne, kurz: ich sehe ihn jedesmal in einer bestimmten „Abschattung". Sehe ich aber deshalb die Abschattung? Nie und nimmer. Ich sehe in jedem Fall *den Tisch* in einer bestimmten Abschattung. Gibt es somit nicht den „Blick von nirgendwo", den der amerikanische Philosoph Thomas Nagel in seinem gleichnamigen Buch „The View from Nowhere" (New York/Oxford 1986, dt. M. Gebauer, Frankfurt 1992) untersucht, so existiert dennoch *die Wirklichkeit* in jedem Blick, der sie trifft.

Vernunft nur Systematisierung?

Daß die Bedingung der Möglichkeit der Kommunikation sowie der Verifikation bzw. Falsifikation der Systeme im Grundparadox der menschlichen Erkenntnis liegt, treibt die philosophische Überlegung weiter. Es erhebt sich nämlich die Frage, ob die menschliche Vernunft in ihrer Vielgestaltigkeit hinreichend begriffen ist, wenn sie ausschließlich als Fähigkeit zur Systematisierung (im weitesten Sinne) begriffen wird. Denn hieß es soeben, daß es auch so etwas wie eine ‚Überprüfung' der Systeme gibt, die durch die Vernunft konstituiert werden, muß diese ‚Überprüfung' dann nicht systemunabhängig erfolgen? Ist deshalb in der Vernunft nicht auch eine Seite anzunehmen, die etwas anderes tut als zu systematisieren? Soll es, noch einmal anders, kein In-sich-Kreisen der Systeme ‚ad infinitum' geben, hat dem dann nicht innerhalb der Vernunft ebenfalls etwas zu entsprechen – so wie der Multidimensionalität die Vielgestaltigkeit? Diese Frage führt uns zu einer letzten Überlegung, die in Form einer ‚Quaestio disputata' dargelegt werden soll und den alleinigen Zweck hat, über eine weiter zu führende Debatte der Metaphysik zu informieren.

Quaestio disputata über die Wahr-Nehmung

Problem und Terminologie

Anlaß der Systematisierung?

Die zuletzt gestellte Frage, ob sich entsprechend dem dargelegten Grundparadox der menschlichen Erkenntnis innerhalb der Vernunft auch eine Seite findet, die nicht als Systematisierungsakt vorgestellt werden kann, sondern als eine ‚Wahrnehmung' der Wirklichkeit, die eine ‚Überprüfung' der Systeme bzw. Systematisierungen gestattet, diese Frage kann man auch so formulieren: Wieso kommt es überhaupt dazu, daß die Vernunft sich als Systematisierung vollzieht? Geschieht dies ausschließlich deshalb, weil sie nicht anders kann? Äußert sich darin ein nicht erklärbarer Automatismus? Generiert sich die Systematisierung sozusagen selbst und setzt sie sich bei dieser Gelegenheit auch gleich selbst ihr eigenes Maß? *Oder* bildet das Systematisieren der Vernunft bereits die Antwort auf eine Herausforderung der Wirklichkeit bzw. auf eine Chance, die ihr diese bietet? Ist das Systematisieren in diesem Sinne nicht ein Maß *nehmender* Akt, der sowohl seine Veranlassung als auch seine Folgerichtigkeit weniger aus sich selbst als aus seiner Begegnung mit der Wirklichkeit gewinnt? Faßt man das Systematisieren als ein Maßgeben auf, konstituiert sich dann Vernunft nicht als Maßgeben *im* Maßnehmen?

Autopoiesis

In der Philosophie wurde beides angenommen. Die Auffassung, daß sich die Systematisierung aus sich selbst heraus generiert, sozusagen ohne Anstoß von außen, und dabei auch ihr eigenes Maß setzt, vertrat der Deutsche Idealismus. Dieser konnte und mußte dies tun, weil er von einer einzigen absoluten Systematisierungsmöglichkeit ausging, die sich sowohl in der Vernunft als auch in der Wirklichkeit *autopoietisch*, d.h. sich selbst schaffend, realisiert. Insofern stellte sich für ihn das Problem, ob dem Systematisieren der Vernunft in der Wirklichkeit etwas korrespondiert, letztlich nicht. Das System jedoch, das sich in Vernunft und Wirklichkeit gleichermaßen hervorbringt, ist das System der absoluten Freiheit bzw. des absoluten Selbstbewußtseins und Geistes. (Siehe dazu oben das Kapitel über die Freiheitsphilosophie des Deutschen Idealismus.) Wo diese – nicht zuletzt pantheistische – Voraussetzung, die konsequenterweise ein absolutes Wissen der Philosophie impliziert, nicht gemacht werden kann, ist auch die Annahme einer *Autopoiesis* in dieser absoluten Form nicht möglich. Spricht man z.B. heute in der Natur- und Sozialwissenschaft bzw. in der Bewußtseinsphilosophie von ‚autopoietischen Systemen', so sind diese insofern nicht mehr streng ‚autopoietisch' konzipiert, als sie zugleich einen Bezug zu ihrer Umwelt inkludieren. (Vgl. dazu: N. Luhmann, Die Autopoiesis des Bewußtseins, in: Soziale Welt 36 [1985] 402-446, bes. 402ff.) Doch abgesehen von diesen modernen Vorstellungen: Daß die von der menschlichen Vernunft konstituierte Systematisierung der Wirklichkeit nicht einfach mit dem System zusammenfällt, das die Wirklichkeit an sich selbst ist, sondern sich mit diesem zu konfrontieren hat, ist die Auffassung der meisten Philosophen, die ein Bewußtsein um die Grenzen der menschlichen Erkenntnis hatten und haben. Sie stehen freilich vor dem Problem, einen Zugang der Vernunft zur Wirklichkeit annehmen zu müssen, der nicht ebenfalls systematisierender Natur ist, weil er im Sinne des zuvor Gesagten nicht mehr maßgebend, sondern maßnehmend ist. Da sich aufgrund des bisher Dargelegten die Position des Deutschen Idealismus meines Erachtens nicht rechtfertigen läßt – so interessant sie im Detail sein mag –, ergibt es sich von selbst, daß es im folgenden ausschließlich um dieses Problem gehen muß.

Neuer Begriff

Es ist schon terminologisch überaus schwierig, den maßnehmenden Akt der Vernunft zu bezeichnen. *Jedes* Wort, das man dafür heranzieht, ist entweder aufgrund seiner Geschichte oder aufgrund der Assoziationen, die es erweckt, problematisch. Ebenso problematisch erscheint es mir, ein völlig neues Wort zu erfinden, das letztlich weniger ein Wort als eine Aneinanderreihung von Zeichen wäre. Ich wähle daher eine Art Mittelweg, indem ich auf der einen Seite wohl ein altbekanntes, historisch eingeführtes Wort wähle, auf der anderen Seite aber durch eine andere Schreibweise darauf aufmerksam mache, daß das Wort im gegenwärtigen Zusammenhang etwas anderes bedeutet als in seiner alltäglichen und wissenschaftlichen Verwendung. In der Philosophie ist eine solche Vorgangsweise nicht ungewöhnlich. Ich erinnere nur an Heideggers Begriff des „Seyns" anstelle jenes des „Seins" oder an Derridas Begriff der „différance" anstelle jenes der „différence". So entscheide ich mich zur Bezeichnung für den an der Wirklichkeit selbst maßnehmenden Akt der Vernunft für das Wort ‚Wahrnehmung' sowie für die Schreibweise ‚Wahr-Nehmung'.

Wahr--Nehmung

Der Grund für diese Wahl liegt in folgendem: Nachdem – historisch betrachtet erst relativ spät – ‚Wahrnehmung' von der bloßen ‚Empfindung' bzw. reinen ‚Sinneserkenntnis' unterschieden wurde, betrachtete man sie immer mehr sowohl als *Basis* als auch als *Mitte* der gesamten menschlichen Erkenntnis. Was ihren basalen Charakter anbelangt, definiert Bernhard Waldenfels:

> „Gleichviel, wovon wir ausgehen, immer sehen wir uns auf irgendeine Weise zurückverwiesen auf die Wahrnehmung, darin zeigt sich ihr eigentümlicher Vorrang. Sie ist einmal der Urmodus der *sinnlichen Anschauung*; denn alle direkte Vergegenwärtigung in Erinnerung, Erwartung und Phantasie meint etwas, das gegenwärtig war, sein wird oder sein könnte und das nur in der Wahrnehmung leibhaftig selbstgegenwärtig ist; jede Ver-gegenwärtigung ist eine Modifikation der Wahrnehmung, die gegenwärtigt. Erst recht verweist die indirekte Vergegenwärtigung im Bild- und Zeichenbewußtsein auf die Selbstgegenwart des Abgebildeten und Bezeichneten, zudem ist sie als fundierte Bewußtseinsweise angewiesen auf ein Abbildendes und Bezeichnendes, das selbst mitwahrgenommen wird; die erkenntnistheoretische These, daß wir direkt nur Bilder und Zeichen gewahren, scheitert an dieser doppelten Abhängigkeit. Ferner bildet die Wahrnehmung das Fundament aller höheren theoretischen Akte; denn alles Begreifen und Urteilen sowie alles Bereden hat sein Begriffenes, Beurteiltes und Beredetes; das kann wiederum ein Begriff oder Urteil, ein Wort oder Satz sein, doch am Ende bleibt als der ‚reinlogisch geforderte Urgegenstand' (*Husserl* [...]) Individuelles, das *schlicht gegeben* ist, ohne vorausgehende theoretische Aktivität. Das gilt auch für die Prozesse der Idealisierung und Formalisierung. Schließlich ist die Wahrnehmung eine Wesenskomponente aller theoretischen Verhaltens- und Erlebnisweisen; denn auch das praktische Werk, das erstrebte Gut, die gefühlte Qualität und der begegnende Mitmensch haben einen Aspekt sachlicher Gegebenheit, der sich wahrnehmen läßt." (Handbuch philosophischer Grundbegriffe, München 1974, 1670f.)

Wahrnehmung ist aber auch Mitte der menschlichen Erkenntnis. Dies kann insofern gesagt werden, als mit Wahrnehmung sowohl ein hinnehmender als auch ein gleichursprünglich gestaltender, sowohl ein passiver als auch ein zugleich aktiver, sowohl ein gewinnender als auch ein gleichzeitig verarbeitender Akt bezeichnet wird. In der Vergegenwärtigung, die durch sie geschieht, erfolgt in eins die Deutung des Vergegenwärtigten ‚als etwas'. Nicht von ungefähr figuriert Wahrnehmung in der Erkenntnistheorie als der Ort, wo sinnliche Empfindung und interpretierender Verstand (noch) eine Einheit bilden. So besitzt die Wahrnehmung gemeinsam mit ihrer fundierenden eine vermittelnde Funktion.

Die Wahl des Wortes ‚Wahr-Nehmung' geschieht im Hinblick darauf. Wie die in der Erkenntnistheorie üblicherweise beschriebene Wahrnehmung wird auch die Wahr-Nehmung eine ebenso fundierende wie vermittelnde Funktion haben. *Fundierend* insofern, als davon ausgegangen werden wird, daß das Systematisieren (Maßgeben) der Vernunft kein reiner Selbstzweck ist, der allein für sich vonstatten ginge, sondern ein Maßnehmen an der Wirklichkeit voraussetzt; *vermittelnd* hingegen insofern, als es genau dieses Maßnehmen an der Wirklichkeit ist, welches die Vielgestaltigkeit der Vernunft provoziert und konstituiert. Dazu kommt, daß sich der soeben beschriebene Doppelcharakter der Wahrnehmung (hinnehmend – gestaltend, passiv – aktiv, gewinnend – verarbeitend, vergegenwärtigend – deutend) in das einfügt, was als das Grundparadox der Erkenntnis erläutert worden ist. Daß aber nun doch von ‚Wahr-Nehmung' und nicht einfach von Wahrnehmung die Rede ist, hat seinen Grund in der besonderen Eigentümlichkeit des Erkenntnisaktes, um den es jetzt geht. Dazu der nächste Abschnitt:

Charakteristika der Wahr-Nehmung

Transzendentaler Stellenwert

Was Wahr-Nehmung ist, zeigt sich am besten, wenn wir sie in den Zusammenhang dessen stellen, was wir mit ‚Überprüfung' bzw. mit ‚Verifikation' oder ‚Falsifikation' bezeichnet haben. Man denkt dabei unwillkürlich sowie aus Erfahrung an etwas sehr Konkretes. Überprüfungen geschehen von Fall zu Fall, von Situation zu Situation, von Mal zu Mal, und dies in höchst unterschiedlicher Weise. Letzteres ist dadurch bedingt, daß Überprüfungen normalerweise im Rahmen von spezifischen Diskursformen bzw. Rationalitätstypen erfolgen, die ihrerseits durch die Paradigmen spezifiziert sind, innerhalb derer sie zum Einsatz kommen, sowie durch die Interferenzen, die zwischen denselben auftreten. Das heißt aber, daß diese Überprüfungen *unter der Voraussetzung bereits erfolgter spezifischer Systematisierungen* stattfinden. Sie aktualisieren mit anderen Worten im Bezug auf solche Systematisierungen im einzelnen und konkreten Fall *eine grundsätzliche Möglichkeit, die mit der Systematisierung überhaupt gegeben sein muß.*

Selbstbewußtsein

Als Bedingung dieser Möglichkeiten betrachte ich die Wahr-Nehmung. Sie besitzt für mich daher einen *transzendentalen* Stellenwert. Was wiederum dies impliziert, möchte ich zunächst noch einmal am Phänomen des menschlichen Selbstbewußtseins erklären, zumal in meinen Augen auch dieses eine Form von Wahr-Nehmung darstellt. Dazu sei in Erinnerung gerufen, daß sich der Bezug, den der Mensch zu sich selbst unterhält, niemals auf das reduzieren läßt, was sowohl Tradition als auch moderne Philosophie häufig unter dem Modell der ,Reflexion' zusammengefaßt haben, sprich unter der Vorstellung von einer Selbstbespiegelung (,Re-flexion') des Bewußtseins. Wie immer nämlich der Mensch sich betrachtet, sich versteht, sich einen Spiegel vorhält, sich mit einer Rolle identifiziert, sich in einer Funktion sieht usw., allemal ist ein diesen Bewußtseinsakten *vorausgehender* Bezug des Menschen zu sich selbst anzunehmen, weil anders das Phänomen der Reflexion nicht zu begreifen wäre. Reflexion erzeugt mit anderen Worten niemals einen solchen Bezug, sondern nimmt ihn immer schon in Anspruch. Geht man jedoch davon aus, muß dieser Bezug – das Selbstbewußtsein – als ursprüngliches, durch nichts vermitteltes Vertrautsein des Menschen mit sich selbst aufgefaßt werden. Das bedeutet keineswegs, daß dadurch die Reflexion als überflüssig angesehen werden dürfte. Die Existenz des Menschen ist nicht vorstellbar, ohne daß dieser sich in einer bestimmten Weise betrachtet und versteht, sich gelegentlich einen Spiegel vorhält, sich mit einer Rolle identifiziert bzw. nicht identifiziert oder in einer Funktion sieht bzw. nicht sieht. Das alles wäre aber nicht möglich, wenn der Mensch nicht ein ursprüngliches Vertrautsein mit sich selbst besäße. Insofern ist dieses eine Bedingung der Möglichkeit jedes einzelnen und konkreten Reflexionsbezuges und stellt als solche eine *transzendentale* Größe dar. Das ursprüngliche Vertrautsein des Menschen mit sich selbst ist damit Wahr-Nehmung im hier verwendeten Sinn.

In-der-Weltsein

Übersehen wir nicht, daß der Mensch auch gegenüber sich selbst systematisierend vorgeht. Sich ein Bild von sich machen, sich einen Spiegel vorhalten, sich mit einer Rolle identifizieren, sich in einer Funktion sehen usw. ist letztlich alles Systematisierung. Setzen nun diese Systematisierungsvorgänge als Bedingung ihrer Möglichkeit eine Wahr-Nehmung voraus, so ist anzunehmen, daß dies prinzipiell für *jede* wirklichkeitsrelevante Systematisierung zutrifft, gleichgültig ob sie sich auf das Selbstverhältnis des Menschen bezieht oder auf das Verhältnis, welches dieser zur Wirklichkeit außerhalb seiner selbst einnimmt. Dasselbe läßt sich auch in Anschluß an das, was Heidegger bei seiner Analyse des „In-der-Welt-seins" festgehalten hat, aus folgendem begreifen: Bemühen wir uns um die ,Überprüfung' der Systeme an der Wirklichkeit, so wird der Bezug zur Wirklichkeit nicht etwa durch die Überprüfung hergestellt. Vielmehr muß diese einen solchen Bezug *immer schon* in Anspruch nehmen, weil sie sonst prinzipiell nicht möglich wäre. Es geht bei einer solchen ‚Überprüfung' genauso wenig darum, aus einem System oder mehreren Systemen in die Wirklichkeit ‚hinauszutreten' und quasi erst dadurch einen Wirklichkeitsbezug zu erzeugen bzw. zu konstituieren. ‚Hinaustreten' könnte ja nur, wer das ‚Draußen' bereits irgendwie kennen würde, in gewisser Hinsicht also schon ‚draußen' wäre. Anders gesagt: Ein solches ‚Hinaustreten' könnte nicht stattfinden, wenn es nicht *zuvor* bereits den Bezug zur Wirklichkeit immer schon geben würde. Dieser Bezug jedoch ist das, was hier als Wahr-Nehmung bezeichnet wird.

> Heidegger: „Im Sichrichten auf ... und Erfassen geht das Dasein [der Mensch] nicht etwa erst aus seiner Innensphäre hinaus, in die es zunächst verkapselt ist, sondern es ist seiner primären Seinsart nach immer schon ‚draußen' bei einem begegnenden Seienden der je schon entdeckten Welt. Und das bestimmende Sichaufhalten bei dem zu erkennenden Seienden ist nicht etwa ein Verlassen der inneren Sphäre, sondern auch in diesem ‚Draußen-sein' beim Gegenstand ist das Dasein im rechtverstandenen Sinne ‚drinnen', d.h. es selbst ist es als In-der-Welt-sein, das erkennt. Und wiederum, das Vernehmen des Erkannten ist nicht ein Zurückkehren des erfassenden Hinausgehens mit der gewonnenen Beute in das ‚Gehäuse' des Bewußtseins, sondern auch im Vernehmen, Bewahren und Behalten *bleibt* das erkennende Dasein *als Dasein draußen*." (SZ 83f.)

Aus dem eben Gesagten wird deutlich, daß die Wahr-Nehmung grundsätzlich anderen Charakter haben muß als jede Art von systematisierender Erkenntnis, die *dank ihrer* überhaupt erst möglich ist. Wie soll aber nun dieser andere Charakter genauer begriffen werden? Bis jetzt steht ja nur in Abgrenzung zu den systematisierenden Vernunftvollzügen fest: Die Wahr-Nehmung ist selbst *nicht* systematisierender Natur. Was ist sie aber dann? Wie steht es um ihre eigene Struktur? Was nimmt sie wahr? Besitzt sie spezifische ‚Inhalte', die selbstverständlich ebenfalls ganz anderer Natur sein müßten als jene Inhalte, die im Zuge der Systematisierungen zustandekommen? Was läßt sich positiv über die Wahr-Nehmung sagen?

Anweisung zur Differenzierung

Zwei Bestimmungen können durch schlußfolgernde Überlegungen eruiert werden: *Zunächst*: Die Wirklichkeit vermag in ihrer Komplexität nur durch multidimensionale Systeme erschlossen zu werden. Dem entspricht die Vernunft durch ihre Vielgestaltigkeit. Daraus folgt ein Doppeltes: Erstens: Die Wahr-Nehmung muß *eine Anweisung zur Differenzierung* enthalten. Richtiger formuliert: Sie bildet die Bedingung der Möglichkeit der Differenzierung. Zweitens: Aus eben diesem Grund darf die Wahr-Nehmung als *eine* angenommen werden. Sie diversifiziert sich nicht selbst von Vernunfttyp zu Vernunfttyp, sondern *erfordert* die Vielgestaltigkeit der Vernunft. Das impliziert keineswegs, daß die Wahr-Nehmung über einen integrierenden Gesamtblick – über einen „unus contuitus" – auf die Wirklichkeit verfügt. Die Anweisung dazu, daß derselben nur differenzierend entsprochen werden kann, zieht nicht notwendig nach sich, daß es zu diesem Zwecke einer einheitlichen Totaleinsicht in bzw. über die gesamte Wirklichkeit bedarf. Zutreffender ist die Annahme, daß der primäre ‚Inhalt' der Wahr-Nehmung die Differenz ist.

‚Wahrheit über die Wahrheit'

Sodann: Die Wahr-Nehmung bildet die Bedingung der Möglichkeit von ‚Überprüfung' bzw. von ‚Verifikation' und ‚Falsifikation'. Dank ihrer kann im Rahmen des Möglichen die Wahrheit oder Unwahrheit eines Vernunftsystems festgestellt werden. Ist aber die Wahr-Nehmung ihrerseits eine ‚Erkenntnis', unter Umständen mit spezifischem ‚Inhalt', so besitzt sie *ihre eigene Wahrheit*. Diese Wahrheit liegt auf einer anderen Ebene als die Wahrheit der Vernunftsysteme, wenngleich nicht ohne Beziehung zu diesen. Als Möglichkeitsbedingung derselben stellt sie *die Wahrheit über ihre Wahrheit* dar. Das will besagen: Was auf der Ebene der Vernunftsysteme wahr ist, erscheint noch einmal gemessen an dem, was für die Wahr-Nehmung wahr ist. Es ließe sich auch formulieren: Durch die Wahr-Nehmung wird erst deutlich, was die Wahrheit, die natürlicherweise in Anspruch genommen wird, bedeutet oder wert ist. Dies setzt eine zusätzliche Erkenntnis voraus, die erneut einer Wahrheit bedarf. Dadurch jedoch wird die Wahrheit der Wahr-Nehmung zur Wahrheit über die Wahrheit der Vernunftsysteme.

Weitere Bestimmungen lassen sich wesentlich schwieriger ausmachen. Offensichtlich gilt, daß das scheinbar Naheliegendste das faktisch Unbekannteste ist. Wer nimmt nicht selbstverständlich, d.h. unmittelbar und notwendig die Wahr-Nehmung in Anspruch – sei es jene, die den Selbstbezug ermöglicht, oder sei es jene, die den Bezug zur übrigen Wirklichkeit einräumt? Wer wüßte aber darüber Auskunft zu geben? Die Wahr-Nehmung gehört nicht einmal zu dem, was der erkenntniskritischen Betrachtung sogleich ins Auge springt, sondern zu dem, was durch diese allererst *freigelegt* werden muß. Der Grund hierfür liegt zweifellos darin, daß die Wahr-Nehmung wohl selbstverständlich zur Verfügung steht, sich jedoch bei der Reflexion der Erkenntnis auf sich selbst ‚hinter' den jeweils spezifischen, sich differenzierenden Formen der Vernunft, wie sie sich von Fall zu Fall realisieren, *verbirgt*. In der Sprache der Transzendental-Philosophie: Was primär offen liegt, ist nicht sie als *Bedingung* der durch sie eröffneten Möglichkeiten, sondern die dank ihrer *realisierten Möglichkeiten*.

Die Philosophie hat dennoch – oder gerade deshalb – versucht, sich sowohl über die Struktur als auch über den allfälligen ‚Inhalt' der Wahr-Nehmung Klarheit zu verschaffen, d.h. sie hat sich mit ihr sowohl *analysierend* (was ihre Struktur betrifft) als auch *interpretierend* (was ihren ‚Inhalt' anbelangt) befaßt. *Vier* ihrer Ansätze scheinen mir dabei von besonderem Interesse zu sein. Es sind dies die Selbstbewußtseinstheorie des Deutschen Idealismus (1), die Theorie der transzendentalen Erfahrung in der Phänomenologie sowie in der katholischen Transzendentalphilosophie (2), Heideggers Theorie des Seinsverständnisses (3) und die philosophische Mystik (4). Diesen vier Ansätzen möchte ich mich abschließend zuwenden, sie kurz präsentieren und im Sinne einer ‚Quaestio disputata' diskutieren, d.h. sie wohl aus meiner Sicht beurteilen, letztlich aber nicht zwischen ihnen entscheiden, sondern den Akzent auf der Präsentation belassen und hinsichtlich einer allfälligen Entscheidung auf eine weitere philosophische Auseinandersetzung setzen.

Vier Theorien der Wahr-Nehmung

(1) Wahr-Nehmung als Selbstbewußtsein

Charakteristika des Selbstbewußtseins

Für den Deutschen Idealismus ist die Wahr-Nehmung mit dem Selbstbewußtsein identisch. Wie im Kapitel über die Freiheitsphilosophie des Deutschen Idealismus dargelegt, hatte schon Kant das Selbstbewußtsein als eine transzendentale Größe erkannt und zumindest geahnt, daß es gegenüber allen Erkenntnisarten, die es ermöglicht, gänzlich anders strukturiert sein muß. Was letzteres anbelangt stellte jedoch (allen voran) erst Johann Gottlieb Fichte fest, daß es durch folgende Eigenschaften charakterisiert ist: Erstens: Es ist aus keiner anderen Erkenntnis ableitbar, sondern stellt eine *ursprüngliche* Erkenntnis ‚sui generis' dar. Zweitens: Da es nicht abgeleitet werden kann, sondern in allen Bezügen, die der Mensch mit sich selbst eingeht, immer schon vorausgesetzt werden muß, besitzt es wesentlich den Charakter der *Unmittelbarkeit*. Drittens: Das Selbstbewußtsein darf nicht mit dem verwechselt werden, was die Tradition darunter verstand, nämlich die *Selbstreflexion*, weil diese nur möglich ist, wenn sie bereits das Selbstbewußtsein in Anspruch nimmt. Viertens: Trotz aller Unmittelbarkeit, welche dem Selbstbewußtsein als *ursprünglichem Vertrautsein* des Menschen mit sich selbst eignet, ist es von Hause aus zugleich ein *aktives Prinzip*, eine Handlung, weil der Anstoß dazu, daß aus der Bedingung der Möglichkeit (welche das Selbstbewußtsein als transzendentale Größe ist) eine Wirklichkeit wird, nur aus dem Selbstbewußtsein selbst stammen kann. Anders wäre es nicht ursprünglich und wäre auf die Vermittlung durch eine andere Erkenntnis angewiesen, was wiederum seiner Unmittelbarkeit widersprechen würde.

Voraussetzung der Theorie

Die Deutschen Idealisten waren sich somit über die gegenüber allen sonstigen Bewußtseinsleistungen unterschiedliche Struktur der Wahr-Nehmung, die sie als Selbstbewußtsein verstanden, im Klaren. Für sie stand zugleich außer Zweifel, daß aus dieser das Maß für die Wirklichkeits-Gemäßheit aller Systematisierungen stammt, mittels derer sich die Vernunft die Wirklichkeit zurechtlegt. Daß jedoch ausschließlich aus dieser Wahr-Nehmung, welche das Selbstbewußtsein ist, ein solches Maß zu nehmen sei, hängt damit zusammen, daß für den Deutschen Idealismus das Selbstbewußtsein das *absolute* Prinzip darstellt, nach welchem die Wirklichkeit in ihrer Gesamtheit, also auch die nichtmenschliche Wirklichkeit, begriffen werden muß. Daraus erklärt sich ebenso, daß der ,Inhalt' der Wahrnehmung letztlich jenes Selbst ist, das sich in allem, was wirklich ist, wiederfindet, weil es außerhalb seiner nichts zu geben vermag. Daß dieses absolute Selbst wiederum nicht das menschliche Selbstbewußtsein, welches durch Endlichkeit bestimmt ist, sondern nur das Selbstsein Gottes sein kann, liegt auf der Hand.

Kritische Anfrage

In dieser überaus problematischen Voraussetzung, die – um es noch einmal zu sagen – lediglich gemacht werden kann, wenn für die Philosophie, die solches annimmt, ein absolutes Wissen in Anspruch genommen wird, liegt meines Erachtens letztlich der Grund, warum der Deutsche Idealismus seine Einsicht in die Besonderheit und Unvergleichbarkeit der Wahr-Nehmung am Ende nicht entfalten konnte. In dem Moment nämlich, in dem das Selbstbewußtsein zu einer absoluten Größe gemacht wird, kann es außerhalb desselben nichts mehr geben. Wie wäre es sonst noch absolut? Das bedeutet aber, daß die Systematisierungsvorgänge, welche die Vernunft unter Inanspruchnahme des Selbstbewußtseins als Wahr-Nehmung zur Bewältigung der Wirklichkeit unternimmt, zu einem integrierenden Bestandteil desselben werden müssen. Dies wiederum zieht nach sich, daß die Gesetzmäßigkeiten, die für die Systematisierungsvorgänge gelten, mit den Gesetzmäßigkeiten, die auf der Ebene der Wahr-Nehmung herrschen, vermischt werden. Die Folge davon ist, daß *de facto* die Andersartigkeit der Struktur der Wahr-Nehmung aus dem Blick gerät, weil die bekannteren und naheliegenderen Gesetzmäßigkeiten, die innerhalb der Vernunftsysteme zum Tragen kommen, dominieren. Sichtbar wird dies daran, daß entweder das Selbstbewußtsein zu einem *Resultat* der Systematisierungsvorgänge bzw. Systematisierungsgestalten der Vernunft wird wie in Hegels „Phänomenologie des Geistes“ oder in ein selbstwidersprüchliches System führt, das einerseits die Besonderheit der Wahr-Nehmung betont, andererseits aber dieselbe Wahr-Nehmung mit Hilfe der Logik der systematisierenden Vernunft interpretiert, wie in Schellings „Philosophie der Offenbarung“.

(2) Wahr-Nehmung als transzendentale Erfahrung

Geschichte

Schon der Begriff ,transzendentale Erfahrung' legt nahe, daß mit ihm etwas bezeichnet wird, was der hier beschriebenen Wahr-Nehmung entspricht, handelt es sich doch auch bei dieser um eine transzendentale Größe. Bedeutung erhält die Rede von einer ,transzendentalen Erfahrung' zunächst in der Phänomenologie von Edmund Husserl. (Vgl. H. Trappe, Zur Vorgeschichte der „transzendentalen Erfahrung“, in: Archiv für Begriffsgeschichte 38 [1995] 178-200; ders., Transzendentale Erfahrung, Basel 1996) Bei diesem erscheint sie als jene Erkenntnis, die das Bewußtsein macht, wenn es sich dabei wahrnimmt, wie es seine Gegenstände bzw. Inhalte konstituiert, und *eben darin* auch sich selbst erfährt. Da diese Konstituierung nicht einheitlich vor sich geht, sondern letztlich lebensweltlich bedingt ist, legt sich der Dynamik und geschichtliche Entwicklung intendierende Begriff der ‚Erfahrung' nahe. Schon Husserl ist sich im Klaren darüber, daß das menschliche Bewußtsein seine Welt wohl konstituiert, *die Tatsache* dieser Welt und damit *die Tatsache* der Möglichkeit seiner eigenen Konstituierungsleistung aber nicht selbst zu schaffen vermag. Er deutet daher bereits die Möglichkeit an, daß sich das menschliche Bewußtsein mitsamt der Welt, die es konstituiert, einer göttlichen Setzung verdankt. ‚Gegenstand' der transzendentalen Erfahrung wird auf diese Weise zusätzlich ein göttlicher Grund. Genau darauf konzentriert sich die katholische Transzendentalphilosophie, die vom belgischen Jesuiten Joseph Maréchal begründet und von Philosophen und Theologen wie Johannes B. Lotz, Karl Rahner, Emerich Coreth, Bernard Lonergan, Giuseppe Zamboni, André Marc und etlichen anderen entfaltet wurde. Obwohl sie nicht von Husserl ausgeht, der ihr aufgrund des seinerzeit noch nicht publizierten Nachlasses in seinen diesbezüglichen Äußerungen kaum bekannt sein konnte, gelangt sie zu einem verwandten Ergebnis. Dieses lautet: Bedingung der Möglichkeit jedes Vollzuges, der dem Menschen wesenhaft zugehört, ist ein Geöffnetsein desselben auf das absolute, geheimnishafte Sein Gottes. In jedem Akt, in dem sich die Vernunft in ihrer vielfältigen Gestalt die Wirklichkeit systematisierend zurechtlegt, nimmt sie notwendig den umfassenden und absoluten Horizont allen Seins in Anspruch. Dieser jedoch läßt sich nach Überzeugung dieser Schule als das personale Sein Gottes auslegen. In der Regel freilich unthematischer, im gegebenen Fall jedoch thematisierbarer ‚Inhalt' der transzendentalen Erfahrung ist somit nichts Geringeres als das Geheimnis Gottes selbst – Gott als Bedingung der Möglichkeit von Vernunft überhaupt.

Wahrheitskriterien

Bei Husserl liegt das Wahrheitskriterium für die Systematisierungsleistungen der Vernunft angesichts der Wirklichkeit in deren Entsprechung zu den ursprünglichen und evidenten Gegebenheitsweisen der Wirklichkeit innerhalb des Bewußtseins – so, wie sie das Bewußtsein (dabei sich selbst erfahrend) konstituiert. Für die katholischen Transzendentalphilosophen hingegen fungiert als Wahrheitskriterium für die Vernunft das absolute Sein Gottes. Dies ergibt sich daraus, daß sich nach Auffassung dieser Philosophen das Vermögen der Vernunft spezifisch im Urteilen äußert. Urteilen jedoch verstehen sie als Setzungsakt, der nicht nur subjektive Wahrheit für mich, sondern objektive Wahrheit überhaupt in Anspruch nimmt. Bedingung der Möglichkeit des Urteilens kann nach ihrer Auffassung daher kein ‚transzendentales Subjekt' wie bei Kant sein, sondern nur das Transsubjektive schlechthin, das jenseits der Unterscheidung von ‚subjektiv' und ‚objektiv' steht, mit einem Wort der alles umfassende Seinshorizont, der sich in weiterer Analyse als absolutes Sein des personalen Gottes interpretieren läßt. An Wahrheitsgehalt gewinnt ein Vernunftsystem somit in dem Maße, in dem es diesem Umstand Rechnung trägt, daß es die Bedingung seiner Möglichkeit durch einen Ausgriff auf das absolute Sein erhält. Das wiederum geschieht unter anderem darin, daß es angesichts des umfassenden Seinshorizonts seine prinzipielle Endlichkeit reflektiert, zugleich damit seine Verwiesenheit auf das ihm je schon zuvorkommende Sein an sich selbst sichtbar macht und so die grundsätzliche Geheimnishaftigkeit seines eigenen Ursprunges anerkennt.

Theologische Konsequenzen

Daß diese Verwiesenheit auf das absolute Sein, die transzendentale Erfahrung, den Namen ‚Erfahrung' zu Recht trägt, ergibt sich im Fall der katholischen Transzendentalphilosophen weniger aus der rein philosophischen Reflexion als aus den theologischen Konsequenzen, die vor allem Karl Rahner aus diesen Annahmen gezogen hat. Läßt sich nämlich der absolute Seinshorizont wirklich als der absolute personale Gott erschließen, so enthält bereits die Bestimmung ‚personal' ein dynamisches, besser geschichtliches Element. Personalität nämlich impliziert wesenhaft die Beziehung von Personen. Diese Beziehung jedoch ereignet sich im gegenseitigen Sich-Öffnen bzw. im gegenseitigen Sich-Überantworten, im gegenseitigen Sich-Schenken. Versteht man nun diese Beziehungsakte als Akte, die sich immer wieder neu vollziehen, somit – im weitesten Sinne – geschichtlich abspielen, dann muß auch der personale Gott an sich selbst eine geschichtliche Dimension enthalten. Das geschichtliche Sich-Mitteilen Gottes ist aber das, was man sowohl philosophisch als auch theologisch *Offenbarung* nennt. Ist folglich der Mensch in seinen Wesensvollzügen auf das personale Sein Gottes verwiesen, wird er dadurch seinerseits Person, so rechnet er auch wesenhaft mit einer möglichen Selbstmitteilung oder Offenbarung Gottes in der Geschichte. Genau dies qualifiziert seinen Bezug zu Gott als *Erfahrungs*bezug.

Kritische Anfrage

Das grundsätzliche Problem dieses Konzeptes der transzendentalen Erfahrung scheint mir weniger darin zu liegen, daß es zwischen der Wahr-Nehmung im Bereich des menschlichen Selbstbezuges und der Wahrnehmung angesichts der nicht-menschlichen Wirklichkeit nur gelegentlich dezidiert unterscheidet – in der Regel umfaßt ‚transzendentale Erfahrung' pauschalisierend beides –, als vielmehr darin, daß es die grundsätzliche Andersheit der transzendentalen Erfahrung gegenüber jeder anderen Erkenntnisart bzw. gegenüber jeglicher Systematisierung zu wenig weitreichend realisiert. Zwar ist man sich derselben bewußt. Rahner führt zum Zweck der Unterscheidung die Differenz zwischen „kategorial" und „transzendental" ein. Kategorial ist für ihn alles, was sich – in der hier verwendeten Sprache formuliert – auf die Systematisierungen bezieht, welche die Vernunft angesichts der Wirklichkeit vornimmt. Transzendental hingegen bezeichnet dasjenige, was diesen Systematisierungen zugrundeliegt bzw. als Bedingung ihrer Möglichkeit fungiert. Diese Differenzierung hindert ihn aber nicht daran, Gesetzmäßigkeiten, die eindeutig der kategorialen Ebene angehören und dort ihre Gültigkeit besitzen, auf die transzendentale Ebene zu übertragen und dort einzusetzen. Ein Beispiel hierfür sehe ich im Kausalitätsprinzip. Es dient, wie Kant meines Erachtens überzeugend dargelegt hat, der Systematisierung der Wirklichkeit. Keinesfalls kann es dazu herangezogen werden, um etwas ‚außerhalb' oder ‚jenseits' der Vernunftsysteme herauszufinden. Dennoch wird es von den katholischen Transzendentalphilosophen immer wieder eingesetzt, um den ‚Inhalt' der transzendentalen Erfahrung auszulegen. Etwas Ähnliches geschieht mit dem Prinzip der Analogie. Auch es kommt im kategorialen *und* im transzendentalen Bereich zum Tragen. Genau dies scheint mir aber nicht möglich zu sein, weil Gesetze, die im einen Bereich Gültigkeit haben, nicht eo ipso auch im anderen Bereich gelten. Anerkennt man dies jedoch, wird es hinsichtlich der Interpretation des ‚Inhaltes' der transzendentalen Erfahrung auf der Stelle schwieriger. Schon allein die Deutung desselben als ‚absoluter Grund' allen Seins oder als ‚letztes Ziel' allen menschlichen Strebens erweist sich nach dem soeben Gesagten sogleich als problematisch, ganz zu schweigen von der Analogisierung von menschlicher und göttlicher Personalität. Deshalb will ich nicht ausschließen, daß der ‚Inhalt' der transzendentalen Erfahrung, der Wahr-Nehmung, letztlich wirklich Gott ist. Ich meine nur, daß darüber nicht mittels Prinzipien entschieden werden kann, die dazu nicht in Frage kommen. Eine transzendentale Erfahrung läßt sich nur auslegen, wenn die ihr eigentümlichen Gesetzmäßigkeiten ernstgenommen werden.

(3) Wahr-Nehmung als Seinsverständnis

Heidegger I

Einer der Philosophen, die sich meines Erachtens des soeben Gesagten am meisten bewußt gewesen sind, war Martin Heidegger. Daher zählt seine Theorie vom menschlichen Verstehen des Seins für mich zu den wichtigsten Versuchen, das Wesen der Wahr-Nehmung zu begreifen. (Vgl. zum folgenden meine ausführlichen Analysen und Belege in: Nachidealistische Philosophie und christliches Denken, Freiburg/München 1985, 133-321) Das Seinsverständnis ist gemäß seinem Hauptwerk „Sein und Zeit" (1927) das, was den Menschen definiert. Als Verstehen von Sein vermag sich dieser im All der Seienden, der Seinsbereiche sowie der Seinsmodalitäten zurechtzufinden, denn Unterscheidungen zwischen Seienden, Seinsbereichen und Seinsmodalitäten sind nur möglich aufgrund eines vorgängigen Verständnisses dessen, was alle Seienden, Seinsbereiche und Seinsmodalitäten verbindet – das Sein in Differenz zu diesen. Wenn das Seinsverständnis den Menschen als solchen definiert, dann macht es ihn in seiner *Ganzheit* aus, was wiederum bedeutet, daß es als Verstehen *vor* allen Differenzierungen wirksam ist, die der Mensch fühlend, erkennend oder handelnd – theoretisch oder praktisch – angesichts der Wirklichkeit vornimmt. Sodann begreift Heidegger das Seinsverständnis wie jegliches menschliche Verstehen als ein „Entwerfen". Das, was verstanden wird, muß auf einen Horizont entworfen bzw. in einen Zusammenhang des „Sinns" gestellt werden, damit es verstanden werden kann. Auch hinsichtlich des Seins bedarf es eines solchen Entwurfs, da es anders nicht zu verstehen wäre. Deshalb ist die leitende Frage von „Sein und Zeit" nicht einfach die Frage nach dem Sein im Unterschied zum Seienden, sondern die Frage nach dem *Sinn* des Seins. Naturgemäß muß das Entwerfen des Seinsverständnisses anders strukturiert sein als das Entwerfen jeglichen anderen Verstehens, das nur *dank* des Seinsverständnisses möglich ist. (Heidegger nennt es in seinen Vorlesungen daher gelegentlich „Urentwurf" oder „Selbstentwurf".)

Durch seine fundamentalontologische Daseinsanalyse gelangt Heidegger zu dem Ergebnis, daß der Sinn des Seins als Zeit, richtiger als „Temporalität" bestimmt werden muß. Dem entsprechend kann er das Seinsverständnis als „Eksistieren" zu diesem Temporalitätshorizont begreifen, wobei dieses „Ek-sistieren" nicht nur das Hinaussein über die Seienden zum Sein hin beschreibt, sondern die drei Ekstasen der Zeitlichkeit. Diese sind Wesensvollzüge des Menschsein, sogenannte „Existenzialien", aufgrund derer der Mensch immer schon aus der Zukunft auf sich zukommt, immer schon aus der Vergangenheit auf sich zurückkommt und immer schon aus der Gegenwart etwas bei sich anwesen läßt. Obwohl jede Ekstase ihr besonderes „Ekstema" hat, spannen die Ekstasen doch gemeinsam den einen Horizont der Temporalität auf, der das Sein verstehen läßt. Heidegger beschreibt daher das Verstehen von Sein kurz als „zeitigen".

Heidegger II

Diese Theorie wurde von Heidegger schon bald nach dem Erscheinen von „Sein und Zeit" modifiziert – nicht aufgegeben, wie oft zu lesen ist. Der Grund für diese Modifikation liegt in der sogenannten „Kehre", die Heidegger Anfang der dreißiger Jahre vollzogen hat. In dieser Kehre wird der Versuch von „Sein und Zeit" aufgegeben, den Sinn von Sein aus einer Analyse des Menschen zu eruieren. Statt dessen wird umgekehrt der Mensch aus dem Sein heraus begriffen, was bedeutet, daß auch der Ausgangspunkt einer Philosophie des Seins nicht beim Menschen, sondern beim Sein selbst genommen werden muß. Für das Seinsverständnis impliziert dies, daß der Sinn des Seins nicht mehr etwas ist, was der Mensch als Seinsverständnis entwirft, sondern etwas, was ihm zum Verstehen *gegeben*, *eingeräumt* oder *gelichtet* wird. Diese seine eigene Eröffnung erfährt das Seinsverständnis durch ein „Geschick", welches sich im Streitgeschehen zwischen Unverborgenheit (ἀλήθεια, Wahrheit) und Verborgenheit als eine „Lichtung" einstellt. Die Temporalität als Sinn des Seins vertieft sich so zu einer zugewiesenen *Geschichte*, die je nach „Geschick" ein Verstehen des Seins freigibt. Dem vermag das Verstehen nur zu „entsprechen". Alles Entwerfen, das mit ihm einhergeht, spielt sich lediglich im Rahmen des eingeräumten Freiraumes ab. Heidegger legt daher auch zunehmend den Begriff des „Seinsverständnisses" ab, um ihn durch den des „wesentlichen Denkens" oder „Erblickens" zu ersetzen.

Zum Begreifen der weiteren Strukturen der Wahr-Nehmung, die Heidegger in seiner späteren Philosophie entdeckt, ist es wichtig zu sehen, daß sich für ihn der jeweilige Frei- oder Lichtungsraum des Denkens in einer „Welt" konkretisiert, die sich entsprechend dem Urstreit zwischen Unverborgenheit und Verborgenheit, gegenüber der „Erde" als „Bergend-Verbergendem" eröffnet. Dies wiederum geschieht in dem, was er allgemein ein „Werk" nennt, worunter er in erster Linie freilich an Werke der Dichtung und der Kunst denkt. Eine Welt, die dem Menschen die Wirklichkeit in einer bestimmten Weise theoretisch erschließt, praktisch bewältigbar macht und wertmäßig strukturiert, läßt sich niemals vergegenständlichen oder verobjektivieren. Um sie zu begreifen, muß man in sie hineingehen und sich in ihr „aufhalten" bzw. in ihr „wohnen". Indem man sie durchmißt bzw. die Wege beschreitet, die sie bahnt, macht man im ursprünglichen Sinn des Wortes mit ihr die „Er-fahrung". In ihr erwächst nicht nur eine Einsicht in alles Wirkliche, das dank einer Welt erschlossen wird, sondern zugleich eine Einsicht in die Welt *im Unterschied* zu allem, was dank ihrer erschlossen ist. Gegenüber diesem, das sich als Vielheit der Seienden, der Bestandteile der Wirklichkeit, zeigt, erscheint die Welt als das Zusammenhang schaffende *Einfache*. Heidegger charakterisiert das „wesentliche Denken" daher ebenso als „einfaches Denken".

Charakteristika des wesentlichen Denkens

Resümierend kann gesagt werden: Heidegger nimmt die unterschiedliche Struktur der Wahr-Nehmung (des „Seinsverständnisses", „wesentlichen Denkens" oder „Erblickens") gegenüber jeglicher Wirklichkeitssystematisierung, die dank ihrer erfolgen kann, konsequent ernst. Er ist überzeugt davon, daß in der Eröffnung einer bestimmten Wahr-Nehmung durch das „Geschick" aus dem Lichtungs-Streitraum die spezifischen Strukturen der Systematisierungen, welche die menschliche Vernunft bei ihrer Wirklichkeitsbewältigung zugrundelegt, entschieden werden. Die Wahrheit eines Systems ergibt sich aus dessen Entsprechung zu dem Raum, der ihm eröffnet worden ist. Sodann geht Heidegger ganz offensichtlich davon aus, daß die Wahr-Nehmung bestimmte ‚Inhalte' hat. Nicht von ungefähr spricht er von Seins*verständnis*, in dem es zweifellos ‚etwas' zu verstehen gibt. Ebensowenig zufällig macht er von der künftigen Fähigkeit der Menschen, das Sein im Unterschied zum Seienden zu denken und die darin enthaltene Weisung zu vernehmen, die Zukunft der Menschheit abhängig. Heidegger ist in der Bestimmung dieser ‚Inhalte' allerdings überaus zurückhaltend. Grundsätzlich bezweifelt er, daß das menschliche Denken gegenwärtig überhaupt schon in der Lage sei, diesbezügliche Aussagen zu machen. Zu sehr scheint es ihm noch in der über zwei Jahrtausende eingewöhnten Konzentration auf die Seienden, hier dürfen wir auch sagen: auf die Vernunftsysteme verstrickt und damit jenes „wesentlichen" oder „einfachen" Denkens unfähig geworden zu sein, das nicht systematisierenden, sondern bloß hinnehmenden („erblickenden") Charakter hat. Heidegger hält es darüber hinaus sogar für unmöglich, daß sich dieses andere Denken in Aussagen der üblichen Art äußert, stellen doch bereits banale Aussagen Systematisierungsleistungen dar. Eher rechnet er mit tautologischen Sätzen, wie wir ihnen bei Parmenides („Es ist nötig, zu sagen und schauend zu denken, daß Seiendes ist. Denn das ‚Es Ist' ist und das ‚Es Ist nicht' ist nicht." [Χρὴ τὸ λέγειν τε νοεῖν τ΄ ἐὸν ἔμμεναι. Ἔστι γὰρ εἶναι, μηδὲν δ΄ οὐκ ἔστιν. Fr. 28 B 6]) oder bei Plotin („[Das Eine] könnte höchstens sagen: ‚bin bin' und ‚ich, ich' (εἰμὶ εἰμὶ καὶ ἐγὼ ἐγώ)." [Enn. V,3,10,32-37]) begegnet sind. Nach meiner Interpretation stellt er sich auch – nicht von ungefähr immer wieder an Dichtern wie Friedrich Hölderlin sich orientierend – als Vollzug des „wesentlichen Denkens" *das Stiften der Formen* vor, in denen sich die Inhalte darbieten bzw. die Strukturen der Systematisierungen seitens der Vernunft arrangieren, sowie *das Einnehmen von persönlichen Haltungen*, in denen Menschen allem, was sie inhaltlich ausdrücken und sagen, Gestalt, Stellenwert und Bedeutung geben.

Kritische Anfrage

Heideggers Denken wurde immer wieder der Vorwurf der Mystik gemacht. Das scheint mir nicht gerechtfertigt zu sein, weil sein Denken wesentliche Kriterien der Mystik nicht erfüllt. Wie aber schon in anderen Zusammenhängen dargelegt, ist meinem Dafürhalten nach Heideggers Denken insofern problematisch, als es sich jedem wissenschaftlichen Diskurs verweigert. Dies geschieht sicherlich aus der nicht ganz von der Hand zu weisenden Überzeugung, daß die Wissenschaft nicht denke im Sinne des wesentlichen Denkens (vgl. M. Heidegger, Was heißt Denken?, Tübingen 1971, 4ff.), sondern dem auf das Seiende bzw. auf die Vernunftsysteme fixierten Denken verpflichtet sei. Rechtfertigt dies aber dazu, sich auch dort über die Wissenschaft hinwegzusetzen oder sie zu ignorieren, wo sie bereits unbestreibare Ergebnisse erzielt hat? Und wenn man das schon tut, muß dies dann nicht im Namen nachvollziehbarer und beurteilbarer Kriterien erfolgen? Können diese jedoch im bloßen Inanspruchnehmen von erblickten Evidenzen oder ursprünglichen Einsichten liegen, die man haben oder auch nicht haben kann? Gelangt hier nicht die von Heidegger niemals aufgegebene phänomenologische Methode an eine prinzipielle Grenze?

(4) Wahr-Nehmung als mystische Schau

Geschichte

Die philosophische Mystik ist die älteste Theorie der Wahr-Nehmung. Sie findet sich schon in Platons Vorstellung eines voraussetzungslosen (ἀνυπόθετον) Schauens (ἰδεῖν, ὁρᾶσθαι) des Einen und Guten und erhält sich über die gnostisch-neuplatonische Theorie der γνῶσις des Einen und Göttlichen (ἕν, θεῖον) sowie über die mittelalterliche Lehre von der *visio Dei* – inspiriert selbstverständlich durch die großen religiös-mystischen Traditionen in Judentum, Christentum und Islam – durch die ganze Geschichte der abendländisch-europäischen Philosophie bis in die Moderne. Wie die 1997 in Berlin erschienene Monographie „Erfahrung und Mystik – Grenzen der Symbolisierung" von Reinhard Margreiter zeigt, bildet die Mystik auch ein Thema der Gegenwartsphilosophie. Berühmtestes Beispiel in diesem Zusammenhang sind wohl die Schlußsätze des „Tractatus logico-philosophicus" (Nr. 6.522) von Ludwig Wittgenstein: „Es gibt allerdings Unaussprechliches. Dies *zeigt* sich, es ist das Mystische."

Implosion

Unter ‚Mystik' versteht man landläufig etwas Nicht-Philosophisches, etwas, das entweder mit Übernatürlichem, Geheimnisvollem und Dunklem zu tun hat oder Grenzen überschreitet, jenseits derer jedenfalls keine Wissenschaft mehr etwas zu sagen hat. Reinhard Margreiter macht dem gegenüber deutlich, daß die menschliche Vernunft *aus sich selbst* heraus mystische Akte gebiert. Was aber ist ein mystischer Akt? Nach Margreiter die Radikalisierung einer Grundtendenz, die jeder Konstituierung von Vernunft innewohnt. Diese Grundtendenz nennt er das Bemühen um Symbolisierung der Wirklichkeit, wobei ‚Symbolisierung' weitgehend dem entspricht, was hier ‚Systematisierung' genannt wird. Wie bereits festgehalten tendiert die Symbolisierung/Systematisierung dazu, die Wirklichkeit möglichst in ihrer Ganzheit – totaliter – zu erreichen. Nähert sie sich jedoch diesem Ziel, versagt sie aus *prinzipiellen* Gründen, weil Systematisierung notwendig mit Differenzierung einhergeht, das Ganze als solches jedoch nichts Differenzierbares mehr ist, das im Unterschied zu etwas anderem begriffen werden könnte – wäre dies möglich, wäre es nicht mehr das Ganze. Außerdem will sie im Ganzen nicht mehr bloß eine Symbolisierungstotalität für sich bzw. ein Gesamtsystem für sich, sondern natürlich *die Wirklichkeit selbst* in dieser Symbolisierung bzw. Systematisierung. Die Unterscheidung zwischen Wirklichkeit einerseits und Symbolisierung/Systematisierung andererseits hebt sich dadurch auf. Dies jedoch bedeutet, daß mittels der Symbolisierung und Systematisierung etwas erreicht werden soll, das selbst jenseits von Symbolisierung und Systematisierung liegt – mit einem Wort ein Widerspruch, an dem die Vernunft scheitern muß. Margreiter spricht in diesem Zusammenhang von einer „Implosion" der Vernunft vor der Erreichung ihres Zieles. Weil nun aber in der Vernunft ein von Emotion und Leidenschaft getragenes Verlangen herrscht, dieses Ziel dennoch und um jeden Preis zu erreichen, siedelt sie sich in spezifischen Akten, eben den mystischen Akten, an der Grenze ihrer eigenen Möglichkeiten an. Hierbei kann es geschehen, daß die Vernunft in einer Ekstase augenblickshaft zu einer Schau gelangt, die ihr sowohl – in ungeahnter Verdichtung und Intensität – die Wirklichkeit in ihrer Ganzheit und Einheit als auch ein gegenüber aller systematisierbaren Wirklichkeit transzendentes Jenseits – den Ursprung der Wirklichkeit, das Göttliche, Gott – zugänglich macht. Eine solche Schau wäre eine mystische Schau.

Grund der Mystik?

Es stellt sich natürlich die Frage, ob die Vernunft aus eigenem Vermögen zu einer solchen Ekstase, zu einer solchen mystischen Schau, fähig ist. Viele Mystiker und Mystikerinnen bestreiten dies und charakterisieren ihre Erfahrungen als Widerfahrnisse und Geschenke der Gnade, die von einer der Vernunft übergeordneten Instanz ausgehen. Dazu kann hier nichts gesagt werden. Eine Entscheidung darüber vermag wohl nur in den mystischen Erfahrungen selbst zu fallen. Doch wie immer: Im Sinne Margreiters dürfen wir festhalten, daß selbst eine gnadenhafte Erhöhung (‚Ekstatisierung') der Vernunft eine entsprechende Disposition innerhalb der Vernunft voraussetzt – entsprechend dem scholastischen Prinzip „gratia non destruit, sed supponit et perficit naturam". Nur insofern kann die Mystik auch Thema der Philosophie sein.

Paradoxaler Ausdruck

Im Zuge ihrer außerordentlichen Erfahrungen haben sich die Mystiker und Mystikerinnen auch zur Wahrheit der natürlichen menschlichen Wirklichkeitsbewältigungen, zu den Systematisierungen der Vernunft, geäußert. Unter dem Eindruck ihrer Widerfahrnisse erschienen ihnen diese meist als gering und unbedeutend. Jedenfalls wurde ihnen das in der mystischen Schau Zugängliche zum Maß jeglicher Wahrheit. Daran hielten sie fest, obwohl sie das von ihnen Geschaute und Erfahrene konsequenterweise in den üblichen und natürlichen Symbolisierungen bzw. Systematisierungen, zu denen die Vernunft fähig ist, nicht ausdrücken konnten. An der Grenze ihrer eigenen Leistungsfähigkeit, angesichts ihrer eigenen „Implosion", kamen nur noch *paradoxale* Ausdrucksformen in Frage, wie wir ihnen bei Nikolaus von Kues und seiner Lehre von der „coincidentia oppositorum", des Zusammenfalls der Gegensätze, begegnet sind.

Kritische Anfrage

Was im Anschluß an Heideggers Theorie des Seinsverständnisses bzw. des „wesentlichen Denkens" gesagt wurde, gilt gleichermaßen für den Fall der mystischen Schau. So berechtigt es erscheinen mag, mit ihr prinzipiell zu rechnen und sie grundsätzlich für möglich zu halten, so schwer ist es, sie in einen philosophischen Diskurs einzubinden, der sich um die Einhaltung wissenschaftlicher Kriterien bemüht. Sowohl was die Nachvollziehbarkeit ihrer Ausdrücke als auch was die Beurteilung derselben anbelangt, stellt die Mystik vor kaum überwindbare Hürden. Nicht von ungefähr wurde sie immer wieder ein Opfer des Obskurantismus. Daß sie innerhalb der Philosophie dennoch berücksichtigt werden muß, ergibt sich nicht allein daraus, daß sich ein großer Teil der philosophischen Tradition um sie bemüht hat, sondern vor allem deshalb, weil die Mystik ein natürliches Bedürfnis der Vernunft beantwortet, das dieser von Hause aus innewohnt und das auch unabhängig von der Mystik festgestellt wird – das Bedürfnis nach einer umfassenden Symbolisierung/Systematisierung der Gesamtwirklichkeit. Wie nahe sich Metaphysik und Mystik hierbei kommen, ist offenkundig.

Abschließende, weiterführende Fragen

Das Schema auf Seite 375 möge die vier präsentierten Theorien der Wahr-Nehmung noch einmal resümierend vorstellen. Wie angekündigt, soll an dieser Stelle nicht über sie entschieden werden. Durch ihre Präsentation sei vielmehr auf eine grundlegende ‚Quaestio disputata' der Metaphysik aufmerksam gemacht, die meines Erachtens nach wie vor nicht gelöst worden ist, sondern weiterer Überlegungen bedarf.

Logik der Wahr-Nehmung

Wichtigstes Desiderat in diesem Zusammenhang wird zweifellos die Entwicklung einer *Logik der Wahr-Nehmung* sein. Durch sie würde gewährleistet, daß sich Aussagen, die sich auf die Wahr-Nehmung berufen, in einen wissenschaftlichen Kontext bringen ließen, d.h. ebenso nachvollziehbar wie beurteilbar würden. Dies setzte freilich noch eingehendere Analysen dessen voraus, was Wahr-Nehmung überhaupt ist. Das wiederum erforderte, was Heidegger zu Recht prognostiziert hat, die Anstrengung einer Freilegungs- oder Destruktionsarbeit, denn das, was sich der Reflexion der Vernunft über sich selbst primär darbietet, sind – um es noch einmal zu sagen – nicht die Bedingungen ihrer Möglichkeiten, sondern die bereits durch diese realisierten Möglichkeiten. Abgesehen davon hat sich die Philosophie im Denken, konkret im Umgang mit Prinzipien, Gewohnheiten zugelegt, die für die Auslegung des ‚Inhaltes' der Wahr-Nehmung nicht geeignet sind. Solche geschichtlich gewachsenen Gewohnheiten aufzugeben, ist – oben wurde ein Beispiel dafür genannt – unter Umständen überaus schwierig.

Darüber hinaus drängen sich nach allem, was in diesem systematischen Entwurf gesagt wurde, drei Fragen auf. Sie seien abschließend ohne Antwort aneinander gereiht – in der Absicht, daß durch sie die Schwierigkeiten, denen sich die Metaphysik in diesem ganzen Problemkomplex konfrontiert sieht, noch einmal angezeigt werden:

Differenz?

Erstens: Als eine erste Bestimmung der Wahr-Nehmung erschlossen wir, daß ihr fundamentaler ‚Inhalt' eine Anweisung zur Differenzierung enthalten müsse. Daß sich die Vernunft in ihren Systematisierungen so

Übersicht über die vier behandelten Theorien zur Wahrnehmung (siehe die Seiten 364-374)

→ Charakteristika Vier Theorien der ↓ Wahr-Nehmung	Begriff für die Wahr-Nehmung	Besondere Struktur der Wahr-Nehmung	‚Inhalt' der Wahr-Nehmung	Wahrheitskriterium für das durch die Wahr-Nehmung ermöglichte Denken
Deutscher Idealismus	Selbstbewußtsein ursprüngliches Vertraut-sein des menschlichen Bewußtseins mit sich selbst	unmittelbar vor-reflexiv aus sich selbst heraus Handlung	Das Selbst letztlich das absolute Selbstsein Gottes	Grad des Bewußtseins darüber, daß das Selbstbewußtsein in der gesamten Wirklichkeit sich selbst begegnet
Phänomenologie Katholische Transzendentalphilosophie	Transzendentale Erfahrung	immer schon erfolgend sich selbst beobachtendes Bewußtsein – Ausgreifend auf den umfassenden Seinshorizont	Menschliche Subjektivität im Konstituieren der Wirklichkeit und seiner selbst – Umfassender Seinshorizont Personales Sein Gottes	Ausmaß der Entsprechung zu den ursprünglichen Bewußtseinsintuitionen – Reflexionsgrad des Bezuges zum Geheimnis Gottes
Martin Heidegger	Seinsverständnis wesentliches bzw. einfaches Denken	Entwurf der Temporalität Eksistieren, Zeitigen – Erblicken, Aufenthalt nehmen, Wohnen, Er-fahrung	Das Sein in Differenz zum Seienden, Weisung aus dem Streitgeschehen zwischen Unverborgenheit und Verborgenheit	Begriffensein aus der im Streitgeschehen der ἀλήθεια freigegebenen Lichtung
Philosophische Mystik	Mystische Schau bzw. mystische Erfahrung	Augenblickliche ekstatische Schau Grenzerfahrung der Vernunft paradoxale Ausdrucksform	Wirklichkeit in ihrer Gesamtheit und Einheit – Ursprung der Wirklichkeit	Gemessensein an dem, was in der mystischen Schau erfahren wird

vielgestaltig äußert, wie es de facto geschieht, erfolgt offensichtlich aufgrund dieser Anweisung, ist doch das Systematisieren der Vernunft ein Maßgeben im Maßnehmen. Wie ist aber diese Differenzierung genau zu denken? Betrachten wir die vier Theorien zur Wahr-Nehmung, so sehen wir, daß sie den ‚Inhalt' derselben eher unter dem Gesichtspunkt der Einheit als der Differenz anvisieren. Eine Ausnahme bildet unter Umständen die Theorie Heideggers, sofern sie die Differenz als den wesentlichen ‚Gegenstand' des Denkens versteht, weil das Sein des Seienden in seiner ontologischen Differenz nur *als* Differenz gedacht werden kann. (Vgl. Identität und Differenz, Pfullingen 1957, 55ff.) Man kann sich auf den Standpunkt stellen, daß es hier einmal mehr um das alte Problem von Identität und Differenz, von Einheit und Vielheit, gehe, und somit seine Lösung mit Hilfe eines traditionellen Lösungsmodells zu suchen sei. Hier scheint mir jedoch Vorsicht geboten zu sein. Immerhin hat uns die Philosophie auch Denkmöglichkeiten vor Augen geführt, die *ausschließlich* auf die Differenz setzen. Bekanntestes Beispiel der Gegenwartsphilosophie: das Différance-Denken Jacques Derridas; von der Forschung heftig diskutiertes Beispiel der Geschichte: Nietzsches Konzept des Willens zur Macht.

Nicht-Systematisierbares?

Zweitens: Mit dieser Frage hängt möglicherweise zusammen, was sich schon anläßlich der Darlegung jenes Postulates aufdrängen mußte, demgemäß die Wirklichkeit an sich selbst und in ihrer Gesamtheit systematisiert oder wenigstens systematisierbar sein müsse, da ansonsten alles Systematisieren sinnlos würde. Wenn gleichzeitig festgehalten wird, daß es das prinzipiell Nicht-Systematisierbare gibt – wir erwähnten das Leiden und das Böse –, muß dem dann in der Wirklichkeit nicht gleichermaßen etwas korrespondieren? Bedürfte mit anderen Worten das genannte Postulat nicht einer notwendigen Ergänzung? Oder müßte an dessen Seite ein anderes Postulat gestellt werden? Sollte sich dies als nicht möglich erweisen, wie wäre dann die Beziehung von ‚systematisierbar' und ‚nicht-systematisierbar' zu denken?

Gott?

Drittens: Ausdrücklich hingewiesen wurde darauf, daß sich die philosophische Theologie nicht nur darin erschöpft, hypothetische Annahmen über Gott zu machen. Nicht auszuschließen sei, so hieß es, daß sich auf der Ebene ‚transzendentaler' und ‚mystischer' Erfahrungen die Frage nach Gott neu und anders stelle. Nach dem, was über die Wahr-Nehmung gesagt wurde, ist diese Vermutung nicht von der Hand zu weisen. Allerdings hängt die Entscheidung darüber und erst recht die allfällige Entfaltung einer philosophischen Theologie auf dieser Ebene wesentlich davon ab, wie es gelingt, den ‚Inhalt' bzw. die ‚Inhalte' der Wahr-Nehmung auszulegen. Dazu bedarf es wiederum der eingehenderen Analyse derselben sowie dessen, was zuvor eine Logik der Wahr-Nehmung genannt wurde. Sollte sich beides jedoch eines Tages erbringen lassen, könnte die Philosophie dann wieder ein Weg zu Gott werden?

Abkürzungsverzeichnis mit Zitationsnachweisen

A	1. Auflage der Werke Kants
Abh.	Abhandlung
Abstract	D. Hume, An Abstract of a Book lately Published; entituled, a Treatise of Human Nature, dt. J. Kulenkampff, Hamburg 1980 (zw.)
B	2. Auflage der Werke Kants
Bd. (Bde.)	Band (Bände)
C. Acad.	Augustinus, Contra Academicos
Civ. Dei	Augustinus, De Civitate Dei, dt. W.Thimme, Zürich 1955
Cor.	Corollarium (Folgesatz)
Conf.	Augustinus, Confessiones, dt. J. Bernhard ([1]1955), München [3]1966 (zw.)
Def.	Definitio
Dem.	Demonstratio
Div. quaest.	Augustinus, De diversis quaestionibus
Disc.	R. Descartes, Discours de la méthode, dt. L. Gäbe, Hamburg 1990 (zw.)
Disc. de Mét.	G.W. Leibniz, Discours de Métaphysique, dt. H.H. Holz, in: G.W. Leibniz, Philos. Schr. Bd. I, Darmstadt [2]1985 (zw.)
DS	H. Denziger-A. Schönmetzer, Enchiridion Symbolorum, Definitionum et Declarationum de rebus fidei et morum, Freiburg [36]1976 (zw.)
dt.	deutsch von/ins Deutsche übersetzt von
E.Einl.	J.G. Fichte, Erste Einleitung in die Wissenschaftslehre, in: J.G. Fichte-GA, hg. R. Lauth/H. Jacob, Stuttgart 1964ff., Bd. I/4 (1970)
Ebd.	ebenda
EE	Thomas von Aquin, De ente et essentia, dt. R. Allers ([2]1953), Darmstadt 1989 (zw.)
Enn.	Plotin, Enneaden, dt. R. Harder u.a., 6 Bde. in 12 Teilen, Hamburg 1930–1971 (zw.)
Enq.	D. Hume, An Enquiry concerning Human Understanding, dt. R. Richter, Hamburg [12]1993; englischer Text nach der Ausgabe von L.A. Selby-Bigge/P.H. Nidditch, Oxford [3]1975
Enz.	G.W.F. Hegel, Enzyklopädie der Wissenschaften, in: Werke, hg. E. Moldenhauer/K.M. Michel, Frankfurt 1970–1971, 20 Bde., hier Bde. VIII-X

Erg. Bd.	Ergänzungsband
Eth.	B. Spinoza, Ethica, dt. K. Blumenstock, in: Opera – Werke, 2 Bde., Darmstadt 1980, hier Bd. II (zw.)
Fr.	Fragmente der Vorsokratiker, nummeriert nach H. Diels, Die Fragmente der Vorsokratiker [1903, 1906], hg. W. Kranz, Dublin-Zürich 1972
GA	Gesamtausgabe
Geneal.	F. Nietzsche, Genealogie der Moral, in: KGA, hg. G. Colli und M. Montinari, Bd. VI/2, Berlin u.a. 1968
Ges.	Gesammelte
Ges. W	Gesammelte Werke
Gor.	Platon, Gorgias
Gr. MS	I. Kant, Grundlegung zur Metaphysik der Sitten, in: Werke in sechs Bänden (mit Originalpaginierung), hg. W. Weischedel, Frankfurt-Darmstadt 1956–1964, Bd. IV (1956)
Hg.	Herausgegeben von / Herausgeber
In Div. Nom.	Thomas von Aquin, Expositio in Dionysium De Divinis Nominibus
In Hebd.	Thomas von Aquin, Expositio in librum Boethii De hebdomadibus
In Met.	Thomas von Aquin, In XII libros Metaphysicorum Expositio, in: Prologe zu den Aristoteles-Kommentaren, hg. F. Cheneval und R. Imbach, Frankfurt 1993 (zw.)
In Sent.	Commentum in librum Sententiarum (bei Thomas von Aquin, aber auch bei anderen mittelalterlichen Autoren)
In Trin.	Thomas von Aquin, Expositio in librum Boethii De Trinitate
JGB	F. Nietzsche, Jenseits von Gut und Böse, in: KGA, hg. G. Colli und M. Montinari, Bd. VI/2, Berlin u.a. 1968
Kat.	Aristoteles, Kategorienschrift, dt. K. Oehler, Darmstadt ²1986
KdU	I. Kant, Kritik der Urteilskraft, in: Werke in sechs Bänden (mit Originalpaginierung), hg. W. Weischedel, Frankfurt-Darmstadt 1956–1964, Bd. V (1957)
KGA	Kritische Gesamtausgabe
KpV	I. Kant, Kritik der praktischen Vernunft, in: Werke in sechs Bänden (mit Originalpaginierung), hg. W. Weischedel, Frankfurt-Darmstadt 1956–1964, Bd. IV (1956)
KrV	I. Kant, Kritik der reinen Vernunft, in: Werke in sechs Bänden (mit Originalpaginierung), hg. W. Weischedel, Frankfurt-Darmstadt 1956–1964, Bd. II (1956)

Lib. arb.	Augustinus, De libero arbitrio, dt. W.Thimme, in: Augustinus, Frühschriften, Zürich-Stuttgart 1962 (zw.)
Mathem.	Mathemtisch(e)
Med.	R. Descartes, Meditationes de prima philosophia, dt. L. Gäbe/H.G. Zekl, Hamburg ^{3}1992 (zw.)
Men.	Platon, Menon
Met.	Aristoteles, Metaphysik, dt. H. Bonitz, hg. H. Seidl, 2 Bde., Hamburg ^{2}1982–1984 (zw.)
Monad.	G.W. Leibniz, Monadologie, dt. H.H.Holz, in: G.W. Leibniz, Philos. Schr. Bd. I, Darmstadt ^{2}1985 (zw.)
Monol.	Anselm von Canterburgs, Monologion, in: Opera omnia, hg. von F.S. Schmitt, Bd. I (^{1}1938), Stuttgart-Bad Cannstatt1968, Übersetzung von F.S. Schmitt, ebd. 1964 (zw.)
Nachl.	F. Nietzsche, Nachgelassene Fragmente, in: KGA, hg. G. Colli und M. Montinari, Bde. VII/1-4,2 und VIII/1-3, Berlin 1970–1986
N.e.	G.W. Leibniz, Nouveaux essais sur l'entendement humain, dt. H.H. Holz/W. v. Engelhardt, in: G.W. Leibniz, Philos. Schr. Bd. III/1-2, Darmstadt ^{2}1985 (zw.)
Ord.	Augustinus, De ordine
Parm.	Platon, Parmenides
PG	Patrologia Graeca, hg. J.P. Migne, 167 Bde., Paris 1857–1866
Phän.	G.W.F. Hegel, Phänomenologie des Geistes, in: Ges. W., hg. Rheinisch-Westfälische Akademie der Wissenschaften, Bd. IX, hg. W. Bonsiepen/R. Heede, Hamburg 1980
Phd.	Platon, Phaidon
Phdr.	Platon, Phaidros
Phil.	Platon, Philebos
Philos.	Philosophisch(e)
Phys.	Aristoteles, Physik, dt. H. Wagner, Darmstadt ^{4}1983
PL	Patrologia Latina, hg. J.P. Migne, 217 Bde., Paris 1841–1864
P.n.g.	G.W. Leibniz, Principes de la nature et de la grace fondés en raison, dt. H.H. Holz, in: G.W. Leibniz, Philos. Schr. Bd. I, Darmstadt ^{2}1985 (zw.)
Pol.	Platon, Politeia, dt. F. Schleiermacher, in: Platon – Werke in acht Bänden, hg. G. Eisler, Darmstadt 1970–1978, hier Bd. 4 (1971) (zw.)
Pot.	Thomas von Aquin, De potentia Dei
Princ.	R. Descartes, Principia philosophiae, dt. A. Buchenau, Hamburg 1965; französischer Text nach der Ausgabe von Ch. Adam/P. Tannery, Oeuvres, 13 Bde., Paris 1897–1913, hier Bde. VIII/1 und IX/2 (1905)

Prol.	I. Kant, Prolegomena zu einer jeden künftigen Metaphysik, in: Werke in sechs Bänden (mit Originalpaginierung), hg. W. Weischedel, Frankfurt-Darmstadt 1956–1964, Bd. III (1958)
Prop.	Propositio (Lehrsatz)
Prosl.	Anselm von Canterbury, Proslogion, in: Opera omnia, hg. von F.S. Schmitt, Bd. I (^{1}1938), Stuttgart-Bad Cannstatt1968, Übersetzung von F.S. Schmitt, ebd. 1961 (zw.)
PU	L. Wittgenstein, Philosophische Untersuchungen, in: Werkausgabe Bd. I, Frankfurt 1989
Quaest. quodl.	Thomas von Aquin, Quaestiones quodlibetales
Rép.	Réponse
S.c.g.	Thomas von Aquin, Summa contra gentiles, dt. K. Albert u.a., 4 Bde., Darmstadt 1982–1996 (zw.)
SL	Wilhelm von Ockham, Summa Logicae, dt. R. Imbach, Stuttgart 1984 (zw.)
S.th.	Thomas von Aquin, Summa theologiae, dt. Die deutsche Thomas-Ausgabe, Salzburg-Graz-Wien-Köln 1934ff. (zw.)
Schol.	Scholium (Anmerkung)
Schr.	Schriften
Solil.	Augustinus, Soliloquia, dt. H. Müller, München-Zürich 1986 (zw.)
Soph.	Platon, Sophistes
Symp.	Platon, Symposion, dt. F. Boll/W. Buchwald, München ^{7}1980 (zw.)
Syst. nouv.	G.W. Leibniz, Système nouveau de la nature et de la communication des substances, dt. H.H. Holz, in: G. W. Leibniz, Philos. Schr. Bd. I, Darmstadt ^{2}1985 (zw.)
SZ	M. Heidegger, Sein und Zeit [1927], in: GA Bd. II, Frankfurt 1977
Théod.	G.W. Leibniz, Essais de Théodicée sur la bonté de Dieu, la liberté de l'homme et l'origine du mal, dt. H. Herring, in: G.W. Leibniz, Philos. Schr. Bd. II/1-2, Darmstadt ^{2}1985 (zw.)
Tim.	Platon, Timaios
Tr.	D. Hume, A Treatise of Human Nature, dt. T. Lipps/ R. Brandt, 2 Bde., Hamburg 1989; englischer Text nach der Ausgabe von T.H. Green/T.H. Grose, The Philosophical Works, 4 Bde., London 1874–1875, repr. Aalen 1964, hier Bd. I-II
Trac.	L. Wittgenstein, Trcatatus logico-philosophicus, in: Werkausgabe Bd. I, Frankfurt 1989
Trin.	Augustinus, De Trinitate, dt. M. Schmaus, München ^{2}1951

Ver.	Thomas von Aquin, De veritate
Ver. rel.	Augustinus, De vera religione, dt. W. Thimme, Stuttgart 1983 (zw.)
Vers. WL	J.G. Fichte, Versuch einer neuen Darstellung der Wissenschaftslehre, in: J.G. Fichte-GA, hg. R. Lauth/ H. Jacob, Stuttgart 1964ff., Bd. I/4 (1970)
WL	Wissenschaftslehre
Zarathustra	F. Nietzsche, Also sprach Zarathustra, in: KGA, hg. G. Colli und M. Montinari, Bd. VI/1, Berlin u.a. 1968
zw.	zweisprachig
Zw. Einl.	J.G. Fichte, Zweite Einleitung in die Wissenschaftslehre [1797], in: J.G. Fichte-GA, hg. R. Lauth / H. Jacob, Stuttgart 1964ff., Bd. I/4 (1970)

Weiterführende Literatur

Literatur mit systematischem Schwerpunkt

Ando, T.: Metaphysics. A Critical Survey of Its Meaning, Den Haag 1963 (²1974)

Baumgartner, H.M.: Kontinuität und Geschichte. Zur Kritik und Metakritik der historischen Vernunft, Frankfurt 1972 (²1997)

Boeder, H.: Topologie der Metaphysik, Freiburg-München 1980

Burkhardt, H. / Smith, B. (Hg.): Handbook of Metaphysics and Ontology, 2 Bde., München 1991

Cramer, W.: Das Absolute und das Kontingente. Untersuchungen zum Substanzbegriff, Frankfurt 1959

Coreth, E.: Metaphysik. Eine methodisch-systematische Grundlegung, Innsbruck-Wien 1961 (³1980)

–: Grundriß der Metaphysik, Innsbruck-Wien 1994

–: Beiträge zur Christlichen Philosophie (hg. C. Kanzian), Innsbruck-Wien 1999, 207-291

De Raeymaeker, L.: Philosophie de l' être, Löwen 1947

Gilson, É.: L' être et l'essence, Paris 1948

Heidegger, M.: Einführung in die Metaphysik, Tübingen 1953 (GA Bd. XL, Frankfurt 1983)

–: Die Grundbegriffe der Metaphysik, GA Bd. XXIX-XXX, Frankfurt 1983

Honnefelder, L.: Thesen zur Möglichkeit einer kritisch gewendeten Metaphysik, in: P. Baumanns (Hg.), Realität und Begriff, Würzburg 1993, 13-20

Jánoska, G. / Kauz, F. (Hg.): Metaphysik, Darmstadt 1977

Jaspers, K.: Philosophie, Bd.III: Metaphysik, Berlin 1932 (bisher letzte Ausgabe 1994)

Kanzian, C. / Runggaldier, E.: Grundprobleme der Analytischen Ontologie, Paderborn 1998

Kaulbach, F.: Einführung in die Metaphysik, Darmstadt 1972 (³1982)

Koslowski, P. (Hg.): Orientierung durch Philosophie, Tübingen 1991, 369-426

Krampf, W.: Die Metaphysik und ihre Gegner, Meisenheim 1973

Martin, G.: Einleitung in die allgemeine Metaphysik, Köln 1957 (Stuttgart ²1965)

–: Allgemeine Metaphysik. Ihre Probleme und ihre Methode, Berlin 1965

Mercier, A.: Metaphysik – eine Wissenschaft sui generis. Theorie und Erfahrung auf dem Gebiet des Inkommensurablen, Berlin 1980

Moser, S.: Metaphysik einst und jetzt. Kritische Untersuchung zu Begriff und Ansatz der Ontologie, Berlin 1958

Muck, O.: Rationalität und Weltanschauung. Philosophische Untersuchungen (hg. W. Löffler), Innsbruck-Wien 1999, 155-259
Oelmüller, W. (Hg.): Philosophische Arbeitsbücher 6: Diskurs Metaphysik, Paderborn 1983
–: (Hg.) Metaphysik heute?, Paderborn 1987
Pannenberg, W.: Metaphysik und Gottesgedanke, Göttingen 1988
Risse, W.: Metaphysik. Grundthemen und Probleme, München 1973
Röd, W.: Erfahrung und Reflexion. Theorien der Erfahrung in transzendental-philosophischer Sicht, München 1991
Schaeffler, R.: Fähigkeit zur Erfahrung. Hermeneutik des Sprechens von Gott, Freiburg-Basel-Wien 1972
–: Erfahrung als Dialog mit der Wirklichkeit. Eine Untersuchung zur Logik der Erfahrung, Freiburg-München 1995
Scheler, M.: Schriften aus dem Nachlaß, Bd.II: Erkenntnislehre und Metaphysik, in: Ges.W. Bd. XI (hg. M. Frings), Bonn 1979
Schlette, H.R.: Kleine Metaphysik, Frankfurt 1990
Scholz, H.: Metaphysik als strenge Wissenschaft, Köln 1941 (repr. Darmstadt 1965)
Stegmüller, W.: Metaphysik, Wissenschaft, Skepsis, Frankfurt-Wien 1954 (^{2}1969)
Strawson, P.F.: Individuals. An Essay in Descriptive Metaphysics, London 1959 (dt. Einzelding und logisches Subjekt, Stuttgart 1972)
–: Analysis and Metaphysics. An Introduction to Philosophy, Oxford 1992 (dt. Analyse und Metaphysik. Eine Einführung in die Philosophie, München 1994)
Topitsch, E.: Vom Ursprung und Ende der Metaphysik, Eine Studie zur Weltanschauungskritik, Wien 1958 (München ^{2}1972)
Van Steenberghen, F.: Ontologie, Einsiedeln-Köln 1953
Vollrath, E.: Die These der Metaphysik, Wupperthal-Ratingen 1969
Walsh, W.H.: Metaphysics, London 1963 (^{2}1966)
Weingartner, P. (Hg.): Grundfragen der Wissenschaften und ihre Wurzeln in der Metaphysik, Salzburg 1967
Weismahr, B.: Philosophische Gotteslehre, Stuttgart-Berlin-Köln-Mainz 1983
–: Ontologie, Stuttgart-Berlin-Köln-Mainz 1985
Welsch, W.: Vernunft – Die zeitgenössische Vernunftkritik und das Konzept der transversalen Vernunft, Frankfurt 1995 (^{2}1996)

Literatur zur Geschichte der Metaphysik

Antike

Beierwaltes, W.: Platonismus und Idealismus, Frankfurt 1972
–: Denken des Einen. Studien zur neuplatonischen Philosophie und ihrer Wirkungsgeschichte, Frankfurt 1985

Düring, I., Aristoteles. Darstellung und Interpretation seines Denkens, Heidelberg 1966
Graeser, A.: Platons Ideenlehre. Sprache, Logik und Metaphysik, Bern-Stuttgart 1975
Hager, F.-P. (Hg.): Metaphysik und Theologie des Aristoteles, Darmstadt 1975 (²1979)
Kamlah, W.: Aristoteles' Wissenschaft vom Seienden als Seienden und die gegenwärtige Ontologie, in: Archiv der Geschichte der Philosophie 49 (1967) 269-297
Krämer, H.J.: Arete bei Platon und Aristoteles. Zum Wesen und zur Geschichte der Platonischen Ontologie, Heidelberg 1959
–: Der Ursprung der Geistmetaphysik. Untersuchungen zur Geschichte des Platonismus zwischen Platon und Plotin, Amsterdam 1964
Martin, G.: Platons Ideenlehre, Berlin-New York 1973
Reiner, H.: Die Entstehung und ursprüngliche Bedeutung des Namens Metaphysik, in: Zeitschrift für philosophische Forschung 8 (1954) 210-237
Schadewaldt, W.: Die Anfänge der Philosophie bei den Griechen. Die Vorsokratiker und ihre Voraussetzungen, Frankfurt 1978
Schmitz, H.: Die Ideenlehre des Aristoteles, 2 Bde., Bonn 1985
Tugendhat, E.: TI KATA TINOS. Eine Untersuchung zu Struktur und Ursprung aristotelischer Grundbegriffe, Freiburg-München 1958 (⁴1988)

Christliche Philosophie – Mittelalter

Beierwaltes, W. (Hg.): Platonismus in der Philosophie des Mittelalters, Darmstadt 1969
–: Identität und Differenz. Zum Prinzip cusanischen Denkens, Frankfurt 1980
Braun, B.: Ontische Metaphysik. Zur Aktualität der Thomasdeutung Cajetans, Würzburg 1995
Doig, J.C.: Aquinas on Metaphysics, Den Haag 1972
Elders, L.J.: Die Metaphysik des Thomas von Aquin in historischer Perspektive, 2 Bde., Salzburg-München 1985/87
Flasch, K.: Die Metaphysik des Einen bei Nikolaus von Kues, Leiden 1973
–: Nikolaus von Kues. Geschichte einer Entwicklung, Frankfurt 1998
Heimsoeth, H.: Die sechs großen Themen der abendländischen Metaphysik und der Ausgang des Mittelalters, Darmstadt 1922 (⁷1981)
Honnefelder, L.: Ens inquantum ens. Der Begriff des Seienden als solchen als Gegenstand der Metaphysik nach der Lehre des Johannes Duns Scotus, Münster 1979
Mader, J.: Aurelius Augustinus – Philosophie und Christentum, St. Pölten-Wien 1991

Neidl, W.M.: Thearchia. Die Frage nach dem Sinn von Gott bei Pseudo-Dionysius Areopagita und Thomas von Aquin, Regensburg 1976

Oeing-Hanhoff, L.: Ens et verum convertuntur. Stellung und Gehalt des Grundsatzes in der Philosophie des Hl. Thomas von Aquin, Münster 1953

Schöpf, A.: Augustinus. Einführung in sein Philosophieren, Freiburg-München 1970

Neuzeit

Baumgartner, H.M.: Kants „Kritik der reinen Vernunft", Freiburg-München 1985

Biser, E.: Gott ist tot. Nietzsches Destruktion des christlichen Bewußtseins, München 1962

Frank, M.: Eine Einführung in Schellings Philosophie, Frankfurt 1985

Heimsoeth, H.: Metaphysik der Neuzeit, München 1929 (repr. Darmstadt 1967)

Henrich, D.: Fichtes ursprüngliche Einsicht ([1]1966), Frankfurt 1967

Löwith, K.: Gott, Mensch und Welt in der Metaphysik von Descartes bis Nietzsche, Göttingen 1967 (GA Bd. IX, Stuttgart 1986)

–: Von Hegel zu Nietzsche. Der revolutionäre Bruch im Denken des 19. Jahrhunderts, Stuttgart 1941 (Hamburg [7]1978; GA Bd. IV, Stuttgart 1988)

Malter, R.: Arthur Schopenhauer. Transzendentalphilosophie und Metaphysik des Willens, Stuttgart-Bad Canstatt 1991

Marquard, O.: Skeptische Methode im Blick auf Kant, Freiburg-München 1958 ([3]1982)

Mittelstraß, J.: Neuzeit und Aufklärung. Studien zur Entstehung der neuzeitlichen Wissenschaft und Philosophie, Berlin-New York 1970, 309-341 und 528-585

Müller-Lauter, W.: Nietzsche. Seine Philosophie der Gegensätze und die Gegensätze seiner Philosophie, Berlin-New York 1971

–: Über Werden und Wille zur Macht. Nietzsche-Interpretationen I, Berlin-New York 1999

–: Über Freiheit und Chaos. Nietzsche-Interpretationen II, Berlin-New York 1999

Pöggeler, O.: Hegels Idee einer Phänomenologie des Geistes, Freiburg-München 1973

Ritzel, W.: Immanuel Kant, Berlin-New York 1985

Röd, W.: Descartes – Die Genese des cartesianischen Rationalismus, München 1964 ([3]1995)

Schulz, W.: Die Vollendung des deutschen Idealismus in der Spätphilosophie Schellings ([1]1955); Pfullingen [2]1975

–: Der Gott der neuzeitlichen Metaphysik, Pfullingen 1957 ([7]1982)

Wundt, M.: Kant als Metaphysiker, Stuttgart 1924

20. Jahrhundert

Frank, M.: Was ist Neostrukturalismus?, Frankfurt 1983
Habermas, J.: Nachmetaphysisches Denken. Philosophische Aufsätze, Frankfurt 1988, 11-60
Haeffner, G.: Heideggers Begriff der Metaphysik, München 1974
Henrich, D.: Was ist Metaphysik – was Moderne?, in: ders.: Konzepte, Frankfurt 1987, 11-43
Margreiter, R.: Erfahrung und Mystik. Grenzen der Symbolisierung, Berlin 1997
Muck, O.: Die transzendentale Methode in der scholastischen Philosophie der Gegenwart, Innsbruck 1964
Pöggeler, O.: Der Denkweg Martin Heideggers, Pfullingen 1963 (^{3}1990)
Post, W.: Kritische Theorie und metaphysischer Pessimismus im Spätwerk Max Horkheimers, München 1971
Schmidinger, H.: Nachidealistische Philosophie und christliches Denken. Zur Denkbarkeit des Unvordenklichen, Freiburg-München 1985
Schulz, W.: Philosophie in der veränderten Welt, Pfullingen 1972 (^{2}1974)
Tugendhat, E.: Vorlesungen zur Einführung in die sprachanalytische Philosophie, Frankfurt 1976 (^{2}1979)
Welsch, W.: Unsere postmoderne Moderne, Weinheim 1986 (^{3}1990)

Epochen übergreifend

Borsche, T. / Kobusch, T. / Oeing-Hanhoff, L.: Metaphysik, in: Historisches Wörterbuch der Philosophie, Bd. V, Basel-Stuttgart 1980, 1186-1280
Cloeren, H.J. / Rentsch, Th.: Metaphysikkritik, in: Historisches Wörterbuch der Philosophie, Bd. V, Basel-Stuttgart 1980, 1280-1294
Henrich, D.: Der ontologische Gottesbeweis. Sein Problem und seine Geschichte in der Neuzeit, Tübingen 1960 (^{2}1967)
Honnefelder, L.: Scientia transcendens. Die formale Bestimmung der Seiendheit und Realität in der Metaphysik des Mittelalters und der Neuzeit, Hamburg 1990
Kobusch, T.: Die Entdeckung der Person. Metaphysik der Freiheit und modernes Menschenbild, Freiburg-Basel-Wien 1993 (erw. Neuauflage Darmstadt 1997)
Röd, W.: Der Gott der reinen Vernunft. Die Auseinandersetzung um den ontologischen Gottesbeweis von Anselm bis Hegel, München 1992
Weischedel, W.: Der Gott der Philosophen, 2 Bde., Darmstadt 1971/72 (Neuauflagen)
Wundt, M. Geschichte der Metaphysik, Berlin 1931

Personen- und Sachregister

Personenregister

Sachregister